高等教育管理科学与工程类专业

GAODENG JIAOYU GUANLI KEXUE
YU GONGCHENG LEI ZHUANYE

系列教材

（第3版）

建筑施工企业财务管理

JIANZHU SHIGONG QIYE CAIWU GUANLI

主编／刘绍敏　王贵春

主审／傅鸿源

COST

重庆大学出版社

内容提要

本书在编写过程中，充分考虑工程管理相关专业学生财务管理基础知识欠缺的实际情况，以企业财务管理的基本概念、基本原理和基本方法为主线，密切结合建筑施工企业生产经营特点和建筑施工企业财务管理的特点，充分体现现行建筑施工企业财务管理制度的基本要求，力求做到理论联系实际。全书共分9章，主要包括建筑施工企业财务管理总论，建筑施工企业财务管理中的价值观念，建筑施工企业筹资管理，建筑施工企业项目投资管理，建筑施工企业流动资产管理，建筑施工企业固定资产管理，建筑施工企业施工成本管理，建筑施工企业工程结算、收入、利润及利润分配管理，建筑施工企业财务分析等内容。

本书在适度的基础知识与鲜明的结构体系覆盖下，注意了各部分知识的联系，重点突出，难度适中。教材还对各章例题、习题作了精选。

本书主要作为工程管理专业、工程造价专业以及其他相关专业本科教材，也可供从事施工企业财务管理的专业人士学习参考。

图书在版编目（CIP）数据

建筑施工企业财务管理／刘绍敏，王贵春主编. --
3 版. -- 重庆：重庆大学出版社，2021.7（2023.7 重印）
高等教育管理科学与工程类专业系列教材
ISBN 978-7-5624-9187-3

Ⅰ.①建…　Ⅱ.①刘…②王…　Ⅲ.①建筑施工企业
—企业管理—财务管理—高等学校—教材　Ⅳ.
①F407.967.2

中国版本图书馆 CIP 数据核字（2021）第 146148 号

建筑施工企业财务管理
（第3版）
主　编　刘绍敏　王贵春
主　审　傅鸿源
责任编辑：林青山　　版式设计：王　婷
责任校对：谢　芳　　责任印制：赵　晟

*

重庆大学出版社出版发行
出版人：饶帮华
社址：重庆市沙坪坝区大学城西路 21 号
邮编：401331
电话：(023) 88617190　88617185(中小学)
传真：(023) 88617186　88617166
网址：http://www.cqup.com.cn
邮箱：fxk@ cqup.com.cn（营销中心）
全国新华书店经销
重庆华林天美印务有限公司印刷

*

开本：787mm×1092mm　1/16　印张：30.75　字数：691 千
2015 年 8 月第 1 版　2021 年 8 月第 3 版　2023 年 7 月第 7 次印刷
印数：15 001—17 000
ISBN 978-7-5624-9187-3　定价：69.00 元

前　言

　　《建筑施工企业财务管理》以普通高等学校工程管理专业教学指导委员会讨论通过的人才培养方案的学科体系为依据,以培养应用型人才为目标,是编者总结多年的教学实践经验,为高等院校工程管理、工程造价等专业编写的专业基础课程教材。

　　本书包括建筑施工企业财务管理总论,建筑施工企业财务管理中的价值观念,建筑施工企业筹资管理,建筑施工企业项目投资管理,建筑施工企业流动资产管理,建筑施工企业固定资产管理,施工成本管理,建筑施工企业工程结算、收入、利润及其分配管理,建筑施工企业财务分析等9章内容,主要介绍工程财务管理的基本原理、方法和实际应用。

　　本书在编写过程中力求突出以下几个方面的特点:

　　(1)本书首先力求保持知识内容的完整性,突出章节之间的逻辑性。

　　(2)选择的语言力求通俗易懂,精炼准确,术语的引入节奏合理,不让读者产生晦涩难懂的感觉。

　　(3)在取材上吸收国外有用成果和先进经验,并使之与我国现行的财经法规及实际情况相结合。

　　(4)注重理论与实践相结合,将一些实际应用有机地渗透到工程项目财务管理实务中,将实用性和适用性体现在教材的实例、例题和习题中,并突出新意。

　　(5)各章采用学习目标、本章中第一次涉及的重要的基本概念、章节内容、章节小节、习题的编排方式,有助于教学和学生自学。

　　本书是面向高等院校理工科工程管理、工程造价等相关专业的教材,建议授课时数为40~60学时。不同专业在使用时,可根据自身的特点和需要加以取舍。

　　本书由重庆大学建设管理与房地产学院有丰富教学经验的专家参与编写,由刘绍敏、王贵春主编,傅鸿源主审。书中第 1、5、6、8、9 章由刘绍敏撰写,第 2、3、4、7 章由王贵春撰写,本书习题由甘勤、许海鸿、丁朝飞协助编写。

由于编者水平所限,书中如有不足之处,敬请使用本书的师生与读者批评指正,以便修订时改进。如读者在使用本书的过程中有其他意见或建议,恳请向编者(wgcwhc@126.com)踊跃提出宝贵意见。

编　者

2015 年 4 月

目　录

1

建筑施工企业财务管理总论

[学习目标]

熟悉财务管理的涵义；掌握财务管理的对象；掌握财务管理的内容；熟悉财务管理的目标；熟悉财务管理的原则；掌握财务管理的职能；熟悉财务管理的环节；了解财务管理的环境。

[基本概念]

财务管理，财务关系，财务目标，财务管理职能，财务预测，财务决策，财务预算，财务控制，财务分析，财务管理环境

1.1 建筑施工企业财务管理的内涵

建筑施工企业就是从事基本建设建筑安装施工生产活动的基层单位。作为建筑业的重要一环，建筑施工企业与建筑业有着密切的关系。

建筑施工企业有其自身的特点和生产经营业务流程，这也就决定了建筑施工企业财务管理具有其自身的特点。要搞好建筑施工企业财务管理，必须认识建筑施工企业生产经营的基本特点以及其工程产品的基本特点。

▶ 1.1.1 建筑施工企业生产经营的特点

建筑施工企业作为物质生产部门，主要从事房屋、建筑物的建设和设备的安装活动，并在这一过程中形成建筑施工企业的产品，通常称为不动产，具体表现为具有一定功能和

美学要求的房屋建筑物与构筑物。因此，建筑施工企业的生产经营活动不同于一般的建设单位或房地产开发与经营企业，也不同于一般的工商企业，其建筑产品相比其他行业的产品也具有其特殊性。

1）工程建设的概念

工程建设，是实现固定资产再生产的一种经济活动，包括固定资产建筑、购置和安装等一切活动及与之相联系的相关工作，如工厂、农场、道路、商店、住宅、医院、学校等的建设。

工程建设的最终成果表现为固定资产的增加，它是一种涉及国民经济的多个领域和环节（如生产、流通、分配等）的综合性的经济活动，其工作内容包括建筑安装工程、设备及工器具的购置以及与其相关的土地征用、勘察设计等建设工作。

2）建筑产品的性质和特点

（1）建筑产品的固定性

建筑产品的固定性，是指建筑产品的位置是固定的，具有不能移动和搬运的性质和特点。任何一项建筑产品都是建造在预先选定的地点之上的，建成后就与地基牢固地连接在一起，不能移动，建筑物的全部荷载都由地基来承担。

（2）建筑产品的大型性

建筑产品的体积庞大，在建造过程中要消耗大量的人力、物力和财力，所需建筑材料数量巨大、品种复杂、规格繁多。由于建筑产品的体积庞大，占用空间多，因而建筑生产常在露天进行，所以建筑产品与一般工业产品不同，受自然气候条件影响大。

（3）建筑产品的单件性

由于建筑产品的固定性和大型性的特点，建筑产品的生产难以像工业产品生产那样按照同一模式简单、大量、重复地成批生产，而是一个一个地建造，每个建筑产品都有其特殊的个性，所以建筑产品都是以单个产品来计量的。

（4）建筑产品的可分解性

建筑产品是一个完整的系统，是由若干个具有特定功能的相互联系、相互作用的子系统构成的有机整体。这个整体可以按其组成和结构特点进行分解，使之成为若干个相对独立的子系统。

（5）建筑产品寿命的耐久性

建筑产品寿命的耐久性又称建筑产品寿命的效用长期性，土地具有不可毁灭性，在使用上具有永续性，一个建筑物或构筑物，其使用寿命，短则十多年，长则可达数十年、上百年，甚至更长。

（6）建筑产品的美观性

建筑产品是人居环境的重要组成部分，是城市和村镇的有机构成。建筑产品的功能是根据社会生产发展和人民生活水平提高的需要而决定的。在满足人们的基本需求的同时，人们也注重追求建筑产品的美观性，注重对人工环境和自然环境的和谐统一的追求。

3）建筑产品生产的特点

（1）建筑产品生产的流动性

由于建筑产品本身具有不可移动性的特点，决定了建筑产品的施工生产具有流动性，既包括建筑产品在施工生产过程中，所有的生产要素随建筑产品施工生产的进展而流动，在所形成的建筑产品的平面上和立体上流动，或在建筑工地范围内，从一个正在施工生产的建筑产品流向另一个正在施工生产的建筑产品，或者随业主的变化而必须随项目相应地流动，还包括一个建筑施工企业可能同时承包不同城市、不同地区的几个不同业主的工程项目，因此不可能像工业产品生产那样集中在工厂或车间进行，而是分散在各个不同的地点进行施工建设。为使建筑产品的施工生产能够有序、连续协调、高效地进行，要求建筑施工企业必须进行科学的组织和管理。

（2）建筑产品生产的一次性

建筑产品生产的一次性特点决定了建筑产品本身随着不同的用户在使用上的不同要求，其组成、功能、结构、尺寸、形体、风格以及所采用的材料都可能会有所不同，甚至出现很大差别；又由于建筑产品的建设时间、地点、承建者不同，采用的施工生产方法和手段不同、施工生产环境不同、建设条件千差万别等因素的影响，在建筑产品的施工生产过程中也不可能采用统一的管理模式。此外，建筑等级、建筑标准、施工技术水平的不同，也会导致工程建设的差异，都可能涉及以前没从事过的事情，故其总表现出其唯一性。每一建筑产品都有其确定的终点，所有建筑产品的建设都必须达到其终点，从这一意义上讲，它们都是一次性的。因此，建筑产品的施工生产必须针对每一个建筑产品的具体特点进行施工生产管理。

（3）建筑产品生产的阶段性

从建筑产品的施工生产全过程来看，一个建筑产品，特别是大中型建筑工程项目，首先应进行可行性论证，经论证技术上可行和经济上划算后才能决策进行兴建，然后再进行项目选址和初步设计；待初步设计批准后进行施工图设计；在施工图设计基础上组织施工生产，建筑安装完成后必须经过竣工验收才能交付使用。这一过程是按顺序分阶段进行的，前一个阶段的工作完成后，才能进行下一个阶段的工作。

再者，从一个建筑产品本身来说，由于建筑产品的可分解性，分解成的各个子系统就形成了各个施工阶段，这些阶段按施工工艺要求具有严格的先后顺序。例如，房屋建筑工程必须先地下后地上、先基础后结构、先主体后维护、先土建后安装的顺序；一个分部工程完成施工生产经验收合格后才能进入下一个分部工程的施工生产，各阶段之间紧密衔接、协调有序。

（4）建筑产品生产的波动性

建筑产品的施工生产一般都是在露天进行，暴露在自然环境中，受气象、水文、地质等自然条件的作用和约束，同时还受社会、技术、经济等因素的影响和干扰，而一些影响因素的出现和对施工生产的影响程度又具有不确定性，因而建筑产品的施工生产进度、质量、成本按计划实施就具有一定的波动性，往往容易产生偏差。因此，对建筑产品在施工生产过程中要进行动态控制，力争把自然条件对施工生产的影响或造成的损失减少到最低限度，以达到企业预定的施工生产目标。

（5）建筑产品生产的长期性

由于建筑产品的形体庞大、技术复杂，影响施工生产的因素很多，受自然因素的制约也比较突出，特别是大中型工程项目，往往要花费几千万、上亿、上百亿乃至数千亿的投资，工程量巨大，因而客观上决定了其施工生产周期相对较长，一般需要跨年度施工，短则几年、十几年甚至更长时间才能建设完成。工期越长，在建造过程中，发生不确定因素的机会就越多，因此，会给施工生产管理工作带来困难。

另外，由于建筑产品和施工生产的特殊性，与建筑施工企业发生经济往来关系的对象很多，包括建设单位（业主）、勘察设计单位、材料供应单位、施工机械设备租赁公司、工程监理和工程质量监督部门、建设主管部门等。

▶ 1.1.2 建筑施工企业财务管理的内涵

1）财务管理的概念

财务管理是组织企业财务活动、处理财务关系的一项经济管理工作。因此，要了解什么是财务管理，就必须先分析企业的财务活动和财务关系。

2）企业财务管理的对象

财务管理的对象即财务管理的客体，反映了建筑施工企业经济活动中价值形态即资金运动的变化过程。建筑施工企业财务管理的对象，就是建筑施工企业生产经营活动过程中的价值运动即资金运动。建筑施工企业财务管理的对象直接与建筑施工企业的财务活动和财务关系相关联。财务活动体现出财务管理的形式特征，财务关系揭示财务管理的内容实质。

（1）建筑施工企业的财务活动

生产经营所需资金的筹集、投放、运营、收回和分配等一系列资金运动构成了建筑施工企业的财务活动。资金运动构成了建筑施工企业财务活动的具体内容。资金循环和资金周转体现出企业活动的常规状态。

任何企业要从事生产经营活动，首先要筹集资金。资金筹集是企业生产经营的先导和起点。建筑施工企业初始建立，必须筹集到法定资本金（注册资本金），然后再根据生产经营的需要，向银行等金融机构举债或向社会发行债券筹集债务资金。

通过吸收所有者投资或者发行股票或者举借债务等方式，从各种渠道所获得的资金首先形成货币资金形态的资金准备并启动企业的生产经营活动。

图 1.1 建筑施工企业资金运动

建筑施工企业用货币资金购置各种生产资料：购置施工机械设备、运输设备等劳动资料，从而形成建筑施工企业的固定资产，这部分资金的存在形态相应由货币资金转化成固定资金；用货币资金购置材料物资等劳动对象，形成建筑施工企业的材料存货，这部分资金的存在形态相应地由货币资金转化成储备资金，从而完成了生产准备工作。完成生产准备后，正式进入施工生产阶段。在施工生产过程中，建筑施工企业的固定资金、储备资金经过施工生产活动逐渐转化成未完施工和已完工程、竣工工程，资金存在形态相应地转化成生产资金、成品资金。施工生产活动圆满完成，建筑施工企业将已完工程点交给发包方，并按合同造价结算已完工程价款，取得工程结算收入，正常情况下，形成应收工程款，资金存在形态相应地由成品资金转化为结算资金，通过收款活动，相应地转化成货币资金。按照竣工结算或非竣工预支结算办法，工程施工的全部价值由工程结算收入补偿，不仅补偿施工生产过程中所发生的全部物化劳动耗费和活劳动耗费，而且还为建筑施工企业获得了利润积累以满足扩大再生产的资金需要。建筑施工企业的资金就是从货币资金形态开始，经过采购供应、施工生产和工程结算，又回到货币资金形态，从而完成资金的一次循环，建筑施工企业不断持续经营，相应的生产经营资金也不断循环往复地从货币资金开始最后又回到货币资金形态，周而复始地做圆周运动，这就称为资金周转。企业的资金就是在这种不断往复的资金循环和周转中实现保值和增值，从而实现企业生产经营的目标。

①企业筹资引起的财务活动——筹资活动

在企业筹资活动中，财务人员应着重解决好以下问题：

a. 企业资金需求总量是多少；

b. 需要从企业外部筹集多少资金；

c. 从何种渠道、采用何种方式筹集资金；

d. 何时筹集资金；

e. 如何控制资金成本和筹资风险。

②企业投资引起的财务活动——投资活动

对于企业而言，无论是内部投资还是外部投资，都必然会发生相应的资金支付；当企业变卖资产或收回投资，也必然会形成相应的资金收入，这些因投资行为而引起的资金收支行为，就是由于投资活动所引起的财务活动。

毕竟，任何一个企业的资金总量总是有限的。因此，企业在投资活动过程中，企业财务人员应注意做好以下工作：

a. 投资必须符合国家产业政策和国民经济发展方向；

b. 量力而行；

c. 先内后外、内外兼顾；

d. 适度控制投资规模；

e. 严格控制投资风险。

③企业经营引起的财务活动——经营活动

企业在其正常的经营过程中，会发生一系列的资金。首先，企业要采购材料或商品，以便从事生产经营活动，同时，还要支付工资和其他经营费用；其次，当企业将产品或商品售出、劳务提供后，便可获取收入，收回资金；再次，如果企业现有资金不能满足企业经营需要，还要采取短期借款等筹集所需资金。上述所产生的资金收支行为，属于企业经营活动引起的财务活动。

在企业经营引起的财务活动中，主要涉及的是流动资产与流动负债的管理问题，其中关键是加速资金周转。流动资金的周转与生产经营周期具有一致性，在一定时期内，资金周转速度越快，就可利用相同数量的资金生产出更多的产品，取得更多的收益，获得更多的回报。因此，如何加速资金周转、提高资金利用效果是财务人员在这一财务活动中需要着重考虑的问题。

④企业分配引起的财务活动——分配活动

在分配活动中，财务人员需要确定股利支付率的高低，即将多少税后利润支付给投资者。股利支付率过高，会使较多的资金流出企业，从而影响企业再投资的能力或增大企业的融资压力。反之，若股利支付率过低，又会引起投资人的不满，对于上市公司而言，可能导致股价下跌，从而引起公司市场价值下降，背离企业理财目标。因此，企业财务人员应根据企业自身情况确定科学合理的利润分配政策。

从总体上看，建筑施工企业的资金运动存在以下规律：

①建筑施工企业的资金运动具有形态上的并存性和运动时间上的继起性

在建筑施工企业生产经营活动中，各种资金在空间上总是处于周转的不同环节，而且以各种不同的存在形态表现出来，这就是资金运动的并存性。各种形态的资金依次在生产经营的各个阶段相继转换，这就是资金运动的继起性。在资金运动中，资金形态的并存性是不同资金继起性的结果，如果资金运动的继起性受到阻碍，资金的并存性就会受到影响和破坏。也就是说，如果资金过多地集中于某一形态或阶段，资金循环过程就会发生阻塞，资金周转就会不畅甚至断裂。因此，资金运动的这一规律要求建筑施工企业合理投放并配置资金，减少资金积压与沉淀，保证企业资金循环与周转的顺畅，加速资金周转。

②资金运动同物资运动既相互依存又相互分离

一方面，物资运动是资金运动的基础，资金运动反映着物资运动，两者既相分离又相互一致的关系，体现了企业在生产过程中的实物运动和价值运动本质上的必然联系；另一方面，资金运动又可能与物资运动相分离，呈现一定的独立性。例如，预付款项、赊购物资等形成的实物与货币资金在流量上的不一致；固定资产折旧使其价值逐渐转移而其实物形态始终保持不变，直至报废等。因此要求建筑施工企业财务管理既要着眼于物资运动，保证建筑施工企业施工生产经营活动顺利进行，又要充分利用资金运动同物资运动的背离性，合理调度资金，以较少的价值投入获取较多的使用价值，提高企业资金使用效益。

③资金收支适时平衡

企业取得财务收入，意味着一次资金循环的终结，而企业发生财务收支，则意味着企业资金循环的又一次开始，故资金的收支是资金周转的纽带。要保证资金周转顺利进行，就要求资金收支不仅在数量上而且在时间上协调平衡。暂时的收不抵支，固然会导致资金周转的暂时中断或停滞，但如果全月收支总额可以平衡，而支出大部分发生在前、收入却大部分发生在后，同样也必然会妨碍资金的顺利周转。资金收支在每一时点上保持协调平衡，是资金循环过程得以顺利进行下去的必要条件。

资金收支的平衡，归根结底取决于企业生产经营活动的平衡。因此，要求企业必须做好采购、生产和销售管理，确保生产经营活动的各个环节相互衔接，坚持生产与流通的统一，保持生产经营活动的顺利进行，才能确保企业的资金周转正常进行。资金收支的平衡是以供、产、销活动的平衡为基础，反过来，资金收支的平衡又促进供、产、销活动的协调平衡。

④各种资金收支相互对应

企业经济活动的多样性决定了企业具有多种性质不同的资金收支。为了合理安排企业的生产经营活动、正确评价企业的经营业绩，进行财务管理要自觉分清各种不同性质的资金收支。

企业生产经营活动中客观存在各种资金收支，而且还可能发生各种资金损失。各种资金支出，从其与生产经营活动的关系来看，可以分为生产经营资金支出和非生产经营的资金支出，其中非生产经营资金支出主要是企业职工集体福利设施支出，由企业的公益金开支；而生产经营资金支出按其效用时间长短又分为资本性支出和收益性支出。资本性支出的效益涵盖若干个会计年度，通常会形成企业的长期性资产，如固定资产和无形资产等；收益性支出的效益仅限于一个会计年度，通常形成企业的营业费用或流动资产，最终会计入当期损益。各种资金损失虽然通常为数不多，但内容更为复杂，总的来说可以分为生产经营损失、投资损失和非经营损失。经营损失有流动资产损失（如存货的盘亏、毁损）等，应通过一定方式计入营业损益；投资损失应冲销投资收益；非经营损失包括过失性赔偿金、违约金、滞纳金、罚没损失，应计入营业外支出。

各种性质的资金支出，用途不同，支出的效果也不同；各种性质的资金收入，来源不同，使用的去向也不同。企业财务管理中应充分认识各种资金收支的性质，并切实做到资金收支的匹配，这样才能合理安排资金来源，有效地控制资金支出，正确考核经营成果。

⑤企业资金同社会总资金相依存

社会总资金是社会个别资金的综合，主要包括企业经营资金、财政资金、金融资金。企业个别资金是独立运行的，个别资金运动之间通过流通过程和分配过程发生联系。全社会所有的企业个别资金通过流通过程和分配过程，联结成统一的社会总资金运动。企业资金运动是社会总资金运动的基础。个别企业的资金运动之间也有着广泛的联系，要求企业全面估量各方面的资金来源渠道，经济、有效地筹措资金，在资金使用方面要合理地决定资金的投向，提高资金的使用效果。

（2）建筑施工企业的财务关系

建筑施工企业的建筑施工生产经营活动总是在某一特定环境下进行的，必然与其所处的外部环境与企业内部环境的各个构成要素之间发生必然的密切的经济关系。建筑施工企业在组织财务活动过程中必然与各个方面保持密切的经济利益关系，这种经济利益关系称为建筑施工企业的财务关系。建筑施工企业的财务关系主要体现在以下几个方面：

①建筑施工企业与外部的财务关系

企业外部与企业存在密切经济利益关系的利益团体主要包括国家税务机关、企业上级主管部门、企业债权人、企业所有者（股东）、企业债务人、企业供应商、企业购买商等。

a. 建筑施工企业与国家税务机关的财务关系。企业应按照国家税收法规规定依法计算并及时足额缴纳各种税款，税务机关代表国家政府向企业征收有关税金，行使政府行政职能，即对企业的经济活动实施监督和管理。政府是以向企业征收税收的方式无偿参与企业利润的分配。因此，企业必须按照税法规定向中央和地方政府缴纳各种税款。这一财务关系从性质上体现为一种强制和无偿的分配关系。

b. 建筑施工企业与上级主管部门之间的财务关系。建筑施工企业在从事承包工程施工生产活动过程中，必须接受上级主管部门行政上的监督管理和业务上的指导，认真遵守和执行各级建设管理部门所制定的各种规章制度，确保建设工程施工生产的安全和质量符合相关规定，确保各方利益关系人的利益得到切实保障。

c. 建筑施工企业与所有者之间的财务关系。企业的投资者，可以是国家政府、法人企业，也可以是社会个人。各方投资人要求按照投资合同或协议、章程的约定履行出资义务，以便及时筹集到企业生产经营和发展所需资金。企业利用投资人提供的资金进行生产经营活动，实现盈利后，就应按照投资合同或协议、章程的规定，向投资者支付投资报酬。因此，这一财务关系体现着所有权关系。

d. 建筑施工企业与债权人之间的财务关系。企业债权人，是指给企业提供债权资金的单位或个人。根据其给企业提供债权资金的方式（或形成债权的原因）不同可以分为两类：一是商业债权人，二是贷款债权人。商业债权人，是指建筑施工企业因向其采购建筑材料、结构件、机械设备等而形成应付购货款以及向其分包工程而形成的应付工程款和接受其所提供的劳务而形成的应付劳务款等。贷款债权人，是指给企业提供贷款资金而形成的债权债务关系，包括企业债券的持有者、贷款银行或提供贷款的金融机构、其他出借资金给企业的单位或个人。企业利用债权人提供的资金应按约定的利息率按时支付利息并到期归还本金。因此，这一财务关系从性质上体现了债权关系。

e. 建筑施工企业与债务人之间的财务关系。企业的债务从形成原因来看，主要包括两类：一是以购买债券、提供借款等形式将资金出借给其他单位；二是以商业信用形式给其他单位或个人提供商品、劳务而形成的应收款项。企业有权要求其债务人按约定条件支付利息和归还本金。因此，这一财务关系从性质上体现着债务关系。

②建筑施工企业内部的财务关系

a. 企业内部各单位之间的财务关系

建筑施工企业在从事施工生产活动过程中，由于分工协作会产生内部各单位之间相互提供产品或劳务的经济关系。为实行经济核算制和经营责任制，各单位相互提供产品、劳务也要计价结算。这一财务关系从性质上体现了企业内部的资金结算关系和经济利益关系。

b. 企业与职工之间的财务关系

职工是企业的劳动者，也是被雇佣者，他们要按劳动合同约定履行工作责任，企业要按约定支付给职工劳动报酬、分派福利，因此，这一财务关系从性质上体现了劳动成果的分配关系。

建筑施工企业财务管理正是基于企业在生产过程中客观存在的资金运动及其财务关系而产生的，是建筑施工企业组织各种财务活动、处理各方面关系的一项经济管理工作。

因此，建筑施工企业财务管理具有综合管理和价值管理两大特点。

3) 建筑施工企业财务管理的内容

按照现代财务管理的观点，建筑施工企业财务管理的基本内容包括筹资管理、投资管理和利润分配管理等三大组成部分。

（1）筹资管理

财务管理居于企业管理的核心，而筹资管理又居于财务管理极其重要的位置。筹资活动是任何一个建筑施工企业创建和从事生产经营活动的先决条件。首先必须依照国家有关法律法规规定筹集到一定数额的资本金（注册资本）才能启动运营；进入生产经营后，由于企业生产经营的季节性或临时性原因、企业内外环境的变化，以及企业扩大化经营的需要，也会产生新的筹资需求。因此，筹资活动是企业生产经营的前提，也是企业扩大化经营的保障。融资要解决的问题是如何取得企业生产经营和发展所需资金，包括筹资数量的确定、筹资渠道与筹资方式的选择、资金结构的合理安排、长短期资金的合理配置等。具体而言：

①预测企业资金需要量，估计筹资额度。

②规划企业的筹资渠道和资本结构，合理筹集和节约使用资金。

③规划企业的筹资方式，使筹集的资金符合实际需要。

④确定企业的资金成本和资金风险，使企业获得最佳收益。

⑤保持一定的举债余地和偿债能力，为企业的稳定和发展创造条件。

（2）投资管理

①预测企业投资规模，使之符合企业需求和偿债能力。

②确定企业投资结构，分散资金投向，提高资产流动性。

③分析企业投资环境，正确选择投资机会和投资对象。

④研究企业的投资风险，把风险控制在一定限度内。

⑤评价投资方案的收益与风险，进行不同的投资组合。

⑥选择最佳的投资方案，为实现企业的整体目标而服务。

（3）利润及其分配管理

①分析企业的盈利情况和资金变现能力，协调好企业近期利益和长远发展目标的关系。

②研究市场环境和股东意见，使利润分配贯彻利益兼顾的原则。

③确定股利分配政策和股利支付方式，使利润分配有利于增强企业的发展能力。

④筹集股利资金，按期进行利润分配。

1.2 建筑施工企业财务管理目标

财务管理的目标决定了它所采用的原则、程序和方法。因此，财务管理的目标是建立财务管理体系的逻辑起点。对于建筑施工企业来说，正确的财务管理目标，对于确保建筑施工企业财务管理系统的良性循环具有十分重要的意义。

▶ 1.2.1 建筑施工企业财务管理目标的概念

财务管理的目标是企业财务管理活动所希望实现的结果，是评价企业理财活动的基本标准。财务管理目标制约财务运行的基本特征和发展方向，是财务运行的一种驱动力。不同的财务目标会产生不同的财务管理运行机制，科学地设置财务管理目标，对优化理财行为、实现财务管理的良性循环，具有重要意义。财务管理目标作为企业财务运行的导向力量，若设置有偏差，财务管理的运行机制就很难合理。

明确财务管理的目标，是搞好企业财务工作的前提。企业财务管理是企业管理的一个组成部分，企业财务管理的整体目标应该和企业的总体目标保持一致。从根本上讲，企业的目标就是通过生产经营活动为国家为社会创造更多的财富，不断增加企业价值。但是，不同国家的企业面临的财务管理环境不同、同一国家的不同企业公司治理结构不同，发展战略不同，财务管理目标在体现上述根本目标的同时又有不同的表现形式。

企业财务管理目标是企业进行财务管理活动所要求达到的目的，是评价企业财务活动是否合理的标准和依据。

从根本上讲，财务管理的目标取决于企业生产经营的目标，因此，财务管理的目标和企业生产经营的目标是一致的。一般说来，创立企业的目的就是盈利。已经创立起来的企业，虽然有改善员工待遇、改善劳动条件、扩大市场份额、提高产品质量、减少环境污染等多种目标，但盈利仍然是其最基本、最一般、最重要的目标。盈利不但体现了企业的出发点和归宿，而且可以概括其他目标的实现程度，并有助于其他目标的实现。因此，企业目标也称企业的财务目标。

▶ 1.2.2 建筑施工企业财务管理目标的特点

建筑施工企业财务管理目标一般具有以下特点：

（1）建筑施工企业财务管理的目标在一定时期内具有相对稳定性

任何一种财务管理目标的出现，都跟一定的政治、经济环境必然相关，而且体现出这些环境变化的必然要求。因此，这些环境变化，建筑施工企业财务管理的目标也必然会随之变化，建筑施工企业财务管理的目标也是保持其相对稳定性。

（2）建筑施工企业财务管理的目标具有多元性

建筑施工企业财务管理的目标的多元性是指建筑施工企业财务管理的目标不是单一的，而是适应多因素变化的一个综合的目标群。在这多元目标构成体系中有一个处于支配地位、起主导作用的目标，被称之为主导目标；其他处于被支配地位、对主导目标实现起辅助作用的目标，被称为辅助目标。例如，建筑施工企业在努力实现企业价值最大化或股东财富最大化这一主导目标的同时，还必须努力实现履行社会责任、加快现金流动、提高偿债能力等一系列辅助目标。

（3）建筑施工企业财务管理的目标具有层次性

建筑施工企业财务管理目标的层次性，是指建筑施工企业财务管理的目标是由不同层次的系列目标所构成的目标体系。建筑施工企业财务管理内容可以划分为若干层次，因而使得建筑施工企业财务管理目标成为一个由整体目标、分部目标和具体目标三个层次的目标所构成的目标体系。整体目标是企业财务管理所要达到的目标，它决定着企业的分部目标和具体目标；分部目标则是在整体目标的制约下从事某一部分财务活动所要达到的目的，如筹资目标、投资目标、收益分配目标等；具体目标是指在整体目标和和分部目标的制约下，从事某项具体财务活动所要达到的目标，例如，企业发行债券融资要达到的目标，具体目标是财务目标层次体系中的基层环节，是整体目标和分部目标的落脚点，对保障整体目标和分部目标的实现具有重要意义。

▶ 1.2.3 建筑施工企业财务管理总体目标的主要观点

中外学术界、实务界关于企业财务管理总体目标的表述也比较多，其中比较具有代表性的观点有以下几种：

1）产值最大化

产值最大化是指在传统高度集权的管理模式下，企业的财产权与经营权高度集中，企业的主要任务就是完成预定的产值指标。

在我国社会主义建设初期，由于技术水平落后，生产力水平低下，社会产品紧缺，实行高度计划经济体制，因此必然要求人们自觉不自觉地把追求总产值最大化作为企业财务管理的基本目标。但随时间的推移，随社会经济的不断发展，人们逐渐发现以产值最大化作为企业财务管理总体目标存在如下缺陷：

①只讲产值，不讲效益。在产值最大化目标的支配下，有些投入的新增产值小于新增成本，造成亏损，减少利润，但因为能增加产值，企业仍愿意增加投入。

②只讲数量，不讲质量。追求总产值最大化决定了企业在经营过程中只重视数量而轻视产品质量和种类，因为提高产品质量、试制新产品都会妨碍产值的增加。

③只抓生产，不抓销售。在总产值最大化目标的驱动下，企业只重视增加产值，而不管产品能否销售出去，因此往往出现"工业报喜，商业报忧"的"几家欢乐几家愁"的情况。

④只重投入，不讲挖潜。追求总产值最大化决定了企业只重视投入，进行外延扩大再生产，而不重视挖掘潜力，更新改造设备，进行内含扩大再生产。因为更新改造容易对目前产值的增加产生不利影响，也不能大量生产。反之，采用粗放方式，大量投入则往往使产值指标容易完成。

由于产值最大化存在上述缺陷，把产值最大化作为财务管理的总体目标，是不符合财务运行规律的，不能作为企业财务管理的总体目标。

2）利润最大化

利润最大化就是指企业通过对财务活动的管理，不断增加企业利润，使利润达到最大。这种观点认为，利润代表了企业新创造的财富，利润越多，说明企业财富增加得越多，也就越接近企业的目标。无论是在西方，还是在我国，都有相当一部分财务管理学者主张利润最大化是企业财务管理总体目标的最佳选择。这是因为追求企业利润最大化有其合理性，第一，人类进行经济活动是为了创造剩余产品，而剩余产品的多少，在市场经济条件下往往可以用利润的多少来加以衡量，因此以利润最大化作为企业财务管理总体目标比较直观、清晰，易于理解；第二，在自由竞争的资本市场中，资本的使用权最终将归属于获利最大的企业，利润最大化是企业获得资本的最有利条件，获得了资本，也就意味着取得了各种经济资源的支配权，因此追求利润最大化有利于社会经济资源的合理流动和合理配置；第三，企业要想取得最大利润，就必须讲求经济核算，加强管理，改进技术，提高劳动生产率，降低产品成本，这些都符合企业追求经济效益提高的目标要求；第四，每个企业都追求利润最大化目标，也有利于整个社会的财富实现最大化。

但是以利润最大化作为企业财务管理总体目标仍然存在以下缺陷：

①利润最大化没有考虑取得利润的时间，没有考虑资金的时间价值。

②利润最大化没有考虑所获得的利润与所投入资本额的关系。

③利润最大化没有考虑风险因素，高利润往往意味着高风险。

④利润最大化是基于历史的角度，反映的是企业过去某一期间的盈利水平，并不能够反映未来期间的盈利水平。

⑤利润最大化往往会使企业财务决策带有短期行为倾向，误导企业只顾眼前利益而忽视企业的长远发展。

⑥利润是企业经营成果的会计计量，由于会计政策和会计方法的可选择性，往往使企业的利润并不能反映企业的真实情况。

基于上述缺陷，利润最大化并不是企业财务管理目标的最佳选择。

3）每股收益最大化

每股收益最大化就是把企业的利润和股东投入的资本联系起来考察，用每股收益（或权益资本净利率）来概括企业的财务目标，以避免"利润最大化"目标的缺点。

所谓每股收益，亦称每股盈余、每股净利，用符号表示为 EPS，是指企业发行在外的普通股的平均每股税后净利水平。其计算原理如下：

$$每股收益 = 税后净利 \div 发行在外的普通股股数$$

相比利润最大化作为企业理财总体目标，其优点在于把利润均摊于每一股份，可以衡量投入产出效果。但每股收益最大化作为企业理财总体目标的其他局限仍然存在，而且仅适用于上市公司。故每股收益最大化同样不适宜作为企业理财总体目标。

4）股东财富最大化

股东财富最大化，是指通过企业财务上的合理运营，为股东创造更多的财富。股东财富是由两个变量所决定：一是股东持有股票的数量；一是该股票的市场价格。在股票数量一定时，股票价格达到最高时，股东财富也达到最大。当资本市场强势有效时，一般认为股票价格就成了衡量股东财富最有力的指标。在有效的资本市场上，证券价格能迅速、全面地反映所有有关价格的信息，证券价格就是其价值的最好体现，此时股东财富最大化目标就可以用股票价格最大化来代替。虽然资本市场有效性还存在不小的争论，但从严格意义上讲，不能否定有效市场的客观存在。而且，随着资本市场的逐渐成熟和监管措施的加强，资本市场也在逐渐趋向有效。

股东财富的表现形式是在未来获得更多的现金净流量，股票价格也就是股东未来所获得现金股利和所获得股票出售收入的现值，因此，股票价格一方面取决于企业未来获取现金流量的能力，另外一方面也取决于现金流入的时间和风险。因此，与利润最大化作为企业财务管理总体目标相比，股东财富最大化作为企业财务管理总体目标具有如下优点：

①股东财富最大化考虑现金流量的时间价值和风险因素。因为获得现金流量的时间早晚和风险的大小，会对股票价格产生重要影响。

②股东财富最大化在一定程度上能够克服企业在追求利润上的短期行为，因为股票价格在很大程度上取决于未来获取现金流量的能力。

③股东财富最大化反映了资本与收益的关系。因为股票价格是对每一股份的一个标价，反映的是单位投入资本的市场价格。

④股东财富最大化也是判断企业财务决策是否正确的标准，因为股票的市场价格是企业投资、融资和资产管理决策效率的反映。

但是，股东财富最大化作为企业财务管理总体目标也有其缺陷，具体表现在以下几个方面：

①只有在上市公司才有一个股票价格来衡量股东财富的多少，对于非上市公司而言，就难以计量股东财富的多少。

②追求股东财务最大化，往往会以牺牲债权人和其他企业利益关系人的利益为代价，即为了追求股东财富最大化，企业在财务决策时往往可能倾向更有利于股东的财务行为，这样很可能造成对债权人利益和其他利益关系人利益的伤害。

③影响股票价格的因素有很多，上市公司未来发展前景不再是影响股票价格的主要因素，而且很多影响因素是非正常的因素，股票价格已经不能真实地反映公司的实际情况，特别是中国证券市场目前还不成熟。

因此，股东财富最大化不是中国企业财务管理总体目标的最佳选择。

5）企业价值最大化

（1）企业价值的含义

通俗地讲，企业价值就是指把一个企业拿到市场上去出售到底能够卖多少钱。因此，企业价值可以定义为一个企业作为一个有机整体的市场价值，是以企业未来一定期间的自由现金流量按资本成本或含有风险在内的预期投资报酬率贴现的现值。企业价值不等同于利润。

（2）企业价值最大化的内容

企业价值最大化的具体内容包括：

①强调风险与报酬的均衡，将风险限制在企业可承担的范围内。

②创造与股东之间的利益协调关系，努力培养安定性股东。

③关心本企业职工利益，创造优美和谐的工作环境。

④不断加强与债权人的关系，重大财务决策请债权人参加讨论，培养可靠的资金供应者。

⑤关心客户利益，在新产品的研制和开发上有较高的投入，不断推出新产品来满足顾客的要求，以保持销售收入的长期稳定增长。

⑥讲求信誉，注意企业形象的宣传。

⑦关心政府政策的变化，努力争取参与政府制定政策的有关活动，以争取出现有利于企业的法规。

（3）企业价值计量模型

企业价值一般可以采用下述计量模型来进行计量：

$$V = \sum_{t=1}^{n} FCF_t \frac{1}{(1+i)^t}$$

式中　V——企业价值；

　　　FCF_t——自由现金流量；

　　　i——含风险在内的预期投资报酬率；

　　　n——企业存续寿命。

（4）企业价值的影响因素

由上述计量模型可知，影响企业价值大小最基本的因素为企业的未来增值能力（未来自由现金流量）、企业存续期（企业持续经营寿命）和企业风险（含风险在内的预期投资报酬率），被称为企业价值驱动的三大基本因素。除此之外，影响企业价值最大化的其他因素还包括：企业整体的经济和金融环境、该企业所在行业的前景、股东分布和投票权、企业重要领导人事变动。

（5）企业价值最大化作为企业理财总体目标的优点

以企业价值最大化作为理财目标具有如下优点：

①考虑了取得报酬的时间，并利用时间价值的原理进行了计量。

②科学地考虑了风险与报酬的关系。

③能克服在追求利润上的短期行为，因为不仅目前的利润会影响企业价值，而且预期未来的利润对企业价值的影响更大。

1.3　建筑施工企业财务管理的职能和任务

▶　1.3.1　建筑施工企业财务管理的职能

财务管理的职能，是指财务管理作为一种经济管理活动本身所固有的功能。财务管理的职能取决于财务的本质，是财务本质的具体体现。

1）财务管理的基本职能

企业财务管理是以资金为对象的一项管理活动，结合财务管理的特点，财务管理的基本职能包括合理组织企业的资金运动以及正确处理资金运动所体现的经济关系（财务关系）两个方面。

2）财务管理的具体职能

财务管理的具体职能可从以下两个方面来认识：

①财务管理的内容特点决定了财务管理的职能包括筹集资金、运用资金和分配资金三项，反映了财务管理的特殊性。

②财务管理作为一项管理活动，具有其他管理活动所共有的职能（计划、组织、控制等），反映了各种管理活动的普遍性。筹集资金、运用资金和分配资金等活动都需要通过计

划、组织、指挥、控制和协调等手段实现。

（1）财务计划职能

财务计划职能，是指对未来期间的财务活动进行规划和安排，是对未来期间企业的财务管理工作事先拟定目标、内容和决定实现目标的原则、方法、步骤及措施等完整方案的管理功能，包括财务预测、确定目标、财务决策、财务计划等内容。

（2）财务组织职能

财务组织职能，是指为了实现财务计划目标、合理组织财务活动的各个要素、各个环节和各个方面，进行合理的分工和协作。建立科学合理的财务组织体系，对财务活动进行协调有序的管理。包括：

a. 建立合理的组织机构；

b. 建立责任制；

c. 建立信息沟通渠道；

d. 确定企业财务管理方式；

e. 配备企业财务管理人员。

（3）财务指挥职能

财务指挥职能，是指财务领导者和财务管理人员根据财务管理目标和财务决策要求，运用组织权力和适当手段指导和监督下级财务管理机构和人员实现财务决策目标的一种管理职能。财务管理指挥职能的发挥过程，实际上是财务管理人员在一定组织形式下领导人们具体执行计划的过程。

（4）财务协调职能

财务协调职能，是指清除在生产过程中以及管理过程中各个环节、各个要素之间的不和谐现象，加强相互之间的配合，以达到按总目标轨道同步发展的管理功能。即根据企业财务活动或财务关系某个方面的变化，相应对企业财务活动或财务关系某个方面进行调整，以确保企业财务活动协调有序进行，保证财务目标顺利实现。

（5）财务控制职能

财务控制职能，是指按计划目标和确定的标准对企业的财务活动进行监督、检查，将企业财务活动的实际结果与财务计划目标对照，发现偏差、找出原因、及时采取措施纠正偏差，以确保财务计划目标实现的管理职能，包括两个方面：

①实际与计划的对照比较—发现偏差—分析偏差、找出原因—纠正偏差—确保计划顺利执行。

②计划执行结果与计划比较—存在偏差—原因是计划不合理—修正计划—制订新计划—指导未来。

▶ 1.3.2 建筑施工企业财务管理的任务

财务管理是根据国家的财经法规制度，按照财务管理的原则，组织企业的财务活动、处理企业的财务关系的一项综合性经济管理工作。财务管理的任务取决于财务管理对象的特点和财务管理工作的客观要求。

财务管理的任务，是指人们进行财务管理所要达到的目的和要求，包括两个层次：一是基本任务，二是具体任务。

1) 基本任务

企业进行生产经营的直接经济目的是获取最大程度的利润。企业财务管理，作为企业生产经营管理的一部分，其基本任务应与企业整体目标一致。企业财务管理的基本任务是：做好企业各项财务收支计划、控制、核算、分析和考核工作，依法合理筹集资金，有效利用企业各项资源，努力提高企业经济效益。

建筑施工企业财务管理的基本任务是以国家法律、法规、方针政策和财务制度为依据，根据市场经济的要求和建筑施工企业生产经营的特点，运用科学的方法，科学地组织建筑施工企业财务活动，正确处理建筑施工企业与各方面的经济利益关系，促进经济效益的提高，保证全面完成企业的经营目标。当然，企业在提高经济效益的同时，还必须注意提高社会效益、履行如下社会责任：对国家的责任、对投资者的责任、对债权人的责任、对消费者的责任和对社会的责任。

2) 具体任务

建筑施工企业财务管理的具体任务从属于财务管理的基本任务，取决于财务管理的具体内容。其主要任务具体表现在以下几个方面：

（1）参与企业的筹资决策

财务管理的核心是适时、适量、适度地筹集和运用资金，实现企业的经营目标。

建筑施工企业财务管理部门必须通过施工生产经营过程中资金需求的预测和计划的编制，参与企业的筹资决策，从各方面合理筹集足够的资金，满足企业生产经营对资金的需求。在进行筹资决策时，必须对各种筹资方式、筹资规模、筹资时机、资金结构、筹资成本等因素加以比较和选择。具体来说：

①要保持合理的资金结构，即要保持负债融资和权益融资之间的合理比例。

②要保持长期资金与短期资金之间的合理比例。

③保证筹资规模的方式要配合筹资的用途，要保持资金筹集与资金需求之间的平衡。既能及时满足企业生产经营所需资金，又不至于造成资金的积压或闲置浪费。

④保证所需资金适时到位。

⑤在保证满足资金需要的前提下，尽可能降低筹资成本。

⑥要合理考虑筹资渠道的多元化，尽可能降低筹资风险。

总之，筹资是企业生存和发展的重要基础之一，可以毫不夸张地说，筹资成效如何维系着企业经营的成败，企业财务人员必须着重全力解决好这一问题。

（2）合理配置资金

偿债能力与获利能力是企业最基本的两项财务能力，两者之间同时又是一对矛盾的统一体。不适当地追求获利能力的提高，往往可能导致偿债能力的下降；反之，维持较强的债务偿还能力，有可能导致获利能力的削弱。在市场经济条件下，企业的筹资渠道多元化、筹资方式多样化，要求企业必须重视其偿债能力与获利能力的有机统一。它不仅关系到企业的有限资金能否得到合理配置、有效运用，而且直接关系到企业未来的发展方向、发展规模和发展前景，也关系到企业的财务信誉，对企业的生存和发展具有决定性的意义。因此，企业的财务管理者要合理调度资金，实现资金在各环节的协调平衡。要统一规划企业的长期投资，分析投资项目的性质和可行性程度，合理确定企业的投资方向和投资规模，根据宏观经济发展形势和企业的总体发展战略，以及企业的资金状况，制订长短期投资计划，确定投资对象和投资金额。

（3）降低经营成本，提高资金使用效益

筹资的目的在于资金的合理使用，如何合理地使用资金以发挥出最大的使用效益，是企业财务管理的核心任务之一。企业的财务管理部门要注重加强日常资金管理，充分降低经营成本，提高资金的使用效益。具体来说，应着重注意以下几个方面：

①保持现金的收支平衡。

②及时处理企业的临时闲置资金，在权衡风险的基础上，可以考虑从事短期投资或运用金融工具达到保值目的。

③加强对存货、应收账款的管理，加快企业资金的周转速度，减少资金占用，节约资金，提高资金使用效益。

④提高生产效率、降低消耗、节约各项费用开支。企业可以通过制定各项费用预算和定额来控制和减少不必要的浪费和开支。

（4）合理分配所得

在分配企业的收益所得时，必须坚持按劳分配和按权益分配的有机统一，这是正确处理企业劳动投入者（即生产经营者）与资金投入者（即投资者，包括国家、股东、债权人）之间财务利益关系的根本准则。收益分配要求处理好各种经济利益关系，要注重利润分配和生产发展潜力的协调。这不仅对于正确处理国家、企业、个人的经济利益关系有着重要的意义，而且直接关系到企业的生存和发展，直接影响到职工的生产积极性和主动性，关系到企业经济效益的好坏。不合理的分配政策，可能会给企业带来严重的后果，企业不仅会因此丧失发展潜力，甚至其最基本的生存都会受到威胁。

（5）完善经济责任制，实施财务监督

加强经济责任制，是企业财务管理工作顺利进行的根本保证。企业可以进行统一规划，分环节、分部门地下达责任指标进行合理控制。财务监督是通过财务收支和财务指标对企业的生产经营活动进行审查和控制。具体要求如下：

①制订企业的财务管理制度，合理规定费用的开支标准，实施"量入为出"的理财原则。

②根据各项收入、成本、费用的预测，编制具体的用以控制和评价经营效益和职责的计划。

③设置财务管理机构，配备财务管理人员，对各项收支进行严格审查，通过对日常各

项财务收支进行严格的审查和控制，消除不合理以及不合法的收入和支出，维护财经纪律，杜绝贪污和浪费现象，确保资金的安全完整。

④贯彻"责、权、利"相结合的原则，建立健全内部考核和奖惩制度，对有关的责任部门和人员委之以一定的责任，赋予相应的权力，并给予相应的利益激励。

财务监督实质上是对企业经营行为和财务行为的一种理性约束。因此，财务监督除了要在"规范"上下足功夫外，还要加强宣传教育，促使企业的每一成员都具有很强的财务意识。

1.4 建筑施工企业财务管理的基本环节

财务管理的基本环节，是指财务管理的工作步骤与一般程序。一般来说，建筑施工企业财务管理主要包括以下几个环节：财务预测、财务决策、财务预算、财务控制和财务分析。这些环节相互配合，紧密联系，形成一个周而复始的财务管理循环，构成完整的财务管理工作体系。

▶ 1.4.1 财务预测

财务预测就是根据财务活动的历史资料、现实条件和要求，运用科学的方法对企业未来的财务活动、财务成果和财务状况进行预计和推测。财务预测包括编制财务计划之前的预测和计划执行过程中对计划执行情况的预测。开展财务预测是为进行财务决策和编制财务计划提供科学的依据。财务预测的内容包括筹资预测、成本预测、销售预测和利润预测等。

▶ 1.4.2 财务决策

财务决策是根据企业经营战略要求和国家宏观经济政策的要求，从提高企业经济效益的理财目标出发，在财务预测的基础上，对通过预测所得出的各个财务活动方案进行可行性评价，并在此基础上从各个可行的财务活动方案中选择一个最优方案的过程。在市场经济条件下，财务决策是企业财务管理的核心。财务决策也是编制企业财务计划、实施财务控制的基础，其成功与否直接关乎企业生产经营的成败。企业财务决策一般包括如下工作内容：确定决策目标、拟订备选方案、评价各种方案、选择最优方案。

▶ 1.4.3 财务预算

财务预算，是指运用科学合理的技术手段和数量方法，对企业未来财务活动的内容及指标所进行的具体规划。财务预算是以财务决策所确立的方案和财务预测提供的信息为基础编制的，是财务预测和财务决策的具体化，是控制财务活动的依据。

财务预算是企业全面预算的一部分，它和其他预算是联系在一起的，整个全面预算是一个数字相互衔接的整体。

▶ 1.4.4 财务控制

财务控制，是指在建筑施工企业生产经营活动过程中，以计划任务和各项定额为依据，对资金的收入、支出、占用、耗费进行日常的核算，利用特定手段对各单位财务活动进行约束和调节，以便实现计划规定的财务目标。财务控制是落实财务计划、保障计划实施的有效措施。

财务控制要适应管理定量化的需要，应抓好以下几个方面的工作：确定控制标准，分解落实责任、确定执行差异，及时消除差异、评价单位业绩，搞好激励与约束。

常见的财务控制方法有防护性控制、前馈性控制和反馈性控制。

▶ 1.4.5 财务分析

财务分析，是指以企业日常核算资料为主要依据，采用专门方法对企业财务活动的过程和结果进行分析和评价的一项工作。通过财务分析，可以评价企业财务计划指标的完成情况，有助于改善财务预测、财务决策、财务计划和财务控制工作，还可以总结经验教训，研究和掌握企业财务活动的规律性，不断改进和提高企业财务管理水平。财务分析的一般程序如下：搜集资料，掌握情况；对比分析，揭露矛盾；因素分析，明确责任；提出建议，改进工作。

财务分析的方法很多，主要有对比分析法、趋势分析法、因素分析法、比率分析法和财务综合分析评价方法。

财务管理的基本环节如图 1.2 所示。

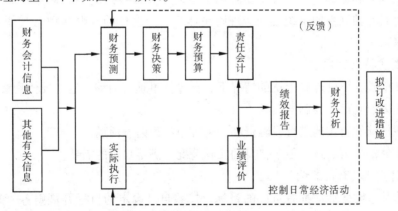

图 1.2 财务管理的基本环节

归结起来，在财务管理的各个环节中，财务管理的核心是财务决策。财务预测是财务决策和财务预算的前提；财务决策是在财务预测的基础上做出的；财务预算是财务决策的具体化，是以财务决策确立的方案和财务预测提供的信息为基础编制的，同时又是财务控制的依据；财务控制是落实财务计划任务、保证财务预算实现的有效措施；财务分析可以掌握各项财务预算的完成情况，评价财务状况，以改善财务预测、决策、计划和控制工作，提高管理水平。财务分析则既是对前期工作的总结和评价，同时又是对下期工作的经验指导和启示，在财务管理循环中起着承上启下的作用。随着财务管理的持续运作，正是因为财务分析的存在，才使财务预测、财务决策、财务计划、财务控制、财务分析首尾相接，形成一个完整的财务管理循环。

1.5 建筑施工企业财务管理的假设和基本原则

▶ 1.5.1 财务管理假设

财务管理的基本假设是指对财务管理领域中存在的尚未确知或无法论证的事物按照客观事物的发展规律所作的合乎逻辑的推理和判断。它包括两层含义：一是指无须证明的"理所当然"，可以作为逻辑推理的出发点；二是人们在已有知识的基础上，对观察到的一些新现象做出理论上的初步说明的思维形式，是有待于继续证明的命题。财务管理假设是建立财务管理理论体系的向导和前提条件，是组织财务活动和处理财务关系必须具有的思维形式。

财务管理的基本假设主要包括：资本市场有效假设、理财主体假设、持续经营假设、理性理财假设、资金时间价值假设。

1）理财主体假设

理财主体，是指财务管理为之服务的特定单位，通常是独立进行财务管理、具有独立或相对独立的物质利益的经济实体。企业财务管理不是漫无边际的，而应限制在每一个经济上和经营上具有独立性的组织之内。理财主体将一个主体的理财活动与其他主体的理财活动区分开来。

（1）理财主体具有独立性

理财主体能够在不受外界干扰的情况下，自主从事理财活动。这主要体现在三个方面：

①理财主体有自己所控制的资源。

②理财主体能够自主地进行投融资和分配等一系列财务活动。

③理财主体的决策始终立足于自身的实际情况，满足自身的需要。

（2）理财主体具有目的性

理财主体从事财务活动都有自己的目标，按照自己设定的目标开展财务管理工作，根据目标来规划自己的行动。理财主体作为一个完整的经济组织，不仅有其行动的总目标，如实现股东财富最大化，而且在不同的阶段有着不同的具体目标。如在融资阶段，理财的具体目标是筹集足够的资金，确定最佳的资本结构，降低资本成本；在投资阶段，其具体目标是做好投资决策，实现投资收益最大化；在分配阶段，其目标是通过分配决策，既能使投资者满意，又能保证公司发展的后劲。

理财主体目标为正确建立理财目标、科学划分权责关系奠定了理论基础。

2）持续经营假设

持续经营假设是指理财主体持续存在且能够执行预计的经济活动，即每一个理财主体在可以预见的未来都会无限期地经营下去。持续经营假设明确了理财工作的时间范围，对大多数正常经营的企业都是适用的，因为在正常经营情况下企业都会以其收入抵补其支出，获得盈余，并按其经营计划战略持续经营下去。在持续经营这一前提下，一旦有迹象表明企业经营欠佳、财务状况恶化、不能偿还到期债务，持续经营假设就失去了支持其存在的基础。这时，财务管理中必须放弃此项假设，而改为在清算假设中进行理财工作。

持续经营假设是企业财务管理的基本前提。在企业日常财务管理活动中，在确定筹资方式时，要注意合理安排短期资金和长期资金的关系；在进行投资时，要合理确定短期投资和长期投资的关系；在进行收益分配时，要正确处理各个利益集团短期利益和长期利益的关系。这些财务活动都是建立在此项假设的基础之上的。

3）理性理财假设

理性理财假设是指从事财务管理工作的人员都是理性的理财人员，他们的理财行为是理性的，他们会在众多方案中选择最有利的方案。在实际工作中，财务管理人员分为两类：理性的和盲目的。但不管是理性的还是盲目的理财人员，他们都认为自己是理性的，都认为自己作出的决策是正确的，否则他们就不会作出这样的决策。尽管我们承认存在一部分盲目的理财人员，但从财务管理研究来看，只能假设所有的理财行为都是理性的，因为盲目的理财行为是没有规律可循的，而没有规律的东西是无法上升到理论高度的。

理性理财的首要表现就是理财是一种有目的的行为，即企业的理财活动是有一定的目标。当然，在不同时期、不同的理财环境中，人们对理性理财行为的看法是有所不同的。例如，在过去计划经济时代，企业的主要任务就是执行国家所下达的总产值指标，企业领导人的职位、职工个人利益，均视产值指标的完成情况而定，这时的理财决策无疑是为了实现产值的最大化。今天看来，这种行为是不理性的，因为它只讲产值不讲效益、只讲数量不讲质量、只重生产不重销售、只重投入不重挖潜等种种行为对企业长期健康发展是有害的，但这在当时却是一种理性的理财行为。可见理性与否，是相对于具体理财环境而言的。理性理财的第二个表现在于，理财人员会在众多方案中选择一个最佳方案，即表现为财务管理人员要通过比较、判断、分析等手段，从若干备选方案中选择一个最有利于财务目标实现的方案。理性理财的第三个表现在于，当理财人员发现正在执行的方案是错误方案时，会及时采取措施进行纠正，以便使损失降至最低。

4）有效资本市场假设

有效资本市场假设，是指财务管理所依据的资本市场是健全和有效的。只有在有效的资本市场上，财务管理才能正常进行，财务管理理论体系才能建立。美国学者法玛（Fama）将有效市场划分为三类：一是弱式有效市场，二是半强式有效市场，三是强式有效市场。对投资者而言，有效资本市场假设提供如下启示：

①股价不能被预测，而只能被现在不知道的未来事件所影响。

②带着寻找价值被低估的个股的企图而对个别股票做详细分析是没用的。

③投资者应尽量减少交易次数，以使交易成本最小化。

④在投资活动中，资本规模是非常重要的。

⑤最佳的管理是组合管理。

⑥应充分认识到投资的风险。

⑦对投资专家、顾问的言论不可尽信，因为市场有效，投资者根本不可能通过他们的建议获取超额收益。

有效市场假设的派生假设是公平市场假设和资金借贷无限制假设。前者是指理财主体在资本市场上公平竞争，不存在内幕交易；后者是指无论哪个理财主体都可以依市场利率水平借贷所需资金。

5）资金时间价值假设

资金时间价值假设是指在进行财务计量时要假设资金具有时间价值。资金的时间价值是指资金在经过一定时间的投资和再投资所增加的价值。资金具有时间价值的依据是资金投入市场后其数额会随时间的推移而不断增加。这是一种客观的经济现象。要想让资金所有者把资金拿出来，市场就必须给予他们一定的报酬。

资金时间价值假设的首要应用是现值概念。不同时点的资金价值是不能简单相加的，需要进行折算，通常是把不同时点的资金价值换算成现在时点的价值，然后再相加减或比较，这一换算过程在财务上称为"折现"，折现后的资金价值称为"现值"。在财务估价中，广泛使用现值计量资产的价值。

资金时间价值假设的另一个重要应用是"早收晚付"观念。对于不附带利息的资金收支，晚收不如早收，早付不如晚付，因为早收晚付在经济上是有利的。

▶ 1.5.2 财务管理原则

财务管理原则是指人们对财务活动的共同的、理性的认识，是企业财务管理必须遵循的行为规则和规范，它是从财务管理实践中总结出来并在实践中证明是正确的行为规范，反映了其财务管理活动的内在的必然的要求。为了确保建筑施工企业财务管理目标的实现，要求建筑施工企业财务管理活动必须遵循如下财务管理的基本原则。

1）系统性原则

财务管理从资金筹集开始到资金收回为止，经历了资金的筹集、资金的投放、资金的耗费、资金的收回与资金的分配等几个阶段，这几个阶段相互联系、相互作用，组成一个有机的整体，构成一个完整的系统。系统性原则要求建筑施工企业必须从内外部联系出发，从各组成部分的协调与统一出发，做好财务管理工作。系统性原则的特征包括：明确的目的性、系统的整体性、管理的层次性和环境的适应性。在财务管理实践中，归口分级管理、目标利润管理、项目投资的可行性论证等都是系统原则的具体运用。

2）资金合理配置原则

企业财务管理是对企业全部资金的管理，而资金运动的结果则形成企业各种各样的物质资源。各种物质资源总是要求有一定的比例关系。所谓资金合理配置，就是通过资金活动的组织和调节，来保证各项物质资源具有最优化的结构比例关系。

企业物质资源的配置情况是资金运用的结果，同时它又是通过资金结构表现出来的。从一定时点的静态来看，企业有着各种各样的资金结构。在资金占用方面，有对外投资与对内投资的构成比例关系，有流动资产和非流动资产的构成比例关系，有有形资产与无形资产的构成比例关系，有货币性资产与非货币性资产的构成比例关系，有原材料、在产品、产成品的构成比例关系，等等。在资金来源方面，有债务资金和自有资金的构成比例关系，有流动负债和非流动负债的构成比例关系，等等。若一个企业资金配置合理，从而资源构成比例适当，就能保证生产经营活动的顺畅运行，并由此取得最佳的经济效益，否则就会造成生产经营的阻塞，危及企业的采购、生产和销售活动的协调有序运行，甚至影响企业的兴衰。因此，资金合理配置，是确保企业生产经营活动持续、高效运行的必要条件。

各种资金形态的并存性和继起性，是企业资金运动的一项重要规律。只有把企业的各项资金合理地配置在生产经营的各个环节上，才能保证资金运动的继起性和各种形态的资金占用合理，才能确保企业生产经营活动的顺畅进行。若企业库存材料、库存产品长期积压、应收账款长期被拖欠、而企业又没有采取有效的调节措施，则势必造成生产经营的困难；若企业不能优先保证企业内部生产经营所需资金，而把资金大量用于对外投资的话，则企业主营业务的开拓与发展必然受到影响。通过合理运用资金实现企业资源的优化配置，从企业理财角度来看就是合理地安排企业各种资金的构成比例问题。企业理财中的资本结构决策、投资组合决策、存货管理决策、利润分配决策等无一不是这一原则的具体体现。

3）收支积极平衡原则

在企业财务管理中，不仅要保持各种资金存量的协调平衡，而且要经常关注资金流量在动态上的协调平衡。所谓收支积极平衡，就是要求企业的资金不仅在一定期间内总量上保持平衡，而且在每一时点上协调平衡。资金收支在每一时点上的协调平衡，是企业资金循环过程得以周而复始进行的条件。

资金收支的平衡，归根结底取决于企业供、产、销活动的平衡。企业既要搞好生产经营活动过程的组织管理工作，又要抓好生产资料的采购和产品的生产与销售，克服任何一种片面性。只有坚持供、产、销的统一，使企业供、产、销三个环节相互衔接、相互协调、相互配合，保持平衡，企业的资金周转才能顺畅进行，并取得应有的经济效益。

资金收支平衡不能采用消极的办法来实现，而要用积极的办法来解决资金收支中存在的矛盾。要做到收支平衡，首先要开源节流，增收节支。节支是要节约那些应该压缩、可以压缩的费用，而对那些在创收上有积极作用的支出则必须全力保证；增收是要增加那些能够带来经济效益的营业收入，至于采取拼设备、拼人力、不惜工本、不顾质量而一味追求短期收入的做法则是不可取的；其次，在发达的金融市场条件下，还应通过短期筹资和投资来调剂资金的余缺。在一定时期内，资金入不敷出时，应及时采取办法，如出售有价证券、借款、发行短期债券等方式融通资金；而当资金比较充裕时，则可适时归还借款、赎回短期债券或购入短期有价证券等。总之，在组织资金收支平衡问题上，既要量入为出，根据现有财力来安排各项开支，又要量出为入，对于关键的生产经营支出要开辟财源，积极予以支持，这样才能取得理想的经济效益。收支积极平衡原则不仅适用于现金收支计划的编制，对于有价证券投资决策、筹资决策等同样具有重要的指导意义。

4）成本效益原则

在企业财务管理中，既要关心资金的存量和流量，又要关心资金的增量。企业资金的增量即资金的增值额，是由营业利润或投资收益形成的。因此，对于形成资金增量的成本与收益这两方面的因素必须认真进行分析和权衡。成本效益原则，就是要对经济活动中的所费与所得进行比较分析，对经济行为的得失进行衡量，使成本费用与收益达到最优的结合，以求获得最多的盈利。

企业开展财务管理工作，必须讲求经济效益，即以较低的成本支出最大限度地实现企业财务管理的目标，提高企业财务管理效益。因此，企业应对各项财务决策进行成本效益分析，遵循以下要求：

①无论采用何种决策方案，必须看它的可实现收益是否大于其投入成本，如果达不到这一点，即为得不偿失，则不必要采用这一方案。

②有些决策方案在执行过程中可能通过不断追加支出而使其可能提供的效益愈来愈高。在该种情形下，就需要考虑追加投入多少成本时，它所能提供的效益减去成本后的净收益达到最大。

③当项目收益难以确定时，应考虑在达到既定目标的前提下，如何使投入的成本最小化。

④考虑决策的成本效益，以最小的资金投入追求最大的产出效应是企业财务管理最根本的原则，也是一个成功企业自始至终追求的理想目标。然而企业财务管理的成效并不一定都能够定量化，即不能以某些数量指标加以量化。因此，确认利益最大化方面有操作上的困难，即使确认次优利益也不是显而易见的。总之，在运用成本效益原则评价企业财务管理绩效时，应该把重点放在成本的节约方面，尤其是在日常的企业内部财务管理上，特别要注意资金的运作成本。

⑤成本效益原则作为一种价值判断准则，在企业财务管理中具有相当重要的指导意义和应用价值。

5）收益与风险均衡原则

众所周知，风险是客观存在的。在激烈的市场竞争中，进行财务决策不可避免地要遇到风险。财务活动中的风险，是指因为各种不确定因素的客观存在，从而造成企业获得预期成果的不确定性。企业要想获得收益，就不能回避风险。风险对企业财务而言，也意味着收益和机会，也就是说，挑战中存在机遇。企业进行财务管理不能只顾追求收益，不考虑发生损失的可能。收益与风险均衡的原则，要求企业对每一项财务活动，全面分析其收益性和安全性，按照收益和风险适应的要求来决定财务方案，在实践中趋利避害，提高收益。

在财务活动中，低风险只能获得低收益，高收益则往往要承担高风险。例如，企业持有较多的现金，可以增强企业财务的安全性和偿债能力，但是却只能获得较低的收益（银行存款）甚至完全没收益（库存现金）；又如，发行债券融资相比发行股票融资，可以提高权益资本利润率，但是按期支付固定利息和到期偿还债券本金，则增大了企业的偿债风险。无论是投资者，还是受资者，都要求收益与风险相适应，风险越大，则要求收益也越高。只是对于不同的经营者而言，对风险可能持有不同的态度。有的经营者宁愿回报低也不愿意承担更高的风险；反之，有的经营者则宁愿冒更大的风险，也要追求高回报。

在企业财务管理实务中，无论企业所面临的内外环境如何，无论经营者的心理状态是稳健还是进取，都应对风险和收益做出全面的分析和权衡，做到既能降低风险，又能得到较高的回报，特别注意把高风险、高回报的项目与低风险、低回报的项目适当的搭配组合，分散风险，使风险与收益均衡，从而既降低风险，又能得到较高的收益，甚至化风险为机遇，在危机中寻找机会。

6）归口分级管理原则

在规模较大的现代化企业中，对财务活动必须实行归口分级管理。所谓归口分级管理，是指在企业总部的统一领导的前提下，合理安排各级单位和各级职能部门的权责关系，充分调动各级职能部门各个单位的积极性。统一领导下的归口分级管理，是民主集中制在企业财务管理中的具体运用。

以建筑施工企业为例，企业通常分为总部、项目部、施工队等三级，在总部、项目部设立若干职能部门或专职人员。在财务上实行统一领导、归口分级管理，就是要按照物资管理同资金管理相结合、资金使用和资金管理相结合、管理责任同管理权限相结合的要求，合理安排企业内部各单位在资金、成本、收入等管理上的权责关系。总部是企业行政工作的指挥中心，企业财务管理的主要权力集中在总部。同时要对项目部、施工队、采购部、后勤服务部等单位给予一定的权限，建立财务分级管理责任制。企业的各项财务指标要逐级分解并落实到各级单位，各级单位要核算其直接费用、资金占用等财务指标，定期进行考核，对经济效益好的单位给予物质奖励。财务部门是组织和推动全企业财务管理工作的主要部门，而采购、施工生产等部门则直接负责组织各项施工生产经营活动，使用各项资金和物资，发生各项费用，参与创造和实现生产成果。要在加强财务部门记账管理的同时，实行各职能部门的分级管理，按其业务范围确定其财务管理的职责和权限，核定指标，定期考核。这样，就可以调动各级各部门财务管理的积极性。

统一领导下的分级归口管理，包含专业管理和群众管理相结合的要求。企业财务部门是专职财务管理部门，而其他各级各部门的管理则带有群众管理的性质。通常在总部、项目部设有专职财务人员，而在施工队等则由广大员工直接参与财务管理。统一领导下的分级归口原则，也可以说就是在企业财务管理中实行民主管理。

7）利益关系协调原则

企业财务管理要组织资金的活动，因而必然各方面存在着密切的经济利益关系。实行利益关系协调原则，就是在财务管理中利用经济手段协调国家、投资者、债权人、购销客户、经营者、劳动者、企业内部各部门各单位之间的经济利益关系，维护有关各方面的合法权益。有关各方利益关系的协调，是企业财务目标顺利实现的必不可少的条件。

企业内部和外部经济利益的调整在很大程度上都是通过财务活动来实现的。企业对投资者要做到资本保全，并合理安排红利分配同盈余公积提取的关系，在各投资者之间合理分配利润；对债权人要按期还本付息；企业与企业之间要实行等价交换原则，并且通过折扣、罚金和赔款等形式来促使各方认真履行经济合同，维护各方的经济利益；在企业内部，对于生产经营经济效果好的单位应予以必要的物质激励，并且运用各种结算手段划清各单位的经济责任和经济利益；在职工之间实行按劳分配原则，把职工的收入和劳动成果联系起来。所有这些都要通过财务管理来实现。在财务管理中，应当正确运用价格、股利、利息、奖金、罚款等经济手段，启动激励与约束机制，合理补偿，奖优罚劣，处理好各方面的经济利益关系，以保障企业生产经营顺利、高效运行。处理各种经济利益关系，要遵守国家法律，认真执行政策，保障各方面应得的利益，防止搞优质不优价、同股不同酬的不正当做法。

在经济生活中，个人利益与集体利益、局部利益与全局利益、近期利益与长远利益往往会发生矛盾，而这些矛盾往往是不可能完全靠经济利益的调节来解决的。在处理物质利益关系的时候，也应注重思想沟通，提倡顾全大局。

8）弹性原则

财务管理应努力实现收支平衡并略有余地。略有余地就是留有弹性。企业在财务管理中保持合理的弹性，是基于以下考虑：a. 建筑施工企业所面临的财务管理环境复杂多变，企业不可能完全预见甚至控制那些不确定性情况及其影响；b. 建筑施工企业财务管理人员的素质和能力有局限，不可避免出现失误甚至错误；c. 财务预测、决策与计划都是对未来的一种预判和规划，由于不确定性因素的客观存在和多样性，不可能做到完全准确。

在建筑施工企业财务管理中贯彻弹性原则的关键在于防止弹性过大或过小，弹性过大会造成浪费，而弹性过小会给企业带来较大的风险。确定弹性是否合理必须考虑如下因素：a. 企业适应财务环境的能力的大小；b. 不利条件出现的可能性的大小；c. 不利条件出现对财务目标实现的影响程度的大小；d. 企业管理层对风险所持的态度。

9）优化原则

企业财务管理过程是一个不断分析、比较和选择，以实现最优的过程。这是财务管理目标所决定的。在财务管理实践中，项目投资方案的评价与择优、最佳现金持有量的确定、存货经济批量的确定、最佳资本结构的确定、股利政策的选择、企业筹资额的确定、量本利分析等都是最优化原则的具体体现。

1.6　建筑施工企业财务管理环境

企业财务管理总是与一定的环境相联系、存在和发展的，不同时期、不同国家、不同领域的财务管理有着不同的特征，最终都是因为影响财务管理的环境因素不尽相同。企业财务管理不可能独立于环境之外。环境的变化，对企业而言，既可能带来的是威胁，也可能带来的是机会，因此要求企业财务管理人员能够合理预测环境的发展变化状况，提高企业适应环境变化的能力，确保企业趋利避害，促进企业健康发展。

▶ 1.6.1　财务管理环境的概念及分类

1）财务管理环境的概念

建筑施工企业财务管理环境，就是指建筑施工企业财务管理以外的、并对建筑施工企业财务管理系统有影响作用的一切系统的总和。例如，国家的政治经济形势、国家经济法规的完善程度、企业所面临的市场状况、企业的生产条件等都会对建筑施工企业的财务管理产生重要影响。因此，都属于建筑施工企业财务管理环境的内容。

2）建筑施工企业财务管理环境的分类

为了能对建筑施工企业财务管理环境进行更深入细致的研究，有必要对建筑施工企业财务管理环境进行如下分类：

（1）按财务管理环境包括的范围划分

财务管理环境可以划分为宏观财务管理环境和微观财务管理环境。

①宏观财务管理环境，是指对财务管理有重要影响的宏观方面的各种因素，如一个国家或地区的政治经济形势、经济发展水平、金融市场状况等。宏观环境的变化，一般对所有企业的财务管理都会产生影响。

②微观财务管理环境，是指对财务管理有重要影响的微观方面的各种因素，如企业组织形式、生产状况、产品市场销售状况、资源供应状况等。微观环境的变化一般只对特定企业的财务管理产生影响。

（2）按财务管理环境与企业的关系划分

财务管理环境可以分为企业外部财务管理环境和企业内部财务管理环境。

①企业外部财务管理环境，是指企业外部的影响企业财务管理的各种环境因素，如一个国家或地区的政治经济形势、法律制度、企业所面临的市场状况等。外部环境构成比较复杂，要求建筑施工企业财务管理人员需要认真调查研究，收集资料，以便分析研究，并加以全面认识、充分利用。

②企业内部财务管理环境，是指企业内部的影响企业财务管理的各种环境因素，如企业的生产情况、技术状况、经营规模、资产结构、资本结构、生产经营周期等。相对而言，企业内部财务管理环境比较简单，往往有现成数据资料，具有能够比较把握和加

以利用等特征。

企业内部财务管理环境一般属于微观财务管理环境，而企业外部财务管理环境，有的属于宏观财务管理环境，如政治经济形势、法律制度，有的则属于微观财务管理环境，如企业的产品销售市场状况、企业资源的供应情况等。

（3）按财务管理环境的变化情况划分

建筑施工企业财务管理环境可以分为静态财务管理环境和动态财务管理环境。

①静态财务管理环境，是指那些处于相对稳定状态的影响财务管理环境的各种因素，通常是那些相对容易预见、变化不大的财务管理环境部分，它们对财务管理的影响也相对比较平衡、起伏不大。因此，这类财务管理环境一经被认识后，一般无须经常予以调整、研究，而是作为已知条件加以对待，如地理环境、法律制度等，属于静态财务管理环境。

②动态财务管理环境，是指那些处于不断变化状态的影响财务管理的各种因素。从长远来看，所有财务管理环境都是变化的。因此，这里所谓的动态财务管理环境，是指那些变化性强、预见性差的财务管理环境部分。在市场经济体制下，商品市场上的销售数量、销售价格，资金市场上的资金供需状况及利息率的高低，都是处于不断变化当中，属于动态财务管理环境。在财务管理中，应着重研究、分析动态财务管理环境，并及时采取相应对策，提高企业对财务管理环境的适应能力和应变能力，提高企业财务管理水平。

▶ 1.6.2 研究建筑施工企业财务管理环境的意义

随着社会经济的不断发展，经济管理的要求不断提高，要求财务管理理论和方法不断发展变化，以适应企业经济的发展需要。因此，财务管理环境研究具有重要意义，具体表现在以下几个方面：

①通过对财务管理环境的研究，可以使企业财务管理人员正确、全面地认识财务管理发展的历史规律，掌握财务管理的发展趋势。

②通过财务管理环境的研究，可以正确地认识影响财务管理的各种环境因素，不断增强财务管理工作对财务管理环境变化的适应能力。

③通过财务管理环境的研究，可以不断地推动财务管理理论研究，尽快建立起适应市场经济发展的财务管理体系。

▶ 1.6.3 建筑施工企业财务管理的内部环境

建筑施工企业财务管理的内部环境是指存在于建筑施工企业内部并对财务活动产生影响的客观因素，包括建筑施工企业的组织形式、企业内部财务管理体制、财务管理组织机构、财务管理人员构成及素质等。其中，企业组织形式及财务管理体制是最主要的因素。

1）企业的组织形式

财务管理的原则、程序和方法与企业的组织形式密切相关。典型的企业组织形式有三种：个人独资企业、合伙制企业以及公司制企业。

（1）个人独资企业

个人独资企业又称业主制企业，是由业主个人独自出资创立并独自经营的企业组织形式。在我国，是指在中国境内设立，由一个自然人投资，财产为投资者个人所有，企业的财产与投资者的财产不可分割，投资人以其个人财产对企业债务承担无限责任的经营实体。业主制或个人独资企业属于与经商法人相对称的经商自然人主体范畴。业主制或个人独资企业不具有法人主体资格。这类企业一般规模较小，经营灵活，易于控制，企业全部盈利归业主，业主承担个人所得税，企业不必缴纳企业所得税。在我国，法律上并没有对这类企业的出资方式加以规定和限制，因此这类企业组织形式的存在，有利于激发民间资金的投资热情，是对公有制经济的必要补充，有助于推动公有制经济的健康发展。

①个人独资企业的优点：

a. 创立容易。如只需要很少的注册资金，不需与他人协商并取得一致等；

b. 维持个人独资企业的固定成本较低。如政府对其监管较少，对其规模也没什么限制，企业内部比较容易协调等；

c. 不需要缴纳企业所得税。

②个人独资企业的缺点：

a. 业主对企业债务承担无限责任，有时企业的损失会超过业主最初对企业的投资，需要用个人其他财产偿还债务；

b. 企业存续的年限受限于业主的寿命；

c. 难以从外部获得大量资金用于经营。

（2）合伙制企业

合伙制企业又称合伙企业，是指由两个或两个以上合伙人共同出资、共同经营、共享收益、共担风险，对企业的债务负有连带清偿责任的企业组织形式。合伙企业不具有法人主体资格，也无独立承担民事责任的能力。合伙制企业又分为一般合伙和有限合伙两种。前者的每一合伙人对企业债务都负有连带无限责任；后者的普通合伙人对企业债务负有连带有限责任，即以其合伙出资为最高清偿额度。

通常，合伙人是两个或两个以上的自然人，有时也包括法人或其他组织。

合伙企业的优缺点与个人独资企业类似，只是程度不同而已。

此外，法律规定，合伙企业的合伙人对企业债务须承担无限、连带责任。每个合伙人都可能因无法偿还企业债务而失去原始投资以外的其他财产。如果其中一个合伙人无法偿还其应分担的债务，其他合伙人必须承担连带责任，即有责任替其偿还债务。法律还规定合伙人转让其所有权时需要征得其他合伙人的同意，有时甚至还需要修改合伙协议。因此，其所有权转让比较困难。

（3）公司制企业

公司是指依照《公司法》组建设立，以赢利为目的的企业组织形式，具有法人主体资格。公司制企业是现代企业制度的最主要的组织形式。公司制企业一般具有以下特点：a. 依法设立的公司，由登记机关发给公司营业执照，设立公司必须依法制定公司章程，公司章程对公司、股东、董事、监事、高级管理人员具有约束力；b. 公司是企业法人，有独立的法人财产，享有法人财产权，并以其全部财产对公司的全部债务承担有限责任；c. 公司法定代表人依照公司章程的规定由董事长、执行董事或经理担任，并依法登记；d. 公司依法自主经营、自负盈亏和照章纳税，对出资者承担保值增值责任；e. 公司实行所有权与经营权相分离、激励与约束相结合的内部管理体制；f. 公司的产权由公司股东共有，股东依法享有资产收益、参与重大决策、选择经营管理者等权利；g. 公司实行有限责任制，股东对公司债务以其出资额为限承担有限责任；h. 股东不得抽资退股，但可依法将其所持股份转让给第三方。

公司制企业跟个人独资企业和合伙制企业相比，其突出优点是股东承担有限责任、股权可以转移、公司经营寿命长、筹资渠道宽等；其缺点是设立程序较严格、复杂，容易产生内部人控制问题，公司和股东双重纳税等。

公司制企业主要有有限责任公司、股份有限公司、无限责任公司和两合公司四种形式。但在我国主要有有限责任公司和股份有限公司两种基本形式。

①有限责任公司

有限责任公司（简称有限公司）的股东以其认缴的出资额为限对公司承担有限责任。有限责任公司由 50 个以下股东出资设立。有限责任公司的注册资本为在国家工商行政管理局登记的全体股东认缴的出资额。公司全体股东的出资额不得低于注册资本的 20%，也不得低于法定的注册资本的最低限额，其余部分由股东自公司成立之日起两年内缴足。有限责任公司注册资本的最低限额为人民币 3 万元。股东可依法用货币出资，也可以用实物资产、无形资产和土地使用权等可以用货币估价并可以依法转让的非货币资产出资。全体股东的货币出资额不得低于有限责任公司注册资本的 30%。有限责任公司成立后向全体股东签发出资证明书。有限责任公司建立股东名册，记载于股东名册的股东，依名册主张行使股东权利。股东之间可以相互转让全部或部分股权，股东向股东以外的其他人员转让股权，应征得其他股东过半数股东的同意，其他股东半数以上不同意转让的，由不同意转让的股东购买下该转让的股权，若不购买的，视为同意转让。经股东同意转让的股权，在同等条件下，其他股东有优先购买权。

在我国，《公司法》将一人有限责任公司和国有独资企业划归为有限责任公司，并予以特别规定：

a. 一人有限责任公司是指只有一个自然人股东或一个法人股东的有限责任公司。一人有限责任公司注册资本的最低限额为人民币 10 万元。股东应一次足额缴纳公司章程规定的出资额。一个自然人只能投资设立一个一人有限责任公司，该一人有限责任公司不能投资设立新的一人有限责任公司。一人有限责任公司应当在公司登记中注明自然人独资或法人独资，并在公司营业执照中载明。一人有限责任公司不设股东会。

b. 国有独资公司是指由国家或有权代表国家投资的机构单独出资，由国务院或地方各级人民政府授权本级人民政府国有资产监督管理机构履行出资人职责的有限责任公司。国家独立出资创办的国有企业，在我国称为国有独资公司。国有独资公司不设股东会，由国有资产监督管理部门行使股东会职权。

②股份有限公司

股份有限公司（简称股份公司）的股东以其认购的股份为限对公司承担有限责任。股份公司的设立可以有两种方式：发起设立和募集设立。发起设立是由发起人认购公司所发行的全部股份而设立的公司。募集设立则是由发起人认购公司所发行的部分股份，其余股份面向社会公众公开募集或者向特定对象募集而设立公司。设立股份有限公司发起人应当在 2 人以上 200 人以下，其中须有半数以上的发起人在中国境内有固定住所。股份有限公司采用发起设立方式设立的，注册资本为在国家工商行政管理局登记的全体发起人认购的股本总额。公司全体发起人的首次出资额不得低于注册资本的 20%，其余部分由发起人自公司成立之日起两年内缴足，在缴足前不得向他人募集股份。股份公司采用募集方式设立的，注册资本为在国家工商行政管理局登记的实收股本总额。股份公司注册资本的最低限额为人民币 500 万元。以发起方式设立股份公司的，发起人应当书面认足公司章程规定其认购的股份。一次性缴纳的，应当缴纳全部出资；分期缴纳的，应当缴纳首期出资。以非货币资产出资的，应依法办理其财产的产权转移手续。股份公司的资本划分成等额股份，每一股份金额相等。股份采取股票的形式。股票是公司签发给股东所持有股份的凭证。股份的发行实行公平、公正的原则，同种类的每一股份具有同等权利。同次发行的同种类股票，每股的发行条件和价格应当相同。股票发行价格可以是按面值发行，也可以是溢价发行，也可以是折价发行（但我国不允许折价发行）。股票采用纸面形式或国务院证券监督管理机构规定的其他形式发行。公司发行的股票可以是记名股票，也可以为无记名股票。但向发起人发行的股票必须是记名股票。公司发行记名股票的，应当置备股东名册；发行无记名股票的，公司应当记载其股票数量、编号及发行日期（我国不允许发行无记名股票）。

总之，有限责任公司与股份有限公司的区别主要表现在：

在有限责任公司中，a. 每个股东以其认缴的出资额为限对公司承担有限责任，公司以其全部财产对其债务承担有限责任；b. 以出资证明书证明股东出资份额；c. 不能发行股票，不能公开募集资本；d. 股东的出资不能随意转让；e. 财务不必公开。

在股份有限公司中，a. 资本划分成等额股份；b. 可以公开发行股票募集资本；c. 股东以其所认购的股份对公司承担有限责任，公司以其全部资产对公司债务承担有限责任；d. 股票可以自由转让；e. 财务公开，特别是上市公司，其财务必须公开。

③公司制企业的优点

a. 无限存续。如即使一个公司最初的所有者和经营者都退出了公司，仍然可以继续存在；

b. 容易转让所有权。公司的所有者权益被划分为若干股权份额，每个股权份额都可以单独转让，无需经过其他股东的同意；

c. 有限债务责任。公司债务是法人的债务，不是所有者的债务，所有者的债务责任以其出资额为限。

正是由于公司制企业具有上述优点，使之其更容易在资本市场上筹集到资金。有限债务责任和公司无限存续，降低了投资者的风险；所有权便于转让，提高了投资人资产的流动性。这些特点促使投资人更愿意把资金投资到公司制企业。

④公司制企业的缺点

a. 双重课税。公司作为独立法人，其实现的利润需要缴纳企业所得税，企业利润分配给股东，股东还需缴纳个人所得税。

b. 组建公司的成本比较高。公司法对于组建公司的要求比组建独资企业与合伙企业高，并且需要提交一系列法律文件，通常花费的时间较长。公司成立后，政府对其监管比较严格，需要定期提交各种报告。

c. 存在代理问题。经营者和所有者分开以后，经营者成为代理人，所有者称为委托人，代理人可能为了自身利益而伤害委托人的利益。

本书所讨论的建筑施工企业财务管理均指公司制建筑施工企业财务管理。

2）建筑施工企业财务管理体制

企业财务管理体制，是指规范企业财务行为、协调企业同各方利益关系人财务关系的制度。企业财务管理体制改革是经济体制改革的重要组成部分。研究和改革财务管理体制，不仅对加强企业财务管理、提高经济效益具有重要作用，而且对于促进和配合财税、金融、经济、投资、计划等体制的改革也具有重要意义。

建立企业财务管理体制，主要应规范企业对外财务行为和财务关系，规范企业内部的财务运行方式和财务关系。

（1）企业总体财务管理体制

企业总体财务管理体制是现代企业制度的重要组成内容，主要是解决企业对外的财务行为和财务管理问题。

建立企业财务管理体制，应当按照社会主义市场经济体制和完善企业经营机制的基本要求来进行。要使企业适应市场的要求，成为依法自主经营、自负盈亏、自我发展、自我约束的商品生产和经营单位，成为独立享有民事权利和承担民事义务的企业法人，要建立适应市场经济要求、产权明晰、权责明确、政企分开、管理科学的现代企业制度。各类企业应当按照自身的产权制度和组织形式，在所有权和经营权分离的原则下，确立自主经营、自负盈亏的财务管理模式。

国家的有关法律法规对企业的财务行为做出了明确的规范，如公司法、税法、证券法等。企业安排其总体财务管理体制，要在国家法律法规的指导和约束下，研究如下问题：

①建立企业资本金制度。要明确企业资金供应的来源渠道，各种资金的筹集方式，股票、债券的发行和流通、各类企业的最低出资限额，资本金登记制度，资本金保全要求等。

②建立固定资产折旧制度。要明确固定资产的划分标准和资金来源，计提折旧固定资产范围和分类，折旧年限、计提折旧的方法、加速折旧的应用等。

③建立成本开支范围制度。要明确企业各种支出的计列方式，允许进入成本、期间费用的支出范围和支出标准，还要规范成本的计算方法。

④建立利润分配制度。要研究确认收入实现的标准，利润的构成，利润总额和所得税后利润中允许调整和扣除的项目，税后利润中盈余公积金的提取，向投资者分配利润的顺

序，等等。

（2）企业财务分权分层管理

现代企业应适应公司治理结构，建立起适当的财务治理结构。财务治理结构就是规范所有者和经营者财务权限、财务责任和财务利益的制度安排。对于一个财务管理主体（又称理财主体）来说，要建立"两权三层"的财务治理结构。

① "两权三层"管理的基本框架

所有者和经营者是针对同一理财主体而言的。研究企业内部财务管理体制，首先要建立起理财主体的概念。理财主体是独立进行财务活动、实施自主理财的单位或个人，它同时也界定了财务活动的空间范围。只有先明确了谁是理财主体，才能明确财务管理的权限和责任的归属，也才能把某一财务主体的资金及其所涉及的财务关系同其他财务主体区分开来。就各种组织形式的企业而言，独资、合伙企业是理财主体，但不是法人企业，股份有限公司和有限责任公司既是理财主体又是法人实体。大型企业下设的分公司不是理财主体，而企业集团所控制的子公司是理财主体。建立了理财主体这一前提条件，才能明确所有者和经营者，才能探讨他们从不同角度对该理财主体进行财务管理。对于一个理财主体而言，在所有权和经营权分离的情况下，所有者和经营者对企业财务管理有着不同的权限，要进行分权管理。这就是所谓的"两权"。

按照公司的组织结构，所有者财务管理和经营者财务管理，分别由股东大会、董事会、经理层（其中包括财务经理）来实施，进行财务分层管理。这就是所谓的"三层"。在公司制组织形式下，股东作为出资者拥有财产所有权（股权），所以股东大会实行所有者财务管理。董事会比较特殊，它与股东大会之间是一种信托托管关系。董事是股东的委托人，承担受托责任，受股东大会的信任委托，托管公司的法人财产和负责公司的经营。董事会拥有约束的法人财产和有约束的经营权。企业的董事大多是从股东中选举产生的，而且出资额较大的股东才被选为董事，企业的法人代表、董事长往往是出资额最大的股东。因此，董事会成员既代表出资人，又受雇于全体股东。董事会具有所有者财务管理和经营者财务管理的两种职能，董事会对企业财务管理在行使权限方面代表出资者，而在承担责任方面代表经营者。总经理和董事会之间是委托代理关系，拥有企业经营管理权。总经理及企业经理层对企业财务管理属于经营者财务管理。

"两权三层"的企业财务治理结构如图1.3所示。

图1.3 企业财务治理结构图

过去人们往往认为，企业财务管理就是财务经理的财务管理。但美国学者认为："管理财务学可用财务经理的职能和责任来确定其涵义。""两权三层"财务治理结构的建立，是对传统理财观念的一个突破。

②"两权三层"管理的内容

所有者财务管理的对象是所有者投入企业的资本，而经营者财务管理的对象则是企业的法人财产。这两个管理对象的差别是两权分离的结果，它表明出资者只对投入的资本及其权益行使产权管理，而经营者则对构成企业法人的全部财产行使产权管理，对出资者承担保值增值的责任。三个层次财务管理的内容如下：

a. 股东大会。着眼于企业的长远发展和主要目标，实施重大的财务战略，进行重大的财务决策。如决定公司的经营方针和投资计划；审议批准年度财务预算、财务决策；审议批准利润分配方案或亏损弥补方案；对增加或减少公司注册资本做出决定；对发行公司债券做出决定；对公司合并、分立、解散和清算做出决定；等等。

b. 董事会。着眼于企业的中、长期发展，实施具体财务战略，进行财务决策。如决定公司的经营计划和投资方案；制订年度财务预算方案、决策方案；制订利润分配方案或亏损弥补方案；制订增加或减少公司注册资本的方案；制订发行公司债券的方案；拟订公司合并、分立、解散和清算的方案；决定公司内部财务管理机构的设置；聘任或者解聘经理和财务负责人；等等。

c. 经理层。经理层对董事会负责，着眼于企业短期经营行为，执行财务战略，进行财务控制。如组织实施公司年度经营计划和投资计划；组织实施年度财务预算方案；组织实施利润分配或亏损弥补方案；组织实施增加或减少注册资本的方案；组织实施发行公司债券的方案；组织实施公司合并、分立、解散和清算的方案；拟订内部财务管理机构设置方案；提请聘任或者解聘经理和财务负责人，聘任或解聘财务管理人员；等等。

随着现代企业财务管理实践的发展，企业各层次财务管理的内容还会进一步丰富起来。

（3）企业内部财务管理方式

企业内部财务管理方式主要是规定企业内部各项财务活动的运行方式，确定企业内部各级各部门之间的财务关系。它与企业总体财务管理体制相适应，同时根据企业规模大小、工作基础强弱研究决定。

确定企业内部财务管理方式，是加强企业财务管理的重要措施。

①单一组织的企业，其内部财务管理方式大体上有集中管理和分散管理两种方式。

a. 小型企业通常采用集中管理（集权管理、一级管理）方式。财务管理权集中于企业总部，企业总部统一安排企业各项资金、处理财务收支、核算成本和盈亏；二级单位一般只负责管理、登记所使用财产、物资，记录直接开支的费用，不负责资金管理、不核算成本和盈亏，不进行收支结算。

b. 大中型企业通常采用分散管理（分权管理、分级管理）。除了总部统一安排各项资金、处理财务收支、核算成本和盈亏外，二级单位要负责本单位资金管理、核算本单位成本，有时还要计算本单位盈亏，并对各二级单位之间的相互经济往来进行计价结算，对于资金、成本等核定计划指标，定期进行考核。

在实行内部经济责任制的企业，确定企业内部财务管理体制主要应解决好以下几个方面的问题：

●资金控制制度。要将流动资金占用指标分解落实到各级各部门，对二级单位要核定在产品资金定额，有的要核定生产储备资金定额，使生产单位对资金占用要承担一定的经济责任，并定期考核，必要时还可对其核定固定资产需要量。

●收支管理制度。除了要将成本分解落实到各级各部门外，使之对比收支，确定经营成果。生产单位领用材料物资，应向材料物资仓库按内部结算价格支付款项，作为其费用。生产单位的产品转移给其他内部生产单位同样应视为有偿转让，按内部结算价格向接收单位收取款项，作为其收入。这样，内部生产单位就有了完整的资金收支概念。

●内部结算制度。企业应建立内部结算中心，内部各二级单位的经济往来，诸如材料物资、半成品的领用，劳务的供应等，均要按实际数量和内部结算价格进行计价结算，并采用相应的内部结算凭证（如内部结算单、内部托收单、内部支票等）办理严格的结算手续，以分清经济责任，加强经济核算和责任考核。

●物质奖励制度。要根据各内部单位经济指标的完成情况，主要是根据其资金使用、经营成果情况，给予奖励。各生产单位还要根据员工的劳动成果采取一定的方式进行奖励。

企业内部财务管理方式，应根据各个企业的自身情况加以确定，其内容不应千篇一律，采取的具体形式也可以是多种多样。在经营层内部财权的安排上，有的集权程度要高一些，有的则分权程度要高一些。没有绝对的集权，亦没有绝对的分权，各个企业的差别在于集权或分权程度的高低有别而已。

②大型企业集团内部财务管理大体上有以下几种方式：集权式财务管理体制、分权式财务管理体制和混合式财务管理体制。

a. 集权式财务管理体制

所谓集权制，就是指重大财务决策权都集中在母公司，母公司对子公司采取严格控制和统一管理方式的财务管理体制。集权制的优点在于：由集团最高管理层统一决策，有利于规范各成员企业的行动，促使集团整体政策目标的贯彻与实现；最大限度地发挥企业集团的各项资源的复合优势，集中力量，达到企业集团的整体目标；有利于发挥母公司财务专家的作用，降低子公司财务风险和经营风险；有利于统一调度集团资金，保证资金头寸，降低资金成本。但集权制的缺点也很明显：集权制首先要求最高决策管理层必须具有极高的素质与能力，同时必须能够高效率地汇集起各方面详尽的信息资料，否则可能导致主观臆断，以致出现重大的决策错误；同时财务管理权限高度集中于母公司容易挫伤子公司的积极性，抑制子公司的灵活性和创造性；还可能由于信息传递时间长，延误决策时机，缺乏对市场的应变力与灵活性。

b. 分权式财务管理体制

分权制是指大部分的重大决策权集中在子公司，母公司对子公司以间接管理方式为主的财务管理体制。分权制的优点是在于：可以调动子公司各层次管理者的积极性；市场信息反应灵敏，决策快捷，易于捕捉商业机会，增加创利机会；使最高层管理人员将有限的时间和精力集中于企业最重要的战略决策问题上。分权制的缺点主要表现在：难以统一指挥和协调，有的子公司因追求自身利益而忽视甚至损害公司整体利益；弱化母公司财务调控功能，不能及时发现子公司面临的风险和重大问题；难以有效约束经营者，从而造成子公司"内部控制人"问题。

c. 混合式财务管理体制

混合制即适度的集权与适度的分权相结合的财务管理体制。恰当的集权与分权相结合既能发挥母公司财务调控职能，激发子公司的积极性和创造性，又能有效控制经营者及子公司风险。所以适度的集权与分权相结合的混合制是很多企业集团财务管理体制所追求的目标。但是如何把握其中的"度"，则是一大难题。

（4）企业内部财务管理机构

企业内部财务管理机构的设置，应根据企业规模大小的不同而有所差别。同时，它同经济发展水平和经济管理体制有着更为密切的关系。

根据西方发达国家的经验，在企业总经理领导下可设置财务副总经理（财务总监）来主管企业财务与会计工作。在财务副总经理（财务总监）的下面可设财务部和会计部，分别由财务部经理（财务主任）和会计部经理（会计主任）担任主管人员，其下面再根据工作内容分别设若干专业岗位。

企业内部的财务管理机构要分工明确、有职有权、权责分明。在小型企业，可以不单独设置财务管理机构，财务工作附属于会计机构。在大中型企业，一般要求单独设置在财务总监或分管财务工作的副总经理领导下的财务管理机构（财务部），全面负责企业的财务管理工作，其负责人直接对财务总监或分管财务管理工作的副总经理负责。财务总监或分管财务管理工作的副总经理直接领导财务机构负责人（财务部经理）和会计机构负责人（会计部经理）。财务机构负责人（财务部经理）全面负责企业资金筹集、使用和收益分配；会计机构负责人（会计部经理）全面负责会计事务、税务核算工作。公司制企业的财务组织机构如图1.4所示。

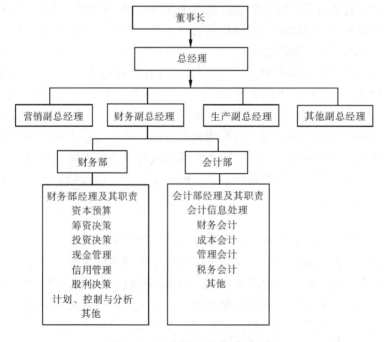

图1.4 公司制企业财务组织机构

根据我国经验，企业财务部门的主要职责可以规定为如下几项：a. 筹集资金；b. 负责固定资产投资；c. 负责流动资金管理；d. 负责证券投资及其管理；e. 负责利润的分配；f. 负责财务预测、财务计划和财务分析工作；g. 负责财务监督；h. 其他财务工作。

3) 建筑施工企业内部财务管理方式

建筑施工企业内部的财务管理方式主要是规定企业组织内部各项财务活动的运行方式，确定企业组织内部各级职能部门之间的财务关系。企业内部的财务管理方式应充分考虑所在行业特点、企业业务类型、企业经营规模等实际情况，应有利于提高企业财务管理效率。企业内部财务管理方式大体上有集权制和分权制两种方式。集权制和分权制的主要区别在于财务管理权限是向高层集中还是向基层分散。一般而言，小型企业一般采用集权管理方式（集权制），资金调度、收支管理、成本费用及盈亏核算管理集中在企业总部。企业内部所属各单位一般只负责登记和管理所使用的财产物资，记录直接开支的费用。大中型建筑施工企业一般采用分权管理方式（分权制），企业总部负责统一安排资金调度、处理收支、核算成本费用和盈亏；企业内部所属各单位要负责部分资金管理、核算相关成本费用，有的甚至还要计算盈亏、进行内部往来的计价结算，并按核定指标定期考核计划完成情况。

建筑施工企业属于劳动密集型企业。特别是建筑工程总承包企业，往往实行分权制的形式的"总公司—分公司—项目部—施工队"四个层级的管理模式，如果是企业集团，则实行的是"集团总部（母公司）—子公司（事业部）—分公司—项目部—施工队"五个层级的管理模式。项目部作为二级（这里的二级是泛指不是特指）核算与管理组织，拥有相对独立自主的资金使用自主权和项目经营自主权。各项目经理部在公司内部银行都设有独立的资金账户，在保证按"项目目标管理责任书"的有关约定完成各项上缴费用的前提下，项目不对其账户下的工程款拥有完全的自主支配权，公司一般不得越权拆借支配。在公司授权范围内，项目部有权与业主及有关单位洽谈施工合同及设计变更、工期顺延、工程索赔等有关事宜；按照"项目目标管理责任书"的要求，项目部拥有承建项目的施工生产指挥权、技术质量管理权、施工进度控制权、建筑材料采购权以及项目成本核算权等；项目部有权决定完成各项承包指标后施工项目剩余利润的分配和本项目部成员的薪酬及奖励办法。

▶ 1.6.4 建筑施工企业财务管理的外部环境

1) 经济环境

财务管理的经济环境是指影响企业财务管理的各种经济因素，如经济周期、经济发展水平、经济体制、金融环境、税收环境等。

（1）经济周期

在市场经济条件下，一个国家或地区的经济一般不会出现较长时间的持续增长或衰退，通常表现为在波动中前进和发展，经济的这种循环就叫经济周期。

经济周期并非以同样方式或程度影响所有产业或企业。由于经济周期对一个国家或地区经济影响的严重性，西方财务学者探索出了企业在经济周期中的财务策略，如表 1.1 所示。

表 1.1　经济周期中的财务策略

复　苏	繁　荣	衰　退	萧　条
1. 增加厂房设备 2. 实行长期租赁 3. 置存存货 4. 引入新产品 5. 增加劳动力	1. 扩充厂房、设备 2. 继续置存存货 3. 提高价格 4. 开展营销规划 5. 增加劳动力	1. 停止扩张 2. 出售多余设备 3. 转让一些分部 4. 停产不利产品 5. 停止长期采购 6. 削减存货 7. 停止雇员	1. 建立投资标准 2. 保持市场份额 3. 缩减管理费用 4. 放弃次要利益 5. 削减存货 6. 裁减雇员

经济周期性波动对企业财务管理产生重要影响。一般而言，在萧条阶段，由于整个宏观环境不景气，企业处于紧缩状态之中，产销量下降，投资锐减，有时资金紧张，有时又出现资金闲置。在繁荣阶段，一般说来，市场需求旺盛，销售额大幅度上升，企业为了扩大生产，就要求扩大投资，如增添机器设备、置备存货、增加劳动力等，这就要求财务人员迅速筹集所需资金，以满足发展对企业资金的需要。因而，要求财务人员必须了解经济周期性波动的规律，及时准确预测经济变化情况，适时调整企业财务政策、措施。

（2）经济发展水平

财务管理水平必须适应经济发展水平的要求，经济发展促进财务管理的发展，经济越发展，财务管理越重要。从世界范围来看，按经济发展阶段和经济发展水平习惯地把不同国家或地区划分为发达国家、发展中国家和不发达国家三大群体。我国属于发展中国家这一群体。发展中国家经济发展水平不高，但都在千方百计地提高经济发展水平，一般呈现出以下特征：基础普遍比较薄弱、经济发展速度较快、经济政策变更频繁、国际交往日益增多。其财务管理一般具有以下特征：a. 财务管理的总体发展水平在世界上处于中间地位，但发展速度较快；b. 与财务管理有关的法规政策变更频繁，给企业财务管理造成许多困难；c. 财务管理实践中还存在着财务目标不明确、财务管理方法简单等不尽如人意的地方。

（3）经济体制

所谓经济体制，就是指对有限资源进行配置而制定并执行决策的各种机制。现阶段世界范围典型的经济体制主要有两种：计划经济体制和市场经济体制。

计划经济体制的基本特征在于：a. 基层企业单位没有决策权，决策权归属于某一高层权力机构（或计划委员会）或某几个高层权力机构（如计划委员会、企业主管部门、财政部门等）；b. 决策制定是通过有关计划文件的形式自上而下最终下达给基层企业；c. 基层企业必须执行这些决策指令，并努力完成决策指令中所规定的各项计划指标。

市场经济体制的基本特征在于：a. 没有来自高层权力机构的指令或命令（就算有也十分有限）；b. 企业的经营决策由企业根据市场供需关系的变化和市场价格的变动所提供的信息来做出；c. 企业不断对市场信息做出迅速反应，以便不断调整其各项决策。

显而易见，计划经济体制下，企业财务管理的权力较小，企业的筹资决策权、投资决策权都归属于高层决策机构，企业只有执行权，而无决策权，这也就决定了企业财务管理的内容比较单一、财务管理方法比较简单、财务管理发展水平较低。而在市场经济体制下，筹资决策权、投资决策权归属于企业，企业是自主经营、自负盈亏、自担风险的经营实体，企业必须根据自身条件和外部环境变化及时迅速做出各种各样的财务决策，并组织其有效实施，因此，财务管理内容比较丰富，财务管理方法比较复杂，财务管理发展水平较高。

（4）通货膨胀

通货膨胀是现代经济生活中普遍存在的经济现象。20世纪70年代末期—80年代早期，世界各主要资本主义国家几乎都经历了较为严重的通货膨胀。近年来，发展中国家通货膨胀也较严重。持续的通货膨胀，给各个国家和地区的社会经济带来了诸多不利的影响，从而也给企业财务管理活动带来了重大的影响。主要表现在：

①由于原材料价格上涨、囤积物资、债权资产膨胀、积压滞销等原因，导致普遍的流动资金需求膨胀以及投资饥渴导致长期资金需求膨胀。

②引起企业利润虚增，企业资金流失。

③引起借款利率上升，加大企业的筹资成本。

④引起企业有价证券价格下降，增加企业的筹资难度。

⑤政府紧缩银根，银行信贷风险增大，投机领域吸引大量资金，导致资金供给的相对不足等。

（5）产业及行业状况

企业财务管理的产业及行业环境主要包括以下几个方面：

①行业寿命周期：是行业现状和未来前景的重要制约因素。

②行业规模结构：包括行业的总体规模（生产能力）与社会对本行业产品总需求之间的平衡关系，以及行业集中度等。

③政府产业政策导向：是指政府对某一特定产业部门及特定行业所持的态度，以及由此所决定的具体产业政策。

④行业内的竞争结构。根据美国著名战略学家迈克尔·波特的波特理论，行业的激烈竞争，其根源在于其内在的竞争结构。一个行业中存在五种基本的竞争力量，即新进入者的威胁、行业中现有企业之间的竞争、替代产品及服务的威胁、供应者讨价还价的能力、用户讨价还价的能力。这五种基本竞争力量的现状、消长趋势和综合强度，决定了行业竞争的激烈程度和行业的获利能力。行业内的竞争结构特点和企业在其中的地位，在很大程度上决定了企业财务战略模式的选择。

2）金融环境

金融环境的变化对企业财务管理有着十分重要的影响。财务管理人员必须了解金融市场、金融机构及相关的各种法律法规和规章制度。

（1）金融市场

①金融市场的概念

在市场经济条件下，企业要通过各种渠道筹集资金，就需要有融通资金的场所。我国自改革开放以来，已经逐步建立和发展了金融市场。这是发挥市场机制，实现资金最优配置，提高资金使用效益的需要。金融市场是指资金供应者和资金需求者双方通过某种形式融通资金达成交易的场所。

②金融市场的特点

金融市场具有如下特点：

a. 金融市场主要是以资金为交易对象的市场，是由资金供给和资金需求形成的市场，资金的供需双方通过金融市场分别达到各自的目的。

b. 金融市场是一个抽象的市场，除资本市场中证券交易有固定场所外，许多交易是通过经纪人的电讯联系来实现的。

③金融市场的分类

为了能够进一步把握金融市场的特性，金融市场可以按不同标准进行多种多样的分类：

a. 金融市场按营业的性质，可以分为资金市场、外汇市场和黄金市场。

b. 金融市场按时间的长短，可以分为货币市场和资本市场。货币市场是资金的短期（一般为一年以内）市场；资本市场是资金的长期（一般为一年以上）市场。

c. 金融市场按发行或交易过程，可以分为一级市场（又称初级市场）和二级市场。一级市场又称发行市场，是由新证券第一次发行而形成的市场；二级市场又称交易市场，是指由旧证券买卖而形成的市场。

d. 金融市场按交易区域可以分为国际金融市场、国家金融市场和地区金融市场。金融市场的分类如图 1.5 所示。

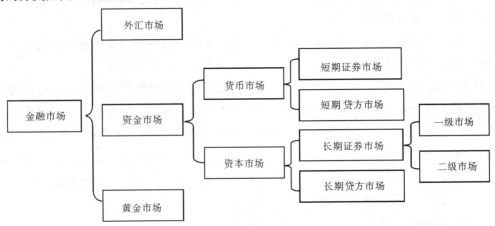

图 1.5　金融市场分类图

在金融市场中，与企业财务管理密切相关的资金市场，按具体交易对象划分，主要有以下几种：

a. 短期借贷市场

短期借贷市场，是指融通短期资金的市场。短期借贷市场期限一般在一年之内，主要是为了解决企业临时性或季节性的资金周转需要。对企业提供短期借贷的主要是商业银行和非银行金融机构，贷款的方式有信用贷款和抵押贷款。

在西方，企业与企业之间可以直接或通过经纪人发生借贷关系，这种脱离商品交易活动而进行的企业间的借贷行为，在我国是不允许的。

b. 短期债券市场

短期债券市场，是指企业为筹集短期资金而发行的期限在一年以内的债券，如短期融资券。企业的债券通常通过银行和其他金融机构发行。

c. 票据承兑与贴现市场

票据承兑与贴现市场，目前主要是商业汇票的贴现市场。商业汇票是在商品交易活动中反映债权债务的发生、转移和偿付而使用的信用工具。商业汇票持有人在票据未到期前如需要资金时，可以凭票据到银行或其他金融机构申请贴现，取得货币资金。金融机构所持的票据，还可以用来向中央银行申请再贴现或向其他金融机构办理转贴现。

d. 长期借贷市场

长期借贷市场相对于短期借贷市场而言，其融通资金的期限大多在一年以上。贷款利率根据借贷期限长短和资金供求关系确定，分为固定利率和浮动利率两种。长期借贷市场既可以满足企业对长期资金的需要，也可平衡短期资金供应不稳定造成的影响。

e. 长期债券市场

长期债券是企业为筹集长期资金而发行的债券。此项债券如可上市流通，则企业在资金多余时可向证券交易市场购入自身所发行的债券，清偿债务。

f. 股票市场

发行股票是股份有公司筹集长期资金的重要手段。企业发行股票通常是委托银行或其他金融机构进行。

④金融市场的构成要素

金融市场的内容是由金融市场主体和金融市场客体组成。

a. 金融市场主体是指市场交易者，包括从事金融活动的主体及其他主体类型，前者是指银行和非银行金融机构，是金融市场的中介机构，是连接资金供应者和资金需求者的桥梁。我国金融机构的组成如表1.2所示。后者则是资金供应者和资金需求者。资金供应者通过金融市场把闲置资金进行投放以期获得相应的回报；而资金需求者则期望通过金融市场筹集到能满足其生产经营和发展所需资金。

b. 金融市场客体是指金融市场上交易的对象，如货币资金、外汇、黄金、有价证券等，而在建筑行业主要是指业主、项目工程、承包商和发包商。

表 1.2　我国金融机构的组成

金融机构类别	金融机构名称	金融机构主要职能
1. 中央银行	中国人民银行	代表政府管理全国的金融机构和金融活动、经营国库
2. 政策性银行	国家开发银行 中国进出口银行 中国农业发展银行	由政府设立，以贯彻国家产业政策、区域发展政策为目的，不以盈利为目的
3. 商业银行	中国工商银行 中国农业银行 中国建设银行 中国银行 交通银行 光大银行 民生银行 中信银行 浦东发展银行 …	经营存款、贷款、办理转账结算为主要业务，以盈利为目的
4. 非银行金融机构	保险公司 信托投资公司 证券机构 …	经营保险业务 以委托人身份代理理财 从事证券业务，如证券工程、证券交易所等

　　资金供应者与资金需求者之间有时进行直接交易，但更多时候是通过一定的金融机构进行间接交易。主要有以下三种交易形式，如图 1.6、图 1.7、图 1.8 所示。

　　●资金供应者与资金需求者之间进行直接交易。

图 1.6　资金直接交易

　　●资金供应者与资金需求者之间通过投资银行进行间接交易。

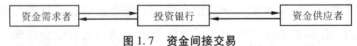

图 1.7　资金间接交易

　　●资金供应者与资金需求者之间通过其他金融机构进行间接交易。

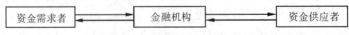

图 1.8　资金通过其他金融机构交易

　　资金从供应者手中转移到资金需求者手中，大多需要通过金融机构来完成。企业财务人员若想有效的筹集资金，必须对金融机构有所了解。这些金融机构主要包括：经营存贷款业务的金融机构，主要包括商业银行、储蓄银行和信用合作社；经营证券业务的金融机构，如投资银行；其他金融机构，如基金组织、保险公司等。

（2）金融体系及其作用

金融市场、金融机构和资金供应者、资金需求者所构成的资金集中与分配系统，称为金融体系。

健全的金融体系，是资金的供应者和资金的需求者自由地参加交易，为实现资金自由融通提供了便利条件，也有利于引导资金流向最有利的部门，因而对于促进一个国家或地区的经济发展具有十分重要的意义。其作用主要体现在：a. 健全的金融体系有利于企业迅速筹集生产经营所需资金；b. 健全的金融体系有利于企业资金得到最合理的运用；c. 金融体系的构成将影响企业的筹资方式。

（3）金融市场的利率

金融市场环境中的利率、汇率、通货膨胀率等具有特殊的支配作用。其中，官方的基准利率是国家中央银行协助政府调控国内经济发展的主要手段。金融市场上的交易是通过资金的交易价格即利息率体现出来的。人们通常所说的利息率是指名义利息率，其组成内容，用公式表述为：

$$市场利率=纯粹利率+通货膨胀附加率+变现附加率+$$
$$违约风险附加率+到期风险附加率$$

①纯粹利率，是指无通货膨胀、无风险情况下的利率。一般而言，国库券的利率可视为纯粹利率。纯粹利率受平均利润率、资金供求关系和国家宏观调控的影响。

②通货膨胀附加率，是指由于通货膨胀会削弱货币购买力，并降低投资者的实际报酬率，因而确定市场利率时，通常将通货膨胀率计入数值，以补偿通货膨胀可能造成的损失。

③变现附加率。由于各种有价证券的变现能力是不同的，国库券和大型企业蓝筹股变现能力强；反之，一些小型企业的债券因为鲜为人知而不易变现。因此，投资人要求以变现附加率作为一种预计补偿。

④违约风险附加率。这里的违约是指借款人未能按时还本付息。一般说来，信用等级越低，违约风险就会越大，债权人要求的利率就会越高。

⑤到期风险附加率，是指因到期时间长短不同而形成的利率差别。一般说来，长期贷款或长期债券因利率波动而造成价格波动的机会多且大，因此要求比短期贷款或短期债券预留更多的补偿余地。

3）税收环境

税收是国家财政收入的重要组成部分。任何企业都必须依照国家税收法律、法规的规定正确计算并缴纳各种税收，以保证国家的财政收入，确保国家机器的正常运转。各种税收的调整会直接影响企业盈利水平的高低。从过去情况来看，我国建筑施工企业的税负主要包括营业税、城市维护建设税、教育费附加以及企业所得税。目前建筑施工行业正在顺应增值税全面取代营业税要求而进行"营改增"的试点和推广。对于建筑施工企业而言，应充分考虑加强纳税管理、合理税务筹划，一方面要严格遵守国家税收法律、法规，另一方面要尽可能降低企业税负，实现纳税利益最大化。

4) 建筑市场

建筑施工企业的一切生产经营活动的出发点、落脚点，都离不开建筑市场。建筑施工企业的经营对象、资源、信息、压力、动力，无一不是产生于市场；建筑施工企业的交易行为、施工生产活动、关系纽带和利益诉求等，都是市场行为。建筑市场为建筑施工企业提供了资源优化配置的基础；建筑市场为建筑施工企业的发展提供了供需参照规律；建筑市场所要求的市场规则则为建筑施工企业提供了良好的约束机制。总之，建筑市场为建筑施工企业的生存与发展提供了充分条件。建筑施工企业要以建筑市场环境为导向，依靠政策、法规正常开展生产经营活动，不断调节自身机能、战略与策略，确定目标市场和经营目标，规范和提高自身能力，增强企业的活力与竞争力，促进建筑施工企业健康发展。

本章小结

建筑施工企业具有其自身的特点和生产经营业务流程，这决定了建筑施工企业财务管理具有其自身特定的内涵。

建筑施工企业财务管理是组织建筑施工企业财务活动、处理财务关系的一项经济管理工作。建筑施工企业财务管理的对象，就是建筑施工企业生产经营活动过程中的价值运动即资金运动。建筑施工企业财务管理的对象直接与建筑施工企业的财务活动与财务关系相关联。财务活动体现出财务管理的形式特征，财务关系揭示财务管理的内容实质。建筑施工企业财务管理的基本内容包括筹资管理、投资管理、流动资金管理、固定资产管理、工程成本管理和利润及分配管理。

建筑施工企业财务管理的目标是建筑施工企业财务管理活动所希望实现的结果，是评价建筑施工企业理财活动的基本标准。建筑施工企业财务管理目标在一定时期内具有相对稳定性、多元性、层次性。建筑施工企业财务管理总体目标有产值最大化、利润最大化、每股收益最大化、股东财富最大化、企业价值最大化等观点。

建筑施工企业财务管理的基本职能包括合理组织企业的资金运动以及正确处理资金运动所体现的经济关系（财务关系）两个方面。其具体职能包括两个方面：一是包括筹集资金、运用资金和分配资金三项，反映了财务管理的特殊性；二是作为一项管理活动，具有其他管理活动所共有的职能（计划、组织、控制等），反映了各种管理活动的普遍性。财务管理的筹集资金、运营资金和分配资金等活动都需要通过财务计划职能、财务组织职能、财务指挥职能、财务协调职能和财务控制职能等实现。建筑施工企业财务管理的基本任务是以国家法律、法规、方针政策和财务制度为依据，根据市场经济的要求和建筑施工企业生产经营的特点，运用科学的方法，科学地组织建筑施工企业财务活动，正确处理建筑施工企业与各方面的经济利益关系，促进经济效益的提高，保证全面完成企业的经营目标。建筑施工企业财务管理的具体任务是：参与企业的筹资决策；合理配置资金；降低经营成本，提高资金使用效益；合理分配所得；完善经济责任制，实施财务监督。

建筑施工企业财务管理主要包括以下几个环节：财务预测、财务决策、财务预算、财务控制和财务分析。

　　财务管理假设是建立财务管理理论体系的向导和前提条件，是组织财务活动和处理财务关系必须具有的思维形式。财务管理的基本假设主要包括资本市场有效假设、理财主体假设、持续经营假设、理性理财假设、资金时间价值假设。

　　财务管理原则是指人们对财务活动的共同的、理性的认识，是企业财务管理必须遵循的行为规则和规范。建筑施工企业财务管理活动必须遵循的基本原则有：系统性原则；资金合理配置原则；收支积极平衡原则；成本效益原则；收益与风险均衡原则；归口分级管理原则；利益关系协调原则；弹性原则；优化原则。

　　财务管理环境是企业开展财务活动的多种影响因素的集合，也是企业理财赖以生存的土壤。财务管理环境分为内部（微观）环境和外部（宏观）环境两部分。企业的组织形式是财务管理内部环境中最主要的因素。财务管理外部环境影响最大的是经济环境。

思考题

1. 建筑施工企业的财务内涵是什么？
2. 如何确定我国建筑施工企业财务管理的目标？
3. 建筑施工企业财务管理的职能是什么？
4. 建筑施工企业财务管理的内容是什么？
5. 建筑施工企业财务管理应遵循哪些原则？
6. 建筑施工企业财务管理的环境的具体构成内容有哪些？

2

建筑施工企业财务管理中的价值观念

[学习目标]

掌握时间价值的含义及作用；掌握时间价值的计算原理及其应用；熟悉风险价值的含义及作用；了解风险价值的计算原理及其应用；理解财务风险管理的策略。

[基本概念]

时间价值，风险价值，现值，终值，单利，复利，年金，普通年金，即付年金，递延年金，永续年金

资金运动的管理是财务管理的重要内容之一，资金具有时间价值和风险价值。因此，在财务管理中就需要对资金的时间价值和风险价值进行衡量和管理。一方面，在财务管理活动中必须关注资金运用的时间，树立资金时间价值的观念。资金运用的时间长短不同，投放和回收的时点不同，资金所蕴含的价值也就不同。资金时间价值直接影响着公司的融资成本和投资报酬，影响着企业经济效益和社会效益。另一方面，在企业经营的每一个环节都不可避免地要面临风险，风险是客观存在的，不考虑风险因素，就无法正确评价企业报酬的高低。因此，在财务管理中必须正视风险，正确地揭示风险与报酬之间的关系，较为准确地衡量风险。由此可见，进行财务管理必须树立资金时间价值观念和风险价值观念，权衡风险与报酬的关系，以求最大限度地为企业创造价值。

2.1 资金时间价值

任何理财活动，都是在特定的时间范围和空间范围内进行的，如果不考虑时间价值，

就无法正确地比较企业不同时期的财务收支，也无法客观地评价项目和企业价值或企业绩效。时间价值原理正确地揭示了不同时点上资金之间的换算关系，是财务决策的重要工具。

▶ 2.1.1 资金时间价值的概念

资金时间价值又称货币时间价值，是指资金经历一定时间的投资和再投资所增加的价值，是一定量的资金在不同时点上价值量的差额。

资金时间价值的本质是在资金周转使用过程中产生的，通过资金的循环和周转而实现的资金增值。

资金投入生产经营过程后，其数额随着时间的延续不断增长。资金的循环和周转以及因此实现的货币增值，需要或多或少的时间，每完成一次循环，货币就增加一定数额，周转的次数越多，增值额也越大。因此，随着时间的延续，货币总量在循环和周转中按几何级数增长，使得货币具有时间价值。资金的时间价值相当于没有风险和没有通货膨胀条件下的社会平均资金利润率。每个企业在进行投资决策时，都希望至少要取得符合社会平均利润率的回报。因此，资金时间价值成为评价投资方案的基本标准。

货币随时间的延续而增值，现在的1元钱与将来的1元多钱甚至是几元钱在经济上是等效的。由于不同时间单位货币的价值不相等，因此不同时间的货币收入不宜直接进行比较，需要把它们折算到相同的时间基础上，然后才能进行大小的比较和比率的计算。

▶ 2.1.2 资金时间价值在建筑施工企业财务管理中的作用

资金时间价值在建筑施工企业财务管理中的作用主要表现在以下几个方面：

（1）资金时间价值是企业筹资决策的重要依据

在企业短期筹资决策中，短期借款、应付账款、票据贴现等筹资方式的选择和利用，都涉及资金时间价值的计量。

在企业长期筹资决策中，一般都要计算资金成本。资金成本与货币时间价值有着密切的联系。首先，资金成本是筹资方为了筹集资金所付出的代价，但从投资方（资金所有者一方）来看则是其让渡资金使用权所要求得到的必要的报酬。筹资方要付出多大代价，资金所有者要求得到多少报酬，主要取决于资金的时间价值。当然，实际的资金成本还要受风险价值等其他因素的影响和制约。其次，资金成本的计算还应考虑资金时间价值并采用贴现方法确定。

同时，在长期筹资决策中，还会遇到还本方式、付息方式的选择，需要将各期现金流出量换算成现值，因此，也属于资金时间价值的计量和比较形式。

（2）资金时间价值是进行投资决策的重要依据

在短期投资决策中，资金时间价值的计算通常用机会成本来反映。例如，现金的持有量决策、信用政策决策、存货最佳采购批量决策等都存在机会成本的计算问题。只有考虑资金时间价值，正确地计算机会成本，才能正确地进行短期投资决策。

在长期投资决策中，考虑资金时间价值的动态分析方法（贴现现金流量法）已经居于主导地位。不论是分析项目投资在经济上是否可行，还是比较各项目投资方案在经济上的优劣，都需要将项目投资的现金流量按时间价值率（及附加的风险补偿率）换算成现值，才能做出进一步的经济评价。

综上所述，资金时间价值贯穿于建筑施工企业财务管理的全过程，是建筑施工企业进行筹资决策和投资决策的重要依据。

▶ 2.1.3　资金时间价值的计算原理

在建筑施工企业财务管理中，要正确进行筹资决策、短期经营决策和长期投资决策，就必须弄清楚在不同时点上收付的资金价值之间的数量关系，掌握各种时间价值的计算原理。

资金时间价值有相对数和绝对数两种表现形式，绝对数叫资金时间价值额，相对数叫资金时间价值率。一般用"终值"和"现值"两个概念来表示不同时点的价值。"终值"是指现在收到或付出一定数量的资金经过一定时间后的价值，包括本金和时间价值，又称"本利和"、"到期值"。"现值"是指以后某一个时点收到或付出的一定数量的资金的现在价值，又称"本金"。

进行现值和终值的换算，目前有单利和复利两种利息计算方法。收（付）款方式又可以分为一次性收（付）款、等额系列收（付）款和不等额系列收（付）款 3 种方式。由于资金随时间推移的增长过程跟复利的计算过程在数学上相似，因此，在换算时广泛采用复利计算的各种方法。一次性收付款的终值和现值也称复利终值和复利现值。

除非特别指明，在计算利息时，给出的利率都是年利率，年利率在换算成月利率和日利率时，一般按一年 12 个月、每个月 30 天折算。

以下是在资金时间价值计算中，常用的符号：

P——现值；

F——终值；

A——年金；

I——利息；

i——利率、折现率；

n——折现期。

1）单利终值与现值的计算

在单利方式下，本金能带来利息，利息必须在提出以后再以本金形式投入才能生利，否则不能生利。

（1）单利终值

单利终值的一般计算公式为：

$$F = P + P \times i \times n = P \times (1+i \times n)$$

【例 2.1】某建筑施工企业于 2015 年 1 月 1 日从银行借入一笔固定资产购建贷款，本金 5 000 万元，年利率9%，期限 3 年，到期一次还本付息，利息按单利计算。则该建筑施工企业到期应归还的本利和为多少？

$$F = 5\ 000 \times (1+9\% \times 3) = 6\ 350\ (万元)$$

（2）单利现值

单利现值的计算与单利终值的计算是互逆的。由终值计算现值，称为贴现（或折现）。单利现值一般计算公式为：

$$P = F / (1+i \times n)$$

【例2.2】某建筑施工企业预计在4年后购置一幢房屋需要资金7 000万元。若在年利率10%、单利方式条件下，现在应该一次性存入银行多少万元资金？

$$P = 7\ 000 \div (1+10\% \times 4) = 5\ 000\ (万元)$$

2）复利终值与现值的计算

在复利方式下，本能生利，利息在下期则转列为本金与原来的本金一起计算。

（1）复利终值

复利的终值是一定量的本金按复利计算若干期后的本利和。复利终值一般计算公式为：

$$F = P \times (1+i)^n$$

【例2.3】某施工企业在银行存入5年期定期存款20 000 000元，年利率为7%，按复利计算，5年后的本利和为多少？

$$20\ 000\ 000 \times (1+7\%)^5 = 20\ 000\ 000 \times 1.402\ 6 = 28\ 050\ 000.2\ (元)$$

（2）复利现值

复利现值是复利终值的逆运算，它是指今后某一特定时间收到或付出一笔款项，按折现率（i）所计算的现在时点价值。其计算公式为

$$P = F \times (1+i)^{-n}$$
$$= F / (1+i)^n$$

【例2.4】某施工企业一项目投资4年后可一次性收回40 000万元，年回报率为7%计算，其现在应一次性投入多少？

$$40\ 000 \times (1+7\%)^{-4} = 40\ 000 \times 0.792\ 1 = 31\ 684\ (万元)$$

3）年金终值与年金现值

（1）年金的概念

年金是指在一定时期内每期期末（或期初）收、付款相等的金额。

按其每次收付发生的时点不同，可分为普通年金、即付年金、递延年金、永续年金等，如折旧、租金、保险金等。

（2）年金的等值计算

①普通年金（等额现金流量序列）终值和现值的计算

普通年金是指在每期期末收到或支付相等金额的年金形式，又称为后付年金。它的基本特征是从第一期末起各期末都发生系列等额的款项。由于期末收付款项在日常生活中比较普遍，故称为普通年金。

a. 普通年金终值的计算

普通年金终值是一定时期内每期期末付款项的复利现值之和。其计算方法如图 2.1 所示。

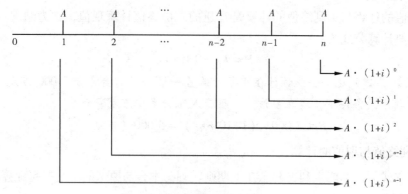

图 2.1 普通年金终值计算示意图

由图 2.1 可知，年金终值的计算公式为：

$$F = A\times(1+i)^0 + A\times(1+i)^1 + A\times(1+i)^2 + \cdots + A\times(1+i)^{n-2} + A\times(1+i)^{n-1} \qquad ①$$

将［1］两边同时乘上（1+i）得：

$$F\times(1+i) = A\times(1+i)^1 + A\times(1+i)^2 + A\times(1+i)^3 + \cdots + A\times(1+i)^{n-1} + A\times(1+i)^n \qquad ②$$

将公式②减去①得：$F\times i = A\times(1+i)^n - A\times(1+i)^0 = A\times[(1+i)^{n-1}]$

$$F = A\times\frac{(1+i)^n - 1}{i} = A\times(F/A, i, n)$$

【例 2.5】某施工企业对另一企业每年年末等额投资 1 000 万元，连续 5 年，年回报率 10%。则 5 年满期后，则 5 年后可累计收回本利和为：

第 5 年年末的终值 = 1 000×（1+10%）^{0} = 1 000（万元）

第 4 年年末的终值 = 1 000×（1+10%）^{1} = 1 100（万元）

第 3 年年末的终值 = 1 000×（1+10%）^{2} = 1 210（万元）

第 2 年年末的终值 = 1 000×（1+10%）^{3} = 1 331（万元）

第 1 年年末的终值 = 1 000×（1+10%）^{4} = 1 464.1（万元）

五年期满后，可得本利和为 6 105.1 万元。

或直接按普通年金终值计算公式计算：

$$五年期满后可得本利和 = 1\ 000\times\frac{(1+10\%)^5 - 1}{10\%}$$

$$= 6\ 105.1（万元）$$

b. 普通年金现值的计算

普通年金现值是指在一定时期内，每期期末付款项按给定的折现率折算到期初的现值之和。其计算方法如图 2.2 所示。

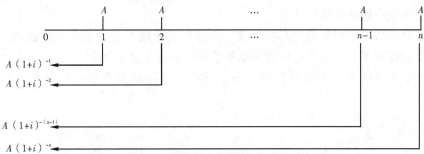

图 2.2 普通年金现值计算示意图

$$P = A \times \left[\frac{1 - (1 + i)^{-n}}{i}\right] = A \cdot (P/A, i, n)$$

【例 2.6】某投资项目于 2014 年初动工，设当年投产，从投产之日起每年可得收益 4 000 万元。按年利率 6% 计算，则预期 10 年收益的现值为：

$$P = 4\ 000 \times \left[\frac{1 - (1 + 6\%)^{-10}}{6\%}\right] = 4\ 000 \times 7.360\ 1 = 29\ 440.4(万元)$$

②即付年金终值和现值的计算

即付年金是指在每期期初收到或支付相等金额的年金形式，又称为先付年金、预付年金。其终值计算公式为：

$$F = A \cdot (1+i)^1 + A \cdot (1+i)^2 \cdots + A \cdot (1+i)^n$$
$$= A \cdot \left[\frac{(1 + i)^{n+1} - 1}{i} - 1\right]$$

即付年金现值的计算公式为：

$$P = A \cdot (1+i)^{-0} + A \cdot (1+i)^{-1} \cdots + A \cdot (1+i)^{-(n-1)}$$

式中各项为等比数列，首项为 $A \cdot (1+i)^{-0}$，公比为 $(1+i)^{-1}$，根据等比数求和公式可知：

$$P = A \cdot [(P/A, i, n-1) + 1]$$

【例 2.7】某施工企业连续 6 年于每年年初对甲公司等额投资 3 000 万元，年回报率为 5%。则 5 年后可收回本利和：

$$F = A \cdot [(F/A, i, n+1) - 1]$$
$$= 3\ 000 \times [(F/A, 5\%, 7) - 1]$$
$$= 3\ 000 \times (8.142\ 0 - 1)$$
$$= 21\ 426\ (万元)$$

【例 2.8】某施工企业拟采用分期付款方式购买一栋写字楼，每年年初等额付款 1 500 万元，分 10 年付清。若银行利率为 6%，该项分期付款相当于一次现金支付的购价是多少？

$$P = A \cdot [(P/A, i, n-1) + 1]$$
$$= 1\ 500 \times [(P/A, 6\%, 9) + 1]$$
$$= 1\ 500 \times (6.801\ 7 + 1)$$
$$= 11\ 702.55\ (万元)$$

③递延年金终值和现值的计算

递延年金是指最初若干期没有收付款，而随后若干期等额的系列收付数额。递延年金是普通年金的特殊形式，凡不是从第一年开始的年金都是递延年金。

递延年金的终值实际上就是普通年金的终值，下面简要介绍递延年金的现值的计算（见图2.3）。

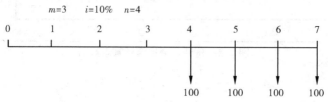

$m=3$ $i=10\%$ $n=4$

图2.3 递延年金的支付

假设没有年金的期限为 m 期，有年金的期限为 n 期，则递延年金现值的计算方法有两种：

方法一，把递延年金视为 $(n-m)$ 期的普通年金，求出递延期末的现值，然后再将此现值调整到第一期初。其计算公式为：

$$P = A \cdot (P/A, i, n-m)(P/F, i, m)$$

方法二，假设递延期中也进行支付，先求出 n 期的年金现值，然后扣除实际未支付的递延的年金现值，即可求出结果。其计算公式为：

$$P = A \cdot (P/A, i, n) - A \cdot (P/A, i, m) = A \cdot [(P/A, i, n) - (P/A, i, m)]$$

④永续年金现值的计算

永续年金是指无限期等额收付的特种年金，可视为普通年金的特殊形式，即期限趋于无穷大的普通年金。在现实工作中，符合永续年金的例子比较少，如存本取息、购买优先股定期取得的固定股利等。由于永续年金持续期无限，没有终止时间，因此不能计算终值，而只能计算现值。永续年金现值的公式可通过普通年金现值的计算公式导出：

$$P = A \times \frac{1 - (1 + i)^{-n}}{i}$$

当 $n \to \infty$ 时，$(1 + i)^{-n}$ 的极限为零，故上式可写成：

$$P = \frac{A}{i}$$

【例2.9】某施工企业拟建立一项永久性的奖学金，每年计划颁发100万元奖学金。若利率为10%，则现在应存入多少钱？

$$P = \frac{A}{i} = \frac{100}{10\%} = 1\,000 \text{（万元）}$$

4）名义利率与实际利率

在复利计算中，当利率周期与计息周期不一致时，就出现了名义利率和实际利率的概念。

（1）名义利率

所谓名义利率 r ，是指计息周期利率 i 乘以一个利率周期内的计息周期数 m 所得的利

率周期利率。即：$r = i \times m$

若月利率为 0.8%，则年利率为 9.6%。很显然，计算名义利率时忽略了前面各期利息再生的因素，这与单利的计算相同。通常所说的利率周期利率就是名义利率。

（2）实际利率

若用计息周期利率来计算利率周期利率，并将利率周期内的利息再生因素考虑进去，这时所得的利率周期利率称为利率周期实际利率（又称有效利率）。

已知名义利率 r，一个利率周期内计息 m 次，则计息周期利率 $i = r/m$，在某个利率周期初有资金 P。根据一次支付终值公式可得该利率周期的终值 F。即：

$$F = P \times \left(1 + \frac{r}{m}\right)^m$$

则该利率周期的利息 I 为：

$$I = F - P = P \times \left(1 + \frac{r}{m}\right)^m - P = P \times \left[\left(1 + \frac{r}{m}\right)^m - 1\right]$$

该利率周期的实际利率 i_{eff} 为

$$i_{eff} = \frac{I}{P} = \left(1 + \frac{r}{m}\right)^m - 1$$

现设年名义利率 $r = 10\%$，则年、半年、季、月、日的年实际利率如表 2.1 所示。

表 2.1　实际利率与名义利率的关系

年名义利率（r）	计息期（n）	年计息次数（m）	计息期利率（$i = r/m$）	年实际利率（i_{eff}）
10%	年	1	10%	10%
	半年	2	5%	10.25%
	季	4	2.5%	10.38%
	月	12	0.833%	10.47%
	日	365	0.027 4%	10.52%

从表 2.1 可以看出，每年计息周期 m 越多，i_{eff} 与 r 相差越大；另一方面，年名义利率为 10%，按季度计息时，按季度利率 2.5% 计息与按年实际利率 10.38% 计息，二者是等价的。因此，在经济分析中，如果各方案的计息期不同，就不能简单地使用名义利率来评价，而必须换算成有效利率进行评价，否则会得出不正确的结论。

2.2　投资风险价值

在市场经济条件下，每个企业都面临着无处不在、无时不在的风险。因此，企业的经济活动大都是在风险和不确定情况下进行的，不考虑风险因素，企业就无法正确地作出决策。

▶ 2.2.1 风险的含义

1）风险的概念

对于大多数企业而言，当前投入资金是因为期望在未来赚取更多的资金。企业财务活动是在一定条件下进行的，未来的财务活动相对于现在来说存在一定的不确定性，因此存在一定的风险性。国家的产业政策、金融环境、技术发展、市场竞争、建设工期、建设资金、通货膨胀等因素的变化，都会对未来的工程建设产生影响，从而使得未来的经济效果具有不确定性。由此可见，风险在财务活动中是广泛存在的，并且对企业实现财务目标有着重要影响。在财务活动中考虑风险报酬原理，正确地揭示风险与报酬的关系，是财务管理的一项基础工作。

风险是指某一事件的预期结果与实际结果的差异程度，这种差异程度越大，风险越大。风险不仅包括负面效应，也包括正面效应。如果企业的一项活动存在多种可能的结果，其未来的财务结果是不确定的，这就认为有风险。若某项活动只有一种结果，就认为没有风险。

在工程建设中，由于建设周期一般较长，在此期间，技术水平、劳动力、材料价格、工程建设的社会经济环境以及自然地理环境等，都具有不确定性，工程建设的经济效果存在着不确定因素，不可能十分精确地估算工程建设的收益，因此，工程建设是具有风险的。

2）风险的分类

由于企业及其特征非常复杂，风险承受主体又不尽相同，按照一定的标志，对风险进行分类，有利于风险主体正确地认识风险，掌握风险的运动变化规律，有针对性地采用不同的风险对策，实现其基本目标。风险可以从不同角度进行分类，如表 2.2 所示。

表 2.2　风险的分类

划分依据	种　类
风险产生的原因	自然风险、人为风险
风险对象	财产风险、人身风险、责任风险、信用风险
风险损失的性质	纯粹风险、投机风险
风险涉及的层次和范围	微观风险（个体风险）、宏观风险（总体风险）
风险的可控程度	可控风险、不可控风险
风险的性质	动态风险、静态风险
风险的来源	基本风险（不可分散风险、系统风险）、特定风险（可分散风险、非系统风险）
风险发生的形态	突发风险、渐进风险

以下介绍几种常见的风险分类：

①按风险产生的原因分类，风险可以分为自然风险和人为风险。

a. 自然风险，是指自然力的不规则变化所导致的物质损毁和人员伤亡，如风暴、洪水、地震等。

b. 人为风险，是指由于人们的行为及各种政治、经济活动所引起的风险，也称为外在环境风险，一般包括行为风险、经济风险、政治风险、技术风险等。

● 行为风险是指由于个人或团体的行为，包括过失、行为不当，以及故意行为所造成的风险，如盗窃、抢劫等行为对他人财产或人身造成的损害后果。

● 经济风险是指在商品生产经营活动中，由于经营管理不善、市场预测失误、价格波动、消费需求变化等所引起的风险；同时，也包括通货膨胀、外汇市场的涨落而导致的风险。

● 政治风险是指由于政局变化、政权更迭、战争、恐怖主义等引起的风险。

● 技术风险是指由于科学技术发展的副作用而带来的风险，如各种环境污染等导致的风险。

②按风险的性质，可以分为静态风险和动态风险。

a. 静态风险，是指在社会政治经济环境正常的情况下，由于自然力的不规则变动和人们的错误判断和错误行为而导致的风险，如地震、洪水等自然灾害，交通事故、工业伤害等意外事故，等等。

b. 动态风险，是指由于社会的某些变动，如政治经济、社会、技术、环境等的变动而导致的风险，如人口增加、社会资本增加、生产技术改进，等等。

通常情况下，静态风险只有损失而无获得，其变化较有规则，能够通过大数法则计算、预测风险发生的概率。而动态风险既有损失也可能有获得，其发生的原因较静态风险更加复杂，并且规律性不强，难以通过大数法则进行计算、预测。

③按照风险的来源，即就个别投资主体而言，可以分为市场风险和公司特有风险。

a. 市场风险，是指那些影响所有公司的因素所引起的风险，如通货膨胀、经济衰退、战争等。该风险不能通过多元化投资予以分散，故称为不可分散风险或系统风险。

b. 公司特有风险，是指发生于个别公司的特有事件造成的风险，如工人罢工、新产品开发失败、某投资项目失败等。该风险可以通过多元化投资予以分散，故称为可分散风险或非系统风险。

④按承受能力，可以分为可承受风险和不可承受风险。

a. 可承受风险，是指企业在研究自身承受能力、财务状况的基础上确认能够承受损失的最大限度。当风险低于这一限度时称为可承受风险。

b. 不可承受风险，是指是指企业在研究自身承受能力、财务状况的基础上确认已经超过企业能够承受损失的最大限度。这种风险就称为不可承受风险。

需要注意的是，不同企业的风险承受能力是有所不同的，对于不同企业而言，可承受风险和不可承受风险是不固定的。同样程度的风险，对于一些企业而言是可承受的，而对于另一些企业而言则是不可承受的。同时，对于同一企业而言，可承受风险与不可承受风险也不是一成不变的，在一定时期内是不可承受风险，随时间的变化，其又可能变为可承受风险。

⑤按照风险的具体内容，可以分为经济周期风险、利率风险、购买力风险、经营风险、

财务风险、违约风险、流动风险、再投资风险等。

a. 经济周期风险，是指由于经济周期的变化而引起投资报酬变动的风险。因为经济周期的变化决定了企业的景气程度，从而从根本上决定了企业投资的回报高低。对于经济周期波动风险，企业是无法回避的，当设法减轻。

b. 利率风险，是指由于市场利率变动而使投资者遭受损失的风险。投资报酬与市场利率的关系极为密切，两者呈反方向变化，利率上升，投资报酬下降；反之，利率下降，投资报酬上升。中央银行通过调节利率这一货币政策工具，影响社会资金的流向和融资成本的高低，任何企业都无法决定利率的高低，不能影响利率风险。

c. 购买力风险（又称通货膨胀风险），是指由于通货膨胀而使货币购买力下降的风险。在通货膨胀时期，虽然商品价格普涨，投资者收入有所增加，但是由于货币贬值，购买力水平下降，投资者的报酬可能表面上有所增加，实际反而有所下降。

d. 经营风险，是指生产经营状况的不确定性带来的风险，它是任何商业活动都有的，故又称商业风险。影响经营风险的因素很多，主要有市场竞争状况、政治经济形势、产品种类、企业规模、管理水平等。经营风险可能来自企业内部，也可能来自企业外部。导致经营风险的外部因素主要有经济周期、产业政策、竞争对手等客观因素。导致经营风险的内部因素主要有经营决策能力、企业管理水平、技术开发能力、市场开拓能力等主观因素。其中，内部因素是企业经营风险的主要来源，如决策失误、管理混乱等导致投资失败、质量下降、成本上升，产品开发能力不足导致市场需求下降，市场开拓能力不足导致市场竞争力减弱等。它们都会影响企业的盈利水平，增加经营风险。

e. 财务风险（又称为筹资风险），是指因借款而增加的风险，是筹资决策带来的风险。如果企业全部使用股东的资本，也就没有财务风险（只有经营风险）。财务风险大小受债务资金与权益资金比例的影响。债务资金所占比例越大财务风险程度越大；债务资金所占比例越小，财务风险程度越小。

f. 违约风险（又称信用风险），是指证券发行人无法按时还本付息而使投资者遭受损失的风险。它源于发行人财务状况不佳时出现违约和破产的可能性。违约风险是企业债券的主要风险。一般认为，在各种债券中，企业债券的违约风险是最高的。当然，不同的债券发行企业，其债券的违约风险也各有大小，它受经营能力、盈利水平、规模大小以及行业发展状况等因素的影响。因此，信用评级机构要对中央政府以外发行的其他债券进行评级，以反映其违约风险。

g. 流动风险（又称变现力风险），是指无法在短期内以合理价格转让投资的风险。投资者在出售投资时，有两个不确定性，一是以何种价格成交，二是需要多长时间才能成交。投资者对投资于流动性越差的资产，总是要求获得额外的报酬以补偿流动风险。

h. 再投资风险，是指所持投资到期再投资时不能获得更好投资机会的风险。如年初长期债券的收益率为8%，短期债券的收益率为9%，某投资者为减少利率风险而购买了短期债券。在短期债券于年底收回时，若市场利率已经降至6%，这时只能找到收益率为6%的投资机会，不如当期购买长期债券，现在仍可获得8%的收益率。

3）建筑施工企业财务管理风险

对于建筑施工企业而言，从企业财务管理角度来看，风险也就是企业在其各项财务活动中，由于各种难以预料或无法控制的因素作用，使企业的实际财务效益与预计收益发生背离，而且有蒙受经济损失的可能性。

具体来说，建筑施工企业财务管理方面的风险大致可以归纳为筹资风险、投资风险、营业风险、财产风险和倒闭风险等内容。

（1）筹资风险

筹资风险，是指建筑施工企业由于举债而带来的风险。一般来说，负债的比重越大，负债费用越高，负债期限越长，偿债负担越重。严重的，可能直接危及企业的财务状况及生产经营的稳定性。企业全部负债中，短期负债比重越大，短期负债偿债负担越重，对资产的变现能力要求越高。对筹资风险的管理，关键是要保证一个合适的资本结构，维护适当的负债水平。什么样的资本结构是合适的，应视企业的具体情况而定。

（2）投资风险

筹资是为了投资。投资以后，由于某些因素的影响，使投资效果发生优劣变化，形成风险。从某种程度上说，投资风险是企业最大的风险，其风险因素也极为复杂。如原材料来源与价格、产品生产方向、市场容量、设备技术水平、企业布局、运输等对投资效益均有较大影响，这些因素的不确定性都是导致投资风险的原因。投资风险来自不全面、不可靠的经济信息，以及对信息缺乏科学的分析和研究，来自于不切实际的甚至盲目的决策。因此，要搞好投资的管理，关键在于提高企业决策者的决策能力，要及时提供有关信息，搞好风险因素的经济分析，亦即要在认真研究的基础上，识别投资风险的可能性及其原因。在识别风险、确认风险的情况下，群策群力、合理决策、有效投资。

（3）营业风险

营业风险，是指企业进行供、产、销等具体作业活动中所存在的风险。这种风险表现在许多方面。如原材料和能源供应地的政治经济情况变动、运输路线及运输方式变动、原材料与能源价格变动、新原料新设备的出现等因素所带来的原材料能源供应方面的风险；由于产品生产方向不对，产品更新时期把握不当，产品质量不好，新产品、新技术开发试验不成功，生产组织不合理等因素带来的生产方面的风险；由于出现新的竞争对手，消费者爱好发生变化，销售决策失误，产品广告不力以及货款回收不及时等因素带来的销售方面的风险；此外，还存在劳动力市场供求关系的变化，通货膨胀的发生，自然气候条件的恶化，以及宏观经济政策等其他方面的因素，也会间接或直接地影响企业的正常经济活动。

（4）财产风险

财产风险，是指企业财产因不确定性因素影响而带来的风险。如因地震、台风、洪水、火灾等自然灾害带来的风险；因战争、暴乱等意外事件带来的风险；由于偷盗、丢失、毁损、贪污、抢劫等因素带来的风险等。

（5）破产倒闭风险

破产倒闭，是指企业由于无力偿还到期债务而宣告终止经营、破产倒闭。企业由于经营管理不善，可能无力偿还到期债务而宣告破产的风险，即为倒闭风险。倒闭风险是一种综合风险，企业举债过多以致资本结构恶化，可能带来倒闭风险；企业投资失误，利润减少，亏损增加可能带来倒闭风险；企业决策不周，计划不当，尤其是现金流转缺乏计划性，即使在盈利的情况下，一样可能导致企业破产倒闭。另外，由于管理不善，发生火灾等自然灾害也可能导致倒闭风险。

▶ **2.2.2　风险价值的衡量**

企业的经济活动大多是在风险和不确定情况下进行的，离开了风险因素就无法正确评价企业收益的高低。风险价值原理，揭示了风险同收益之间的关系，跟前述时间价值原理一样，是财务决策的基本依据。企业财务人员应当理解和掌握风险价值的概念和有关计算方法。

1）风险价值的涵义

（1）报酬

对于大多数投资者而言，投入资金都是期望在未来会赚取更多的资金。报酬就为投资者提供了一种恰当地描述投资项目财务绩效的方式。报酬大小可以通过报酬率来衡量，其计量公式如下：

$$投资报酬率 = \frac{投资所得 - 初始投资}{初始投资} \times 100\%$$

（2）确定性投资决策和风险性投资决策

企业的财务决策几乎都是在包含风险和不确定的情况下作出的。离开了风险，企业无法正确评价企业投资报酬的高低。风险是客观存在的。按风险的程度，可以把企业的财务决策分为以下三类：确定性决策、风险性决策和不确定性决策。

①确定性决策

决策者对未来的情况是完全确定的或者已知的决策，称为确定性决策。例如，投资者购买短期国债，由于国家实力雄厚，到期得到约定报酬几乎是肯定的，因此一般认为这种决策为确定性决策。

②风险性决策

决策者对未来的情况不能完全确定，但不确定出现的可能性——概率的具体分布是已知或可以合理估计，这种情况下的决策称为风险性决策。

③不确定性决策

决策者不仅对未来的情况不确定，而且对不确定性出现的可能性——概率也不确定或不能合理估计，这种情况下的决策称为不确定性决策。

从理论上讲，不确定性是无法计量的，但在财务管理中，通常为不确定性规定了一些主观概率，以便进行定量分析研究。不确定性在被规定了主观概率以后，就与风险十分近似了。因此，在财务管理实务中，对风险和不确定性并不作严格的区分，一般当谈到风险时，可能是风险，但更可能是不确定性。

投资者之所以愿意投资高风险项目，是因为其要求的报酬率足够高，能够补偿其可察觉的投资风险。很明显，如果投资高科技项目的期望报酬率与投资短期国债的报酬率一样的话，就没人愿意投资高科技项目了。

（3）对待风险的态度

风险态度是指企业（个人或团体）对风险所采取的态度。风险态度可分为风险厌恶、风险中立和风险偏好。企业对待风险的态度是由其风险策略、风险偏好和风险容量决定的。整体的风险策略又决定了对待风险的整体方式。风险容量表明企业能够承受多大的风险。因此，企业的整体策略会受到风险策略、风险偏好和风险容量的影响。企业需确定其风险偏好是对风险持敌对态度还是乐意承受风险。

企业的策略会在不同方面受到影响。如果已达到风险容量，企业会寻求开展低风险的活动。但是，如果风险容量高，那么应承接有风险的项目。总体来说，企业的策略很可能包含风险组合或项目，其中一部分比另外一部分承受的风险更大，因此风险组合符合整体风险偏好。高风险偏好表明，企业寻求一些高风险/收益的活动，而低风险偏好则倾向于大量的低风险/收益的活动。

（4）风险价值的概念

一般而言，投资者在投资时，力求回避风险或降低风险，从而实现投资收益的最大。那么，为什么有的投资人敢于进行风险投资呢？这是因为他可得到高于风险损失以外的更多的额外报酬——风险报酬。

风险价值，是指投资者由于冒风险投资而获得的超过资金时间价值的额外收益，又称风险收益、风险报酬。

风险报酬也有两种表示方式：绝对数形式和相对数形式，即风险报酬额和风险报酬率。在财务管理实务中，风险报酬通常以相对数——风险报酬率进行计量，以便不同投资方案风险报酬大小的比较。

2）风险与报酬的关系

在不考虑物价变动的情况下，投资报酬率包括两部分：一部分是资金时间价值，即无风险报酬率，另一部分是风险报酬率。其计算公式如下：

$$投资报酬率 = 无风险报酬率 + 风险报酬率$$

风险与风险报酬的关系图2.4所示。

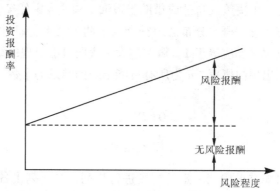

图2.4 风险与报酬的关系

无风险报酬率与风险大小无关。如购买国库券的收益率，由于政府信用良好，到期肯定可以按发行时约定足额还本付息，所以可以将其视为无风险报酬率。无风险报酬率的实质是最低的社会平均报酬率。

风险报酬率与风险的大小有关，风险越大则要求的报酬率就越高，与风险程度成正比。

风险报酬率＝风险报酬斜率×风险程度

用符号表示为：

$$R = R_F + R_R$$
$$= R_F + bq$$

上式中：R——含风险在内的投资报酬率；

R_F——无风险报酬率；

R_R——风险报酬率，$R_R = b\%$；

b——风险报酬斜率（又称风险报酬系数）；

q——风险变异系数。

其中，风险程度用标准差或变异系数来计量。风险报酬斜率取决于全体投资者的风险回避态度，可用统计方法来测定，如果投资者都愿意冒险，风险报酬斜率就小，反之则大。

3）风险报酬的计量

在财务管理实务中，风险报酬的计量一般按如下步骤进行：第一，确定概率分布；第二，计算期望值；第三，计算标准差；第四，计算标准离差率；第五，计算风险报酬率；第六，计算投资报酬率。

（1）确定概率分布

在经济活动中，某一事件在完全相同的条件下可能发生也可能不发生，即可能出现这样的结果亦可能出现那样的结果，这类事件就被称为随机事件。如财务管理中的投资报酬、现金流量等都可以看作是一个个随机事件。

概率就是用百分数或小数来表示随机事件发生的可能性及出现某种结果可能性大小的数值。

概率分为客观概率和主观概率。客观概率是指用科学的数理统计方法，推断、计算随机事件发生的可能性大小，是对大量历史先例进行统计分析得到的。主观概率是当某些事件缺乏历史统计资料时，由决策人自己或借助于咨询机构或专家凭经验进行估计得出的。

确定概率分布时需注意，概率分布必须符合以下两个要求：a. 出现每种结果的概率为 0~1；b. 所有结果的概率之和应等于 1。概率越大，表明可能出现的结果的可能性越大。

设 P_i 为第 i 个结果出现的概率，n 为所有可能出现的结果的个数，则概率分布必须符合下列条件：

$$0 < P_i < 1$$
$$\sum_{i=1}^{n} P_i = 1$$

将随机事件各种可能结果按照一定的规则进行排列，同时列出各种结果出现的相应概率，这一完整的描述称为概率分布。

【例 2.10】某建筑施工企业有两个投资项目甲和乙。甲、乙项目都受未来经济发展状况的不确定性的影响。而未来的经济发展状况有三种可能情况：繁荣、一般和衰退，有关概率分布和预计报酬率如表2.3所示。

表2.3 甲投资项目和乙投资项目预计报酬率及其概率分布

未来经济发展状况	发生概率 P_i	预计报酬率 R_i（%）	
		甲投资项目	乙投资项目
经济繁荣	0.3	60	40
经济一般	0.5	20	20
经济衰退	0.2	-20	10

（2）计算期望报酬率

将各种可能结果与其所对应的概率相乘，并将乘积相加，即得到各种结果的加权平均值。此处的权重系数为各种结果发生的概率，加权平均值则为期望报酬率（expected of return），用符号"$\overline{R}$"表示。其计算公式如下：

$$\overline{R} = P_1 \times R_1 + P_2 \times R_2 + \cdots + P_n \times R_n = \sum_{i=1}^{n} (P_i \times R_i)$$

式中，R_i 表示第 i 种结果；P_i 表示第 i 种结果的概率；n 表示所有可能结果的数目。

根据上述期望报酬率的计算公式，分别计算甲投资项目和乙投资项目的期望报酬率如下：

甲投资项目的期望报酬率 $\overline{R}$ =60%×0.3+20%×0.5+（-20%）×0.2=24%

乙投资项目的期望报酬率 $\overline{R}$ =40%×0.3+20%×0.5+10%×0.2=24%

甲、乙两个投资项目的期望报酬率均为24%。但从直观上可以看出，甲投资项目各种经济状况下的报酬率的离散程度大于乙投资项目，也就是说，甲投资项目的风险大于乙投资项目。

但甲投资项目和乙投资项目的风险程度怎样？孰高孰低，还得分别计算其标准离差。

（3）计算标准离差

标准离差简称标准差，是用以衡量随机变量脱离其期望值的离散程度的指标。一般用希腊字母 δ 表示。标准离差越大，说明随机变量脱离其期望值的离散程度越大，投资项目的风险越高。对两个投资项目的风险程度进行比较时，当两个投资项目的期望报酬率相等时，标准离差越大，其风险程度越大；反之，标准离差越小，风险程度就越小。

标准离差就是方差的平方根。其计算公式如下：

$$\delta = \sqrt{\sum_{i=1}^{n} (R_i - \overline{R})^2 \times P_i}$$

根据上述公式，分别计算甲、乙两投资项目的标准离差如下：

甲投资项目的标准离差：

$$\delta_{甲} = \sqrt{(60\% - 24\%)^2 \times 0.3 + (20\% - 24\%)^2 \times 0.5 + (-20\% - 24\%)^2 \times 0.2} = 28\%$$

$$\delta_{乙} = \sqrt{(40\% - 24\%)^2 \times 0.3 + (20\% - 24\%)^2 \times 0.5 + (10\% - 24\%)^2 \times 0.2} = 11.14\%$$

通过计算可知，甲投资项目的标准离差28%大于乙投资项目的标准离差11.14%，因此甲投资项目的风险也就大于乙投资项目的风险。而当两投资项目的期望报酬率不等时，就不能据此得出结论了。这时就需要进一步计算其标准离差率，通过比较不同投资项目的标准离差率来判断风险程度的高低。

（4）计算标准离差率

标准离差率就是标准差同期望报酬率的比值，通常用符号 q 来表示。其计算公式如下：

$$q = \frac{\delta}{\overline{R}} \times 100\%$$

$$q_甲 = \frac{\delta}{\overline{R}} \times 100\% = \frac{28\%}{24\%} = 116.67\%$$

$$q_乙 = \frac{\delta}{\overline{R}} \times 100\% = \frac{11.14\%}{24\%} = 46.42\%$$

标准离差率是一个相对指标，它以相对数反映决策方案的风险程度。上述计算表明，甲方案的标准离差率 116.67% 大于乙方案的标准离差率 46.42%，表明甲方案的风险大于乙方案的风险。

（5）计算风险报酬率

$$风险报酬率：R_R = bq$$

在投资决策实务中，风险报酬斜率的确定方法通常有以下两种：

方法一：根据以往同类项目的相关数据确定。

【例 2.11】某企业进行某项目投资，同类投资项目的实际报酬率为 25%，标准离差率为 30%，无风险报酬率为 10%。则该项目的风险报酬斜率计算如下：

$$（25\%-10\%）\div 30\% = 0.5$$

因此就以该项目的风险报酬斜率 0.5 作为拟投资项目的风险报酬斜率。

方法二：根据决策者的主观经验确定。

在没有同类投资项目可供参考的情况下，可由决策者根据主观经验加以确定。这时，风险报酬斜率的确定，在很大程度上受到决策者个性特征及其对风险的态度的影响。一般来说，根据决策者的个性特征及其对风险的态度不同，大致上决策者可以分为 3 种类型：

①风险厌恶者：这类决策者宁愿回报低也不愿意冒更大的风险；

②风险偏好者：这类决策者甘愿冒风险也要追求高回报；

③风险中庸者：这类决策者强调风险与报酬的均衡，注重冒什么样的风险必然要求得到什么样的回报，反之，得到什么样的回报必然要承担什么样的风险。

因此，在确定风险报酬斜率时，风险厌恶者会定得高一些，因此要求得到的风险补偿也就高一些，有利于高风险投资项目被选择。反之，风险偏好者，就会把风险报酬斜率定得低一些，要求得到的风险补偿也就自然低一些，有利于高风险投资项目被否决。

衡量风险的大小的方法很多，较为常见的是使用概率统计方法进行风险的衡量与计算。风险是与各种可能的结果的概率分布相联系的。因此，概率分布中的标准离差、标准离差率等反映实际结果与期望结果偏离程度的指标，往往被用来衡量风险的大小。

风险测度主要是确定随机变量的概率分布以及期望值、标准离差和标准离差率等参数。

（6）计算投资报酬率

投资报酬率 = 无风险报酬率（R_F）＋ 风险报酬斜率（b）× 风险变异系数（q）

▶ 2.2.3 风险管理策略

由于风险的结果可能威胁到企业的生存，因此企业必须采取适当的风险管理策略进行风险管理。

（1）避免风险策略

任何经济单位对待风险的策略，首先考虑的是避免风险。凡风险所造成的损失不能由该项目可能获得利润予以抵消时，避免风险是最可行的简单方法。例如，不进行某项投资，就可以避免该项投资所带来的风险。但避免风险的方法具有很大的局限性：一是只有在风险可以避免的情况下，避免风险才有效；二是有些风险无法避免；三是有些风险可能避免但成本过大；四是企业消极地避免风险，会使企业安于现状，不求进取。

（2）控制风险策略

经济单位在风险不能避免或在从事某项经济活动势必面临某些风险时，首先想到的是如何控制风险发生、减少风险发生，或如何减少风险发生后所造成的损失，即为控制风险。控制风险主要有两方面意思：一是控制风险因素，减少风险的发生；二是控制风险发生的频率和降低风险损害程度。要控制风险发生的频率就要进行准确的预测，要降低风险损害程度就要果断地采取有效措施。控制风险要受到各种条件的限制，人类的知识及技术虽然已高度发展，但是依然存在诸多困难无法突破，因而无法达到完全控制风险和充分减少损失的目的。

（3）分散与中和风险策略

分散风险，主要指经济单位采取多元经营、多方投资、多方筹资、外汇资产多元化、吸引多方供应商、争取多方客户以分散风险的方式。中和风险，主要是指在外汇风险管理中所采用的决策，如采取减少外汇头寸、期货套期保值、远期外汇业务等措施以中和风险。

（4）承担风险策略

经济单位在既不能避免风险，又不能完全控制风险或分散、中和风险时，只能自己承担风险所造成的损失。经济单位承担风险的方式可以分为无计划的单纯自留或有计划的自己保险。无计划的单纯自留，主要是指对未预测到的风险所造成损失的承担方式；有计划的自己保险是指已预测到的风险所造成损失的承担方式，如提取坏账准备金等形式。

（5）转移风险策略

经济单位为了避免自己在承担风险后对其经济活动的妨害和不利，可以对风险采用各种不同的转移方式，如进行保险或非保险形式转移。现代保险制度是转移风险的最理想方式，如单位进行财产、医疗等方面保险，把风险损失转移给保险公司。此外，单位还可以通过合同条款规定，把部分风险转移给对方。

本章小结

　　资金时间价值和风险价值是建筑施工企业财务管理中的两个基本概念。资金时间价值又称货币时间价值，是指资金经历一定时间的投资和再投资所增加的价值，是一定量的资金在不同时点上价值量的差额。资金时间价值的本质是在资金周转使用过程中产生的，通过资金的循环和周转而实现的资金增值。时间价值原理正确地揭示了不同时点上资金之间的换算关系，是财务决策的重要工具。

　　资金时间价值有相对数和绝对数两种表现形式，绝对数叫资金时间价值额，相对数叫资金时间价值率。"终值"是指现在收到或付出一定数量的资金经过一定时间后的价值，包括本金和时间价值，又称"本利和"、"到期值"。"现值"是指以后某一个时点收到或付出的一定数量的资金的现在价值，又称"本金"。年金是指在一定时期内每期期末（或期初）收、付款相等的金额，年金有先期年金、普通年金、永续年金之分。在复利计算中，当利率周期与计息周期不一致时，利率则有名义利率和实际利率之分，并且二者之间存在换算关系。

　　在财务活动中考虑风险报酬原理，正确地揭示风险与报酬的关系，是财务管理的一项基础工作。风险是指某一事件的预期结果与实际结果的差异程度，这种差异程度越大，风险越大。风险价值，是指投资者由于冒风险投资而获得的超过资金时间价值的额外收益，又称风险收益、风险报酬。风险报酬有绝对数和相对数两种表示方式，即风险报酬额和风险报酬率。在不考虑物价变动的情况下，投资报酬率包括两部分：一部分是资金时间价值，即无风险报酬率，另一部分是风险报酬率。投资报酬率＝无风险报酬率＋风险报酬率。建筑施工企业财务管理方面的风险大致可以归纳为筹资风险、投资风险、营业风险、财产风险和倒闭风险等内容。建筑施工企业要采取避免风险策略、控制风险策略、分散与中和风险策略、承担风险策略、转移风险策略等进行风险管理。

思考题

　　1. 请举例说明资金时间价值在企业投资管理中的运用，并且说明运用资金时间价值的必要性。

　　2. 资金时间价值同一般的利率是什么关系？

　　3. 请举例说明普通年金和年资本回收额的关系。

　　4. 请举例说明风险价值的运用，并且说明运用风险价值的重要性。

　　5. 若一个投资项目有多个方案，各个方案的收益额相同，而出现的概率分布则各有不同。则概率分布的集中程度与投资风险的高低之间存在什么关系？

习 题

1. 某建筑施工企业 2012 年年初对 A 项目投资 100 000 元，该项目 2014 年年初完工投产；项目在 2014 年、2015 年、2016 年年末预期收益各为 30 000 元、40 000 元、60 000 元；A 项目的预期年利率为 10%。试回答下列问题：

（1）按复利计算 2014 年年初投资额的终值。

（2）按复利计算 2014 年年初各年预期收益的现值。

2. 某开发商拟建设某一项目，施工企业提出两种付款方案：

（1）从现在起，每年年初支付 200 000 元，连续支付 10 次，共 2 000 000 元。

（2）从第 4 年开始，每年年初支付 250 000 元，连续支付 10 次，共 2 500 000 元。

要求：假设该开发商的最低报酬率为 12%，该开发商应选择哪个方案？

3. 某施工企业拟建设某项目，需要向银行贷款获取一笔项目启动资金。甲银行复利年利率为 8%，每季复利一次，试计算该银行的年实际利率。B 银行每月复利一次，如果要与 A 银行的年实际利率相等，那么其复利年利率应为多少？

4. 某建筑施工企业拟对 A、B 两个项目进行投资选择。A、B 项目都受未来经济发展状况的不确定性的影响。而未来的经济发展状况有三种可能情况：繁荣、一般和衰退，有关 A、B 项目的概率分布和预计报酬率，如下表所示。

表 2.4 A、B 投资项目预计报酬率及其概率分布

未来经济发展状况	发生概率 P_i	预计报酬率 R_i（%）	
		A 项目	B 项目
经济繁荣	0.2	60	30
经济一般	0.6	20	20
经济衰退	0.2	-20	10

根据上述资料，试回答下列问题：

（1）分别计算 A、B 项目的期望报酬率。

（2）分别计算 A、B 项目的标准离差。

（3）若想投资风险较小的公司，请进行合理的选择。

3

建筑施工企业筹资管理

[学习目标]

理解建筑施工企业筹资的主要动机；理解建筑施工企业筹资预测时应考虑的因素和条件；掌握短期筹资管理；掌握资本成本的含义和作用；掌握资本成本的计算；了解资本结构和常见的资本结构理论；了解财务杠杆和财务风险；理解建筑施工企业筹资风险的回避策略。

[基本概念]

筹资动机，权益资本，资本成本，资本结构，财务杠杆，财务风险，经营风险，经营杠杆

3.1 建筑施工企业筹资概述

无论是创立企业，还是满足持续不断的生产经营活动，或者是开展对外投资以及调整企业资本结构，都需要不断的筹集和融通资金。建筑施工企业筹集资金，是指根据其施工生产经营活动、对外投资及调整资本结构的需要，运用各种筹资方式，从不同筹资渠道和金融市场，经济有效地筹措和集中所需资金的一种经济行为。资金筹集是建筑施工企业资金运动的起点，是创建建筑施工企业并确保其持续发展的前提，也是决定建筑施工企业资金运动规模和生产经营发展程度的重要环节，是企业财务管理的重要组成内容。

▶ ### 3.1.1 建筑施工企业筹资的主要动机

不同项目主体往往具有不同的筹资目的，其基本目的是保证项目的资金需要，但不同

的建设项目，往往受特定动机的驱使。归纳起来，建筑施工企业筹资动机主要有四类，即创建筹资动机、扩张筹资动机、调整筹资动机、混合筹资动机。

（1）创建筹资动机

创建筹资动机是在企业创立或者新建项目时，为满足正常生产经营活动所需的铺底资金、使企业获得大量的资本金或满足大量基础设施和建设项目主体正常需要所产生的筹资动机。按照我国企业法人登记管理条例的规定，企业或项目要申请开业，必须要有法定的资本金。所谓法定资本金，是指国家规定开办企业必须筹集的最低资本金数额，即企业设立时必须要有最低限额的本钱。为此，要想设立企业，必须采用吸收直接投资或者发行股票等方式筹集一定数量的资金，从而形成企业的资本金，并取得注册会计师的验资证明，然后再向国家工商行政管理部门办理注册登记后才能开展正常的生产经营活动。

（2）扩张筹资动机

扩张筹资动机是企业根据自身或社会发展需要，扩大企业生产经营规模或追加对外投资而产生的追加筹资动机。任何企业的发展，都是以资金的不断投放作前提的。任何具有良好的发展前景，处于企业成长期、市场需求或消费增长期的企业通常会产生这种筹资动机。

例如，企业产品供不应求，需要增加市场供应；开发适销对路的新产品；追加有利的对外投资规模；开拓具有发展前途的对外投资领域等，都需要追加筹资。扩张筹资动机产生的直接结果，是企业的资产总额和资本总额都会增加。

【例3.1】某建筑施工企业扩张前资产规模和资本规模如表3.1所示。该企业为满足扩大经营和对外投资扩张需要，拟追加筹资45 000万元。其中，举借长期借款10 000万元，发行5年期企业债券10 000万元，增发新股融资25 000万元。所筹资金增加设备投入20 000万元，增持其他企业股权20 000万元，增加存货储备5 000万元。追加筹资后，该企业资产规模和资本规模的变化如表3.1所示。

表3.1 某公司扩张筹资后资产规模和资本规模变动表

单位：万元

资 产	扩张筹资前	扩张筹资后	资 本	扩张筹资前	扩张筹资后
现金	20 000	20 000	应付账款	20 000	20 000
应收账款	30 000	30 000	短期借款	20 000	20 000
存货	30 000	35 000	长期借款	40 000	50 000
长期股权投资	30 000	50 000	应付债券	40 000	50 000
固定资产	90 000	110 000	股东权益	80 000	105 000
总资产	200 000	245 000	总资本	200 000	245 000

通过对比表3.1可知，该企业采取扩张筹资后，无论是资产规模还是资本规模都增加了，这就是扩张筹资所带来的必然结果。

（3）调整筹资动机

企业的调整筹资动机是企业因为现有资本结构不合理而调整现有资本结构的需要而产

生的筹资动机。资本结构是指企业各种资本来源的构成及其比例关系。企业的资本结构是因为企业采取了各种不同的筹资方式组合而形成的,不同筹资方式组合会形成不同的资本结构。任何企业都希望具有合理和相对稳定的资本结构,但随企业内外条件的变化,资本结构可能变得不合理,这时就需要采取不同方式对不合理的资本结构予以调整,使之趋于合理。

(4) 混合筹资动机

外部环境的任何变化都可能会影响到企业的经营。比如通货膨胀引起企业原材料价格上涨造成资金占用量的增加,从而增加企业的资金需求等,因此,企业就需要为扩大经营而增加长期资金,同时又要改变原有的资本结构,即混合筹资动机。这种筹资,既会增加企业资本总额,又能调整资本结构。

▶ 3.1.2　建筑施工企业筹资原则

建筑施工企业筹集资金,必须遵循以下几个原则:

(1) 合理确定资金需要量,努力提高筹资效果

不论通过何种渠道、采取何种方式筹措资金,都应该预先确定资金的需要量,既要确定流动资金的需要量,又要确定长期资金的需要量。筹集资金固然要广开财路,但也必须有一个合理的限度。即要使资金的筹集量与需要量相适应,防止筹资不足而影响企业生产经营和发展或筹资过剩而降低筹资效益。

(2) 周密研究资金投向,大力提高投资效果

投资是决定应否筹资以及筹资多少的重要因素之一。投资收益与融资成本相权衡,决定着要不要筹资,而投资规模则决定着筹资的数量。因此,必须确定有利的资金投向,才能做出筹资决策,避免不顾投资效果而盲目筹资。

(3) 适时取得所筹资金,保证资金投放需要

筹集资金要按照资金投放和使用的时间来合理安排,使筹资与用资在时间上相匹配,避免所筹集资金到位过早而造成投放前的闲置,也要防止所筹集资金滞后而贻误投资的有利时机。

(4) 认真选择筹资来源,力求降低筹资成本

企业筹集资金可以采用多种筹资方式从多个筹资渠道筹措资金,不同渠道和方式的筹资难易程度、资本成本和财务风险是有所不同的。因此,要综合考察各种不同筹资渠道和筹资方式,研究各种资金来源的构成,求得最佳的筹资组合,以便降低组合的筹资成本。

(5) 合理安排资本结构,保持适当偿债能力

企业的资本结构一般是由权益资本和债务资本构成的。企业债务资本所占的比率要与权益资本的多少和偿债能力的高低相适应。要合理安排资本结构,既要防止负债过多导致企业财务风险过大、偿债能力低下,又要有效地利用负债经营,充分发挥负债融资的杠杆作用,借以提高权益资本的收益水平,进而增加股东财务收益和企业价值。

(6) 遵守国家有关法律法规,维护各方合法权益

企业的筹资活动,影响着社会资金的流向和流量,涉及有关各方的经济权益。企业筹措资金必须接受国家宏观指导与调控,遵守国家有关法律法规,实行公平、公正、公开的

原则，讲究诚信，履行约定的义务和责任，维护有关各方的合法权益。

以上各原则可概括为：合理性、效益性、及时性、节约性、比例性和合法性六项原则。

▶ 3.1.3 建筑施工企业的筹资渠道和筹资方式

筹资渠道是指企业或工程项目筹集资金来源方向和通道，体现着所筹集资金的来源与流量。筹资方式是指企业取得资金的具体形式，体现着不同的经济关系（所有权关系或债权关系）。资金从哪里来和如何取得资金，两者既有区别又有联系。一定的筹资方式，可能只适用于某一特定的筹资渠道，但同一渠道的资金往往可以采用不同的方式取得，而同一筹资方式又往往可以适用于不同的资金渠道。了解资金的筹资渠道是为了掌握每种筹资渠道的特点，有利于开展筹集资金的工作；掌握资金筹集方式是为了选择不同筹集手段，有效地组织资金筹集和组合。

1）建筑施工企业的筹资渠道

建筑施工企业可供选择的资金渠道很多，主要包括国家资金（政府财政资金、国资部门资金）、银行信贷资金、非银行金融机构资金（保险公司、信托投资公司、专业财务公司、共同基金、养老基金）、其他企业资金、民间资金、企业内部资金、国外和中国港澳台资金等。

（1）国家资金

国家资金包括政府财政资金与国资部门资金。国有建筑施工企业的资金来源大部分还是来自于国家以各种方式所投入资金。政府财政资金具有广阔的来源和稳固的基础，构成国有企业重要的资金来源。随着中央和地方两级国有资产监督管理委员会的成立，国资部门资金即成为国有企业重要的资金来源。

（2）银行信贷资金

银行信贷资金主要是以银行向企业发放各种贷款的方式进入企业的生产经营活动中。在我国，由于证券市场不发达，银行信贷资金是企业相当重要的资金来源。工商银行、建设银行等商业银行以及国家开发银行、进出口信贷银行、中国农业发展银行等政策性银行，均可向企业提供各种短期贷款和长期贷款。由于银行信贷资金来源于居民个人储蓄存款、单位存款等经常增长的来源，财力雄厚，贷款方式适应企业的各种需要，且有利于加强宏观控制，因此构成我国企业经营所需的主要资金来源。

（3）非银行金融机构资金

各级政府部门主办的非银行金融机构，如信托投资公司、证券公司、融资租赁公司、保险公司、企业集团的财务公司等。它们除了专门经营存款贷款业务、承销证券等外，还可将一部分并不立即使用的资金以各种方式向企业投资。非银行金融机构财务实力相比银行较小，主要起辅助作用。但由于它们资金供应更加灵活，因此有更为广阔的发展前景。

（4）其他单位资金

其他法人企业和事业单位在生产经营过程中，往往会有部分暂时闲置资金，甚至可较长时间地腾出部分资金，这些资金可在企业之间相互融通。随着横向经济联合的开展，企业与企业之间的资金融通和资金联合有了广泛的发展。其他企业的资金可以有多种方式投入，如联营、入股、购买企业债券以及各种商业信用，既有长期稳定的联合，又有短期临时的融通。企业与企业之间的资金融通，有助于促进企业之间的经济联系，开拓本企业的经营业务。

（5）民间资金

民间资金包括本企业职工资金和城乡居民资金。本企业职工入股，可以有效地提高职工的生产积极性和发挥主人翁精神。同样也可以以发行股票、债券的方式吸收城乡居民闲散资金，这些资金将对企业经营起到必要的补充作用。

（6）企业自留资金

企业内部形成的资金，主要是指企业利润所形成的经营积累，此项经营积累是企业生产经营资金的重要补充来源，包括按照税后利润一定百分比提取的盈余公积金和未分配完留待以后年度继续分配的利润。至于在企业内部形成的折旧基金，它只是资金的一种转化形式，企业资金总量并不因此有所增加，但它增加企业周转可以使用的营运资金，可以满足生产经营的需要。

（7）外国和中国港澳台资金

国外以及我国港、澳、台投资者持有的资本，可以依法以各种形式对我国企业进行投资，同样构成企业一项重要的资金来源渠道。

上述各种渠道资金，除债务以外，都体现着一定的经济成份，包括国家所有、劳动者集体所有、私人经营者所有、外国投资者和港澳台地区投资者所有。各企业应根据生产经营活动的项目及其在国民经济中的地位，选择适当的资金供应渠道。

企业对资金的需要有长期和短期之分，其划分标准一般是资金占用时间的长短。一般来说，供长期（一般在一年以上）使用的资金为长期资金，供短期（一般在一年以内）使用的资金为短期资金。长期资金需要采用长期筹资方式筹集，短期资金需要采用短期筹资方式筹集。

长期资金主要用于新产品的开发和推广、生产规模的扩大、设备的更新改造，资金的回收期比较长。长期资金一般采用发行股票、发行债券、银行长期借款、融资租赁、累积盈余等方式来筹集。

短期资金主要用于流动资金中临时需要部分，包括可供随时支付的现金、应收账款、应收票据、材料采购、发放工资等，一般在短期内可以收回。短期资金可采用银行短期借款、商业信用、商业票据以及应付费用等短期筹资方式来解决。

2）建筑施工企业的筹资方式

目前，我国建筑施工企业资金取得的方式有多种形式，如吸收直接投资、发行股票、企业内部积累、发行债券、银行借款、融资租赁和商业信用筹资等。筹资渠道是客观存在的，而筹资方式则是企业的主观能动行为。因此，企业筹资管理的主要内容是针对客观存在的筹资渠道，如何选择合理的筹资方式来筹措企业所需资金。

认识筹资方式的种类及其属性，有助于企业财务合理的筹资方式并有效地进行筹资组合，达到降低资金成本，最大限度地回避筹资风险的目的。建筑施工企业筹资方式与筹资渠道之间的配合情况如表 3.2 所示。

表 3.2 筹资方式与筹资渠道的搭配

		筹 资 方 式						
		吸收直接投资	发行股票	企业内部积累	银行借款	发行企业债券	融资租赁	商业信用
筹资渠道	国家财政资金	√	√	×	×	×	×	×
	银行信贷资金	×	×	×	√	×	×	×
	非银行金融机构资金	√	√	×	×	√	√	×
	其他企业资金	√	√	×	×	√	√	√
	居民个人资金	√	√	×	×	√	√	√
	企业自留资金	×	×	√	×	×	×	×
	外商资金	√	√	×	×	√	×	×

▶ 3.1.4 建筑施工企业筹资的分类

建筑施工企业筹集资金可以按不同的标志分类。对筹集资金进行多种分类，有助于企业弄清各种筹资对企业资金成本和偿债风险的影响，便于企业科学合理地进行筹资决策。

1）按所筹集资金的性质分类

按所筹集资金的性质分类是最常见的分类方法，可分为债务资金和权益资金。

（1）债务资金

债务资金又称负债资金、借入资金。它是企业依法筹集并按约定使用、到期偿还的资金，主要包括从银行或非银行金融机构借入的各种借款、发行的企业债券、融资租赁和商业信用等。相比自有资金，债务资金具有以下特征：

①债务资金体现企业与资金提供者之间的债权债务关系，属于企业所承担的债务。

②筹资企业对债务资金在双方所约定期限内享有使用权，并承担按期付息、到期还本的责任，若不能履约还本付息，筹资企业将可能破产倒闭，因而偿债压力和筹资风险较大。

③资金提供方（债权人）仅有权要求筹资企业（债务人）按期付息和到期还本，无权参与筹资企业的经营和管理决策，对筹资企业的经营后果不承担责任。

④企业债务资金的筹集主要是通过银行、非银行金融机构、其他企业和居民个人等渠道，采用银行借款、发行企业债券、融资租赁和商业信用等方式筹集。

（2）权益资金

权益资金又称权益资本、自有资金、自有资本。依法筹集的资本金以及企业经营活动过程中形成的利润积累，归企业长期拥有、自主支配，包括资本金、资本公积金、盈余公积金和未分配利润。权益资金具有如下特点：

①权益资金的所有权归属于企业的所有者，所有者据此参与企业经营活动和投资活动的重大决策并取得收益，并对企业的经营后果承担责任。

②权益资金归企业长期甚至永久占有，形成法人财产权。在企业持续经营期间，投资者除可以依法转让外，不得以任何方式抽回资金；企业经营者依法拥有完整、独立的财产支配权。

③对筹资企业来说，权益资金没有到期日，没有还本付息的压力，筹资风险较低。

④权益资金主要可以通过政府财政资金、其他企业资金、居民个人资金、企业自留资金、非银行金融机构资金、外商资金等渠道，采用吸收直接投资、发行股票或企业内部积累等方式去获得。

需要说明的是，在特定条件下，有些债务资金可以转换成企业的权益资金。比如，当企业出现财务困难不能偿还到期债务时，可以跟债权人协商并取得债权人的让步进行债务重组，将不能偿还的到期债务转换成股权，成为企业的权益资金；但需注意的是，权益资金是不能够转换成企业的债务资金的。

还需注意的是，企业筹资实务中还有一类同时兼有权益资金和债务资金特性的资金筹集，称为混合性筹资。混合性筹资主要是借助各种衍生工具，如发行可转换债券、发行认股权证等筹集资金。

对于我国建筑施工企业而言，其筹集资金通常是权益资金筹集和债务资金筹集。

2）按筹资活动是否通过金融机构分类

按筹集资金是否以金融机构为媒介分类，分为直接筹资和间接筹资。

（1）直接筹资

直接筹资是指企业的筹资活动不通过银行等金融机构，而直接以吸收资金所有者直接投入，或向资金供应者借入或发行股票、发行债券等方式进行的资金筹集。直接筹资主要有发行股票、发行债券、吸收直接投资等，既可以筹集股权资金，也可以筹集债务资金。间接筹资形成的主要是债务资金。

（2）间接筹资

间接筹资是指企业借助于银行等金融机构进行的筹资，其主要形式为银行借款、非银行金融机构借款和融资租赁等。它是我国目前企业最为重要的筹资途径，具有手续简便和筹资效率高等优点；但筹资范围相对较窄，筹资渠道和筹资方式相对单一。

3）按所筹集资金使用期限不同分类

按资金使用期限不同分类，分为长期筹资和短期筹资。长期筹资指使用期在一年以上的资金，其目的是形成和更新企业的生产和经营能力，扩大企业的生产经营规模，或为对外投资筹集资金。长期筹资一般采取发行股票、债券，向银行中长期借款和保留盈余等方式筹集。短期筹资通常是指一年以内使用的资金，其目的主要是用于企业的流动资产和资金的日常周转。短期筹资一般采用商业信用、银行短期贷款、商业票据等方式筹资。

3.2　建筑施工企业筹资数量的预测

▶ 3.2.1　筹资数量预测应考虑的因素和条件

企业的资金需要量是确定筹资数量的依据，必须科学合理地进行预测。企业资金需要量的预测是财务计划的基础。筹资数量预测的基本目的在于保证筹集的资金能够满足企业生产经营和发展的需要，又不至于造成资金闲置和浪费。企业筹资数量应考虑法律、企业经营规模以及有关筹资的其他因素。

1）法律

（1）注册资本限额的规定

我国《公司法》对不同行业规定了法定资本（注册资本）的最低限额。公司考虑筹资数量时必须满足注册资本最低限额的要求。

（2）企业负债限额的规定

如《公司法》规定，公司累计债务总额不得超过净资产的40%，以保证公司的债务偿还能力，进而保障债权人的利益。

2）企业经营规模

一般而言，企业经营规模越大，所需资本就越多；反之，企业经营规模越小，所需资本就越少。

3）有关筹资的其他因素

利息率的高低、对外投资数额的多寡、企业信用状况的好坏等，都会对企业的筹资数量产生一定的影响。

▶ 3.2.2　筹资数量预测的方法

资金需要量的预测是财务预测的一项重要内容，也是筹资决策的重要前提。企业筹资决策，首先需要确定企业生产经营和发展的资金需求总量。

保证资金供应，合理组织资金运用，提高资金利用效果，既是企业正常经营的前提，又是企业的奋斗目标之一。资金需要量及来源预测、现金流量预测、资金运动状况和投资效果的预测，是资金预测的重要内容。这里仅介绍资金需要量的预测，其他内容将在相关章节中予以介绍。

资金需要量预测常用的方法有因素分析法、销售百分比法和线性回归分析法。

1）筹资数量预测的因素分析法

因素分析法又称分析调整法，是以有关资本项目上年度的实际平均需要量为基础，根据预测年度的生产经营任务和加速资本周转的要求，进行分析调整，来预测资本需要量的一种方法。这种方法计算简便，容易掌握，但预测结果不太准确。它通常用于品种繁多、规格复杂、用量较小、价格较低的资本占用项目，也可以用于匡算企业全部资本的需求量。

采用这种方法时，应在上年度实际资本占用额的基础上，剔除其中不合理的资金占用，如呆滞积压等，然后根据预测期的生产经营任务和加速资金周转的要求进行测算。因素分析法的基本计算公式如下：

预测期资金需要量=（上年资金实际平均占用量-不合理平均占用量）×（1±预测期年度销售增减%）×（1±预测期资金周转速度变动%）

【例 3.2】甲公司 2014 年度实际资金平均占用额为 46 000 万元，其中不合理平均占用额 1 000 万元。预计 2015 年度销售增长 10%，资金周转速度加快 5%。

则 2015 年度预计资金需要量为：

（46 000-1 000）×（1+10%）×（1-5%）= 47 025（万元）

2）筹资数量预测的销售百分比法

（1）销售百分比法的基本依据

销售百分比预测法，是指根据未来销售收入变动的百分比为主要参数，考虑随销售量变动的资产负债项目及其他因素对资金需求量的影响，从而预测未来需要追加筹集的外部资金量的一种定量预测分析方法。

销售百分比法的优点，是能为财务管理提供短期预计的财务报表，以适应外部筹资的需要，且易于使用。但在有关因素发生变动的情况下，必须相应地调整原有销售百分比。

运用销售百分比法，一般借助于预测利润表和预测资产负债表。通过预测利润表预测企业留用利润这种内部资本来源的增加额；通过预测资产负债表预测企业资本需要总额和外部筹资的增加额。

（2）销售百分比法的基本原理

其基本预测模型见如下公式：

$$\Delta F = K \times (A - L) - D - R + M$$

式中　ΔF——预计未来需要追加的资金数额；

　　　K——未来预计销售收入的增长率；

　　　A——随销售额变动的资产项目基期金额；

　　　L——随销售额变动的负债项目基期金额；

　　　D——计划期计提的折旧摊销额与同期用于更新改造的资金之差额；

　　　R——按计划期销售收入及基期销售净利率计算的净利润；

　　　M——计划期新增的零星资金开支数额。

其基本程序如下：

①确定未来销售收入变动率指标 K：

$$K = \frac{预计销售收入 - 基期销售收入}{基期销售收入} \times 100\% = \frac{S_1 - S_0}{S_0} \times 100\%$$

②分析基期资产负债表有关项目，计算 A 和 L：

a. A 的确定：周转中的货币资金、正常的应收账款、存货等项目，一般会随销售收入的变动而变动，应列入 A；对固定资产则视基期固定资产生产能力是否还有潜力可利用而定，如果还有潜力可利用，则计划期不需要追加投入资金，否则应将其列入 A；长期有价证券投资和无形资产则一般不会随销售额的变动而变动，因此一般不将其列入 A。

b.L的确定：应付账款、其他应付款等项目会随销售的变动而变动，应将其列入L，其他负债项目一般不会随销售额的增减变动而变动，一般不将其列入L。

③按固定资产折旧计划和固定资产更新改造计划确定可作为内部周转资金来源的折旧摊销额与同期将用于固定资产更新改造的资金数额，进而计算D。

④按照预计销售额和基期销售净利率计算预期净利润，按计划期预计发放股利率测算计划发放股利，进而计算R。

⑤确定新增零星开支所需资金M。

⑥最后将K、A、L、D、R和M代入ΔF的计算公式，即可预测需要追加筹集的外部资金量。

【例3.3】销售百分比预测法的应用。某企业2014年12月31日资产负债表如表3.3所示。2014年度实现销售额500 000万元，获利50 000万元并发放了20 000万元现金股利。预计2015年度将实现销售额800 000万元，若其他条件不变，计划提取固定资产折旧20 000万元，其中40%用于固定资产更新改造；厂房和设备已经达到饱和，有关零星资金需要量为10 000万元。

表3.3　资产负债表（简表）

2014年12月31日　　　　　　　　　　　　　　　单位：万元

资产	金额	负债及所有者权益	金额
库存现金	10 000	负债：	
应收账款	95 000	应付账款	75 000
存货	100 000	应付票据	15 000
固定资产（净值）	150 000	长期负债	100 000
无形资产	55 000	负债合计	190 000
		股东权益：	
		股本	210 000
		留存收益	10 000
		所有者权益合计	220 000
资产总计	410 000	负债及所有者权益总计	410 000

要求：根据上述资料，采用销售百分比预测法预测2015年度需要追加筹集的外部资金量。

依题意：

①$K = \dfrac{S_1 - S_0}{S_0} \times 100\%$

　　$= \dfrac{800\ 000 - 500\ 000}{500\ 000} \times 100\%$

　　$= 60\%$

②$A = 10\ 000 + 95\ 000 + 100\ 000 + 150\ 000 = 355\ 000$（万元）

$L = 75\,000$（万元）

③$D = 20\,000 \times (1 - 40\%) = 12\,000$（万元）

④$R = 800\,000 \times \dfrac{50\,000}{500\,000} \times \left(1 - \dfrac{20\,000}{50\,000}\right)$

    $= 48\,000$（万元）

⑤$M = 10\,000$（万元）

⑥2015 年度需要追加筹集的外部资金量：

$\Delta F = (355\,000 - 75\,000) \times 60\% - 12\,000 - 48\,000 + 10\,000$

    $= 118\,000$（万元）

3）筹资数量预测的线性回归分析法

线性回归分析法是假定资金需要量与营业业务量之间存在着线性关系并据此建立数学模型，然后根据历史数据资料，用回归直线方程确定参数预测资金需要量的方法。其预测模型为：

$$Y = a + bx$$

$$a = \frac{\sum y - b \sum x}{n}$$

$$b = \frac{n \sum xy - \sum x \sum y}{n \sum x^2 - \left(\sum x\right)^2}$$

式中，y 为资金需要量；a 为不变资本；b 为单位业务量所需资金；x 为业务量。

不变资本，是指在一定营业规模内，不随业务量增减而增减变化的资本，主要包括为维持营业而需要的最低数额的现金、原材料储备、必要的储存成品或商品储备，以及固定资产所占用资金。变动资本则是指在一定营业规模范围内随营业规模的变动而呈正比例变动的资本，一般包括最低储备以外的现金、存货、应收账款等所占用的资金。

运用预测模型，再利用历史数据资料确定 a 和 b 的数值的条件下，即可预测一定业务量水平 x 下所需的资金量 y。

【例 3.4】宏顺公司 2009—2013 年的业务量和资金需要量如表 3.3 所示。若预计 2014 年度该公司业务量将达到 78 000 件。试预测 2014 年度资金需要量。

表 3.4　宏顺公司产销量与资金需求量表

年　度	产销量 x/万件	资金需要量 y/万元
2009	6.0	500
2010	5.5	475
2011	5.0	450
2012	6.5	520
2013	7.0	550

资金需求量预测过程如下：

根据上表计算整理如表3.5所示。

（1）回归直线方程数据计算表

表3.5　回归直线方程数据计算表

年　度	产销量 x（万件）	资金需要量 y（万元）	xy	x^2
2009	6.0	500	3 000	36.00
2010	5.5	475	2 612.5	30.25
2011	5.0	450	2 250	25.00
2012	6.5	520	3 380	42.25
2013	7.0	550	3 850	49.00
$n=5$	$\sum x=30$	$\sum y=2\ 495$	$\sum xy=15\ 092.5$	$\sum x^2=182.5$

（2）将上表中相关数据代入下列计算公式，计算出 a、b：

$$a = \frac{\sum y - b \sum x}{n} = \frac{2\ 495 - b \times 30}{5}$$

$$b = \frac{n \sum xy - \sum x \sum y}{n \sum x^2 - \left(\sum x\right)^2} = \frac{5 \times 15\ 092.5 - 30 \times 2\ 495}{5 \times 182.5 - 30^2}$$

求得：$a = 205$（万元），$b = 49$(元)

（3）将 $a = 205$（万元），$b = 49$(元)代入资金需求量预测方程式 $y = a + bx$，得：

$y = 205 + 49x$

（4）将2014年预计产销量 $x = 78\ 000$ 件（7.8万件）代入方程式，求得：

2014年度资金需求量 $=205+49\times7.8=587.2$（万元）

运用线性回归分析法必须注意以下几个问题：

①资金需求量与营业业务量之间的线性关系的假定应符合实际情况。

②计算 a、b 数值，应利用预测年度前连续若干年度的历史数据资料，一般至少要有三年以上的数据资料。

③应考虑价格等因素的变动情况。

3.3　短期筹资管理

▶　3.3.1　短期筹资政策

1）短期筹资的概念

短期筹资是指筹集在一年内或超过一年的一个营业周期内到期的资金，通常是指短期负债筹资。

2）短期筹资的特征

短期筹资通常具有如下特征：

①筹资速度快。由于短期筹资的期限较短，债权人承担的风险相对较小，往往顾虑较少，不需要像长期筹资那样对筹资方进行全面、复杂的财务调查，因此短期资金更容易筹集。

②筹资弹性好。在筹集长期资金时，资金提供者出于资金安全方面的考虑，通常会向筹资方提出较多的限制性条款或相关约束条件；而短期筹资的限制性条款或相关约束条件却相对较少，使得筹资方在资金使用和配置上显得更加灵活、富有弹性。

③筹资成本低。当筹资期限较短时，债权人所承担的利率风险相对较小，因此向筹资方索取的资金使用成本也相对较低。

④筹资风险大。短期筹资通常需要在短期内偿还，因而要求筹资方在短期内拿出足够的资金偿还债务，这对筹资方的资金营运和配置提出了较高的要求，如果筹资方在资金到期时不能够及时偿还资金，就有陷入财务危机的可能性。此外，短期负债利率通常波动较大，无法在较长时期内将融资成本锁定在某个较低水平，因此也有可能高于长期负债的利率水平。

3）短期筹资的分类

短期筹资可以按不同标准分为不同类型，其常见的分类方式主要有以下几种：

（1）按应付金额是否确定分

按应付金额是否确定，可以分为应付金额确定的短期负债和应付金额不确定的短期负债。

①应付金额确定的短期负债，是指根据合同或法律规定，到期必须偿还，并有确定金额的短期负债，如短期借款、应付账款、应付票据等。

②应付金额不确定的短期负债，是指要根据企业的生产经营状况、到一定时期才能确定应付金额的短期负债或应付金额需要估计的短期负债，如应缴税费、应付股利等。

（2）按短期负债的形成情况分

按短期负债的形成情况，可以分为自发性短期负债和临时性短期负债。

①自发性短期负债，是指产生于企业正常的持续生产经营活动中，不需要正式安排，由于结算程序的原因自然形成的那部分短期负债。企业正常的持续生产经营活动中，由于法定结算程序的原因，使得一部分应付款项的支付时间晚于形成时间，这部分已形成但尚未支付的短期负债便成为企业暂时性的资金来源，如商业信用、应付职工薪酬、应缴税费等。

②临时性短期负债，是指因为企业临时性的资金需求而发生的负债，由财务人员根据企业对短期资金的需求情况，通过人为安排而形成的短期负债，如短期银行借款等。

4）短期筹资政策的类型

企业的短期筹资政策一般是针对不同类型的资产来说的。企业的资产按其周转时间的长短（即流动性或变现能力）可以分为短期资产（流动资产）和长期资产（非流动资产，在这里主要是指固定资产）两大类。短期资产进一步又可以分为临时性短期资产和永久性短期资产。

企业的短期筹资政策也就是对临时性短期资产、永久性短期资产和固定资产的来源进行管理。通常有以下三种可供选择的筹资政策：配合型筹资政策、激进型筹资政策和稳健型筹资政策。

（1）配合型筹资政策

配合型筹资政策是指企业的负债结构与公司资产的寿命周期相对应。其特点是：临时性短期资产所需资金用临时性短期负债来筹集，永久性短期资产和固定资产所需资金用自发性短期负债、长期负债和股权资本筹集。配合型筹资政策的基本思想是：企业将资产和资金来源在期限上和数量上相匹配，以降低公司不能偿还到期债务的风险，同时采用较多的短期负债筹资也可以使资本成本保持较低水平。这一政策可以用以下公式来表示：

$$临时性短期资产=临时性短期负债$$

$$永久性短期资产+固定资产=自发性短期负债+长期负债筹资+股权资本$$

在这种筹资政策下，只要企业短期筹资计划严密，实现现金流动与预期安排一致，则在经营低谷时，企业除自发性短期负债外没有其他短期负债，只有在企业经营高峰时期，公司才会举措临时性短期负债。

但是，由于现金流动和各类资产使用寿命的不确定性，往往做不到资产与负债的完全搭配。在企业经营高峰时期，一旦企业的销售和经营不理想，未能取得预期的现金流入，便会发生难以偿还到期临时性短期债务的情况。因此，配合型筹资政策只是一种理想化的筹资政策，在实践中较难以实现。

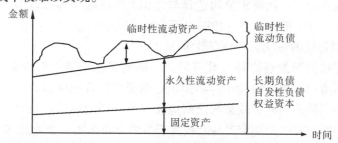

图 3.1　配合型筹资政策

（2）激进型筹资政策

激进型筹资政策的特点是：临时性短期负债不但要满足临时性短期资产的需要，还要满足一部分永久性短期资产的需要，有时甚至全部短期资产都要由临时性负债来支持。这一筹资政策可以用如下公式表示：

$$临时性短期资产+部分永久性短期资产=临时性短期负债$$

$$永久性短期资产-临时性短期负债满足部分+固定资产=自发性短期负债+长期负债+股权资本$$

由于临时性短期负债的资本成本相对于长期负债和股权资本一般较低，而这一筹资政策下临时性短期负债所占比例较大，因此该政策下，企业资本成本低于配合型筹资政策。但是另一方面，由于企业未来满足永久性短期资产的长期、稳定的资金需要，必然要在临时性短期负债到期后重新举债或申请债务展期，将不断地举债和还债，从而加大企业筹资和还债的风险。因此，激进型筹资政策是一种高报酬、高风险的筹集政策。

（3）稳健型筹资政策

稳健型筹资政策的特点是：临时性短期负债只满足部分临时性短期资产的需要，其他短期资产和长期资产，用自发性短期负债、长期负债和股权资本筹集满足。该政策可以用如下公式表示：

$$部分临时性短期资产 = 临时性短期负债$$

永久性短期资产+靠临时性短期负债未筹足的短期资产+固定资产=自发性短期负债+长期负债+股权资本

这种政策下，临时性短期负债在企业的全部资金来源中所占的比例较小，企业保留较多的营运资本，可降低公司无法偿还到期债务的风险，同时蒙受短期利率变动损失的风险也较小，但降低风险的同时也降低了企业的报酬，因为长期负债和股权资本在企业全部资金来源中所占的比例较大，其资本成本高于临时性短期负债，而且在企业生产经营淡季，企业仍然要负担较高的长期负债利息。及时将过剩的长期资金投资于短期有价证券，其投资收益一般也会低于长期负债的利息，所以稳健型筹资政策是一种低风险、低报酬的筹资政策。

5）短期筹资政策与短期资产持有政策的配合

如前所述，一般而言，企业的短期资产持有政策有三种：宽松的资产持有政策、适中的资产持有政策和紧缩的资产持有政策。企业的短期资产持有政策与企业短期筹资政策之间存在紧密的内在联系。短期资产持有政策和短期筹资政策需要协调配合。当公司采用某种短期资产持有政策时，必然要求公司选择与之相适应的短期筹资政策，从而形成一个完整的资金运转体系。这一配合关系一般有以下几种情况：

（1）公司采用宽松的短期资产持有政策

当公司采用宽松的短期资产持有政策时，一定销售额水平上有较多的短期资产支持，使公司资金短期风险和偿债风险较小；而由于短期资产投资比例较大，使企业盈利能力较低。此时，使用不同的短期筹资政策与之对应会产生不同的效果：采用风险和报酬均衡的配合型筹资政策，对宽松的短期资产持有政策起不到中和作用，企业总体来说还是风险低、报酬低；采用高风险、高报酬的激进型筹资政策，用大量短期负债筹资，则可以在一定程度上平衡企业过多地持有短期资产带来的低风险、低报酬，使企业总的风险、报酬基本均衡；若采用低风险、低报酬的稳健型筹资政策，与宽松的短期资产持有政策的效果叠加，使企业总的风险更小、报酬更低。

（2）企业采用适中的短期资产持有政策

当企业采用适中的短期资产持有政策时，一定销售额水平上的短期资产数量适中，公司的风险和报酬适中。此时分别采用三种短期筹资政策与之配合，也会产生不同的综合效果：采用配合型筹资政策，则会使企业总体风险和报酬处于一个平均水平；采用激进型筹资政策，则可以在一定程度上提高企业总的风险和报酬；若采用稳健型筹资政策，则降低了企业总的风险和报酬。

（3）企业采用紧缩的短期资产持有政策

当企业采用紧缩的短期资产持有政策时，一定销售额水平上短期资产比例较小，使得企业资金短期风险和偿债风险较大，但同时盈利能力也较高。此时同样分别采用三种短期筹资政策与之配合，也会产生不同的综合效果：采用配合型筹资政策，对企业总体风险和报酬没有太大影响，总体来说企业的风险依然较高、报酬也相对较高；采用激进型筹资政策，则出现了两个高风险、高报酬的政策的叠加，进一步加大了企业的风险、但也同时进一步提升了企业的报酬；若采用稳健型筹资政策，则对紧缩的持有政策会产生平衡作用。

以上3种短期资产持有政策和短期筹资政策配合的效应如表3.6所示：

表3.6　短期资产持有政策和短期筹资政策配合的效应

	稳健型筹资政策	配合型筹资政策	激进型筹资政策
紧缩持有政策	风险与报酬都得到中和	风险与报酬都较高	风险与报酬都为最高
适中持有政策	风险与报酬都较低	风险与报酬都居中	风险与报酬都较高
宽松持有政策	风险与报酬最低	风险与报酬都较低	风险与报酬都得到中和

6)　短期筹资政策对公司风险和报酬的影响

不同的短期筹资政策对企业的风险和报酬将产生不同的影响。

在资金总量不变的情况下，短期筹资增加，可导致报酬增加。也就是说由于使用了较多的成本较低的短期筹资，企业利润会增加。

但是，此时如果短期资产所占比例保持不变，那么短期负债的增加会导致流动比率下降，短期偿债能力减弱，进而增加企业的偿债风险。

现举例说明不同的短期筹资政策对企业风险和报酬的不同影响。

【例3.5】某企业目前的短期资产组合与筹资组合如表3.7所示。

表3.7　某企业目前的短期资产组合与筹资组合　　　　单位：元

资产组合	金　额	筹资组合	金额
短期资产	120 000	短期筹资	60 000
长期资产	180 000	长期筹资	240 000
合　计	300 000	金　额	300 000

企业当前息税前利润为60 000元，短期筹资资本成本率为4%，长期筹资资本成本率为15%。假设息税前利润不变，不同筹资组合对企业风险和报酬的影响如表3.8所示。

表3.8　筹资组合对企业风险和报酬的影响　　　　单位：元

项　目	目前组合（保守组合）	变动后组合（冒险组合）
筹资组合		
短期筹资	60 000	150 000
长期筹资	240 000	150 000
资本总量	300 000	300 000

续表

项 目	目前组合（保守组合）	变动后组合（冒险组合）
息税前利润	60 000	60 000
减：资本成本		
短期资本成本	60 000×4% = 2 400	150 000×4% = 6 000
长期资本成本	240 000×15% = 36 000	150 000×15% = 22 500
净利润	21 600	31 500
主要财务比率		
投资报酬率	21 600/300 000 = 7.2%	31 500/300 000 = 10.5%
短期资本/总资本	60 000/300 000 = 20%	150 000/300 000 = 50%
流动比率	120 000/60 000 = 2	120 000/150 000 = 0.8

从上表可知，由于采取了比较激进的筹资政策，该企业投资报酬率提高了，但同时偿债风险也增大了。因此，企业在筹资时必须在风险与报酬之间权衡，选择最优的筹资组合以实现企业财务管理的目标。

3.3.2 自发性负债筹资

自发性负债筹资，是指企业正常生产经营过程中产生的、由于结算程序的原因自然形成的短期负债。自发性负债筹资主要包括两大类：商业信用和应付费用。

1）商业信用

商业信用，是指商品交易中延期付款或延期交货所形成的借贷关系，是企业之间的一种直接信用关系。商业信用是由商品交易中钱与货在时间上的分离而产生的。它产生于银行信用之前，但在银行信用出现之后它依然存在，在企业经济活动中仍然发挥着十分重要的作用，是企业筹集短期资金的重要方式。

商业信用运用广泛，在短期负债融资中占有相当大的比重。工程项目中大供应商所提供的金额较大的设备，允许购货方以延期付款的方式支付货款。这实际上是向工程项目主体融通了资金。

（1）商业信用的条件

信用条件是指卖方对付款时间和现金折扣所做的具体规定，如"2/10, n/30"便属于一种信用条件，其含义是若买方在10天内付款，可以得到2%的付款优惠，超过10天付款，就没有付款优惠，信用期为30天。从总体上看，信用条件主要有以下几种形式：

①预付货款

这是买方在未得到货物或劳务之前向卖方支付货款，一般发生在以下几种情况：一是卖方已知买方信用欠佳；二是生产周期长、售价高的商品或劳务；三是卖方所提供的商品属于紧俏商品。

②延期付款，但不提供现金折扣

在这种信用条件下，卖方允许买方在交易发生后一定时期内按发票金额付款。在这种情况下，买卖双方存在商业信用，买方可因延期付款而获得暂时的资金来源。

③延期付款，但早付款有现金折扣

在这种信用条件下，若买方提前付款，会得到卖方给予一定的现金折扣，若买方放弃现金折扣，则必须在一定时期内付清账款。这主要是卖方为了加快收现速度，加速资金回笼。

（2）商业信用的形式

施工企业利用商业信用筹集短期资金，主要有以下两种形式：

①赊购商品

赊购商品是一种最典型的、最常见的商业信用形式。在此种形式下，买卖双方发生商品交易、劳务供应，买方在收到商品、接受劳务后并不立即支付现金，而是延迟一定时间以后再付款。

②预收货款

在这种形式下，卖方要先向买方收取部分或全部货款或劳务款，但要延迟一定时间以后才向买方交货或提供劳务，这等于向买方先借一笔资金，是另一种典型的商业信用形式。通常，买方对于紧俏商品乐于采用这种形式，以便取得商品，或者卖方提供的是耗用资金量特别大、生产周期较长的大宗商品或劳务，若买方不先期垫付一部分资金将会影响产品生产或劳务提供进度，卖方也会向买方分次分期预收货款，如工业生产中的飞机、船舶，以及工程建设等。

商业信用的具体形式有应付账款、应付票据、预收账款等。

（3）应付账款

应付账款是企业购买货物或接受劳务暂未付款而欠对方的账项，即卖方允许买方在购货或接受劳务后一定时期内支付货款的一种形式。卖方利用这种方式旨在促销，而对买方来说延期付款则等于向卖方借用资金购进商品或接受劳务，可以满足企业短期资金需要。施工企业的应付账款主要包括应付购货款和应付分包工程款。

与应收账款相对应，应付账款也有付款期、折扣条件等信用条件。应付账款可以分为：a. 免费信用，即买方企业在规定的折扣期内享受折扣而获得的信用；b. 有代价信用，即买方企业放弃折扣付出代价而获得的信用；c. 展期信用，即买方企业超过规定的信用期推迟付款而强制获得的信用。

①应付账款的成本

企业采用应付账款这一商业信用形式融资也要付出一定的代价，即融资的成本。应付账款的信用代价根据应付账款的形式也分为三种：

a. 免费信用。如果卖方没有提供现金折扣，或者能尽快地付款而获得现金折扣，那么买方利用卖方的商业信用就没有成本。

【例3.6】在"2/10，n/30"信用条件下，某工程项目主体购入10 000元的设备，如果该主体在10内付款，就可以享受10天的免费信用期，并可享受现金折扣2%，即该项目主体在第1~10天内付款只需支付98%的价款。如果该项目主体选择了在第10天付款，则可视为获得了98%价款的为期10天的短期资金来源。

b. 有代价信用。当卖方提供了现金折扣，而买方没有获得折扣则意味着买方要承受因放弃折扣而造成的隐含利息成本（实质是一种机会成本）。一般而言，买方放弃现金折扣的成本公式为：

放弃现金折扣成本 = 折扣百分比/（1-折扣百分比）×360/（信用期-折扣期）

【例3.7】若例3.6中，买方超过折扣期限付款，如在第30天付款，则买方不能享受本来可以享受到的现金折扣，也就是买方为多享受20天的商业信用而放弃了现金折扣，其隐含利息成本为：

$$2\%/（1-2\%）×360/（30-10） = 36.7\%$$

c. 展期成本。若买方超出规定的信用期限再付款，则买方利用商业信用隐含利息成本将降低。推迟付款的时间越长，其利息成本就越小。

【例3.8】若例3.6中该工程项目主体在第60天付款，其成本为：

$$2\%/（1-2\%）×360/（60-10） = 14.7\%$$

②利用现金折扣的决策

在附有信用条件的情况下，因为获得不同信用要承担不同的成本，买方企业便要在用哪种信用之间做出决策。一般说来：如果能以低于放弃折扣的隐含利息成本的利率借入资金，则应该在现金折扣期内用借入的资金支付货款，享受现金折扣；反之，企业应该放弃现金折扣。如果在折扣期内将应付账款用于短期投资，所得的收益率高于放弃折扣的隐含利息成本，则应放弃折扣而去追求更高的收益。如果企业因缺乏资金而欲展延付款期，则需在降低了的放弃折扣成本与展延付款期带来的损失之间作出选择。展延付款期带来的损失主要是指因企业信誉恶化而丧失供应商乃至其他贷款人的信用，或日后招致苛刻的信用条件。

（4）应付票据

应付票据是企业进行延期付款商品交易时开具的反映债权债务的票据。根据承兑人的不同，应付票据分为商业承兑汇票和银行承兑汇票两种。支付期最长不超过6个月。应付票据可以带息，也可以不带息。应付票据的利率一般比银行借款的利率低，且不用保持相应的补偿余额和支付协议费，所以应付票据的筹资成本低于银行借款成本。但是应付票据到期必须归还，如若延期便要交付罚金，因而风险较大。

（5）预收账款

预收账款是卖方企业在交付货物之前向买方预先收取部分或全部货款的信用形式。对于卖方来讲，预收账款相当于向买方借用资金后用货物抵偿。预收账款一般用于生产周期长、资金需要量大的货物销售。

此外，企业往往还存在一些在非商品交易中产生、但亦为自发性筹资的应付费用，如应付职工薪酬、应交税费、其他应付款等。应付费用使企业受益在前、费用支付在后，相当于享用了受款方的借款，一定程度上缓解了企业的资金需要。

在实际业务中，在施工企业间竞争激烈的情况下，有时会出现施工企业垫资承包工程的情况，实际上是施工企业向工程发包方提供商业信用，这种情况下施工企业往往面临较大的信用风险。

（6）商业信用融资方式的优缺点

①商业信用融资方式的优点主要有：

a. 筹资便利。利用商业信用筹集资金非常方便，因为商业信用与商品买卖同时进行，属于一种自然性融资，不用做非常正规的安排，也无需另外办理正式筹资手续。

b. 筹资成本低。如果没有现金折扣，或者企业不放弃现金折扣，以及使用不带息应付票据和采用预收货款，则企业采用商业信用筹资没有实际成本。

c. 限制条件少。与其他筹资方式相比，商业信用筹资限制条件较少，选择余地较大，条件比较优越。

②商业信用融资方式的缺点主要有：

a. 期限较短。采用商业信用筹集资金，期限一般都很短，如果企业要取得现金折扣，期限则更短。

b. 筹资数额较小。采用商业信用筹资一般只能筹集小额资金，而不能筹集大量的资金。

c. 有时成本较高。如果企业放弃现金折扣，必须付出非常高的资金成本，而且当商业信用不规范、当事人信誉度低时，风险较大。

2）应付费用

应付费用，是指企业在生产经营过程中因为结算关系而形成的各种应付而未付的费用。因其从发生到实际支付之间有一定时间间隔，从而形成企业暂时性的资金来源。如应付职工薪酬、各种应缴税费等。

▶ **3.3.3 短期借款**

短期借款是指企业向银行和其他非银行金融机构借入的期限在1年以内的借款。在短期负债融资中，短期借款的重要性仅次于商业信用。短期借款可以随企业的需要安排，便于灵活使用，且取得亦较简单。但其突出的缺点是短期内要归还，特别是在带有诸多附加条件的情况下更使风险加剧。

1）短期借款的种类

按照借款的目的和用途可分为生产周转借款、临时借款、结算借款等；按偿还方式可分为一次性偿还借款和分期偿还借款；按利息支付方法不同，短期借款可分为收款法借款、贴现法借款和加息法借款；按有无担保可分为抵押借款和信用借款等。

2）短期借款的还本付息方式

（1）本金偿还方式

短期借款的本金偿还方式有到期一次性偿还和贷款期内定期偿还两种方式。一般而言，贷款人希望采取后一种偿还方式，而借款人则希望采取前一种付款方式。

（2）借款利息的支付方法

一般来讲，借款企业可以用三种方法支付银行贷款利息。

①收款法。收款法是在借款到期时向银行支付利息的方法。银行向工商企业发放的贷款大都采用这种方法收息。

②贴现法。贴现法是银行向企业发放贷款时，先从本金中扣除利息部分，而到期时借款企业则要偿还贷款全部本金的一种计息方法。采用这种方法，借款人借款的实际利率高于名义利率。

$$贴现法的实际利率＝名义利率/（1-名义利率）\times 100\%$$

③加息法。加息法是银行发放分期等额偿还贷款时采用的利息收取方法。在分期等额

偿还贷款的情况下，银行要将根据名义利率计算的利息加到贷款本金上，计算出贷款的本息和，要求企业在贷款期内分期偿还本息之和的金额。由于贷款分期均衡偿还，借款企业实际上只平均使用了贷款本金的半数，却支付全额利息。

▶ 3.3.4 短期融资券

1）短期债券融资的概念

短期融资券，又称商业票据、短期债券，是由大型工商企业或金融企业发行的短期无担保本票，是一种新兴的短期资金筹集方式。

商业票据是由债务人开出，允诺一定时间内以一定金额支付给债权人的债务凭证。规模大、信誉好的公司可通过出售商业票据借入短期资金，因此商业票据可成为企业进行短期融资的重要途径。商业票据的发行者主要是一些信誉卓著、实力雄厚的公司，商业票据的面额一般较大。

2）短期融资券的种类

按不同的标准，可以将短期融资券分为不同类型。

（1）按发行方式分

按发行方式不同，可分为经纪人代销的短期融资券和发行人直接销售的短期融资券。

①经纪人代销的短期融资券（又称间接销售短期融资券），是指先由发行人卖给经纪人、再由经纪人卖给最终投资者的短期融资券。企业委托经纪人发行短期融资券，要向经纪人支付一定数额的手续费（佣金）。

②发行人直接销售的短期融资券，是指发行人直接销售给最终投资者的短期融资券，通常是经营金融业务的企业。发行这种短期融资券可以节省间接发行时应支付给经纪人的手续费。

根据我国《银行间债券市场非金融企业债务融资工具管理办法》的相关规定，我国非金融企业发行短期融资券必须由符合条件的金融机构承销，企业不得自行销售公司自己所发行的短期融资券。

（2）按发行人分

按发行人的不同，可以分为金融企业的短期融资券和非金融企业的短期融资券。

①金融企业的短期融资券，主要是指由各大公司所属的财务公司、各种投资信托公司、银行控股公司等发行的短期融资券。这类短期融资券一般采用直接发行的方式。

②非金融企业的短期融资券，是指那些没有设立财务公司的工商企业所发行的短期融资券。这类企业一般规模不大，多采用间接发行的方式。

（3）按发行和流通范围分

按发行和流通范围不同，可以分为国内短期融资券和国外短期融资券。

①国内短期融资券，是指一国发行者在国内金融市场上发行并流通的短期融资券。发行这种短期融资券只需遵循本国法规和金融市场惯例。

②国外短期融资券，是指一国发行者在本国金融市场以外的其他国家或地区的金融市场上发行并流通的短期融资券。发行这种短期融资券必须遵循相关国家的法律法规和国际

金融市场惯例。

3）短期融资券的发行程序

在我国，企业发行短期融资券，一般要按如下程序进行。

①做出筹资决策；

②选择承销商；

③办理信用评级；

④向审批机关提出申请；

⑤审批机关审查和批准；

⑥正式发行，筹集资金。

4）短期融资券的成本

短期融资券的成本包括利息成本和非利息成本。其中利息成本取决于贴现率；非利息成本主要是发行和销售过程中的一些费用，包括评级费、保证费、承销费等。

短期融资券以贴现方式发行，通过票据贴现，持票人将未到期票据以低于票面金额的价格售出，取得货币资金，到期支付给买方票面金额。商业票据的年融资成本由票据的期限和借款利率水平所决定。年融资成本的公式为：

$$短期融资券资本成本率 = \frac{票面利率}{1 - 票面利率 \times \dfrac{票据期限}{360}} \times 100\%$$

【例3.9】某公司发行了为期180天的短期融资券，票面利率为12%，则该短期融资券的成本为：

$$短期融资券资本成本率 = \frac{票面利率}{1 - 票面利率 \times \dfrac{票据期限}{360}} \times 100\%$$

$$= \frac{12\%}{1 - 12\% \times \dfrac{180}{360}} \times 100\%$$

$$= 12.77\%$$

发行短期融资券的企业一般都保持有备用的信用额度，以便为出售短期融资券时发生的问题提供保证。如果一家公司不能偿还到期短期融资券，就可以动用备用的信用额度。对于这种备用的信用额度，一般银行要按年收取0.25%~0.5%的费用，这将导致成本增加。

【例3.10】若例3.9例中，该公司所发行短期融资券的动用备用信用额度费为0.25%，其他直接费率为0.5%，则该公司所发行短期融资券的年成本率为：

$$12.77\% + 0.25\% + 0.5\% = 13.52\%$$

5）短期融资券的评级

商业票据到期必须归还，风险较大。另外，对于投资人而言，由于面临票据发行人到期无法付款的风险，因此票据市场上对票据发行人的资信等级要求很严格，信用等级低的票据发行成本相对较高。

3.4 长期筹资管理

企业要保持长期生存和发展，需要经常性持有一定规模的长期资本。其主要原因在于：购建固定资产、取得无形资产、开展长期投资、垫资于长期性流动资产等。企业的长期资本一般是通过吸收投入资本、发行股票、发行债券、长期借款和融资租赁等方式取得或形成的。

▶ 3.4.1 长期筹资概述

1）长期筹资的概念

长期筹资，是指企业作为筹资主体，根据其经营活动、投资活动和调整资本结构等长期资金需要，通过长期筹资渠道和资本市场，运用长期筹资方式，经济有效地筹措和集中长期资本的活动。长期筹资是企业筹资的主要内容。

因此，长期资金筹集对于任何一个企业都是必要的。

2）长期筹资的意义

①任何企业在生存发展过程中，都需要始终维持一定的资本规模，由于生产经营活动的发展变化，往往需要追加筹资。

②企业为了稳定一定的供求关系并获得一定的投资收益，对外开展投资活动，往往也需要筹集资本。

③企业根据内外外环境变化，适时调整企业资本结构，也需要及时地筹集资本。

3）长期筹资的原则

长期筹资是企业的基本财务活动，是企业扩大生产经营规模和调整资本结构所必需采取的行为。为了经济有效地筹集长期资本，长期筹资必须遵循合法性、效益性、合理性和及时性等基本原则。

①合法性原则。在筹资时要遵守财经法规，履行责任，维护权益，避免损失。

②效益性原则。要认真分析投资机会，分析筹资成本和投资效益，寻求最优筹资组合。

③合理性原则。要合理确定筹资数量和资本结构，另外还要考虑筹资的期限。

④及时性原则。在筹资与投资时，要在时间上协调，并注重时间因素的影响。

4）长期筹资的渠道

企业的长期筹资需要通过一定的筹资渠道和资本市场，不同的渠道各有特点和适用性，需要加以认真分析研究。

企业长期筹资的渠道主要包括政府财政资本、银行信贷资本、非银行金融机构资本、其他法人资本、民间资本、企业内部资本、外商资本。

5）长期筹资的类型

按照资本属性的不同，企业的长期筹资可分为股权性筹资、债务性筹资和混合性筹资。

▶ 3.4.2 权益资本筹集

1) 权益资本筹集概述

权益筹资（又称股权筹资），形成企业的股权资本，亦称权益资本、主权资本、自有资本。权益融资是指以吸收直接投资、发行股票和企业内部利润积累等方式筹集资金。权益资金是企业投资者对企业的投资以及其企业经营活动所实现的税后净利中留存企业的部分，是投资者在企业中享有权益和承担责任的依据，在企业账面上体现为权益资本，是企业依法取得并长期拥有，可自主调配运用的资本。

根据我国有关法规制度规定，企业的股权资本划分为实收资本（股份公司称为股本）、资本公积、盈余公积和未分配利润。按照国际惯例，股权资本一般分为投入资本（相当于我国的实收资本或股本、资本公积）和留存收益（也称留存利润、保留盈余）（相当于我国的盈余公积和未分配利润）两大部分。

权益资本的形成方式包括：一是投资者以货币或者非货币资产出资或者增资；二是企业通过利润分配从净利润中提取公积金；三是暂不或暂少向投资者分配利润，从而得到生产经营资金。从根本上说真正能够给企业资本总量、资本结构带来立竿见影的，是投资者的出资或者增资。

股权性筹资具有以下特征：

①股权资本的所有权归属于企业的所有者。企业的所有者依法凭其所有权参与企业的经营管理和利润分配，对企业债务承担有限责任。

②企业对股权资本依法享有经营权。

2) 企业资本金制度

资本金是权益资本的主要组成部分，一定数额的资本金也是企业取得债务资本、保持适当偿债能力的必要保证。

（1）资本金的概念及构成

资本金，是指企业在工商行政管理部门登记的注册资金。资本金在不同类型的企业中的表现形式有所不同。股份有限公司的资本金被称为股本，股份有限公司以外的一般企业的资本金被称为实收资本。项目资本金，是指在项目总投资中，由投资者认缴的出资额，对投资项目来说是非债务性资金。

资本金按照投资主体可分为国家资本金、法人资本金、个人资本金及外商资本金。

①国家资本金指有权代表国家投资的政府部门或者机构以国有资产投入企业形成的资本金。

②法人资本金指其他法人单位以其依法可以支配的资产投入企业形成的资本金。

③个人资本金指社会公众以个人合法财产投入企业形成的资本金。

④外商资本金指外国投资者以及我国香港、澳门和台湾地区投资者向企业投资而形成的资本金。

（2）资本金的筹集

①资本金的出资方式

按照我国相关法律规定，资本金的出资方式包括货币资金和实物、工业产权、非专利技术、土地使用权等无形资产作价出资或通过发行股票的方式来筹集资本金。对于作价出资作为资本金的，必须经过有资格的资产评估机构依照有关法律法规评估作价，不得高估或者低估。其中，以工业产权、非专利技术、土地使用权等无形资产作价出资的比例不得超过资本金总额的 20%，特殊情况下可超过 20%，但最多不超过 30%。

②资本金的筹集期限

公司应当按国家有关法律、法规以及合同、章程的规定，确定一次筹集还是分期筹集资本金：

一次性筹集资本金的，应从营业执照签发之日起 6 个月内筹足。

分期筹集资本金的，最后一期出资应当在营业执照签发之日起 3 年内缴清。其中第一次筹集的投资者出资不得低于 15%，并且应当在营业执照签发之日起 3 个月内缴清。同时，企业筹集的资本金，必须聘请中国注册会计师验资并出具验资报告，由企业据以发给投资者出资证明书。投资者如未按合同、协议和公司章程的约定按时、足额出资，即为投资者违约，应承担违约责任。

③资本金的法定额度

法定资本金是指创办企业必须持有最低数额的资本金。《中华人民共和国公司法》对公司注册资本的最低限额（即资本金的法定额度）的主要规定为：股份有限公司注册资本的最低限额为人民币 500 万元；股份有限公司的注册资本最低限额需高于上述所定限额的，由法律、行政法规另行规定。有限责任公司注册资本的最低限额为人民币 3 万元。法律、行政法规对有限责任公司注册资本的最低限额有较高规定的，从其规定。一人有限责任公司的注册资本最低限额为人民币 10 万元。

（3）资本金的管理

为保障所有者权益，准确核算企业盈亏，确保资本金的安全和完整，需要对公司的资本金加强管理。制订资本金管理办法的根本目的，是促使本公司逐步实现自主经营、自负盈亏、自我约束的经营机制。资本金管理的原则是保全资本金，管理范围包括资本金管理、待转资本金（资本公积、盈余公积）的管理。

①严格执行资本金保全制度。公司筹集的资本，公司依法享有经营权。经营期内，投资者除依法经过规定程序和合法手续进行资本转让外，不得以任何方式抽回投资。投资者必须按合同，协议履行出资义务，分享公司利润，分担风险及亏损，公司或其他投资者违约，不履行义务，要依法追究违约责任。

②财务部门为资本金的管理部门，财务部要建立健全资本金核算制度和手续。公司应设置"实收资本"或"股本"科目，并按资本金的构成分别设置明细分类账户，详细记录和反映资本金的增加、减少及结存情况。

③实收资本与注册资本必须保持一致，当公司增加资本、用资本公积或盈余公积转增资本金时，必须向工商行政管理部门办理注册资本变更登记手续。除特殊情况按规定程序报批准机关审批后，公司经营期内发生的其他任何经济业务，均不得冲减资本金。

④资本公积是一种资本的储备形式（准资本），可以按法定程序转化为资本。因此，必须加强资本公积的核算和管理，全面真实地记录和反映资本公积金的形成和增减变动。其

中接受捐赠实物资产、资产评估增值、投资准备不得用作转增资本。

⑤盈余公积是公司按规定从税后利润中提取的积累资金，既可用于弥补以后年度亏损或作为股利分配，也可转增资本金。因此公司必须加强盈余公积的核算与管理，按《公司法》规定和股东大会决议提取法定盈余公积、任意盈余公积和公益金，当法定盈余公积达到注册资本的 50%时，可不再提取。公司用法定盈余公积转增资本后，其留存数额不得小于注册资本的 25%。

（4）企业资本金制度的作用

企业资本金制度是国家对企业有关资本金的筹集、管理以及企业所有者的责权利等所做的法律规范。它主要体现在《公司法》及其他有关法规制度中。

建立企业资本金制度的主要作用在于以下 4 个方面：

①有利于明晰产权关系，保障所有者权益。

②有利于维护债权人的合法权益。

③有利于保障企业生产经营活动的正常进行。

④有利于正确计算盈亏，合理评价企业经营成果。

企业资本金是企业资金来源的主要组成部分。此外，在企业各种资金来源中必然还存在大量的各种债务。随着市场经济的不断发展，企业不可避免地要承担相当比重的债务。企业的负债，除一部分是在商品交易、劳务供应活动中因临时资金融通的需要而筹集的以外，有相当一部分是为了满足生产经营活动长期发展、弥补自有资金不足的需要而筹集的。

3）吸收投入资本

（1）吸收投入资本的主体和种类

吸收投入资本是指非股份制企业以协议等形式吸收国家、其他企业、社会个人和外商等直接投入的资本，形成企业投入资本一种筹资方式。吸收投入资本和发行股票是权益资本筹集的方式，发行股票有股票这种有价证券作为中介，而吸收投入资本不以证券为中介。吸收投入资本是非股份制企业筹集权益资本的基本方式。

筹集投入资本的主体是进行投入资本筹资的企业。如第一章所述，现代企业主要有 3种企业制度：独资制、合伙制和公司制。在我国，公司制企业主要有股份有限公司和有限责任公司（含国有独资公司）两种。采用投入资本筹资的主体只能是资本不分为等额股份、不发行股票的企业，包括独资企业、合伙企业和有限责任公司；从所有制角度看，则有国有企业、集体企业、私营企业、合资或合营企业。

投入资本可以按所形成权益资本的构成进行分类：a. 国家直接投资；b. 其他企业、事业单位等法人的直接投资；c. 本企业职工和城乡居民个人的直接投资；d. 外国投资者和我国港、澳、台地区投资者的直接投资。

（2）吸收投入资本的主要出资形式

①现金出资

用货币资金对企业投资是吸收投入资本中重要的出资形式。企业有了货币资金，可以采购施工生产所需的各种材料物资和机械设备、支付各种费用，有很大的灵活性。因此，企业要争取投资者尽可能采用现金方式出资。外国的公司法或投资法对现金投资在资本总额中的份额一般都有规定。我国《有限责任公司规范意见》中规定，货币出资额不得少于公司法定注册资本最低限额的 50%，但目前尚无普遍性的规定，其他各种组织形式的企业则需在投资过程中由出资各方协商确定。

②实物投资

实物投资是指以房屋、建筑物、设备等固定资产和原材料、燃料、商品等流动资产所进行的投资。实物投资应符合以下条件：a. 适合企业生产、经营、研究开发等的需要；b. 技术性能良好；c. 作价公平合理。投资实物的价格，可以由出资各方协商确定，也可以聘请专业资产评估机构评估确定。

③工业产权、非专利技术和商誉投资

工业产权通常是指商标权、专利权等。企业吸收工业产权、非专利技术和商誉投资，应符合以下条件：a. 有助于企业研究、开发和生产新的高技术产品；b. 有助于企业提高生产效率，改进产品质量；c. 有助于企业降低生产消耗。因此，在吸收此项资产投资时，要进行周密的可行性研究，分析其先进性、效益性和技术更新的速度，并合理作价，以免吸收此项投资以后在短期内就发生明显的贬值。

④土地使用权投资

土地使用权，是指土地经营者对其依法取得的土地在一定期限内有进行建筑、生产或其他活动的权利。土地使用权具有相对的独立性，在土地使用权存续期间，包括土地所有者在内的其他任何人和单位，不能随意收回土地和非法干预使用权人的经营活动。使用权人依法可以用土地使用权进行投资。企业吸收土地使用权投资应符合以下条件：a. 适合企业科研、生产、销售等活动的需要；b. 地区、交通条件适宜。在我国，土地属于国家所有，可以进行投资的仅是土地的使用权，而不是其所有权。企业获得土地使用权后，不能出售或抵押。

（3）吸收投入资本的程序

企业吸收其他单位的直接投资，一般要遵循如下程序：

①确定筹资数量；

②物色投资单位；

③协商投资事项；

④签署投资协议；

⑤取得所筹集资金。

4）发行股票

股份有限公司为筹措自有资本是通过发行股票来实现的。

（1）股票的概念

股票是指股份有限公司发行的、表示股东按其持有的股份享有权益和承担义务的可转让凭证，是持有人拥有公司股份的凭证，它代表持股人在公司拥有的所有权。股票持有人即为公司的股东。公司股东作为出资人按投入公司的资本额享有所有者的资产收益、公司重大决策和选择管理者的权利，并以所持股份为限对公司承担责任。

股票筹资是股份公司筹措权益资本的基本方式。

（2）股票的种类

股份公司往往会根据不同的筹资者和投资者的不同需要，发行各种不同的股票。根据不同标准，可以对股票进行不同的分类。

①股票按股东权利和义务，分为普通股股票和优先股股票

这是最主要、最常见的分类。本节着重介绍普通股股票，优先股股票详见本章后述的"混合性筹资"。

普通股股票，简称普通股，是股份有限公司依法发行的具有投票表决权、管理权与决策权、股利不固定的股票。普通股票具有股票最一般的特征，是股份有限公司资本的最基本组成部分。在我国，股份公司只发行普通股。

普通股具有以下特点：a. 普通股股东对公司有经营管理权；b. 普通股股利分配在优先股之后进行，并依公司盈利情况而定；c. 公司结算清算时，普通股东对公司剩余财产的请求权位于优先股东之后；d. 公司增发新股时，普通股东具有优先认股权，可以优先认购公司所发行的股票。

②按股票有无记名，可分为记名股票和不记名股票

记名股是在股票票面上记载股东姓名或名称的股票。这种股票除了股票上所记载的股东外，其他人不得行使其股权，且股份的转让有严格的法律程序与手续，需办理过户。中国《公司法》规定，向发起人、国家授权投资的机构、法人发行的股票，应为记名股。

不记名股是票面上不记载股东姓名或名称的股票。这类股票的持有人即股份的所有人，具有股东资格，股票的转让也比较自由、方便，无需办理过户手续。

③按股票是否标明金额，可分为面值股票和无面值股票

面值股票是在票面上标有一定金额的股票。持有这种股票的股东，对公司享有的权利和承担的义务大小，依其所持有的股票票面金额占公司发行在外股票总面值的比例而定。

无面值股票是不在票面上标出金额，只载明所占公司股本总额的比例或股份数的股票。无面值股票的价值随公司财产的增减而变动，而股东对公司享有的权利和承担义务的大小，直接依股票标明的比例而定。目前，我国《公司法》不承认无面值股票，规定股票应记载股票的面额，并且其发行价格不得低于票面金额。

④按投资主体的不同，可分为国家股、法人股、个人股和外资股。

国家股是有权代表国家投资的部门或机构以国有资产向公司投资而形成的股份。法人股是企业法人依法以其可支配的财产向公司投资而形成的股份，或具有法人资格的事业单位和社会团体以国家允许用于经营的资产向公司投资而形成的股份。个人股是社会个人或公司内部职工以个人合法财产投入公司而形成的股份。外资股是境外投资者以外币资本投入公司而形成的股本。

⑤按发行对象和上市地区的不同，又可将股票分为A股、B股、H股和N股等

A股是供中国大陆地区个人或法人买卖的，以人民币标明票面金额并以人民币认购和交易的股票。B股、H股和N股是专供外国和中国港、澳、台地区投资者买卖的，以人民币标明票面金额但以外币认购和交易的股票。其中，B股在上海、深圳上市；H股在香港上市；N股在纽约上市。

（3）股票的发行程序

各国对股票的发行程序都有严格的法律规定，未经法定程序发行的股票无效。公司发行股票，分为设立发行和增资发行两种情况。

①公司设立发行原始股基本程序如下：

a. 发起人议定公司注册资本，并认缴股款；

b. 提出发行股票的申请；

c. 公告招股说明书，制作认股书，签订承销协议；

d. 招认股份，缴纳股款；

e. 召开创立大会，选举董事会、监事会，办理公司设立登记，交割股票。

②公司增发新股基本程序如下

a. 作出发行新股的决议；

b. 提出发行新股的申请；

c. 公告招股说明书；

d. 招认股份；

e. 改选董事、监事，办理变更登记。

（4）股票的发行方法与推销方法

①股票的发行方法

股票发行的具体方法主要有以下 3 种：

a. 公开发行与不公开发行。公开发行是指股份有限公司为筹集资金，通过证券经销商公开向社会公众发行股票，公开发行也称为公募发行。公开发行的好处是，有利于股东队伍的扩大和产权的分散化，有利于克服垄断和提高股票的适销性。不公开发行是指股份有限公司向公司内部职工和与公司有关的法人（发起人）发售股票。向公司内部职工发行股票也称为内部发行。向与公司有关的法人发行也称为私募发行。

b. 直接发行和间接发行。直接发行是股份有限公司自己承担发行股票的责任和风险，而股票发行的代办者及证券的经销商只收取一定的手续费，而不承担股票发行的风险。间接发行是指股份有限公司把股票委托给投资银行、信托投资公司、证券公司、股票经销商等金融机构包销，包销者赚取差价收益，销售余额包下来等。而股份有限公司不负担风险。

c. 增资发行。增资发行是指已发行股票的股份有限公司，在经过一定的时期后，为了扩充股本而发行新股票。增资发行分有偿增资和无偿增资。

有偿增资可分为配股与向社会增发新股票。配股又分为向股东配股和第三者配股。向股东配股是指股份有限公司增发股票时对老股东按一定比例分配公司新股票的认购权，准许其按照一定的配股价格优先认购新股票。股东配股是公司增资发行中经常采取的一种发行方式。向第三者配股是指公司向股东以外的公司职工、公司往来客户银行及有友好关系的特定人员发售新股票。由于发售新股票的价格低于老股票的市场价格，第三者往往可以获得较大的利益。这种增资发行的方式采用时必须慎重，否则成为公司拉关系走后门的手段。

无偿增资就是指所谓的送股。无偿增资可分为积累转增资和红利转增资。积累转增资是指将法定盈余公积金或资本公积金转为资本送股，按比例赠给老股东。红利转增资是指公司将当年分派给股东的红利转为增资，采用新发行股票的方式代准备派发的股息和红利。

②股票的推销方式

股票的发行是否成功，最终取决于能否将股票全部推销出去。股份公司公开向社会公开发行股票，其推销方式不外乎两种选择，即自销或委托承销。

a. 自销方式，是指股份公司自行直接将股票出售给投资者而不经过证券经营机构承销。自销方式可以节约股票发行成本，但发行风险完全由发行公司完全承担。这种推销方式并不普遍，一般仅适用于发行风险较小、手续较为简单、数量不多的股票发行。在国外，主要在知名度高、有实力的公司向现有股东推销股票时采用。

b. 承销方式，是指发行公司将股票销售业务委托给证券承销机构代理。证券承销机构是指专门从事证券买卖业务的金融中介机构，在我国主要为证券公司、信托投资公司等，在美国一般是投资银行，在日本则是称为"干事公司"的证券公司。承销方式是发行股票普遍采用的推销方式。我国《公司法》规定，公司向社会公开发行股票，不论是公司设立发行原始股还是公司增资发行新股，均应当由依法设立的证券经营机构承销。

承销方式包括包销和代销两种具体方式。

● 股票发行的包销，是由发行公司与证券经营机构签订承销协议，全权委托证券承销机构代理股票的发售业务。采用这种办法，一般由证券承销机构买进股份公司公开发行的全部股票，然后将所购股票转销给社会上的投资者。在规定的募股期限内，若实际招募股份数达不到预定发行股份数，剩余部分由证券承销机构全部买下来。

发行公司选择包销方式，可以促进股票顺利出手，及时筹足资本，还不用承担发行风险；不利之处在于要将股票以较低的价格出售给承销证券经营机构，且实际付出的发行成本较高。

● 股票发行的代销，是由证券经营机构代理股票发售业务，若募股期满实际募股数达不到发行股份数，证券承销机构不负责承购剩余股份，而是将未售出的股份归还给发行公司，发行风险由发行公司承担。

根据我国法律规定，公司拟公开发行股票的面值总额超过人民币3 000万元或者预期销售总额超过人民币5 000万元的，应当由承销团承销。承销团由两个以上承销机构组成，一般包括总承销商、副总承销商、分销商。主承销商由发行人按照公开竞争的原则，通过竞标或协商办法确定。

（5）股票发行价格的确定

股票的发行价格，是由股份公司将股票出售给投资者所采用的价格，也就是投资者认购股票时所支付的价格。股票发行价格通常是由发行公司根据股票面值、股市行情和其他有关因素确定。公司设立首次发行股票时，由发起人决定；公司增发新股时，由公司董事会或股东大会决定。

①股票价值的种类

股票的价值通常有票面价值、账面价值、市场价值3种。

a. 票面价值（简称面值），是指股票票面上标明的金额，以每股为单位，用每股的资本数额来表示。它在公司经营过程中只表明股东投入资本在公司资本总额中所占的比例，也是确定股东所有权、表决权、收益分配权的依据，与企业资产并无直接关系。

b. 账面价值（即净资产价值），是指股票所包含的实际资产价值。它是根据公司财务报表资料计算出来的结果，数字准确，可信度高，所以它是证券经营者分析股票价格、股票投资者进行投资评估分析的依据之一。公司股票的账面价值高，则股东可能享受的收益就多，这时如果股票价格较低，则对投资者有利。

c. 市场价值（又称市价），是指股票在股票市场上进行交易中具有的价值。它通常与企业的盈利能力直接相关，并受诸多因素的影响，是一种经常变动的数值。它直接反映股票市场行情，所以成为投资者的直接参考依据。

②新股发行价格的计算

新股发行价格的作价方法有多种，主要包括以下 3 种：

a. 分析法，是以资产净值为基础计算，接近于前述账面价值。其计算公式如下：

$$每股价格 = \frac{资产总值 - 负债总值}{投入资本总额} \times 每股面值$$

【例 3.11】某公司拟增发普通股 5 000 万股，每股面值 1 元，发行前账面资产总值 500 000 万元，账面负债总值 200 000 万元，投入资本总额 100 000 万元。则所拟增发普通股的发行价为：

$$\frac{500\ 000 - 200\ 000}{100\ 000} \times 1.00 = 3.00 （元）$$

b. 综合法，是指以公司收益能力为基础计算，接近于市场价值。其计算公式如下：

$$每股价格 = \frac{年平均利润 \div 行业资本利润率}{投入资本总额} \times 每股面值$$

【例 3.12】某公司拟增发新股 10 000 万股，每股面值 1.00 元。最近 3 年年平均净利润为 50 000 万元，同行业平均资本净利率为 10%，该公司投入资本总额为 100 000 万元。则所拟增发新股的发行价应为：

$$\frac{50\ 000 \div 10\%}{100\ 000} \times 1.00 = 5.00 （元）$$

c. 市盈率法，是指以市盈率为基础，乘以每股利润计算确定，能充分反应市价和盈利之间的关系。其计算公式如下：

$$每股价格 = 市盈率 \times 每股利润$$

【例 3.13】某公司拟增发新股 100 000 万股，每股面值 1.00 元。该公司每股净利为 1.50 元，若市盈率为 20 倍。则该新股发行价为：

$$1.50 \times 20 = 30 （元）$$

③股票发行价格决策

股票发行价格可根据面值和有关计算方法求得，但具体发行时还要结合具体情况加以确定。股份公司在不同时期、不同状态下对不同类的股票，可采用不同的方法确定其发行价格。一般而言，由于不同的发行目的和种类，股票的发行价格通常分为等价发行、时价发行和中间价发行。

a. 等价发行（也称平价发行或面值发行），是指按股票面值所确定的价格发行股票。平价发行的优点是简便易行，不受股市变动的影响。缺点是不能根据市场上股票价格的水平来确定股票的发行价格。如果股份有限公司经营业绩佳、信誉好，平价发行就会造成供不应求，企业也得不到溢价发行的好处。如果公司经营不善，声誉欠佳，平价发行也会销售不出去。因此，平价适合于经营不错，但声誉较小，尤其是初次发行股票的公司使用。

b. 时价发行。时价（也称市价）即以公司原发行同种股票的现行市价为基准来选择增发新股的发行价格。采用时价发行股票，考虑了股票的现行市场价值，可以促进股票的顺利发行。在西方国家，时价发行股票较为流行。美国已完全推行时价发行。

c. 中间价发行，是指按股票市场价值与面值的中间值作为股票的发行价。例如，某公司股票的现行市价为 20 元，每股面值为 1 元，若发行公司按每股（20+1）÷2＝10.5 元的价格增发该种新股票，就是按中间价发行。显然，中间价兼具时价和等价的特点。

对于股票发行价格的确定，也可以按照发行价格与其面值的关系分为以下 3 种：

a. 平价发行（也称等价发行或面值发行），是指按股票面值所确定的价格发行股票。平价发行的优点是简便易行，不受股市变动的影响。缺点是不能根据市场上股票价格的水平来确定股票的发行价格。如果股份有限公司经营业绩佳、信誉好，平价发行就会造成供不应求，企业也得不到溢价发行的好处。如果公司经营不善，声誉欠佳，平价发行也会销售不出去。因此，平价适合于经营不错，但声誉较小，尤其是初次发行股票的公司使用。

b. 折价发行，是指股票发行价格低于票面价值发行股票，是根据股票发行人与承销商之间的协议，将股票面额打一定的折扣之后发行。一般公司都不采用这种发行价格，因为它影响公司的形象和声誉，似乎公司经营不善或信誉较差。有的国家还用法律明确规定不准折价发行。实际上折价发行在特殊的条件下还是可行的。我国在最初搞股份制试点时就采用过折价发行。当时由于公民缺乏金融意识，市场没有多少股票需求，因此，不得已采用折价发行。我国《公司法》已明确规定，股票发行时，不能采取折价发行的方式。

c. 溢价发行，是指用高于股票票面额的价格发行股票。《公司法》规定，以超过票面金额为股票发行价格的，须经国务院证券管理部门批准。以超过票面额发行股票所得溢价款列入公司资本公积金。股票溢价发行的原因是股票的投资回报率高于市场利率，投资者愿意以较高的价格购买公司的股票，溢价发行可以使股份有限公司获得很可观的一部分溢价收入，因此对溢价发行具有很强的冲动。定价时一般要参考的因素主要有市盈率（按 5～8 倍的市盈率）、已上市的同类公司股票的交易价格、市场利率等。溢价发行股票时，制定的股票发行价格要经过有关部门批准。

（6）普通股融资的优缺点

与其他筹资方式相比，普通股筹措资本具有如下优点：

①发行普通股筹措资本具有永久性，无到期日，不需归还。这对保证公司对资本的最低需要、维持公司长期稳定发展极为有益。

②发行普通股筹资没有固定的股利负担，股利的支付与否和支付多少，视公司有无盈利和经营需要而定，经营波动给公司带来的财务负担相对较小。由于普通股筹资没有固定的到期还本付息的压力，所以筹资风险较小。

③发行普通股筹集的资本是公司最基本的资金来源，它反映了公司的实力，可作为其他方式筹资的基础，尤其可为债权人提供保障，增强公司的举债能力。

④由于普通股的预期收益较高并可一定程度地抵消通货膨胀的影响（通常在通货膨胀期间，不动产升值时普通股也随之升值），因此普通股筹资容易吸收资金。

但是，运用普通股筹措资本也有一些缺点：

①普通股的资本成本较高。首先，从投资者的角度讲，投资于普通股风险较高，相应地要求有较高的投资报酬率。其次，对于筹资公司来讲，普通股股利从税后利润中支付，

不像债券利息那样作为费用从税前支付，因而不具抵税作用。此外，普通股的发行费用一般也高于其他证券。

②以普通股筹资会增加新股东，这可能会分散公司的控制权。此外，新股东分享公司未发行新股前积累的盈余，会降低普通股的每股净收益，从而可能引发股价的下跌。

▶ 3.4.3 长期债务筹资

债务融资，是指向银行、其他金融机构、其他企业单位等借入的，具有特定偿还时间、偿还利息和本金的融资方式。按融资资金使用期限的长短，可分为长期负债融资和短期负债融资两大类。

在我国企业财务实务中，长期债务融资方式主要包括长期借款、企业债券和融资租赁3种。

1）长期借款

长期借款，是指企业向银行或其他非银行金融机构借入的使用期超过1年的借款，主要用于构建固定资产和满足长期流动资金占用的需要。

（1）长期借款的种类

长期借款的种类很多，企业可根据自身的情况和各种借款条件选用。我国目前各金融机构的长期借款主要有：

①按照用途，分为固定资产投资借款、更新改造借款、科技开发和新产品试制借款等。

②按照提供贷款的机构，分为政策性银行贷款、商业银行贷款等。此外，企业还可以从信托投资公司取得实物或货币形式的信托投资贷款，从财务公司取得各种中长期贷款等。

③按照有无担保，分为信用贷款和抵押贷款。信用贷款指不需企业提供抵押品，仅凭其信用或担保人信誉而发放的贷款。抵押贷款是指要求企业以抵押品作为担保的贷款。长期贷款的抵押品通常是房屋、建筑物、机器设备、股票、债券等。

（2）银行借款的条件

按照国际惯例，银行借款往往会附加一些信用条件，主要有授信额度、周转授信协议、补偿性余额等。

①授信额度，是借款企业与银行间正式或非正式协议规定的企业借款的最高限额。通常在授信额度内，企业可随时按需要向银行申请借款。例如，在正式协议下，银行给予某企业的授信额度为10 000万元，该企业已借用6 000万元且尚未偿还，则该企业仍可申请借款4 000万元，银行将予以保证。但在非正式协议下，银行不承担按最高借款限额保证贷款的法律义务。

②周转授信协议，是一种经常被大公司使用的正式授信额度。与一般授信额度不同，银行对周转信用额度负有法律义务，并因此向企业收取一定的承诺费，一般按企业使用的授信额度的一定比率（0.2%）计算收取。

③补偿性余额，是银行要求借款企业保持按贷款限额或实际借款额的10%~20%的平均存款余额留存银行。银行通常都有这种要求，目的是降低银行贷款风险，提高贷款的有效利率，以补偿银行的损失。例如，某企业借款1 000万元，贷款银行要求维持20%的补偿性余额，那么该企业实际可以支用的借款资金为1 000×（1-20%）= 800万元，如果名义利

率为 10%，则其实际利率为：

$$\frac{1\,000\times10\%}{1\,000\times（1-20\%）}\times100\%=12.5\%$$

上述信用条件，仅限于企业获得的是信用借款。

（3）企业对贷款银行的选择

借款企业除了需要考虑借款种类、借款成本等因素之外，还需对贷款银行进行分析、考察，并做出选择。借款企业对贷款银行的选择，通常要考虑如下因素：

①银行对贷款风险的政策。银行通常都会对其贷款的风险做出政策性的规定。一些银行倾向于保守政策而只愿意承担较小的贷款风险；一些银行则富有开拓性，敢于承担较大的风险。这与银行的实力和环境有关。

②银行与借款企业的关系。银行与借款企业的现存关系，是由以往借贷业务形成的，一个企业可能与多家银行之间存在业务往来，且这种关系的亲密度并不相同。当借款企业面临财务困难时，有的银行可能会大力支持，向企业投放贷款，帮助企业渡过难关；而有的银行则可能恰恰相反，向企业施加更大的压力，迫使企业偿还贷款或付出高昂的代价。

③银行为借款企业提供的咨询与服务。有的会主动帮助借款企业分析研究企业潜在的财务问题，提出解决问题的建议和办法，为企业提供咨询与服务，同企业交流相关信息。这对借款企业具有重要的参考价值。

④银行对贷款专业化的区分。一般而言，大银行都设有不同类别的部门，分别处理不同行业的贷款业务，如工业制造、商品批发与零售、建筑业、房地产开发与经营等，这种专业化的区分，影响不同行业的企业对银行的选择。

（4）长期借款的程序

一般而言，企业向银行举借长期借款的基本程序如下：

①借款企业提出申请；

②贷款银行进行审批；

③签订借款合同；

④企业取得借款；

⑤企业偿还借款。

（5）借款合同的内容

借款合同，是就借贷款双方当事人各方权利和义务作出约定的契约。借款企业的借款申请经贷款银行审查批准后，双方即在平等协商的基础上签订借款合同。

①借款合同的基本条款

根据我国相关法律法规，借款合同一般应具备以下基本条款：

a. 借款种类；b. 借款用途；c. 借款金额；d. 借款期限；e. 借款利率；f. 还款资金来源及还款方式；g. 保证条款；h. 违约责任等。

②借款合同的限制条款

由于长期贷款的偿还期限长、风险较大，因而，除借款合同的基本条款外，按照国际惯例，贷款银行对借款企业通常都约定有一些限制性条款。这些限制性条款主要有以下3类：

a. 一般性限制条款。它主要包括：企业必须有一定额度的现金及其他流动资产以保持其资产合理的流动性及支付能力；限制企业发放现金股利；限制企业资本支出的规模；限制企业借入其他长期资金等。

b. 例行性限制条款。多数借款合同都有这类条款，一般包括：借款企业定期向贷款银行报送财务报表；不能出售太多的资产；债务到期要及时偿还；禁止应收账款的转让等。

c. 特殊性限制条款。如要求企业主要领导人购买人身保险；规定借款的用途不得改变等。这类限制条款只在特殊情形下才生效。

（6）长期借款的成本

长期借款的利率通常高于短期借款，但若企业信誉好或抵押品流动性强，仍然可以争取到较低的长期借款利率。长期借款利率有固定利率和浮动利率两种。浮动利率通常有最高、最低限，并在借款合同中明确。对于借款企业来讲，若预测市场利率将上升，应与银行签订固定利率合同；反之，则应签订浮动利率合同。

除利息之外，银行还会向借款企业收取其他费用，如实行周转信贷协定所收取的承诺费、要求借款企业在本银行中保持补偿余额所形成的间接费用。这些费用会增大长期借款的成本。

（7）长期借款的偿还方式

由于长期借款涉及的金额大、期限长，因此，企业应预先对借款的偿还做好安排，常见的偿还方式有以下3种：

①到期一次还本付息；

②分期付息，到期还本；

③定期偿还本金和利息等。

无论采用何种方式偿还借款，企业都应计算出每年需支付的利息和偿还的本金，利息作为财务费用在税法允许的范围内可抵减所得税，本金用税后利润偿还，这些都可通过编制还款计划表来完成。

（8）长期借款融资的优缺点

①长期借款融资的优点主要有：

a. 融资速度快。在借贷双方协商一致，签订合同后，借方即可获得资金，而不必经过证券管理部门的审核批准，手续简单，能迅速筹集到所需资金。

b. 借款弹性好。企业与金融机构可以直接接触，可通过直接商谈来确定借款的时间、数量、利息、偿付方式等条件、在借款期间，如果企业情况发生了变化，也可与金融机构进行协商，修改借款合同。借款到期后，如有正当理由，还可延期归还。

c. 融资成本低。企业向金融机构借款，不必像发行证券需要支付较高的发行费用，融资费用低；长期借款的利息，可在所得税前支付，具有抵税作用。

d. 可以发挥财务杠杆的作用。长期借款的利息相对普通股来说是固定的，因此与债券融资、优先股融资相似，具有财务杠杆的作用，当企业获得丰厚的利润时，普通股股东会享受到更多的利益。

②长期借款筹资的缺点主要有：

a. 财务风险较大。企业举借长期借款，必须定期还本付息。在经营不利的情况下，可能会产生不能偿付的风险，甚至导致破产。

b. 限制条款较多。企业与金融机构签订的借款合同中，一般都有较多的限制条款，如指定借款的用途等，这些条款可能会限制企业的经营活动。

c. 融资数量有限。利用长期借款融资不能像发行股票在大范围内筹集大额资金。

2) 企业债券

（1）债券的概念及其分类

债券是发行人依照法定程序发行，约定在一定期限内还本付息的有价证券。这里所说的企业债券，指的是期限超过 1 年的公司债券，其发行目的通常是为建设大型项目筹集大笔长期资金。

债券按发行主体不同，可分为政府债券、金融债券、公司债券 3 种。

①政府债券，是指政府为筹集资金而发行的债券。主要包括国债、地方政府债券等，其中最主要的是国债。政府债券对于保障国家非盈利性基础设施建设具有重要作用。

②金融债券，是指由商业银行等金融机构作为发行主体，为筹集资金而向社会公开发行的债券。在我国目前金融债券主要由国家开发银行、进出口银行等政策性银行发行。

③公司债券，是指企业依照法定程序发行，约定在一定期限内还本付息的债券。公司发行债券是为项目建设和经营资金需要而发行的，也称为企业债券。与前两种债券相比，企业债券的利率较高。

（2）企业债券的种类

企业债券可以按照不同的标准进行分类。企业债券具体分类情况如下：

①公司债券按是否记名分类，可分为记名债券和无记名债券。

a. 记名债券，是指债券上记载持有人的姓名或名称，并在发行单位或代理机构进行登记的债券。转让时原持有人要背书，办理相应的过户手续。

b. 无记名债券，是指不需要在债券上记载持有人的姓名或名称，也不需要在发行代理机构登记的债券。此种债券可随意转让，不需办理过户手续。

②公司债券按有无抵押担保分类，可以分为抵押债券和信用债券。

a. 抵押债券（又称担保债券），是指公司所发行的有特定财产作为担保品的债券。按担保品的不同又可分为不动产抵押债券、动产抵押债券、信托抵押债券。信托抵押债券是指公司以其持有的有价证券为担保而发行的债券。

抵押债券还可按抵押品的先后担保顺序分为第一抵押债券和第二抵押债券。公司结算清算时，只有在第一抵押债券全部清偿后，才能对第二抵押债券进行清偿，因此第二抵押债券的利息率也相对高于第一抵押债券。

b. 信用债券（又称无担保债券），是指公司发行的没有抵押品作为担保、完全凭企业信用发行的债券。这种债券通常只有信誉良好的公司发行，利息率一般高于抵押债券。

③公司债券按付息方式不同，分为贴现债券、零息债券、附息债券。

a. 贴现债券，是指债券券面上不附有息票，发行时按规定的折扣率，以低于债券面值的价格发行，到期按面值支付本息的债券。贴现债券的发行价格与其面值的差额即为债券的利息。

b. 零息债券，是指债券到期时和本金一起一次性付息、利随本清，也可称为到期付息债券。付息特点是其利息一次性支付，本金到期时支付。

c. 附息债券，是指债券券面上附有息票的债券，是按照债券票面载明的利率及支付方式支付利息的债券。息票上标有利息额、支付利息的期限和债券号码等内容，持有人可从债券上剪下息票，并据此领取利息。

④公司债券按利率确定方式不同，可分为固定利率债券、浮动利率债券。

a. 固定利率债券，是指在发行时规定利率在整个偿还期内不变的债券。

b. 浮动利率债券，是指发行时规定债券利率随市场利率定期浮动的债券，其利率通常根据市场基准利率加上一定的利差来确定。浮动利率债券往往是中长期债券。由于利率可以随市场利率浮动，采取浮动利率债券形式可以有效地规避利率风险。

⑤公司债券按偿还期限不同，可分为短期债券、中期债券、长期债券。

a. 短期债券，是指偿还期限在 1 年以内的债券。

b. 长期债券，是指偿还期限超过 1 年的债券。长期债券可根据需要进一步划分为中期债券和长期债券。

⑥公司债券按是否参与企业利润分配，可分为参与债券和非参与债券。

a. 参与债券，是指债券持有人除可获得预先规定的利息收益外，还享有一定程度参与发行企业收益分配的权利，其参与利润分配的方式与比例必须事先规定。实务中这种债券较少见。

b. 非参与债券，是指持有人无权参与发行企业利润分配的权利。实务中企业所发行债券大多为非参与债券。

⑦公司债券按债券持有人的特定收益，可分为收益债券、可转换债券和附认股权债券。

a. 收益债券，是指只有当发行企业有税后利润可供分配时才支付利息的一种公司债券。这种债券对发行企业来说，不必承担固定的利息负担；对投资者来说，风险较大，收益也可较高。

b. 可转换债券，是指根据发行企业债券募集办法的规定，债券持有人可将其转换为发行公司的股票的债券。发行可转换债券的公司，应规定转换办法，并应按转换办法向债券持有人换发股票。债券持有人有权选择是否将其所持债券转换为股票，发行这种债券，既为投资者增加灵活的投资机会，又可为发行企业调整资本结构或缓解财务压力提供便利。

c. 附认股权债券，是指所发行债券附带允许债券持有人按特定价格认购股票的一种长期选择权。这种认股权通常随债券发行，具有与可转换债券相类似的属性。附认股权债券的票面利率与可转换债券一样，通常低于一般的企业债券。

⑧按能否上市，可分为上市债券和非上市债券。

a. 上市债券，是指经有关机关审批，可以在证券交易所上市流通的债券。

b. 非上市债券，是指不能在证券交易所上市流通的债券。

债券上市无论是对发行企业还是对投资者都有一定好处：

a. 上市债券因为符合一定的标准，信用度较高，能卖较好的价钱。

b. 债券上市有利于提高发行公司的知名度。

c. 上市债券成交速度快、变现能力强，更易吸引投资者。

d. 上市债券交易便利，成交价格比较合理，有利于公平筹资和投资。

债券发行企业欲使其债券上市，需要具备规定的条件，并提出申请，遵循一定的程序。

（3）发行企业债券的资格与条件

①发行债券的资格

在我国，根据《公司法》的规定，股份有限公司、国有独资公司和两个以上的国有企业或其他两个以上的国有投资主体设立的有限责任公司，可以发行公司债券。

②发行债券的条件

根据国际惯例，企业发行债券必须符合规定的条件。一般包括发行债券的最高限额，发行企业自有资本最低限额、企业的盈利能力、债券利率水平等。

在我国，根据《公司法》、《证券法》和《公司债券发行试点办法》的规定，企业发行公司债券必须符合下列条件：

a. 股份有限公司净资产不得低于人民币3 000万元，有限责任公司净资产不得低于人民币6 000万元；

b. 累计债券总额不超过公司净资产的40%；

c. 最近3年平均可供分配利润足以支付公司债券一年的利息；

d. 筹资的资金投向符合国家产业政策；

e. 债券利率不得超过国务院限定的利率水平；

f. 公司的内部控制制度健全，内部控制制度的完整性、合理性、有效性不存在重大缺陷；

g. 经资信评级机构评级，债券信用级别良好；

h. 国务院规定的其他条件。

此外，发行公司债券所筹集的资本，必选按审批机关批准的用途使用，不得弥补亏损和非生产性支出。

如发行可转换债券，还应当符合股票发行的条件。

若债券发行公司出现下列情形之一的，不得再次发行公司债券：

a. 前一次发行的公司债券尚未募足的；

b. 对已发行的公司债券或者其他债务有违约行为或延迟支付本息的事实，且仍处于继续状态的；

c. 违反有关规定，改变公开发行公司债券所募集资金的用途；

d. 最近36个月内公司财务会计文件存在虚假记载，或公司存在重大违法行为；

e. 本次申请发行文件存在虚假记载、误导性陈述或重大遗漏；

f. 严重损害投资者合法权益和社会公共利益的其他情形。

（4）公司债券的发行程序

公司发行债券需要遵循一定的程序，并办理相关手续。

①做出发行债券决议

公司在实际发行债券前，必须经由公司董事会或股东大会作出发行债券的决议，具体决定发行公司债券总额、票面金额、发行价格、募集办法、债券利率、偿还日期及方式等。

我国股份有限公司、有限责任公司发行公司债券，由董事会制订方案，股东大会作出决议；国有独资公司发行公司债券，应由国家授权投资的机构或国家授权的部门作出决议。

在国外，公司发行债券一般经董事会决议，由 2/3 以上董事出席，且超过出席董事的半数通过。

②提出债券发行申请

按照国际惯例，公司发行债券须向主管部门提交申请，未经批准，公司不得发行债券。

公司申请发行债券由国务院证券管理部门批准。公司应提交公司登记证明、公司章程、公司债券募集办法、资产评估报告和验资报告。

③公告债券募集办法

发行公司债券的申请经批准后，公开向社会发行债券，应当向社会公众公告债券募集办法。根据《公司法》规定，公司债券募集办法中应当载明的主要事项有：发行公司名称、募集债券资金的用途、债券总额和债券的票面金额、债券利率的确定方式、还本付息的期限和方式、债权担保情况、债券的发行价格、发行的起止日期、公司净资产额、已发行尚未到期的公司债券总额、公司债券的承销机构，等等。

若公司发行可转换债券，还应在债券募集办法中规定具体的转换办法。

④委托证券机构发售

公司债券的发行方式一般有私募发行和公募发行两种：私募发行是指由债券发行公司将直接发售给投资者的发行方式。这种发行方式因受限制，极少采用。公募发行是指债券发行公司通过承销团向社会公众发售债券的发行方式。在这种发行方式下，发行公司要与承销团签订承销协议。承销团由数家证券公司或投资银行组成。承销团的承销方式有代销和包销（详见股票发行与销售）。

公募发行是世界各国通常采用的债券发行方式。美国甚至强制要求对某些债券（如电力、制造业公司债券）必须采用公募发行方式。在我国，有关法律、法规亦明确规定采用公募发行债券。

⑤交付债券，收缴债券款，登记债券存根簿

发行公司公募发行公司债券，由证券承销机构发售时，投资者直接向承销机构付款购买，承销机构代理收取债券款并交付债券；然后，发行公司向证券承销机构收缴债券款并结算预付的债券款。

根据《公司法》的规定，公司发行的公司债券，必须在债券上载明公司名称、债券面值、利率、偿还期限等事项，并由董事长签名，公司盖章。

公司发行的债券，还应在设置的公司债券存根簿中登记。对于记名债券，应载明的事项包括：债券持有人的姓名或名称及住所；债券持有人取得债券的日期及债券的编号；债券总额、债券面值金额、债券利率、债券还本付息的期限与方式；债券的发行日期。

对于无记名债券，应在债券存根簿上载明债券总额、利率、偿还期限与方式、发行日期及债券的编号等事项。

（5）公司债券的发行价格

债券的发行价格是指债券发行时使用的价格，也即投资者购买债券时所支付的价格。公司在发行债券前，必须依据有关因素，采用一定方法，确定债券的发行价格。

①债券发行价格的影响因素

债券发行价格的形成受诸多因素的影响，主要有 4 种：

a. 债券票面价值，即面值。债券售价的高低，从根本上取决于面值的大小，它是企业将来需要偿还的本金数额。

b. 债券的利率。它是债券利息标准，利率越高，企业偿还的利息成本也就越高。

c. 市场利率。它是衡量债券利率高低的参照指标，与债券价格成反比。

d. 债券期限。债券发行期限越长，则风险越大，售价越低。

②债券发行价格的确定方法

企业债券的发行价格通常有3种情况，即平价、折价、溢价。

平价是以债券票面金额的价格为发行价格。溢价是指以高出债券票面金额的价格为发行价格；折价是指以低于债券票面金额的价格为发行价格。

债券发行价格的计算公式为：

企业债券发行价格=债券利息的现值+债券本金的现值

$$企业债券发行价格 = \sum_{t=1}^{n} \left[债券利息 \times (1+市场利率)^{-t} \right] + 债券面值 \times (1+市场利率)^{-t}$$

式中 n——债券期限，年；

      t——支付利息的时间。

（注：市场利率为年利率；利息分期支付）

【例3.14】某建筑施工企业发行面值为1 000元，票面年利率为10%，期限为10年，每年年末付息、到期一次还本的债券。在公司决定发行债券时，认为10%的利率是合理的。如果到债券正式发行时，市场上的利率发生变化，那么就要调整债券的发行价格。现按以下3种情况分别讨论：

①资金市场上的利率保持不变，该建筑施工企业的债券利率为10%仍然合理，则可采用平价发行。

债券的发行价格 = 1 000× (P/F, 10%, 10) +1 000×10%× (P/A, 10%, 10)

                = 1 000×0.3 855+100×6.1 446

                = 1 000 （元）

②资金市场上的利率有较大幅度的上升，达到12%，则应采用折价发行。

债券的发行价格 = 1 000× (P/F, 12%, 10) +1 000×10%× (P/A, 12%, 10)

                = 1 000×0.322+100×5.6 502

                = 887.02 （元）

也就是说，只有按887.02元的价格出售，投资者才会购买此债券，并获得12%的报酬。

③资金市场上的利率有较大幅度的下降，达到8%，则应采用溢价发行。

债券的发行价格 = 1 000× (P/F, 8%, 10) +1000×10%× (P/A, 8%, 10)

                = 1 000×0.4 632+100×6.7 101

                = 1 134.21 （元）

也就是说，投资者把1 134.21元的资金投资于该建筑施工企业面值为1 000元的债券，便可获得8%的报酬。

（6）债券的信用评级

根据《证券法》和《上市公司债券发行管理办法》的规定，公司发行债券，应当委托具有资格的资信评级机构进行信用评级和跟踪评级。

①债券评级的意义

公司公开发行债券通常由债券评信机构评定债券等级。债券的信用评级对于发行公司和债券投资者都有重要意义。对于发行公司而言，债券的信用等级影响着债券的发行效果。信用等级越高的债券，能以较低的利率发行，借以降低债券融资成本；信用等级较低的债券，表示债券风险较大，需要以较高的利率发行。对于债券投资者而言，债券的信用等级便于投资者进行债券投资的选择。信用等级较高的债券，较易得到债券投资者的信任；信用等级较低的债券，表示风险较大，投资者一般会谨慎选择投资。

②债券的信用等级

债券的信用等级表示债券质量的优劣，反映债券还本付息能力的强弱和债券投资风险的大小。

按国际惯例，公司债券等级一般分为 3 等 9 级。这是由美国信用评级机构标准普尔公司和穆迪投资者服务公司（穆迪公司）分别采用的，如表 3.9 所示。

表 3.9　债券信用等级表

标准普尔公司		穆迪公司	
AAA	最高级	Aaa	最高质量
AA	高级	Aa	高质量
A	上中级	A	上中质量
BBB	中级	Baa	下中质量
BB	中下级	Ba	具有投机因素
B	投机级	B	通常不值得正式投资
CCC	完全投机级	Caa	可能违约
CC	最大投机级	Ca	高投机性，经常违约
C	规定盈利付息但未能盈利付息	C	最低级

一般认为，只有前 3 个等级的公司债券是值得投资的。

③债券的评级程序

公司债券评级的基本程序包括以下 3 个方面的内容：

a. 发行公司提出评级申请；

b. 评级机构评定债券等级；

c. 评级机构跟踪检查。

④债券的评级方法

债券评级机构在评定债券等级时，需要进行分析判断，采用定性和定量分析相结合的方法，一般针对以下 3 个方面进行分析判断：

a. 公司发展前景：包括分析判断公司所处行业的状况，如是朝阳产业还是夕阳产业；分析评级公司的发展前景、竞争能力、资源供应的可靠性等。

b. 公司财务状况：包括分析评价公司的债务状况、偿债能力、盈利能力、周转能力和财务弹性，以及持续的稳定性和发展变化趋势。

c. 公司债券的约定条件：包括分析评价公司发行债券有无担保及其他限制条件、债券期限、还本付息方式等。

此外，对在海外或国际证券市场上发行债券，还要进行国际风险分析，主要是进行政治、社会、经济的风险分析，作出定性判断。

在我国，一些省市的信用评级机构对企业债券按行业分为工业企业债券和商业企业债券；按筹资用途分为用于技改项目的债券和用于新建项目的债券。在企业债券信用评级工作中，一般主要考察企业概况、企业素质、财务质量、项目状况、项目前景、偿债能力。其中，企业概况只作参考，不计入总分。其余 5 个方面是：

a. 企业素质，主要考察企业领导群体素质、经营管理状况与竞争能力，占总分的 10%；

b. 财务质量，一般分资金实力、资金信用、周转能力、经济效益等内容，采用若干具体指标来测算计分，占总分的 35%，影响最大；

c. 项目状况，主要考察项目的必要性和可行性，计分一般占总分的 15%左右；

d. 项目前景，包括项目在行业中的地位、作用和市场竞争能力、主要经济指标增长前景预测等，计分最高占总分的 10%；

e. 偿债能力，主要分析债券到期时偿还资金来源的偿债能力，包括分析偿债资金来源占全部到期债券的比例和偿债资金来源占已发行全部到期债券的比例，计分一般占总分的 30%左右。

在评估中，财务质量以定量分析为主，其余 4 个方面尚缺乏具体的定量指标，仍以定性分析为主，在操作中很大程度上依赖于评估人员的经验与水平，弹性很大。

（7）长期债券融资的优缺点

①长期债券融资的优点主要体现在：

a. 筹资规模大。债券属于直接融资，发行对象分布广泛，市场容量相对较大，且不受金融中介机构自身资产规模及风险管理的约束，可以筹集的资金数量也较多。

b. 具有长期性和稳定性。债券的期限可以较长，且债券的投资者一般不能在债券到期之前向企业索取本金，因而债券筹资方式具有长期性和稳定性。

c. 具有财务杠杆的作用。长期债券的利率一般是固定的，无论发行公司盈利状况如何，公司只需向持有人支付固定的利息，且这些利息可以在税前扣除。因此，当企业获得丰厚的利润时，普通股股东会享受更多的利益。

②长期债券融资的缺点主要体现在：

a. 发行成本高。企业公开发行公司债券的程序复杂，需要聘请保荐人、会计师、律师、资产评估机构以及资信评级机构等中介，发行成本较高。

b. 信息披露成本高。发行债券需要公开披露募集说明书及其引用的审计报告、资产评估评级报告等多种文件。债券上市后也需要披露定期报告和临时报告，信息披露成本较高。同时也对保守企业的经营、财务等信息及其他商业机密不利。

c. 限制条件多。发行债券的契约书中的限制条款通常比优先股及短期债务更为严格，可能会影响企业的正常发展和以后的筹资能力。

3）融资租赁

（1）租赁的含义及种类

租赁是指出租人在承租人给予一定报酬的条件下，授予承租人在约定的期限内占有和使用财产权利的一种契约行为。租赁合约规定双方的权利与义务，其具体内容需要通过双方协商、谈判确定，因此租赁的形式多种多样。

①按租赁合约的当事人分

按租赁合约的当事人分类，租赁可以分为直接租赁、杠杆租赁和售后租回3种。

a. 直接租赁，是指出租人直接向承租人提供租赁资产的租赁形式。直接租赁只涉及出租人和承租人两方。

b. 杠杆租赁，是指出租人购入租赁资产时只支付购买所需款项的一部分（通常为资产价值的20%~40%），其余款项则以该项资产为抵押，向贷款人借入款项。

c. 售后租回，是指承租人先将某项资产卖给出租方，再将该资产租回的一种租赁形式。在这种租赁形式下，承租方一方面通过出售资产获得了现金，另一方面又通过租赁满足了对资产的需要，而租金却可以分期支付。

②按租赁期分

按租赁期分类，租赁可分为短期租赁和长期租赁。

a. 短期租赁，是指租赁期明显短于租赁资产的经济寿命的租赁。

b. 长期租赁，是指租赁期接近租赁资产的经济寿命的租赁。

③按租金是否超过租赁资产成本分

按租金是否超过租赁资产成本分类，租赁可分为不完全补偿租赁和完全补偿租赁。

a. 不完全补偿租赁是指租金不足以补偿租赁资产全部成本的租赁。

b. 完全补偿租赁是指租金超过租赁资产全部成本的租赁。

④按租赁是否可以撤销分

按照租赁是否可以撤销分类，租赁可以分为可撤销租赁和不可撤销租赁。

a. 可撤销租赁，是指合同中注明承租人可以随时解除合约的租赁。

b. 不可撤销租赁，是指租赁合同中注明在租赁期未到之前，不可以单方面解除租赁协议的租赁。

⑤按出租人是否负责租赁资产的维修分

按出租人是否负责租赁资产的维修分类，租赁可分为毛租赁和净租赁。

a. 毛租赁，是指由出租方负责租赁资产维修的租赁。

b. 净租赁，是指由承租人负责租赁资产维修的租赁。

⑥按与租赁资产所有权相关的全部风险与报酬是否转移分

按与租赁资产所有权相关的全部风险与报酬是否转移分类，租赁可分为经营租赁与融资租赁。

a. 经营租赁，是指除融资租赁以外的其他租赁。典型的经营租赁是指短期的、不完全补偿的、可撤销的毛租赁，对于出租人来讲，经营租赁是让渡资产的使用权获取收入，属于经营活动；对于承租人来说，经营租赁是购买资产的短期使用权，也属于经营活动。

b. 融资租赁，是由租赁公司按承租单位的要求融通资金购买承租单位所需要的大型机械设备，在较长的契约或合同期内提供给承租单位使用的租赁业务。对于承租人来说，只有融资租赁属于企业的融资活动。

（2）租赁的程序

①选择租赁公司；

②办理租赁委托；

③签订购货协议；

④签订租赁合同；

⑤办理验货与投保；

⑥支付租赁费用；

⑦租赁期满处理租赁资产。

（3）融资租赁的概念

融资租赁是出租人根据承租人的需要购入资产，将其租给承租人使用，并按期收取租金的租赁方式。融资租赁是以融通资金为主要目的的租赁，是融资与融物相结合的、带有商品销售性质的借贷活动，是现代企业筹集资金的一种新形式。其特点有：一般由承租企业向租赁公司提出正式申请，由租赁公司融资购进设备租给承租企业，承租人对设备及供应商有选择的权利和义务；租期较长，大都在资产耐用年限的一半以上；由承租人负责设备的维修、保养和保险，但无权自行拆卸改装；在合同有效期内，不能单方面解除合同；租赁期满，按事先约定的办法处置设备，一般有退还或续租、留购 3 种选择，通常由承租企业留购，所有权一般归承租人。

融资租赁是金融业发展过程中，银行资本与商业资本相互渗透与结合的产物，是一种实物信用与银行信用相结合的金融业务。融资租赁作为一种融资方式，与传统的长期贷款、分期付款及其他融资方式相比，具有其独特的优势。它对于企业迅速获得所需资产投入、提高资金利用效率，降低风险，促进经营管理的改善都有重要的作用。

（4）融资租赁的确认条件

①在租赁期届满时，租赁资产的所有权转移给承租人。

②承租人有购买资产的选择权，所订立的购价预计将远远低于行使选择权时租赁资产的公允价值的，因而在租赁开始日就可合理地确定承租人将会行使这种选择权。

③租赁期占资产尚可使用年限的大部分，这里的"大部分"掌握在租赁期占租赁开始日租赁资产使用寿命的 75% 以上（含 75%）。

④就承租人而言，租赁开始日最低租赁付款额的现值几乎相当于租赁开始日租赁资产原账面价值；就出租人而言，租赁开始日最低租赁收款额的现值几乎相当于租赁开始日租赁资产原账面价值。

⑤租赁资产性质特殊，如果不作较大改造，只有承租人才能使用。

（5）融资租赁的形式

①直接租赁。购置租赁资产的资金全部由出租人支付。

②售后租回租赁（返回租赁）。承租人将拥有的设备先按账面价值或市场价值出售给租赁公司，再从租赁公司原封不动地租回。通过售后回租，承租人可将长期资产转化为流动资产。

③杠杆租赁。出租人只提供购置租赁资产所需的一部分价款，其余部分以出租资产为抵押，向银行、保险公司或投资公司等金融机构借款支付，购入租赁资产出租给承租人。

（6）租金的确定

决定租金的因素很多，有租赁设备的购置成本、利息、租赁手续费、租赁期限、租金的支付方式。租金计算方法主要有平均分摊法和等额年金法。

①平均分摊法

平均分摊法是先以商定的利息率和手续费率计算出租赁期间的利息和手续费，然后连同设备成本按次平均分配。每次应付租金的计算公式为：

$$R = [C-S+I+F] / n$$

式中　　R——每次支付租金；

　　　　S——租赁设备的残值；

　　　　F——租赁手续费；

　　　　C——租赁设备购置成本；

　　　　I——租赁期间利息；

　　　　n——支付租金期数。

【例 3.15】某企业于 2015 年 1 月 1 日从租赁公司租入一套设备，价值 50 万元，租期为 5 年，预计租赁期满时的残值为 1.5 万元，归租赁公司。年利率按 9%计算，租赁手续费率为成本价的 2%。租金每年末支付一次。该套设备每年支付租金为：

$$\{50-1.5+ [50\times (1+9\%)^5-50] +50\times 2\%\} /5 = 15.29 （万元）$$

②等额年金法

等额年金法是运用年金现值的计算原理计算每期应付租金的方法。

后付等额租金方式下每次支付租金的计算公式为：

$$R=P/ (P/A, i, n)$$

式中　　R——每次支付租金；

　　　　P——等额租金现值；

　　　　$(P/A, i, n)$——等额租金现值系数；

　　　　n——支付租金期数；

　　　　i——租费率。

（7）融资租赁决策

承租人在决定是否租赁一项资产时，通常面临两个问题：第一个问题是该项资产是否值得投资，第二个问题是该项资产通过租赁还是自行购置取得。在进行租赁分析时，通常假设第一个问题已经解决，即投资于该资产将有正的净现值，现在只需要分析应如何取得该资产，即是租赁取得还是自行取得。

承租人的融资租赁分析，是借款筹资和租赁筹资的方案比较。如果通过租赁取得所需资产，则出租人提供购置所需的资金，承租人需要支付一系列的租金，同时获得资产的使用权。如果自行购置所需资产，公司需要筹集购置资产所需要的资金，同时获得资产的所有权。在比较这两个方案时，通常假设自行购置的资金来源于借款，而不管实际上资金来源于股权筹资、经营现金的积累或其他来源。这样假设的原因是：租赁筹资和借款筹资的风险十分相似，具有可比性。典型的租金现金流出是年金形式的等额系列付款，它与偿还债务本息的现金流相似。这就为我们分析融资租赁提供了一个出发点，即计算租赁税后现金流量及现值和举债购买现金流量的现值，然后比较并决策。

【例 3.16】某公司需要一套办公设备，有两种方式可以取得：举债购置和融资租赁。

采用举债购置方式：设备的购买价为 50 000 元，使用年限 5 年，使用期满无残值，设备采用直线法计提折旧，每年折旧为 10 000 元。公司每年需支付 750 元的维修费进行设备维修。

采用融资租赁方式：租赁费率为 8%，每年租赁费 11 595 元，连续支付 5 期，每次支付在期初。此外每年支付维修费 750 元。假设税前债务成本为 10%，公司所得税率为 40%。问该公司是举债购置还是融资租赁，具体计算分析过程详见表 3.9、表 3.10、表 3.11。

解：

（1）计算融资租赁税后现金流量现值，见表 3.10。

表 3.10　融资租赁税后现金流量现值计算表

单位：元

年末 (t)	租赁费 (1)	每年应付利息 (2)	每年应付本金 (3) = (1) - (2)	尚未支付本金 (4)	每年折旧额 (5)	税后节约额 (6)	税后现金流出量 (7)	税后现金流出量现值 (8)
0	11 595	—	11 595	38 405	—	—	11 595	11 595
1	11 595	3 072	8 523	29 882	10 000	5 229	6 366	5 980
2	11 595	2 391	9 204	20 678	10 000	4 956	6 639	5 909
3	11 595	1 654	9 941	10 737	10 000	4 662	6 933	5 821
4	11 595	859	10 737	0	10 000	4 344	7 251	5 744
5	—	—	—	—	10 000	4 000	(4 000)	(2 989)
								∑ 32 060

（2）银行借款偿还计算分析见表3.11。

表3.11 银行借款偿还计算表

单位：元

年末	年偿还额	年初本金	利息支付额	本期偿还额	年末本金
	（1）	（2）	（3）=（2）×10%	（4）	（5）
1	13 189	50 000	5 000	8 189	41 811
2	13 189	41 811	4 181	9 008	32 803
3	13 189	32 803	3 280	9 909	22 894
4	13 189	22 894	2 289	10 900	11 994
5	13 189	11 994	1 195	11 994	0

（3）举债购置税后现金流出量现值计算见表3.12。

表3.12 举债购置税后现金流出量现值计算表

单位：元

年末	偿还额	利息费	折旧费	税后节约额	税后现金流出量	税后现金流出量现值
（t）	（1）	（2）	（3）	（4）	（5）=（1）-（4）	（6）=（5）×（P/F, 6%, t）
1	13 189	5 000	10 000	6 000	7 189	6 782
2	13 189	4 181	10 000	5 672	7 517	6 690
3	13 189	3 280	10 000	5 312	7 877	6 614
4	13 189	2 289	10 000	4 916	8 273	6 553
5	13 189	1 195	10 000	4 478	8 711	6 509
					$\sum$	33 148

由以上计算可以看出，该设备应该采用融资租赁方式。

（8）融资租赁的优缺点

①融资租赁具有如下优点：

a. 承租人不必像一般性购买那样立即支付大量的资金就可取得所需要的资产或设备，因此，融资租赁能帮助企业解决资金短缺和想要扩大生产的问题。企业通过先付很少的资金得到自己所需的生产设备或资产后，通过投入生产，可以用设备所生产的产品出售所得支付所需偿还的租金。这样，可以减轻购置资产的现金流量压力。

b. 可以减少资产折旧的风险。在当今这个科技不断进步、生产效率不断提高的时代，资产的无形损耗是一种必然产生的经济现象，对企业的发展有着重大的影响。任何拥有设备的单位都得承担设备的无形损耗，而租赁则有助于减少这种损耗，有助于企业充分利用资源。

c.融资租赁容易获得。如果从银行等金融机构筹措资金，通常要受到严格的限制，想要获得贷款的条件非常苛刻，租赁协议中各项条款的要求则宽松很多。此外，租赁业务大多都是通过专业性的公司来进行的，租赁公司的专业特长及经验能为承租人找到更有利的客户。

d.实现"融资"与"融物"的统一，使得融资速度更快，企业能够更快的投入生产。

e.租金费用可在所得税前扣除，承租企业能享受税收利益。

②融资租赁具有如下缺点：

a.融资租赁的资本成本较高。一般来说，租赁费要高于债券利息。公司经营不景气时，租金支出将是一项沉重的财务负担。且租期长，一般不可撤销，企业资金运用受到制约。

b.采用租赁筹资方式如不能享有设备残值，也可视为承租企业的一种机会损失。

▶ 3.4.4 混合性筹资

混合性筹资通常包括发行优先股筹资和发行可转换债券筹资，以及发行认股权证筹资。

1）发行优先股融资

（1）优先股的概念

所谓优先股，是同普通股相对应的一种股权形式，持有这种股份的股东在盈余分配和剩余财产分配上优先于普通的股东。但是，这种优先是有限度的，在通常情况下，优先股股东的表决权要受到限制或者被剥夺。

（2）优先股的特点

优先股与普通股相比，具有某些共性，如无到期日，公司发行优先股所筹集资本亦属于权益资本。但是，它又具有公司债券的某些特征，因此，优先股被视为一种混合性证券。与普通股相比，优先股主要具有以下特点：

①优先分派固定的股利。优先股东通常优先于普通股东分派股利，且股利一般是固定的，受公司经营状况和盈利状况的影响较小。所以，优先股类似固定利息的债券。

②优先分配公司剩余财产。当公司因解散、破产等进行清算时，优先股股东将优先于普通股股东分配公司的剩余财产。

③优先股股东一般无表决权。在公司股东大会上，优先股股东一般没有表决权，通常也无权参与公司的经营管理，仅在涉及优先股东权益问题时享有表决权。因此，优先股东不大可能控制整个公司。

④优先股可由公司赎回。发行优先股的公司，按照公司章程的相关规定，根据公司的需要，可以以一定的方式将所发行的优先股回购，以调整公司的资本结构。

（3）优先股的种类

①累积优先股和非累积优先股

累积优先股是指在某个营业年度内，如果公司所获的盈利不足以分派规定的股利，日后优先股的股东对往年来付给的股息，有权要求如数补给。对于非累积的优先股，虽然对于公司当年所获得的利润有优先于普通股获得分派股息的权利，但如该年公司所获得的盈利不足以按规定的股利分配时，非累积优先股的股东不能要求公司在以后年度中予以补发。一般来讲，对投资者来说，累积优先股比非累积优先股具有更大的优越性。

②参与优先股与非参与优先股

当企业利润增大，除享受既定比率的利息外，还可以跟普通股共同参与利润分配的优先股，称为"参与优先股"。除了既定股息外，不再参与利润分配的优先股，称为"非参与优先股"。一般来讲，参与优先股较非参与优先股对投资者更为有利。

③可转换优先股与不可转换优先股

可转换的优先股是指允许优先股持有人在特定条件下把优先股转换成为一定数额的普通股。否则，就是不可转换优先股。可转换优先股是近年来日益流行的一种优先股。

④可收回优先股与不可收回优先股

可收回优先股是指允许发行该类股票的公司，按原来的价格再加上若干补偿金将已发生的优先股收回。当该公司认为能够以较低股利的股票来代替已发生的优先股时，就往往行使这种权利；反之，就是不可收回的优先股。

（4）优先股融资的优缺点

①优先股融资的优点主要体现在：

a. 不分散普通股股东的控制权。由于优先股股东不参加公司的经营管理，没有投票权，故发行优先股不会分散普通股股东对公司的控制权。

b. 可改善公司的财务状况。由于优先股不必偿还本金，因此，通过优先股筹集资金，可减少公司的偿债风险和压力，保持公司良好的状况。

c. 可产生财务杠杆的作用。由于优先股股息固定，因此，当公司发行优先股而获得丰厚的利润时，普通股股东会享受到更多的利益。

②优先股融资的缺点主要体现在：

a. 融资成本较高。优先股成本低于普通股，但高于债券，股利不能像债券利息一样在税前扣除。

b. 股息固定可能影响企业的发展。固定了的优先股股息使项目主体无法根据需要保留更多的利润用于投资，从而对项目主体的利润分配形成负担。

2）发行可转换债券筹资

（1）可转换债券的特性

可转换债券（也称可转债），是指公司发行并规定债券持有人在一定期限内按约定的条件可将其转换为发行公司普通股的债券。

从筹资公司的角度来看，发行可转换债券具有债务和股权的双重属性，属于一种混合性证券筹资。利用可转换债券筹资，发行公司赋予可转换债券持有人可将其转换成该公司股票的权利。因而，对发行公司而言，在可转换债券转换成股票之前需要定期向持有人支付利息。如果在规定的转换期内，持有人未行使转换权，发行公司还要到期偿还债券本金。在这种情况下，可转换债券筹资与普通公司债券筹资相似，具有债务筹资的属性。如果在规定的转换期内，持有人行使转换权，将其转换成公司股票，则发行公司将债券负债转化成股东权益从而具有股权筹资的属性。

（2）可转换债券的发行资格与条件

根据国家有关规定，上市公司和重点国有企业具有发行可转换债券的资格，但应经省级政府或国务院有关企业主管部门推荐，报证监会审批。《上市公司证券发行管理办法》规定，上市公司发行可转换债券，除了满足发行债券的一般条件外，还应符合下列条件：

①最近 3 个会计年度加权平均净资产收益率不得低于 6%。扣除非经常性损益后的净利润与扣除前的净利润相比，以低者作为加权平均净资产收益率计算的依据。

②本次发行后累计公司债券总额不得超过公司最近一期期末净资产额的 40%。

③最近 3 个会计年度实现的年均可分配利润不少于公司债券 1 年的利息。

此外，上市公司可以公开发行认股权和债券分离交易的可转换公司债券（简称分离交易的可转换公司债券）。分离交易的可转换公司债券，是指发行人一次捆绑发行公司债券和认股权证两种交易品种，并可同时上市、分别交易的公司债券形式。发行分离交易的可转换公司债券，除了满足发行债券的一般条件外，还应符合下列条件：

①公司最近一期期末未经审计的净资产不得低于人民币 15 亿元。

②最近 3 个会计年度实现的年均可分配利润不得少于债券 1 年的利息。

③最近 3 个会计年度经营活动产生的现金流量净额平均不少于公司债券 1 年的利息，但符合"最近 3 个会计年度加权平均净资产收益率平均不低于 6%（扣除非经常性损益后的净利润与扣除前的净利润相比，以低者作为加权平均净资产收益率的计算依据）"条件的公司除外。

④本次发行后累计公司债券总额不得超过公司最近一期期末净资产额的 40%，预计所附认股权全部行权后募集的资金总量不超过拟发行公司债券金额。

（3）可转换债券的转换

可转换债券的转换涉及转换期限、转换价格和转换比率。

①可转换债券的转换期限

可转换债券的转换期限，是指按发行公司的约定，持有人可将其转换为股票的期限。一般而言，可转换债券的转换期限的长短与可转换债券的期限相关。在我国，可转换债券的期限按规定最短为 1 年，最长期限为 6 年。分离交易的可转换公司债券的期限最短为 1 年。

按照规定，上市公司发行可转换债券，在发行结束 6 个月后，持有人可依据约定的条件随时将其转换成股票。重点国有企业发行的可转换债券，在该企业改制为股份有限公司且其股票上市后，持有人可依据约定的条件随时将债券转换成股票。

可转换债券转换成股票后，发行公司股票上市的证券交易所应当安排股票上市流通。

②可转换债券的转换价格

可转换债券的转换价格，是指以可转换债券转换为股票的每股价格。这种转换价格通常由发行公司在发行可转换债券时约定。

按照我国有关规定，上市公司发行可转换债券的，以发行可转换债券前一个月股票的平均价格为基准，上浮一定幅度作为转换价格。重点国有企业发行可转换债券的，以拟发行股票的价格为基准，折扣一定比例作为转换价格。

【例 3.17】某上市公司拟发行可转换债券，发行前一个月该公司股票的平均价格为每股 10 元，预计本公司股票的价格在未来将有明显的上涨，因此确定上浮 20%。则该公司可转换债券的转换价格为：

$$10 \times (1+20\%) = 12 （元）$$

可转换债券的转换价格并非固定不变。公司发行可转换债券并约定转换价格后，由于又增发新股、配股以及其他原因引起公司股份发生变动的，应当及时调整转换价格，并向社会公众公告。

③可转换债券的转换比率

可转换债券的转换比率，是指以每份可转换债券所能转换的股份数，等于可转换债券的面值除以转换价格。

【例3.18】某上市公司发行的可转换债券每份面值1 000元，转换价格为每股20元。则可转换债券的转换比率为：

$$1\ 000 \div 20 = 50\ （股）$$

即每份可转换债券可转换该公司股票50股。

可转换债券持有人请求转换时，其所持可转换债券面额有时会出现不足以转换为1股股票的余额，发行公司应当以现金偿付。

（4）可转换债券融资的优缺点

①发行可转换债券是一种特殊的融资方式，其优点主要表现在：

a. 有利于降低资金成本。可转换债券的利率通常低于普通债券利率，故在转换前，可转换债券的资本成本低于普通公司债券；转换成股票后，又可节省股票的发行成本，从而降低股票的融资成本。

b. 有利于筹集更多资本。可转换债券的转换价格通常高于发行时的股票价格，因此，可转换债券转换后，其筹资额大于即时发行股票的融资额；另外也有利于稳定公司的股价。

c. 有利于调整资本结构。可转换债券是一种兼具债务融资和股权融资双重属性的融资方式。可转换债券在转换前属于发行公司的一种债务，若发行公司希望可转换债券持有人将所持可转换债券转换成股票，还可以借助诱导，促其转换，借以调整资本结构。

d. 有利于避免筹资损失。当公司股票价格在一段时期内连续高于转换价格超过某一幅度时，发行公司可按赎回条款中事先约定的价格赎回可转换债券，从而避免筹资损失。

②发行可转换债券筹资也有不足，具体表现在：

a. 可转换债券转换成股票后，将失去利率较低的好处。

b. 若确需股票融资，但股价并未上升，可转换债券持有人不愿转股时，发行公司将不得不偿还债券本金，给企业造成偿债压力。

c. 若可转换债券转股时股价高于转换价格，则发行遭受筹资损失。

d. 回售条款的规定可能使发行公司遭受损失，当公司的股票价格在一定时期内连续低于转换价格并达到一定幅度时，可转换债券持有人可按事先约定的价格将所持债券回收公司，从而使发行公司受损。

3）发行认股权证筹资

发行认股权证是上市公司的一种特殊筹资手段，其主要功能是辅助公司的股权性筹资，并可直接筹措现金。

（1）认股权证的特点

认股权证，是指由股份公司发行的可认购其所发行股票的一种买入期权。它赋予持有者在一定期限内以事先约定的价格购买发行公司一定股份的权利。

对于筹资公司来说，发行认股权证是一种特殊的融资方式。认股权证本身含有期权条款，其持有者在认购股份前，对发行公司既不拥有债权也不拥有股权，而只是一种股票认购权。尽管如此，发行公司可以通过发行认股权证筹措现金，还可用于公司成立时对承销商的一种补偿。

（2）认股权证的作用

在公司的融资实务中，认股权证的运用十分灵活，对发行公司具有一定的作用。具体表现在：

①为公司筹集额外的现金。认股权证不论是单独发行还是附带发行，大多都为发行公司筹措一笔额外现金，增强公司的资本实力和营运能力。

②促进其他方式的运用。单独发行的认股权证有利于将来发售股票。附带发行的认股权证可以促进其所依附证券发行的效率。例如，认股权证依附于债券发行，用以促进债券的发售。

（3）认股权证的种类

在国内外的公司筹资实务中，认股权证的形式多种多样，可以分为不同种类。

①长期与短期的认股权证

认股权证按照允许认股的期限可以分为长期认股权证和短期认股权证。长期认股权证的认股期限通常持续几年，有的是永久性的。短期认股权证的认股期限比较短，一般在90天以内。

②单独发行与附带发行的认股权证

认股权证按发行方式可分为单独发行的认股权证和附带发行的认股权证。单独发行的认股权证是指不依附于其他证券而独立发行的认股权证。附带发行的认股权证是指依附于债券、优先股、普通股或短期票据发行的认股权证。

③备兑认股权证与配股权证

备兑认股权证是每份备兑权证按一定比例含有几家公司的若干股份。配股权证是确认股东配股权的证书，它按股东的持股比例定向派发，赋予股东以优惠的价格认购发行公司一定份数的新股。

▶ 3.4.5 长期债务融资与权益融资评价

综上所述，债务融资和权益融资两种融资方式各有其优缺点，企业应根据实际需要决定采用何种长期融资方式。

债务融资是指企业通过举债筹措资金，资金供给者作为债权人享有到期收回本息的融资方式。相对于股权融资，它具有以下3个特点：

①有限期性。债务融资筹集的资金具有使用上的时间性，需到期偿还。

②可逆性。企业采用债务融资方式获取资金，负有到期还本付息的义务。

③负担性。企业采用债务融资方式获取资金，需支付债务利息，从而形成企业的固定负担。

股权融资是指资金不通过金融中介机构，借助股票这一载体直接从资金盈余部门流向资金短缺部门，资金供给者作为所有者（股东）享有对企业控制权的融资方式。它具有以下 3 个特点：

①永久性。股权融资筹措的资金具有永久性，无到期日，不需归还。

②不可逆性。企业采用股权融资无须还本，投资人欲收回本金，需借助于流通市场。

③无负担性。股权融资没有固定的股利负担，股利的支付与否和支付多少视公司的经营需要而定。

3.5 资金成本

资金成本是衡量融资、投资经济效益的标准。工程项目融资的核心问题就是确定最优的资本结构，而确定最优的资本结构就必然要涉及资金成本。只有当建设项目的投资收益率高于资金成本时，才能表明融资和使用的资金达到了预期的目标。

▶ 3.5.1 资金成本的含义

1）资金成本的概念

资金成本（又称资本成本），是指企业为筹集和使用资金而付出的代价。从广义上讲，企业筹集和使用任何资金，不论短期的还是长期的，都要付出代价。狭义的资金成本仅指筹集和使用长期资金（包括自有资本和借入长期资金）的成本。由于长期资金也被称为资本，所以长期资金的成本也称为资本成本。

2）资金成本的构成内容

资金成本包括资金筹集费和资金占用费两部分。资金筹集费是指在资金筹集过程中支付的各项费用，如发行股票、债券支付的印刷费、发行手续费、律师费、资信评估费、公证费、担保费、广告费等。资金占用费是指占用资金支付的费用，如股票的股息、银行借款和债券利息等。相比之下，资金占用费是筹资企业经常发生的，而资金筹集费通常在筹集资金时一次性发生，因此在计算资金成本时可作为筹资金额的一项扣除。

资金成本可以用绝对数表示，也可以用相对数表示。通常情况下以相对数的形式表示资金成本，即资金成本率。其计算公式如下：

$$资金成本率=资金占用费/（筹资总额-筹资费）\times 100\%$$
$$=资金占用费/筹资总额（1-筹资费率）\times 100\%$$

资金成本可有多种计量形式。在比较各种筹资方式中，使用个别资金成本，包括普通股成本、留存收益成本、长期借款成本、债券成本；在进行资本结构决策时，使用加权平均资金成本；在进行追加筹资决策时，则使用边际资金成本。

▶ 3.5.2 影响资金成本高低的因素

在市场经济环境中，多方面因素的综合作用决定着企业资金成本的高低，其中主要的有：总体经济环境、证券市场条件、企业内部的经营和融资状况、项目融资规模。

（1）总体经济环境

总体经济环境决定了整个经济中资本的供给和需求，以及预期通货膨胀的水平。总体经济环境变化的影响，反映在无风险报酬率上。显然，如果整个社会经济中的资金需求和供给发生变动，或者通货膨胀水平发生变化，投资者也会相应改变其所要求的收益率。具体来说，如果货币需求增加，而供给没有相应增加，投资人便会提高其投资收益率，企业的资金成本就会上升；反之，则会降低其要求的投资收益率，使资金成本下降。如果预期通货膨胀水平上升，货币购买力下降，投资者也会提出更高的收益率来补偿预期的投资损失，导致企业资金成本上升。

（2）证券市场条件

证券市场条件影响证券投资的风险。证券市场条件包括证券的市场流动难易程度和价格波动程度。如果某种证券的市场流动性不好，投资者想买进或卖出证券相对困难，变现风险加大，要求的收益率就会提高；或者虽然存在对某证券的需求，但其价格波动较大，投资的风险大，要求的收益率也会提高。

（3）企业内部的经营和融资状况

企业内部经营状况和融资状况是指经营风险和财务风险的大小。经营风险是企业投资决策的结果，表现在资产收益率的变动上；财务风险是企业筹资决策的结果，表现在普通股收益率的变动上。如果企业的经营风险和财务风险大，投资者便会有较高的收益率要求。

（4）项目融资规模

项目融资规模是影响企业资金成本的另一个因素。企业的融资规模大，资金成本较高。例如，企业发行的证券金额很大，资金筹集费和资金占用费都会上升，而且证券发行规模的增大还会降低其发行价格，由此也会增加企业的资金成本。

▶ 3.5.3 资金成本的作用

企业的资金成本主要用于投资决策、筹资决策、营运资本管理、评估企业价值和业绩评价。

（1）在投资决策中的作用

评价投资项目最普遍的方法是净现值法和内含报酬率法。采用净现值法时，项目资金成本是计算净现值的折现率；采用内含报酬率法时，项目资金成本是其"取舍率"或最低报酬率。因此，项目资金成本是项目投资评价的基础。

（2）在筹资决策评价中的作用

筹资决策的核心问题是决定资本结构。最优资本结构是使股票价格最大化的资本结构。由于估计资本结构对股票价格的影响非常困难，通常的办法是假设资本结构不改变企业的现金流，那么能使公司价值最大化的资本结构就是加权平均资金成本最小化的资本结构。预测资本结构变化对平均资金成本的影响，比预测其对股票价格的影响要容易。因此，加权平均资金成本可以指导资本结构决策。

（3）在营运资本管理中的作用

公司各类资产的收益、风险和流动性不同，营运资本投资和长期资产投资的风险不同，其资金成本也不同。可以把各类流动资产投资看成是不同的"投资项目"，它们也有不同的资金成本。

在管理营运资本方面，资金成本可以用来评估营运资本投资政策和营运资本筹资政策。

例如，用于流动资产的资金成本提高时，应适当减少营运资本投资额，并采用相对激进的筹资政策。决定存货的采购批量和储存量、制定销售信用政策和决定是否赊购等，都需要使用资金成本作为重要依据。

（4）在企业价值评估中的作用

在现实中，经常会碰到需要评估一个企业的价值的情况，例如企业并购、重组等。在制定公司战略时，需要知道每种战略选择对企业价值的影响，也会涉及企业价值评估。

评估企业价值时，主要采用现金流量折现法，需要使用公司资金成本作为公司现金流量的折现率。

（5）在企业业绩评价中的作用

资金成本是投资人要求的报酬率，与公司实际投资报酬率进行比较可以评价公司的业绩。日渐兴起的以价值为基础的业绩评价，其核心指标是经济增加值。计算经济增加值需要使用公司资金成本。公司资金成本与资本市场相关，所以经济增加值可以把业绩评价和资本市场联系在一起。

▶ 3.5.4 资金成本的计算

1）债务资金成本

（1）不考虑资金时间价值的债务资金成本

债务资金成本包括利息的支付和融资费用等。由于利息作为财务费用计入所得税前成本费用内，有抵税作用，因此，企业实际负担的成本应为税后成本。其计算公式为：

$$K = \frac{L \times (1 - T)}{Q \times (1 - F)}$$

式中　K——债务资金成本率；

　　　L——债务各年利息额；

　　　T——所得税率；

　　　Q——债务总额；

　　　F——债务筹资费率。

【例3.19】某建筑施工企业平价发行一批面值为100万元的债券，票面利率为12%，融资费率为2%，公司所得税为25%。试求该债券的成本。

$$K = 100 \times 12\% \times (1-25\%) / [100 \times (1-2\%)] = 9.2\%$$

（2）考虑资金时间价值的债务成本

债务成本即债务的到期收益率，可以用到期收益率法计算债务的税前成本。

$$P_o = \sum_{t=1}^{n} \frac{I_t + P_t}{(1 + k_d)^t}$$

式中　k_d——到期收益率，即债务的税前成本；

　　　P_t——t期归还的本金。

则债务的税后成本为：$k_L = k_d (1-T)$，T为公司的所得税税率。如果考虑债务的筹资费用，则企业债务筹资的实际筹资额为 $P = P_0 (1-f)$。债务的实际成本约为：$k_L = k_d (1-T) / (1-f)$，f为筹资费用率。

2) 权益资金成本

（1）普通股成本

普通股成本是指筹集普通股资金所需的成本。确定普通股成本的基本方法有 3 种，分别是资本资产定价模型（CAPM）、股利增长模型和债券收益加风险报酬法（风险溢价法）。

①资本资产定价模型

在估计权益成本时，使用最广泛的方法是资本资产定价模型。按照资本资产定价模型，权益成本等于无风险利率加上风险溢价。

$$K_S = K_{RF} + K_R \times \beta$$

式中　K_S—— 普通股成本；

　　　K_{RF}—— 无风险报酬率；

　　　K_R—— 市场风险报酬率；

　　　β—— 个别股票相对于证券市场平均风险的风险程度。

这种方法的难点在于要求事先获得股票的 β 系数。

【例 3.20】假设市场无风险报酬率为 10%，平均风险股票报酬率为 14%，某公司普通股 β 值为 1.2，普通股的成本为：

$$K_S = 10\% + 1.2 \times (14\% - 10\%) = 14.8\%$$

②股利增长模型

股利增长模型法是依照股票投资的收益率不断提高的思路计算权益资金成本。一般假定收益以固定的年增长率递增，则权益成本的计算公式为：

$$K_S = \frac{D_1}{V_0(1-f)} + g$$

式中　D_1—— 预期第一年的股利；

　　　V_0—— 普通股当前市价；

　　　f—— 普通股筹资费率；

　　　g—— 股利的年增长率。

【例 3.21】某公司普通股的现行市价为每股 15 元，第一年支付为每股 1.5 元，预计每年股利增长率为 6%，普通股筹资费率 3%，则普通股成本为多少？

$$K_s = 1.5 / [15 \times (1-3\%)] + 6\% = 16.31\%$$

这种方法的难点在于股利增长率的预计，另外，上述公式是假定股利每年以固定率持续增长，如果股利增长率是变动的或者股利呈间歇增长，则需对上式作相应的修正。

③债券收益加风险溢价法

根据投资"风险越大，要求的报酬率越高"的原理，普通股股东对企业的投资风险大于债券投资者，因而会在债券投资者要求的收益率上再要求一定的风险溢价。依照这一理论，权益的成本公式为：

$$K_s = K_{dt} + RP_c$$

式中　K_{dt}—— 税后债务成本；

　　　RP_c—— 股东比债权人承担更大风险所要求的风险溢价。

RP_c 主要以普通股相对于债券而言的风险程度大小而定，一般只能从经验获得信息。资本市场经验表明，公司普通股的风险溢价对公司的债券而言，绝大部分在 3% ~ 5%。对风险较高的股票用 5%，风险较低的股票用 3%。

（2）优先股资金成本

与债券相同，优先股的股利通常是固定的，因此，优先股成本与债券成本计算有相同之处。不同之处在于，优先股无届满期限，另外，优先股股利在所得税后支付，不涉及税款扣减问题。因此，优先股成本计算公式为：

$$K_p = \frac{D_p}{P_0(1-f)}$$

式中　K_p——优先股资金成本率；

D_p——优先股每年股利支出；

f——筹资费率；

P_0——优先股股金总额。

【例 3.22】某公司发行 100 万元优先股，发行费率为 5%，每年支付 10% 的股利。试计算该公司优先股成本。

$$K_p = 100 \times 10\% / [100 \times (1 - 5\%)] = 10.53\%$$

3）加权平均资金成本

加权平均资金成本（WACC），是指公司各类资金成本与该类资本在企业全部资本中所占比重的乘积之和。其计算公式为：

$$WACC = \sum_{i=1}^{n} w_i k_i$$

式中　k_i——资本 i 的个别成本；

w_i——资本 i 在全部资本中所占的比重；

n——不同类型资本的总数。

【例 3.23】某企业资本构成及加权平均成本见表 3.13。

表 3.13　某建筑施工企业资本构成及加权平均资金成本计算表

	金额（万元）	个别成本	比重（%）	加权成本（%）
债务	3 000	6.6	30	1.98
优先股	1 000	10.2	10	1.02
普通股	6 000	14	60	8.4
总计	10 000	—	100	11.40

则该企业的加权平均资金成本为 11.40%。

4）边际资金成本

（1）边际资金成本的含义

资金成本率在一定范围内不会改变，而在保持某资金成本率的条件下可以筹集到的资金总限度称为保持现有资本结构下的筹资突破点，一旦筹资额超过突破点，即使维持现有的资本结构,其资金成本率也会增加。此时,追加一个单位的资本增加的成本称为边际资金成本。

项目追加融资,有时可能只采用某一种融资方式。但融资数额较大,或在目标资本结构既定的情况下,则需要通过多种融资方式的组合来实现。这时,边际资金成本需要按加权平均资金成本法来计算,其权数必须是市场价值权数,不应采用账面价值权数。

(2)边际资金成本的计算

边际资金成本的计算步骤如下:

①首先测定各类资金来源的资金成本分界点。资金成本分界点是指使资金成本发生变动时的筹资金额。如某建筑施工企业长期借款在100万元以下时,借款的资金成本为5%,当超过100万元时,其资金成本就上升为6%,则100万元就成为借款筹资方式的成本分界点。

②确定追加筹集资本的资本结构。

③确定筹资突破点和划分与之对应的筹资范围。筹资突破点是指使某种资金来源的资金成本发生变动时的筹资总额。在筹资突破点以内筹资,资金成本保持不变,一旦超过了筹资突破点,即使资金结构维持不变,其资金成本也会发生变化。

④分组计算追加筹资数额的边际资金成本。

【例3.24】某建筑施工企业为了满足追加投资的需要,拟筹集一定金额的长期资金来源。通过对资金市场状况和公司有关条件的分析,得到如下的各种筹资方式下筹资规模与资金成本关系的资料,见表3.14所示。

表 3.14 各种筹资方式下筹资规模与资金成本之间的关系

筹资方式	资金成本分界点 (万元)	个别资金筹资范围 (万元)	资金成本 (%)
长期借款	100	100 以内	5
	200	100~200	6
		200 以上	7
长期债券	150	150 以内	6
	300	150~300	7
		300 以上	8
普通股票	300	300 以内	12
	600	300~600	13
		600 以上	14

通过分析,确定追加筹资的资本结构为长期借款20%,长期债券20%,普通股票60%。试计算边际资金成本。

解:根据前述加权平均边际资金成本的计算方法,其计算结果见表3.15、表3.16。

(1)计算筹资突破点

表 3.15 筹资突破点的计算

筹资方式	资金成本 （％）	资金成本分界点 （万元）	筹资结构 （％）	筹资突破点 （万元）	筹资范围 （万元）
长期借款	5	100	20	500	0～500
	6	200	20	1 000	500～1 000
	7	200 以上	–	–	>1 000
长期债券	6	150	20	750	0～750
	7	300	20	1 500	750～1 500
	8	300 以上	–	–	>1 500
普通股票	12	300	60	500	<500
	13	600	60	1 000	500～1 000
	14	600 以上	–	–	>1 000

（2）计算加权平均边际资金成本表

表 3.16 加权平均边际资金成本表

筹资范围 （万元）	筹资方式	资本结构 （％）	个别资金成本 （％）	加权平均资本成本 （％）
0～500	长期借款	20	5	1
	长期债券	20	6	1.2
	普通股票	60	12	7.2
				9.4
500～750	长期借款	20	6	1.2
	长期债券	20	6	1.2
	普通股票	60	13	7.8
				10.2
750～1 000	长期借款	20	6	1.2
	长期债券	20	7	1.4
	普通股票	60	13	7.8
				10.4
1 000～1 500	长期借款	20	7	1.4
	长期债券	20	7	1.4
	普通股票	60	14	8.4
				11.2
>1 500	长期借款	20	7	1.4
	长期债券	20	8	1.6
	普通股票	60	14	8.4
				11.4

3.6 资本结构决策

▶ 3.6.1 资本结构的含义

1)资本结构的概念

资本结构,是指企业筹集长期资本的各种来源、组合及其相互之间的构成及比例关系。通常情况下,企业的资本由长期债务资本和权益资本构成,资本结构指的就是长期债务资本和权益资本各占多大比例。资本结构是企业筹资决策的核心问题,企业应综合考虑有关影响因素,运用适当的方法确定最佳资本结构,并在以后追加筹资中继续保持。

2)资本结构的影响因素

①企业财务状况;

②企业资产结构;

③企业产品销售情况;

④投资者和管理人员的态度;

⑤贷款人和信用评级机构的影响;

⑥行业因素;

⑦所得税税率的高低;

⑧利率水平的变动趋势。

▶ 3.6.2 资本结构决策

资本结构决策是在若干可行的资本结构方案中选取最佳资本结构。资本结构决策在财务决策中具有极其重要的地位,其财务决策的意义为:合理安排资本结构可以降低企业的综合资本成本、可以获得财务杠杆利益、可以增加公司的价值。

适当利用负债可以降低企业资本成本,但当债务比率过高时,杠杆利益会被债务成本抵消,企业面临较大财务风险。因此,企业应该确定其最佳的债务比率,使加权平均资本成本最低,企业价值最大。由于每个企业都处于不断变化的经营条件和外部经济环境中,使得确定最佳资本结构十分困难。资本结构决策常用的方法有资本成本比较法、每股收益无差别点法和企业价值比较法。

1)资本成本比较法

资本成本比较法,是指在不考虑各种融资方式在数量与比例上的约束以及财务风险差异时,通过计算各种基于市场价值的长期融资组合方案的加权平均资本成本,并根据计算结果选择加权平均资本成本最小的融资方案,确定为相对最优的资本结构。

(1)初始筹资的资本结构决策

【例3.25】XYZ公司需资本总额5 000万元,有如下3个筹资组合方案可供选择,有关资料详见表3.17。假定各筹资方案的财务风险相当,都可以承受。

表 3.17 融资方案及资本成本表   单位：万元

筹资方式	筹资方案 1		筹资方案 2		筹资方案 3	
	筹资额	资本成本（%）	筹资额	资本成本（%）	筹资额	资本成本（%）
长期借款	400	6	500	6.5	800	7
长期债券	1 000	7	1 500	8	1 200	7
优先股	600	12	1 000	12	500	12
普通股	3 000	15	2 000	15	2 500	15
合计	5 000		5 000		5 000	

计算各方案的资本成本：

$$K_w = \sum_{i=1}^{n} W_i K_i$$

筹资方案 1 的各种筹资方式的筹资额比例为：

长期借款 $400 \div 5\ 000 = 0.08$；

长期债券 $1\ 000 \div 5\ 000 = 0.20$；

优先股 $600 \div 5\ 000 = 0.12$；

普通股 $3\ 000 \div 5\ 000 = 0.60$

综合资本成本率为：

$$6\% \times 0.08 + 7\% \times 0.20 + 12\% \times 0.12 + 15\% \times 0.60 = 12.32\%$$

同理：

筹资方案 2 的综合资本成本率为：

$$6.5\% \times 0.1 + 8\% \times 0.3 + 12\% \times 0.2 + 15\% \times 0.4 = 11.45\%$$

筹资方案 3 的综合资本成本率为：

$$7\% \times 0.16 + 7.5\% \times 0.24 + 12\% \times 0.1 + 15\% \times 0.5 = 11.62\%$$

经比较，方案 2 的综合资本成本率最低，故在适度财务风险的条件下，应选择筹资组合方案 2 作为最佳筹资组合方案，由此形成的资本结构可确定为最佳资本结构。

（2）追加筹资的资本结构决策

【例 3.26】XYZ 公司拟追加融资 1 000 万元，现有两个追加筹资方案可供选择，有关资料经测算整理后详见表 3.18。

表 3.18 XYZ 公司追加筹资方案及资本成本表   单位：万元

筹资方式	追加筹资 1		追加筹资 2	
	追加筹资额	资本成本（%）	追加筹资额	资本成本（%）
长期借款	1 000	7	1 200	8
企业债券	400	8	400	9
普通股	600	16	400	16
合计	2 000		2 000	

追加筹资的资本结构决策采用追加筹资方案的边际资本成本率比较法。

追加筹资方案 1 的边际资本成本率为：

7%×（1 000÷2 000）+8%×（400÷2 000）+16%×（600÷2 000）=9.9%

追加筹资方案 2 的边际资本成本率为：

8%×（1 200÷2 000）+9%×（400÷2 000）+16%×（400÷2 000）=9.8%

结论：上述计算表明，追加筹资方案 2 的资本成本 9.8%低于追加筹资方案 1 的资本成本 9.9%，故追加筹资方案 2 为最佳筹资方案，由此形成的 XYZ 公司新的资本结构为最佳资本结构。

（3）汇总的综合资本成本比较法

【例 3.27】XYZ 公司拟追加筹资方案及资本成本详见表 3.19。

表 3.19 XYZ 公司拟追加筹资方案及资本成本表　　单位：万元

筹资方式	原资本结构		追加筹资 1		追加筹资 2	
	追加筹资额	资本成本（%）	追加筹资额	资本成本（%）	追加筹资额	资本成本（%）
长期借款	500	6.5	500	7	600	7.5
长期债券	1 500	8				
优先股	1 000	12	200	13	200	13
普通股	2 000	15	300	16	200	16
合计	5 000	—	1 000	—	1 000	—

计算汇总下的综合资本成本：

第一步：汇总追加筹资方案和原资本结构，形成备选追加筹资后资本结构；

第二步：测算汇总资本结构下的综合资本成本率；

第三步：选择最佳筹资方案。

追加筹资方案 1 汇总的综合资本成本：

（6.5%×500÷6 000+7%×500÷6 000）+（8%×1 500÷6 000）+13%×（1 000+200）÷6 000 +16%×（2 000+300）÷6 000=11.86%

追加筹资方案 2 汇总后的综合资本成本：

（6.5%×500÷6 000+7.5%×600÷6 000）+（8%×1500÷6 000）+13%×（1 000+200）÷6 000+16%×（2 000+200）÷6 000=11.76%

根据股票的同股同利原则，原有股票应按新发行股票的资本成本率计算，即全部股票按新发行股票的资本成本率计算其总的资本成本率。追加筹资方案 2 优于方案 1，由此形成的公司新的资本结构为最佳资本结构。公司追加筹资后，虽然改变了资本结构，但经过分析测算，做出正确的筹资决策，公司仍可保持资本结构的最优化。

（4）资本成本比较法的优缺点

资本成本比较法的测算原理容易理解，测算过程简单。但该法仅以资本成本率最低为决策标准，没有具体测算财务风险因素，其决策目标实质上是利润最大化而不是公司价值最大化。资本成本比较法一般适用于资本规模较小，资本结构较为简单的非股份制企业。

2）每股收益无差别点法

每股收益无差别点法是在计算不同融资方案下企业的每股收益（EPS）相等时所对应的盈利水平，进而选择每股收益较大的融资方案。显然，基于每股收益无差别点法的判断原则是比较不同融资方式能否给股东带来更大的净收益。

其计算公式为：$EPS_1 = EPS_2$

$$\frac{(\overline{EBIT} - I_1)(1 - T) - DP_1}{N_1} = \frac{(\overline{EBIT} - I_2)(1 - T) - DP_2}{N_2}$$

若企业无优先股筹资：

$$\frac{(\overline{EBIT} - I_1)(1 - T)}{N_1} = \frac{(\overline{EBIT} - I_2)(1 - T)}{N_2}$$

【例 3.28】某公司目前拥有长期资本 8 500 万元，其中资本结构为：长期负债 1 000 万元，普通股 7 500 万元，普通股股数为 1 000 万股。现计划追加筹资 1 500 万元，有两种筹资方式供选择：（1）增发普通股 300 万股；（2）增加负债。已知目前每年债务利息额为 90 万元，如果增加负债筹资，每年利息额会增加到 270 万元。所得税率为 25%。

解：$EPS_1 = EPS_2$

则

$$\frac{(\overline{EBIT} - 90)(1 - 25\%)}{1\ 000 + 300} = \frac{(\overline{EBIT} - 270)(1 - 25\%)}{1\ 000}$$

$$\overline{EBIT} = 870$$

每股收益无差别点分析法图示：

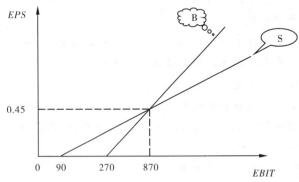

两种融资方案交于营业利润为 870 万元的点上，此时，这两种融资方式带来的每股收益相同。如果预期 EBIT 低于此点，增发普通股为更好的方案；如果预期 EBIT 高于此点，增加负债能提供更高的每股收益。

3）企业价值比较法

公司价值比较法是在充分反映公司财务风险的前提下，以公司价值的大小为标准，经过测算确定公司最佳资本结构的方法。

衡量企业价值的一种合理的方法是：企业的市场价值 V 等于其股票的市场价值 S 加上长期债务的价值 B，即：

$$V = B + S$$

为了使计算简便，设长期债务（长期借款和长期债券）的现值等于其面值；股票的现值则等于企业未来的净收益按股东要求的报酬率贴现。假设企业的经营利润永续，股东要求的回报率（权益资本成本）不变，则股票的市场价值为：

$$S = \frac{(EBIT - I)(1 - T)}{K_s}$$

式中 $EBIT$——息税前利润；

I——年利息额；

T——公司所得税税率；

K_s——权益资本成本。

采用资本资产定价模型计算股票的资本成本 K_s：

$$K_s = K_f + \beta(K_m - K_f)$$

式中 K_f——无风险报酬率；

β——股票的贝塔系数；

K_m——平均风险股票必要报酬率。

由此，可得：$V = B + (EBIT - I)(1 - T)/K_s$

通过上述公式计算出企业的总价值和加权平均资本成本，以企业价值最大化为标准确定最佳资本结构。此时的加权平均资本成本最小。

公司的加权平均资本成本为：

$$K_W = K_B\left(\frac{B}{V}\right)(1 - T) + K_S\left(\frac{S}{V}\right)$$

【例3.29】ABC公司现有全部长期资本均为普通股资本，无长期债务资本和优先股资本，账面价值20 000万元。公司认为这种资本结构不合理，没有发挥财务杠杆的作用，准备举借长期债务购回部分普通股予以调整。公司预计息税前利润为5 000万元，假定公司所得税税率为25%，详见表3.20。

表3.20　ABC公司相关数据资料表

B（万元）	K_B（%）	β	R_F（%）	R_M（%）	K_S（%）
0	0	1.2	10	14	14.8
2 000	10	1.25	10	14	15.0
4 000	10	1.30	10	14	15.2
6 000	12	1.40	10	14	15.6
8 000	14	1.55	10	14	16.2
10 000	16	2.10	10	14	18.4

解：当 $B=2\ 000$ 万元，$K_B=10\%$，$K_S=15.0\%$，$EBIT=5\ 000$ 万元时，

$S=（5\ 000-2\ 000\times10\%）\times（1-25\%）\div15.0\%=21\ 440$（万元）

$V=B+S=2\ 000+21\ 440=23\ 440$（万元）

$K=10\%\times2\ 000/23\ 440\times（1-25\%）+15.0\%\times21\ 440/23\ 440=19.86\%$

其余，同理计算。

加权平均成本与公司价值之间的测算详见表 3.21。

表 3.21　加权平均资本成本与公司价值之间的测算表　　单位：万元

债券市场价值（B）	K_B (%)	K_S (%)	股票市场价值 S	加权平均资本成本 K_w (%)	公司总价值 $V=B+S$
0	–	14.8	22 640	14.80	22 640
2 000	10	15.0	21 440	13.97	23 440
4 000	10	15.2	20 280	13.93	24 280
6 000	12	15.6	18 380	11.78	24 380
8 000	14	16.2	16 060	14.31	24 050
10 000	16	18.4	12 380	15.54	22 380

从表 3.21 中计算可知：当公司发行债券 6 000 万元时，其资本成本率为 11.78%，最低，同时公司的价值最大。因此 ABC 公司最佳资本结构应该是由 25% 的负债和 75% 的普通权益构成。

3.7　财务杠杆与财务风险

在企业财务实务中的杠杆效应，是指固定成本提高公司期望收益，同时也增加公司风险的现象。经营杠杆是由与产品生产或提供劳务有关的固定性经营成本所引起的，而财务杠杆则是由债务利息等固定性融资成本所引起的。两种杠杆具有放大盈利波动性的作用，从而影响企业的风险与收益。

▶ **3.7.1　经营风险与经营杠杆**

1）经营风险

经营风险也称营业风险，是企业由于商品经营上的原因给公司的收益（指息税前利润）或报酬率带来的不确定性，是从事任何商业活动必然客观存在的风险，故又称商业风险。形成和影响企业经营风险的因素很多，主要有以下几个方面：产品需求的变动、产品售价的变动、单位产品变动成本的变动、调整价格的能力的变化、研发能力、固定成本在全部成本所占比重的变化等。

在企业全部成本中，固定成本所占比重较大时，单位产品分摊的固定成本额就多，若产量发生变动，单位产品所分摊的固定成本额就会随之变动，最后导致息税前利润更大幅度地变动，经营风险就越大；反之，经营风险就越小。

2）经营杠杆

固定成本总额为一常数，在一定时期和一定业务量范围内（相关范围）不会随企业产销量的变化而变化。因此，当企业产销量变动时，企业的息税前利润并不会随产销量的变动而成比例变动。

经营杠杆又称营业杠杆、营运杠杆，是企业税息前收益随企业销售收入变化而发生更大幅度的变化，即在某一固定成本比重的作用下，销售量变动对利润产生的作用。经营杠杆的存在使企业有可能享受经营杠杆利益，但同时也可能承担更大经营风险，即当企业的销售量增加时，营业利润会以更大的幅度增加，但也使其承担的经营风险增大，即营业利润的不确定性增大；当企业的销售量下降时，营业利润会以更大的幅度下降，使其遭受更大的损失。同样，杠杆作用对企业的盈亏也有同样的放大作用。

经营杠杆反映销售量与息税前利润之间的关系，衡量销售量变动对息税前利润的影响可以从以下两个方面进行。

以下内容中：

Q——销售量，P——单位售价，V——单位变动成本，F——固定成本总额，$EBIT$——息税前利润。

（1）息税前利润与盈亏平衡分析

$$息税前利润 \ EBIT = Q \times (P-V) - F$$

盈亏平衡点，即是总收入等于总成本（即息税前利润等于0），因此盈亏平衡点销售量 $Q_{BE} = F/(P-V)$

【例3.30】某公司产销 A 产品，单位售价100元，单位变动成本60元，固定成本总额400 000元。则盈亏平衡点为：

$$Q_{BE} = 400 \ 000/(100-60) = 10 \ 000 （件）$$

超过盈亏平衡点的额外销售量，将使企业盈利增加；反之，若销售量下降到盈亏平衡点以下时，随销售量的不断下降，亏损将会逐渐增大。

（2）经营杠杆系数

经营杠杆作用的大小可通过经营杠杆系数来衡量。经营杠杆系数是指企业息税前盈余变动率与销售额变动率之间的比率，常用 DOL 表示。经营杠杆系数越大，企业经营风险越大。其计算公式为：

$$DOL = \frac{\Delta EBIT/EBIT}{\Delta S/S} \left(或 = \frac{\Delta EBIT/EBIT}{\Delta Q/Q} \right)$$

式中　$EBIT$——息税前利润；

　　　$\Delta EBIT$——息税前利润变动量；

S——销售额；

ΔS——销售额变动量。

为了便于应用，经营杠杆系数可通过销售量和成本来表示：

$$DOL = \frac{Q \times (P - V)}{Q \times (P - V) - F} = \frac{EBIT + F}{EBIT}$$

【例3.31】ABC公司产销甲产品，EFG公司产销乙产品，其他数据资料详见表3.22，计算销售量为25 000件时两公司的营业杠杆。

表3.22

	ABC公司甲产品	EFG公司乙产品
单位售价（元）	10	10
单位变动成本（元）	6	4
固定成本总额（元）	60 000	120 000
销售量（件）	25 000	25 000

解：
$$DOL_{ABC} = \frac{25\,000 \times (10 - 6)}{25\,000 \times (10 - 6) - 60\,000} = 2.5$$

$$DOL_{EFG} = \frac{25\,000 \times (10 - 4)}{25\,000 \times (10 - 4) - 120\,000} = 5.0$$

需要注意的是，经营杠杆系数本身并不是经营风险变化的来源。如果企业保持固定的销售水平和固定的成本构成，再高的经营杠杆系数也没任何意义。但是，由于销售和成本水平的潜在变动性，经营杠杆系数会放大息税前利润的变动性，相应地也就放大了企业的经营风险。因此，经营杠杆系数应当仅被看作是对"潜在风险"的衡量，这种潜在风险只有在销售和生产成本存在变动性的情况下才会被"激活"。

▶ 3.7.2 财务风险与财务杠杆

1）财务风险

财务风险是指由于企业运用了债务筹资方式而产生的丧失偿付能力的风险，而这种风险最终是由普通股股东承担的。企业在经营中经常会发生借入资本进行负债经营，不论经营利润多少，债务利息是不变的。当企业在资本结构中增加了债务这类具有固定性筹资成本的比例时，固定的现金流出量就会增加，特别是在利息费用的增加速度超过息税前利润增加速度的情况下，企业则因负担较多的债务成本将引发对净收益减少的冲击作用，发生丧失偿债能力的概率也会增加，导致财务风险增加；反之，当债务资本比例较低时，财务风险就小。

财务风险的大小通常用财务杠杆系数来衡量。

2）财务杠杆

财务杠杆是指企业净利润（税后利润）随企业息税前利润变化而引起更大幅度的变化。它反映的是普通股每股收益与息税前利润的关系。财务杠杆的作用程度大小可用财务杠杆系数来衡量。

财务杠杆系数是指一定的息前税前利润的变化所引起的自有资本收益率（税后盈余）的变化程度。财务杠杆系数越大，表明财务杠杆作用越大，财务风险也就越大；财务杠杆系数越小，表明财务杠杆作用越小，财务风险也就越小。在资本总额相同、息前税前盈余相同的情况下，负债比率越高，财务风险越大，但预期每股收益（投资者收益）也越高。而负债比率是可以控制的，企业可以通过合理安排资本结构，适度负债，使财务杠杆利益抵消风险增大所带来的不利影响。财务杠杆的计算公式为：

$$DFL = \frac{\Delta EPS/EPS}{\Delta EBIT/EBIT}$$

式中　DFL——财务杠杆系数；

EPS——普通股每股利润；

ΔEPS——普通股每股利润变动量；

$EBIT$——息税前利润；

$\Delta EBIT$——息税前利润变动量。

同时，$EPS=(1/N)(1-T)(EBIT-I)$，所以，$\Delta EPS=(1/N)(1-T)\Delta EBIT$，则上述公式还可推导为：

$$DFL = \frac{EBIT}{EBIT - I - \dfrac{D}{1 - T}}$$

式中　T——所得税税率；

I——债务利息；

D——优先股股利。

若公司没有发行优先股而只有普通股，则有：

$$DFL = \frac{EBIT}{EBIT - I}$$

【例3.32】A、B、C 3家公司经营业务相同，它们的财务数据情况见表3.23。

表3.23　A、B、C公司财务数据表　　　　　单位：元

	A	B	C
普通股本	2 000 000	1 500 000	1 000 000
发行股数	20 000	15 000	10 000
债务（利率8%）	0	500 000	1 000 000
资本总额	2 000 000	2 000 000	2 000 000
息前税前盈余	200 000	200 000	200 000
债务利息	0	40 000	80 000
税前盈余	200 000	160 000	120 000
所得税（税率33%）	66 000	52 800	39 600
税后盈余	134 000	107 200	80 400

续表

	A	B	C
财务杠杆系数	1	1.25	1.67
每股普通股收益	6.7	7.15	8.04
息前税前盈余增加	200 000	200 000	200 000
债务利息	0	40 000	80 000
税前盈余	400 000	360 000	320 000
所得税（税率33%）	132 000	118 800	105 600
税后盈余	268 000	241 200	214 400
每股普通股收益	13.4	16.08	21.44

表3.22说明：

（1）财务杠杆系数表明的是息税前盈余增长所引起的每股收益的增长幅度。比如，A公司的息税前盈余增长1倍时，其每股收益也增长1倍（13.4÷6.7-1）；B公司的息前盈余增长1倍时，每股收益增长1.25倍（16.08÷7.15-1）；C公司的息税前盈余增长1倍时，其每股收益增长1.67倍（21.44÷8.04-1）。

（2）在资本总额、息前税前盈余相同的情况下，负债比率越高，财务杠杆系数越高，财务风险越大，但预期每股收益（投资者收益）也越高。比如B公司比起A公司来，负债比率高（B公司资本负债率为500 000÷2 000 000×100%=25%，A公司资本负债率为0），财务杠杆系数高（B公司为1.25，A公司为1），财务风险大，但每股收益也高（B公司为7.15元，A公司为6.7元）；C公司比起B公司来负债比率高（C公司资本负债率为1 000 000÷2 000 000×100%=50%），财务杠杆系数高（C公司为1.67），财务风险大，但每股收益也高（C公司为8.04元）。

（3）负债比率是可以控制的。企业可以通过合理安排资本结构，适度负债，使财务杠杆利益抵消风险增大所带来的不利影响。

▶ 3.7.3 总杠杆

总杠杆是指经营杠杆通过扩大销售影响息税前收益，而财务杠杆通过扩大息税前收益影响每股收益。两种杠杆共同作用，则销售额的变动就会使每股收益以更大幅度变动。这两种杠杆的共同作用称为总杠杆作用。

总杠杆作用的程度是直接考察了营业收入的变化对每股收益的影响程度，总杠杆作用的大小可以用总杠杆系数（DTL）来表示，其计算式为：

公式一：
$$DTL = \frac{\Delta EPS/EPS}{\Delta S/S}$$

公式二：
$$DTL = \frac{\Delta EPS/EPS}{\Delta S/S} = \frac{\Delta EBIT/EBIT}{\Delta S/S} \cdot \frac{\Delta EPS/EPS}{\Delta EBIT/EBIT}$$

$$= DOL \cdot DFL$$

公式三：
$$DTL = \frac{(P-V)Q}{(P-V)Q-F-I} = \frac{EBIT+F}{EBIT-I}$$

3.8 筹资决策

▶ 3.8.1 筹资决策概述

1) 筹资决策的概念

筹资决策是指为满足企业融资的需要，对筹资的途径、筹资的数量、筹资的时间、筹资的成本、筹资风险和筹资方案进行评价和选择，从而确定一个最优资金结构的分析判断过程。筹资决策的核心，就是在多种渠道、多种方式的筹资条件下，如何利用不同的筹资方式力求筹集到最经济、资金成本最低的资金来源，其基本思想是实现资金来源的最佳结构，即使公司平均资金成本率达到最低限度时的资金来源结构。筹资决策是企业财务管理相对于投资决策的另一重要决策。

企业要谋生存、求发展，就必须拓宽思路、更新观念、加强管理、提升企业的国际竞争力。企业的财务管理工作，特别是筹资决策，起着连接金融市场和实业投资市场的桥梁的作用。投资决策与筹资决策密不可分，投资决策一旦做出，理财人员必须进行筹资决策，为企业投资筹措所需要的资金。企业的筹资决策主要解决这样几个问题：利用权益资本还是债务资本？通过什么渠道筹措哪种权益资本或债务资本？以及权益资本与债务资本之间的比例是多少？利用长期资金还是短期资金？它们之间的比例又是多少？而企业营运资金管理的重点，则在于保证企业生产经营过程中资金的正常周转，避免支付困境的出现。筹资决策所影响和改变的是企业的财务结构或资本结构。筹资的目的是投资，筹资策略必须以投资策略为依据，充分反映企业投资的要求。

筹资决策所影响和改变的是企业的财务结构或资本结构。一般而言，企业的资金来源不外乎3条途径，即短期负债筹资、长期负债筹资与股权资本筹资。其中具有长期影响的、战略意义的筹资决策通常是指长期负债筹资决策与股权资本筹资决策，又被称为资本结构决策。企业所采取的股利政策决定了企业自留资金的多少，在很大程度上也决定了企业筹资决策的制定。

企业因借入资金而产生的丧失偿债能力的可能性和企业利润的可变性。企业在筹资、投资和生产经营活动各环节中无不承担一定程度的风险。这就是我们常说的筹资风险。

2) 筹资决策的目标

①获得企业运行和发展的所需资金的来源。即可行的筹资渠道，募股得有人掏钱，负债得有人借钱，企业自筹得有企业经营收入和利润。

②筹资成本尽可能低。不仅要保证能筹到资金，而且所花费的筹资成本还要尽可能低。

③筹资风险尽可能低。即还债期限要尽可能分散，不会因为还债期限过于集中而导致企业债务危机。

3）筹资决策的程序

筹资决策的程序要求，主要有如下 8 点：

①明确投资需要，制订筹资计划。

②分析寻找筹资渠道，明确可筹资金的来源。

③计算各个筹资渠道的筹资成本费用，即计算筹资费用率——每一万元资金所需筹资成本。银行贷款的筹资成本主要是利息和贷款交际费用；股票筹资主要是股票发行费用；供货商和经销商信贷（供货款占用和预付款占用）主要是谈判费用，这种信贷一般是无息的；企业利润留存融资成本主要是投资机会成本。

④分析企业现有负债结构，明确还债风险时期。

⑤分析企业未来现金收入流量，明确未来不同时期的还债能力。

⑥对照计算还债风险时期，在优化负债结构的基础上，选择安排新负债。

⑦权衡还债风险和筹资成本，拟订筹资方案。

⑧选择筹资方案，在还债风险可承担的限度内，尽可能选择筹资成本低的筹资渠道以取得资金。

▶ 3.8.2 筹资决策原理

1）筹资决策的内容

筹资决策内容通常包括：

①确定筹资的数量；

②确定筹资的方式：债务筹资或股权筹资；

③确定债务或股权的种类；

④确定债务或股权的价值。

2）筹资决策的方法

筹资决策的基本方法有 3 种：

①比较筹资代价法，包括比较筹资成本代价、比较筹资条件代价、比较筹资时间代价等。

②比较筹资机会法，包括比较筹资的实施机会，比较筹资的风险程度。

③比较筹资的收益与代价法，如果筹资项目预期经济效益大于筹资成本，则该方案可行。

其中方法③是判断筹资方案是否可行和选择最佳筹资方案的主要依据。

▶ 3.8.3 建筑施工企业筹资风险的回避

建筑施工企业筹资风险的回避应从以下 4 个方面入手：

①企业在筹资时，对施工企业所需资金，其借款期限的安排，应与承包工程施工周期相匹配。

如对不预收工程款并在竣工后一次结算的承包工程项目的施工周期为 8 个月，在向银行借款筹资时，需要借入 8 个月期的短期借款。再如，某建筑施工企业承包一工程项目施工，工期为 2 年，工程价款于竣工后一次结算，不预收工程款，则该施工企业在借款筹资时，第一年所需资金应向银行借入 2 年期借款，第二年所需资金应向银行借入 1 年期借款。当然，如果该施工企业信誉良好，也可以在短期资金上合理搭配，即一边举债、一边还款来满足长期施工项目占用资金的需要，以降低债务融资成本。同时，企业还要按季度编制分月现金收支预算，根据月度现金收支预算，组织日常现金收支的调度和平衡，即做到收支平衡，又采取措施保证现金收支数额在时间上的相互协调，确保债务资金的及时偿还。

②根据企业总资产息税前利润水平是否高于债务资金利息率，适时调整负债比率，适度负债经营，从总体上减少筹资风险。

当企业盈利水平不高，总资产息税前利润率低于债务资金利息率时，如果企业还负债融资的话，就会降低企业净资产收益率、降低股东财务、降低企业价值，甚至可能收不抵支，不能偿还到期债务本息。在这种情况下，一方面要从静态上优化资金结构，增加企业自有资金的比重，降低总体债务风险；另一方面要从动态上根据资金需要与负债的可能，自动调节其债务结构，加强财务杠杆对企业筹资的自我约束。同时，要预测今后几年利率市场的变动趋势，若预期利率会上扬，企业应借入固定利率借款；若预期利率会下跌，则应借入浮动利率借款，以减轻付息压力。

③加强施工经营管理，提高企业经济效益。

施工企业在承包工程项目之前，必须做好可行性研究，对项目施工经济效益加以认真分析研究，同时要加强施工过程的成本费用的控制与管理，并作好工程价款的结算工作。经济效益的提高是企业按时归还债务本息的根本保证。

④在企业发生财务困难时，及时实施债务重组。

当企业因为施工经营不善、出现财务困难时，应主动与债权人联系，就债务问题与债权人协商并取得债权人的让步，同意对债务进行重组。债务重组的主要方式包括以资产清偿债务、债务转为资本、修改其他债务条件和以上 3 种方式的组合。

通过与债权人就债务问题达成重组协议，以缓解企业偿债压力，帮助企业度过财务困境。

本章小结

建筑施工企业筹集资金，是指根据其施工生产经营活动、对外投资及调整资本结构的需要，运用各种筹资方式，从不同筹资渠道和金融市场，经济有效地筹措和集中所需资金的一种经济行为。建筑施工企业筹资动机主要有 4 类，即创建筹资动机、扩张筹资动机、调整筹资动机、混合筹资动机。筹资渠道主要包括国家资金（政府财政资金、国资部门资金）、银行信贷资金、非银行金融机构资金（保险公司、信托投资公司、专业财务公司、共同基金、养老基金等）、其他企业资金、民间资金、企业内部资金、国外和中国港澳台资金等。我国建筑施工企业资金筹集方式主要有吸收直接投资、发行股票、企业内部积累、发行债券、银行借款、融资租赁和商业信用筹资等方式。

建筑施工企业筹集资金分为债务资金和权益资金。企业筹资数量应考虑法律、企业经营规模以及有关筹资的其他因素。资金需要量预测常用的方法有因素分析法、销售百分比法和线性回归分析法。

短期筹资是指筹集在一年内或超过一年的一个营业周期内到期的资金，通常是指短期负债筹资。企业的短期筹资政策通常有 3 种：配合型筹资政策、激进型筹资政策和稳健型筹资政策。短期筹资主要有自发性负债筹资（商业信用和应付费用）、短期借款、短期融资券（商业票据、短期债券）。长期筹资，是指企业作为筹资主体，通过长期筹资渠道和资本市场，运用长期筹资方式，经济有效地筹措和集中长期资本的活动。企业的长期资本一般是通过吸收投入资本、发行股票、发行债券、长期借款和融资租赁等方式取得或形成的。企业的长期筹资可以分为股权性筹资、债务性筹资和混合性筹资。

资本成本（又称资金成本），是指企业为筹集和使用资金而付出的代价。资本成本包括资金筹集费和资金占用费两部分。资本结构指的就是长期债务资本和权益资本各占多大比例。资本结构是企业筹资决策的核心问题，企业应综合考虑有关影响因素，运用适当的方法确定最佳资本结构。

经营风险是企业由于商品经营上的原因给公司的收益（指息税前利润）或报酬率带来的不确定性，是从事任何商业活动必然客观存在的风险。经营杠杆又称营业杠杆、营运杠杆，是企业息税前收益随企业销售收入变化而发生更大幅度的变化。经营杠杆反映销售量与息税前利润之间的关系。财务风险是指由于企业运用了债务筹资方式而产生的丧失偿付能力的风险，而这种风险最终是由普通股股东承担的。财务杠杆是指企业净利润（税后利润）随企业息税前利润变化而引起更大幅度的变化，它反映的是普通股每股收益与息税前利润的关系。

筹资决策是指为满足企业融资的需要，对筹资的途径、筹资的数量、筹资的时间、筹资的成本、筹资风险和筹资方案进行评价和选择，从而确定一个最优资金结构的分析判断过程。

思考题

1. 简述建筑施工企业筹资渠道和筹资方式。
2. 简述建筑施工企业筹资数量预测时应考虑的因素和条件。
3. 简述长期债务筹资与权益筹资评价。

4. 什么叫做资金成本？权益资金成本计算和债务资金成本计算存在什么差异？

5. 影响资金成本高低的因素有哪些？

6. 简述资本结构含义和常见的资本结构理论。

7. 什么叫财务杠杆？财务人员应如何利用财务杠杆的作用为企业价值最大化服务？

8. 简述建筑施工企业筹资风险的回避策略。

习 题

1. 某建筑施工企业的资金来源及其结构见表 3.24。

表 3.24 某建筑施工企业资金来源及结构表

资金结构	金额（万元）
普通股股本	10 000
留存收益	2 500
债券资金	7 500
银行借款	5 000

（1）该公司股票按面值发行，筹资费率为 2%，预计下一年发放的股利率为 8%，以后每年增长 1%。

（2）该企业发行债券的年利率为 8%，债券筹资费率为 1%。

（3）该企业银行借款年利率为 5.5%。

（4）该企业所得税率为 25%。

要求根据上述资料，为该企业计算：①普通股股金成本；②留存收益资金成本；③债券资金成本；④银行借款资金成本；⑤综合资金成本。

2. 某建筑公司发行了为期 180 天的短期融资券，票面利率为 12%，则该短期融资券的成本为多少？

3. 某企业于 2015 年 1 月 1 日从租赁公司租入一套设备，价值 80 万元，租期为 5 年，预计租赁期满时的残值为 4.5 万元，归租赁公司。年利率按 9% 计算，租赁手续费率为成本价的 2%。租金每年末支付一次。采用平均分摊法计算该套设备每年支付租金为多少万元？

4. 某房地产开发公司现有股票 1 000 万股，股本总额 10 000 万元，公司债务 6 000 万元。公司拟扩大筹资规模，有两个备选方案：一是增发普通股票 100 万股，每股发行价格 10 元；二是平价发行公司债券 1 000 万元。若公司债券年利率为 12%，所得税率为 25%。

根据上述资料，要求：

（1）计算两种筹资方式的每股收益无差别点。

（2）如果该公司预期息税前利润为 4 000 万元，对两个筹资方案作出择优决策。

5. 某建筑公司为购买一批建筑新设备，发行了一批新债券，500 万元 10 年期的债券，票面利率 8%，发行费率 5%，发行价格 550 万元，公司所得税率为 25%，试计算该公司债券的资金成本。

6. 假设某企业年度固定成本支出 250 万元，变动成本占总销售额的 80%，计算在销售额为 3 000 万元、1 500 万元、750 万元时的企业经营杠杆系数，并分析其波动规律。

7. 某施工企业的损益表（部分数据）见表 3.25。

表 3.25　某施工企业损益表

项　目	金额（万元）
销售收入	4 575
可变成本	2 280
固定成本	920
利息费用	135

要求：

（1）计算该销售量水平下的 DOL，DFL，DTL。

（2）当企业所得税税率为 25% 时，若销售收入增长 30%，税前收益和净收益分别增长多少？

4 建筑施工企业项目投资管理

[学习目标]

了解项目投资对建筑施工企业生产经营和发展的意义；了解建筑施工企业项目投资的分类、项目投资管理的原则与项目投资过程分析；掌握建筑施工企业项目投资现金流量的构成与计算；掌握建筑施工企业各种投资决策指标的计算方法和决策准则；掌握建筑施工企业各种项目投资决策方法的具体应用。

[基本概念]

投资，项目投资，投资回报率，投资回收期，净现值，获利指数，内部收益率

投资是企业在市场竞争中持续发展、为股东创造价值的关键而又具有风险的活动。

在竞争环境下，企业投资决策的基本准则是投资项目的预期收益超过基准收益，但投资损失在企业承受能力以内；投资规模能够适应未来不确定的商业环境。

企业进行项目投资的根本目的在于创造价值，而价值的创造在于一个项目的收益超过了金融市场所要求的收益，就称之为取得了超额收益。这种超额收益就定义为价值的创造。价值的创造有几个方面的来源，但可能最重要的是行业吸引力和竞争优势。这是指那些能使项目产生净现值的因素——提供超过金融市场所要求的期望收益的因素。

企业投资项目价值的创造体现在企业的增量现金流和综合资本成本上。现金，而非会计收入，是所有公司决策的中心，往往用现金流量而不是收入流量来表示投资项目的任何预期收益。只有在预期未来有更多的现金流入的情况下，公司才会在当期用现金进行投资。并且现金还必须是以增量的形式提供，选择投资项目还是放弃投资项目在于分析它们之间的差别，当然还必须考虑现金的时间价值等因素。

如果接受任何投资项目都不会改变投资者对公司风险状况的评价，那么在资本预算中决定选择哪一个投资项目时可以使用统一的预期报酬率。然而，不同的投资项目往往具有不同程度的风险。预期能提供高收益的项目可能会增加公司的经营风险，尽管这种项目可能具有相当大的潜力，但风险的增加还是可能降低公司的价值。

4.1 项目投资管理概述

▶ 4.1.1 企业投资的意义

企业投资是指企业对现在所持有资金的一种投放和运用，如购置各种经营性资产或购买各种金融资产，或者是取得这些资产的权利，其目的在于期望在未来一定时期内获得相应的投资回报。在市场经济条件下，企业能否将资金投放到回报高、风险小、回收快的项目上去，对于企业的生存和发展具有十分重要的意义。

①企业投资是实现财务管理目标的基本前提。企业财务管理目标是不断提升企业价值，为股东创造财富。因此，要求企业采取各种措施不断增加盈利、降低风险。企业要想获得更多的盈利，就必须进行投资，才能获得投资效益。

②企业投资是企业生产经营和发展的必要手段。随着社会经济不断发展、科学技术不断进步，企业无论是维持简单再生产还是实现扩大再生产，都必然要进行一定的投资。首先，要维持简单再生产，就必须及时对所有固定资产设施进行更新，对产品和生产工艺不断改进，不断提高员工技术水平等。其次，要实现扩大再生产，就必须新增固定资产投入、增加员工人数、提升员工素质、提高生产工艺技术水平等。企业只有通过一系列的投资活动，才能不断增强企业实力、拓展企业市场。

③企业投资是企业降低经营风险的重要方法。企业把资金投放到生产经营的薄弱环节或关键环节，可以促进各种经营能力配套、平衡，形成更大的综合生产能力。如把资金投向多个行业、多个领域，实现经营多元化，则更能够拓展企业的市场销售和增加企业盈余的稳定性。这些都是降低企业经营风险的重要方法。

▶ 4.1.2 企业投资的分类

为了全面了解企业投资行为，加强投资管理，有必要对企业投资按不同的标准进行分类。

1）按照投资与企业生产经营活动的关系分

（1）直接投资

直接投资，是指企业将资金直接投放于企业的生产经营活动或直接投放于其他企业的生产经营活动，以赚取生产经营利润的投资。

（2）间接投资

间接投资（又称证券投资），是指企业将资金投放到有价证券等金融资产，以取得利息、股利或资本利得的投资。

2）按照投资回收时间的长短分

（1）短期投资

短期投资（又称为流动资产投资），是指企业将资金投放于能够且准备在一年以内收回的各种流动资产上的投资，如对现金、应收账款、存货、短期有价证券等的投资。

（2）长期投资

长期投资，是指在一年以上才能够收回的投资。如购建房屋建筑物、机器设备等固定资产，新产品、新技术、新工艺、新材料的研发，购买其他企业发行的企业债券，长期持有其他企业的股权（股票），兼并、收购其他企业等。

3）按照投资在企业生产经营过程中的作用分

（1）初创投资

初创投资，是指创建企业阶段所进行的投资，这种投资形成企业的原始资产，为企业后续的生产经营创造必要的条件。

（2）后续投资

后续投资，是指企业创立以后为了保持生产经营的正常进行和不断发展壮大所进行的各种投资。后续投资主要包括维持简单再生产所进行的更新性投资和为实现扩大再生产所进行的追加性投资，以及为调整生产经营方向所进行的转移性投资。

4）按照投资的方向分

（1）对内投资

对内投资，是指把资金投放到企业内部的生产经营活动的投资。如购建固定资产、储备存货等。这种投资旨在扩大企业内涵再生产。

（2）对外投资

对外投资，是指企业以现金、实物、无形资产等方式或以购买股票、债券等有价证券方式对其他单位进行的投资。这种投资旨在实现经营多元化，从而分散风险，实现企业外延扩大再生产。

一般而言，对内投资都是直接投资；对外投资可以是直接投资，也可以是间接投资。

▶ 4.1.3 企业投资管理的原则

企业进行投资的根本目的在于赚取利润、增加企业价值。企业能否实现这一目标，关键在于企业能否抓住有利的投资机会，做出正确的投资决策。因此，企业在进行投资管理与决策时必须坚持如下原则。

（1）认真做好市场调查，及时捕捉投资机会

捕捉投资机会是企业投资活动的起点，也是企业投资决策的关键。在市场经济条件下，投资机会不是固定不变的，而是不断变化的，它受诸多因素的影响，其中最主要的是市场需求的变化。企业在投资之前，必须认真进行市场调查和市场分析，寻求最有利的投资机会。市场是在不断变化、发展的，对于市场和投资机会的关系，也应从动态的角度加以把握。

正是由于市场的不断变化和发展，才有可能出现一个又一个新的投资机会。随着社会经济不断发展，人民收入水平不断提高，人们的消费需求也在不断发展变化，而众多的投资机会正是出现在这些变化之中的。

（2）遵循科学投资决策程序，做好项目投资的可行性分析

在市场经济条件下，企业的投资决策都必然面临一定的风险。为了确保投资决策的正确有效，必然要求投资决策者按照科学的投资决策程序，认真进行项目投资的可行性分析。项目投资的可行性分析的主要目的在于对项目投资工程技术上的可行性、国民经济上的可行性以及财务上的可行性进行分析论证，运用各种技术和方法计算分析相关指标，以合理确定不同项目投资的优劣。财务部门则是对企业的资金进行规划和控制的部门，财务人员必须参与项目投资的可行性分析。

（3）及时足额地筹集资金，保证项目投资的资金供应

企业的项目投资，特别是大型项目投资，其投资建设期长，所需资金量大，一旦开工建设就必须有足够的资金供应，确保项目投资建设进度的顺利进行，否则就会造成项目投资建设的中断，出现"半拉子工程"，给企业造成巨大损失。因此，在项目投资开工建设前，必须科学合理地预测项目投资所需资金的数量以及时间进度，采用适当的方法，筹措资金，保证项目投资建设的顺利完成，尽快产生投资效益。

（4）认真研究项目投资的风险，做好项目投资风险控制

报酬与风险是共存的。一般而言，报酬越大风险也就越高，报酬的增加是以风险的增大为代价的，而风险的增加又将会引起企业价值的下降，不利于企业财务目标的实现。因此，企业在进行项目投资时，必须在考虑报酬的同时认真权衡风险情况，只有在报酬与风险达到均衡时，才有可能不断增加企业价值，实现企业的财务目标。

▶ 4.1.4　企业项目投资及其分类

企业项目投资通常是指长期投资中的固定资产投资。在企业的全部投资中，项目投资具有十分重要的地位。对企业的稳定与发展、未来盈利能力、长期偿债能力都具有十分重要的意义。

1）企业项目投资的特点

与企业其他类型的投资相比，项目投资具有如下 5 个特点：

（1）影响时间长

作为长期投资的项目投资发挥作用的持续时间较长，可以达几年、十几年甚至几十年才能收回全部投资。因此，项目投资对企业未来的生产经营活动和财务状况将产生重大影响，其投资决策的成败对企业未来的命运产生至关重要的影响，甚至是决定性的。

（2）投资数额大

项目投资，特别是战略性的扩大生产力投资，一般都需要较多的资金，其投资数额往往在企业总资产中占有相当大的比重。因此，项目投资对企业的融资、未来的现金流量和财务状况都会产生深远的影响。

（3）不经常发生

项目投资一般不会频繁发生，特别是大规模、具有战略意义的项目投资，一般要几年

甚至几十年才发生一次，因此，必然要求企业对项目投资作出慎重决策。

（4）变现能力差

作为长期投资的项目投资，由于其回收期较长，在短期内变现的能力很差。因此，项目投资一旦完成，具有不可逆转性。

（5）投资风险大

由于项目投资的上述特点，也就决定了项目投资的风险大。因此，必然要求企业在投资决策过程中认真做好风险评估以及在项目投资运行寿命期内做好风险控制，尽可能降低风险，提高投资效益。

2）企业项目投资的投资主体

财务管理里的投资主体是企业而非个人、政府或专业投资机构。投资主体不同，其投资目的也必然有所不同，并因此导致其决策评价标准和决策评价方法等多方面存在区别。

企业从金融市场上融资，然后投资于固定资产、流动资产等，期望获取相应的投资回报，以增加企业的盈利、提升企业价值。企业从金融市场上获取资金进行投资，必然要求其投资回报超过金融市场上资金供应者所要求的回报率，超过部分才会增加企业盈利、增加企业价值。因此，投资项目优劣的评价标准应以融资成本为基础。

3）企业项目投资的类型

按照不同标准，项目投资可以分为不同的类型。

（1）按照投资对企业的影响分

①战略性投资，是指对企业全局产生重大影响的投资，如并购其他企业、扩大企业生产经营规模、开发新产品等。战略性投资可能是为了实现多元化经营，也可能是为了实现对被投资企业施加重大影响甚至控制。其特点在于所需资金一般较多、回收时间较长、投资风险较大。由于战略性投资往往会扩大企业生产经营规模和生产经营活动范围、甚至改变生产经营活动方向，因此对企业的生存和发展影响深远，所以这类投资必须严格按照科学的投资程序进行严密的分析研究才能作出决策。

②战术性投资，即只关系到企业某一局部的具体业务投资，如设备的更新改造、原有产品的升级换代、产品成本的降低等投资项目。战术性投资主要是为了维持企业现有生产能力、维持企业现有市场份额，或者是利用闲置生产能力增加企业收益，因此其投资所需资金较少、回收时间较短、风险相对较小。短期性投资一般属于战术性投资。

（2）按照投资对象不同分

①固定资产投资，即将资金投放于房屋建筑物、机器设备、运输设备、工器具等固定资产。

②无形资产投资，即将资金投放于专利权、非专利技术、商标权等无形资产。

③其他资产投资，即将资金投放于上述资产之外的其他长期性资产，如土地使用权、商誉、开办费等。

（3）按照项目投资的顺序与性质分

①先决性投资，是指必须对某项目进行投资，才能使其后或同时进行的其他项目投资实现收益。例如，企业为了扩大生产能力引进新的生产线，为使新的生产线能够正常运转，

就必须有电力保障，这里的电力项目投资就属于先决性投资。

②后续性投资，是指在原有基础上进行的项目投资，投资建成后将发挥原项目同样作用或更有效地发挥同一作用或性能，能够完善或取代现有项目的投资。

（4）按照项目投资的时序与作用分

①创建企业投资，是指为创建一个新企业，包括在生产、经营、生活条件等方面的投资。投入资金通过建设成为新建企业的原始资产。例如，新建一个分公司或子公司。

②简单再生产投资，是指为更新生产经营中已经不再满足生产经营需要的过时设备所进行的投资。其特点是把原来的生产经营过程中回收的资金重新再投入生产经营过程，维持原有的生产经营规模。

③扩大再生产投资，是指为了扩大企业现有的生产经营规模所进行的投资。这时企业需要追加投入资金进行投资，从而扩大企业的资产规模。

（5）按照增加利润的途径分

①增加收入的投资，是指通过扩大企业生产经营规模或营销活动来增加企业的收入，进而增加利润的投资。其投资决策规则是评价项目投产后所产生的现金流量是否能证明该项投资是可行的。

②降低成本的投资，是指维持企业现有生产经营规模，通过降低生产经营成本、间接增加企业利润的投资。其投资决策规则是评价项目投产后企业在降低成本中所获得的收益是否能证明该项目是可行的。

（6）按照项目投资之间的关系分

①独立性投资，是指当采纳或放弃某一项目（或方案）时，并不影响另一项目（或方案）的采纳或放弃。如某建筑施工企业收购某建材厂与施工企业自身的施工生产活动就属于两个彼此独立的项目投资。

②相关性投资，是指当采纳或放弃某一项目（或方案）时，就必须采纳或放弃另一项目（或方案）的项目投资。如某建筑施工企业投资建设某一工业生产厂房和相关生产设备的投资就属于相关性投资。

③互斥性投资，是指接受某一项目投资就必须放弃另一项目投资，简言之，就是非此即彼，几个可行项目中只能选其一。如某开发商在同一块土地上要么开发普通的高层住宅，要么开发高档别墅，要么开发写字楼，在这几个方案中只能选其一，就属于互斥性投资。

研究项目投资的分类，可以更好地掌握项目投资的性质和彼此之间的相互关系，有利于投资决策者抓住重点，分清主次。明确项目投资的分类，有利于企业投资决策者作出正确的决策。

4）项目投资决策程序

（1）项目投资决策程序

①确定投资目标。项目投资决策首先要弄清楚所进行的项目投资所要达到的目的或者需要解决的问题。

②提出备选方案。项目投资决策目标确定以后，就要提出备选方案。有时只有一个备选方案，有时可能提出多个备选方案。提出备选方案是项目投资决策分析的重要环节。决策分析就是建立在备选方案的基础之上的。

③搜集可计量信息。在提出备选方案后，要就每一方案尽可能多地搜集可计量的信息，如项目投资的未来现金流入量、流出量等。这些信息可以从本企业以及其他企业以前同类或类似项目投资中获取，再根据具体情况进行适当的调整。

④比较分析。在完成信息搜集的基础上，选择并利用适当的项目投资评价方法，计算分析各备选方案的相关评价指标，判断各方案是否可行。

⑤最终决策。在对各备选方案进行比较分析的基础上，充分考虑各种可计量和不可计量信息，然后再最终提出最优方案。

（2）项目投资管理程序

项目投资决策是在掌握了大量资料的基础上进行的，它是整个项目投资管理过程的重要环节。从项目整个寿命周期来看，项目投资管理包括项目机会研究、编制项目建议书、项目可行性研究、项目评估、项目实施、项目后评价等环节。项目投资决策正是在对项目进行机会研究、可行性研究和评估的基础上进行的。

①项目机会研究。在项目识别、构思和设想阶段进行的研究称为机会研究，它通过对企业资源、社会和市场调查以及预测确定项目，选择最有利的投资机会。它可以分为一般机会研究和特定项目机会研究。

②编制项目建议书。

③项目可行性研究。

④项目评估。

⑤项目实施。

⑥项目后评价。

5) 项目投资决策应考虑的因素

（1）货币时间价值

固定资产投资金额大、投资回收期长。固定资产投资支出的资金既可能是一次性的，也可能是分期分次的。而这些投资支出将会在固定资产整个寿命期内分期分次逐渐收回，不同时间收付的资金其时间价值大小是不同的。因此，企业在进行固定资产投资决策时必须考虑货币时间价值的影响，即将不同时间所发生的资金收付按统一口径计算其时间价值，这样得出的结论才能更客观、可靠。

（2）现金流量

在投资决策中，无论是把资金投资在公司内部形成各种资产，还是投向企业外部形成联营投资，都需要用特定指标对投资的可行性进行分析，这些指标的计算都是以投资项目的现金流量为基础的，因而，现金流量是评价投资项目（方案）是否可行时必须计算的一个基础性数据。

现金流量，是指在投资活动过程中，由于某一投资项目而引起的现金流入或现金流出的数量。在投资决策分析中，"现金"是一个广义的概念，它不仅包括货币资金，也包括与投资项目相关的非货币资产的变现价值，比如在某项目投资时，投入的是企业原有固定资产的价值，这时的"现金"就包含该固定资产的变现价值或其重置成本。

项目投资决策中之所以使用现金流量，是因为传统财务会计按照权责发生制原则计算确定企业的收入和成本费用，并以收入减去成本费用后的利润作为收益，用来评价企业的经济效益。在长期投资决策中则不能以按这种方法计算的收入和成本支出作为评价项目经济效益好坏的基础，而应以现金流入作为项目的收入，以现金流出作为项目的支出，以净现金流量（NCF）作为项目的净收益，并据此来评价投资项目的经济效益。投资决策之所以要以按收付实现制计算的现金流量作为评价项目经济效益的基础，主要原因是：采用现金流量有利于科学地考虑资金时间价值因素。科学的投资决策必须认真考虑资金时间价值，这就要求在决策分析时一定要弄清楚每笔收入款项和支出款项的具体时间，因为不同时间的资金具有不同的价值。因此，在衡量方案优劣时，应根据各投资项目寿命周期内各年的现金流量，按照资本成本，结合资金的时间价值来确定。而利润的计算并不考虑资金收付的时间，因为它是以权责发生制为基础的。

利润与现金流量的差异具体表现在以下 5 个方面：

①购置固定资产一次性付出大量现金时不计入成本，而在未来投资寿命期内分次计入成本。

②在投资寿命期将固定资产价值以折旧费的形式分次计入成本时却不需要支付现金。

③在计算利润时不考虑垫支流动资金数量和回收时间。

④只要销售行为已经确定，就计算为当期的销售收入，尽管其中一部分并未于当期收到现金。

⑤项目寿命终了时，以现金形式收回的固定资产残值和垫支流动资金在计算利润时也得不到反映。

可见，要在投资决策中考虑时间价值因素，就必须利用现金流量而不是利润来衡量项目的优劣。采用现金流量才能使投资决策更加符合客观实际情况。在长期投资决策中，应用现金流量能更科学、更客观地评价投资方案的优劣，而利润则明显地存在不科学、不客观的成分。这是因为：

①利润计算没有一个统一的标准，在一定程度上要受存货估价、费用分摊和折旧方法的不同选择的影响。因而，利润的计算比现金流量的计算具有更大的主观性，以此作为决策的主要依据不太可靠。

②利润反映的是某一期间的"应计"现金流量，而不是实际现金流量。若以未实际收到现金的收入作为收益，具有较大的风险，容易高估投资项目的经济效益，存在不科学、不合理的成分。

（3）资本成本

在固定资产投资决策中所说的资本成本，是指为筹集投资所需资金而发生的成本。企业进行固定资产投资，必然需要大额资金，需从企业外部获取，如向银行借款、发行债券、发行股票等，企业必须向资金供应者支付利息或股利，并发生相关融资费用，这就是资本成本（或资金成本）。

资本成本是企业固定资产投资决策中应当考虑的一个重要因素。在固定资产投资决策中，它是固定资产投资项目在财务上是否可行的一个"取舍率"，即如果固定资产投资项目的实际投资报酬率高于资本成本，该项目可取；反之，如果固定资产投资项目的实际投资报酬率低于资本成本，则应舍弃。由于资本成本是投资者必须通过投资项目的未来报酬加以补偿的部分，补偿后如有剩余额，才能给企业带来新增利润。因此，资本成本是固定资产投资项目是否可行的最低投资报酬率标准，故又将资本成本称为固定资产投资项目的"极限利率"。

（4）投资的风险报酬

企业的固定资产投资项目，都存在一定程度的风险。风险是与不确定性联系在一起的。因此，企业进行任何投资，只要存在不确定性，就必然存在风险。也就是说，对于建筑施工企业而言，进行任何固定资产投资，风险是客观存在的。

投资者都希望投资风险较小的项目。但是，由于企业在经营管理上、财务运作上、经营技巧上等方面的需要，往往又会寻求那些风险虽大但效益高的投资项目。投资回报高，其风险也必然大，投资风险小，其回报也必然低。因此，建筑施工企业在进行固定资产投资决策时，必须慎重考虑。既要考虑其投资回报，又要考虑其风险程度。

考虑投资风险因素后的预期投资报酬率超过未考虑投资风险因素的投资报酬率的差额部分，即为投资的风险报酬。从理论上讲，一个投资项目的预期投资报酬率由无风险报酬率（货币时间价值）、通货膨胀率和投资的风险报酬率3部分组成，即：预期投资报酬率＝无风险报酬率＋风险报酬率＋通货膨胀率。如果不考虑通货膨胀因素，则有：预期投资报酬率＝无风险报酬率＋风险报酬率。

4.2 项目投资现金流量的测算

▶ 4.2.1 项目投资现金流量的含义

在项目投资决策中的现金流量，按照现金流动的方向，可以分为现金流入量（用正号表示）、现金流出量（用负号表示）和净现金流量。在固定资产投资决策时应以现金流入作为投资项目的收入，以现金流出作为投资项目的支出，以现金流入量与现金流出量的差额，即净现金流量作为投资项目的净收益，并以此作为评价该投资项目经济效益的基本依据，若现金流入量大于现金流出量，则净现金流量为正值；反之，若现金流入量小于现金流出量，则净现金流量为负值。

▶ 4.2.2 确定现金流量存在的困难

确定项目投资的现金流量，就是在收付实现制的基础上，预计并反映现实货币资本在项目投资计算期内未来各年中的收支运动的方向及数量的过程。

在项目投资决策实务中，要说明一个具体项目投资的现金流量究竟应当包括哪些内容并反映其具体数量，或者要回答应当怎样来确定其现金流量的问题，并不是一件十分简单的事情，必须视特定的决策角度和现实的时空条件而定。影响项目投资现金流量的因素很多，概括起来主要包括以下4个方面：

（1）不同项目投资之间存在的差异

在项目投资决策实务中，不同投资项目在其项目类型、投资构成内容、项目计算期构成、投资方式和投资主体等方面均存在较大差异，可能出现多种情况的组合，因而也就可能有不同组合形式的现金流量,其内容也就千差万别。

(2) 不同出发点的差异

即使是同一项目投资,也可能有不同角度的现金流量。例如,从不同决策者的立场出发,就有国民经济现金流量和财务现金流量之分;从不同的投资主体出发,就有全部投资现金流量和自有现金流量的区别。

(3) 不同时间的差异

由于项目投资计算期的阶段不同,各阶段上的现金流量的内容也可能不同;不同的现金流入量或现金流出量项目在其发生时间上也存在不同特征,如有的项目发生在年初,而有的则发生在年末,还有些在一个年度之间均衡发生;有的属于时点指标,而有的则属于时期指标。此外,固定资产的折旧年限与其运营期的长短也可能发生差异。

(4) 相关因素的不确定性

由于项目投资的投入物和产出物的价格、数量受到未来市场环境等诸多不确定性因素的影响,我们不可能完全预测出它们的未来变动趋势和发展水平,这就必然影响现金流量估算的准确性。

▶ 4.2.3 估算项目投资现金流量的假设

为克服项目投资决策实务中上述现金流量估算上的困难,简化现金流量的估算过程,在项目投资现金流量估算时,需要作出如下假设:

(1) 项目投资的类型假设

假设项目投资只包括单纯固定资产项目投资、完整工业项目投资和固定资产更新改造项目投资 3 种类型。

(2) 财务可行性分析假设

假设投资决策是从企业投资者立场出发,投资决策者确定现金流量就是为了进行项目投资的财务可行性分析研究,该项目已经具备技术可行性和国民经济可行性。

(3) 项目投资假设

假设在确定项目投资现金流量时,是站在企业自身立场上,考虑全部投资的运动情况,而不具体区分自有资金和借入资金等具体形式的现金流量。即使存在借入资金也将其作为自有资金对待(但在计算固定资产原值和项目总投资时,还需考虑建设期资本化利息因素)。在本假设下,项目的投资者就是企业,而不是企业的投资者。

(4) 运营期和折旧年限一致假设

假设项目投资主要固定资产的折旧年限或使用年限与其运营期相同。

(5) 时点指标假设

为了便于利用时间价值的形式,不论现金流量具体内容所涉及的价值指标实际上是时点指标还是时期指标,均假设按照年末或者年初的时点指标处理。其中,项目建设所需投资均在建设期内年初或年末发生,流动资金投资则在年初发生;运营期内各年的收入、成本、折旧、摊销、利润、税金等项目的确认均在年末发生;项目最终报废或清理均发生在最终点(但更新改造项目除外)。在项目计算期数轴上,0 表示第 1 年初,1 表示第 1 年末或第 2 年初,余下以此类推。

（6）确定性因素假设

假定与项目投资现金流量有关的价格、产销量、成本、所得税率等因素均为已知常数。

（7）产销平衡假设

在项目投资决策中，假定运营期同一年的生产量等于该年的销售量。在这一假设下，假定按成本项目计算的当年成本费用等于按费用要素计算的成本费用。

▶ 4.2.4 现金流量的内容

1）完整工业项目投资的现金流量

完整工业项目投资（又称新建项目投资）它是以新增工业生产能力为主的项目投资，其投资涉及内容比较广泛。

（1）现金流入的内容

现金流入量是指能够使项目投资的现实货币增加的项目，简称现金流入。完整工业项目投资的现金流入量主要包括以下内容：

①营业收入，是指项目投资建成投产后每年实现的全部销售收入或业务收入，它是项目投资运营期主要的现金流入项目。

②补贴收入，是指与项目投资运营期收益有关的政府补贴。

③回收固定资产余值，是指项目投资的固定资产在终结点报废清理或中途变价转让处理时所回收的价值。

④回收流动资金，主要是指新建项目在项目计算期完全终结时因不再发生新的替代投资而回收的原垫付的全部流动资金投资额。

（2）现金流出的内容

现金流出量是指能够使项目投资的现实货币减少的项目，简称现金流出。完整工业项目投资的现金流出量主要包括以下内容：

①建设投资，是指项目投资建设期内发生的主要现金流出量。

②流动资金投资，指在投资项目中发生的用于生产经营期周转使用的营运资金投资，又称为垫支流动资金。它是在项目投产前后分次或一次投放于流动资产项目的投资增加额。

③经营成本，是指在项目投资建成投产后的项目运营期内为满足正常生产经营而动用现实货币资金支付的成本费用，又被称为付现的经营成本（简称付现成本），它是运营期内最主要的现金流出量项目。

④营业税金及附加，是指在营运期内应缴纳的营业税、消费税、资源税、城市维护建设税和教育费附加。

⑤维持运营投资，是指矿山、油田等项目为维持正常运营而需要在运营期投入的固定资产投资。

⑥所得税，是指计算所得税后净现金流量时必须考虑的现金流出项目。

2）单纯固定资产项目投资的现金流量

新建项目中的单纯固定资产投资项目，简称固定资产项目，是指只涉及固定资产投资而不涉及其他长期资产投资和流动资金投资的项目。它往往以新增生产能力、提高生产效率为特征。其现金流量比完整工业项目投资简单。

（1）现金流入量的内容

①增加的营业收入，是指固定资产投入使用后每年增加的全部销售收入或业务收入。

②回收固定资产余值，是指该固定资产在终结点报废清理时所收回的价值。

（2）现金流出量的内容

①固定资产投资。

②新增经营成本，是指该固定资产投入使用后的项目运营期内每年增加的经营成本。

③增加的营业税金及附加，是指该固定资产投入使用后的项目运营期内因收入增加而每年增加的营业税、消费税、资源税、城市维护建设税和教育费附加。

④增加的所得税，是指该固定资产投入使用后，因利润增加而增加的所得税。

3）固定资产更新改造项目投资的现金流量

固定资产更新改造项目，简称更改项目，包括以全新的固定资产替换原有同型号的旧固定资产的更新项目和以一种新型号的固定资产替换旧型号固定资产的改造项目两类。前者可以恢复固定资产的生产效率，后者则可以改善企业的经营条件。总之，它们都可能达到增产或降低成本的目的。其现金流量的内容比完整工业项目投资简单，但比单纯固定资产项目投资复杂。

（1）现金流入量的内容

①因使用新固定资产而增加的营业收入。

②处置旧固定资产的变现净收入。

③使用新固定资产的成本费用节约。

（2）现金流出量的内容

①新固定资产的购置成本。

②新固定资产需要增加的成本费用。

▶ 4.2.5 项目投资现金流量的计算

1）项目投资现金流量的构成

按照现金流量发生的时间，投资项目的现金流量可以分为初始阶段现金流量、营业阶段现金流量、终结阶段现金流量。因为这种分类方法方便现金流量的计算，因此，一般在进行投资项目决策分析时，对现金流量的计算分析，往往是以该种划分为基础进行的。

（1）初始阶段现金流量

初始阶段现金流量一般包括以下6个方面：

①投资前期费用，是指正式投资之前为项目投资准备工作而花费的各种费用，主要包括勘察设计费、技术资料费、土地购置费以及其他费用。投资前费用总额在综合考虑以上费用基础上，合理加以预测确定。

②设备购置费用，是指为购买项目投资所需各项设备而花费的费用。企业财务人员应根据所需设备的数量、规格、型号、性能、价格水平、运输费用等预测确定设备购置费用的多少。

③设备安装费用，是指为安装各种需安装设备所需的费用。这部分费用主要是根据需要安装设备的多少、安装的难度、安装的工程量、当地的建筑安装造价标准进行预测确定。

④营运资金的垫支。项目建成后，必须先垫支一定数量的营运资金，才能投入营运。这部分营运资金的垫支一般要到项目寿命终结时才能收回，所以这种投资应看成长期投资，而不属于短期投资。

⑤原有固定资产的变价收入扣除相关税费后的净收益。变价收入主要是指固定资产更新时变卖原有固定资产所得的现金收入。

⑥不可预见费，是指在投资项目正式建设之前不能完全估计到的、但又可能发生的一系列费用，如设备价格的上涨、自然灾害的出现，等等。这些因素也要合理预测确定，以便为现金流量的预测留有余地。

（2）营业阶段现金流量

营业现金流量一般以年为单位进行计算。在这里，现金流入一般是指营业现金收入，现金流出一般是指营业现金支出和税费的缴纳。若一个投资项目每年的销售收入等于营业现金收入，付现营业成本等于营业现金支出，则每年营业现金净流量（NCF）可按如下公式计算：

$$每年营业现金净流量（NCF）＝年营业收入-年付现营业成本-所得税$$
$$＝税后净利+年折旧费$$

（3）终结阶段现金流量

终结阶段现金流量主要包括：

①固定资产残值收入或变价收入（扣除所需上缴的税费之后的净收入）。

②原有垫支在各种流动资产上的资金的收回。

③停止使用的土地的变价收入等。

2）现金流量估算的一般原理

由于项目投资的投入、回收及利益的形成均以现金流量的形式表现，因此，在整个项目计算期的各个阶段上，都有可能发生现金流量。企业必须逐年估算每一时点上的现金流入量和现金流出量。下面以一个完整的项目为代表，估算现金流入量和现金流出量。

（1）项目现金流入量的估算

①营业收入是经营期最主要的现金流入量，应按项目在经营期内有关产品各年预计单价和预计销售量进行估算。

②补贴收入是与经营期收益相关的政府补贴，可根据按政策退还的增值税、按销量或工作量分期计算的定额补贴和财政补贴等予以计算。

③在终结点上一次回收的流动资金等于各年垫支的营运资金投资额的合计数。回收营运资金和固定资产余值统称为回收额，假定新建项目的回收额发生在终结点。

【例 4.1】A 企业某投资项目的营运资金投资为 2 500 万元，终结点固定资产变现收入为 1 000 万元。

解：终结点现金流量＝固定资产变现收入+收回的垫支营运资金
　　　　　　　　　　＝1 000+2 500＝3 500（万元）

（2）项目现金流出量的估算

①建设投资的估算

固定资产投资是所有类型的项目投资在建设期必然会发生的现金流出量，应按项目规模和投资计划所确定的各项建筑工程费用、设备购置费用、安装工程费用和其他费用来估算。

无形资产投资和其他资产投资，应根据需要逐项按有关资产的评估方法和计价标准进行估算。

在估算构成固定资产原值的资本化利息时，可根据长期借款本金、建设期年数和借款利息率按复利计算，且假定建设期资本化利息只计入固定资产的原值。

②营运资金投资的估算

在项目投资决策中，营运资金是指在运营期内长期占用并周转使用的资金。

a. 某年营运资金投资额（垫支数）

　　=本年营运资金需用数-截至上年的营运资金投资额

　　=本年营运资金需用数-上年营运资金需用数

b. 本年营运资金需用数

　　=该年流动资产需用数-该年流动负债需用数

上式中的流动资产需要考虑存货、货币资金、应收账款和预付账款等内容；流动负债需要考虑应付账款和预收账款等。

【例4.2】A企业某投资项目投产第一年预计流动资产需用额为3 500万元，流动负债可用额为1 500万元，假定该项投资发生在建设期末；投产第二年年预计流动资产需用额为4 000万元，流动负债可用额为2 000万元，假定该项投资发生在投产第一年末。

解：（1）投产第一年的营运资金需用数

　　　　=第一年流动资产需用数-第一年流动负债可用数

　　　　=3 500-1 500

　　　　=2 000（万元）

（2）第一年营运资金投资额

　　　　=第一年的营运资金需用数-截至上年的营运资金投资额

　　　　=2 000-0

　　　　=2 000（万元）

（3）投产第二年的营运资金需用数

　　　　=第二年流动资产需用数-第二年流动负债可用数

　　　　=4 000-2 000

　　　　=2 000（万元）

（4）第二年营运资金投资额

　　　　=第二年的营运资金需用数-截至上年的营运资金投资额

　　　　=2 000-2 000

　　　　=0（万元）

（5）终结点回收营运资金=营运资金投资合计=2 000+0=2 000（万元）

③付现成本估算

付现成本，是指在经营期内为满足正常生产经营而动用货币资金支付的成本费用。付现成本是所有类型的项目投资在经营期都要发生的主要现金流出量，它与融资方案无关。其估算公式如下：

某年付现成本

=该年外购原材料、燃料和动力费+该年工资及福利费+该年修理费+该年其他费用

=该年不包括财务费用的总成本费用-该年折旧额-该年无形资产和开办费的摊销额

式中，其他费用是指从制造费用、管理费用和销售费用中扣除了折旧费、摊销费、材料费、修理费、工资及福利费以后的剩余部分。

【例4.3】A企业某投资项目投产后，第1—5年每年可预计外购原材料、燃料和动力费为50万元，工资及福利费30万元，其他费用为10万元，每年折旧费为20万元，无形资产摊销为5万元；第6—10年每年不包括财务费用的总成本费用150万元，每年折旧费为20万元，无形资产摊销费为0万元。

投产后第1-5年付现成本=该年外购原材料燃料和动力费+该年工资及福利费+该年修理费+该年其他费用

=50+30+10=90（万元）

投产后第6-10年付现成本=150-20-0=130（万元）

【例4.4】A公司准备购入一条设备以扩大生产能力，现有甲、乙两个方案可供选择。甲方案需投资15 000元，一年后建成投产。使用寿命为6年，采用直线法计提折旧，6年后设备无残值。6年中每年的销售收入为6 000元，每年的付现成本为2 500元。乙方案需投资18 000元，一年后建成投产时需另外增加营运资金3 000元，该方案的使用寿命也是6年，采用直线法计提折旧，6年后有残值3 000元。6年中每年销售收入为8 500元，付现成本第一年为3 000元，以后每年将增加修理费300元。假设所得税税率为25%，试计算两方案的现金流量。

首先，计算两方案每年的折旧额：

甲方案每年的折旧额=15 000/6 =2 500（元）

乙方案每年的折旧额=（18 000-3 000）/6 =2 500（元）

先计算两个方案的营业现金流量（详见表4.1），再结合初始现金流量和终结现金流量编制两方案的全部现金流量（详见表4.2）。

表4.1 两个方案的营业现金流量表　　　　单位：元

	第2年	第3年	第4年	第5年	第6年	第7年
甲方案：						
销售收入（1）	6 000	6 000	6 000	6 000	6 000	6 000
付现成本（2）	2 500	2 500	2 500	2 500	2 500	2 500
折旧（3）	2 500	2 500	2 500	2 500	2 500	2 500
税前利润（4）=（1）-（2）-（3）	1 000	1 000	1 000	1 000	1 000	1 000
所得税（5）=（4）×25%	250	250	250	250	250	250

续表

	第2年	第3年	第4年	第5年	第6年	第7年
税后利润＝（4）-（5）	750	750	750	750	750	750
营业现金流量（7）＝（3）+（6）	3 250	3 250	3 250	3 250	3 250	3 250
乙方案：						
销售收入（1）	8 500	8 500	8 500	8 500	8 500	8 500
付现成本（2）	3 000	3 300	3 600	3 900	4 200	4 500
折旧（3）	2 500	2 500	2 500	2 500	2 500	2 500
税前利润（4）＝（1）-（2）-（3）	3 000	2 700	2 400	2 100	1 800	1 500
所得税（5）＝（4）×25%	750	675	600	525	450	375
税后利润＝（4）-（5）	2 250	2 025	1 800	1 575	1 350	1 125
营业现金流量（7）＝（3）+（6）	4 750	4 525	4 300	4 075	3 850	3 625

表4.2 两个方案的现金流量表 单位：元

	CF_0	CF_1	CF_2	CF_3	CF_4	CF_5	CF_6	CF_7
甲方案：								
固定资产投资	-15 000							
营业现金流量			3 250	3 250	3 250	3 250	3 250	3 250
甲方案现金流量合计	-15 000		3 250	3 250	3 250	3 250	3 250	3 250
乙方案：								
固定资产投资	-18 000							
流动资产投资		-3 000						
营业现金流量			4 750	4 525	4 300	4 075	3 850	3 625
固定资产残值								3 000
营运资金回收								3 000
乙方案现金流量合计	-18 000	-3 000	4 750	4 525	4 300	4 075	3 850	9 625

3）估算现金流量的困难

在项目投资的分析过程中，最重要同时也是最难的一个环节就是估算项目的现金流量。

首先，现金流量受到企业内外部众多因素的影响，并且这些因素处在不断变化之中。企业的现金流量是企业整体生产运营的综合反映，也就是说能够影响到生产经营的因素都会对现金流量产生影响。外部因素包括政治因素、经济因素、社会因素和技术因素等。内部因素包括企业的经营管理、生产流程再造、成本控制、营销策划等。只要上述因素中的一项或几项发生变化，就可能对现金流量产生重大影响。因此，估算现金流量要综合考虑众多因素的影响，这不是一件易事。

其次，现金流量的估算以对多种变量的估计为基础，例如，售价、销售量、成本费用额、资本成本等。对于这些变量的估计也受到很多因素的影响，并且需要大量的主观判断，要对这些指标在较长时间内进行尽可能准确可观的估算非常困难。

再次，估算现金流量需要公司内众多部门的参与，如销售部门、生产部门、计划部门、会计部门等。这些部门中有些是估算现金流量的直接责任部门，有些为估算现金流量提供相关资料。这些部门在参与的过程中，也要进行一定的主观判断和估计，他们是否采用一致的前提条件和假设，会对现金流量的估算产生影响。因此，有效地协调各部门的工作也是一件重要而不简单的工作。

上述内容只是导致现金流量难以估算的一部分原因，还有很多其他原因导致估算现金流量存在困难，有些是可以预料到的，有些是意料不到的。因此，在实际工作中，估算现金流量是项目投资中最耗时耗力的一个环节。

4）估算现金流量应注意的几个问题

在确定投资方案相关的现金流量时，应遵循的最基本原则是：只有增量现金流量才是与项目相关的现金流量。所谓增量现金流量，是指接受或拒绝某个投资方案后，企业总现金流量因此而发生的变动。只有那些由于采纳某个项目引起的现金支出增加额，才是项目的现金流出；只有那些由于采纳某个项目引起的现金流入增加额，才是项目的现金流入。

为了正确计算投资方案的增量现金流量，需要正确判断哪些支出会引起企业总现金流量的变动，哪些支出不会引起企业总现金流量的变动。在进行这种判断时，需要注意以下5个问题：

（1）区分相关成本和非相关成本

相关成本是指与特定决策相关的、在分析评价时必须加以考虑的成本。例如，差额成本、未来成本、重置成本、机会成本等都属于相关成本。与此相反、与特定决策无关的，在分析评价时不必加以考虑的成本是非相关成本。例如，沉没成本、账面成本等往往是非相关成本。

例如，新世纪能源总公司在2012年曾经新建一个新能源项目，并请一家会计公司做过可行性分析，支付咨询费8 500万元。后来由于本公司有了更好的投资机会，该项目被搁置下来，该笔咨询费作为费用已经入账了。2015年旧事重提，在进行投资分析时，不管本公司是否采纳新建这个新能源项目的方案，它都无法收回，与公司未来的总现金流量无关。

如果将非相关成本纳入投资方案的总成本，则一个有利的方案可能因此变得不利，一个较好的方案可能变成较差的方案，从而造成决策错误。

（2）不要忽视机会成本

在投资方案的选择中，如果选择了一个投资方案，则必须放弃投资于其他项目的机会。其他投资机会可能取得的收益是实行本方案的一种代价，被称为这项投资方案的机会成本。

例如，上述公司新建新能源项目的投资方案，需要使用公司拥有的一块土地。在进行投资分析时，因为公司不需动用资金去购置土地，可否不将此土地的成本考虑在其中呢？答案是否定的。因为若该公司不利用此土地进行新能源项目建设，则可将这块土地移作他用，并取得一定的收入。只是由于在这块土地上进行新能源项目才放弃了这笔收入，而这笔收入代表投资新能源项目使用土地的机会成本。假设这块土地出售可净得 8.5 亿元，它就是投资新能源项目的一项机会成本。值得注意的是，不管该公司当初是以 1 亿元还是 10 亿元购进这块土地，都应以现行市价作为这块土地的机会成本。

机会成本不是我们通常意义上的"成本"，它不是一种支出或费用，而是失去的收益。这种收益不是实际发生的，而是潜在的。机会成本总是针对具体方案的，离开被放弃的方案就无从计量确定。

机会成本在决策中的意义在于，它有利于全面考虑可采取的各种方案，以便为既定资源寻求最为有利的使用途径。

（3）要考虑投资方案对公司其他项目的影响

我们采纳一个新的项目后，该项目可能对公司的其他项目造成有利或不利的影响。

例如，若新能源项目的产品上市后，原有其他产品的销售量可能减少，而且整个公司的销售额可能不增加反而减少。因此，公司在进行投资分析时，不应该将新能源项目的销售收入作为增量收入来处理，而应扣除其他项目因此减少的销售收入。当然，也可能发生相反的情况，新产品上市后将促使其他产品销售增长。这要看新项目和原项目是竞争关系还是互补关系。

当然，诸如此类的交互影响，事实上很难准确计量。决策者在进行决策分析时仍要将其考虑在内。

（4）要考虑投资方案对净营运资金的影响

在一般情况下，当公司开办一项新业务并使销售额扩大后，对于存货和应收账款等经营性流动资产的需求也会增加，公司必须筹措新的资金以满足这种额外需求；另一方面，公司扩充的结果，应付账款与一些应付费用等经营性流动负债也会同时增加，从而降低公司流动资金的实际需要。

当投资方案的寿命周期快要结束时，公司将与项目有关的存货出售，应收账款变为现金，应付账款也随之偿付，净营运资金恢复到原有水平。通常在进行投资分析时，假定开始投资时筹措的净营运资金在项目结束时收回。

（5）现金流量的估算应由企业内不同部门的人员共同参与进行

由于项目投资涉及面广，影响深远，所以需要由企业内部的众多人员和部门参与估算投资现金流量。例如，一般由销售部门负责对产品售价和销量的预测，他们根据其所掌握的市场情况、经济形势、消费趋势、广告效果、产品价格弹性以及竞争对手的情况等资料进行预测和估算；项目工程师和技术及产品开发部门负责估计厂房建造、设备购置、产品研制等资本支出的预测；投资方案的运营成本多由采购部门、生产部门、劳资部门和会计部门负责估计。财务部门要为各部门的预测、估计建立共同的基本假设条件，如物价水平、折现率、可供资源的限制条件等。

5）所得税对现金流量的影响

在决策分析中，我们预测的是税后现金流量。因此，所得税支出是一种现金流出。此外，企业发生的费用支出，也会使所得税支出减少。因此，发生的费用支出会产生减少所得税税负的作用，即税收抵免效应。因此，当判断某项费用支出对企业现金流量的影响时，还应考虑其税收抵免作用。所得税的大小取决于利润大小和税率高低，而折旧是影响利润大小的重要因素。因此，讨论所得税的问题必然会涉及折旧问题。

（1）所得税对投资现金流量的影响

投资现金流量包括投资在固定资产和流动资产上的资金两部分。由于投资在流动资产的资金一般在项目结束时全部收回，不涉及企业的损益，因此不受所得税的影响。

如果企业以原有旧设备进行固定资产投资，在计算投资现金流量时，一般是以该设备的变现价值作为其现金流出量。此外，还必须注意企业由此而可能支付或减免的所得税。即：

投资现金流量=投资在流动资产上的资金+固定资产的变现价值-（固定资产的变现价值-固定资产的账面价值）×所得税率

【例 4.5】假设某企业要进行固定资产更新与否的决策，若更换旧设备，则可获得旧设备的出售收入 8 万元，若此时旧设备的账面净值为 6 万元，则企业出售旧设备的净所得为 2 万元，需为此支付的所得税为 0.5 万元（所得税税率为 25%）。因此，出售旧设备所产生的现金流入量是 8 万元-0.5 万元=7.5 万元。但是，若假设旧设备出售时的账面净值是 10 万元，则企业会产生亏损 2 万元。这 2 万元可以作为一项费用支出在税前利润中扣除，因此会产生税收抵免 0.5 万元。此时出售旧设备所产生的现金流入量是 8 万元+0.5 万元=8.5 万元。

（2）所得税对营业现金流量的影响

缴纳所得税是企业的一项现金流出。这就作为一项成本，在计算净利润时已作扣除，但是由于它不需要支付现金，因此可以将它当作现金流入。扣除了所得税影响以后的费用净额，称为税后成本。与税后成本相对应的概念是税后收入。企业实际得到的现金流入是税后收入。如果不计提折旧、支付各种费用，企业的所得税将会增加许多。

①税后成本=总成本×（1-所得税税率）

②税后收入=收入×（1-所得税税率）

③折旧的税负减少额=折旧额×所得税税率

因此，企业的营业现金流量可用公式表示如下：

④营业现金流量=净利润+折旧额

=税前利润×（1-所得税税率）+折旧额

=（收入-总成本）×（1-所得税税率）+折旧额

=（收入-付现成本-折旧额）×（1-所得税税率）+折旧额

=收入×（1-所得税税率）-付现成本×（1-所得税税率）-折旧额×（1-所得税税率）+折旧额

=收入×（1-所得税税率）-付现成本×（1-所得税税率）+折旧额×所得税税率

（3）所得税对项目终止阶段现金流量的影响

项目终止现金流量包括固定资产的残值收入和营运资金的收回。营运资金的收回由于不涉及利润的增减，因此也不受所得税的影响。固定资产的残值收入如果等于预定的固定资产残值，那么也不受所得税的影响。如果两者不等，它们之间的差额会引起企业的利润增加或减少，因此在计算现金流量时，就要考虑这部分的影响。

项目终止现金流量=固定资产残值收入+预计垫付的营运资金-（固定资产残值收入-预计残值）×所得税率

【例4.6】某企业拟投资甲项目，经过可行性分析，有关资料如下：

①该项目需固定资产投资100万元，其中第一年年初和第二年年初分别投资55万元和45万元，第一年末该项目部分竣工并投入生产，第二年年末该项目全部竣工交付使用。

②该项目投产时需垫付营运资金60万元，用于购买原材料、支付工资以及存货增加占用等。其中第一年年末垫支35万元，第二年年末又增加垫支25万元。

③该项目经营预计为6年，固定资产按直线法计提折旧。预计残余价值为10万元。

④根据有关部门的市场预测，该项目投产后第一年销售收入为70万元，以后5年每年销售收入均为95万元。第一年付现成本为35万元，以后5年每年的付现成本均为46万元。

⑤甲项目需征用土地10亩，支付土地10年使用费共计60万元，于项目建设第一年年初支付。

⑥该项目适用的所得税税率为25%。

要求：计算甲项目6年的预计现金流量。

解：

①计算甲项目的每年折旧额和摊销额：

固定资产年折旧额=（1 000 000-100 000）÷6=150 000（元）

每年土地使用费的摊销额=600 000÷10=60 000（元）

②计算营业现金流量，计算过程见表4.3。

③将该项目的投资现金流量和项目的终止现金流量也考虑进来，通过计算得到该项目的全部现金流量。计算过程见表4.4。

表4.3 营业现金流量计算表　　　　　单位：元

年 份		2	3	4	5	6	7
销售收入	①	700 000	950 000	950 000	950 000	950 000	950 000
付现成本	②	350 000	460 000	460 000	460 000	460 000	460 000
折旧	③	150 000	150 000	150 000	150 000	150 000	150 000
摊销土地使用费	④	60 000	60 000	60 000	60 000	60 000	60 000
税前利润 ⑤=①-②-③-④		140 000	280 000	280 000	280 000	280 000	280 000
所得税 ⑥=⑤×25%		35 000	70 000	70 000	70 000	70 000	70 000
税后利润 ⑦=⑤-⑥		105 000	210 000	210 000	210 000	210 000	210 000
折旧	⑧	150 000	150 000	150 000	150 000	150 000	150 000
摊销土地使用费	⑨	60 000	60 000	60 000	60 000	60 000	60 000
营业现金流量 ⑩=⑦+⑧+⑨		315 000	420 000	420 000	420 000	420 000	420 000

表4.4 现金流量计算表

单位：元

年份 \ 项目	第1年初	第1年末	第2年末	第3—6年末（每年）	第7年末
固定资产投入	-550 000	-450 000			
土地使用权投入	-600 000				
营运资金投入		-350 000	-250 000		
营业现金流量			315 000	420 000	420 000
固定资产净残值					100 000
营运资金回收					600 000
现金流量合计	-1 150 000	-800 000	65 000	420 000	1 120 000

6）通货膨胀对现金流量的影响

通货膨胀是指在一定时期内物价水平持续、普遍上涨的经济现象。通货膨胀会导致货币购买力下降，从而影响项目投资价值。通货膨胀对资本预算的影响表现在两个方面：影响折现率的计算和影响现金流量的估计。

（1）对折现率的影响

通常，我们用利率作为折现率，利率一般是以名义利率而不是有效利率来表述的。假设某人年初投资1 000元钱购买利率为6%的1年期国库券，政府向他承诺到年末将收到1 060元，但政府不保证1 060元实际能买到多少商品。如果这一年的预期通货膨胀率为5%，那么本息和1 060元的实际价值却只有1 060/1.05＝1 009.52。因此，我们可以说该债券的"名义利率为6%"，或者说"有效利率为0.95%"。名义利率与有效利率之间的关系是：

$$1 + r_{名义} = 1 + r_{有效}(1 + 通货膨胀率)$$

（2）对现金流量的影响

如果企业对未来的现金流量的预测是基于预测年度的价格水平，并除去了通货膨胀的影响，那么这种现金流量称为实际现金流量。包含了通货膨胀影响的现金流量就是名义现金流量。两者的关系为：

$$名义现金流量 = 实际现金流量 \times (1 + 通货膨胀率)^n$$

式中　n——相对于基期的期数。

在资本预算的编制过程中，应遵循一致性原则。名义现金流量用名义折现率进行折现，实际现金流量用实际折现率进行折现。这是评价指标计算的基本原则。

【例4.7】假设某方案的实际现金流量如表4.5所示，名义折现率为12%，预计一年内的通货膨胀率为8%，求该方案的净现值。

表4.5　实际现金流量　　　　　　　　　　单位：万元

时　间	第0年	第1年	第2年	第3年
实际现金流量	−100	45	60	40

解法一：将名义现金流量用名义折现率折现。此时需要将实际现金流量调整为名义现金流量，然后用12%的折现率进行折现。具体计算过程如表4.6所示。

表4.6　净现值的计算　　　　　　　　　　单位：万元

时　间	第0年	第1年	第2年	第3年
实际现金流量	−100	45	60	40
名义现金流量	−100	$45×1.08=48.6$	$60×1.08^2=69.98$	$40×1.08^3=50.39$
现值（按12%折现）	−100	$48.6×0.8929$ $=43.39$	$69.98×0.7972$ $=55.79$	$50.39×0.7118$ $=35.87$
净现值	$NPV=-100+43.39+55.79+35.87=35.05$			

解法二：将实际现金流量用实际折现率进行折现。此时需要将名义折现率换成实际折现率，然后再计算净现值。具体计算过程如表4.7所示。

$$实际折现率=\frac{1+名义折现率}{1+通货膨胀率}-1=\frac{1+12\%}{1+8\%}-1=3.7\%$$

表4.7　净现值的计算　　　　　　　　　　单位：万元

时　间	第0年	第1年	第2年	第3年
实际现金流量	−100	45	60	40
现值（按3.7%折现）	−100	$45÷1.037=43.39$	$60÷1.037^2=55.79$	$40÷1.037^3=35.87$
净现值	$NPV=-100+43.39+55.79+35.87=35.05$			

可以看出，两种计算方法所得到的结果是一样的。注意实际折现率近似等于12%的名义利率与8%的通货膨胀率的差额。用4%来折现就得到$NPV=34.3$万元，这个数字虽不完全正确，但比较接近上面的计算结果。

7）初始现金流量的预测

预测初始现金流量的关键在于正确预测投资额。预测投资额的方法有很多，常见的预测方法如下：

（1）逐项测算法

逐项测算法就是对构成项目投资额基本内容的各个项目先逐项测算其数额，然后进行汇总来预测项目投资额的一种方法。

【例4.8】某建筑企业准备引进一钢结构件生产线。经过认真调查研究和分析，预计各项支出如下：投资前期费用100万元，设备购置费用3 000万元，设备安装费用100万元，建筑工程费用900万元，投产时需垫支流动资金400万元，不可预见费用按上述各项支出总额的 5%计算。则该生产线的投资总额预算为：

（100+3 000+100+900+400）×（1+5%）= 4 725（万元）

（2）单位生产能力估算法

单位生产能力估算法是根据同类项目的单位生产能力投资额和拟建项目的生产能力来估算投资额的一种方法。生产能力是投资项目建成投产后每年可达到的产量或完成的作业量。一般来说，生产能力越大，所需投资额越多，两者之间存在一定的数量关系。其计算原理如下：

拟建项目投资总额＝同类项目单位生产能力投资额×拟建项目生产能力

利用以上公式进行测算时，需要注意以下 4 个问题：

①同类企业单位生产能力投资额可以从有关统计资料中获得，如果国内没有可供参考的有关资料，可以国外投资的有关资料为参考标准，但要进行适当调整。

②如果通货膨胀比较明显，要合理考虑物价变动的影响。

③作为对比的同类工程项目的生产能力与拟建投资项目的生产能力应比较接近，否则会有较大误差。

④要考虑投资项目在地理环境、交通条件等方面的差别，并相应调整预测得出的投资额。

（3）装置能力指数法

装置能力指数法是根据有关项目的装置能力和装置能力指数来预测项目投资额的一种方法。装置能力是指以封闭型的生产设备为主体所构成的投资项目的生产能力，如制氧生产装置、化肥生产装置等。装置能力越大，所需投资额越多。装置能力和投资额之间的关系可用如下公式表述：

$$C_2 = C_1 \times \left(\frac{Q_2}{Q_1}\right)^n \times f$$

式中　C_2——拟建项目投资额；

　　　C_1——类似项目投资额；

　　　Q_2——拟建项目装置能力；

　　　Q_1——类似项目装置能力；

　　　n ——装置能力指数；

　　　f ——新旧项目之间的调整系数。

8）全部现金流量的计算

现通过案例解析来说明项目投资全部现金流量的计算。以下案例均假定项目初始投资额为已知。

【例 4.9】某建筑施工企业拟购入某设备以扩充生产能力。现有甲、乙两个方案可供选择。甲方案需投资 200 万元，使用寿命 5 年，直线法折旧，期满无残值，每年销售收入 120 万元，每年付现成本 40 万元；乙方案需投资 240 万元，使用寿命 5 年，直线法折旧，期满有残值 40 万元，每年销售收入 150 万元，付现成本第一年 40 万元，以后每年递增 6 万元，另需垫支营运资金 60 万元。若所得税率均为 25%，则各方案现金流量计算如表 4.8、表 4.9 所示。

第一步，计算各方案的年折旧额。

甲方案每年折旧额＝200÷5＝40（万元）

乙方案每年折旧额＝（240-40）÷5＝40（万元）

第二步，编制各方案营业现金流量计算表。

表4.8　各方案现金流量计算表　　　　　　　　单位：万元

年　　份	1	2	3	4	5
甲方案：					
①销售收入	120	120	120	120	120
②付现成本	40	40	40	40	40
③折旧	40	40	40	40	40
④税前利润＝①-②-③	40	40	40	40	40
⑤所得税＝④×25%	10	10	10	10	10
⑥税后净利＝④-⑤	30	30	30	30	30
⑦营业现金流量＝①-②-⑤或＝⑥+③	70	70	70	70	70
乙方案					
①销售收入	150	150	150	150	150
②付现成本	40	46	52	58	64
③折旧	40	40	40	40	40
④税前利润＝①-②-③	70	64	58	52	46
⑤所得税＝④×25%	17.5	16	14.5	13	11.5
⑥税后净利＝④-⑤	52.5	48	43.5	39	34.5
⑦营业现金净流量＝①-②-⑤或＝⑥+③	92.5	88	83.5	79	74.5

第三步，编制项目全部现金流量表。

表4.9　各方案现金流量表　　　　　　　　　单位：万元

年份 t	0	1	2	3	4	5
甲方案：						
固定资产投资	−200					
营业现金流量		70	70	70	70	70
净现金流量（NCF）	−200	70	70	70	70	70
乙方案：						
固定资产投资	−240					
垫支营运资金	−60					
营业现金流量		92.5	88	83.5	79	74.5
固定资产残值						40
营运资金回收						60
净现金流量（NCF）	−300	92.5	88	83.5	79	174.5

注：①在上表中，$t=0$ 表示第1年初，$t=1$、2、3、4、5表示第1、2、3、4、5年末；
　　②为了简化计算，一般都假定各年投资都在年初一次性支出，各年营业现金流量都在各年末发生；
　　③终结现金流量是在最后一年末发生。

4.3　项目投资决策评价指标和评价方法

▶ 4.3.1　投资决策评价指标及分类

项目投资决策就是对各个方案进行可行性评价以及对各个可行方案进行分析和评价，并从中选择最优方案。在分析与评价时需要运用一些专门评价指标和评价方法，这就是项目投资决策评价指标和评价方法。项目投资决策评价方法比较多，一般而言，按是否考虑资金时间价值可以分为两大类：非贴现现金流量法和贴现现金流量法。

1）投资决策评价指标

投资决策评价指标是指用于衡量和比较投资项目可行性，据以进行方案决策的定量化标准和尺度。主要包括静态投资回收期、动态投资回收期、投资收益率、净现值、净现值率、获利指数、内含报酬率等。

2）投资决策评价指标的分类

按照是否考虑资金的时间价值，投资决策的评价指标可分为两类。一类是折现指标，即考虑了时间价值的指标，主要包括净现值、净现值率、获利指数、内含报酬率和动态投资回收期等；另一类是非折现指标，即没有考虑时间价值的指标，主要包括静态投资回收期、投资收益率等。

按数量特征分类，投资决策的评价指标可分为正指标和负指标。正指标意味着指标值的大小与投资项目的好坏成正相关关系，即指标值越大，该项目越好，越值得投资。如投资收益率、净现值、获利指数、内含报酬率。负指标意味着指标值的大小与投资项目的好坏成负相关关系，即指标值越小，该项目越好，越值得投资。如静态投资回收期和动态投资回收期。

▶ 4.3.2 非贴现现金流量法

非贴现现金流量法又称非折现现金流量法、静态评价法，是指在对固定资产项目投资决策评价时，不考虑资金时间价值，对项目现金流量不折现，从而对固定资产投资项目经济效益做出评价。这类指标主要包括静态投资回收期、平均投资报酬率等。

1) 静态投资回收期

（1）静态投资回收期的计算

静态投资回收期（payback period，PP），就是不考虑资金时间价值收回全部投资所需时间。它是反映项目在财务上投资回收能力的指标，代表回收全部投资所需时间。

静态投资回收期越短，资金回笼越快，项目受未来不确定性因素的影响就越小，对项目投资方案越有利。

在项目投资评价过程中，当项目静态投资回收期短于基准回收期时，该项目在财务上才是可行的；若是对多个可行方案择优，则静态投资回收期越短的方案越优。

其基本计算原理如下：当累计净现金流量=0，即累计现金净流入-累计原始投资=0所需时间就是投资回收期。

其具体计算原理包括以下两种情况：

①第一种情况，初始投资成本在项目启动时一次投出，且各期营业净现金流量（NCF）相等。其静态投资回收期的计算公式如下：

静态投资回收期=原始投资额/每年净现金流量

【例4.10】某公司某投资项目初始投资1 000万元，各年净现金流量为250万元，则其静态投资回收期计算如下：

$$PP = 1\ 000 \div 250 = 4\ （年）$$

②第二种情况，各年的净现金流量（NCF）不相等，其静态投资回收期则要根据每年末尚未收回的投资额来确定。设静态投资回收期$PP = n$，则有：

$$\sum_{t=0}^{n} I_t = \sum_{t=0}^{n} O_t$$

式中　n——投资涉及的年限；

　　　I_t——第t年的现金流入量；

　　　O_t——第t年的现金流出量。

【例4.11】某公司某项目投资，原始投资额为3 000万元，投资寿命期8年，各年净现金流量分别为300万元、400万元、500万元、600万元、700万元、600万元、500万元、400万元，其静态投资回收期计算如下：

投资项目净现金流量计算如表4.10所示。

表4.10 投资项目现金流量计算　　　　　　　　　　　　　单位：万元

年　份	年净现金流量	累计净现金流量
第0年	-3 000	-3 000
第1年	400	-2 600
第2年	400	-2 200
第3年	500	-1 700
第4年	700	-1 000
第5年	700	-300
第6年	600	+300
第7年	500	+800
第8年	400	+1 200

由表4.10可知，该项目投资回收期在第5年和第6年之间，采用插补法（内插法）原理计算如下：

$$
\begin{array}{ll}
5 & -300 \\
PP & 0 \\
6 & +300
\end{array}
$$

则有：

$(5-6) \div (5-PP) = (-300-300) \div (-300-0)$

$PP = 5.5$ 年，即该项目静态投资回收期为5.5年。

（2）静态投资回收期法的优缺点

其优点在于，静态投资回收期的概念容易理解，计算也比较简单。但其缺陷也是显而易见的：a. 它忽视了资金时间价值；b. 没有考虑回收期以后的现金流量状况。在企业项目投资实务中，往往一些战略性项目投资前期收益较低、而后期收益较高。采用静态投资回收期指标评价项目投资会鼓励决策者优先考虑急功近利的项目投资。

因此，静态投资回收期仅仅作为辅助方法使用，主要用于评价项目投资的流动性而非盈利性。

以下案例可以印证静态投资回收期作为项目投资评价指标的缺陷。

【例4.12】某企业项目投资有甲、乙两个方案，其预计现金流量如表4.11所示。

表 4.11　甲、乙方案预计现金流量表　　　　　　　　单位：万元

项　目	第 0 年	第 1 年	第 2 年	第 3 年	第 4 年	第 5 年	第 6 年
甲方案	-2 000	800	1 200	1 200	1 200	1 200	1 200
乙方案	-2 000	800	1 100	1 800	1 800	1 800	1 800

由表 4.11 可知，甲方案的静态投资回收期为两年，乙方案的静态投资回收期稍长于两年，若根据静态投资回收期指标来评价，则甲方案更优，而事实上，从投资回收期后的现金流量来看，乙方案明显优于甲方案。而且，虽然甲方案的静态投资回收期为两年，但众所周知，若考虑资金时间价值，在两年内，甲方案是不可能收回全部投资的。

2）平均投资报酬率

平均投资报酬率（Average Rate of Return，ARR），是指项目投资寿命期内平均的年投资报酬率，是年均投资回报与原始投资额的比值。根据对年均投资报酬和原始投资额的定义不同，该指标有多种计算方法。其中，最常用的计算公式为：

$$年均投资报酬率(ARR) = \frac{年平均现金流量}{原始投资额} \times 100\%$$

年均投资报酬率指标可以揭示一个项目投资的盈利性。在进行项目投资决策时，一般会根据企业的基本情况确定一个要求达到的必要报酬率，在利用年均投资报酬率进行项目投资决策时，只要年均投资报酬率高于必要报酬率，该项目就可以接受；若是多个可行方案比较时，年均投资报酬率越高的方案越优。

【例 4.13】金阳股份公司拟进行某项目投资，现有甲、乙、丙三个方案可供选择。公司要求必要报酬率为 10%。有关数据如表 4.12 所示。

表 4.12　某项目投资相关数据　　　　　　　　单位：元

年　份	方案甲	方案乙	方案丙
0	-35 000	-30 000	-40 000
1	10 000	13 000	16 000
2	15 000	15 000	19 000
3	20 000	16 000	20 000
4	20 000	15 000	19 000
5	15 000	14 000	13 000
合　计	45 000	43 000	47 000

各方案年均投资报酬率计算如下：

$$ARR(甲) = \frac{\dfrac{(10\,000 + 15\,000 + 20\,000 + 20\,000 + 15\,000) - 35\,000}{5}}{35\,000} \times 100\% = 25.71\%$$

$$ARR(乙) = \cfrac{\cfrac{(13\,000 + 15\,000 + 16\,000 + 15\,000 + 14\,000) - 30\,000}{5}}{30\,000} \times 100\% = 28.67\%$$

$$ARR(丙) = \cfrac{\cfrac{(16\,000 + 19\,000 + 20\,000 + 19\,000 + 13\,000) - 40\,000}{5}}{40\,000} \times 100\% = 23.50\%$$

根据计算结果，乙方案年均投资报酬率 28.67% 为最高，因此应选择乙方案。

▶ 4.3.3 贴现现金流量法

贴现现金流量法，又称折现现金流量法、动态法，是指在对项目投资决策评价时，要考虑资金时间价值，对项目现金流量要按照一定的折现率（贴现率）折现，从而对投资项目经济效益做出评价。这类指标主要包括动态投资回收期、净现值、净现值指数及内部收益率等。

1）净现值指标

净现值指标分为净现值（绝对数指标）和净现值率（相对数指标）两种指标。

（1）净现值（绝对数指标）

所谓净现值（NPV），是指投资项目的未来现金流入量的现值与所需投资额的现值之间的差额。所有未来现金流入量和现金流出量都需要按照一定的折现率折算为现值，然后再计算他们的差额。若净现值大于 0，说明该项目投资的报酬率大于投资者期望的投资报酬率，该项目投资能够为企业带来财富的增加，可行；若净现值为 0，说明该项目投资的报酬率等于投资者期望的投资报酬率；若净现值小于 0，说明该项目投资的报酬率小于投资者期望的投资报酬率，该项目投资会折损企业的财富，不可行。

净现值的计算公式为：

净现值＝未来现金流入量的现值−所需投资额的现值

$$NPV = \sum_{t=0}^{n} \frac{CI_t}{(1+i)^t} - \sum_{t=0}^{n} \frac{CO_t}{(1+i)^t}$$

$$= \sum_{t=0}^{n} (CI - CO)_t \times (1+i)^{-t}$$

式中　CI——现金流入；

　　　CO——现金流出。

净现值指标的基本原理在于，任何企业进行项目投资，总是希望投资项目未来的现金流入量能够超过其现金流出量，从而获得投资报酬。但是，作为项目投资，其特点在于投资寿命期长，现金流入量和现金流出量在时间上和数量上是不相同的。因此，不能将其现金流入量和现金流出量进行简单的比较，而是需要将其现金流入量和现金流出量均按一定的折算系数（折现率、贴现率）折算成现值，然后再进行比较，其差额即为净现值。由于净现值指标是将不同时间的现金流入量和现金流出量先折现然后再进行比较，考虑了资金的时间价值，使发生在不同时间的现金流量具有了可比性。

从净现值的计算结果来看，不外乎 3 种情况：净现值大于零、净现值等于零和净现值小于零。若净现值大于零或等于零，说明该方案（项目）的实际投资报酬率大于或等于投资者的预期投资报酬率（或资金成本），方案（项目）可行；反之，若净现值小于零，说明该方案（项目）的实际投资报酬率低于投资者的预期投资报酬率（或资金成本），方案（项目）不可行。在其他条件相同的情况下，净现值越大的方案（项目）越好。

采用净现值指标进行固定资产投资项目评价，其步骤一般如下：

①测定各个投资项目（方案）各年的现金流入量和现金流出量。

②确定各个投资项目（方案）的折算系数（贴现率）。贴现率的确定方法如下：

a. 以实际发生的资金成本作为贴现率；

b. 以投资者的预期投资报酬率作为贴现率；

c. 以行业同类项目（方案）的平均投资报酬率或先进投资报酬率作为贴现率。

③按上述方法确定的贴现率，分别将每年的现金流入量和现金流出量按复利方法折算为现值。

④将现金流入量的现值与现金流出量的现值进行比较，确定出净现值，若净现值大于或等于零，项目（方案）可行；若净现值小于零，则项目（方案）不可行。

【例4.14】某项目投资初始投资1 000万元，项目寿命期5年，贴现率5%，计算该项目投资的净现值并判断是否可行。各年现金净流量见表4.13。

表4.13　某项目投资各年现金流量　　　　　　　单位：万元

项　　目	各年现金流量	累计现金流量
第0年	-1 000	-1 000
第1年	200	-800
第2年	300	-500
第3年	500	0
第4年	400	400
第5年	200	600

则该项目投资的净现值计算如下：

$NPV = -1\,000 + 200 \times (1+10\%)^{-1} + 300 \times (1+10\%)^{-2} + 500 \times (1+10\%)^{-3} +$

$\quad 400 \times (1+10\%)^{-4} + 200 \times (1+10\%)^{-5}$

$\quad = -1\,000 + 181.18 + 247.93 + 375.66 + 273.21 + 124.18$

$\quad = 202.16\,（万元）$

由上述计算结果表明，该项目投资净现值为202.16万元>0，因此，该项目投资可行。

（2）净现值率（相对数指标）

净现值率是项目净现值与全部投资净现值之比。用公式表示为：

$$净现值率 = \frac{项目净现值}{总投资的现值} \times 100\%$$

利用净现值率进行决策时，只要项目的净现值率为正，就意味着其能为公司带来财富，该项目在财务上就是可行的。如果存在多个互斥项目，应选择净现值率为正且最大的项目。

【例4.15】根据例4.14的资料，该项目投资的净现值率是：

$$净现值率\ NPVR = \frac{202.16}{1\,000} \times 100\% = 20.216\%$$

可见，该项目投资净现值率为20.216%>0，表明该项目可行。

2）**获利指数法**

所谓获利指数，指未来现金流入现值与现金流出现值的比率，亦称现值比率、现值指数、折现后收益—成本比率等。

计算获利指数的公式：

$$获利指数 = \sum_{k=0}^{n} \frac{I_k}{(1+i)^k} \div \sum_{k=0}^{n} \frac{O_k}{(1+i)^k}$$

利用获利指数进行决策时，只要项目的获利指数大于1，就意味着其能为公司带来财富，该项目在财务上就是可行的。项目的获利指数小于1，则拒绝该项目。如果存在多个互斥项目，应选择获利指数超过1最多的项目。

【例4.16】根据例4.14的资料，该项目投资的获利指数如下：

获利指数 =（202.16+1 000）÷1 000 = 1.202 16

该项目投资的获利指数大于1，说明其收益超过成本，即投资报酬率超过投资者期望的报酬率，该项目投资可行。若项目投资机会的获利指数小于1，说明其报酬率没有达到投资者期望的报酬率。

3）**内含报酬率**

内含报酬率（IRR），又称内部报酬率、内部收益率，是指能够使未来现金流入量现值等于未来现金流出量现值的折现率，或者说是使投资方案净现值为零时的折现率，其表达式为：

$$\sum_{t=1}^{n} (CI - CO)_t \times (1 + IRR)^{-t} = 0$$

式中　IRR——内部收益率。其他符号的含义同前。

内部收益率是反映项目实际收益率的一个动态指标，该指标越大越好。一般情况下，内部收益率不小于项目基准收益率时，项目可行。

净现值法和获利系数法虽然考虑了时间价值，可以说明投资方案高于或低于某一特定的投资报酬率，但没有揭示方案本身可以达到的具体的报酬率是多少。内含报酬率是根据方案的现金流量计算的，是方案本身的投资报酬率。

内含报酬率的计算有如下两种情况：

（1）每年的净现金流量相等时的计算步骤

第一步：计算年金现值系数。

$$年金现值系数 = \frac{初始投资额}{每年净现金流量}$$

第二步：查年金现值系数表，在相同的期数内，找出与上述年金现值系数相邻近的两个折现率（A%和B%）。

第三步：根据上述两个临近的折现率和已求得的年金现值系数，采用内插法计算该投资方案的内含报酬率。

【例4.17】某建筑施工企业拟进行以项目投资。该项目总投资为2 000万元，均为开始时一次投入，投资寿命期5年，期满无残值。预计该项目投资各年净现金流量为700万元。计算其内部收益率。

第一步，年金现值系数=700/2 000=3.500

第二步，查表可知，当贴现率$i=13\%$时，年金现值系数=3.517；$i=14\%$时，年金现值系数=3.433

第三步，根据插值法的原理可得：

$$i=13\% \qquad\qquad 3.517$$
$$IRR \qquad\qquad 3.500$$
$$I=14\% \qquad\qquad 3.433$$

计算可得：

$$IRR = 13\% + \frac{3.500-3.517}{3.433-3.517}$$
$$IRR = 13.20\%$$

即该项目投资的内部收益率为13.20%。

（2）各年的现金净流量不等时的计算步骤

首先，按估计的贴现率计算项目投资的净现值。

然后，估计内部收益率的可能区间。由于内部收益率是净现值等于零时的贴现率。因此，若第一步估计的贴现率计算的净现值大于零，则应提高贴现率，再计算净现值；反之，若第一步估计的贴现率计算的净现值小于零，则应降低贴现率，再计算其净现值。经过如此反复测算，务必使得再次测算的净现值与第一步测算的净现值相反，即找出使得净现值为一正一负的两个贴现率。

最后，采用插值法的原理计算内部收益率。

【例4.18】根据例4.14的资料，已知该项目投资的净现值为正数，说明它的内含报酬率大于10%，因此，应提高折现率进一步测试。假设以18%为折现率进行测试，其净现值为-982元。净现值出现负数，说明折现率已经高于内含报酬率，下一步降低到16%重新测试，结果净现值为23.78元，已接近于零。再升高到17%进行测试，净现值为-485元。这就说明内含报酬率在16%~17%。之后用内插法进行估算，设内含报酬率为x，则：

$$\frac{x-16\%}{17\%-x} = \frac{0-23.78}{-485-0}$$

计算可得：$x=16.05\%$，即内含报酬率=16.05%。

若有多个方案，则应计算出各方案的内含报酬率，再根据企业的资本成本或要求的最低投资报酬率对方案进行取舍。如果本例中的资本成本为10%，那么，本方案是可以接受的。

4）动态投资回收期

动态回收投资期，是在考虑资金时间价值的情况下，以项目的净收益抵偿全部投资所需要的时间，它是反映项目在财务上投资回收能力的指标。可使下式成立的n为动态投资回收期：

$$\sum_{t=0}^{n} \frac{(I_k - O_k)}{(1+i)^t} = 0$$

【例4.19】某项目投资现金流量及动态投资回收期的计算如表4.14所示。

表4.14 某项目投资现金流量及动态投资回收期的计算   单位：元

A 方案	现金净流量	回收额	累计回收额
第0年	−40 000		
第1年			
第2年	23 600	21 454	18 546
第3年	26 480	21 884	0
回收期＝1+（18 546÷21 884）＝1.84（年）			
B 方案	现金流量	回收额	未回收额
原始投资	（18 000）		
现金流入			
第1年	2 400	2 181	15 819
第2年	12 000	9 917	5 902
第3年	12 000	9 015	0
回收期＝2+（5 902÷9 015）＝2.65（年）			
C 方案	现金流量	回收额	未回收额
原始投资	（18 000）		
现金流入			
第1年	6 900	6 272	11 728
第2年	6 900	5 702	6 026
第3年	6 900	5 184	542
回收期>3 年			

▶ 4.3.4 项目投资决策各种评价方法的比较

静态投资回收期法比较容易理解，计算简便，可以表达项目风险的大小。但是它没有考虑投资回收期以后的收益，有可能把后期效益好、整体项目效益也不错的项目舍弃，进而导致错误的决策。事实上，有战略意义的长期投资往往早期收益较低，而后期收益较高。静态投资回收期法优先考虑急功近利的项目，可能导致放弃长期成功的方案。投资收益率法（平均投资报酬率）易懂易算，能够反映项目的盈利水平，与静态投资回收期相比，它能够全面考察项目整个寿命期内的现金流量。但是，非折现评价方法都存在一个致命的缺陷，就是未能考虑资金的时间价值。因此，一般在决策过程中，只将其作为辅助评价方法。例如，静态投资回收期主要用于测定方案的流动性而非营利性。

净现值法具有广泛的适用性，在理论上也比其他方案更完善，是目前应用最多的一种投资决策评价方法。此法考虑了资金的时间价值，能够反映各种投资方案的净收益。净现值法应用的主要问题是如何确定折现率，一种办法是根据资本成本来确定，另一种办法是根据企业要求的最低资金利润率来确定。尽管净现值应用较多，但是它也存在着不能揭示各个投资方案本身可能达到的实际报酬率的缺陷。

净现值率法适用于投资额相等或相差不大的互斥方案之间的比较。它是相对指标，反映了单位投资现值所能实现的净现值的大小。对于独立方案，净现值率说明了项目运用资金的效率，便于同行业之间的比较。

获利指数法的主要优点是，可以进行独立投资机会获利能力的比较。如果方案之间是互斥的，当然选择净现值大的项目。如果项目是独立的，哪一个应优先予以考虑，可以根据获利指数来选择。获利指数可以看成是 1 元原始投资可望获得的现值净收益。它是一个相对指标，反映投资的效率；而净现值指标是绝对数指标，反映投资的效益。

内含报酬率考虑了资金的时间价值，反映了投资项目的真实报酬率，概念也易理解。但其计算过程比较复杂，特别是每年净现金流量投资不同的项目，一般要经过多次测算才能得出结果。内含报酬率存在"多值性"，而且不适用于互斥方案的分析评价，因为内含报酬率是相对量指标，只能说明项目报酬率的相对水平，反映不出项目未来全部报酬规模的大小。因此，内含报酬率大的项目不一定获得的总报酬就大，这时需要用净现值法进行决策。另外，净现值法随资本成本变动而变动，内含报酬率不考虑经济环境的变化。也就是说，企业的资本成本在内含报酬率上没有反映，这显然不符合要求。还值得注意的是，用净现值法和内含报酬率法对互斥项目进行决策可能产生冲突，此时应以净现值法为准。

动态投资回收期弥补了静态投资回收期没有考虑资金时间价值的缺陷，也是一种常用的方法。

总的来看，企业在进行投资决策时，以折现评价方法为主，非折现评价方法为辅。折现评价方法中，净现值法和内含报酬率法应用最广，但是两者会产生冲突。对互斥项目进行评价时，应以净现值法为主要方法。对独立项目进行评价时，应利用多种评价方法，考虑企业的实际情况，进行综合评定。

4.4　风险和不确定性条件下项目投资决策

由于项目投资方案涉及的时间比较长，在未来各个时期内往往存在很多不确定性因素，因而不同程度地存在着风险，需要通过一定的方法对可能包含的风险程度进行估量。考虑了影响投资项目的不确定性因素的投资决策称为不确定性投资决策，又称风险投资决策。不确定性投资决策方法主要包括期望值决策法、风险因素调整法、决策树分析法、敏感性分析、盈亏平衡分析法、场景概况分析以及蒙特卡罗模拟分析等方法。

▶ ### 4.4.1 期望值决策法

期望值决策法（又称概率决策法），是在不确定条件下进行投资决策的方法。它以用概率分析法确定的投资项目期望现金流量作为实际值的代表，计算投资项目决策指标的期望值的大小。

运用期望值决策法，首先要计算投资项目的期望现金流量，即现金流量的期望值。计算公式如下：

$$E(NCF_t) = \sum_{i=1}^{n} NCF_i \cdot p_i$$

式中　$E(NCF_t)$——第 t 年的期望现金流；

　　　n——第 t 年可能出现的 n 种情况；

　　　p_i——第 i 种情况出现的概率；

　　　NCF_i——t 年第 i 种情况出现时的现金流量。

其次，利用项目期望现金流量计算项目的期望净现值，以表明其收益水平。此时，因为风险已经体现在现金流量上，在选择折现率时就不用考虑风险因素，所以计算期望净现值所用的折现率是无风险报酬率。

最后，计算现金流量的标准离差和变化系数，以表明投资项目的风险程度。投资项目标准离差的计算公式如下：

$$\delta = \sqrt{\sum_{t=1}^{n} \left[\frac{\delta_t}{(1+r_f)} \right]^2}$$

式中　δ_t——每年现金流量标准离差，计算公式如下：

$$\delta_t = \sqrt{\sum_{i=1}^{n} p_i [NCF_i - E(NCF_i)]^2}$$

变化系数是指投资项目现金流量的离散程度，是标准离差与期望值之比，计算公式为：

$$VD = \frac{\delta}{E}$$

标准离差和变化系数的大小说明投资风险的程度，在其他条件相同的情况下，一项投资的标准离差和变化系数越大，风险也就越大。

【例 4.20】蓝天公司拟进行一项资产投资，估计经营期为 3 年，无风险报酬率为 10%，其他资料如表 4.15 所示。

表4.15 蓝天公司项目投资相关数据资料　　　单位：元

年　份 ＼ 内　容	概　率	现金流
0	1	（10 000）
1	0.25	3 000
	0.25	4 000
	0.5	4 500
2	0.5	4 000
	0.5	6 000
3	0.3	3 000
	0.3	4 000
	0.4	5 000

$E(NCF_0) = 1 \times (-10\ 000) = -10\ 000$（元）

$E(NCF_1) = 0.25 \times 3\ 000 + 0.25 \times 4\ 000 + 0.5 \times 4\ 500 = 4\ 000$（元）

$E(NCF_2) = 0.5 \times 4\ 000 + 0.5 \times 6\ 000 = 5\ 000$（元）

$E(NCF_3) = 0.3 \times 3\ 000 + 0.3 \times 4\ 000 + 0.4 \times 5\ 000 = 4\ 100$（元）

期望净现值 $= -10\ 000 + 4\ 000 \times 0.909 + 5\ 000 \times 0.826 + 4\ 100 \times 0.751 = 845.1$（元）

$\delta_1 = \sqrt{0.25 \times (3\ 000 - 4\ 000)^2 + 0.25 \times (4\ 000 - 4\ 000)^2 + 0.5 \times (4\ 500 - 4\ 000)^2} = 612.37$

$\delta_2 = \sqrt{0.5 \times (4\ 000 - 5\ 000)^2 + 0.5 \times (6\ 000 - 5\ 000)^2} = 1\ 000$

$\delta_3 = \sqrt{0.3 \times (3\ 000 - 4\ 100)^2 + 0.3 \times (4\ 000 - 4\ 100)^2 + 0.4 \times (5\ 000 - 4\ 100)^2} = 830.66$

$\delta = \sqrt{(612.37 \times 0.909)^2 + (1\ 000 \times 0.826)^2 + (830.66 \times 0.751)^2} = 1\ 175$（元）

$VD = \dfrac{1\ 175}{10\ 845.1} = 0.108$

该方案的期望净现值大于0，如果其标准离差和变化系数在可接受的范围内，则该方案是可行的。

4.4.2 风险因素调整法

为了有效地考虑风险对投资价值的影响，可以按照投资风险的大小适当地调整折现率或投资项目的净现金流量，然后再按照确定性的情况进行投资分析。风险调整有两种基本方法：一是风险调整折现率法；二是风险调整现金流量法。前者是根据风险项目的风险程度调整净现值模型的分母；后者是根据风险项目的风险程度调整净现值模型的分子。

1）风险调整折现率法

将特定投资项目的风险报酬，加入资本成本或企业要求达到的报酬率中，构成按风险调整的折现率，并据以进行投资决策分析的方法，叫作风险调整折现率法。风险调整折现率法是更为实际、更为常用的风险处置方法。这种方法的基本思路是对高风险的项目，应当采用较高的折现率计算净现值。

按风险调整的折现率有如下几种确定方法：

（1）用资本资产定价模型来调整折现率

特定投资项目按风险调整的折现率可按下式来计算：

$$k_j = r_f + \beta_j \times (k_m - r_f)$$

式中　k_j——项目 j 按风险调整的折现率或项目的必要报酬率；

　　　r_f——无风险利率；

　　　β_j——项目 j 的 β 系数；

　　　k_m——所有项目平均的折现率和必要报酬率。

（2）按投资项目的风险等级来调整折现率

这种方法是对影响投资项目风险的各种因素进行评分，根据评分来确定风险等级，并根据风险等级来调整折现率的一种方法，可通过表 4.16 和表 4.17 来加以说明。

表 4.16　投资项目的风险状况及得分表

因素\项目	A 状况	A 得分	B 状况	B 得分	C 状况	C 得分	D 状况	D 得分	E 状况	E 得分
市场竞争	无	1	较强	2	一般	5	较强	8	很强	11
战略上的调整	很好	1	较强	2	一般	5	较差	8	很差	11
投资回收期	1.5 年	5	1 年	1	2.5 年	8	3 年	9	4 年	13
资源供应	一般	7	很好	1	较好	4	很差	15	较差	11
总分	—	14	—	6	—	22	/	40	—	46
折现率		9%		7%		12%		17%		≥25%

表 4.17　得分对应折现率表

总　分	风险等级	调整后的折现率
0~8	很低	7%
8~16	较低	9%
16~24	一般	12%
24~32	较高	15%
32~40	很高	17%
40 分以上	最高	25%以上

表 4.17 的分数、风险等级、折现率的确定都由企业的管理人员根据以往的经验来设定，具体的评分工作应由销售、生产、技术、财务等部门组成专家小组来进行。所列的影响风险的因素、风险状况都可能会更多。

（3）按投资项目的类型调整折现率

有些企业为经常发生的特定类型的风险项目，预先根据经验按风险大小规定了高低不等的折现率，以供决策之需。例如，某公司对不同类型项目的折现率规定如表 4.18 所示。

表 4.18　投资项目类别对应折现率表

投资项目类别	风险调整折现率 （边际资本成本+风险补偿率）
重置型项目	10%+2%=12%
改造、扩充现有产品生产项目	10%+5%=15%
增加新生产线项目	10%+8%=18%
研究开发项目	10%+15%=25%

将企业从事的常规项目进行适当分类，并按风险越高，风险调整折现率越高的规律明确各类项目的折现率，操作较为简单。

按风险调整折现率以后，具体的评价方法与无风险时基本相同。这种方法，对风险大的项目采用较高的折现率，对风险小的项目采用较低的折现率，简单明了，便于理解，因此被广泛采用。但这种方法把时间价值和风险价值混在一起，人为地假定风险一年比一年大，这是不合理的。

2）风险调整现金流量法

由于风险的存在，使得各年的现金流量变得不确定，为此，就需要按风险情况对各年的现金流量进行调整。这种先按风险调整现金流量，然后进行决策的方法，称为风险调整现金流量法。其具体调整方法有很多，最主要的是肯定当量法。即先按风险程度调整投资项目的预期现金流量，然后用一个系数（通常称为肯定当量系数）把有风险的现金流量调整为无风险的现金流量，最后利用无风险折现率来评价不确定性投资项目。计算公式如下：

$$风险调整后净现值 = \sum_{t=0}^{n} \frac{a_t \times 现金流量期望值}{(1 + 无风险报酬率)^t}$$

式中，a_t 代表 t 年现金流量的肯定当量系数，它为 0~1。

肯定当量系数，是指不确定的 1 元现金流量期望值相当于使投资者满意的肯定的金额的系数。它可以把各年不确定的现金流量换算为肯定的现金流量。

$$a_t =肯定的现金流量/不确定的现金流量期望值$$

一般依据标准离差率来确定肯定当量系数，因为标准离差率较好地衡量了风险的大小。肯定当量系数的选取因人而异，风险偏好者会选用较高的肯定当量系数，风险厌恶者可能选用较低的肯定当量系数。标准离差率与肯定当量系数的经验对照表如表 4.19 所示。

表 4.19 标准离差率与肯定当量系数的经验对照关系

标准离差率	肯定当量系数
0.00~0.07	1
0.08~0.15	0.9
0.16~0.23	0.8
0.24~0.32	0.7
0.33~0.42	0.6
0.43~0.54	0.5
0.55~0.70	0.4

当肯定当量系数确定后，决策分析就比较容易了。

【例 4.21】假设某公司准备进行一项投资，其各年的现金流量和分析人员确定的肯定当量系数已列示在表 4.20 中，无风险报酬率为 10%，试判断此项目是否可行。

表 4.20 现金流量和肯定当量系数表

时 间	0	1	2	3	4
现金净流量（元）	−20 000	7 000	9 000	8 000	8 000
肯定当量系数 t	1.0	0.95	0.9	0.85	0.8

根据以上资料，利用净现值法进行评价。

$$净现值 = \sum_{t=0}^{n} \frac{a_t \times 现金流量期望值}{(1 + 无风险报酬率)^t}$$

= 0.95×7 000×0.909 1+0.9×9 000×0.826 4+0.85×8 000×0.751 3+0.8×8 000×0.683−20 000

= 2 219.40（元）

再按风险程度对现金流量进行调整后，计算出的净现值为正数，故可以进行投资。

肯定当量法克服了按风险调整折现率法夸大远期风险的确定，但如何准确、合理地确定肯定当量系数是一个十分困难的问题。因为标准离差率与肯定当量系数之间的对照关系，并没有公认的客观标准。

3）风险调整贴现率法与肯定当量法的比较

肯定当量法和风险调整贴现率法的主要区别在于：二者在分析过程中根据项目风险调整计算的位置不同。肯定当量法直接调低项目的预期税后现金流量（CFAT），而风险调整贴现率法并不调低项目的预期税后现金流量，而是调高所要求的回报率，以此来补偿超额风险。两种方法都能降低项目的净现值。两种方法的计算步骤如表 4.21 所示。

表 4.21　肯定当量法和风险调整贴现率法的计算步骤比较

	肯定当量法	风险调整贴现率法
第一步	用肯定当量系数乘以预期税后现金流量（CFAT），以消除现金流量中的风险，从而换算成无风险现金流量	根据风险调整贴现率
第二步	用无风险贴现率贴现等价无风险现金流量	用风险调整后的贴现率贴现预期现金流量
第三步	采用资本预算标准分析项目 注意：采用差额内部收益率法分析项目时，应把项目的内部收益率与无风险收益率进行比较，而不是与公司所要求的收益率进行比较	采用资本预算标准分析项目 注意：采用内部收益率法分析项目时，应把项目的内部收益率与风险调整贴现率比较而不是与公司所要求的收益率比较

除了计算调整的位置不同外，风险调整贴现率法还暗示风险随着时间的推移而增大，未来较远时期的现金流量采用的贴现率应更高。尽管这个假设不一定正确，但还是有必要理解和认真对待它。

只要使用得当，两种方法均可有效地处理风险。但在实际项目投资决策中，处理风险最常用的方法是风险调整贴现率法。因为肯定当量法更依赖于决策分析人员的主观感觉和经验判断。

▶　**4.4.3　决策树分析法**

决策树分析法，又称网络分析法，它是在事件发生概率的基础上，使用简单的树枝图形，明确说明投资项目各方案的情况，完整反映决策过程的一种决策方法。这种方法适用于长期或分阶段的投资决策问题。由于不确定性项目投资的一大特征是分阶段投资，各阶段的决策互相关联和影响，因此需要应用该方法。

应用决策树法基本上分两个阶段，首先要根据决策目标从左向右分析作图，然后从右向左逐步分析判断，进行项目决策。主要步骤如下：

（1）画出决策树图形

决策树图形将对某个决策问题的分析和计量过程反映出来。主要包括以下 4 个部分：

①决策点。它是对几种可能方案选择的结果，即最后选择的决策方案，一般以方框（□）表示。

②方案枝。它是由决策点从左向右的若干条直线，一条直线代表一种备选方案。

③机会点。代表备选方案的经济效果，是在方案直线末端的一个圆圈（○）。

④概率枝。代表各备选方案不同自然状态的概率，是由机会点向右的若干条直线。

（2）预计各种状态可能发生的概率 P_i

（3）计算期望值

（4）选择最佳方案

分别将各方案期望值总和与投资总额之差标在机会点上方，并对各机会点的备选方案进行比较权衡，选择权益最大的方案为最佳方案。

【例4.22】凌峰公司拟开发一种新产品，预计市场情况为：畅销的概率为 $P_1 = 0.6$，滞销的概率为 $P_2 = 0.4$。备选方案有：A方案，建造一个新车间，使用期为10年；B方案，对现有资产进行技术改造，既维持原来生产，又组成新产品的生产线，使用期为10年；C方案，前期与B方案相同，如果市场情况好，3年后进行扩建，扩建项目使用期为7年。该企业要求收益率为10%，有关数据如表4.22所示。

表4.22 凌峰公司开发新产品的相关数据　　　单位：万元

方　案	投资额		年收益			
	当　前	3年后	前3年		后7年	
			畅　销	滞　销	畅　销	滞　销
A	240	0	80	−20	80	−20
B	120	0	30	20	30	20
C	120	180	30	20	90	20

首先，要绘制决策树图形，如图4.1所示。

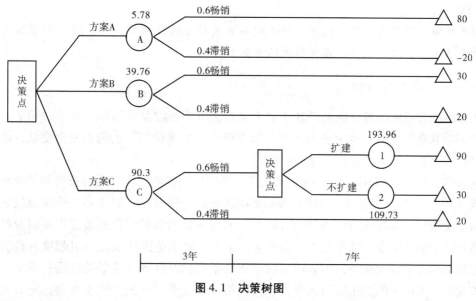

图4.1 决策树图

然后计算各机会点的期望收益率。机会点期望净现值为该方案全部使用期内期望收益现值与相应投资总额之差。

（1）机会点A的期望净现值

$= 80 \times (P/A, 10\%, 10) \times 0.6 + (-20) \times (P/A, 10\%, 10) \times 0.4 - 240$

$= 80 \times 6.144\,6 \times 0.6 + (-20) \times 6.144\,6 \times 0.4 - 240$

$= 5.78(万元)$

（2）机会点 B 的期望净现值

$= 30 \times (P/A, 10\%, 10) \times 0.6 + 20 \times (P/A, 10\%, 10) \times 0.4 - 120$

$= 30 \times 6.144\,6 \times 0.6 + 20 \times 6.144\,6 \times 0.4 - 120$

$= 39.76(万元)$

（3）机会点 C 的期望净现值

点①的期望净现值：

$= 90 \times (P/A, 10\%, 7) \times (P/F, 10\%, 3) - 180 \times (P/F, 10\%, 3)$

$= 90 \times 4.868\,4 \times 0.751\,3 - 180 \times 0.751\,3$

$= 193.96(万元)$

点②期望净现值：

$= 30 \times (P/A, 10\%, 7) \times (P/F, 10\%, 3) - 0$

$= 30 \times 4.868\,4 \times 0.751\,3 - 0$

$= 109.73(万元)$

比较①和②的期望净现值，除去②不扩建（剪枝），选择①扩建。

因此，机会点 C 的期望净现值：

$= [193.96 + 30 \times (P/A, 10\%, 3)] \times 0.6 + 20 \times (P/A, 10\%, 10) \times 0.4 - 120$

$= 161.14 + 49.16 - 120$

$= 90.3(万元)$

因各方案的经营期一致，故可直接比较各方案期望收益值的大小，排除期望收益值较小的方案 A 和 B，选择期望收益值较大的方案 C。

▶ 4.4.4 敏感性分析

大部分项目投资决策分析都是基于对未来现金流量和收益的预期，而这种预期是在一定的"基础状态"下进行的分析和预测，如果组成"基础状态"的因素发生变动，那么会对项目投资决策的结果产生什么样的影响呢？

敏感性分析（sensitivity analysis）是衡量不确定性因素的变化对项目投资评价指标，如净现值（NPV）、内部收益率（IRR）等的影响程度的一种分析。它主要分析项目投资决策评价的主要指标（如净现值、内部收益率等）对各主要因素的变化的敏感程度以及各个主要因素允许变动的幅度、临界值等。如果某因素发生较小范围的变化却引起项目投资决策评价主要指标发生较大变动，则表明项目投资决策指标对该因素的敏感性强；反之，如果某因素发生较大范围的变化却引起项目投资决策评价主要指标发生较小变动，则表明项目投资决策指标对该因素的敏感性弱。

对项目投资进行敏感性分析的基本步骤如下：

①确定具体的评价指标作为敏感性分析的对象，如净现值（NPV）、内部收益率（IRR）等。

②选择不确定性因素。影响项目投资评价结果的因素很多，进行敏感性分析时一般选择对项目投资的收益影响较大且自身不确定性较大的因素。

③对所选中的不确定性因素分好、中、差（或乐观、正常、悲观）等情况，做出估计。

④估算出基础状态（正常情况）下的评价指标数值。

⑤改变其中的某一影响因素，并假设其他影响因素保持在正常状态下，估算出对应的评价指标数值。

⑥以正常情况下的评价指标数值作为标准，分析其对各种影响因素的敏感程度，进而对项目投资的可行性作出分析。

【例4.23】某公司拟进行一新项目投资，正常情况下相关数据资料如表4.23所示，初始投资全部为固定资产投资，固定资产按直线法折旧，有效寿命10年，期满无残值，公司资金成本率为10%，所得税率为25%。

表4.23 正常情况下新项目投资现金流量状况　　　　　　单位：万元

项　目	第0年	第1-10年
初始投资额	-1 000	
营业收入		4 000
变动成本		3 000
固定成本（不含折旧）		400
折旧		100
税前利润		500
所得税		125
税后利润		375
现金净流量		475

下面对该项目投资进行敏感性分析评价。

（1）选择净现值作为敏感性分析的对象。

（2）选择对项目投资的收益影响较大且自身不确定性较大的因素：初始投资额、每年销售收入、变动成本、固定成本（不含折旧）。

（3）对以上影响因素分别在悲观、正常和乐观情况下的数值做出估计。

（4）计算正常情况下的项目投资净现值。

$$NPV_{正常} = -1\ 000 + 475 \times \sum_{t=1}^{10} (1 + 10\%)^{-t} = 1\ 918.875(万元)$$

（5）估算各影响因素变动时对应的净现值，详见表4.24。

表 4.24　新项目投资 NPV 的敏感性分析表　　　　单位：万元

影响因素	变动范围			净现值		
	悲观情况	正常情况	乐观情况	悲观情况	正常情况	乐观情况
初始投资	1 500	1 000	800	1 495.7	1 918.875	2 088.15
销售收入	3 000	4 000	5 000	-2 689.9	1 918.875	6 527.6
变动成本	3 800	3 000	2 500	-1 768.1	1 918.875	4 223.3
固定成本	6 000	4 000	3 000	997.1	1 918.875	2 379.8

此处的变动成本和固定成本均为付现成本。

折旧额根据初始投资额计算，如悲观情况下的投资额为 1 500 万元，年折旧额为 150 万元 ［（1 500-0）÷10］。

这里假设公司的其他项目处于盈利状态，意味着此项目的亏损可用于抵减其他项目的盈利，从而产生节税效应。节税的金额被视为该项目投资的现金流入。如，当该项目年销售收入为 3 000 万元时，每年的息税前利润 $EBIT$ = 3 000 万元-3 000 万元-400 万元-100 万元 = -500 万元，节税金额为 500 万元×25% = 125 万元，税后利润为-500 万元+125 万元 = -375 万元，营业现金流量为-375 万元+100 万元=-275（万元）。

项目的净现值 $NPV = -1\,000 + (-275) \times \sum_{t=1}^{10}(1+10\%)^{-t} = -2\,689.9$（万元）。

（6）分析净现值对各种因素的敏感性，并对投资项目做出评价。从表 4.24 的结果可以看出：

当年销售收入从 4 000 万元下降至 3 000 万元时，下降幅度为(4 000 - 3 000)/4 000×100% = 25%，而净现值则由 1 918.875 万元降至 - 2 689.9 万元，下降幅度为［1 918.875 - (2 689.9)］/1 918.875×100% = 240.18%，则净现值对于年销售收入变化的敏感系数为 240.18%/25% = 9.627 2 倍。

当年变动成本从 3 000 万元上升至 3 800 万元时，上升幅度为(3 800 - 3 000)/3 000×100% = 26.67%，而净现值由 1 918.875 万元下降至 - 1 768.1 万元，下降幅度为［1 918.875 - (- 1 768.1)］/1 918.875×100% = 192.14%，则净现值对年变动成本的敏感系数为 - 192.14%/26.67% = - 7.20 倍。

当固定成本从 4 000 万元上升至 6 000 万元时，其上升幅度为(6 000 - 4 000)/4 000×100% = 50%，而净现值则由 1 918.875 万元下降至 997.1 万元，下降幅度为(1 918.875 - 997.1)/1 918.875×100% = 48.04%，则净现值对固定成本的敏感系数为 - 48.04%/50% = 0.96 倍。

当初始投资额从 1 000 万元上升至 1 500 万元时，其上升幅度为(1 500 - 1 000)/1 000×

100% = 50%，而净现值则由 1 918. 875 万元下降至 1 495. 7 万元，下降幅度为(1 918. 875 − 1 495. 7)/1 918. 875 × 100% = 22. 05%，则净现值对初始投资额的敏感系数为 22. 05%/50% = 0. 44 倍。

上述计算分析表明：

①净现值对每年销售收入的变化十分敏感，其次是变动成本。所以在对项目投资进行分析时，要仔细预测每年销售额和变动成本，如果这两个因素的不确定性非常大，那么说明该项目的预测风险也较大。

②净现值对初始投资额和固定成本的变化不太敏感。无论初始投资和固定成本变高还是变低，净现值都大于 0，这说明，即使出现悲观情况，项目投资仍然可以被接受。

敏感性分析能够在一定程度上就多种不确定性因素的变化对项目投资评价指标的影响进行定量分析，它有助于决策者了解项目决策需要重点分析与控制的因素。但敏感性分析方法也存在一些局限，如没有考虑各种不确定因素在未来发生变动的概率分布情况，从而影响风险分析的准确性。例如，项目投资评价标准对某些因素十分敏感，而这些因素发生变动的可能性却很小；相反，一些不太敏感的因素发生变动的可能性却很大，也会对投资决策评价指标产生重要影响。另外，敏感性分析孤立地处理每一个影响因素的变化对项目投资决策指标的影响问题，这类问题可以通过场景分析方法得到解决。

▶ 4.4.5 盈亏平衡分析

盈亏平衡分析，是指通过计算某项目投资的盈亏平衡点对项目投资的盈利能力及投资可行性进行分析的方法。一般用达到盈亏平衡时的销售量或销售收入表示。盈亏平衡分析包括会计盈亏平衡点和财务盈亏平衡点。

1）会计盈亏平衡点

会计盈亏平衡点是指公司的会计利润等于 0 时的销售水平。

如果把项目投资的成本分为固定成本和变动成本，且变动成本总额=销售量×单位变动成本。则会计盈亏平衡点计算公式如下：

$$会计盈亏平衡点销售量 = \frac{固定成本总额}{单位售价 - 单位变动成本} = \frac{固定成本总额}{单位边际贡献}$$

$$会计盈亏平衡点销售额 = 会计盈亏平衡点销售量 × 单位售价$$

$$= \frac{固定成本总额}{\frac{单位售价 - 单位变动成本}{单位售价}}$$

$$= \frac{固定成本总额}{边际贡献率}$$

【例 4.24】某公司拟投资一新项目，固定资产总投资为 3 000 万元。该项目寿命期为 10 年，直线折旧，期满无残值。每年固定成本总额为 700 万元（含 300 万元折旧），预计所产产品单位售价 800 元/件，单位变动成本 600 元/件，公司所得税率为 25%，资本成本率为 10%。

会计盈亏平衡点销售量 = 7 000 000÷（800-600）= 35 000（件）

会计盈亏平衡点销售额 = 35 000×800 = 2 800（万元）

2）财务盈亏平衡点

财务盈亏平衡点是指使项目投资净现值为 0 时的销售水平。财务盈亏平衡点考虑了货币时间价值，考虑了项目投资的机会成本，它不仅产生一个较大的最低收益率，还将产生一个更加现实的最低收益率。

计算财务盈亏平衡点时，首先计算达到盈亏平衡（净现值为 0）时所需的年均现金流量，然后推算出产生这些现金流量所必需的销售收入，最后计算这些销售收入所需的销售量，如图 4.2 所示。

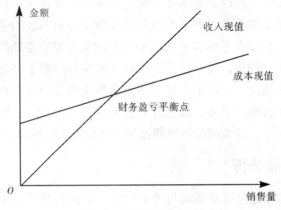

图 4.2 财务盈亏平衡点

如果设初始投资额为 C，建立在项目寿命期和公司资本成本率基础上的年金现值系数为 $PVIFA_{k, n}$，则净现值为 0 时（即达到财务盈亏平衡时）的年均现金流量 ACF 为：

$$ACF = \frac{C}{PVIFA_{k, n}}$$

若期末无残值及垫支资金回收等现金流入，那么 ACF 即为年均现金流量，根据前面例 4.24 对营业现金流量的计算可知：

$$ACF = \frac{30\ 000\ 000}{PVIFA_{10\%,\ 10}} = \frac{30\ 000\ 000}{6.145} = 4\ 882\ 000（元）$$

财务盈亏平衡点销售量为 Q_E，则有：

$$[Q_E × (800-600) - 700] × (1-25\%) + 300 = 4\ 882$$

$$Q_E = \frac{4\ 882 - 300 + 700 × (1 - 25\%)}{(800 - 600) × (1 - 25\%)} = 48\ 000（件）$$

由此可见，当公司的预计销售能力在每年 48 000 件以上时，该项目净现值大于 0，该项目可行。

盈亏平衡分析通常是根据销售量或销售额来计算，它也可以根据项目投资决策指标分析中的任何其他影响因素来计算，例如计算出敏感性分析中各种影响因素的盈亏平衡点，称之为扩展的盈亏平衡分析。根据这些因素的盈亏平衡点，结合公司的具体情况，可以对项目投资决策做进一步的分析。

▶ 4.4.6 通货膨胀对投资决策分析的影响

通货膨胀是经济活动中的一个主要现象。通货膨胀的发生，不仅使得项目投资的资本成本变得更加不确定，而且也会增加预期现金流量的不确定性，从而使得项目投资的风险增大，因此，在项目投资决策分析时必须将其考虑在内。

为了对项目投资进行分析评价，在估计项目投资未来现金流量和资本成本时，可以都包括通货膨胀因素，也可以都不包括。当一项估计包括通货膨胀因素时，称之为名义量；当它不包括通货膨胀因素时，称之为实际量。只有各部分全部以名义值或全部以实际值来表示，才能做到正确计量。也就是说，名义现金流量需要用名义资本成本率（名义折现率）来折现，实际现金流量需要用实际资本成本率（实际折现率）来折现。

1）通货膨胀对资本成本率的影响

在通货膨胀条件下，实际资本成本率与名义资本成本率的关系如下：

$$(1 + r_n) = (1 + r_r) \times (1 + i)$$

式中　r_r——实际资本成本率；

　　　r_n——名义资本成本率；

　　　i——预期通货膨胀率。

整理后可得：

$$r_n = r_r + i + i \times r_r$$

因为一般情况下，上式中 $i \times r_r$ 相对于其他两项来说数值较小。因此，为了简化计算，也可将上式表述成：

$$r_n = r_r + i$$

2）通货膨胀对现金流量的影响

一般情况下，项目投资的营业收入、付现成本等可以根据不变购买力估测出来的实际值，也可以是随通货膨胀变化的名义值。而每年的折旧是按照设备的历史成本和预定的折旧方法计算出来的，也就是说，每年的折旧额预先已经固定，它是一个名义值。所以，在求净现值时，一定要将折旧额和其他的现金流量统一用名义值表示，并用名义资本成本率折现；或者统一用实际值表示，并用实际资本成本率折现。

在预期每年通货膨胀率相同的情况下，实际现金流量和名义现金流量的关系是：

$$第\,t\,年的实际现金流量 = \frac{第\,t\,年的名义现金流量}{(1 + 预期通货膨胀率)^t}$$

3）通货膨胀情况下的项目投资决策

【例 4.25】某施工企业拟新建一建材生产线。该生产线的初始投资为 1 250 万元，分两次于第一年初、第二年初分别投入 1 000 万元、250 万元。第二年末建成并正式投产。投产后每年可生产某建材 10 000 吨，每吨售价 3 000 元，即年销售收入 3 000 万元。预计寿命期 5 年，期满无残值。开工前需垫支营运资金250万元,年付现成本2 500万元,其中原材料2 000万元,人工费300万元,管理费200万元;每年折旧费200万元。在项目投资建设和使用期间,预期年通货膨胀率为10%。受物价变动的影响,初始投资将增长10%,期满残值将增加到375万元,原材料费用将增加14%,人工费将增加10%,折旧费仍为每年200万元。但是扣除折旧费后,每年管理费将增加4%,同时预期销售价格将每年上涨10%。假设该公司实际资本成本率为10%,所得税率为25%。在考虑通货膨胀情况下可否投资该生产线?

(1)将各年的营业收入转换为名义值:

第1年:$3\,000 \times (1 + 10\%)^1 = 3\,300.00$(万元)

第2年:$3\,000 \times (1 + 10\%)^2 = 3\,630.00$(万元)

第3年:$3\,000 \times (1 + 10\%)^3 = 3\,993.00$(万元)

第4年:$3\,000 \times (1 + 10\%)^4 = 4\,392.30$(万元)

第5年:$3\,000 \times (1 + 10\%)^5 = 4\,831.53$(万元)

(2)将各年原材料费用转换为名义值:

第1年:$2\,000 \times (1 + 14\%)^1 = 2\,280.00$(万元)

第2年:$2\,000 \times (1 + 14\%)^2 = 2\,599.20$(万元)

第3年:$2\,000 \times (1 + 14\%)^3 = 2\,963.08$(万元)

第4年:$2\,000 \times (1 + 14\%)^4 = 3\,377.92$(万元)

第5年:$2\,000 \times (1 + 14\%)^5 = 3\,850.82$(万元)

(3)将各年人工费转换为名义值:

第1年:$300 \times (1 + 10\%)^1 = 330.00$(万元)

第2年:$300 \times (1 + 10\%)^2 = 363.00$(万元)

第3年:$300 \times (1 + 10\%)^3 = 399.30$(万元)

第4年:$300 \times (1 + 10\%)^4 = 439.23$(万元)

第5年:$300 \times (1 + 10\%)^5 = 483.15$(万元)

(4)将管理费转换为名义值:

第1年:$200 \times (1 + 4\%)^1 = 208.00$(万元)

第2年:$200 \times (1 + 4\%)^2 = 216.32$(万元)

第3年:$200 \times (1 + 4\%)^3 = 224.97$(万元)

第4年:$200 \times (1 + 4\%)^4 = 233.97$(万元)

第5年:$200 \times (1 + 4\%)^5 = 243.33$(万元)

(5)各年付现成本的名义值:

第1年:$2\,280+330+208=2\,818$(万元)

第2年:$2\,599.2+363+216.32=3\,178.52$(万元)

第3年:$2\,963.08+399.3+224.97=3\,587.35$(万元)

第4年:$3\,377.92+439.23+233.97=4\,051.12$(万元)

第5年:$3\,850.82+483.15+243.33=4\,577.30$(万元)

（6）计算考虑通货膨胀情况下物价变动后的营业现金净流量，见表4.25。

表4.25 按名义值计算的营业现金流量情况　　　　　单位：万元

项　目	第1年	第2年	第3年	第4年	第5年
营业收入	3 300	3 630	3 993	4 392.3	4 831.53
付现成本	2 818	3 178.52	3 587.35	4 051.12	4 577.30
其中：原材料	2 280	2 599.2	2 963.08	3 377.92	3 850.82
人工费	330	363	399.3	439.23	483.15
管理费	208	216.32	224.97	233.97	243.33
折旧	200	200	200	200	200
税前利润	282	251.48	205.65	141.18	54.23
所得税（25%）	70.5	62.87	51.41	35.3	13.56
税后利润	211.5	188.61	154.24	105.89	40.67
营业现金流量	411.5	388.61	354.24	305.89	240.67

（7）计算项目投资各年的净现金流量，见表4.26。

表4.26 按名义值计算的现金净流量　　　　　单位：万元

项　目	第0年	第1年	第2年	第3年	第4年	第5年	第6年
初始投资	−1 100	−275					
营运资本		−250					250
营业现金流量			411.5	388.61	354.24	305.89	240.67
设备残值							375
净现金流量	−1 100	−525	411.5	388.61	354.24	305.89	865.67

（8）以名义资本成本率为折现率计算项目投资的净现值：

$$r_n = r_r + i + i \times r_r = 10\% + 10\% + 10\% \times 10\% = 21\%$$

$$NPV = -1\,100 - 525 \times PVIF_{21\%,1} + 411.5 \times PVIF_{21\%,2} + 388.61 \times PVIF_{21\%,3} +$$
$$354.24 \times PVIF_{21\%,4} + 305.89 \times PVIF_{21\%,5} + 865.67 \times PVIF_{21\%,6}$$
$$= -474.44（万元）$$

上述计算分析表明，由于该项目投资的净现值小于0，因而不应投资该生产线。

4.5 特殊情况下的项目投资决策

▶ ## 4.5.1 互斥方案的决策

在多个互斥方案的比较中，一般情况下我们可以利用投资回收期、投资报酬率、净现值、内含报酬率及获利指数等方法做出正确的决策。但当投资项目之间的投资总额或寿命期不相等时，仅利用上述指标就可能做出错误的决策。

当备选方案的投资总额或寿命期不相同时，决策的目的是要保证投资年收益最大。这时，可以采用差额投资内含报酬率或年均净回收额法进行决策，后一种方法尤其适用于项目寿命期不同的多方案比较决策。

1) 差额投资内含报酬率法

差额投资内含报酬率法适用于项目寿命期相同但原始投资额不同的情形。它在比较计算出不同方案的差量净现金流量的基础上，再计算出差额内含报酬率，并据以判断方案优劣的方法。采用该方法时，当差额内含报酬率指标大于或等于基准报酬率或设定的折现率时，原始投资额大的方案较优；反之，则投资少的方案为优。

差额内含报酬率就是使差额现金流量的净现值为零时的折现率。

【例4.26】某企业现在有两个互斥投资项目：方案A和方案B。现金净流量如表4.27所示。

表4.27 方案A和方案B现金净流量   单位：万元

项目方案 年　份	方案A	方案B	差　量
第0年	−10 000	−15 000	−5 000
第1年	15 000	21 000	6 000

企业所要求的投资报酬率为10%，问企业应选择哪个方案？

通过计算，可以确定方案A和方案B的净现值和内含报酬率如下：

$NPV_A = 3\ 637$（元） $IRR_A = 50\%$

$NPV_B = 4\ 091$（元） $IRR_B = 40\%$

增量投资的净现值为 $NPV_增 = 6\ 000 \times 0.909\ 1 - 5\ 000 = 454.6$（万元）

另外可以计算出 $IRR_增 = 20\%$

从净现值来看，增量分析得到的净现值为454.6万元，大于零，投资额大的方案B较优；反之，如果增量分析得到的净现值小于零，投资额小的方案A较优。

从差额内含报酬率指标来看，差额内含报酬率20%大于企业所要求的投资报酬率10%，投资额大的方案B较优；反之，如果计算的差额内含报酬率小于企业所要求的投资报酬率10%，则投资额小的方案A较优。

2) 年均净回收额法

年均净回收额法是指根据所有投资方案的年均净现值大小来选择最优方案的决策方法。年均净回收额的计算公式为：

$$年均净回收额 = NPV \div (P/A, i, n)$$

式中　NPV——方案的净现值；

　　　i——折现率或基准报酬率；

　　　n——项目寿命期；

　　　$(P/A, i, n)$——年金现值系数。

采用这种方法时，所有方案中年均净回收额最大的方案即为最优方案。

【例 4.27】有两个互斥方案：方案 C 和方案 D。相关数据如表 4.28 所示。企业要求的最低报酬率为 10%，要求做出决策。

表 4.28　方案 C 和方案 D 的现金流量　　　单位：元

年份	现金净流量	
	C	D
0	-4 000	-7 000
1	2 000	300
2	3 000	500
3	4 500	4 000
4		1 500
5		12 000

（1）方案 C 与方案 D 的净现值

$NPV_C = 2\,000 \times (S/P, 10\%, 1) + 3\,000 \times (S/P, 10\%, 2) + 4\,500 \times (S/P, 10\%, 3) - 4\,000$

　　　$= 3\,675.7$（元）

$NPV_D = 300 \times (S/P, 10\%, 1) + 500 \times (S/P, 10\%, 2) + 4\,000 \times (S/P, 10\%, 3) + 1\,500 \times (S/P, 10\%, 4) + 12\,000 \times (S/P, 10\%, 5) - 7\,000$

　　　$= 5\,166.2$（元）

（2）方案 C 与方案 D 的年均净回收额

　　方案 C：$3\,675.7 \div (P/A, 10\%, 3) = 3\,675.7 \div 2.486\,9 = 1\,478$（元）

　　方案 D：$5\,166.2 \div (P/A, 10\%, 5) = 5\,166.2 \div 3.790\,8 = 1\,363$（元）

由计算结果可知，方案 C 的年均净回收额 1 478 元大于方案 D 的年均净回收额 1 363 元，方案 C 为更优方案。利用差量分析，也能得出同样的结果。

▶ 4.5.2　资本限量决策

资本限量决策是指在企业投资资金数额已定的情况下所进行的投资决策。尽管存在很多有利的投资项目，但由于企业无法筹集到足够的资金，故只能在已有资金的限制下进行决策。大公司的一个部门只能在某一个特定的预算上限之内进行资本投资，超过此上限该部门无决策权，这是资本限量的一个例子。资本限量条件下的目标是：在预算限额内选择能提供最大净现值的投资方案组合，并争取将预算限额全部用完。在进行资本限量决策时，管理人员应该同时考虑几个期间。因为有些项目早期可以产生大量的现金净流量，这些现金流量可以减少早期的预算控制，为其他方案融通资金。实践中，如果项目是可拆分的，可将方案根据获利指数由高到低的顺序排列来选取项目组合；如果项目是不可拆分的，就要选取能产生最大净现值的方案组合。

【例 4.28】假设企业目前正在评价 3 个可能的投资项目，每个项目的预期现金流量模式如表 4.29 所示。假设企业的资本成本是 12%，该年的投资预算限额为 1 200 万元。每个项目均可拆分（即如果需要的话可以执行项目中的一部分）。公司应选择哪些项目投资？

表 4.29　项目现金流量　　　单位：万元

年份 项目	0	1	2	3	4
A	−800	500	200	300	400
B	−900	500	300	300	500
C	−1 100	400	400	500	650

以 12% 为折现率计算这 3 个项目的净现值，可得到项目 A 的净现值为 280 万元；项目 B 的净现值为 320 万元；项目 C 的净现值为 360 万元。若按净现值进行排序，则项目 C 居于首位，项目 B 位列第二，项目 A 居于末位。因为本年的资金限额为 1 200 万元，所以运用这个方法的结果是实施项目 C 的全部（1 100 万元）和项目 B 的部分（100 万元）。这时，1 200 万元投资所获得的全部净现值为：$360 + \dfrac{320}{9} \approx 396$（万元）。

不过，396 万元并不是项目组合中最大的净现值。

当项目可拆分时，最好的方法是计算每个方案的获利指数，按其由高低来排列方案，进而做出投资决策。

用上面的信息，可以得到每个项目的获利指数，式中的分子表示扣除投资支出前的未来现金流量（见表 4.30）。

表 4.30　项目未来现金流量及其获利指数　　　单位：万元

项目	A	B	C
获利指数	1 080/800 = 1.35	1 220/900 = 1.36	1 460/1 100 = 1.33

由计算结果可以看到每个项目的获利指数都大于 1。只要项目的净现值为正，获利指数总是大于 1。项目 B 的获利指数最高，所以应排在首位。项目 A 位列第二，项目 C 位列第

三。这时，投资 1 200 万元所取得的全部净现值为：$320+280 \times \frac{3}{8} = 425$（万元），这个数字高于根据项目的净现值进行排序所获得的 396 万元。

获利指数方法只适用于项目可拆分的情况。如果情况不是这样，那么就得用不同的方法来解决资本限量问题。这时，我们必须着眼于项目组合的总净现值，并选择能在资本限量下获得最高净现值的项目组合。在本例中，由于项目 C 能使可运用资金产生最大的净现值（360 万元），所以建议采用项目 C。

▶ 4.5.3 固定资产更新决策

固定资产更新是对技术上或经济上不宜继续使用的旧资产，用新的资产更换，或用先进的技术对原有设备进行局部改造。固定资产更新决策主要研究两个问题：a. 决定是否更新；b. 决定选择什么样的资产来更新。

更新决策不同于一般的投资决策。通常，设备更新并不改变企业的生产能力，不会增加企业的现金流入，主要是现金流出，这样我们基本上就不能用贴现现金流量指标进行分析评价了，而必须求助于其他方法。如果新旧设备的投资寿命不相等，分析时主要采用平均年成本法，以平均年成本较低的方案作为较优方案；若新旧设备投资寿命期相等，可采用差额分析法，先求出对应项目的现金流量差额，再用净现值法或内含报酬率法对差额进行分析、评价。

（1）投资寿命不等的更新决策——平均年成本法

固定资产的平均年成本是指该资产引起的现金流出的年平均值，即平均每年的现金流出。如果不考虑时间价值，它是未来使用年限内的现金流出总额与使用年限的比值；如果考虑资金的时间价值，它是未来使用年限内现金流出总现值与年金现值系数的比值。

在使用平均年成本法时要注意两点：a. 平均年成本法是把继续使用旧设备和购置新设备看成是两个互斥的方案，而不是一个更换设备的特定方案。因此，不能将旧设备的变现价值作为购置新设备的一项现金流入。b. 平均年成本法的假设前提是将来设备再更换时，可以按照原来的平均年成本找到可代替的设备。

【例 4.29】某公司正在考虑用一台效率更高的新机器取代现有的旧机器。旧机器的账面价值为 10 万元，市场价值为 6 万元；预计尚可使用 4 年，预计 4 年后净残值为 0；税法规定的折旧年限尚有 4 年，税法规定无残值。购买和安装新设备需要 50 万元，预计可以使用 5 年，预计清理净残值为 2 万元。按税法规定可按 4 年折旧，并采用双倍余额递减法计算应纳税所得额，法定残值为原值的 1/10。使用该机器每年可以节约付现成本 16 万元。公司的所得税税率为 25%。如果该项目在任何一年出现亏损，公司将会得到按亏损额的 25% 计算的所得税抵免。假设公司的必要报酬率为 10%，问公司作何决策。

将节约的付现成本作为旧机器的现金流出，分别计算两个方案的现金流出总现值，再求出净现值，之后计算平均年成本。具体计算过程如表 4.31、表 4.32 所示。

表 4.31　继续使用旧设备的现金流量　　　　　　　　单位：元

项　　目	现金流量	时　间	折现系数	现　值
旧设备变现价值	− 60 000	0 年	1	− 60 000
变现损失减税	(6 000 − 100 000) × 25% = − 10 000	0 年	1	− 10 000
每年付现成本	− 160 000 × (1 − 15%) = − 120 000	1 − 4 年	3. 169 9	− 380 388
每年折旧减税	25 000 × 25% = 6 250	1 − 4 年	3. 169 9	19 811.88
旧设备流出现值合计				− 430 576. 12
平均年成本	430 572. 12 ÷ (P/A, 10%, 4) = 430 572. 12 ÷ 3. 169 9 = 135 833			

表 4.32　使用新设备的现金流量　　　　　　　　单位：元

项　　目	现金流量	时　间	折现系数	现　值
投资	− 50 000	0 年	1	− 500 000
第 1 年折旧减税	250 000 × 25% = 62 500	1 年	0. 909 1	56 818. 75
第 2 年折旧减税	125 000 × 25% = 31 250	2 年	0. 826 4	25 825
第 3 年折旧减税	37 500 × 25% = 9 375	3 年	0. 751 3	7 043. 44
第 4 年折旧减税	37 500 × 25% = 9 375	4 年	0. 683 0	6 403. 13
残值净收入	20 000	5 年	0. 620 9	12 418
残值净损失减税	(50 000 − 20 000) × 25% = 7 500	5 年	0. 620 9	4 656. 75
新设备流出现值合计				− 386 834. 93
平均年成本	386 834. 93 ÷ (P/A, 10%, 5) = 386 834. 93 ÷ 3. 790 8 = 102 046			

计算结果说明使用新设备的平均年成本为 102 046 元，小于使用旧设备的 135 833 元，因此应当更新设备。

（2）投资寿命期相等时的更新决策——差额分析法

在新、旧设备投资寿命期相同的情况下，一般普遍运用的分析方法是差额分析法，用以计算两个方案（出售旧设备购置新设备和继续使用旧设备）的现金流量之差以及净现值差额，如果净现值差额大于零，则购置新设备，否则继续使用旧设备。在此不再赘述。

▶ 4.5.4　投资开发时机决策

项目的净现值是正的，并不见得立即投资就是最好的选择。也许将来再启动还能产生更大的价值。类似的，当前净现值为负值的项目也许等待一段时间，就能变成有价值的投资机会。因此，任何项目都有相互排斥的两种选择：立即行动或者等待未来。

【例 4.30】某林场有一片可供采伐的森林，但通道不畅。为了便于伐木，需要投入大量资金，铺设道路，购置伐木设备。采伐等待的时间越长，所需要的投资就越大。另一方面，在等待的日子里，木材的价格将有较大幅度的上升，而且树木也会长得更好，若预计采伐活动的净收益如表4.33所示，资本成本为10%，问何时采伐最好？

表4.33　采伐活动的净收益表　　　　　　　　　　单位：万元

采伐年度	0	1	2	3	4	5
净收益	7 015	9 000	11 000	12 800	14 500	15 516
净收益增长率（%）		28.3	22.2	16.4	13.3	6.9

显然，采伐越迟，净收益越大。但是林场要选择伐木的时间来最大化投资净现值，即最大化对林场当前价值的贡献，因此还必须将不同伐木时间的净收益折算成净现值。各期采伐的净现值如表4.34所示。

表4.34　不同伐木时间的净现值表　　　　　　　　单位：万元

采伐年度	0	1	2	3	4	5
净现值	7 015	8 182	9 090	9 617	9 904	9 624

由于第4年采伐的净现值最大，故应在第4年开始采伐。在第4年之前，收入的增长率均大于资本成本，投资者应继续等待。第4年后收入的增长率6.9%低于资本成本10%，应进行采伐。将收入的增长率看作是等待的边际收益率，那么资本成本就是等待的边际成本。显然，最佳投资的时机应该是边际收益率等于边际成本之时。

本章小结

企业投资是指企业对现在所持有资金的一种投放和运用，如购置各种经营性资产或购买各种金融资产或者是取得这些资产的权利，其目的在于期望在未来一定时期内获得相应的投资回报。企业项目投资通常是指长期投资中的固定资产投资。财务管理里的投资主体是企业而非个人、政府或专业投资机构。项目投资决策步骤：①确定投资目标；②提出备选方案；③搜集可计量信息；④比较分析；⑤最终决策。项目投资管理程序：①项目机会研究；②编制项目建议书；③项目可行性研究；④项目评估；⑤项目实施；⑥项目后评价。项目投资决策应考虑的因素：①货币时间价值；②现金流量；③资本成本；④投资的风险报酬。

在项目投资决策中的现金流量，按照现金流动的方向，可以分为现金流入量（用正号表示）、现金流出量（用负号表示）和净现金流量。由于不同项目投资之间存在的差异、不同出发点的差异、不同时间的差异、相关因素的不确定性等因素的影响，因此导致现金流量估算的准确性不高。投资项目的现金流量可以分为初始阶段现金流量、营业阶段现金流量、终结阶段现金流量，对现金流量的计算分析也是按3个阶段进行。估算现金流量应注意区分相关成本和非相关成本，不要忽视机会成本，要考虑投资方案对净营运资金和公司其他项目的影响。要重视公式"营业现金流量＝税后净利润＋折旧"的理解和运用。

项目投资决策评价方法按是否考虑资金时间价值可以分为非贴现现金流量法和贴现现金流量法。非贴现现金流量法，又称非折现现金流量法、静态评价法，是指在对固定资产项目投资决策评价时，不考虑资金时间价值，对项目现金流量不折现，从而对固定资产投资项目经济效益做出评价，主要包括静态投资回收期、平均投资报酬率等。贴现现金流量法，又称折现现金流量法、动态法，是指在对项目投资决策评价时，要考虑资金时间价值，对项目现金流量要按照一定的折现率（贴现率）折现，从而对投资项目经济效益做出评价，主要包括动态投资回收期、净现值、现值指数及内部收益率等。

不确定性投资决策，又称为风险投资决策，是考虑了影响投资项目的不确定性因素的投资决策。不确定性投资决策方法主要包括期望值决策法、风险因素调整法、决策树法、敏感性分析、盈亏平衡分析等方法。

特殊情况下的项目投资决策主要包括互斥方案的决策、资本限量决策、固定资产更新决策、投资开发时机决策。

思考题

1. 简述企业进行项目投资的必要性。
2. 简述企业项目投资决策的基本程序。
3. 简述投资决策的基本评价指标和基本评价方法。
4. 企业应如何进行项目投资周期选择？
5. 简述风险条件下的项目投资决策的基本方法及其原理。
6. 如何进行项目投资的敏感性分析和盈亏平衡分析？
7. 简述在通货膨胀条件下应如何进行项目投资决策。

习 题

1. 某公司准备购入某设备以扩充生产能力，现有甲、乙两个方案可供选择。甲方案需投资 30 000 元，一年后建成投产。使用寿命 5 年，采用直线法计提折旧，5 年后设备无残值，5 年中每年销售收入为 15 000 元，每年的付现成本 5 000 元。乙方案要投资 36 000 元，一年后建成投产时需另外增加营运资金 3 000 元，采用直线法计提折旧，使用寿命也是 5 年，5 年后有残值收入 6 000 元。5 年中每年收入为 17 000 元，付现成本第一年为 6 000 元，以后随着设备陈旧，逐年将增加修理费 300 元。假设所得税税率为 25%，试计算两方案的现金流量。

2. A 投资方案的初始投资额为 100 000 元。预计可收入 3 年。第一年末取得净收入40 000 元，第二年末取得净收入 50 000 元，第三年末取得净收入 60 000 元。假设当年通货膨胀率为 10%，则名义内含报酬率及实际内含报酬率分别为多少，并判断该投资方案是否可行。其中，平均资金成本为 12%。

3. 某建设项目的现金流量简表，见表 4.35。

表 4.35　某建设项目的现金流量简表

年　份	0	1	2	3	4	5	6	7	8	9	10
净现金流量	-100	-150	40	60	80	100	100	100	100	100	100

试计算该项目的的静态投资回收期、动态投资回收期、平均投资报酬率、净现值、净现值率、获利指数、内含报酬率。（折现率取 10%，计算结果保留两位小数）

4. 某一建设项目的投资方案，用于确定性分析的现金流量表见表 4.36。所采用的数据是根据未来最可能出现的情况预测估算的。由于对未来影响经济环境的某些因素把握不大，设基准折现率为 10%，试分别就投资、销售收入和经营成本 3 个因素做敏感性分析。

表 4.36　小型电动汽车项目现金流量表　　　　　　　　单位：万元

年　份	0	1	2~10	11
投资	15 000			
销售收入			22 000	22 000
税金			2 200	2 200
经营成本			15 200	15 200
期末资产残值				2 000

5. 某项目生产能力为 3 万件/年，产品售价 3 000 元/件，总成本费用 7 800 万元，其中固定成本 3 000 万元，成本与产量呈线性关系。计算：盈亏平衡产量、盈亏平衡价格、盈亏平衡单位产品变动成本。

6. 有 5 个投资方案 A、B1、B2 及 C1、C2，它们的现金流量及净现值见表 4.37，已知 B1 及 B2 互斥，C1 及 C2 互斥，B1 及 B2 都以 A 为条件（从属于 A），C1 及 C2 以 B1 为条件（从属于 B1）。资金限额为 220 万元，试选出最优投资组合，折现率为 10%。（单位：万元）

表 4.37　投资方案的现金流量及净现值

投资方案	现金流量	
	0	1~4
A	-40	24
B1	-120	48
B2	-200	80
C1	-56	18
C2	-60	20

5

建筑施工企业流动资产管理

[学习目标]

掌握营运资金的概念；熟悉流动资产日常管理策略；掌握现金的持有动机和最佳现金持有量确定；熟悉库存现金管理的有关规定；熟悉应收账款及预付账款的日常管理；理解企业信用政策；掌握存货成本构成；掌握建筑施工企业经济订货量基本模型及运用；理解ABC分类管理和准时制生产系统零存货管理。

[基本概念]

营运资金，现金，现金流转，流动资产，应收账款，信用条件，信用标准，收账政策，存货成本，经济订货量，最佳现金持有量，ABC分类管理，准时制

5.1 营运资金管理

▶ 5.1.1 营运资金的概念

营运资金有广义和狭义之分。广义的营运资金是指总营运资金，简单来说就是生产经营活动中的流动资产所占用资金，在数量上等于流动资产；狭义的营运资金则是指净营运资金，是流动资产减去流动负债后的差额。在建筑施工企业财务管理实务中，营运资金通常指的是狭义的营运资金。

营运资金管理着重解决两个问题：一是如何确定流动资产的最佳持有量；二是如何筹措短期资金。具体来说，这两个问题分别涉及每一种流动资产以及每一种流动负债的管理

方式与管理策略的制定。因此，从本质上看，营运资金管理包括流动资产管理和流动负债管理，体现了对企业短期性财务活动的概括。通过对营运资金的分析，便于了解企业流动资产的流动性、利用资产的变现能力和短期债务偿还能力。

► 5.1.2 营运资金与现金流转

营运资金在项目不断地变现和再投入，而各项目的变化会直接影响企业的现金流转。同时，现金的流转使得营运资金不断地循环运转，使企业成为一个活跃的经济实体，两者相辅相成。

由于现金流入和流出在时间上存在着差异，即使盈利的企业也可能出现现金流转困难。现金流转是指持续的现金流动，这种流动主要是通过营运资金的各项目循环实现的，包括现金、应收账款、存货、应付账款、应计费用等。现金的流转过程大体上包括存货周转、应收账款周转和应付账款周转等程序，如图5.1所示。

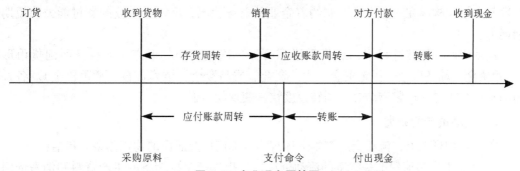

图5.1 企业现金周转图

图5.1说明，营运资金各项目的变化与现金周转乃至现金流量密不可分，互相依存。

企业的非现金性流动资产一旦转化成现金，就会形成企业的现金流入；而企业偿还短期债务需要支付现金，这就形成了企业的现金流出。现金的流转不平衡，就会出现现金不足而导致短期偿债困难，或者现金过剩而使企业的资产获利能力下降。所以，通过营运资金管理来控制流动资产和流动负债，使现金流入和现金流出尽可能协调，实现现金的平衡运动，就成为企业日常管理的重要内容。

由于现金流入量与现金流出量具有非同步性和不确定性，因此企业的现金流入与现金流出无法在时间上相互匹配，从而导致企业未来经营活动的不确定性，加大了企业财务人员对现金流量进行准确预测的难度。因此，储备适当的营运资金，就可以使企业的日常收付活动形成良性循环。

► 5.1.3 营运资金管理的原则

对营运资金进行管理，既要保证有足够的资金满足生产经营需要，又要保证企业能按时、足额地偿还各种到期债务。因此，在营运资金管理过程中，企业应遵循以下原则：

①认真分析企业生产经营状况，合理确定企业营运资金的需要量。

②在保证生产经营需要的前提下，节约使用资金，提高资金使用效果。

③加速营运资金的周转，提高资金的使用效率。

④合理安排流动资产与流动负债的比例关系，保障企业短期偿债能力。

5.2 流动资产管理

▶ 5.2.1 流动资产的涵义

1）流动资产的概念

流动资产（Current Assets）是指企业能够在一年内或者超过一年的一个营业周期内变现或者被耗用的资产。流动资产的内容包括库存现金及各种存款、短期投资、应收账款及预付账款、应收票据和存货等。

流动资产属于企业生产经营活动过程中短期置存的资产，是企业资产的重要组成部分，其数额大小及构成在一定程度上制约着企业的财务状况，反映了企业的支付能力和短期偿债能力。

流动资产在周转过程中，从货币形态开始，依次改变其形态，最后又回到货币形态（货币资金、储备资金、固定资金、生产资金、成品资金、结算资金、货币资金）。各种形态的资金与生产流通紧密结合，周转速度快，变现能力强。

2）流动资产的分类

①在实物形态上，流动资产基本上体现为各部门以及居民的物资储备。包括：

a. 处于生产和消费准备状态的流动资产，是指生产单位储备的生产资料和消费部门及居民储备的消费品；

b. 处于待售状态的流动资产，是指生产部门和流通部门库存尚未出售的生产资料和消费品储备以及国家储藏的后备性物资；

c. 处于生产过程中的流动资产，是指生产单位的在制品、半成品储备。

②按照流动性大小可分为速动资产和非速动资产。包括：

a. 速动资产是指在很短时间内可以变现的流动资产，如货币资金、交易性金融资产和各种应收款项；

b. 非速动资产包括存货、待摊费用、预付款项、一年内到期的非流动资产以及其他流动资产。

另外，根据流动资产在生产经营过程中的作用不同，流动资产还可分为生产领域的流动资产和流通领域的流动资产；根据流动资产在生产活动中的不同形态，流动资产又可分为货币资金、储备资金、生产资金和成品资金等。

流动资产对企业的生产经营具有极为重要的意义。若流动资产不足，可造成企业经营发生困难，甚至造成企业停业或倒闭；但若流动资产过多，又可使企业的资本成本上升，从而使企业的资金使用效率下降，实际利润下降。

3）流动资产的特点

①投资回收期短

投资于流动资产的资金一般在一年或一个营业周期内收回，对企业影响的时间比较短。因此，流动资产投资所需要的资金一般可以通过商业信用、短期银行借款等短期融资方式加以解决。

②流动性强

流动资产的循环周转过程中，包括产、供、销3个阶段，其占用形式从现金转化为材料，从材料转化为在产品，再从在产品转化为产成品，从产成品转化为应收账款，应收账款再转化为现金，这种转化循环往复。流动资产的流动性与其变现能力相关，在遇到意外情况时，可迅速变卖流动资产以获取现金。这对于财务上满足临时性资金需求具有重要意义。

③具有并存性

在流动资产的周转过程中，流动资金要经历企业的全部生产经营循环，它将同时以货币资金、储备资金、生产资金和成品资金等不同形态并存于企业之中。

④占用水平的波动性

企业长期资产占用相对比较稳定，而流动资产占用波动性较大，占用量时高时低，主要原因是企业内部生产经营条件处于不断变化之中。例如，根据市场需求而临时对企业生产经营计划的修正、新的投资机会的获取、采购的材料集中到货等，都会引发流动资产波动加大。对于季节性企业来说，由于生产经营活动集中于一年的某段时间内开展，生产季节和非生产季节的流动资产占用水平差别将更大。通常，企业对波动的流动资产投资基本上是采用流动负债来筹资的。

▶　5.2.2　流动资产管理的要求

流动资产在生产经营过程中起着关键的作用，加强对流动资产的管理十分重要。流动资产管理的要求主要体现在：

（1）合理配置，保持最优流动资产结构

流动资产结构是指各类形态的流动资产占全部流动资产的比重。研究和分析流动资产的结构，掌握企业流动资产的整体分布情况和各个周转阶段上的资产比例关系，可以在占用资金总量一定的情况下，通过合理调配、组织，使流动资产科学地并存于各种形态，协调产、供、销关系，促进生产均衡地进行，并确定其管理重点。

（2）加速流动资产周转，提高其使用效率

流动资产在周转使用过程中依次改变其资产占用形态，顺利地实现循环和周转，是企业再生产能够顺利进行及企业取得盈利的前提。在一定时期内，流动资产周转速度越快，同样数量的流动资金能发挥更大作用，流动资金占用总量越少，从而资金成本越低，企业经济效益越好。因此，加速流动资产周转对企业提高经济效益有重要作用。

（3）正确处理盈利和风险的关系

占有一定数量的流动资产是企业进行生产经营活动的必要条件。流动资产的多少直接影响到企业偿还到期债务、支付利息的能力。流动资产过少，企业偿债能力弱，风险也就变大。因此，在企业资金占用总量一定的情况下，流动资产越多，企业盈利相对越少，风险越小，但是过多的流动资产会增加企业的机会成本。所以，企业应根据自身的要求、不同时期经济发展状况和市场状况，确定流动资产占用数额。处理好盈利和风险的关系，尽量使得盈利达到较高水平，而将风险控制在最低水平。

（4）合理筹集流动资金

筹资管理的具体目标是以最低的成本筹集到所需的资金。所以，在筹集流动资金时应考虑筹资成本的影响因素，如筹资渠道、筹资方式、筹资难易程度、筹资的社会反应等，以求得筹资方式的最优组合，降低综合资金成本。

▶ 5.2.3 流动资产日常管理策略

1）流动资产持有策略

（1）适中型持有策略

适中型持有策略是指在保证流动资产正常需要量的情况下，适当保留一定的保险储备量以防不测的组合策略。在此策略下，流动资产由两部分构成：正常需要量和保险储备量。

①正常需要量，是指满足企业正常生产经营需要的流动资产占用水平。

②保险储备量，是指应付意外情况的发生而额外建立的合理储备。保险储备量的大小视企业的生产经营条件、采购环境和材料的可替代性等因素而定。

该策略认为，流动资产的投资水平应保证生产经营的正常进行。由于正常需要量是按企业有关计划制定的，一旦计划发生临时变更，或采购环节遇阻，为保证生产经营的连续性，需建立一定的流动资产储备。

（2）冒险型持有策略

在冒险型持有策略下，企业对流动资产的投资只保证流动资产的正常需要量，不保留或只保留较少的保险储备量，以便最大限度地减少流动资产占用水平，提高企业投资报酬率。

如果降低流动资产投资水平，能继续维持原有销售额的话，则会给企业带来筹资成本的节约，因而会增加企业收益。但是，企业要面对较大的风险：一方面，流动资产占用水平降低将增加企业短期偿债风险；另一方面，流动资产储备过低，有可能会导致企业停工待料和产品脱销，造成企业不应有的损失。因此，冒险型持有策略对企业管理水平提出了较高的要求。

（3）保守型持有策略

与冒险型持有策略相对应，保守的投资组合从稳健经营的角度出发，在安排流动资产时，除保证正常需要量和必要的保险储备量外，还安排一部分额外的储备量，以最大限度地降低企业可能面临的风险。

保守的投资组合将增加流动资产在总资产中的占用比例，在销售额一定的情况下，该策略必然会降低企业的投资报酬率。这是谨慎、保守型财务人员喜欢选择的策略。

2）营运资金筹集策略

（1）到期日搭配型筹资策略

到期日搭配筹资（Maturity Matching Approach），就是将筹资方式的期限选择与资产投资的到期日相结合，即短期性或季节性的流动资产通过短期负债融资，永久性的流动资产和所有的固定资产通过长期负债或主权性资本融资，如图5.2所示。

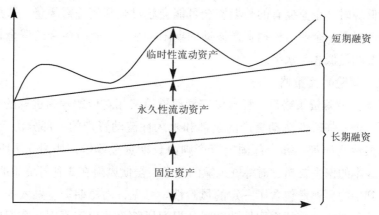

图5.2 到期日搭配型筹资策略

一般地，企业流动资产一部分要保持长期占用，即要维持现金、应收账款和存货等流动资产项目的最低占用水平，用长期资金来筹资，比较符合期限一致性和财务稳定性的要求；而流动资产变现性较强，偿债风险较小。另一方面，流动负债的成本也较低，且借贷和偿还条件比较灵活，企业可以随着流动资产波动幅度而相应增加或减少贷款，有助于节约资金成本。因此，该策略较好地体现了成本与风险的均衡性，有利于企业资产结构和资本结构的协调。

（2）保守型筹资策略

该筹资策略认为，到期日搭配法是有条件的，即企业所需的短期资金随时都能筹集到，且筹资成本不会大幅上扬，如果经济形势发生变化或企业自身环境恶化，随时筹资就会面临困难；有时即使能筹措到，却要以较高的成本为代价。因此，为防止企业信用丧失或成本增加，增加长期资金的筹资比重较为稳定和可靠。在保守筹资策略下，企业所有的固定资产，永久性的流动资产和一部分临时性的流动资产用长期负债和主权资金来筹资，只有一部分临时性的流动资产由短期资金筹集，如图5.3所示。

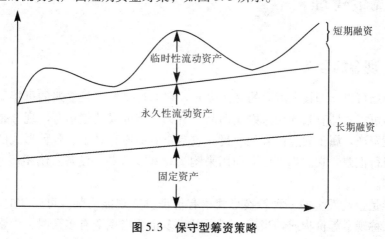

图5.3 保守型筹资策略

该筹资组合能更进一步降低企业偿债风险，有利于保持财务结构的稳定性。但是，长期资金的增加无疑会增加企业的资金成本。值得注意的是，在此筹资策略下，当企业资产占用数额处于低谷时，企业拥有的长期资金可能会超过全部资金需要量，造成资金的闲置和浪费。在此情况下，企业可根据资产波动的期限特征，将暂时多余的资金投资于有价证券，以保持资金的最低收益水平。

（3）积极（冒险）型策略

积极（冒险）型筹资策略是一种与保守型筹资策略相对应的较为进取的融资政策。在此筹资策略下，企业临时性流动资产的全部和永久性流动资产的一部分由短期资金筹集，而另一部分永久性流动资产和全部固定资产则由长期资金筹措，如图 5.4 所示。很显然，此政策对筹资成本的偏爱要超过对筹资风险的考虑，偿债风险在 3 种筹资策略中是最高的，因为短期债务到期的再融资包含了一定的风险性。可见，用短期资金融入的永久性流动资产比例越大，该种融资政策的进取性就越强。根据风险收益权衡原则，高期望获利水平是以高风险为代价的，这正是许多理财能手愿意选择此冒险政策的原因。

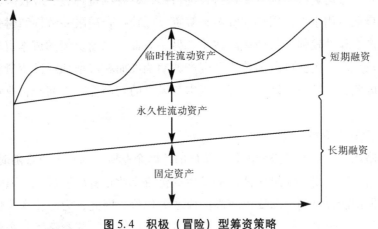

图 5.4　积极（冒险）型筹资策略

5.3　现金管理

▶ 5.3.1　现金的含义

现金，泛指可以立即投入流通的交换媒介。它的首要特点是普遍的可接受性和很强的支付能力，即可以立即有效地用来购买商品、货物、劳务或清偿债务。现金是变现能力最强的非盈利性资产。属于现金内容的项目，包括企业的库存现金、各种形式的银行存款和银行本票、银行汇票。它们都可以立即用来购买材料、劳务、设备、偿还债务、上交税款和支付红利等。

有价证券是企业现金的一种转换形式。有价证券变现能力强，可以随时转换成现金，故有价证券又称现金等价物或约当现金。所以很多企业当现金有多余时，常常会将现金转换成有价证券；待企业现金不足需要补充现金时，再将有价证券抛售出去转换成现金。在这种情况下，有价证券就成了现金的替代品。持有短期有价证券可以获得一定收益且可以作为现金的替代品，这是企业持有有价证券的原因。因此，企业财务实务中，一般将有价证券作为现金的替代品，视为"现金"的一个组成内容。

现金管理的过程就是在现金的流动性与收益性之间进行权衡选择的过程。现金管理，使企业的现金收支不但在数量上，而且在时间上相互衔接，对于保证企业经营活动的现金需要、降低企业限制的现金数量、提高资金收益水平具有重要意义。

▶ **5.3.2 现金的持有动机**

建筑施工企业要进行施工生产经营活动，必须拥有一定数量的现金。建筑施工企业持有一定数量的现金，其主要出于以下几个方面的动机：

（1）交易性动机

交易性需求是指满足日常业务的现金支付需要，如购买施工材料、支付建筑工人工资、缴纳税款等。企业经常得到收入，也经常发生支出，两者不可能同步同量。收入多于支出，形成现金置存；收入少于支出，需要借入现金。企业必须维持适当的现金余额，才能使业务活动正常地进行下去。

交易性动机是建筑施工企业持有现金的根本动机。

（2）预防性动机

预防性需要是指建筑施工企业持有现金以满足意外事件出现而发生的支付需求。企业有时会出现意想不到的开支，现金流量的不确定性越大，预防性现金的数额也就应越大；反之，企业现金流量的可预测性强，预防性现金数额则可小些。此外，预防性现金数额还与企业的借款能力有关，如果企业能够很容易地随时借到短期资金，也可以减少预防性现金的数额；若非如此，则应扩大预防性现金数额。

（3）投机性动机

投机性需要是指建筑施工企业持有现金用于不寻常的购买机会。例如，遇有廉价原材料或其他资产供应的机会，便可用手头现金大量购入；又如，在适当时机购入价格有利的股票和其他有价证券，等等。当然，除了金融和投资公司外，一般来讲，其他企业专为投机性需要而特殊置存现金的不多，遇到不寻常的购买机会，也常设法临时筹集资金。但拥有相当数额的现金，确实为突然的大批采购提供了方便。

企业缺乏必要的现金，将不能应付业务开支，使企业蒙受损失。企业由此而造成的损失，称之为短缺现金成本。短缺现金成本不考虑企业其他资产的变现能力，仅就不能以充足的现金支付购买费用而言，内容上大致包括：丧失购买机会（甚至会因缺乏现金不能及时购买原材料，而使生产中断造成停工损失）、造成信用损失和得不到折扣好处。其中失去信用而造成的损失难以准确计量，但其影响往往很大，甚至导致供货方拒绝或拖延供货，债权人要求清算等。但是，如果企业持有过量的现金，又会因这些资金不能投入周转无法取得盈利而遭受机会损失。此外，在市场正常的情况下，一般来说，流动性强的资产，其收益性较低，这意味着企业应尽可能少地持有现金，即使不将其投入本企业的经营周转，也应尽可能多地投资于能产生高收益的其他资产，避免资金闲置或用于低收益资产而带来的损失。这样企业便面临现金不足和现金过量两方面的威胁。企业现金管理的目标，就是要在资产的流动性和盈利能力之间做出抉择，以获取最大的长期利润。

▶ 5.3.3 库存现金管理的有关规定

按照现行制度，国家有关部门对企业使用库存现金有明确的规定，企业应当严格遵守。具体相关内容可参见《内部会计控制规范——货币资金（试行）》（财会〔2001〕41 号）。

（1）规定了库存现金的使用范围

库存现金的使用范围仅限于支付个人款项及不够支票结算起点（100 元）的一些小额零星开支。这里的现金是指人民币现钞。企业用现金从事交易，只能在一定范围内进行。这一范围包括：

①支付职工个人的工资、奖金、津贴；

②支付职工的抚恤金、丧葬补助费以及各种劳保、福利、国家规定的对个人的其他支出；

③支付个人劳务报酬；

④根据国家规定发给个人的科学技术、文化艺术、体育等各种奖金；

⑤支付向个人收购农副产品和其他物资的价款；

⑥出差人员必须随身携带的差旅费；

⑦结算起点（1 000 元）以下的零星支出；

⑧经中国人民银行确定需要支付现金的其他支出。

（2）规定了库存现金限额

为了控制库存现金的使用，有计划地组织货币流通，企业的库存现金数额，开户银行会同企业根据企业的规模大小、每日库存现金收付金额的多少、企业每日零星开支现金的多少、企业距离银行的远近、交通方便与否，共同协商确定。一般以不超过企业 3~5 天零星开支的正常需要量为限额。距离开户银行较远的建筑施工企业，库存现金的限额最高不得超过企业 15 天日常零星开支的需要量。核定的库存现金限额必须遵守，超过库存限额的现金，企业出纳员应及时送存银行，不足库存限额的现金，可以从银行提取现金补足限额；企业收到的现金要及时送存银行，企业需要现金要从银行提现；企业需要增加或减少库存现金限额，应向开户银行提出申请，由开户银行核定。

（3）严格库存现金的存取手续，不得坐支现金

企业经营活动过程中收入的现金，应于当日终了送存银行，当日送存银行确有困难的，由开户银行确定送存时间。企业支付的现金，应从库存现金限额中支付或从开户银行提现，不得从企业的现金收入中直接支付，即不得坐支现金。因特殊情况需要坐支现金的，应当事先报开户银行审查核准，由开户银行核定坐支范围和坐支限额。企业应当定期向开户银行报送坐支金额和使用情况。

（4）不得出租、出借银行账户

（5）不得签发空头支票和远期支票

空头支票，是指支票持有人请求付款时，出票人在付款人处实有的存款不足以支付票据金额的支票。远期支票是一种通俗的说法，一般是指出票的时间和兑现的时间存在一定

的距离。

对于签发空头支票造成透支的，开户银行将拒付并处以按票面金额的5%且不得低于1 000元的罚款。

（6）不得套用银行信用

（7）不得保存账外公款

其中包括不得将公款以个人名义存入银行和保存账外现钞等各种形式的账外公款。

为了加强库存现金的管理，企业一般应实行库存现金的内部牵制制度，即在库存现金管理过程中，要坚决执行不相容的职务相分离，要坚决执行钱账分管，使出纳人员和会计人员相互牵制，相互监督。凡有库存现金收付，应坚持复核制度，以减少差错，堵塞漏洞。现金收支应做到日清月结，必须办理交接手续，做到责任清楚。会计主管人员要经常检查库存现金与账面记录是否相符，以保证库存现金的安全完整。

▶ 5.3.4 提高现金使用效率的方法

现金管理的目的在于提高现金使用效率。为达到这一目的，应当注意做好以下几方面工作：

①力争现金流量同步。如果企业能尽量使它的现金流入与现金流出发生的时间趋于一致，就可以使其所持有的交易性现金余额降到最低水平。

②使用现金浮游量。从企业开出支票，收票人收到支票并存入银行，至银行将款项划出企业账户，中间需要一段时间。现金在这段时间的占用称为现金浮游量。在这段时间里，尽管企业已开出了支票，却仍可动用在活期存款账户上的这笔资金。不过，在使用现金浮游量时，一定要控制好使用的时间，否则会发生银行存款的透支。

③加速收款。这主要指缩短应收账款的时间。发生应收账款会增加企业资金的占用，但它又是必要的，因为它可以扩大销售规模，增加销售收入。问题在于如何既利用应收账款吸引客户，又缩短收款时间。这要在两者之间找到适当的平衡点，并需实施妥善的收账策略。

④推迟应付账款的支付。企业在不影响自己信誉的前提下，尽可能地推迟应付款的支付期，充分运用供货方所提供的信用优惠。如遇企业急需现金，甚至可以放弃供货方的折扣优惠，在信用期的最后一天支付款项。当然，这要权衡折扣优惠与急需现金之间的利弊得失而定。

▶ 5.3.5 现金管理的原则

①凡在银行和其他金融机构（以下简称开户银行）开立账户的机关、团体、部队、企业、事业单位和其他单位（以下简称开户单位）必须依照《现金管理暂行条例》的规定收支和使用现金，接受开户银行的监督。

②国家鼓励开户单位和个人在经济活动中采取转账方式进行结算，减少现金使用。

③开户单位之间的经济往来，除按《现金管理暂行条例》规定的范围可以使用现金外，应当通过开户银行进行转账结算。

④各级人民银行应当严格履行金融主管机关职责，负责对开户银行的现金管理进行监

督和稽核。

⑤开户银行负责现金管理的具体实施，对开户单位收支、使用现金进行监督管理。

▶ 5.3.6　现金管理的内容

在风险不变的条件下，合理降低现金存量的关键在于进行有效和准确的现金需求预测和尽量做到现金收支的匹配与均衡。因此，现金管理的主要内容表现在如下 3 个方面：

①编制现金计划，合理估计现金需求；

②控制和调整日常现金收支，尽量做到收支匹配；

③确定理想的现金余额。

▶ 5.3.7　现金的日常控制

1）现金回收管理

要尽量缩短企业账款收回时间，主要是支票邮寄时间和支票在企业停留时间。现金回收管理的方法有邮政信箱法、银行业务集中法、事先核定记账方法等。

（1）邮政信箱法

邮政信箱法，又称锁箱法，是指企业在各销售地租用专用的邮政信箱，再委托当地银行代理收款存入公司账户的加速收款的方法。在锁箱法下，客户将支票直接寄给客户所在地指定的邮箱而不是企业总部，缩短了支票邮寄时间，免去了企业办理收款、货款存入银行等手续，缩短了支票在企业的停留时间。

（2）银行业务集中法

银行业务集中法，是指企业设立多个策略性的收款中心来代替通常在公司总部设立的单一收款中心，以加速货款回收。这种方法与传统的收款方法相比，不仅缩短了账单和支票的往返邮寄时间和支票兑现的时间，而且便于应收账款的及时清理。

（3）事先核定记账方法

事先核定记账方法，是指在某个指定时间，现金自然从客户账户转到公司的账户上，因为在此过程中没有传统的账单，所以这种转账称为无账单交易。由于邮寄和账户结算的时间都减少了，此方法能加速资金周转。虽然这种方法十分有效，而且也可能成为一种发展趋势，但是它被接受的速度比预计的要慢。当然，付款者在实行这种方法时失去了弹性付款时间也是这一方法不被广泛接受的原因之一。

此外，公司还应积极利用网上银行系统进行电子结算，在最短的时间内完成收款业务。

2）现金支出管理

（1）合理利用现金"浮游量"

现金浮游量包括签发付款支票产生的浮游量及存入支票产生的浮游量。前者为有利浮存；后者为不利浮存。企业充分利用现金浮游量，可以适当减少现金数量。但浮游量的利用，应把握好时间和额度，防止发生银行存款透支。

（2）控制支出时间

企业应在不影响信誉的前提下，尽可能地充分运用供应商所提供的信用条件，推迟应付款的支付期，以延缓与控制现金支出。但要注意这种信用条件有无现金折扣优惠，要在折扣优惠与急需现金之间权衡利弊得失。

（3）工资支出模式

许多企业都为支付工资而设立一个存款账户。为了减少这一存款数额，企业必须合理预测所开出支付工资的支票到银行兑现的具体时间。企业不必在支付工资那天存够工资总额。

3）现金收支的综合控制

现金收支的综合控制的措施主要有：

①力争现金流入与流出同步；

②实行内部牵制制度；

③及时进行现金的对账和清理；

④遵守国家规定的库存现金的使用范围；

⑤做好银行结算户存款和单位定期存款的管理工作。

▶ 5.3.8 现金预算管理

在建筑施工企业财务管理实务中，为了实现现金管理的目标，企业内部各单位、各个职能部门必须密切配合、协调行动。通过编制现金收支预算的办法，来规划和控制企业未来的现金收支活动，并对各个时期的现金收支余缺采取相应措施进行协调平衡。

现金收支预算一般按年度分季度或月度编制，并采用现金收支预算法。所谓现金收支预算，是将预算期内可能发生的一切现金收支项目分别列入预算表内，以确定现金收支是否平衡，从而采取相应措施的方法。按现金收支预算法编制的现金预算表，其构成内容主要包括现金收入、现金支出、现金余缺和现金融通4个部分。

1）现金收入

建筑施工企业的现金收入部分主要包括期初结余现金和本期现金收入额。期初结余现金是上期末结转本期的现金结余。

本期现金收入主要包括以下几个方面的收入来源。

（1）工程结算价款收入

工程结算价款收入，包括预算期内收取的上期期末点交和本期期中点交的工程款。由于工程价款结算实务中，期末向发包商点交已完工程，其工程价款一般要到下期初才能收取，因此应包括上期末点交、在本期初结算的工程价款，而不包括本期末点交、在下期初才结算的工程价款。如果企业在工程价款结算中对工程款采用分次预收、竣工后一次结算的办法，则在工程结算价款收入中应包括预算期期中预收的工程价款。在这种情况下，在计算预算期工程结算价款收入时，应扣除预算期内应归还的预收工程款。如建筑施工企业向发包商预收有备料款，则应增设"预收备料款"项目，用以列示预算期内向发包商预收的备料款。在这种情况下，计算预算期工程结算价款收入时，应当扣除预算期内应归还的预收备料款。

（2）产品销售收入

如果建筑施工企业有附属工业生产或辅助生产，会产销工业产品和辅助产品而形成产品销售收入，这部分收入应根据附属工业生产和辅助生产单位预算期产品销售量和销售价格计算确定。

（3）其他业务收入

建筑施工企业的其他业务收入包括除产品销售收入以外的其他各种业务销售收入，如机械作业收入、材料销售收入、无形资产转让收入、固定资产出租收入等，这部分收入应根据有关单位或部门提供的预算期收入数计算确定。

（4）收回各种应收款

根据报告期末各种应收款的余额，并结合预算期可能采取的应收款催收措施和可能收回的数额予以计算确定。

（5）利息、股利收入

利息、股利收入包括各种存款、债券利息收入和对外股权投资分得的现金股利或联营利润。

期初现金结余额和本期现金收入额相加，就构成本期实际可以动用的现金合计。

2）现金支出

建筑施工企业现金支出部分包括本期现金支出额和期末必要现金余额。本期现金支出主要由以下各项支出构成。

（1）材料采购支出

由采购供应部门根据预算期施工生产作业计划、材料消耗定额，结合材料库存，按照保障施工生产和合理储备、节约占用资金的原则，提出材料采购用款计划。财务部门应结合预算期现金收入情况和储备资金占用情况，对采购供应部门提出的材料采购用款计划进行综合平衡和审核，然后再加以确定，以防止盲目采购而形成材料积压。

（2）职工薪酬支出

根据预算期人力资源部门的职工薪酬总额并结合实际开支情况予以确定。

（3）其他施工生产费用支出

其他施工生产费用支出包括施工机械设备租赁费、水电费、土方运输费、办公费、差旅交通费、劳动保护费和业务招待费等生产性费用支出。根据预算期工程施工生产任务、有关取费标准以及职工人数、费用开支标准等计算确定。

（4）税费支出

税费支出包括预算期内支付的营业税金及附加、所得税、车船使用税、土地使用税、印花税、房产税及土地使用费等税费支出。

（5）归还各种应付款

根据预算期内应该偿还的各种应付款并可能偿还的应付款数额计算确定。

（6）利息、股利支出

利息、股利支出包括借款利息、应付债券利息和对投资者支付现金股利或利润等支出。

（7）购建固定资产、临时设施和无形资产支出

期末现金必要余额是指在正常施工生产经营条件下，企业在预算期期末必须持有的现金。因为企业的现金收支，随着建筑市场及企业施工经营条件的变化，具有不确定性，很难准确估算。为使现金预算具有一定的弹性，应将期末必须持有的现金纳入现金支出部分。这样有利于企业对预算期内现金收支进行统筹规划，防范现金性筹资风险。

本期现金支出加期末现金必要余额，即为预算期动用现金合计。

3）现金余缺

现金余缺部分反映预算期内现金收支轧抵后的余缺额。如果预算期内可动用现金合计大于动用现金合计，说明现金有多余；反之，说明现金短缺。现金多余或短缺揭示企业预算期内现金收支的不平衡性。在编制现金预算时，若出现现金多余或短缺，则应积极与有关部门协商，采取各项措施，既要做到增收节支，保证现金收支在预算期的总额平衡；又要做到在预算期内各季、各月现金收支在时间上的相互协调。这是现金预算管理的主要内容。

4）现金融通

现金融通，包括将现金多余的处置和现金短缺的融资。对于现金的多余或短缺的处置或融资方式，应视现金余缺的具体情况而定。一般说来，临时性的现金多余，可以考虑先归还借款，然后用以购买短期有价证券；如果现金多余是经常性的、长期性的，则比较适宜于归还长期借款或进行长期有价证券投资。与此相对应，若是临时性现金短缺，可出售短期有价证券或向银行举借短期借款加以弥补；若为经常性、长期性的现金短缺，则可向银行举借长期借款或发行企业债券来融资。

建筑施工企业现金预算表的格式列示如表 5.1 所示。

表 5.1　现金预算表

××年度　　　　　　　　　　　　　　　　　　　　　　　　单位：元

项　目	一季度	二季度	三季度	四季度	合　计
期初结余现金					
本期现金收入					
其中：工程结算价款收入					
产品销售收入					
其他业务收入					
收回应收款					

续表

项　　目	一季度	二季度	三季度	四季度	合　计
利息、股利收入					
……					
本期可动用现金					
本期现金支出					
其中：材料采购支出					
职工薪酬支出					
其他生产费用支出					
税费支出					
归还应付款					
利息、股利支出					
购建固定资产、临时设施、无形资产支出					
……					
期末现金必要余额					
本期动用现金合计					
现金余缺					
现金融通					
银行短期借款					
银行长期借款					
归还短期借款					
归还长期借款					
投资有价证券					
出售有价证券					
发行企业债券					
赎回企业债券					

▶ 5.3.9 最佳现金持有量的确定

编制现金收支预算，能预计预算期内现金收支余缺，以便企业事先做出财务安排，防止现金多余或短缺给企业带来不利影响。但在编制现金预算时，要事先确定预算期内期末现金必要余额，即企业现金最佳持有量。特别是在有价证券这一准货币的情况下，企业如何处理两者的比例和转换关系，既满足企业施工经营的需要、防止现金短缺，又能对多余的现金加以充分利用，取得最佳的现金管理效益显得至关重要。

在建筑施工企业财务管理实务中，最佳现金持有量的确定通常可采用成本分析模式、存货管理模式、现金周转模式和随机模式等方式来计算。

1）成本分析模式

成本分析模式是通过分析持有现金的成本，寻找持有成本最低的现金持有量。企业持有的现金，将会有3种成本。

（1）机会成本

现金作为企业的一项资金占用，是有代价的，这种代价就是它的机会成本。现金资产的流动性极佳，但盈利性极差。持有现金则不能将其投入生产经营活动，失去因此而获得的收益。企业为了经营业务，有必要持有一定的现金，以应付意外的现金需要。但现金拥有量过多，机会成本代价大幅度上升，就不合算了。

（2）管理成本

企业拥有现金，会发生管理费用，如管理人员工资、安全措施费等。这些费用是现金的管理成本。管理成本是一种固定成本，与现金持有量之间无明显的比例关系。

（3）短缺成本

现金的短缺成本，是因缺乏必要的现金，不能应付业务开支所需，而使企业蒙受损失或为此付出的代价。现金的短缺成本随现金持有量的增加而下降，随现金持有量的减少而上升。

上述3项成本之和最小的现金持有量，就是最佳现金持有量。如图5.5所示，总成本抛物线的最低点即为持有现金的最低总成本。超过这一点，机会成本上升的代价优惠大于短缺成本将下降的好处；这一点之前，短缺成本上升的代价又会大于机会成本下降的好处。这一点横轴上的量，即是最佳现金持有量。

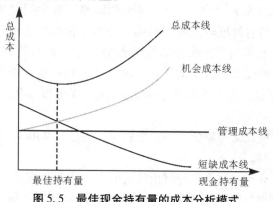

图 5.5　最佳现金持有量的成本分析模式

最佳现金持有量的具体计算,可以先分别计算出各种方案的机会成本、管理成本和短缺成本之和,再从中选出总成本最低的现金持有量即为最佳现金持有量。

【例5.1】某施工企业有4种现金持有方案,它们各自的机会成本、管理成本、短缺成本如表5.2所示。

表5.2　现金持有方案决策　　　　　　　　　　单位:元

方案项目	甲	乙	丙	丁
现金平均持有量	25 000	50 000	75 000	10 000
机会成本	3 000	6 000	9 000	12 000
管理成本	20 000	20 000	20 000	20 000
短缺成本	12 000	6750	2500	0

注:机会成本率为该企业的资本收益率12%。

其计算结果如表5.3所示。

表5.3　现金持有量方案成本计算分析表　　　　　单位:元

方案项目	甲	乙	丙	丁
机会成本	3 000	6 000	9 000	12 000
管理成本	20 000	20 000	20 000	20 000
短缺成本	12 000	6 750	2 500	0
总成本	35 000	32 750	31 500	32 000

通过分析比较表5.3中各方案的总成本可知,丙方案的总成本最低。因此,当企业现金持有量为75 000元时,总成本最低,故企业的最佳现金持有量为75 000元。

2) 存货管理模式

企业平时持有较多的现金,会降低现金的短缺成本,但也会增加现金占用的机会成本;而平时持有较少的现金,则会增加现金的短缺成本,却能减少现金占用的机会成本。如果企业平时只持有较少的现金,在有现金需要时(如手头的现金用尽),通过出售有价证券换回现金(或从银行借入现金),便能既满足现金的需要,避免短缺成本,又能减少机会成本。因此,适当的现金与有价证券之间的转换,是企业提高资金使用效率的有效途径。这与企业奉行的营运资金政策有关。采用宽松的投资政策,保留较多的现金则转换次数少;如果经常进行大量的有价证券与现金的转换,则会加大转换交易成本。因此如何确定有价证券与现金的每次转换量,是一个需要研究的问题。这可以应用现金持有量的存货模式解决。

现金持有量的存货模式又称鲍曼模型,是威廉·鲍曼(William Baumol)提出的用以确定目标现金持有量的模型。

企业每次以有价证券换回现金是要付出代价的(如支付经纪费用),这被称为现金的交易成本。现金的交易成本与现金转换次数、每次的转换量有关。假定现金每次的交易成本是固定的，在企业一定时期现金使用量确定的前提下，每次以有价证券转换回现金的金额越大，企业平时持有的现金量便越高，转换的次数便越少，现金的交易成本就越低；反之，每次转换回现金的金额越低，企业平时持有的现金量便越低，转换的次数会越多，现金的交易成本就越高。现金交易成本与持有量成反比。

运用存货模式确定最佳现金持有量的假设：

①企业所需要的现金可通过证券变现取得，且证券变现的不确定性很小；

②企业预算期内现金需要总量可以预测；

③现金的支出过程比较稳定、波动很小；

④证券的利率或报酬率以及每次固定性交易费用可以获悉。

设有价证券的利率（机会成本）为 K，一个周期内所需现金总额为 T，每次转换有价证券的固定性转换成本为 F，Q 为最佳现金持有量（每次的最佳现金转换量），TC 为现金管理相关总成本。则：

$$现金管理相关总成本 = 持有机会成本 + 固定性转换成本$$

$$总成本（TC） = \frac{Q}{2} \times K + \frac{T}{Q} \times F$$

$$最佳现金持有量（Q^*） = \sqrt{\frac{2TF}{K}}$$

$$最低成本（TC^*） = \sqrt{2TFK}$$

【例5.2】某企业全年所需现金为 62.5 万元，并且现金的收支比较稳定，每次有价证券转换成现金的成本为 50 元，有价证券的利率为 10%，求现金管理相关总成本。

解：由计算公式可得到：

$$Q = \sqrt{\frac{2 \times 50 \times 625\,000}{10\%}} = 2.5（万元）$$

$$有价证券的转换次数（T/Q） = \frac{62.5}{2.5} = 25（次）$$

$$TC = \sqrt{2TFK} = \sqrt{2 \times 50 \times 625\,000 \times 10\%} = 0.25（万元）$$

3）现金周转模式

现金周转期模式是根据现金的周转速度来确定最佳现金持有量的方法，其计算步骤为：

（1）计算现金周转期

现金周转期是指企业从购买材料支付现金到销售产品回收现金所需要的时间，包括存货周转期、应收账款周转期和应付账款周转期。显然，现金周转期越短，现金的使用效率就越高。

$$现金周转期 = 存货周转期 + 应收账款周转期 - 应付账款周转期$$

为了缩短现金周转期，应缩短存货平均周转期与应收账款周转期，延长应付账款周转期。

（2）计算现金周转率

现金周转率是指一年中现金的周转次数。现金周转次数越多，企业现金需求就越少。

$$现金周转率=日历天数（360）/现金周转期天数$$

（3）计算最佳现金持有量

$$最佳现金持有量=年现金需求额/现金周转率$$
$$=（年现金需求总额/360）×现金周转期$$

【例5.3】某建筑构件厂的建筑原料购买和产品销售都采取赊销方式，应付款的平均付款天数为30天，应收款的平均收款天数为70天。假设平均存货周转期限即企业从原料购买到产品销售的期限为80天，该企业年现金需求额为360万元。则：

企业的现金周转期=80+70-30=120（天）

现金周转率=360/120=3（次）

最佳现金持有量为360/3=120万元=（360/360）×120=120（万元）

4）随机模式

随机模式，是在现金需求量难以预知的情况下，进行现金持有量控制的方法。

对大多数企业来讲，现金需求量往往波动大且难以预知，但企业可根据历史经验和现实需要，测算出一个现金持有量的控制范围，当现金持有量接近或超过控制上限时，可投资有价证券，而当现金持有量接近控制下限时，就要出售有价证券来补充现金，使现金持有量保持在上下限之间的正常水平如图5.6所示。

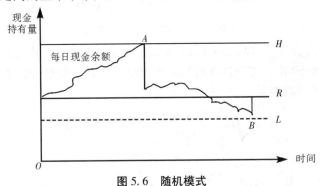

图5.6 随机模式

在图5.6中，H线为现金存量的上限，L线为现金存量的下限，R线为最优现金返回线。从图中可以看到，企业的现金存量（表现为现金每日余额）是随机波动的，当其达到A点时，即达到了现金控制的上限，企业应用现金购买有价证券，使现金持有量回落到现金返回线（R线）的水平；当现金存量降到B点时，即达到了现金控制的下限，企业则应转让有价证券换回现金，使现金存量回升至现金返回线的水平。现金存量在上下限之间的波动属控制范围内的变化，是合理的。以上关系中的上限H、现金返回线R可按下列公式计算：

$$R=\sqrt[3]{0.75b\,\delta^2/i}+L$$
$$H=3R-2L$$

式中 δ——预计每日现金余额变化的标准差（可根据历史资料测算）；

i——有价证券的日利息率；

b——每次有价证券的固定转换成本。

下限L的确定，则受到企业每日的最低现金需要、管理人员的风险倾向等因素的影响。

【例5.4】设某企业有价证券的年利率为9.36%，每次有价证券的固定转换成本 b 为50元，企业认为，在任何时候其现金余额均不能低于 $L=1\ 000$ 元，又根据以往经验，测算出余额波动的标准差 δ 为500元。则最优现金返还线 R 与现金控制上限 H 分别为：

$$R = \sqrt[3]{0.75 \times 50 \times 500^2 \times 360/0.093\ 6} + 1\ 000 = 4\ 303.69(元)$$

$$H = 3 \times 4\ 303.69 - 2 \times 1\ 000 = 10\ 911.07\ (元)$$

5.4 应收账款管理

▶ 5.4.1 应收账款的含义

应收账款是指企业在建造和销售产品、材料、提供劳务的过程中，附带提供商业信用，采取延期收款、赊销等结算、销售方式而产生的应向发包建设单位等客户收取的款项。建筑施工企业的应收账款主要包括：应收工程款、应收销货款等。

施工企业的应收账款主要是指建筑施工企业在施工经营活动中，依据价款确认书或合同规定而向发包方、分包方主张的短期债权。因此，企业必须加强其管理，确保其安全完整并加速资金回笼。

▶ 5.4.2 应收账款的管理目标

1）发生应收账款的原因

（1）商业竞争

这是发生应收账款的主要原因。在社会主义市场经济的条件下，存在着激烈的商业竞争。竞争机制的作用迫使企业以各种手段扩大销售。除了依靠产品质量、价格、售后服务、广告等外，赊销也是扩大销售的手段之一。对于同等的产品价格、类似的质量水平、一样的售后服务，实行赊销的产品或商品的销售额将大于现金销售的产品或商品的销售额。这是因为客户将从赊销中得到好处。出于扩大销售的竞争需要，企业不得不以赊销或其他优惠方式招揽客户，于是就产生了应收账款。由竞争引起的应收账款，是一种商业信用。

（2）销售和收款的时间差距

商品成交的时间和收到货款的时间经常不一致，这也导致了应收账款。当然，现实生活中现金销售是很普遍的，特别是零售企业更常见。不过就一般批发和大量生产企业来讲，发货的时间和收到货款的时间往往不同。这是因为货款结算需要时间的缘故。结算手段越是落后，结算时间就越长，销售企业只能承认这种现实，并承担由此引起的资金垫支。由于销售和收款的时间差而造成的应收账款不属于商业信用，也不是应收账款的主要内容。

2）应收账款的管理目标

由于建筑产品的特殊销售方式和建筑产品市场竞争的激烈程度，应收账款（应收工程款）在施工企业资金中占有很大的比重，是导致施工企业资金紧张的主要因素。因此，管理好应收账款（应收工程款）具有重要的意义。施工企业应收账款的管理贯穿合同履行的全过程，甚至持续到工程、劳务结束后的若干年。

应收账款的实质是施工企业与发包建设单位或其他业务往来单位之间的一种商业信用行为。应收账款的存在，增强了施工企业的市场竞争力，扩大了企业的承包规模，会在一定程度上为企业创造更高的收益，但企业只要一发生应收账款，就不可避免地存在风险并产生成本。因此，应收账款的管理目标，就是在充分发挥应收账款功能的基础上，降低应收账款的成本，使提供商业信用、扩大工程承包和产品销售所增加的收益，大于其所占用的资金成本和发生的管理成本及坏账损失。

▶ 5.4.3 应收账款的成本

建筑施工企业因为应收账款的客观存在，在其存续期间，将会给企业带来的成本费用和损失，主要包括机会成本、管理成本和坏账损失等。

（1）机会成本

应收账款的机会成本是指企业将资金投资在应收账款上，而丧失的其他有利可图的投资机会可能获得的收益。其计算公式如下：

应收账款的机会成本=维持赊销业务所需要的资金×资金成本率

资金成本率可按有价证券利率计算。假设单位可变动资金和固定资金总额保持不变时，维持赊销业务所需要的资金数量可按下式计算：

应收账款平均余额=平均每日赊销额×平均收账天数=（年赊销额/360）×平均收账天数

持赊销业务所需的资金=应收账款平均余额×变动成本率

如果没告诉变动成本率，维持赊销业务所需的资金直接用应收账款平均余额代替。

（2）管理成本

应收账款的管理成本，是指企业对应收账款进行管理而耗费的各项支出。

（3）坏账成本

应收账款的坏账成本（又称坏账损失），是指企业应收账款因种种原因不能收回而发生的损失。

▶ 5.4.4 信用政策的制定

施工企业要管好应收账款，必须先制定应收账款的使用条件，即企业给不同的客户以不同的信用政策。企业的信用政策一般包括信用标准、信用条件和收账政策3个方面。

1）信用标准

（1）信用标准的含义

信用标准，是指建筑施工企业同意向发包建设单位等客户提供商业信用而提出的基本要求或者说对客户信用要求的最低标准。通常以预期的坏账损失率作为判别标准。

企业如将信用标准定得过高，将使许多客户达不到所设定的标准而被企业商业信用拒之门外，这虽有利于降低违约风险及收账费用，但会影响企业市场竞争能力的提高和经营收入的扩大。相反，如采用较低的信用标准，虽有利于企业扩大工程承包和产品销售，提高市场竞争能力和占有率，但要冒较大的坏账损失风险并发生较多的收账费用。因此，企业应根据自身情况和目标客户的具体信用情况，确定合理的客户信用标准。

建筑施工企业在确定信用标准时，一要考虑企业承担违约风险的能力。当企业具有较强的违约风险承担能力时，可以较低的信用标准提高市场竞争能力，争取客户，扩大工程承包和产品销售；反之，只能选择严格的信用标准以尽可能降低违约风险。二要考虑同行业竞争对手所定信用标准，使企业在市场竞争中处于优势地位。

（2）信用调查

通过信用调查，可以为正确评估客户的信用状况提供依据。它是制定和执行信用标准的基础。信用调查一般包括直接调查和间接调查。直接调查是企业调查人员与客户直接接触调查；间接调查是根据客户的财务报告或通过信用调查机构、银行等调查。

（3）信用评估

信用评估是指对客户的信用状况做出综合性的评价。常用的方法有"五 C"评估法和信用评分法。

①"五 C"评估法

a. 品质（Character），是指客户的信誉，即履行偿债义务的可能性。企业必须设法了解客户过去的付款记录，考察其是否有按期如数付款的一贯做法，与其他合作企业的关系是否良好等。这一点经常被视为评价客户信用的首要因素。

b. 能力（Capacity），是指客户的偿债能力，可以通过流动资产的数量和质量以及与流动负债的比例来衡量。

c. 资本（Capital），是指客户的财务实力和财务状况，表明客户可能偿还债务的背景。

d. 抵押品（Collateral），是指客户拒付款项或无力支付款项时能被用作抵押的资产。这对于较大金额的应收账款以及对不明底细或信用状况有争议的客户尤为重要。一旦收不到这些客户的款项，便以抵押品抵补。

e. 条件（Conditions），是指可能影响客户付款能力的经济环境。经济环境对客户付款能力的影响往往是客户无法控制的。

②信用评分法

信用评分法是对客户的一些涉及信用情况的财务比率指标进行评分，然后进行加权平均，得出客户的综合信用分数，并依此进行信用评估的一种方法。分数在一定标准（如在80 分）以上时，说明企业信用状况良好，在一定标准（如在 60 分）以下时，则说明信用状况较差；分数在中间说明信用状况一般。

2）信用条件

信用条件，是指建筑施工企业要求客户延期付款或赊销款项的条件，由信用期限、折扣期限和折扣标准 3 个要素组成。如"2/10，1/20，n/30"，即指信用期限为 30 天，折扣期限为 10 天，折扣标准为 2%；折扣期限为 20 天，折扣标准为 1%。这里的信用期限即施工企业为发包建设单位规定的最长付款期限，折扣政策则是为了鼓励客户提前付款而提供的优惠条件。较为优越的信用条件有利于增加工程承包和产品销量，但也会增加应收账款的机会成本和坏账概率。

信用条件包括两个方面的选择：信用期限；现金折扣率和折扣期限。

（1）信用期限的选择

信用期限是企业允许客户延期付款的最长时间。它是企业信用政策宽严的重要标志。信用期限过短，不足以吸引客户；信用期过长，会增加机会成本、坏账损失等应收账款成本，甚至造成利润减少。因此，企业在选择信用期限时，应全面分析不同的信用期限所带来的差量收益和差量成本，通过成本收益评价，选择最优的信用期限。

【例 5.5】某建筑公司以前采用 30 天按照发票金额付款的信用政策，现拟将信用期限放宽至 60 天，仍按发票金额付款即不予折扣，设最低投资报酬率为 15%。其他数据如表5.4 所示。

表 5.4　某建筑公司信用期放宽的有关资料表

项　目	原方案（$N/30$）	新方案（$N/60$）
赊销量（件）	100 000	120 000
赊销额（每件 5 元）	500 000	600 000
销售成本（元）	450 000	530 000
变动成本（每件 4 元）	400 000	480 000
固定成本（元）	50 000	50 000
销售利润（元）	50 000	70 000
可能发生的收账费用（元）	3 000	4 000
可能发生的坏账损失（元）	5 000	9 000

解：先计算放宽信用期所增加的收益，再计算增加的成本，然后根据两者比较的结果做出判断。

（1）增加的收益＝增加的销售量×单位边际贡献

$$= （120\,000-100\,000）×（5-4）$$

$$= 20\,000（元）$$

（2）增加的应收账款机会成本

　　a. 30 天信用期机会成本＝（500 000÷360）×30×（400 000÷500 000）×15%

　　　　　　　　　　　　＝5 000（元）

　　b. 60 天信用期机会成本＝（600 000÷360）×60×（480 000÷600 000）×15%

　　　　　　　　　　　　＝12 000（元）

　　c. 增加机会成本＝12 000-5 000＝7 000（元）

（3）增加的收账费用和坏账损失

　　　　增加的收账费用＝4 000-3 000＝1 000（元）

　　　　增加的坏账损失＝9 000-5 000＝4 000（元）

（4）改变信用期限增加的差量净收益

　　　　增加的收益-增加的成本：20 000-（7 000+1 000+4 000）＝8 000（元）

由于增加的收益大于增加的成本，所以应该采用 60 天的信用期。

（2）现金折扣率和折扣期限的选择

现金折扣，是企业对客户应付货款上所作的扣减。一般情况下，现金折扣期限为10~20天，现金折扣率为2%~3%。提供现金折扣所获的收益，主要是指由于缩短应收账款平均收账期而减少的应收账款的机会成本、收账费用和坏账损失，以及由于扩大销售而增加的收益。提供现金折扣而增加的成本，是指由于客户享受现金折扣而使企业减少的收入。

企业是否提供现金折扣，如何选择折扣期和折扣率，应根据提供现金折扣条件后，给企业带来的收益增加和成本增加来权衡。

【例5.6】继例5.5，假设该企业在放宽信用期的同时，为了吸引客户尽早付款，提出了0.8/30，N/60的现金折扣条件，估计会有一半的客户（按照60天信用期所能实现的赊销额计算）将享受现金折扣优惠。假设采用0.8/30，N/60的信用条件后，收账费用和坏账损失仍保持在采用N/60信用条件时的水平。

解：

（1）收益的增加＝销售量的增加×单位边际贡献

$$＝（120\ 000-100\ 000）×（5-4）＝20\ 000（元）$$

（2）应收账款机会成本的增加

30天信用期机会成本＝（500 000÷360）×（400 000÷500 000）×30×15%

$$＝5\ 000（元）$$

60天信用期并提供现金折扣的机会成本＝（600 000×50%）÷360×（480 000÷600 000）×60×15% +（600 000×50%）÷360×（480 000÷600 000）×30×15%

$$＝9\ 000（元）$$

机会成本增加＝9 000-5 000＝4 000（元）

（3）收账费用和坏账损失的增加

收账费用的增加：4 000-3 000＝1 000（元）

坏账损失的增加：9 000-5 000＝4 000（元）

（4）现金折扣成本的变化：

现金折扣成本增加＝新方案销售收入×新的现金折扣率×享受现金折扣的比率-原方案现金折扣＝600 000×0.8%×50%-500 000×0×0＝2 400（元）

（5）延长信用期限且提供现金折扣后的增量净收益

收益增加-成本费用增加＝20 000-（4 000+1 000+4 000+2 400）＝8 600（元）

由于可获得增量净收益8 600元，所以应当放宽信用期至60天，并提供0.8/30的现金折扣条件。

3）收账政策

收账政策（又称收款政策），是指客户违反信用条件，拖欠甚至拒付账款时，企业所采取的收账程序、方法与措施。一旦账款遭到拖欠甚至拒付，企业应根据客户拖欠账款的具体情况，通过有效的收账政策，想方设法予以解决。对于拖欠的应收账款，无论企业采用何种方式进行催讨，都需要付出一定的代价，即收账费用，如收账所花的邮电通讯费、派专人收款的差旅费和法律诉讼费等。

（1）收账费用与坏账损失的关系

通常投入的收账费用越多，采取的收账政策越严，收回的账款就越多，平均收账期也会相应缩短，应收账款的机会成本和坏账损失也就越小。但收账费用的增加和机会成本、坏账损失的减少之间并不总是线性关系。一开始投入收账费用可能不会使应收账款和坏账损失明显减少；随着收账费用的增加，对应收账款和坏账损失减少的作用越来越大；当收账费用达到一定限度后，再追加收账费用，对进一步减少坏账损失的影响变得相当微弱。这个限度称为饱和点。

因此，企业在制定收账策略时，应从增加的收账费用（差量成本）与减少的坏账损失、应收账款机会成本（差量收益）之间进行权衡。若前者小于后者，则说明制定的收账政策是可取的。

【例5.7】已知某建筑施工企业应收账款原有的收账政策和拟改变的收账政策如表5.5所示。假设企业资金利润率为10%。

表5.5　收账政策备选方案资料

项　目	现行收账政策	拟改变的收账政策
年收账费用（万元）	90	150
应收账款平均收账天数（天）	60	30
坏账损失占赊销额的百分比（%）	3	2
赊销额（万元）	7 200	7 200
变动成本率（%）	60	60

解：两种收账方案的差量收益和差量成本如下：

减少的坏账损失 = 7 200×3% -7 200×2% = 72（万元）

减少的应收账款机会成本：

(7200/360)×60×60%×10% - (7200/360)×30×60%×10% = 36（万元）

增加的收账费用=150 -90 = 60（万元）

采取新收账政策后取得的差量净收益 = (72 + 36) -60 = 48（万元）

因此，改变收账政策的方案是可以接受的。

（2）收账政策的制定

应收账款的催收是应收账款管理中的一项重要工作，包括应收账款账龄分析、确定收账程序和收账方法。

企业对各种不同过期账款的催收方式，包括准备为此付出的代价，就是它的收账政策。比如，对过期较短的客户，不过多地打扰，以免将来失去这一市场；对过期稍长的客户，可以措辞婉转地写信催款；对过期较长的客户，频繁的信件催款并电话催询；对过期很长的客户，可在催款时措辞严厉，必要时提请有关部门仲裁或提起诉讼，等等。

▶ **5.4.5　应收账款的日常管理**

（1）应收账款追踪分析

应收账款追踪分析，是在商品销售出去之后，对与该项销售相对应的应收账款的运行过程进行追踪分析。通常对那些金额较大或信用品质较差的客户的赊购款项，企业应考虑在收账之前，就对该项应收账款的运行过程进行追踪分析，包括对其信用品质与偿债能力进行延伸调查分析。

（2）应收账款账龄分析

应收账款账龄分析，是应收账款日常管理的重要手段。一般来说，拖欠的时间越长，款项收回的可能性越小，形成坏账的可能性越大。对此，企业可通过编制账龄分析表以考察分析应收账款的账龄结构的方法，密切注意各种应收账款的具体情况，对其实施严密的监督，采取相应的收账方法，制定出切实可行的收账政策，以提高应收账款的收现效率。

账龄分析的重点是考察应收账款的账龄结构。利用应收账款账龄分析表，企业可以了解到以下情况：

①有多少欠款还在信用期内；

②有多少欠款超过了信用期，超过不同时间的款项各占多少，有多少欠款会因拖欠时间太久而可能成为坏账。

（3）应收账款收现保证率分析

由于企业当期现金支付需要量与当期应收账款收现额之间存在非对称性矛盾，并呈现出预付性与滞后性的差异特征（如企业必须用现金支付与赊销收入有关的增值税和所得税），这就决定了企业必须对应收账款收现水平制定一个必要的控制标准，即应收账款收现保证率。其计算公式如下：

$$应收账款收现保证率=\frac{当期必要现金支付金额-当期其他稳定可靠的现金流入总额}{当期应收账款总计金额}$$

应收账款收现保证率指标反映了企业既定会计期间必须通过应收账款有效收现予以弥补的现金支出最低保证程度，也反映了应收账款未来实际收现的账项能否满足同期必需的现金支付要求，特别是满足具有刚性约束的纳税债务及偿还不得展期或调换的到期债务的需要。

企业应定期计算应收账款实际收现率，看其是否达到了既定的控制标准，如果发现实际收现率低于应收账款收现保证率，应查明原因，采取相应措施，确保企业有足够的现金满足同期必需的现金支付要求。

（4）应收账款坏账准备制度

无论企业采取怎样严格的信用政策，只要存在商业信用行为，坏账损失的发生在所难免。

企业应建立完备的坏账准备金制度，这也是应收账款管理的重要内容。企业在提取坏账准备后，并非意味着企业放弃了对该项应收账款的索取权，仍然拥有继续收款的法定权利。企业对该类应收账款的管理也不能因此而有所放松。

5.5 存货管理

企业存货一般会占到短期资产的 40%~60%，存货管理水平高低、存货利用效率的好坏，对企业财务状况和经营成果的影响很大。因此，加强存货管理，使存货保持在最优水平，便成为企业财务管理的一项重要内容。

▶ 5.5.1 存货的含义与分类

1）存货的概念

存货是指企业在日常生产经营过程中持有以备出售或者耗用的各种资产。这些资产有些处于生产过程中，有些处于原材料、构配件或产成品状态。

进行存货管理的主要目的是控制存货水平，在充分发挥存货功能的基础上，降低存货成本。

2）存货的分类

建筑施工企业的存货，按其经济内容可以分为以下 6 类：

（1）原材料

建筑施工企业的材料是指建筑施工的主要材料、结构件、机械配件、其他材料等劳动对象。原材料按其在施工生产经营活动中的作用不同，分为以下 4 类：

①主要材料，如钢筋、水泥等，在施工生产过程中构成工程产品的实体。

②结构件，如钢结构、木结构等，在施工生产过程中构成工程产品的实体。

③机械配件，主要用于施工机械的维修保养，如各种零配件等。

④其他材料，如各种辅助材料、油料等。有的为施工机械设备所消耗，如润滑油；有的为生产创造条件，如施工现场照明用的电灯、电线等；有的则有助于产品形成，如混凝土搅拌中的添加剂等。

它们在施工生产过程中都表现为在一次施工生产过程中使用便改变其实物形态，因而其价值也一次性转入工程产品成本中去。

（2）周转材料

建筑施工企业的周转材料主要包括模板（钢模板、木模板）、挡板、脚手架和其他周转材料等，分为在库周转材料和在用周转材料两类。低值易耗品与周转材料一样，在施工生产活动中多次使用不改变其实物形态，其价值逐渐分次转移到工程产品成本中去，建筑施工企业应根据具体情况分别采用一次摊销法、分期摊销法、分次摊销法、定额摊销法和五五摊销法等方法确定其应计入工程产品成本、费用中的周转材料和低值易耗品的消耗价值。

①一次摊销法，是指将周转材料的价值在领用时一次全部计入工程成本、费用。一般适用于那些价值低、易损耗、易腐败的周转材料。

②分期摊销法，按照周转材料的预计使用期限平均分摊计入成本、费用。

③分次摊销法，按照周转材料的预计使用次数平均分摊计入成本、费用。

④定额摊销法，根据实际完成的工程实物量和预算定额规定的周转材料消耗定额计算确认应分摊计入成本、费用的周转材料价值。

⑤五五摊销法，将周转材料的价值在领用时摊销一半、在其报废时摊销另外一半。

建筑施工企业要从事施工生产经营活动，必须储备一定数量的材料，占用一定数额的资金。如何节约使用材料储备资金，及时保证施工生产经营所需材料的供应，是建筑施工企业财务管理实务中一项重要的工作。

（3）设备

建筑施工企业存货中的设备，是指企业购进的作为劳动对象并构成建筑工程产品实体的各类需安装设备和不需安装设备。如建造房屋建筑物所购入的组成房屋建筑的通风、供水、供电、卫生、电梯、供暖等设备。这些设备一经投入施工生产，其价值一次全部转入建设工程产品成本中去。

（4）在建工程

建筑施工企业的在建工程（又称未完工程、未完施工），是指尚未完成施工过程、正处于建设过程中的各类建设工程。

（5）在产品和产成品

对建筑施工企业而言，在产品是指建筑施工企业附属工业生产和辅助生产尚未完成生产过程正在加工的各类工业产品和辅助产品；产成品是指已经完成全部生产过程并已验收入库、可以作为商品出售的各类工业产品和辅助产品。

（6）商品

建筑施工企业的商品是指企业购入的无需任何生产加工、经过储存一段时间后直接对外销售的各类物品，其目的在于赚取差价收益。

▶ 5.5.2 存货的功能

存货功能是指存货在建筑施工企业施工生产经营活动中所具有的作用，主要表现在以下4个方面：

（1）防止停工待料，保证施工生产经营活动正常进行

适当数量的存货储备是企业生产经营正常进行的前提和保障。就企业外部而言，供货商的生产和销售往往会因为某些原因而暂停或推迟，从而影响企业所需材料的及时采购、入库和投产。就企业内部而言，有适量的半成品储备，能使生产各环节的生产调度更加合理，各生产工序的生产活动更加协调有序，联系更为紧密，不至于因为某个或某些环节的等待而影响生产。由此可见，适量的存货储备，能够有效地防止停工待料事件的发生，维持生产的连续性。

（2）适应市场变化，减缓市场涨价给企业带来的冲击

适当数量的存货储备能够增强建筑施工企业在施工生产方面的机动性以及适应市场变化的能力。企业有了足够的库存产成品，能有效地供应市场、满足顾客的需要。相反，若某种畅销产品库存不足，将会错失目前或未来的销售机会，并有可能因此而失去顾客。在通货膨胀时，适当地储存存货，能够减缓因市场涨价而给企业带来的冲击。

（3）降低进货成本，进而降低建设工程产品成本

很多企业为了扩大销售规模，对购货方提供较优厚的商业折扣待遇，企业采取批量集中进货，可获得较多的商业折扣优惠。此外，增加每次购货数量，减少购货次数，可以降低采购费用支出。即便在推崇以零存货为管理目标的今天，仍有不少企业采取大批量进货方式，原因就在于这种进货方式有助于降低购货成本。只要购货成本降低额大于因存货增加而导致的储存保管费用等的增加额，便是可行的。

（4）维持均衡生产，缓冲市场供应的季节性变化对企业的影响

对于所生产产品带有明显的季节性特征的，生产所需材料的市场供应也带有明显季节性特征。生产这类产品的企业，为实现均衡生产，降低生产成本，就必须适量地储备一定数量的原材料存货和半成品存货。否则，这些企业若根据市场节奏变动来安排企业的生产经营活动，难免会造成高峰时超负荷运转，低谷时生产能力得不到充分利用的情形，这也会导致企业生产成本的提高。其他企业在生产过程中，同样会因为各种原因导致生产水平的高低变化。因此，拥有合理的存货储备，可以缓冲这种变化对企业生产活动及获利能力的影响。

▶ 5.5.3 存货的成本构成

建筑施工企业为了充分发挥存货所具有的功能，必须储备一定数量的存货，但由此也会发生各项成本费用支出，即存货成本，主要包括以下3个方面的内容构成：

1）取得成本

取得成本是指为取得某种存货而发生的各项成本支出，通常用 TC_a 表示。取得成本又包括订货成本和购置成本两部分。

（1）订货成本

订货成本是指企业为取得存货订单而发生的成本，如办公费、差旅费、邮资、电报电话费等支出。订货成本可以分为两部分：一部分与订货次数无关，如常设采购机构的日常基本支出等，是订货成本中的固定成本部分，用 F_1 表示；另一部分与订货次数的多少有关，如差旅费、邮资等，是订货成本中的变动成本部分，每次订货成本用 K 表示；订货次数等于存货年需求总量 D 与每次订货数量 Q 之商。因此，订货成本的计算公式如下：

$$订货成本 = F_1 + \frac{D}{Q}K$$

（2）购置成本

购置成本是指存货本身的价值，经常用数量与单价的乘积来确定。存货年需求总量用 D 表示，单价用 U 表示，则购置成本为 DU。

订货成本加上购置成本即为存货的取得成本。其公式可表述为：

取得成本=订货成本+购置成本

=订货固定成本+订货变动成本+购置成本

$$TC_a = F_1 + \frac{D}{Q}K + DU$$

2）储存成本

储存成本是指为储存和保管存货而发生的各种成本。包括存货占用资金所应计的利息（若企业用现金购买存货，便失去了现金存放银行或投资于有价证券本应取得的利息，为"放弃利息"；若企业借款购买存货，便要支付利息费用，为"付出利息"）、仓库费用、保险费用、存货破损和变质损失等，通常用 TC_c 来表示。

储存成本也分为固定成本和变动成本。固定成本与存货数量的多少无关，如仓库折旧费、保管人员薪酬支出等，常用 F_2 表示；变动成本与存货数量有关，如存货占压资金的应计利息、存货的破损和变质损失、存货的保险费用等。存货的单位变动成本用 K_c 来表示。在计算期内，期初的存货数量如果是 Q，期末则应将存货用完，因此企业的期内平均存货数量仅为批量进货数量的一半，即 $Q/2$。存货储存成本用公式表示为：

$$储存成本 = 储存固定成本 + 储存变动成本$$

$$TC_c = F_2 + K_c \times \frac{Q}{2}$$

3）缺货成本

缺货成本是指由于存货供应中断而造成的损失，包括材料供应中断造成的停工损失、产成品库存缺货造成的拖欠发货损失和丧失销售机会的损失（还应包括需要主观估计的信誉损失）；如果生产企业以紧急采购代用材料来解决库存材料中断之急，那么缺货成本就表现为紧急额外购入成本（紧急额外采购的成本会大于正常采购的开支）。缺货成本用 TC_s 表示。

如果以 TC 来表示储备存货的总成本，则其计算公式如下：

$$TC = TC_a + TC_c + TC_s = F_1 + \frac{D}{Q} \times K + DU + F_2 + K_c \times \frac{Q}{2} + TC_s$$

企业存货最优化，即是使上式中的 TC 的值最小。

▶ 5.5.4　存货管理的目标

如果建筑施工企业能在施工生产投料时随时购入所需的原材料，或者能在销售某种物料时随时购入该物品，就不需要存货。但是实际上，建筑施工企业总有储备存货的需要，并因此占用或多或少的资金。建筑施工企业以货币资金订购材料开始，直到出库这一过程所占用的流动资金称为存货储备资金。建筑施工企业的存货储备资金在流动资金中一般占有最大比重。建筑施工企业的施工生产过程实际上就是各种建筑材料的消耗过程，所以，建筑施工企业的存货储备资金额度大，周转频繁。如何用好、用活这部分资金是盘活企业资产、加速资金周转、提高资金利用效率的关键。因此对储备资金加强管理是施工企业财务管理的一个重要课题，是提高建筑施工企业经济效益的一项重要措施。

建筑施工企业置存存货一般出于三个目的：a.保证生产建设或销售的连续性需要；b.出自进货价格的考虑；c.争取获得买卖价差（投机收益）。

持有存货越多，占用储备资金就越大，相应的仓储费、保险费、维护费、管理费和损耗等费用也会加大，而持有存货过少则一旦缺货会造成停工损失、丧失有利的销售机会等。

存货管理就是要尽力在各种存货成本与存货效益之间做出权衡，尽可能达到两者的最佳结合，这就是存货管理的目标。

▶ 5.5.5 存货资金的测算

1）存货资金测算的基本方法

要加强存货管理，首先要测算出企业存货资金实际占用额，做到心中有数。由于存货的性质各不相同，受影响的因素也各异，因此，在测算其实际资金占用时也应区别对待。通常，将占用在存货上的资金分别称为储备资金（原材料等）、生产资金（在产品）和成品资金（产成品、商品）。在企业存货管理实务中，存货资金测算的基本方法主要有：周转期法、因素分析法和比例计算法等。

（1）周转期法

周转期法（又称定额日数法），是根据存货的日平均周转额和资金周转天数来确定资金占用量的一种方法。其基本计算公式如下：

$$资金数额 = 日平均周转额 \times 资金周转天数$$

式中：日平均占用额为某项存货每日从本阶段流出的数额；资金周转天数为该项存货周转一次所需的天数。本方法适用于原材料、在产品、产成品等存货资金需求量的核定。

（2）因素分析法

因素分析法，是以上期存货资金实际占用额为基础，根据计划其各项因素变化对资金占用的影响加以调整后，确定资金需求量的方法。其计算公式如下：

资金需求量 =（上期资金实际平均占用额-不合理资金占用额）×（1±计划期产量增减%）×（1-计划期资金周转加速%）

本方法适用于品种多、规格复杂和价格低的存货资金需求量的核定。供产销变化不大的中小企业也可以采用此方法计算全部存货资金需求量。

（3）比例计算法

比例计算法是根据存货增减变动与有关因素之间的比例关系来测算存货资金增减需求量的方法。依据的比例关系很多，下面以销售额比例为例，存货增减资金需求量的测算公示如下：

$$资金需求量 = 计划期销售额 \times 计划期销售额存货资金率$$

计划期销售额存货资金率 =（上期存货资金平均余额-其中不合理占用额）÷上期实际销售额×（1-计划期存货资金周转加速%）

本方法可适用于估算企业全部存货资金需求量。

2）储备资金数额的测算

储备资金是指企业从支付现金购买各项材料物资开始，一直到将这些材料物资投入到生产经营过程中去为止这一期间内所占用的资金。下面以原材料为例，说明各项存货资金数额的测算方法。

原材料资金占用数额的多少取决于以下几个方面的因素：计划期原材料日平均消耗量、原材料计划期价格和原材料资金周转天数。其具体计算公式如下：

原材料资金数额＝计划期原材料日均消耗量×计划期原材料价格×原材料资金周转天数

式中：原材料日均消耗量由计划期原材料耗用量除以计划期天数确定；原材料计划期价格包括原材料的购买价格、运杂费、运输途中的合理损耗、入库前的挑选整理费等构成；原材料资金周转天数则由下式计算确定：

原材料资金周转天数＝在途日数+验收日数+整理准备日数+应计供应间隔日数+保

险日数

在途日数是指由于结算关系，支付货款在前，收到原材料在后所形成的资金占用天数。

验收日数是指自原材料运抵企业后，进行拆包开箱、计量点收、检查化验，一直到入库为止这一阶段占用资金的时间。

整理准备日数是指原材料投入生产前进行技术加工和生产前准备所需的日数。

应计供应间隔日数是指由供应间隔系数所确定的日数，即：

应计供应间隔日数＝供应间隔日数×供应间隔系数

式中，供应间隔日数是指前后两次供应原材料所间隔的时间。供应间隔日数的长短取决于供货单位的供货周期和采购单位的采购周期；供应间隔系数是指用于压缩供应间隔日数的系数。

原材料在途、验收、整理准备时间内资金占用量是不变的，但是材料在供应间隔期（存货周转期）内资金占用量将随原材料逐渐投入生产过程而不断减少，到下次材料购入前达到最低，当新材料购入后资金占用量又达到最高。因此，原材料资金的占用量总是在最低点与最高点之间做上下波动。由于企业原材料种类、规格繁多，各种原材料不会在同一时刻达到最低点和最高点，原材料资金的实际占用应该是这些材料资金占用的一种加权平均。具体反映在供应间隔日数上，就是每一种材料的供应间隔日数应根据该种材料的供应和使用状况，考虑到资金调剂使用的可能，将其实际供应间隔日数打一个折扣，这个折扣就是供应间隔系数。其计算公式如下：

$$供应间隔系数 = \frac{平均每日库存周转储备额}{最高库存周转储备额} \times 100\%$$

$$= \frac{各种材料每日库存周转储备累计额}{计划日数最高库存周转储备额} \times 100\%$$

鉴于上述计算公式计算过程比较复杂，在实际工作中往往根据经验，分析影响供应间隔系数的各项因素，并在此基础上主观判断。

保险日数，是指为防止原材料供应由于特殊原因偶然中断而建立的保险储备所占用的资金的日数。确定保险储备日数主要考虑原材料供应是否稳定，是否有其他替代材料，交通运输是否方便、可靠等因素。

3）生产资金的核算

生产资金是指从原材料投入生产开始，到产品完工为止的整个过程所占用的资金，主要是指在产品所占用的资金。在产品资金数额的计算公式为：

在产品资金数额＝在产品每日平均产量×产品单位计划生产成本×在产品成本系数×

生产周期

由于生产费用是在整个生产过程中逐渐增加的，一直到产品完工时才会形成完整的产品成本。因此，在整个生产过程中，每天占用的生产资金并不是在产品数量乘以产品单位计划成本，而是需要在其基础上打一定的折扣，这个折扣就是在产品成本系数。

在产品成本系数根据不同情况可按不同的方式确定：

①生产周期短，生产费用发生不规则，可以确定每日费用发生额的产品，按下述公式计算确定：

$$在产品成本系数 = \frac{生产周期中每天累计发生的生产费用合计}{产品单位计划成本 × 生产周期} × 100\%$$

②生产开工时一次性投入大量费用，随后陆续比较均衡地投入其他费用的产品生产，按下述公式计算确定：

$$在产品成本系数 = \frac{生产开工时投入的费用 × 100\% + 随后陆续投入的费用 × 50\%}{产品单位计划成本} × 100\%$$

③生产过程比较复杂，原材料随生产加工进度分次投入产品生产，应先按各阶段分别计算在产品成本系数，然后计算各阶段综合在产品成本系数。其计算公式如下：

$$在产品成本系数 = \frac{\sum 各阶段在产品单位成本 × 各阶段在产品成本系数 × 各阶段生产周期}{产品单位计划生产成本 × 各阶段生产周期之和} ×$$
100\%

4）产成品资金数额的核算

产成品资金是指从产品完工入库开始，一直到销售取得货款或收取货款的权利为止的整个过程所占用的资金。其计算公式为：

产成品资金 = 产成品日均产量 × 产成品单位计划生产成本 × 产成品资金周转日数

式中，产成品资金周转日数是指从产成品入库开始，到取得货款或收取货款的权利为止所占用资金的日数，包括产品存储日数、发运日数和结算日数；产品储存日数是指从产品完工入库开始到产品开始向购买单位发运为止所需日数；发运日数是指从产品开始发运起到取得货款或收取货款的权利为止所需日数；结算日数是指从取得运输凭证到取得货款或收取货款的权利为止的日数。

▶ 5.5.6 存货的控制及日常管理

1）存货经济订货量决策

存货决策涉及四项内容：决定进货项目、选择供货单位、决定进货时间和决定进货批量。决定进货项目和选择供货单位是销售部门、采购供应部门和生产部门的职责。财务部门要做的是决定进货时间和决定进货批量（分别用 T 和 Q 表示）。按照存货管理的目的，需要通过合理地确定进货批量和进货时间，使存货的总成本最低，这个批量称为经济订货量或经济批量。有了经济订货量，就可以很容易地找出最适宜的进货时间。

（1）经济订货量基本模型

①经济订货量基本模型的基本假设

经济订货量基本模型是建立在如下几个基本假设条件基础之上的：

a. 企业及时补充存货，即需要订货时便可立即取得存货（库中存货可以使用到 0）；

b. 能集中到货，而不是陆续入库（此时库中最高库存达到 Q ）；

c. 不允许缺货，即无缺货成本（ $TC_s = 0$ ），理想的存货管理不允许缺货；

d. 企业对存货的需求量稳定，并且能够预测，即 D 为已知常量；

e. 存货单价不变，即 U 为已知常量，不考虑折扣和价格变化；

f. 企业现金充足，不会因为现金短缺而影响进货；

g. 所需存货市场供应充足，不会因供货中断而影响企业及时进货。

②存货经济订货量基本模型的基本原理

在上述假设条件下，存货总成本的公式可以简化为：

$$TC = F_1 + \frac{D}{Q} \times K + DU + F_2 + K_c \times \frac{Q}{2}$$

经济订货量是当 TC 最小时的进货批量。当 F_1、K、D、U、F_2、K_c 均为已知常量时，TC 的大小仅取决于 Q（每次进货批量）。为了求出 TC 的极小值，对其进行求导计算，可得出下列公式：

$$经济订货量 \ Q^* = \sqrt{\frac{2K \times D}{K_c}}$$

这一公式称为存货经济订货量基本模型，求出的每次订货批量，可使 TC 达到最小值。这一基本模型还可以演变为其他形式：

$$年最佳订货次数 \ N^* = \frac{D}{Q^*} = \sqrt{\frac{D \times K_c}{2K}}$$

$$存货最佳总成本 \ TC_{(Q^*)} = \sqrt{2K \times D \times K_c}$$

$$最佳订货周期 \ T^* = \frac{1}{N^*} = \sqrt{\frac{2K}{D \times K_c}}$$

$$经济订货量占用资金 \ I^* = \frac{Q^*}{2} \times U = U \times \sqrt{\frac{K \times D}{2K_c}}$$

注：周期 T 的单位为年。

【例5.8】某企业每年耗用某种材料 3 600 kg，该材料单位成本 10 元/kg，单位储存成本 2 元/kg，一次订货成本 25 元/次。则其经济订货量的确定可以如下方法：

（1）公式法

$$经济订货量 \ Q^* = \sqrt{\frac{2K \times D}{K_c}} = \sqrt{\frac{2 \times 25 \times 3\ 600}{2}} = 300 \ （kg）$$

$$年最佳订货次数 \ N^* = \frac{D}{Q^*} = \frac{3\ 600}{300} = 12 \ （次）$$

$$存货最佳总成本 \ TC_{(Q^*)} = \sqrt{2K \times D \times K_c} = \sqrt{2 \times 25 \times 3\ 600 \times 2} = 600 \ （元）$$

$$最佳订货周期 \ T^* = \frac{1}{N^*} = \frac{1}{12} 年 = 1 \ 个月$$

$$经济订货量占用资金 \ I^* = \frac{Q^*}{2} \times U = \frac{300}{2} \times 10 = 1\ 500 \ （元）$$

（2）列表法

根据上述已知条件，计算原理如表 5.6 所示。

表 5.6　不同订货批量下相关成本指标表

项　　目	1	2	3	4	5	6
订货批量（kg）	100	200	300	400	500	600
平均存货（元）	50	100	150	200	250	300
储存成本（元）	100	200	300	400	500	600
订货次数（次）	36	18	12	9	7.2	6
订货成本（元）	900	450	300	225	180	150
总成本（元）	1 000	650	600	625	680	750

由表 5.6 可知，当订货批量为 300 kg 时，总成本最低。

（3）图解法

不同批量的有关成本变动情况如图 5.7 所示。从以上成本指标的计算和下面的图形中可以很清楚地看出，当订货批量为 300 kg 时总成本最低，小于或大于这一批量都是不合算的。

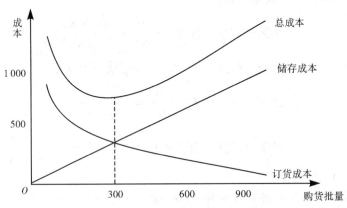

图 5.7　不同批量的有关成本变动情况

（2）经济订货量基本模型的扩展

经济订货量的基本模型是在前述各假设条件下建立的，但现实中企业的存货管理能够同时满足这些假设条件几乎是不可能的。为使模型更接近于实际情况，具有较高的适用性，需逐一放宽假设，同时改进基本模型。

①订货期提前

一般情况下，企业的存货不能做到随用随时补充，因为即便没有供货紧张问题，从企业发出订单到供货商组织发货，再到入库也需要一定时间。因此，不能等库存存货用完才去订货，而是需要提前订货，也就是库存存货降低至某一水平时就必须发出订单。在订货提前的情况下，企业再次发出订单时，企业尚有一定量的库存存货，而这一存货水平称为再订货点，用 R 来表示。它的数量等于交货时间间隔（又称供应间隔天数）L 和每日平均需要量 d 的乘积，即：

$$R = L \times d$$

【例5.9】假设某企业从订货至货物到达的时间间隔为10天，每日存货需求量为100 kg/天，则再订货点为：

$$R = L \times d = 10 \times 100 = 1\ 000\ (\text{kg})$$

也就是说，企业库存存货降低至1 000 kg时，就应当再次发出订单，等到下批购货到达时，原有库存刚好用完。此时，有关存货的每次订货量、订货次数、订货间隔天数等并未发生改变，与存货瞬时补充是相同。订货提前期的情形如图5.8所示：

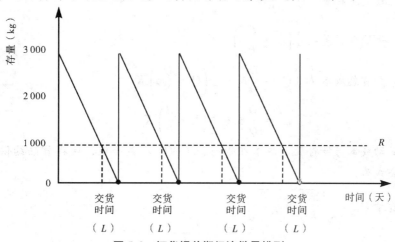

图5.8 订货提前期经济批量模型

这就是说，订货提前期对经济订货量并没影响，只不过在达到再订货点时（库存1 000 kg）及时发出订货单即可。

②存货陆续供应和使用

在建立基本模型时，是假设是所采购存货一次全部入库，故存货增加时，存量变化为一条垂直的直线，且库存最高量为采购批量 Q。事实上，各批存货可能陆续到达，陆续入库，使库存量陆续增加。尤其是产成品完工入库和在产品移库，几乎总是陆续供应和陆续耗用。在这种情况下，需要对上图的基本模型进行适当修改。

库存存货数量的变动如图5.9所示。

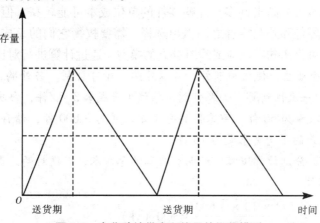

图5.9 存货陆续供应和使用的订货模型

【例5.10】某企业某零件年需求总量 D 为3 600件，每日送货量 P 为30件，每日生产耗用量为 d 为10件，单价（单位生产成本）U 为10元，一次订货成本 K 为25元，单位储存变动成本 K_c 为2元，设每批订货数量为 Q，由于每日送货量为 P，故该批订货全部到货所需时间为 Q/P，则有：

$$送货期内耗用量 = \frac{Q}{P}d$$

$$最高库存量 = Q - \frac{Q}{P}d$$

$$平均库存量 = \frac{1}{2}\left(Q - \frac{Q}{P}d\right)$$

$$存货总成本 TC(Q) = \frac{D}{Q}K + \frac{1}{2}\left(Q - \frac{Q}{P}d\right)K_c$$

$$= \frac{D}{Q}K + \frac{Q}{2}\left(1 - \frac{d}{P}\right)K_c$$

在订货变动成本与储存变动成本相等时，$TC(Q)$ 有最小值，故存货陆续供应和使用的经济订货量公式为：

$$经济订货量 Q^* = \sqrt{\frac{2KD}{K_c} \times \frac{P}{P-d}}$$

$$经济订货量总成本 TC_{(Q^*)} = \sqrt{2KDK_c\left(1 - \frac{d}{P}\right)}$$

根据上例相关数据资料，则有：

$$经济订货量 Q^* = \sqrt{\frac{2KD}{K_c} \times \frac{P}{P-d}} = \sqrt{\frac{2 \times 25 \times 3\,600}{2} \times \frac{30}{30-10}} = 367(件)$$

$$经济订货量总成本 TC_{(Q^*)} = \sqrt{2 \times 25 \times 3\,600 \times 2 \times \left(1 - \frac{10}{30}\right)} = 490（元）$$

陆续供应和使用的经济订货模型，还可用于企业自制或外购某种物品的选择决策。自制零件属于边送边用的情况，单位成本可能较低，但每批零件投产的生产准备成本比一次外购订货的订货成本可能高出许多。外购零件的单位成本可能较高，但一次订货成本则可能较低。要在自制零件和外购零件之间做出选择，需要权衡它们的总成本，才能得出正确的结论。这时，就可借用陆续供应或瞬时补充的模型，通过计算进行对比。

【例5.11】某企业生产使用甲零件，可以外购，亦可自制。若外购，单价4元/件，一次订货成本10元，一次性到货；如果自制，单位生产成本3元/件，每次生产准备成本600元，每日完工入库数量为50件。甲零件的全年需求量为3 600件，储存变动成本为零件价值的20%，每日生产的平均需求量为10件。

根据上述资料，分别计算甲零件外购和自制的总成本，以便对两方案做出择优。

（1）外购甲零件

$$经济订货量 Q^* = \sqrt{\frac{2 \times 10 \times 3\,600}{4 \times 20\%}} = 300（件）$$

经济订货量总成本 $TC_{(Q^*)} = \sqrt{2KDK_c} = \sqrt{2 \times 10 \times 3\,600 \times (4 \times 20\%)} = 240$ （元）

总成本 $TC = DU + TC_{(Q^*)} = 3\,600 \times 4 + 240 = 14\,640$ （元）

（2）自制甲零件

经济订货量 $Q^* = \sqrt{\dfrac{2KD}{K_c} \times \dfrac{P}{P-d}} = \sqrt{\dfrac{2 \times 600 \times 3\,600}{3 \times 20\%} \times \dfrac{50}{50-10}} = 3\,000$ （件）

经济订货量总成本：

$$TC_{(Q^*)} = \sqrt{2KDK_c\left(1-\dfrac{d}{P}\right)} = \sqrt{2 \times 600 \times 3\,600 \times (3 \times 20\%) \times \left(1-\dfrac{10}{50}\right)} = 1\,440$$
（元）

总成本 $TC = DU + TC_{(Q^*)} = 3\,600 \times 3 + 1\,440 = 12\,240$ （元）

上述计算分析可知，自制甲零件的总成本 12 240 元低于外购甲零件的总成本 14 640 元，因此该企业所需甲零件应该选择自制为宜。

③保险储备决策

前面所述存货经济订货量模型是假定存货的供需稳定且确知，即每日需求量不变，交货时间也固定不变。事实上，每日需求量可能变化，交货时间也可能不确定。按照某一订货批量（如经济订货量）和再订货点发出订单后，如果企业变更生产任务而导致需求量增大或因为供应商的原因等造成供货推迟，就会发生缺货或供货中断。为防止由此造成的损失，就需要额外多储备一些存货以备应急之需，这部分额外多储备的用以应急备用的存货则称为保险储备量（也称安全储备量）。保险储备来量在正常情况下不会被动用，只有在存货过量使用或供货推迟时出现缺货的情况下才会被动用，如图 5.10 所示。

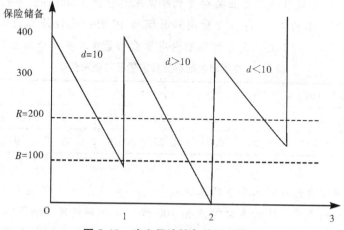

图 5.10 建立保险储备的订货模型

图 5.10 中，年需求量 D 为 3 600 件，前述已计算出经济订货量为 300 件，每年订货 12 次，又知全年日均消耗 d 为 10 件/天，平均每次交货时间间隔 L 为 10 天。为防止需求变化或供货推迟引起缺货损失，设保险储备 100 件，则再订货点 R 相应提高为：

$R = $ 交货间隔天数×日均需求量+保险储备

$\quad = Ld + B$

$$= 10 \times 10 + 100$$

$$= 200 （件）$$

在第一个订货周期里，$d = 10$ 件/天，不需要动用保险储备；在第二个订货周期里，$d > 10$ 件/天，需求量大于供货量，需要动用保险储备；在第三个订货周期里，$d < 10$ 件/天，需求量小于供货量，不仅不需要动用保险储备，正常储备也未用完，下次订货已经送到了。

建立保险储备，固然可以使企业避免因缺货或供应中断造成的损失，但存货平均储备量的增加却会使企业存货储备成本增加。研究保险储备的目的就是要找出合理的保险储备量，使缺货或供应中断损失的增加和增加的存货储备成本之和最小。在决策实务中，其基本思路是可先计算出不同保险储备量的总成本，然后对总成本进行比较，选择总成本最低的保险储备水平作为企业的保险储备量。

如果设与存货的保险储备有关的总成本为 $TC_{(S、B)}$，缺货成本为 C_S，保险储备成本为 C_B，则有：

$$TC_{(S、B)} = C_S + C_B$$

设单位缺货成本为 K_U，一个订货周期可能的平均缺货量为 S，年订货次数为 N，保险储备量为 B，存货的单位储存成本为 K_C，则：

$$C_S = K_U \times S \times N$$

$$C_B = B \times K_C$$

$$TC_{(S、B)} = K_U \times S \times N + B \times K_C$$

现实中，缺货量 S 具有概率性，其概率可根据历史经验估计得出；保险储备量 B 可以根据需要选择而定。

【例 5.12】假定某建筑施工企业某存货的年需求总量为 3 600 件，单位储存变动成本为 2 元/件，单位缺货成本为 4 元/件，交货间隔时间为 10 天；已经计算出经济订货量为 300件/次，全年订货次数为 12 次。交货间隔期内存货需求量及其概率分布如表 5.7 所示。

表 5.7　交货期内的存货需求量及其概率分布

日需求量（件）	7	8	9	10	11	12	13
概　率	0.01	0.04	0.20	0.50	0.20	0.04	0.01
累计概率	0.01	0.05	0.25	0.75	0.95	0.99	1.00

首先计算不同保险储备量水平下的总成本。

①不建立保险储备量，这时再订货点为 100 件。在此种情况下，当供货期的需求总量不超过 100 件时，就不会发生缺货，其概率为 0.75；当需求量为 110 件时，缺货 10 件，其概率为 0.20；当需求量为 120 件时，缺货 20 件，其概率为 0.04；当需求量为 130 件时，缺货 30 件，其概率为 0.01。

因此，不建立保险储备量时：

缺货的期望值 $= 10 \times 0.20 + 20 \times 0.04 + 30 \times 0.01 = 3.1$（件）

总成本 $= 4 \times 3.1 \times 12 + 0 \times 2 = 148.80$（元）

②建立保险储备量10件，此时再订货点为110件。在此种情况下，当供货期的需求总量不超过110件时，就不会发生缺货，其概率为0.95；当需求量为120件时，缺货10件，其概率为0.04；当需求量为130件时，缺货20件，其概率为0.01。

因此，建立保险储备量10件时：

$$缺货的期望值 = 10×0.04+20×0.01 = 0.6（件）$$
$$总成本 = 4×0.6×12+10×2 = 48.80（元）$$

③建立保险储备量20件，此时再订货点为120件。在此种情况下，当供货期的需求总量不超过120件时，就不会发生缺货，其概率为0.99；当需求量为130件时，缺货10件，其概率为0.01。

因此，建立保险储备量20件时：

$$缺货的期望值 = 10×0.01 = 0.1（件）$$
$$总成本 = 4×0.1×12+2×2 = 44.80（元）$$

④建立保险储备量30件，此时再订货点为130件。在此种情况下，当供货期的需求总量不超过130件时，就不会发生缺货，其概率为1.00。

此时总成本为：

$$4×0×12+30×2 = 60（元）$$

通过上述计算分析可知，当建立保险储备量为20件时的总成本最低，因此，企业应建立保险储备量为20件，再订货点为120件。

以上例题是为了解决由于需求量变化所引起的缺货问题，而由于交货延迟而引起的缺货问题，原理是一样的，只需要将延迟天数引起的缺货折算为增加的需求量即可。如前例，若供应商延迟交货3天的概率为0.01，则可认为缺货30件或交货期内需求量为130件的概率为0.01。这样就把交货迟延问题转化成了需求过量问题了。

2）存货储存期控制

企业储备的各种存货，即便不考虑未来市场供求关系的不确定性，仅仅是存货储备本身就要求企业付出一定的资金占用费（如利息成本或机会成本）和仓储保管费，且储存时间越长，这些因储备存货而发生的成本费用越多。因此，企业应尽力缩短存货储存周期，加速存货周转，节约资金占用，降低存货储备成本费用，提高企业获利水平。

企业进行存货储备所发生的费用支出，按习性（即与储存时间长短的关系）可以分为固定储存成本和变动储存成本两类。其中，固定储存成本主要包括进货费用、管理费用，其金额多少与存货储存期的长短没有直接关系；变动储存成本主要包括资金占用费（贷款购置存货的应计利息或现金购置的机会成本）、存货的仓储保管费、存货仓储过程中的损耗（实务中，若损耗小，就直接将其并入存货固定成本）等，其金额随存货储存期的变动成正比例变动。

根据本量利分析的基本原理，存货储备成本的平衡关系可以用如下公式表示：

利润=毛利-固定储存费-销售税金及附加-每日变动储存费×储存天数

由上述计算公式推导出：

$$存货保本储存天数 = \frac{毛利 - 固定储存费 - 销售税金及附加}{每日变动储存费}$$

$$存货保利储存天数 = \frac{毛利 - 固定储存费 - 销售税金及附加 - 目标利润}{每日变动储存费}$$

由此可见，存货储存成本之所以不断增加，主要是因为变动储存费随存货储存期的延长而不断增加所致。因此，利润与费用之间此增彼减的关系实际上是利润与变动储存费之间此增彼减的关系。这样，随着存货储存期的延长，利润将逐日减少。当毛利扣除储存费和销售税金及附加后的差额，被变动储存费抵消到恰好等于企业目标利润时，表明存货已经到了保利期。当它完全被变动储存费抵消时，便意味着存货已经到了保本期。无疑，存货如果能够在保利期内售出或者被耗用，所获利润自然便会超过其目标值。反之将难以实现既定的利润目标。倘若存货不能在保本期被出售或被耗用，企业便会蒙受损失。

【例 5.13】某企业购进某商品 10 000 件，单位进价（不含增值税）200 元，单位售价（不含增值税）250 元，经销该批商品一次性费用 200 000 元，若购货资金均来自贷款，年利率 9%。该批商品的月保管费率为 0.45%，销售税金及附加 20 000 元。要求：

①计算该批商品的保本储存期；

②若企业要求获得 12% 的投资利润率，计算该批商品的保利储存期；

③若该批商品实际亏损了 80 000 元，其实际储存天数为多少？

计算如下：

①每日变动储存费 = 购进批量×购进单价×日变动储存费率

$\qquad\qquad\qquad = 10\ 000 \times 200 \times (9\%/360 + 0.45\%/30)$

$\qquad\qquad\qquad = 800$（元）

$$保本储存天数 = \frac{毛利 - 固定储存费 - 销售税金及附加}{每日变动储存费}$$

$$= \frac{(250 - 200) \times 10\ 000 - 200\ 000 - 20\ 000}{800}$$

$$= 350（天）$$

②目标利润 = 投资额×投资利润率

$\qquad\qquad = 10\ 000 \times 200 \times 12\%$

$\qquad\qquad = 240\ 000$（元）

$$保利储存天数 = \frac{毛利 - 固定储存费 - 销售税金及附加 - 目标利润}{每日变动储存费}$$

$$= \frac{(250 - 200) \times 10\ 000 - 200\ 000 - 20\ 000 - 240\ 000}{800}$$

$$= 50（天）$$

③该批商品实际储存天数 = 保本储存天数 $-\ \dfrac{该批存货获利额}{每日变动储存费}$

$$= 350 - \frac{-80\ 000}{800}$$

$$= 450（天）$$

　　由此可见，通过对存货储存期的分析与控制，可以及时将企业存货信息传递给经营决策部门，如有多少存货已过保本期或保利期，金额多大，比例多高，这样决策者可以根据不同情况采取相应的措施。一般而言，凡是已过保本期的存货均为积压呆滞存货，对此企业应当积极推销，压缩库存，将损失降至最低限度；对超过保利期但尚未超过保本期的存货，企业应当密切跟踪监督、控制，以防发生过期损失。从财务管理方面来看，需分析哪些存货基本能够在保利期内销售出去或被耗用，哪些存货是在介于保利期与保本期之间售出或被耗用；哪些存货直到保本期已过都还没有销售出去或被耗用或者根本没有市场需求。通过分析，财务部门应当通过调整资金供应政策，促使经营部门调整产品结构和投资方向，推动企业存货结构不断优化，提高存货的投资效率。

　　上述通过保本储存期和保利储存期对存货的损益情况的影响进行的分析，是建立在假设存货整批购进整批销售或耗用的前提条件之上的，但是需要注意的是，在企业存货管理实务中，上述存货整批进整批出的情况只是一种偶然，绝大多数情况下是存货大批量集中购进、小批量出售或被耗用，甚至整批购进分零出售或被耗用。此时若仍然按上述整批进整批出的假设条件测算其对存货损益情况的影响，必然与实际情况相去甚远。为此，必须提出一种存货整批进分零出的控制模式。

　　【例5.14】某企业购进甲存货40 000件，采购单价4 000元（不含增值税），款项均来自银行借款，年利率9%。企业月存货保管费用600 000元，存货购销的固定储存费用10 000 000元。该存货市场日均销售量为400件，需要101天方能全部售罄。单位售价（不含增值税）5 000元，销售税金及附加6 000 000元。

　　①每日变动储存费＝购货批量×购进单价×日利率+每日保管费用

$$=40\,000×4\,000×(9\%/360)+600\,000÷30$$

$$=60\,000（元）$$

　　②甲存货的平均保本储存天数＝$\dfrac{毛利－固定储存费－销售税金及附加}{每日变动储存费}$

$$=[(5\,000-4\,000)×40\,000-10\,000\,000-6\,000\,000]÷60\,000$$

$$=400（天）$$

　　③甲存货实际平均储存天数＝（购进批量/日均销量+1）÷2

$$=（实际售完天数+1）÷2$$

$$=（101+1）÷2$$

$$=51（天）$$

　　④经销甲存货可获利＝每日变动储存费×（保本储存天数-实际平均储存天数）

$$=60\,000×（400-51）$$

$$=20\,940\,000（元）$$

通过上例，可以归纳出如下计算公式：

某种整批进分零出存货预计可获利润或亏损额＝该批存货的每日变动储存费×

$$\left(保本储存天数－\dfrac{实际零售完天数+1}{2}\right)$$

$$=购进批量 \times 购进单价 \times 变动储存费率 \times \left(保本储存天数 - \frac{\dfrac{购进批量}{日均销量}+1}{2} \right)$$

$$=购进批量 \times 单位存货变动储存费 \times \left(保本储存天数 - \frac{\dfrac{购进批量}{日均销量}+1}{2} \right)$$

3）存货 ABC 分类管理

存货 ABC 分类管理，就是按照一定的标准，将企业的全部存货分为 A、B、C 三类，分别实行分品种重点管理、分类别一般控制和按总额灵活掌握的存货管理方法。

建筑施工企业存货品种繁多，不同的存货对企业财务目标的实现具有不同的作用。有的存货尽管品种数量少，但金额巨大，若管理不善，将给企业造成极大的损失。相反，有的存货虽然品种数量很多，但金额微小，就算是管理中出现一些失误，也不至于对企业产生较大的影响。因此，无论是从能力还是从经济角度，企业没有必要也不可能对所有存货都平等的严加管理。ABC 分类管理法正是基于这一考虑而提出来的，其目的在于使企业在存货管理中分清主次、突出重点，以提高存货管理的整体效果。

（1）存货 ABC 分类的标准

分类标准主要有两个：一是金额标准，二是品种数量标准。其中金额标准是最基本的，品种数量标准仅作为参考。

A 类存货的特点是金额巨大，但品种数量却很少；B 类存货金额一般，数量较多；C 类存货品种数量繁多，但价值金额却很小。三类存货的价值金额比重大致为 A：B：C = 0.7：0.2：0.1，而品种数量比重大致为 A：B：C = 0.1：0.2：0.7。由此可见，A 类存货占用企业存货储备资金的绝大多数，因此只要能够控制好 A 类存货，基本上就不会出现较大的问题。同时，由于 A 类存货品种数量很少，企业也完全有能力按照每一品种进行管理。B 类存货价值金额相对较小，没有必要像对待 A 类存货那样花费太多的精力。同时，由于 B 类存货的品种数量远远多于 A 类存货，企业通常没有足够的精力对其每一品种进行单项控制，因此可以划分成若干类别并按类别进行分类管理与控制。C 类存货尽管品种数量很多，但其价值金额很小，对此企业往往进行总金额控制即可。

（2）A、B、C 三类存货的具体划分

①编制并列示企业全部存货明细表，计算出每种存货的价值金额占全部存货价值总金额的百分比。

②按照价值金额由大到小进行排序并累加金额百分比。当金额百分比累加至 70% 左右时，且其品种数量比重为 5%~10%，即为 A 类存货；金额百分比累加至 70%~90% 左右时，且其品种数量比重为 10%~30%，即为 B 类存货；其余即为 C 类存货。

【例 5.15】某建筑施工企业共有 20 种材料，按金额的多少排序并按上述原则分为 A、B、C 三类，如表 5.8 所示。各类存货金额百分比如图 5.11 所示。

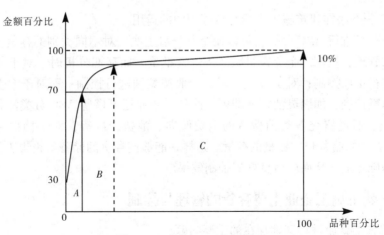

图 5.11 存货 ABC 分类管理

表 5.8 存货 ABC 分类表

材料编号	金额（元）	金额比重	累计金额比重	类别	各类存货数量比重	各类存货金额比重
1	160 000	40%	40%	A	10%	70%
2	120 000	30%	70%			
3	30 000	7.5%	77.5%	B	20%	20%
4	24 000	6%	83.5%			
5	16 000	4%	87.5%			
6	10 000	2.5%	90%			
7	6 000	1.5%	91.5%	C	70%	10%
8	5 000	1.25%	92.75%			
9	4 400	1.1%	93.85%			
10	4 200	1.05%	94.9%			
11	4 000	1.00%	95.9%			
12	3 600	0.9%	96.8%			
13	2 700	0.675%	97.475%			
14	2 600	0.65%	98.125%			
15	2 100	0.525%	98.65%			
16	1 400	0.35%	99%			
17	1 200	0.3%	99.3%			
18	1 100	0.275%	99.575%			
19	900	0.225%	99.8%			
20	800	1.2%	100%			
合计	400 000	100%	—	—	100%	100%

（3）ABC 分类法在建筑施工企业存货管理中的运用

通过对于存货进行 ABC 分类，可以使企业分清主次，对不同类别的存货采取相应的对策进行有效的管理、控制。企业在组织经济进货批量、储存期分析时，对于 A 类存货可以分别按品种进行单项控制；对于 B 类存货，一般按类别进行控制；而对于 C 类存货，一般只需要进行总额控制，加以灵活掌握即可。此外，企业还可借鉴 ABC 分类法将存货区分为 A、B、C 三类，通过研究各类消费者的消费倾向、消费档次等，对个档次存货的需要量（额）加以估算，并储备相应数量的存货。这样，能够使存货的储备与销售工作有效地建立在市场调查基础之上，从而取得良好的控制效果。

▶ 5.5.7 建筑施工企业主要存货的管理与控制

（1）建筑施工企业材料管理存在的主要问题

建筑施工企业的存货储备资金绝大部分被建筑施工企业的材料储存所占用。尽管建筑施工企业对材料管理已经逐步加强，但仍然存在一些较为普遍的问题。这些问题主要表现在以下几个方面：

①采购计划不周密。一些建筑施工企业的管理层和业务部门只重视生产计划，忽视采购供应计划。不少建筑施工企业在材料采购环节依然存在明显的缺陷，比如舍近求远、舍贱求贵的现象时有发生，材料采购缺乏周密的计划和科学的指导，采取"高额储备多多益善"的采购政策，结果造成大量材料积压，长期占用资金，甚至造成不必要的浪费，影响企业的经济效益。

②材料储备资金管理无重点。在资金周转各个环节中主次不分，平均分配力量，没有重点环节重点控制。在资金的流向分布上，不分轻重缓急，致使资金周转失灵，资金周转效率低。

（2）建筑施工企业材料管理主要对策措施

因此，建筑施工企业加强对材料储备资金的定额管理，能够有效提高资金使用效益，为企业控制成本，减少资金占用，主要应从以下两个方面入手：

①加强对材料采购供应的计划管理。管理人员要对计划年度承包工程施工计划进行分析，建立数学模型，确定主要材料的最佳经济订货量和最佳进货时间。确定全年度所需建筑材料的品种、规格、数量、交货期等；然后编制材料采购供应计划。编制采购供应计划是材料储备资金管理最为重要的一环，既不能因为节约材料资金致使材料供应跟不上，也不能造成积压，过多地占用资金。为促进储备资金能得到经济合理的使用，还必须确定一个经济订货量。根据最佳采购批量原理，根据工程项目施工不同时期对不同建筑材料的需求量，确定建筑材料的采购批量。这样，一方面能保证工程所需建筑材料耗用量，降低或避免材料缺货成本；另一方面，能够使库存材料占用的资金更少，保证资金正常周转循环，提高资金的周转效果。

②对材料实行定额管理与控制。为保证承包工程施工建设的需要，并取得良好的经济效益，必须为各种建筑材料制定科学合理的材料储备定额。材料储备定额主要包括：经常性储备定额、保险储备定额和季节性储备定额。

a. 经常性储备定额。经常性储备定额是指前后两批建筑材料入库的供应间隔期内，保证承包工程施工建设正常进行所必需的经济合理的材料储备数量。经常性储备定额主要由材料入库间隔的平均时间和平均每日需要量决定。其计算公式如下为：

经常性储备定额＝（供应间隔时间＋材料储备天数）×平均每日材料需要量

确定供应间隔天数是一项较为复杂的工作，因为其影响因素较多，诸如供应条件、运输距离、运输方式、供货数量，以及有关采购费用和保险费用等。

b. 保险储备定额。保险储备定额是指材料供应工作中发生延误等不正常情况下，保证施工生产所需的材料储备数量，主要由保险储备天数和每日需用量决定，其计算公式为：保险储备定额＝保险储备天数×平均每日用量。

确定保险储备天数一般是按上年统计资料实际材料入库平均误期天数来确定的。在实际工作中应分析供应条件的变化情况。一般就地就近组织供应，供应中断可能性很小的，保险储备可以减少到0。

c. 季节性储备定额。在施工企业，材料供应经常受到季节性影响。为保证施工生产的正常进行，需要一定数量的季节性储备。例如，年初开工项目多，钢材、水泥及地方材料用于基础和主体结构的需用量大；年底施工进行到装修竣工程度，主要材料需用量小而其次材料、装饰材料需用比例增大。这类材料根据施工进度需要确定季节性储备定额，以便在供应中断后，继续保证建筑施工生产需要。其计算公式为：

季节性储备定额＝平均每日需用量×季节性施工天数

根据上述的分析计算，材料储备的最高定额和最低定额应该为：

最高储备定额＝经常性储备定额＋保险储备定额＋季节性储备定额

最低储备定额＝保险储备定额

材料储备定额是编制材料供应计划，监控库存水平，核定施工企业流动资金计划的重要依据，也是组织采购计划订货的主要依据。

▶ 5.5.8 零存货管理

1）零存货管理与传统存货管理

随着人们对生产过程控制能力的加强，要求存货管理的每一个步骤都应是满足生产经营所必需的，即产品按客户要求的时间交货，材料或部件按生产需要送达，从而产生了准时制生产的要求（此时的生产系统称为准时制生产系统，即 just-in-time）。

准时制生产系统要求零存货管理，并与传统存货管理产生差异。传统存货管理承认存货存在的必要性和合理性，要求按照各种模型制订的计划引入存货；而零存货管理则要求企业按需要引入存货，并通过不懈努力去减少存货、降低存货成本。

可见，零存货管理与传统存货管理的理念是相冲突的。传统存货管理主张有一定水平的存货，以达到相关成本最低；而零存货管理的最终目的是消灭存货，以达到总成本最低。在准时制下，存货被认为对企业经营存在如下负面影响。

①企业持有存货，占压流动资金。当企业持有最大量存货时，相应数额的资金就暂时沉淀下来，直到产成品销售出去才能重新参加周转。如果企业存货严重积压，造成流动资金紧张，为了获得流动资金满足工资支付和其他费用支付等，企业可能被迫举债并支付额

外的利息；反之，如果企业能够大量减少存货，甚至零存货，将这部分流动资金运用于其他方面，如投资于有价证券等，则可以取得投资收益。可见企业持有存货是存在机会成本的。

②企业持有存货，会发生仓储成本。大量存货必然要占用仓储空间，需要耗用人工进行管理，而存货在仓储过程中也可能发生损耗，这些构成企业持有存货的仓储成本和管理成本。这种仓储成本和管理成本都将提高企业的成本水平。

③企业持有存货，可能掩盖生产质量问题，掩盖生产的低效率，增加企业信息系统的复杂性。

例如，当企业最后一道工序进行加工过程中，如果发现从在产品库中取出的在产品有次品，则可以再去在产品库中取用合格品，这时次品的出现不会导致严重的后果，不会立即引起管理人员的重视，不利于企业寻找次品出现原因以不断提高产品质量。再如，假设企业生产效率低，当市场需要大量成品时，有库存产品起缓冲作用，不利于督促企业提高生产效率。

持零存货观点的人还认为，准时制同样使企业生产准备成本和储存成本最小化，但看问题的角度完全不同：传统方法是在接受生产准备成本或订货成本存在合理性的前提下，发现了企业成本最低的条件，即变动订货成本与变动存储成本、生产准备成本与变动存储成本相等；而准时制是在不接受生产准备成本或订货成本的前提下，试图使这些成本趋于零。措施是缩减生产准备的时间和签订与供货商的长期合同。通过和少数指定的供应商签订外供材料的长期合同，随时在需要时向指定的供应商要求将生产材料直接运送到生产场所，定期结算，减少生产准备时间等，显然可以减少订货的数量及相应的订货成本。缩减生产准备时间，要求公司为生产准备寻找更新、更有效率的方法。经验已经证明生产准备时间是可以被大幅度缩减的。生产准备时间的缩短必然会导致生产准备成本大大降低。如果生产准备成本和订货成本能够降至一个不重要的水平，那么唯一需要最小化的成本是储存成本，而该成本随着存货的下降也会降低到一个不重要的水平。显然，准时制生产系统下的企业成本会大大低于传统生产系统下的企业成本。

2）零存货管理改变材料采购策略

按照传统的管理模式，在企业根据生产的需要外购材料时，一般首先是使用经济订货批量模型，确定企业采购的最佳批量。随后，采购部门根据已确定的材料品种、规格、数量去联系供应商。下一步是根据几个供应商所提出的价格和结算条件等，进行比较，选择其中较为理想的供应商签订供货合同，经过提货、发运至企业后，组织人力进行材料检验，检查材料质量，核对数量、规格等是否符合合同规定，决定是否入库，并根据合同约定的结算条件与供应商结算材料价款。在传统方式下，企业一般持有一定水平的原材料存货，其中除了满足日常耗用外，还包括一部分保险储备。企业与供应商的关系是不确定的，企业所需材料没有固定的供应商。

在准时制下，既要求企业持有尽可能低水平的存货，只在需要的时间购进需要的材料，又不允许企业因原材料供应中断影响到生产的正常进行。这就给企业的采购部门提出了很高的要求：一是材料供应的及时性，即必须能够在生产部门需要原材料时，将所需原材料迅速、准确地采购并运至企业，否则就会引起停工待料的现象发生；二是采购的原材料在质量上必须有保证。根据这两个基本要求，企业就不能采用传统方式下的采购模式，因为按照传统模式，从寻找合适的供应商，到订货、交货，即使一切顺利，也要经过一段较长时间，不能保证供货的及时性。企业对供应商的情况不了解，不可能保证订购材料的质量。为了解决这一问题，准时制为企业和供应商之间建立起了一种全新的利益伙伴关系。建立这种利益关系的原则是：

①在原材料采购上，只与有限数量的比较了解的供应商发展长期合作关系。当企业提出原材料需求时，采购部门就不必为寻找和选择供应商浪费时间，可以直接与长期合作的指定供应商联系，缩短材料订货时间，同时也节约了订货成本。由于经过选择和长期合作，企业对指定供应商供应的材料、供货商信誉、供货商的服务都很了解，订购的原材料质量就有了相当的保证，不会因为材料质量问题影响生产。由于货源稳定、质量有保证，采购部门还可以根据具体情况，适当减少对购进原材料进行检验的抽样样本数量，甚至取消检验，降低检验成本。由于企业与供货商之间的合作关系，还可以要求供货商多批次小批量供应材料，进一步降低原材料存货水平，减少原材料存货资金占用。

②在选择供应商时既要考虑其供货的价格，同时也应考虑其服务质量和材料质量。在选择供应商问题上，价格因素当然是首要的，材料价格低，可以有效地降低企业产品成本。但是供货商服务的质量（即供货商能否在企业随时提出供货要求时都能够快速交货，保证供货的及时性）和所供应的原材料的质量，企业也同样应予以重视，这是准时制本身的特点所决定的。

③建立生产员工直接向经批准的供货商订购生产所需原材料的流程。由于材料的供货商已经指定且数量很少，准时制的采购系统可以要求供货商经常运送小批量的产品，可以是每周一次、每天一次，甚至一天几次。这就要求与供货商紧密协作。企业可以与供货商签订长期合作合同，不再在每次订货后与供货商结算材料成本，而是在合同中约定采用定期结算方式的条款。当企业生产部门需要某种类型的原材料时，就可以经过企业授权直接与对应的供货商联系，供货商将材料直接运达企业，定期持当期累积的原始凭证与企业结算。这样省去了中间环节（采购部门），节约了订货时间，降低了订货成本，增强了原材料供应的及时性。

④将供货商的供货直接送至生产场所。在传统方式下，企业订购的原材料批量较大，在检验之后，必须如原材料库存放，无形中增加了储存成本和管理成本。在准时制下，只有在生产需要时才订购材料，材料到位后直接投入生产，所以可以要求供货商直接将材料运抵生产车间堆放。这样做的好处在于：缩短了从订货到投入生产的时间，增强了供货的及时性；生产工人直接从车间取得材料，缩短了搬运距离，节约了人工搬运成本。

⑤为达到缩减原材料存货的理想效果，企业和供货商必须建立相互信任和信心，供需双方必须要有团队精神，生产企业在选择供货商问题上应慎重、全盘考虑，侧重的因素主要包括供货的价格、质量和及时性。确定供货商以后，应和供货商签订长期合同，直接与原材料供货商联系原材料的购进。生产员工也必须参与决策。原材料供货商必须明确一点：供货商的经济利益是与购货商的经济利益密切相联系的，供需双方紧密的长期合作关系对双方都是有利的。生产企业为供货商提供了一个稳定的市场销售，生产企业的发展壮大，

必然带动供货企业的发展壮大。因此，供货商应尽可能地为生产企业提供服务。准时制的目的也并不是要把存货的仓储成本转嫁给供货商。买方提供给卖方的生产计划信息同样也可使供货商减少存货，并最终使成本最小化。这样，供货商就能够保持经常性的小批量生产，而不是间歇性的大批量生产。

3) 准时制零存货管理应注意的问题

近几年来，准时制的支持者对经济订货批量模型和经济生产批量模型提出了批评。他们认为管理人员应致力于使存货最少，而非批量最优。批评意见的根源在于许多管理人员在现有成本结构上，只是简单地套用数学模型，而不是通过熟悉经营并进一步改变成本数据，以达到最优化的目的。如果管理人员不能减少订货成本和生产准备成本（这种减少可降低经济订货批量），即使企业使用了数学模型，企业的竞争能力仍是有疑问的。

应该注意的是，零存货在本质上是一种思想、一种观念，而非数学模型。我们应该学习的是准时制下努力降低存货、提高质量、不断改进的精髓，将这种先进的管理思想与企业的实际情况结合起来，达到提高经济效益的目的。不顾企业管理水平和外部环境，生搬硬套零存货是不合时宜的。在实务中究竟应将存货保持在一个什么水平为最优，需要视企业外部经营环境和内部管理水平而定。

对于零存货并不是没有反对意见。反对的原因理所当然地归结到零存货下低存货所带来的停工风险和材料涨价风险。

虽然准时制的创造者和实施者为实现零存货设计了各种措施，但在现实中，实现零存货几乎是不可能的。在现实的企业中，库存是无处不在的，而且是不可避免的。

从理论上讲，存货的存在是一种资源的浪费；从现实来看，存货的存在是不可避免的，甚至有利于生产经营活动的正常进行。因此，一方面人们应该不断改善经营管理，为最终实现零存货而奋斗；另一方面，又应该面对现实，使库存维持在某一特定水平上，做到浪费最少而又能保证生产经营活动正常进行，这是企业存货管理的终极目标追求。

本章小结

广义的营运资金是指总营运资金，就是生产经营活动中的流动资产所占用资金，在数量上等于流动资产；狭义的营运资金则是指净营运资金，是流动资产减去流动负债后的差额。营运资金管理着重解决两个问题：一是如何确定流动资产的最佳持有量；二是如何筹措短期资金。

流动资产（Current Assets）是指企业可以在一年或者越过一年的一个营业周期内变现或者被耗用的资产，包括库存现金及各种存款、短期投资、应收账款及预付账款、应收票据和存货等，反映了企业的支付能力和短期偿债能力。流动资产持有策略有适中型持有策略、冒险型持有策略、保守型持有策略；营运资金筹集策略有到期日搭配型筹资策略、保守型筹资策略、积极（冒险）型策略。

现金，泛指立即可以投入流通的交换媒介。它的首要特点是普遍的可接受性和很强的支付能力，即立即可以有效地用来购买商品、货物、劳务或清偿债务。现金是变现能力最强的非盈利性资产。有价证券是企业现金的一种转换形式。现金管理的过程就是在现金的流动性与收益性之间进行权衡选择的过程。建筑施工企业持有现金的动机有交易性动机、预防性动机、投机性动机。建筑施工企业的库存现金管理要遵循国家的有关规定。最佳现金持有量是使现金持有总成本最低的现金余额。确定最佳现金持有量的方法有成本分析模式、存货管理模式、现金周转模式和随机模式。

应收账款是指企业因对外销售产品、材料、供应劳务及其他原因，应向购买单位或接受单位及其他单位收取的各种款项。建筑施工企业的应收账款主要包括：应收工程款、应收销货款等。建筑施工企业因为应收账款的客观存在，在其存续期间给企业带来的成本费用和损失主要包括机会成本、管理成本和坏账损失等。建筑施工企业的信用政策一般包括信用标准、信用条件和收账政策三个方面。信用条件是指企业承诺客户可以推迟付款的最长期限以及督促提前付款的折扣优惠政策。信用标准是指企业提供信用时要求客户达到的最低信用水平。收账政策是当客户违反信用条件、拖欠账款时所采取的收账策略。这3个要素的决策是应收账款管理的主要工作。

存货是指企业在生产经营过程中为销售或耗用而储备的物资。建筑施工企业的存货主要是指原材料、周转材料、设备、在建工程、在产品和产成品、商品。存货成本是指与购买和维持存货有关的成本，主要包括取得成本（订货成本和购置成本）、储存成本、缺货成本。建筑施工企业按照存货管理的目的，为使存货的总成本最低，一般设定经济订货量或经济批量、最佳订货期。经济订货量是指既能满足企业生产经营的正常需要，又使存货总成本相对最低的某项存货批量。确定经济订货量是存货管理的核心问题。

建筑施工企业存货品种繁多，常采用存货 ABC 分类管理，即按照一定的标准，将企业的全部存货分为 A、B、C 三类，分别实行分品种重点管理、分类别一般控制和按总额灵活掌握的存货管理方法。对于采用准时制生产系统的建筑施工企业则要求零存货管理。

思考题

1. 简述现金流转与营运资金的关系。
2. 什么是流动资产？流动资产具有哪些特征？
3. 简述库存现金管理的有关规定。
4. 如何确定最佳现金持有量？
5. 应收账款产生的主要原因是什么？其管理的目标又是什么？
6. 企业的信用政策包括哪几项？在建筑市场不景气时，施工企业应采取什么样的信用政策？
7. 简述建筑施工企业存货管理的目标和主要任务。
8. 简述 ABC 存货管理。
9. 简述准时制生产零存货管理与传统存货管理的区别。
10. 简述经济订货批量的含义以及材料采购的经济订货批量如何决策。

习 题

1. 某施工企业拟对现金持有方案做出决策，现有 4 种方案可供选择，有关持现成本已基本确定，如表 5.9 所示，设机会成本率为该企业的资本收益率 12%，试比较择优选择方案。

表 5.9 现金持有方案决策　　　　　　　单位：元

方案项目	甲	乙	丙	丁
现金平均持有量	250 000	320 000	400 000	500 000
管理成本	20 000	20 000	20 000	20 000
短缺成本	9 500	4 500	1 500	0

2. 某施工企业的材料采购和管理实行专人负责制。其中甲材料采购员每年固定工资 5.2 万元，租赁仓库租金 2 万元，甲材料管理员工资 4.8 万元。该企业每年需要该材料 4 000 kg，每批订货费用 50 元，每次订货 800 kg，材料价格为 30 元/kg。储存成本为 5 元/kg，如果不考虑短缺成本，则该企业甲材料的全年存货成本是多少？

3. 某企业每年耗用某种材料 400 kg，该材料单位采购成本为 20 元/kg，单位储存成本为 8 元/kg，每次订货成本为 25 元/kg，试计算该企业的经济订货量、年最佳订货次数、存货最佳总成本、最佳订货周期、经济订货量占用资金（假设一年有 360 天）。

4. 某企业预测 2015 年度销售收入净额为 4 500 万元，现销与赊销比例为 1∶4，应收账款平均收账天数为 60 天，变动成本率为 50%，企业的资金成本率为 10%。一年按 360 天计算。

要求：

（1）计算 2015 年度赊销额。

（2）计算 2015 年度应收账款的平均余额。

（3）计算 2015 年度维持赊销业务所需要的资金额。

（4）计算 2015 年度应收账款的机会成本额。

（5）若 2015 年应收账款需要控制在 400 万元，在其他因素不变的条件下，应收账款平均收账天数应调整为多少天？

5. 某企业生产乙产品 14 000 件，单位产品直接材料费 35 元，直接人工费 25 元，变动性制造费用 10 元，固定性制造费用 10 元，固定性销售及管理费用 10 元，单位产品销售价格为 105 元，现有另一企业要求追加订货 5 000 件，其特殊订价为 75 元。

要求：分别就以下几种情况做出是否接受订货的决策。

（1）企业最大生产能力为 20 000 件，剩余生产能力无法转移，不需追加专属成本。

（2）企业最大生产能力为 20 000 件，剩余生产能力无法转移，但需追加专属成本 40 000元。

（3）企业最大生产能力为 20 000 件，剩余生产能力可对外出租，租金收入为 15 000 元，且需追加专属成本 20 000 元。

（4）企业最大生产能力为 18 400 件，剩余生产能力无法转移，不需追加专属成本。

6

建筑施工企业固定资产管理

[学习目标]

掌握固定资产的概念；熟悉固定资产的分类；掌握固定资产的日常管理；熟悉固定资产折旧的含义；掌握固定资产折旧的计提范围；掌握固定资产折旧的计提方法；熟悉固定资产折旧计划的编制；掌握固定资产需要量的确定方法；掌握固定资产投资决策评价的各种指标和方法。

[基本概念]

固定资产，固定资产折旧，平均年限法，工作量法，双倍余额递减法，年数总和法，固定资产清查，固定资产更新改造

6.1　固定资产管理概述

建筑施工企业从事施工生产经营活动离不开劳动资料。这些劳动资料中，有些劳动资料随其投入到生产经营活动过程中后，其实物形态随一个生产经营循环的终结而随之消亡，其价值也相应地一次性转移到企业成本、费用当中去，如架料、板料等；而有些劳动资料经历若干个生产经营循环其实物形态仍保持完整、其价值却逐渐分次转移到企业成本、费用当中去，如建筑施工企业的房屋建筑物、施工机械、运输设备等，这就是固定资产。

固定资产是企业生产经营必不可少的物质资源条件，在施工企业的生产经营活动中起着至关重要的作用，因此，建筑施工企业必须加强对固定资产的核算和管理。

▶ **6.1.1 固定资产的含义**

1) 固定资产的概念

所谓固定资产，是指建筑施工企业为进行施工生产经营活动和其他活动，如建筑工程施工、提供劳务、出租或经营管理而持有的、单项价值较高、使用寿命较长的有形资产，如房屋、建筑物、施工机械设备、运输设备等。

值得注意的是，有些资产的单位价值虽然低于规定标准，但属于企业的主要劳动资料，也应列入固定资产；有些劳动资料的单位价值虽然超过规定标准，但更换频繁、易于损坏，也可以不作为固定资产；不属于生产经营主要设备的物品，单位价值在 2 000 元以上并且使用期限超过两年的，一般也应当作为固定资产管理。

2) 固定资产的特征

固定资产是建筑施工企业的主要劳动资料，是建筑施工企业施工生产经营的重要物质基础。固定资产具有以下三个特征。

①建筑施工企业持有固定资产是为了施工生产、提供劳务、出租或经营管理，而不是直接用于销售。施工企业持有固定资产的目的是为了施工生产、提供劳务、出租或经营管理，即企业持有的固定资产是企业的劳动工具或手段，而不是用于出售的产品或商品。其中"出租"的固定资产，是指企业以经营租赁方式出租的机械设备类固定资产，不包括以经营租赁方式出租的房屋建筑物，后者属于企业的投资性房地产，不属于固定资产。

②建筑施工企业的固定资产使用寿命较长，往往超过一个会计年度。固定资产的使用寿命，是指企业使用固定资产的预计期间，或者该固定资产所能进行基建施工或提供劳务的数量。通常情况下，固定资产的使用寿命是指固定资产的预计使用期间，比如自用房屋建筑物的使用寿命表现为企业对该房屋建筑物的预计使用年限。对于某些机械设备或运输设备等固定资产，其使用寿命表现为该固定资产所能生产产品或提供劳务的数量，例如运输汽车，按其预计行驶里程或运输货物总量估计使用寿命。

固定资产使用寿命超过一个会计年度，意味着固定资产属于非流动资产，随着使用和磨损，通过计提折旧方式逐渐减少其账面价值。对固定资产计提折旧和减值准备，均属于固定资产后续计量。

③建筑施工企业的固定资产是有形资产。固定资产具有实物特征，这一特征将固定资产与无形资产区别开来。有些无形资产可能同时具有固定资产的其他特征，但由于其没有实物形态。所以，这种无形资产不属于固定资产。

3) 固定资产的分类

建筑施工企业的固定资产种类复杂，数量繁多，在企业施工生产经营活动中所起的作用也各不相同。为了加强对固定资产的管理，应对其按不同标准进行科学分类。

（1）固定资产按经济用途分类

建筑施工企业的固定资产按经济用途可以分为生产经营用固定资产和非生产经营用固

定资产。

①生产经营用固定资产，是指直接服务于企业施工生产基建施工、经营活动过程的固定资产，例如服务于基建施工生产、经营活动的房屋建筑物、施工机械、运输设备等。

②非生产经营与固定资产，是指不直接服务于企业施工生产基建施工、经营活动过程的固定资产，如职工食堂、浴室、职工医院、职工宿舍等。

固定资产这种划分可以考查建筑施工企业各种用途固定资产构成是否合理。

（2）固定资产按使用情况分类

建筑施工企业的固定资产按使用情况可以分为使用中固定资产、未使用固定资产和不需用固定资产。

①使用中固定资产，是指正在使用中的生产经营用固定资产和非生产经营用固定资产。季节性停用固定资产、大修理停用固定资产、以经营租赁方式出租给其他单位使用的固定资产以及替换使用的固定资产均视为在使用中的固定资产。

②未使用固定资产，是指已经构建完成但尚未交付的固定资产以及因为进行改建、扩建等原因暂停使用的固定资产。

③不需用固定资产，是指本企业多余的或不适用于企业基建施工、生产经营以及其他活动的固定资产。

固定资产的这种划分有助于考查企业固定资产的利用效率的高低。

（3）固定资产按所有权情况分类

建筑施工企业固定资产按所有权情况分为自有固定资产和租入固定资产。

①自有固定资产，是指建筑施工企业自行购置建造、所有权归属于建筑施工企业所有的固定资产。

②租入固定资产，是指建筑施工企业以经营租赁方式租入的固定资产。

固定资产的这种划分有助于分析考查企业固定资产的自给情况。

（4）固定资产按经济用途、使用情况以及所有权情况综合分类

在建筑施工企业会计核算与财务管理实务中，固定资产通常按经济用途、使用情况以及所有权情况综合分类，分为如下几类：

①生产经营用固定资产；

②非生产经营用固定资产；

③租出固定资产；

④不需用固定资产；

⑤未使用固定资产；

⑥融资租入固定资产；

⑦土地，是指过去已经估价单独入账的土地。

固定资产的这种分类的意义有两方面：一是企业财务实务中固定资产分类核算和管理的依据；二是企业财务实务中固定资产分类计提固定资产折旧的依据。

▶ 6.1.2 固定资产的确认与计量

1) 固定资产的确认

固定资产在符合定义的前提下，应同时满足以下两个条件，才能够加以确认。

（1）与该固定资产有关的经济利益很可能流入企业

作为资产最重要的特征是预期会给企业带来经济利益。企业在确认固定资产时，需要判断与该项固定资产有关的经济利益很可能流入企业。如果与该项固定资产有关的经济利益很可能流入企业，同时符合固定资产确认的其他条件，那么就应该将其确认为固定资产；否则，不能确认为固定资产。

（2）该固定资产的成本能够可靠地计量

成本能够可靠地计量是资产确认的一项基本条件。企业在确定固定资产成本时必须取得确凿的证据，而且需要根据所获得的最新资料，对固定资产的成本进行合理的估计。比如，企业对于已经达到预定可使用状态但尚未办理竣工决算的固定资产，需要根据工程预算、工程造价或者工程实际发生的成本等资料，按估计价值确定其成本。办理竣工决算后，再按照实际成本调整原来的暂估价值。

财务实务中，在确认固定资产时，一般按如下两个标准确认：一是使用寿命在一年以上的生产经营主要设备；二是使用寿命超过2年且单项价值在2 000元以上的非生产经营主要设备。否则，若上述条件不具备，则作为低值易耗品归属到周转材料内。

2) 固定资产的计量

（1）固定资产的初始计量

固定资产的初始计量，是指确定固定资产的取得成本。固定资产应当按照成本进行初始计量。

成本包括建筑施工企业为取得某项固定资产达到预定可使用状态前所发生的一切合理的、必要的支出。在实务中，建筑施工企业取得固定资产的方式多种多样，如外购、自行建造、投资者投入、非货币性资产交换、债务重组、企业合并、融资租赁等方式。取得方式不同，其成本构成具体内容及确定方法也不尽相同。

①外购固定资产

外购固定资产的成本，包括外购过程中的购买价款、相关税费、使固定资产达到可使用状态前所发生的可归属于该项固定资产的运输费、装卸费、安装调试费和专业人员服务费。若购入的是生产经营用固定资产，其外购过程中所支付的增值税进项税额可以从企业销项税额中抵扣，不计入固定资产的初始入账价值。

②自行建造固定资产

自行建造固定资产的成本，由建造该项固定资产达到可使用状态之前所发生的必要支出构成，包括物资购买成本、人工成本、缴纳的相关税费、应予资本化的借款费用以及应分摊的间接费用构成等。

企业自行建造固定资产包括自营建造和出包建造两种方式。无论何种方式，都应按照实际发生的支出确定其成本。

a. 自营方式建造固定资产，其成本应当按自营建造过程中所消耗的直接材料、直接人工、直接机械费等构成。

b. 出包方式建造固定资产，其成本由发包企业按照合同规定的结算方式和工程进度定期与承包商办理的结算工程价款以及发包方所发生的应有该项固定资产所负担的待摊支出等构成，但企业为建造固定资产以出让方式获得土地使用权而支付的土地出让金不计入该项固定资产成本。

③投资者投入固定资产

投资者投入固定资产的成本，应按合同约定或协议约定价值确定，但合同或协议约定价值不公允的除外。若投资合同或协议所约定价值不公允，应按该项固定资产的公允价值作为其入账成本。

④以非货币性资产交换、债务重组、企业合并方式取得的固定资产

这类固定资产成本应分别参照《企业会计准则第 7 号——非货币性资产交换》、《企业会计准则第 12 号——债务重组》以及《企业会计准则第 20 号——企业合并》等会计准则之规定。

⑤融资租赁租入固定资产

以融资租赁方式租入固定资产，视为企业自有固定资产，以最低租赁付款额的现值与租赁资产公允价值两者中的低者作为其入账成本。最低租赁付款额是指在租赁期间承租方被要求支付给出租方的全部款项，包括租金、与承租方和出租方均无关的第三方或承租方担保资产余值、名义买价等。

（2）固定资产的后续计量

固定资产的后续计量包括固定资产持有期间的计量、固定资产的后续支出的计量和固定资产的期末计量。

①固定资产持有期间的计量

按现行财务会计制度规定，固定资产在持有期间，应采用系统合理的分摊方法估计固定资产的损耗价值并计入各期的成本费用，详见后续"固定资产折旧"。

②固定资产的后续支出的计量

固定资产的后续支出，是指在固定资产使用过程中所发生的更新改造支出、修理支出等。后续支出的处理原则是：符合固定资产确认条件的，应予以资本化，计入固定资产成本，同时将被替换部分的账面价值扣除；不符合固定资产确认条件的，应当予以费用化，计入当期损益。

③固定资产的期末计量

按照现行财务会计制度规定，在会计期期末，应将固定资产原账面净值与其可收回金额进行比较。若其可收回金额低于其原账面价值，则意味着该项固定资产已经发生减值，就应该就其差额计提减值准备，并计入当期损益；若其可收回金额高于其账面净值，则不计提减值准备。这是为了充分贯彻谨慎性原则的要求。

▶ 6.1.3 **固定资产的日常管理**

由于固定资产是建筑施工企业基建施工、生产经营活动中重要的劳动资料，且固定资

产种类复杂、数量繁多、单项价值较高、技术性强、分散在企业的各个部门和各级单位，如何管好固定资产，不但关系到企业固定资产的安全完整，而且关系到能不能充分发挥固定资产的使用效能，保障建筑施工企业基建施工、生产经营活动的正常进行。为提高建筑施工企业固定资产的使用效率、保护固定资产的安全完整，必须加强固定资产的日常管理。固定资产的日常管理包括以下几个方面的内容。

1）固定资产取得时的管理

建筑施工企业可以通过多种方式获得基建施工、生产经营活动所需的各项固定资产，企业所取得的各项固定资产均应严格按照现行财务制度规定的入账成本的确定方法及时确定其入账成本，并及时确认入账。其取得成本包括在取得固定资产过程中以及达到可使用状态前所发生的一切必要的合理的开支，包括买价、进口关税、运杂费（运输费、保险费、仓储费、包装费等）、安装调试费等。对于企业新取得的固定资产，管理部门应协调有关部门深入现场，根据有关凭证认真办理验收手续、清点数量、检查质量、核实造价和买价，以便发现问题并及时解决。

2）固定资产使用中的管理

（1）制定固定资产目录

制定固定资产目录是为了明确固定资产核算和管理范围。企业应根据国家相关财务制度规定和企业固定资产实际管理状况，按一定方法把固定资产目录编制成册，并按照管理权限，经董事会或股东大会或经理会议或类似机构的批准，按照法律、行政法规的规定，报送有关部门备案。由固定资产的使用部门或保管部门编制固定资产目录，以便于企业随时了解企业固定资产分布状况。

（2）建立固定资产账目、卡片

为了详细、准确、及时地反映企业固定资产增减变化和使用、转移等情况，企业财务部门和各使用单位都应建立各自相应的账目并经常核对。固定资产卡片是按每项固定资产单独设立的、详细登记固定资产的类别、编号、名称、规格、预计使用年限、原值以及发生的固定资产修理、内部转移、停止使用等情况。调出或报废固定资产时，应根据有关凭证注销卡片，并另行归档保管。固定资产卡片一式多份，分别由财务部门、固定资产管理部门、固定资产使用部门和各有关部门分别持有、保存。建立固定资产卡片有利于固定资产管理，做到有物有卡，促使固定资产使用单位管好用好固定资产。

（3）实行固定资产归口分级管理制度

固定资产管理，首先要建立健全固定资产管理制度，严格购建、验收、使用、保管、调拨、盘点清查和报废清理等各项手续，防止短缺、失修、损害或降低技术性能。固定资产归口分级管理就是指在固定资产管理中正确安排好各方面的权责关系，把固定资产管理和生产技术管理结合起来，激励各职能部门、各级单位职工积极参与管理的一种行之有效的固定资产管理制度。其基本内容包括：

①固定资产归口管理，是指在企业经理和总会计师（或财务总监）的领导下，在企业财务部门的统一协调下，按固定资产的类别归口给各有关职能部门负责管理。如施工机械、生产设备归设备管理部门负责管理，运输设备归运输部门负责管理，房屋建筑物、管理用

具归行政部门负责管理等。各归口管理部门负责对所管理固定资产进行合理使用、维护和修理，定期对固定资产的使用保管情况进行检查，并认真遵守有关制度，保护固定资产的安全完整。

②固定资产分级管理，是指在归口管理的基础上，根据"谁使用、谁管理"的原则，按固定资产的使用地点分别把固定资产的管理责任落实到工程处、施工队、班组甚至员工个人，实行分级管理，并对归口职能部门负责。固定资产的归口分级管理还应和各部门、各级单位、员工个人的物质利益相结合，根据管理固定资产的责任履行情况进行奖惩，实行内部固定资产管理责任制。这样可以做到层层负责任，件件有人管，使固定资产的安全保管和有效利用得到可靠保障。

（4）定期检查盘点固定资产

建筑施工企业应定期进行固定资产的检查和盘点工作。对盘盈、盘亏、毁损的固定资产，应当查明原因，写出书面报告，并根据企业的管理权限，经董事会或股东大会，或经理会议或类似机构批准后，在期末结账前处理完毕。

（5）实行固定资产更新年限的经济性原则

固定资产更新需要企业投入一大笔资金，而且存在更新的经济寿命和技术寿命的问题，所以在固定资产更新时需要进行相应的决策分析，根据经济合理的原则确定何时进行更新。

（6）确保固定资产的充分使用和固定资产生产最大可能性原则

固定资产在一定程度上的闲置和浪费会使建筑施工企业造成不必要的支出，因而要将建筑施工企业固定资产全部投入使用，尽量避免固定资产的闲置和浪费。对于未使用的固定资产应将其尽快投入使用，对于不需要的固定资产，若有一定经济价值，应将其出租或者进行其他产品的生产加工，否则就应将其立即出售或处理以及时收回资金，使生产经营和服务领域固定资产所占比重最大。非生产经营领域的固定资产应适当占有一定的比例，要体现出非生产经营性固定资产对企业生产的积极作用。

（7）计提减值准备

企业固定资产应当按现行财务制度规定在会计期末对比其账面价值和可收回金额，若其可收回金额低于其账面价值，则应当按其差额计提固定资产减值准备，并相应确认减值损失计入当期损益。

3）固定资产处置的管理

（1）固定资产调出与报废的管理

企业应设立固定资产登记簿，将固定资产增减变动情况及内部转移情况及时登记在固定资产登记簿上，并相应建立固定资产增减变动、转移交接和报废情况等手续制度。企业调出固定资产时要核实有关调拨手续、查对实物、按质计价，并办好报批手续。固定资产报废时，也要按规定办理报废手续，经批准报废清理的固定资产，财务部门要会同其他有关部门到现场参加鉴定，核实实物，做好残料入库及变价收入的入账等工作。

（2）固定资产出售的管理

企业应将不需用的固定资产进行及时处理，如进行出售。出售固定资产时应对固定资产的价值进行考察，并办理相关的会计手续，在明细账里进行核算。

6.2 固定资产折旧管理

固定资产的后续计量主要包括固定资产折旧的计提、减值损失的确定，以及后续支出的计量。其中，固定资产的减值应按照《企业会计准则第 8 号——资产减值》处理。

▶ 6.2.1 固定资产折旧的概念

固定资产在使用过程中要不断发生损耗。固定资产在使用过程中，其价值逐渐转移到所生产的产品中去，以折旧费的形式构成产品成本和费用的一部分，通过产品销售的实现，从产品销售收入中得到补偿。

固定资产折旧，是指固定资产在企业经济活动中由于各种原因所发生的各种损耗。固定资产损耗根据其原因以及对固定资产所产生的影响可以分为有形损耗和无形损耗两种。

有形损耗，是指固定资产由于使用或受自然力的侵蚀而造成的固定资产损耗。有形损耗不仅造成固定资产使用价值降低，同时也造成固定资产价值降低。固定资产的有形损耗有两种：一是由于在生产过程中的实际使用而发生的物质磨损；二是由于受自然力的作用而发生的自然损耗。由于实际使用和自然力的作用，固定资产从投入使用到报废为止的使用年限，为固定资产物理上的耐用年限，又称物理折旧年限，其长短取决于固定资产本身的物质结构、使用强度、工作条件以及维护修理情况。正确确定固定资产的物理折旧年限，是正确计算固定资产折旧的前提。

无形损耗，是指由于科学技术进步和劳动生产率水平提高，而造成的固定资产损耗。无形损耗只会造成固定资产价值降低，不会造成固定资产使用价值的降低。固定资产的无形损耗也有两种：一是由于劳动生产率提高，生产同样效能的设备所花费的社会必要劳动量减少，成本降低，同样效能设备的价值更便宜，从而使原有设备价值相应贬值所造成的损失，故又称价值损耗；二是由于科学技术进步，出现新的效能更高的设备，原有设备不得不提前报废所造成的损失，又称效能损耗。效能损耗只有缩短折旧年限才能有效避免。考虑无形损耗后确定的折旧年限，成为固定资产的经济折旧年限。固定资产的经济折旧年限比起物理折旧年限要短。只有考虑固定资产的无形损耗，才能使固定资产在科学技术不断进步、劳动生产率不断提高的情况下也能够得到全部补偿。

固定资产折旧费，是指在固定资产使用寿命内，按照一定的方法所计算确定的应计入各期成本费用的固定资产损耗价值，即在固定资产使用寿命期内，采用一定的方法对应计折旧额进行的系统分摊。

▶ 6.2.2 固定资产折旧的计提

为了准确计算固定资产折旧、合理运用资金，就必须明确固定资产折旧计提的因素，采用科学合理的折旧计提方法。

1）影响固定资产折旧计提的因素

一般而言，影响固定资产折旧计提的因素主要包括：固定资产原值、固定资产预计净残值、固定资产减值准备和固定资产预计使用寿命。

①固定资产原值，是指取得固定资产时的入账价值，即固定资产的取得成本。

②固定资产减值准备，是指固定资产已计提的固定资产减值准备累计金额。固定资产计提减值准备后，应当在剩余使用寿命期内根据调整后的固定资产账面价值（固定资产原值扣减累计折旧和累计减值准备后的金额）和预计净残值重新计算确定折旧率和折旧额。

③固定资产预计净残值，是指固定资产报废时预计可收回的市场价值净额。如果届时会发生清理费用，则应从处置收入中扣除。因此，预计净残值从数量上等于预计残值减去预计清理费用后的净额。按现行财务制度规定，一般按固定资产原值的3%～5%确定。若企业所确定预计净残值要低于3%或高于5%，需报财政部门批准并备案。

④固定资产预计使用寿命，是指在其报废处置前所提供服务单位数量，既可以用固定资产的服役时间表示，也可以用固定资产的作业量表示。企业确定固定资产使用寿命时，应当考虑如下因素：

a. 该项固定资产预计生产能力或实物产量；

b. 该项固定资产预计有形损耗；

c. 该项固定资产预计无形损耗；

d. 法律或类似规定对该项固定资产使用的限制。某些固定资产的使用寿命可能受法律或类似规定的约束，如对于融资租入固定资产，根据《企业会计准则第21号——租赁》规定，能够合理确定租赁期届满时将会取得租赁资产所有权的，应当在其使用寿命期内计提折旧；如果无法确定租赁期届满时将会取得租赁资产所有权的，应当在租赁期与租赁资产使用寿命两者中较短的期间内计提折旧。

2）固定资产折旧的计提范围

固定资产折旧费计入各期成本费用的过程，是随着固定资产价值的转移，以折旧费的形式从企业销售收入中得到补偿，并转化成货币资金的过程。

并不是所有固定资产都要计提折旧。应计提折旧固定资产应具备的条件：使用年限有限且能合理估计，也是说固定资产价值会在使用中逐渐损耗。总的来说，使用中的固定资产应计提折旧，未使用和不需用的固定资产不应计提折旧。我国现行财务制度对应计提折旧固定资产范围做出了明确规定。在建筑施工企业，应计提折旧固定资产包括如下内容：

①房屋及建筑物（无论使用与否）；

②在用固定资产（含季节性停用、大修理停用以及替换使用固定资产）；

③经营租赁方式租出的固定资产；

④融资租赁方式租入的固定资产。

建筑施工企业的下列固定资产不计提折旧：

①过去单独估价入账的土地；

②除房屋建筑物外未使用、不需用的固定资产；

③经营租入的固定资产；

④已提足折旧继续仍在使用的固定资产；

⑤破产、关停企业的固定资产；

⑥提前报废的固定资产。

在企业财务实务中，为了简化核算手续，月份内增加的固定资产，当月不计提折旧，从下月开始计提折旧；月份内减少的固定资产，当月仍计提折旧，下月起停止计提折旧。

另外，已达到可使用状态但尚未办理竣工决算手续的固定资产，应当按照估计价值确定其成本，并计提折旧；待办理竣工决算后再按实际成本调整原来的暂估价值，但不需要调整原已计提的折旧额。

3）固定资产折旧的计提方法

按现行企业财务制度规定，建筑施工企业计提固定资产折旧常用的方法主要有：年限平均法、工作量法、双倍余额递减法、年数总和法。

企业的固定资产折旧计提方法已经确定，不得随意变更，如需变更，应当在财务附注中加以说明。

（1）年限平均法

该法又称直线法、平均年限法、使用年限法，是指将固定资产应计折旧总额在固定资产预计使用寿命期内平均分摊的一种方法。

这种方法所计算的各期折旧额相等。其计算原理有如下几种方式：

①方式一

固定资产年折旧额＝（固定资产原价－预计净残值）÷折旧年限

月折旧额＝年折旧额÷12

②方式二

年折旧率＝（1－预计净残值率）÷折旧年限×100%

年折旧额＝固定资产原价×年折旧率

月折旧率＝年折旧率÷12

月折旧额＝固定资产原价×月折旧率

【例6.1】某施工企业一栋办公用房屋，原价4 000万元，预计净残值160万元，预计使用寿命40年，采用直线法计提折旧。则有：

①年折旧率＝（1－160÷4 000）÷40×100%＝2.4%

②月折旧率＝2.4%÷12＝0.2%

③年折旧额＝4 000×2.4%＝96（万元）

④月折旧额＝4 000×0.2%＝8（万元）

直线法折旧，优点在于计算简单，易于理解。但其缺点也是显而易见的。其一，固定资产在不同使用年限提供的经济效益是不同的。一般说来，固定资产在其使用的前期工作效率相对较高，所带来的经济效益也就较多；而在其使用后期，工作效率一般呈下降趋势，因而其所带来的经济效益也就逐渐减少，而年限平均法不予考虑，显然是不合理的。其二，固定资产在不同的使用期间发生的维修费用也不一样。固定资产的维修费用将随其使用时间的延长而不断增加，而年限平均法也没考虑这一因素。其三，固定资产的价值损耗应该与其负荷程度相一致，年限平均法同样没有考虑这一因素。因此，在固定资产各期负荷程度相同时，各期应分摊的折旧费相同，这时采用年限平均法计提折旧是合理的。但是，如果各期负荷程度不相同时，采用年限平均法计提折旧就不能反映固定资产的实际使用情况，计提的折旧额与固定资产的损耗程度也不相符。

因此，年限平均法主要适用于其价值损耗与其在使用期间负荷程度无关或关联度不大的固定资产，如房屋、建筑物等。

（2）工作量法

这是指根据在一定期间内固定资产实际完成的工作量计提折旧的一种方法，具体包括行驶里程法和工作时间法。

①行驶里程法是以固定资产应计折旧总额除以固定资产预计使用期限内可以完成的总的行驶里程，求得单位行驶里程固定资产应计折旧额，从而计算出一定期间内固定资产应计折旧额的方法。

单位行驶里程应计折旧=（固定资产原价-预计净残值）÷预计总行驶里程

某期间应计提固定资产折旧=该期间该项固定资产实际行驶里程×单位行驶里程应计折旧

【例6.2】某施工企业一台客运汽车，购置成本为80万元，预计净残值4万元，预计有效寿命期内行驶总里程为38万km。2015年度4月份实际行驶2 000 km。则有：

单位行驶里程应计折旧=（800 000-40 000）÷380 000=2（元／km）

2015年4月份应计折旧=2×2 000=4 000（元）

②工作时间法是以固定资产应计折旧总额除以固定资产预计使用期限内可以完成的总的工作时间，求得单位工作时间固定资产应计折旧额，从而计算出一定期间内固定资产应计折旧额的方法。

单位工作时间应计折旧=（固定资产原价-预计净残值）÷预计总工作时间

某期间应计提固定资产折旧=该期间该项固定资产实际工作时间×单位工作时间应计折旧

【例6.3】某施工企业一台大型施工机械，购置成本为80万元，预计净残值4万元，预计有效寿命期内可完成工作台班19 000个台班。2015年度4月份实际作业600个台班。则有：

单位工作台班应计折旧=（800 000-40 000）÷19 000=40（元／台班）

2015年4月份应计折旧=40×600=24 000（元）

若各期固定资产实际行驶里程或完成工作量相同，则各期固定资产折旧额相等。因此，实质上，从广义而言，工作量法仍然是一种直线法。

工作量法虽然考虑了固定资产价值损耗与其使用期间的负荷程度的关系，但仍然没有考虑科学技术进步、劳动生产率提高对固定资产价值损耗的影响。特别是，若各期实际完成的工作量相同，则各期折旧额相等，这显然仍然与实际情况不相符。

（3）加速折旧法

加速折旧法，又称快速折旧法或递减折旧法，是指采用在固定资产有效使用寿命的前期多提折旧、后期少提折旧的办法，从而加快折旧速度、加速固定资产损耗价值在其有效使用寿命期内尽快得到补偿。

国际上加速折旧方法很多，在我国企业财务实务中主要采用以下两种加速折旧方法：

①双倍余额递减法，是指在不考虑固定资产预计净残值的情况下，根据每期期初固定资产账面净值和双倍的不考虑预计净残值的直线折旧率计算固定资产折旧的一种加速折旧方法。其计算原理如下：

年折旧率=2÷预计使用年限×100%

月折旧率=年折旧率÷12

年折旧额=年初固定资产账面净值×年折旧率

采用这一方法必须注意，在固定资产预计使用寿命的最后两年，将未计提的折旧额（固定资产账面净值-预计净残值）平均分摊。

【例6.4】某建筑施工企业 2009 年 12 月 1 日投入使用一崭新施工机械，原价为 500 万元，预计净残值为 20 万元，预计有效寿命为 5 年，要求采用双倍余额递减法计提折旧，如表 6.1 所示。

年折旧率=2÷5×100%=40%

表 6.1　各年折旧额计算表　　　　单位：万元

年　　度	固定资产原价	年初固定资产账面净值	年折旧率	年折旧额	累计折旧额
2010	500	500	40%	200	200
2011	500	300	40%	120	320
2012	500	180	40%	72	392
2013	500	108	—	44	436
2014	500	64	—	44	480

②年数总和法（又称使用年限法、合计年限法），是将固定资产应计折旧总额乘以一个逐年递减的年折旧率来计算每年的折旧额。其计算原理如下：

年折旧率=剩余使用年数÷年数总和×100%

年数总和=（预计使用年限+1）×预计使用年限÷2×100%

年折旧额=（固定资产原价-预计净残值）×年折旧率

月折旧率=年折旧率÷12

月折旧额=年折旧额÷12

【例6.5】某建筑施工企业 2009 年 12 月 1 日投入使用一崭新施工机械，原价为 620 万元，预计净残值为 20 万元，预计有效寿命为 5 年，要求采用年数总和法计提折旧。各年折旧额计算如表 6.2 所示。

表 6.2　年数总和法折旧计算表　　　　单位：万元

年　　度	固定资产原价	应计折旧总额	年折旧率	年折旧额	累计折旧额
2010	620	600	5/15	200	200
2011	620	600	4/15	160	360
2012	620	600	3/15	120	480
2013	620	600	2/15	80	560
2014	620	600	1/15	40	600

年数总和＝1+2+3+4+5＝15（年）

采用加速折旧法，在固定资产使用的前期多提折旧，后期少提折旧。加快折旧速度，目的在于使固定资产成本在其预计有效使用寿命期内加快得到补偿。采用加速折旧的意义有两个方面：一是有助于加快固定资产价值损耗的补偿，避免科学技术进步、劳动生产率提高所造成的固定资产价值相对贬值；二是前期多提折旧、后期少提折旧，从而使企业前期利润偏低、后期利润偏高，前期少交所得税、后期多交所得税，前期现金流量少流出、后期现金流量多流出，相当于给企业带来一笔无息贷款，详见例6.6。

【例6.6】某建筑施工企业2009年12月投入使用某新设备，原价620万元，预计净残值20万元，折旧年限5年，该企业所得税率25%。各年折旧费及税收差异如表6.3所示。

表6.3　加速折旧与直线折旧税收差异影响表　　单位：万元

	2010	2011	2012	2013	2014	合计
直线折旧额	120	120	120	120	120	600
年数总和法折旧额	200	160	120	80	40	600
折旧费差异	80	40	0	−40	−80	0
利润差异	−80	−40	0	40	80	0
税收差异	−20	−10	0	10	20	0

由上表可知，采用两种折旧方法相比较，在固定资产有效寿命期内，采用年数总和法前期折旧费多、利润少，因而所得税少，而后期折旧费少、利润多，因而所得税多。当整个使用寿命结束后，这种差异就不复存在了，但是企业采用年数总和法折旧（加速折旧）就获得了推迟纳税的好处。

6.2.3　固定资产折旧方法的比较和选择

根据《企业会计准则》的规定，企业固定资产计提折旧的方法可以在年限平均法、工作量法、双倍余额递减法和年数总和法之间选择。我国绝大多数企业的固定资产折旧方法都选择年限平均法，只有符合条件、且经过批准才能选择加速折旧方法。

折旧方法的变更，必然导致各期的折旧费用发生变更，进而导致各期的营业成本、利润发生相应的变更。因此，企业变更折旧方法时，一方面应注意是否经过有关部门的批准；另一方面也要衡量由此给企业所带来的成本费用、利润及资产方面的变化，防止不恰当地利用折旧方法的变更来粉饰企业业绩的倾向。

企业选择的折旧计算方法，依照一贯性原则的要求，前后各期应一贯采用，但若企业所处的经济环境、业务性质等发生重大改变，原采用的折旧方法不适合该资产产生的经济效益时，可以变更折旧计算方法。企业在变更折旧计算方法时，应在财务报表中加以披露并注明其变更对企业损益产生的影响。

1）直线折旧法的评价

直线折旧法的优点就是计算简便、容易理解，便于普遍采用。但是由于其过于简化，在应用中存在如下缺点：

①各年实际负担不均衡。直线折旧法下各年或单位工作量的折旧额虽然相等，但固

资产在其使用前期的维修保养成本低于其使用后期的维修保养成本，从而造成固定资产的使用总成本前期低于后期。

②收入和费用不配比。固定资产使用前期的效率高于其使用后期。因而其效益前期高于后期。因而，从理论上讲，就应该有更多的固定资产折旧与之相配比。但直线法下各年度或各单位工作量折旧额相等，导致收入与费用在固定资产使用前期和后期均不能适当配合比较。

③由于各年度的折旧费相等，一方面导致前期直线法下的所得税较加速折旧法多，没有合理地利用递延所得税负债来推迟所得税的上交；另一方面导致前期补偿回来的固定资产损耗价值较加速折旧法少，不利于加快固定资产的更新改造。

2）加速折旧法的评价

加速折旧法的特点是在固定资产使用年限内，折旧费前期多分摊、后期少分摊。企业愿意采用加速折旧法的理由有如下几点：

①新的生产设备效率更高、贡献更大、企业收益更多。因此，应该多提折旧费。

②采用加速折旧法可以在固定资产使用的前几年尽快收回投资的大部分，以便收回资金，增强企业的竞争能力。

③从时间价值角度来看，早收回的投资比晚收回的投资其价值更高。

④在整个固定资产有效使用寿命期内，折旧总额和纳税总额是一个定数。采用加速折旧法，就能够在固定资产使用的前几年分摊更多的折旧费从而推迟所得税的缴纳时间。对于企业而言，这等于获得了一笔无息贷款。此外，若中途转让固定资产，所需缴纳的税款要比缴纳的营业所得税低。

采用加速折旧法可以加快折旧、加快固定资产更新速度，从而避免科学技术进步和劳动生产率提高的无形损耗所带来的风险和意外事故导致提前报废所造成的损失。根据国家税务总局发布的《关于下放管理的固定资产加速折旧审批项目后续管理工作的通知》的要求，对允许实行加速折旧的企业或固定资产做出了如下规定：

①对在国民经济中具有重要地位、技术进步快的电子生产企业、船舶工业企业、生产"母机"的机械企业、飞机制造企业、化工生产企业和医药生产企业的机器设备；

②对促进科技进步、环境保护和国家鼓励投资项目的关键设备，以及常年处于震动、超强度使用或受酸、碱等强烈腐蚀的机械设备；

③证券公司电子类设备；

④集成电路生产企业的生产性设备；

⑤外购的达到固定资产标准或构成无形资产的软件。

符合上述要求的企业向税务部门申请备案后，可以采用双倍余额递减法或年数总和法进行加速折旧。

企业为取得固定资产所发生的资本性支出，是通过分期提取折旧的方式计入各期的成本、费用，并从营业收入中补偿回来。因此，折旧额的高低，不仅直接影响企业的经营成果，进而还会影响到企业的财务状况。企业采用直线折旧法、工作量法或加速折旧法必然影响到财务报表中相关财务数据的表述，从而形成不同的固定资产折旧政策，对这种影响必须予以关注。

► 6.2.4 固定资产折旧计划的编制

正确编制固定资产折旧计划，有助于保证企业及时收回固定资产更新的货币准备金，并有利于正确编制企业成本和费用计划。企业在编制固定资产折旧计划时，应按照固定资产类别确定如下指标。

1）计划年度期初固定资产总值

固定资产总值是指企业所拥有的全部固定资产（包括在用的、未使用的和不需用的）总值。计划年度期初固定资产总值，可根据基年第三季度末实际数结合第四季度预计增减数加以确定。

2）计划年度期初应计折旧固定资产总值

并非企业的所有固定资产都要计提折旧。根据现行企业财务制度规定，企业在编制固定资产折旧计划时，应在计划年度期初固定资产总值的基础上，根据应计折旧的固定资产范围，分析确定计划年度期初应计折旧固定资产总值。

3）计划年度内增加固定资产总值

计划年度固定资产的增加主要有：基本建设完工转入固定资产、购建固定资产、融资租入固定资产、在财产清查中盘盈固定资产、投资者投入固定资产、接受捐赠固定资产、非货币性交换换入固定资产、债务重组取得固定资产等。计算出计划年度各月增加的固定资产总值，即可计算出计划年度内增加的固定资产总值。

4）计划年度内增加应计折旧固定资产总值

一般而言，增加应计折旧固定资产总值，应和增加的固定资产总值相等。但是，在企业内部固定资产使用情况发生变动时，如由未使用转为使用，固定资产总值没有发生变化，而应计折旧固定资产总值却发生了变动。因此，应在计划年度内增加固定资产总值的基础上，分析、确定计划年度内增加应计折旧固定资产总值。

5）计划年度内增加应计折旧固定资产平均总值

该项指标应根据固定资产在计划年度内增加的具体时间不同来计算。其计算公式如下：

增加应计折旧固定资产平均总值 = $\sum$（某月增加应计折旧固定资产总值×该固定资产应计折旧月份）÷12

现行企业财务制度规定，月份内投入使用的固定资产，当月不计提折旧，从次月开始计提折旧；月份内减少或停止使用的固定资产，当月照常计提折旧，从次月开始停止计提折旧。

6）计划年度减少的固定资产总值

计划年度内减少的固定资产主要包括报废的固定资产、停止使用的固定资产、调出的固定资产、财产清查中盘亏或毁损的固定资产、对外捐赠的固定资产、对外投资的固定资产、非货币性资产交换换出固定资产、债务重组转出固定资产等。

7）计划年度内减少应计折旧固定资产总值

一般情况下，计划年度减少应计折旧固定资产总值，应和减少的固定资产总值相等。

如计划年度内减少的固定资产均为在用的，则减少应计折旧固定资产总值，应和减少固定资产总值相等。但是，若减少固定资产均为未使用固定资产和不需用固定资产，则减少固定资产总值并不会减少应计折旧固定资产总值。所以，应在计划年度内减少固定资产总值的基础上，分析计算此项数据，详见表6.4。

表6.4 企业固定资产折旧计划表

2014年度　　　　　　　　　　　　　　　　　　　　单位：元

行次	项　目	机械设备		动力设备		房屋建筑物	
		基年预计完成	本年度	基年预计完成	本年度	基年预计完成	本年度
1	期初固定资产总值						
2	期初应计折旧固定资产总值						
3	增加固定资产总值						
4	增加应计折旧固定资产总值						
5	增加应计折旧固定资产平均总值						
6	减少固定资产总值						
7	减少应计折旧固定资产总值						
8	减少应计折旧固定资产平均总值						
9	期末固定资产总值（1+3-6）						
10	期末应计折旧固定资产总值（2+4-7）						
11	本期应计折旧固定资产平均总值（2+5-8）						
12	年折旧率						
13	年折旧额（11×12）						

8）计划年度内减少应计折旧固定资产平均总值

该指标应根据固定资产在计划年度内减少的具体时间计算。其计算公式如下：

减少应计折旧固定资产平均总值 ＝

$\sum$ 某月份减少应计折旧固定资产总值×（12 - 该固定资产已提折旧月份）

【例6.7】某建筑施工企业计划年度应计折旧固定资产减少情况预计如下：五月份减少140万元，10月份减少40万元。则：

减少应计折旧固定资产平均总值：

$$[140×（12-5）+40×（12-10）]÷12＝88.33（万元）$$

9）计划年度期末固定资产总值

该指标可按下列公式计算：

计划年度期末固定资产总值＝计划年度期初固定资产总值+计划年度内增加固定资产

总值-计划年度内减少固定资产总值

10) 计划年度期末应计折旧固定资产总值

该指标可按下列公式计算：

计划年度期末应计折旧固定资产总值=计划年度期初应计折旧固定资产总值+计划年度内增加应计折旧固定资产总值-计划年度内减少应计折旧固定资产总值

11) 计划年度内应计折旧固定资产平均总值

该指标可按下列公式计算：

计划年度期末应计折旧固定资产平均总值=计划年度期初应计折旧固定资产平均总值+计划年度内增加应计折旧固定资产平均总值-计划年度内减少应计折旧固定资产平均总值

12) 计划年度应计提的固定资产折旧额

用规定的折旧率乘以计划年度内该类固定资产应计折旧固定资产平均总值，即可确定计划年度该类固定资产应计提的折旧额。

6.3 固定资产投资管理

固定资产是建筑施工企业非流动资产的重要组成部分。企业拥有的固定资产规模在一定程度上决定了企业的生产能力和获利能力，企业拥有的固定资产的先进性也会在某种意义上帮助企业在竞争中处于优势地位。因此，建筑施工企业进行固定资产投资决策是事关建筑施工企业重大的决策行为，应该充分调查、谨慎对待。

▶ 6.3.1 固定资产投资的特点

1) 固定资产投资决策的影响持续时间长

固定资产的经济寿命往往比较长，其投资决策一经做出，将会在将长时间内影响企业的经营成果和财务状况，甚至对企业的生存和发展都会产生重要的影响。这就要求企业在进行固定资产投资决策时必须小心谨慎、认真做好可行性研究。

2) 固定资产投资的变现能力较差

固定资产投资的实物形态主要是房屋建筑物和机械设备等固定资产，是企业从事生产经营活动必不可少的物质条件，并且这些固定资产一经形成就不易改变其用途。因此，固定资产投资一旦完成，要想改变其用途或者是出售都将十分困难，也就是说固定资产投资是具有不可逆转性的（即变现能力较差），要求企业注重投资的有效性，防止盲目投资。

3) 固定资产投资的资金占用数量相对稳定

固定资产投资一经完成，在资金占用数量上便保持相对稳定，不像流动资金那样会发生经常性的变动。因为即便是营业量在一定范围内增加，也不会导致固定资产投资的增加，通过挖掘潜力、提高固定资产的使用效率即可满足增加的营业量的需要。而业务量在一定范围内的减少，企业为维持一定的生产能力，也大可不必大量出售固定资产。

4）固定资产投资的实物形态与价值形态可以分离

固定资产投入使用后，随着固定资产的磨损，其价值将逐渐地、部分地脱离其实物形态，转化为货币资金，而其余部分则仍然存在于其实物形态中。在使用年限内，保留在固定资产实物形态上的价值量逐渐减少，而脱离实物形态转化成货币准备金的价值量却逐年增加，直至固定资产报废，其价值才最终得到全部补偿。当企业用以往年度形成的货币准备金（折旧基金）重新购置固定资产时，其实物形态也就相应得到更新。这时，固定资产的价值与其实物形态又重新统一起来。这一特点告诉我们，由于企业各种固定资产的新旧程度不同，其实物更新时间不同，企业可以在某些固定资产更新前，利用脱离实物形态的货币准备金去投资其他固定资产，然后再利用新固定资产所形成的货币准备金去更新旧的固定资产，从而充分发挥固定资产的使用效能。

5）固定资产投资的风险较大

固定资产投资具有用途固定性和使用寿命长期性。在市场需求不断变化的市场经济条件下，这一特性与消费需求的多变性是相互矛盾的。在固定资产投入使用后，市场需求的突然变动、季节性变动和周期性变动，很可能使得固定资产的利用效率和利用效果不再适合市场需求。这样，固定资产投资不仅得不到相应的回报，甚至可能造成损失。因此，企业必须使固定资产的生产和服务周期与市场需求周期确保一致，并应有应付市场变化的备案措施。因为有的固定资产投资的市场需求弹性较小而生产和服务周期却很长，而有的固定资产投资则可能是市场需求弹性极大而生产和服务周期却很短，特别是在后一种情况下，企业更应该加强固定资产使用周期的管理。而市场的突然变化是企业事先无法预见的，为应付这种市场突变，应注意做到固定资产用途的多样性，应尽量避免投资专业性很强的固定资产。

6）固定资产使用成本更多表现为一种非付现成本

固定资产的使用成本主要包括使用期间的维护成本和以折旧形式提取的固定资产购置成本的摊销，并通过从企业所实现的工程结算收入中抵扣而进入货币准备金形态，以备固定资产更新投资使用。由于固定资产折旧费是分期计提并计入各期成本费用的，而固定资产的实物更新则是在若干年以后进行的。所以，固定资产折旧费一方面会以成本费用的形式从各期的工程结算收入中扣回；另一方面，在提取折旧费时并不需要企业支付现金，而且还以货币准备金形态存在。这样，企业可以在固定资产实物更新前，利用这部分货币准备金进行投资，以充分发挥这一部分货币准备金的作用。为此，要求施工企业在管理上，既要考虑充分运用这部分货币准备金，也要确保在固定资产实物更新前有足够的资金来进行固定资产的实物更新。

7）固定资产的资金运用要考虑资金时间价值

固定资产投资既有一次性投资，也有分期分次投资。众所周知，资金在不同的时间收付，其价值大小也有所不同。因此，在固定资产投资中，就必须把发生在不同时间的资金收付进行时间价值换算。固定资产投入使用后，在其寿命期内通过分期计提折旧费的方式收回投资是按时序发生的，从资金时间价值原理来看，收回得越早，其价值就越大，反之亦然。因此，在固定资产投资管理中，考虑资金的时间价值，不仅要合理选择资金投入的时间，还应注意折旧方式的选择，合理确定折旧时间和折旧数额，如采用加速折旧就能使固定资产在其使用的早期多收回。这样，这种所包含的时间价值就会比采用直线折旧更大。

8）固定资产投资次数相对较少，而投资额却相对较大

企业固定资产投资一般较少发生，特别是大规模的固定资产投资，一般要间隔几年、几十年甚至更长时间才会发生一次。尽管投资次数相对较少，但是每一次资金投放量却较多。因为，固定资产投资包括房屋建筑物、施工机械、运输设备、生产设备等的投资，资金花费往往十分巨大。这种投资不仅在投资建设期对企业财务状况会产生较大影响，即大量投资资金需求给企业带来较大的筹资压力，而且对企业未来的财务状况同样可能产生较大影响，如到期债务本息偿付的压力。根据这些特点，企业在进行固定资产投资时，必须进行充分的可行性论证，合理安排资金预算和还款计划，做到心中有数，不给企业造成过大的财务压力。

▶ **6.3.2 固定资产投资决策的程序**

建筑施工企业固定资产投资决策由于投资额大、投资寿命期长、对企业未来发展具有较大影响，因而具有较大风险，一旦投资决策失误，就会严重影响企业财务状况和现金流量，使企业陷入经营困难和财务困难，甚至走向破产倒闭。因此，建筑施工企业固定资产投资必须严格按照一定的程序，运用科学的决策分析方法对固定资产投资项目做可行性研究，以确保决策正确有效。建筑施工企业固定资产投资决策应遵循如下程序。

1）选择投资机会

选择投资机会，就是提出投资项目或选定投资项目。企业的各级领导者都可以提出新的投资项目。一般而言，企业的高级领导提出的大多是关乎企业生产经营能力、甚至生产经营方向改变的战略性投资项目，具体方案一般由企业生产、市场、财务等有关方面专家或专业人员组成的专门小组编写；中层人员或基层人员一般提出的大多是战术性投资项目，其方案一般由相关部门自行组织人员拟定。

提出投资项目，实质上是就投资的方向提出原则性设想，其依据是资源利用和市场状况。一般而言，投资机会选择比较粗略，主要是靠笼统的估算，而不是详细的分析，其目的是找到投资方向和领域。

2）评价投资项目

评价投资项目，主要应做好以下几个方面的工作：
①将所提出的投资项目按照一定标准进行分类，为分析评价做好准备；
②估算相关投资项目的收入和成本，并测算投资项目的现金流量；
③运用各种投资评价指标，把各投资项目按效益优劣和可行性的顺序进行排序；
④写出评价报告，报请上级审批。

3）决策投资项目

在投资项目评价后，要由企业领导者做出最后决策。投资额较小的投资项目，有时企业中层经理就可以做出决策；投资额较大的投资项目，一般由企业的高层经理做出决策；投资额特别大的投资项目，则需要由董事会或股东大会投票表决后做出决策。

4）执行投资项目

这是把设计变成现实的过程。企业一经做出某项目投资的决策后，就要积极筹措项目投资所需资金，实施投资计划。如果是施工建设项目，则从项目建设选址一直到竣工验收、交付使用为止，称为投资建设期。这一阶段的工作内容一般包括如下几个方面：

①投资项目选址；

②投资项目规划设计；

③制订年度建设计划；

④施工准备和施工；

⑤生产准备；

⑥竣工验收；

⑦交付使用。

通过对这些内容的控制，从而对工程项目进度、工程质量、工程项目施工成本进行控制，以使项目投资按预算规定保质如期完成。如果是大型机械设备投资，则应充分监控设备的购买、安装调试和试运转等环节，确保投资预期的顺利实现。

5）再评价投资项目

在投资项目的执行过程中，应特别关注原来所做的投资决策是否合理和正确，一旦实际执行情况偏离预期，就要随时根据市场变化做出新的评价。这阶段工作通常围绕以下两个环节进行：

①通过评价项目的生产、财务、管理方面的问题及原因，项目建设成本、生产能力等与预期数据的差异及原因，项目投产后的社会、政治、经济影响及前景展望等，对项目进行总结评价。

②按照业已实现的投资效益，分析投资项目能否按期收回投资。若不能，应提出解决办法。

▶ 6.3.3 固定资产投资决策的制定

1）固定资产需要量的核定

核定固定资产需要量，就是根据企业生产经营发展方向确定的计划生产任务和企业现有生产能力，计算企业正常生产经营所需的固定资产数量。准确核定固定资产需要量，有利于确定企业固定资产投资规模和投资方向，对于挖掘企业固定资产潜力、合理占用固定资金、提高固定资金利用效果具有重要意义。

建筑施工企业必须根据施工生产任务弄清楚企业所需的固定资产，这项工作一方面可以使企业及时发现完成施工生产任务所需机械设备的短缺状况，以便及时加以补充；另一方面可以对多余的机械设备及时调配处理，做到物尽其用，减少固定资金占用量。同时，使企业管理部门、财务部门、设备采购部门能够心中有数，以便控制机械设备、房屋建筑物的采购和建造，促使施工生产单位充分利用现有资源。

（1）核定固定资产需要量的要求

核定固定资产需要量，必须结合建筑施工企业的建设经营规划，并注意以下几个方面的问题：

①搞好固定资产清查，就是要查清企业固定资产实有数量，做到账实相符。一是要对企业的全部固定资产，如施工机械、仪器仪表、运输设备、房屋建筑物等进行逐项登记、造册，查清现有固定资产的实有数量；二是要根据国家规定的有关技术标准对各类固定资产的质量进行逐项鉴定，查明哪些设备完好、哪些设备带病运转、哪些设备停机维修、哪些设备应该报废；三是要根据各类固定资产的技术规范，分别查明单项固定资产的设计生产能力、现有生产能力和生产某种产品的全部设备的综合生产能力。只有做到对现有固定资产的数量清楚、质量清楚、能力清楚，才能正确核定出各类固定资产的合理需要量。

②以建筑施工企业确定的计划生产任务为根据。核定固定资产需要量，要根据建筑施工企业确定的计划生产任务，并结合市场需要所确定的企业今后几年生产发展的趋势加以核定。

③要同挖潜、革新、改造和采用新技术结合起来。核定固定资产需要量，既要保证建筑施工生产的需要，又要减少固定资金占用，充分挖掘企业固定资产的潜力。要弄清楚现有固定资产的薄弱环节，采用技术革新和组织措施，改造老设备，合理使用关键设备。还要考虑采用新技术的可能性，要尽可能地采用先进的科技成果，不断提高企业生产技术的现代化水平。

④要充分发动全员，有科学的计算依据。核定固定资产需要量是一项涉及面广的工作，涉及到企业各级职能部门和全体员工。因此，企业财务部门应当同相关部门密切协作，依靠企业全员的共同努力做好这一工作。

（2）核定固定资产需要量的基本方法

核定固定资产需要量，是指建筑施工企业根据预期的工程承包任务、施工生产能力、经营方向，对预期内固定资产需要数量所进行的分析测定工作。由于建筑施工企业固定资产种类多、数量大，核定时不可能详细地逐一计算测定各类固定资产的需要量，只能结合企业自身的施工生产经营特点，分清主次、抓住重点。在全部固定资产中，生产经营用设备是建筑施工企业进行施工生产经营活动的主要物质技术基础，它的品种繁多、利用潜力最大，占用的投资额也较大。因此，一定要着重做好施工生产经营用固定资产需要数量的核定工作。

核定施工生产经营用设备需要数量的基本方法是以施工生产能力和与其工程承包规模相对比，即在测定生产能力和计划年度预期工程承包规模的基础上计算测定其需要量。其基本步骤和方法如下：首先，核定现有生产经营用设备的实有量，并在挖掘内部潜力的基础上，分别测定单台设备生产能力和计划年度预期工程承包规模总产量；其次，计算计划年度生产设备需要量，对多余和短缺的生产经营用设备提出处理意见；最后，如果增加设备，再拟订追加固定资产的备选方案，经过效益分析从中选出最佳投资方案后作为编制固定资产需要量计划的依据。

①产值计算测定法，是指利用价值形式，根据建筑施工企业所承担的预期工程承包规模或生产能力，综合计算测定建筑施工企业应拥有全部固定资产价值的方法。一般根据企业目标产值固定资金率的标准计算确定。其计算公式如下：

计划年度固定资产需要量＝计划年度施工产值×产值固定资金率

产值固定资金率＝全年固定资产平均总值÷全年计划完成施工产值×100%

【例6.8】某建筑安装工程有限公司计划年度施工产值为250 000万元，目标产值固定资金率为50%。则：

固定资产需要量＝250 000×50%＝125 000（万元）

②分类定额计算测定法，是根据目标装备定额（职工人均拥有固定资产价值），来确定固定资产需要量的方法。其计算公式如下：

固定资产需要量＝职工人均拥有固定资产价值×企业实有职工人数

装备定额，是指根据不同类型的建筑施工企业，按平均职工人数应占有的机械设备价值来综合计算的。企业可根据行业平均水平或先进水平来确定本企业的目标装备定额。

③直接计算测定法，是指根据建筑施工企业每年度预期工程承包规模（实物工程量）和各种类型施工机械设备的工程作业量定额，计算测定各种类型施工机械设备需要量的方法。其计算公式如下：

某种类型施工机械设备需要量＝年度预期工程承包规模（实物工程量）÷（单位设备工作时间定额×单位时间作业量定额）

【例6.9】某建筑工程有限公司本年计划完成施工产值为360 000万元，根据历史数据资料测算，每10万元施工产值中的土方工程量为110 m³，其中，挖土工程量为80 m³，回填土工程量为30 m³。土方平均运距为2.5 km，土容量1.5 t/m³。则相关计算如下：

土方工程量：

挖土：360 000÷10×80＝2 880 000（m³）

回填土：360 000÷10×30＝1 080 000（m³）

合计：3 960 000（m³）

土方运输量：

3 960 000×1.5×2.5＝14 850 000（t/km）

若挖土机容量在1 m³以下，单斗挖土机年作业量定额为32 000 m³/台，1 t自卸翻斗车年作业量定额为9 000（t·km）/台，则完成上述施工作业量所需施工机械和运输设备计算如下：

1 m³单斗挖土机＝2 880 000÷32 000＝90（台）

1 t自卸翻斗车＝14 850 000÷9 000＝1 650（台）

由上述计算可知，完成年度土方工程作业量需要 0.5 m³ 斗容量的挖土机 180 台或 0.3 m³ 斗容量的挖土机 270 台；需 5 t 自卸翻斗车 1 650÷5＝330（台）。

一般来说，根据上述计算结果尚不能直接决定增加或减少设备，必须综合考虑各种因素后再确定。例如，应充分考虑国家基本建设需要、本企业经营发展战略和经营方针以及提高企业生产技术水平的要求来确定企业生产能力。同时，应以企业主要施工、生产设备的生产能力为依据来配置辅助设备配套以及其他固定资产。应在摸清家底，查清各类固定资产的数量、质量、能力和价值的基础上，分清在用、未使用和不需用等情况，据以确定需要量。对于多余生产能力，应在材料、人员、技术有保障的情况下，积极对外承揽工程承包任务，开展多种经营，将多余生产能力充分利用。对于生产能力不足的设备，应立足充分挖掘企业内部潜力，采取有效措施，提高生产作业效率，或适当添置设备。通过以上方法，使固定资产生产能力与预期工程承包规模达到基本平衡，既能充分发挥现有设备生产潜力，又能保证预期目标任务的完成。

2) 制定固定资产决策需要考虑的因素

（1）资金时间价值

由于固定资产的投资额大、投资回收期长，对其进行投资决策时必须充分考虑资金时间价值的影响，得到的结论才能更客观、可靠。当然要结合资金时间价值进行投资决策分析就必须采用折现的决策评价方法并确定恰当的折现率。

（2）资金成本

资金成本是选择投资所需资金来源的依据，是投资项目能否接受的极限利率，是比较投资方案现金流量的基础。

（3）风险

固定资产投资项目涉及的时间长，存在的不确定因素又多，因此，固定资产投资项目的风险总是存在的。

（4）现金流量

现金流量，是指在投资活动过程中，由于某一个项目所引起的现金收入或现金支出的数量。在固定资产投资决策分析中，"现金"是指广义的现金，它不仅包括货币资金，也包括与固定资产投资项目相关的非货币资源的变现价值。例如，在投资某项目时，投入企业的原有固定资产的价值、土地使用权的价值以及其他相关非货币资源的价值，这时的"现金"就包含了这些资产的变现价值或其重置成本。

固定资产投资决策应以现金流入作为项目的收入，以现金流出作为项目的支出，以现金流入扣减现金流出后的净现金流量作为项目的净收益，并在此基础上评价投资项目的经济效益。固定资产投资项目的现金流量一般由以下三部分组成：

①现金流出量

在固定资产投资决策中，一个方案的现金流出量是指在实施该方案的过程中所需投入的资金，主要包括投放在固定资产设施、土地使用权上的资金，项目建成投产后为正常经营活动而投放在流动资产上的资金和为使固定资产设施正常运转而投入的维护修理费等。

②现金流入量

与现金流出量相对应,现金流入量指的是在实施该方案过程中增加的现金。现金流入量主要包括:营业利润、固定资产设施报废和土地使用权处置时的残值或变价收入、项目结束时收回的原投入在该项目流动资产的流动资金以及固定资产折旧费、无形资产摊销费。固定资产折旧费、无形资产摊销费等虽然会导致营业利润的下降,但并不会引起现金的支出,所以可将其视为一项现金流入。

③净现金流量

净现金流量(以 NCF 表示)指的是一定期间内现金流入量与现金流出量之间的差额。

一个项目从准备投资到项目结束,经历了项目准备及投资建设阶段、生产经营阶段和项目终结三个阶段。因此,有关项目净现金流量的基本计算公式为:

净现金流量=项目投资建设阶段现金净流量+项目经营阶段现金净流量+项目终结阶
        段现金净流量

a. 投资现金流量。投资现金流量主要包括投资在固定资产上的资金、投资在流动资产上的资金两部分。其中投资在流动资产上的资金一般在项目终结时将全部收回。这部分现金流量在会计上一般不涉及企业的损益,因此不受所得税的影响。

投资在固定资产上的资金有时是以原有的旧设备进行投资的。在计算投资阶段现金流量时,一般是以设备的变现价值作为其现金流出的(但需注意其变现价值通常并不等于其折余价值)。另外还必须注意将这个投资项目作为一个独立的方案进行考虑,即假设企业将该设备出售可能得到的收入(设备的变现价值),以及企业由此而可能支付或减免的所得税,即:

投资现金流量=投资在流动资产上的资金+设备的变现价值-(设备的变现价值-设
        备的折余价值)×所得税率

b. 经营现金流量。经营现金流量是指项目投入使用后,在其寿命期内由于生产经营活动所带来的现金流入和流出的数量。从净现金流量的角度考虑,缴纳所得税是企业的一项现金流出,因此这里的损益是指企业的税后净损益,即税前利润减去所得税,或者税后收入减去税后成本。

折旧、摊销作为一项成本,在计算税后净损益时包括在成本当中,但是由于它不需要支付现金,因此需要将它作为一项现金流入看待。

综上所述,投资项目的经营现金流量可用如下公式表示:

经营现金流量=税后净收益+折旧
        =税前利润×(1-所得税税率)+折旧
        =(收入-总成本)×(1-所得税税率)+折旧
        =(收入-付现成本-折旧)×(1-所得税税率)+折旧
        =收入×(1-所得税税率)-付现成本×(1-所得税税率)-折旧×
          (1-所得税税率)+折旧
        =收入×(1-所得税税率)-付现成本×(1-所得税税率)+折旧×
          所得税率

c. 终结现金流量。项目终结现金流量主要包括固定资产的残值收入或变价收入、原有垫支在各种流动资产上的资金的收回和停止使用土地的变价收入。在投资决策中，一般假设当项目终结时，将项目初期投资在流动资产上的资金全部收回。这部分收回的资金由于不涉及利润的增减，因此也不受所得税的影响。固定资产的残值收入如果与预定的固定资产残值相等，那么在会计上也同样不涉及利润的增减，所以也不受所得税的影响。但是，在实际工作中，最终的残值收入往往并不等于预计的固定资产残值，它们之间的差额会引起企业的利润增加或减少，因此，在计算现金流量时，不能忽视这部分的影响。

项目终结现金流量=实际固定资产残值收入+原投入的流动资金-（实际残值收入-
预计残值）×所得税税率

固定资产投资决策的具体评价方法参看第 4 章中有关项目投资决策内容，本章不再赘述。

6.4　固定资产的更新改造

▶　6.4.1　固定资产更新改造的含义

1）固定资产更新改造的含义

固定资产更新改造，是指对技术上或经济上不适宜继续使用的固定资产进行局部的改造升级或以新的更高效的固定资产更换原有固定资产。

随着社会经济的不断发展，科学技术不断进步，劳动生产力不断提高，生产经营及消费观念的快速变革，所有企业都必然会遇到固定资产更新改造的问题。因此，固定资产更新改造同样也是建筑施工企业管理决策的一项重要内容。

2）固定资产更新改造的意义

固定资产更新改造不仅是固定资产实物的更新改造过程，而且也是固定资产价值的补偿过程。固定资产在使用期间所发生的价值损耗，是通过企业对外销售产品实现销售收入，以收回成本的形式而得到补偿的。折旧的本质就是一种用于更新改造固定资产的准备基金。从时间上来看，固定资产的价值补偿和实物补偿是分离的，但其价值补偿与实物更新改造又存在着密切的联系：固定资产价值的逐渐转移和补偿，是实现固定资产实物更新改造的必要前提，没有折旧的逐渐计提和积累，就不可能对固定资产进行实物更新改造；而且只有对固定资产进行实物更新改造，累计折旧才能重新转化为企业的固定资产。

当然，固定资产更新改造并不意味着固定资产的原样复制，特别是机器设备，总是体现出生产技术的不断进步和劳动生产效率的不断提高。

▶　6.4.2　固定资产更新改造管理的内容

随着科学技术不断发展，企业固定资产更新改造的周期也在缩短，这就要求对固定资产的更新改造做出必要的规划，并确保其资金的落实。因为这不仅关系到企业的生产经营规模和生产经营能力的维护与发展，也对企业折旧政策的确定有直接影响。企业财务管理的一项重要工作就是根据企业折旧基金积累的程度和企业开拓发展的要求，建立起企业固定资产适时更新改造规划，并在资金上做好必要的准备，以满足企业周期性的固定资产更新改造要求。固定资产更新改造的管理内容具体包括以下3项。

1）制订分阶段固定资产更新改造规划

企业应根据自身生产经营特点和优势，在充分了解国内外市场的生产、需求情况和企业自身产品的市场占有情况后，结合各种有效的经济预测，提出企业分阶段、有计划、有步骤的固定资产更新改造规划。在制订固定资产更新改造规划时，需要特别注意固定资产折旧基金的积累程度和可动用的总额、需要外部筹措的资金数额和自身所具有的资金筹措能力。

企业在制订固定资产更新改造规划时，必须尽可能地确定具体的需要更新改造的固定资产的种类、数量及其质量标准。根据不同的固定资产种类和数量，确定预计需要达到的经济合理的经营规模。然后根据不同的质量要求，选择先进的技术装备。

2）提出合理的固定资产更新改造资金预算

企业应根据分阶段的固定资产更新改造规划，制订出各期的资金需要量。也就是说，企业财务人员应根据固定资产更新改造规划要求的更新改造固定资产的数量和质量要求，按照其更新改造进度、时间长短要求及各期预计资金的占用数，制订出较为详细的分阶段资金筹措和投放预算。同时，应按照分阶段的资金投放预算，合理地筹措资金。其具体来源首先考虑从企业的内部积累中安排，具体主要包括企业的累计折旧和留存利润（盈余公积金和未分配利润）等。需要注意的是，企业必须合理确定这部分自有资金应占企业资金筹措预算和资金投放预算的比例，以便合理实施固定资产更新改造投资计划。

当企业自有资金不足时，可以考虑外部资金筹措。具体筹措方式参见"筹资管理"一章。但外部筹措这些更新改造资金时，仍然需要注意以下问题：

a. 资金筹措额不能超过预算标准；

b. 资金成本不得超过预算时规定的资金成本率；

c. 资金筹措与资金使用相匹配，即既要根据不同的固定资产更新改造项目采用不同的资金筹措手段，也要将更新改造项目的预期收益率与资金筹措成本相权衡。

3）正确估计配套流动资金的需要量

进行固定资产更新改造，除了必须筹措和投放一定数量的长期资金外，还必须考虑相应配套的流动资金，否则这种更新改造项目仍不能有效地为企业形成实际生产能力。所以，固定资产更新改造要结合相应的流动资产投入，同时还得考虑更新改造完成后需要配套投入的流动资金。这些流动资金的预测，应结合规划的各期产量、材料消耗量、产品成本水平、各种存货储备水平等不同因素来估算。

▶ 6.4.3 固定资产更新改造决策

1）固定资产何时更新决策

固定资产设施在其运行过程中，通常表现出这样一些特征：

a. 前期发挥出的效益更高，而后期发挥出的效益更低，即其效益逐年递减；

b. 其使用过程中所发生的成本主要包括两部分，一是营运成本，呈逐年递增趋势；二是其大修成本，使用寿命越长，年摊销额就会越低；

c. 设备报废的越早，年摊销购置成本越多，但残值或变现收入越高；反之，设备使用时间越长，年摊销购置成本越少，但残值或变现收入越低，如图 6.1 所示。

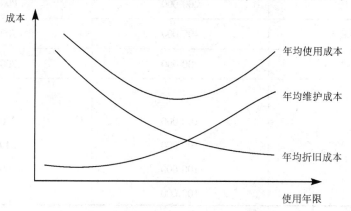

图 6.1　固定资产运行成本分布图

由图 6.1 可见，在固定资产有效使用寿命期内，就经济效益而言，设备并不是使用时间越长越好，也不是使用时间越短越好，而是有一个最佳的更新时间，即固定资产年均使用成本最低的使用年限。

2）固定资产更新决策

固定资产如何更新决策，具体又分为两种情况。

（1）新旧设备使用寿命相同的情况

在新旧设备使用寿命相同的情况下，可以采用差量分析法来计算新旧设备方案的现金流量的差量来进行决策。

【例 6.10】某建筑施工企业拟用一台新的效率更高的施工机械取代原来的旧施工机械，以提高效率、减少成本，从而增加收益。旧施工机械采用直线法折旧，新施工机械采用年数总和法折旧。企业所得税税率为 25%，企业资金成本率为 10%，不考虑其他税费的影响。其他数据资料详见表 6.5，请为该企业做出是否进行施工机械更新决策。

表6.5　新旧施工机械的相关数据资料表　　　　　单位：元

项　目	旧施工机械	新施工机械
原价	600 000	800 000
预计寿命（年）	6	4
已使用年限（年）	2	0
剩余使用寿命（年）	4	4
税法规定残值	0	0
目前变现价值	200 000	800 000
每年可获得收入	400 000	700 000
每年付现成本	200 000	200 000
每年折旧额 第1年 第2年 第3年 第4年	100 000 100 000 100 000 100 000	320 000 240 000 160 000 80 000

解：本例主要采用表格计算，计算过程及结果详见表6.6、表6.7。

表6.6　旧施工机械营业现金流量计算分析表　　　　　单位：元

项　目	序　号	第1年	第2年	第3年	第4年
销售收入	①	400 000	400 000	400 000	400 000
付现成本	②	200 000	200 000	200 000	200 000
折旧费	③	100 000	100 000	100 000	100 000
税前利润	④	100 000	100 000	100 000	100 000
所得税	⑤=④×25%	25 000	25 000	25 000	25 000
税后利润	⑥=④-⑤	75 000	75 000	75 000	75 000
营业现金净流量	⑦=⑥+③	175 000	175 000	175 000	175 000

表 6.7 新施工机械营业现金流量计算分析表 单位：元

项 目	序 号	第 1 年	第 2 年	第 3 年	第 4 年
销售收入	①	700 000	700 000	700 000	700 000
付现成本	②	200 000	200 000	200 000	200 000
折旧费	③	320 000	240 000	160 000	80 000
税前利润	④	180 000	260 000	340 000	420 000
所得税	⑤=④×25%	45 000	65 000	85 000	105 000
税后利润	⑥=④-⑤	135 000	195 000	255 000	315 000
营业现金净流量	⑦=⑥+③	455 000	435 000	415 000	395 000

表 6.8 新旧施工机械差量现金流量计算分析表 单位：元

项 目	新施工机械	旧施工机械	差量现金流量
初始现金流量	−800 000	−200 000	−600 000
营业现金流量			
第 1 年	455 000	175 000	280 000
第 2 年	435 000	175 000	260 000
第 3 年	415 000	175 000	240 000
第 4 年	395 000	175 000	220 000
终结现金流量	0	0	0

差量现金流量的净现值 ΔNPV：

$280\ 000 \times (1+10\%)^{-1} + 260\ 000 \times (1+10\%)^{-2} + 240\ 000 \times (1+10\%)^{-3} + 220\ 000 \times (1+10\%)^{-4}$
$-600\ 000$

$= 254\ 545.45 + 214\ 876.03 + 180\ 315.55 + 150\ 262.96 - 600\ 000$

$= 199\ 999.99$（元）

由于差量现金流量的净现值 ΔNPV 远大于 0，故应对旧施工机械进行更新。

（2）新旧设备使用寿命不同的情况

固定资产更新改造决策实务中，大多数情况下新旧设备的预计使用寿命是不同的。一般而言，新设备的使用寿命往往比旧设备要长。根据前述投资决策分析方法可知，此种情况下不能对它们的净现值、内部收益率及获利指数进行直接比较。此时，一般可以采用等值年金法（也称年均现金流量法）。

等值年金法在具体应用时有年均现金流量法和年均成本法两种做法。年均现金流量法适用于新旧设备在其经营期间既有现金流入也有现金流出的情况；年均成本法主要适用于新旧设备在其经营期间主要只有现金流出而没有现金流入或即使有，也只是少量不规则流入的情况。

①年均现金流量法

【例6.11】某建筑施工企业拟用一台新的、效率更高的施工机械取代原来的旧施工机械，以提高效率、减少成本，从而增加收益。旧施工机械采用直线法折旧，新施工机械采用年数总和法折旧。企业所得税税率为25%，企业资金成本率为10%，不考虑其他税费的影响。其他数据资料详见表6.9，请为该企业做出是否进行施工机械更新决策。

表6.9　新旧施工机械的相关数据资料表　　　　单位：元

项　　目	旧施工机械	新施工机械
原价	600 000	1 060 000
预计寿命（年）	5	4
已使用年限（年）	2	0
剩余使用寿命（年）	3	4
税法规定残值	0	60 000
目前变现价值	200 000	1 060 000
每年可获得收入	400 000	700 000
每年付现成本	200 000	200 000
每年折旧额		
第1年	120 000	400 000
第2年	120 000	300 000
第3年	120 000	200 000
第4年	—	100 000

表6.10　旧施工机械营业现金流量计算分析表　　　　单位：元

项　　目	序　号	第1年	第2年	第3年
销售收入	①	400 000	400 000	400 000
付现成本	②	200 000	200 000	200 000
折旧费	③	120 000	120 000	120 000
税前利润	④	80 000	80 000	80 000
所得税	⑤=④×25%	20 000	20 000	20 000
税后利润	⑥=④−⑤	60 000	60 000	60 000
营业现金净流量	⑦=⑥+③	180 000	180 000	180 000

表 6.11 新施工机械营业现金流量计算分析表　　　　单位：元

项　目	序　号	第1年	第2年	第3年	第4年
销售收入	①	700 000	700 000	700 000	700 000
付现成本	②	200 000	200 000	200 000	200 000
折旧费	③	400 000	300 000	200 000	100 000
税前利润	④	100 000	200 000	300 000	400 000
所得税	⑤=④×25%	25 000	50 000	75 000	100 000
税后利润	⑥=④-⑤	75 000	150 000	225 000	300 000
营业现金净流量	⑦=⑥+③	475 000	450 000	425 000	400 000

表 6.12 新旧施工机械差量现金流量计算分析表　　　　单位：元

项　目	新施工机械	旧施工机械
初始现金流量	−1 060 000	−200 000
营业现金流量		
第1年	475 000	180 000
第2年	450 000	180 000
第3年	425 000	180 000
第4年	400 000	—
终结现金流量	60 000	0

年均净现金流量计算如下：

a. 新施工机械年均净现金流量

$$ACF = \frac{475\,000 \times (1 + 10\%)^{-1} + 450\,000 \times (1 + 10\%)^{-2} + 425\,000 \times (1 + 10\%)^{-3} + 460\,000 \times (1 + 10\%)^{-4} - 1\,060\,000}{(P/A,\ 10\%,\ 4)}$$

$$= 119\,032.50\ (元)$$

b. 旧施工机械年均净现金流量：

$$ACF = \frac{180\,000 \times (P/A,\ 10\%,\ 3) - 200\,000}{(P/A,\ 10\%,\ 3)}$$

$$= 116\,888.61\ (元)$$

上述计算分析表明，继续使用旧施工机械的年均现金流量 116 888.61 元小于购置新施工机械的年均现金流量 119 032.50 元。由此可见，应购置新施工机械。

②年均成本法

【例 6.12】某建筑施工企业拟用新型更高效、更先进的施工机械替换原有旧施工机械，企业资金成本率为 10%。目前，市场上有两种同功效的施工机械甲和乙可供选择，相关数据资料见表 6.13。

表 6.13　甲、乙施工机械设备相关数据资料表　　单位：万元

项目	甲施工机械	新施工机械
购置成本	200	300
预计寿命（年）	4	5
预计残值	20	30
各年运行成本		
第 1 年	17	13
第 2 年	19	15
第 3 年	21	17
第 4 年	23	19
第 5 年	—	21
大修成本	10（第 2 年）	20（第 3 年）

甲、乙施工机械的年均成本计算如下：

甲施工机械年均成本：

$$ACF_{旧} = \frac{17 \times (1 + 10\%)^{-1} + 29 \times (1 + 10\%)^{-2} + 21 \times (1 + 10\%)^{-3} + 3 \times (1 + 10\%)^{-4} + 200}{(P/A,\ 10\%,\ 4)}$$

$$= 81.186\ 5 （万元）$$

乙施工机械年均成本：

$$ACF_{新} = \frac{300 + 13 \times (1 + 10\%)^{-1} + 15 \times (1 + 10\%)^{-2} + 37 \times (1 + 10\%)^{-3} + 19 \times (1 + 10\%)^{-4} - 9 \times (1 + 10\%)^{-5}}{(P/A,\ 10\%,\ 5)}$$

$$= 94.860\ 4 （万元）$$

上述计算分析表明，购置并使用甲施工机械年均成本为 81.186 5 万元小于购置并使用乙施工机械的年均成本 94.860 4 万元。由此可见，应购置并使用甲施工机械。

本章小结

建筑施工企业的固定资产，是指建筑施工企业为进行施工生产经营活动和其他活动，如建筑工程施工，提供劳务，出租或经营管理而持有的、单项价值较高、使用寿命较长的有形资产（房屋、建筑物、施工机械设备、运输设备等）。固定资产根据经济用途、使用情况和所有权情况综合分为七大类，在企业资产中的比重大，对分类核算管理和折旧计算具有重要的意义。

固定资产的计价可以按原始价值计价，也可以按照重置完全价值和账面净值计价。企业可根据需要采用不同的计价方法。

固定资产的日常管理工作繁杂，主要包括固定资产取得时的管理、使用中的管理以及处置管理。具体说，就是实行固定资产的归口分级管理，对规定资产的利用效果进行考核，对固定资产进行价值管理和风险管理等内容。做好固定资产日常管理是保证固定资产发挥

效能，提供其利用效果的根本保证。

为弥补固定资产的有形损耗和无形损耗，保证企业固定资产后期的更新改造，施工企业应按照财经规定对相关固定资产进行折旧计提。影响固定资产折旧计提的因素主要包括固定资产原值、固定资产预计净残值、固定资产减值准备和固定资产预计使用寿命。折旧计提的方法可根据不同固定资产的属性特征分别采用直线折旧法（平均年限法、工作量法）和加速折旧法（双倍余额递减法、年数总和法）。

固定资产投资回收时间长、变现能力弱和风险大，企业应慎重进行决策。固定资产投资决策应遵循一定的工作程序，对投资项目做出科学的评价并及时反馈。制定固定资产投资决策，首先要准确核定固定资产需用量，做到物尽其用，充分发挥现有固定资产作用。核定固定资产需用量可以采用产值计算法、分类定额法和直接计算法等方法。

固定资产更新改造是指对技术上或经济上不适宜继续使用的固定资产进行局部的改造升级或以新的、更高效的固定资产更换原有固定资产，是企业维持生产和提高效率的根本保证。在新旧设备使用寿命相同的情况下，可以采用差量分析法来计算新旧设备方案的现金流量的差量来进行固定资产更新改造决策。大多数情况下，新旧设备的预计使用寿命是不同的。一般而言，新设备的使用寿命往往比旧设备要长，此种情况下不能对它们的净现值、内部收益率及获利指数进行直接比较，而是采用等值年金法（也称年均现金流量法）来进行固定资产更新改造决策。等值年金法在具体应用时又有两种做法：年均现金流量法和年均成本法。

思考题

1. 简述固定资产分类对于固定资产管理的意义。
2. 如何进行固定资产的初始计量和后续计量？
3. 如何选择固定资产折旧方法？
4. 简述加速折旧的意义。
5. 如何加强固定资产日常管理？
6. 如何确定固定资产需要量？
7. 固定资产投资决策需要考虑哪些因素？
8. 如何进行固定资产投资决策评价？
9. 如何进行固定资产更新改造决策？

习 题

1. 红星企业（施工企业）2015 年 3 月购入一台施工设备，该设备原始价值为 240 万元，预计净残值为 30 万元，预计使用 10 年。

试采用双倍余额递减法计算该设备 2015 年及 2024 年应计提的折旧值。

2. 光华企业（施工企业）2015 年 6 月投入使用一台崭新设备，原价 570 万元，预计净残值 10 万元，折旧年限 7 年，该企业所得税率 25%。

试用直线折旧法和年数总和法计算该设备的每年折旧额，并计算两种方法的税收差额。

3. 梁辉企业（施工企业）2015 年计划完成施工产值为 7 200 万元，根据该企业 2014 年历史资料，每万元工作量的混凝土搅拌量为 12 m³，每立方米混凝土为 2.5 t。搅拌好的混凝土用 1 t 机动翻斗车运送，平均运距为 1.3 km。1 t 机动翻斗车的年常量定额为 7 000 t·km，每立方米斗容量混凝土搅拌机年产量定额为 5 000 m³。已知 2015 年建筑工程造价比 2012 年提高了 20%。

计算 2015 年混凝土搅拌机和 1 t 机动翻斗车的需求量。

4. 天美企业（施工企业）2011 年 12 月购入施工机械一台，购买价款为 50 万元，预计使用寿命 6 年，税法规定残值为 0。2014 年 12 月市场上出现了一种效率更高的机械，原价为 90 万元，预计使用寿命为 5 年，税法规定残值为 5 万元。为提高效率、减少成本，增加收益，公司现面临是否更新设备的决策。

已知原有旧施工机械采用直线法折旧计提折旧，新施工机械采用双倍余额递减法计提折旧。原有旧施工机械 2014 年年末变现价值为 20 万元，若继续使用旧设备，每年可获得收入 30 万元，若购买新设备，则每年可获得收入 75 万元。无论使用新设备还是旧设备，企业每年的付现成本均为 20 万元。企业所得税税率为 25%，企业资金成本率为 12%。不考虑其他税费的影响。

请为该企业做出是否进行施工机械更新决策。

建筑施工企业施工成本管理

[学习目标]

掌握成本、费用、工程项目成本等基本概念；熟悉成本性态及其分类；了解成本管理的原则、要求、基础工作；掌握成本预测、成本计划、成本控制的基本程序；熟练掌握工程成本计划、工程成本预测、工程成本控制的基本原理、基本方法及其应用；熟练掌握目标成本管理的基本原理、基本方法及其应用；熟练掌握成本控制的偏差分析法的基本原理及其应用。

[基本概念]

生产费用，产品成本，成本性态，变动成本，固定成本，工程项目成本，偏差分析法，目标成本，成本计划，成本预测，成本控制，挣值

7.1 生产费用和产品成本概述

▶ 7.1.1 生产费用

1）生产费用的含义

（1）生产费用的概念

施工企业的生产费用（又称施工生产费用），是指在施工企业日常生产经营活动中所发生的、会导致所有者权益减少的、与向所有者分配利润无关的经济利益的总流出。

（2）生产费用的特征

①费用是企业日常经营活动中所发生的经济利益的总流出。

②费用会导致企业所有者权益的减少。

③费用与向所有者分配利润无关。

2）生产费用的分类

企业生产经营过程中的耗费是多种多样的，为了科学地进行成本管理与控制，正确地确认和计量费用，正确计算工程成本，应对种类繁多的费用进行合理的分类。企业的费用可以按不同的标准分类，其中，最基本的是按费用的经济内容和经济用途分类。

（1）生产费用按经济内容分类

企业的生产经营过程，也是物化劳动（劳动手段和劳动对象）和活劳动的耗费过程，因而施工生产经营过程中所发生的费用，按经济内容分类，可以划分为劳动手段方面的费用、劳动对象方面的费用和活劳动方面的费用。这三类费用可以称为费用的三大要素。为了具体反映各费用要素的构成和水平，还应在此基础上，将其进一步划分为以下八个费用要素。所谓费用要素，就是指费用按经济内容分类的构成要素。

①外购材料，是指企业为进行施工生产经营活动而耗用的一切从企业外部所购入的各种原材料（包括主要材料、辅助材料、结构件、机械配件等）、周转材料（包括挡板、模版、脚手架、达不到固定资产标准的工具用具等）等。

②外购燃料，是指企业为进行施工生产经营活动而耗用的一切从企业外部所购入的各种固体、气体和液体燃料。

③外购动力，是指建筑施工企业为进行施工生产经营活动而耗用的一切从企业外部所购入的水、电、风、汽等各种动力。

④职工薪酬，是指建筑施工企业为进行施工生产经营活动而支付给职工的各种报酬和补偿。按照我国现行劳动工资制度规定，企业职工薪酬主要包括以下几个方面的内容：

a. 工资总额。工资总额主要由以下几部分内容构成：基本工资、奖金、津贴、补贴、加班加点工资和非工作时间工资。基本工资，是指员工从事劳动应得到的基本劳动报酬。奖金，是指因生产原因职工得到的各种奖金，包括综合奖（月度奖、季度奖、年度奖）和单项奖（生产节约奖、劳动竞赛奖等）。津贴，是指因为在特殊劳动环境和劳动条件下从事劳动可能给员工造成身心上的伤害而给予的一种补偿（如高温作业津贴、高空作业津贴、高寒地区作业津贴、井下作业津贴等）。补贴，是指因为物价上涨可能造成员工生活质量下降而给予的一种补偿（如交通补贴、粮食补贴、肉食补贴等）。加班加点工资，是指员工在法定工作时间以外的时间从事劳动应得到的劳动报酬，按现行劳动工资制度相关规定，在法定工作日延长工作时点按法定基本工资小时工资的150%支付；在双休日加班按法定工作时间基本工资的200%支付；在法定节假日加班按法定工作时间基本工资的300%支付。非工作时间工资，是指员工在因各种原因请假期间应得到的劳动报酬，具体包括：因病请假期间，若不超过6个月，即短病假，根据连续工龄长短，按基本工资的60%~100%支付；连续请假超过6个月，即长病假，无论连续工龄长短，一律按基本工资的60%支付；在工伤假、探亲假、产假、婚丧假期间，按基本工资全额发放；因私原因请假期间，工资一律不予发放。

b. 工资附加费。主要包括职工福利费、工会经费、职工教育经费。

职工福利费，是指按工资总额的14%从成本费用中提取，专用于职工个人福利，如职工生活困难补助、职工医疗补助等；工会经费是指按工资总额的2%从管理费用中提取，专用于职工工会活动经费；职工教育经费，是指按工资总额的2.5%从管理费用中提取，专用于职工教育培训。

c. "五险一金"。其中，"五险"，是指医疗保险费、养老保险费、失业保险费、工伤保险费、生育保险费；"一金"是指住房公积金。

d. 非货币性福利。

e. 因解除与职工的劳动关系而给予的补偿。

f. 其他与获得职工提供的服务相关的支出。

⑤折旧费，是指建筑施工企业按照规定的固定资产折旧方法，对用于生产经营的固定资产所提取的折旧费用。

⑥利息支出，是指建筑施工企业应计入财务费用的借入款项的利息净支出（利息支出减去利息收入后的净额）。

⑦税金，是指按现行财务制度规定应计入企业管理费用的各种税金，包括：房产税、印花税、土地使用税、车船使用税等。

⑧其他支出，是指不属于以上费用要素但应计入产品成本或期间费用的各项费用支出，如差旅费、租赁费、外部加工费、邮电费以及保险费等。

费用按经济内容分类，其作用在于：

①费用的这种分类可以反映企业在一定时期内在生产经营中发生了哪些费用，数额各是多少，从而据以分析企业各个时期各种费用的构成和水平。

②费用的这种分类反映了企业生产经营中外购材料、外购燃料、职工薪酬的实际支出，因而可以为企业编制材料采购资金计划和劳动工资计划提供资料。

③费用的这种分类反映了企业生产经营中外购材料、外购燃料的实际支出，因而可以为企业核定储备资金定额、考核储备资金定额的周转速度提供资料。

但这种分类不能说明各项费用的用途，因而不便于分析考查各种费用的支出是否合理、节约。

（2）生产费用按经济用途分类

施工企业在生产活动过程中所发生的费用，首先可以分为应计入产品成本、劳务成本的费用和不应计入产品成本、劳务成本的费用两大类。应计入工程产品、劳务成本的费用与产品、劳务的种类、数量相联系，而与发生时间无关；不应计入工程产品、劳务成本的费用是期间费用，它与工程产品、劳务的种类、数量无关，而与期间的长短相联系，直接计入当期损益。

①计入产品成本的生产费用

计入产品成本的生产费用是指企业在生产过程中为生产产品而实际消耗的各种费用，其在产品生产过程中的用途也各不相同。有的直接用于产品生产，有的间接用于产品生产。

为了具体反映计入产品生产成本的生产费用的各种用途，还应按照具体用途不同划分为若干具体项目，称为产品成本项目。按我国现行财务制度规定，产品成本具体包括以下几个项目：

a. 直接材料，是指直接用于产品生产工艺过程、构成产品实体的原料、主要材料、外购半成品以及有助于产品形成的辅助材料等。

b. 燃料和动力，是指直接用于产品生产工艺过程的燃料和动力。

c. 直接人工，是指直接服务于产品生产工艺过程的基本生产工人和辅助生产工人的人工薪酬。

d. 制造费用，是指与产品生产工艺没有直接关系、为组织和管理产品生产而发生的各项间接性费用，以及没有专设成本项目的直接用于产品生产的费用（如生产用固定资产的折旧费用等）。

②不应计入产品成本的费用

a. 管理费用，是指企业行政管理部门为组织和管理生产经营活动而发生的各项间接性费用，包括企业的董事会和行政管理部门在企业经营管理中所发生的，或者应由企业统一负担的公司经费（包括行政管理部门职工薪酬费用、修理费、机物料消耗、低值易耗品摊销、办公费和差旅费等）、工会经费、社会保险费、劳动保险费、董事会费（包括董事会成员津贴、会议费和差旅费等）、聘请中介机构费、咨询费（含顾问费）、诉讼费、业务招待费、房产税、车船使用税、土地使用税、印花税、技术转让费、矿产资源补偿费、无形资产摊销、职工教育经费、研究与开发费、排污费、存货盘亏或盘盈（不包括应计入营业外支出的存货损失）等。

b. 销售费用，是指企业在产品销售过程中所发生的费用，以及为销售本企业产品而专设销售机构的各项经费，包括运输费、装卸费、包装费、保险费、展览费和广告费，以及为销售本企业产品而专设销售机构（含销售网点、售后服务网点等）的职工薪酬费用、类似职工薪酬性质的费用、业务费等销售费用。

c. 财务费用，是指企业为筹集生产经营所需资金而发生的各项费用，包括利息支出（减利息收入）、汇兑损失（减汇兑收益）以及相关的手续费用等。

费用的这种分类，可以按照费用的经济用途考核各项费用定额或计划的执行情况，分析费用支出是否合理、节约，而且，正是在这种分类的基础上，企业可以按照费用发生的对象进行成本核算。产品成本核算，不仅要分产品计算成本，而且要分成本项目计算成本，要计算各种产品的各个成本项目的成本。

（3）生产费用按计入成本的方法分类

生产费用按计入成本的方法可以分为直接计入费用和间接计入费用。

①直接计入费用，是指在产品生产过程中所发生的各项费用中，可以分清为哪种产品所耗用，能够直接计入某种产品成本的费用，如生产单一产品的原材料、生产工人的计件工资等。

②间接计入费用（也称分配计入费用），是指在产品生产过程中所发生的各项费用中，不能分清为哪种产品所耗用，不能直接计入某种产品成本，而必须按照一定的标准分配计

入有关产品成本的费用，如同时生产多种产品领用的原材料、同时生产多种产品时工人的计时工资、制造费用等。

费用的这种分类，其目的是为了合理地选择费用的分配方法，正确计算产品成本。

（4）生产费用按与产品生产工艺过程的关系分类

生产费用按与产品生产工艺过程的关系可以分为直接生产费用和间接生产费用。

①直接生产费用，是指由生产工艺过程本身引起的、直接用于产品生产的费用，如原材料费用、生产工人工资费用、生产用固定资产折旧费用等。

②间接生产费用，是指与生产工艺过程没有直接关系，间接用于产品生产的各项费用，如机物料消耗、车间管理人员工资费用等。

费用的这种分类，有助于分清哪些生产费用是直接用于产品生产，哪些费用是间接用于产品生产，有助于寻求节约费用、降低成本的途径和措施。

（5）费用按其与产品产量的关系分类

费用按其与产品产量的关系，可以分为变动费用和固定费用。

①变动费用，是指费用总额随产品产量的增减变化呈正比例变化的费用，如构成产品实体的原料、主要材料等。

②固定费用，是指费用总额不会随产品产量增减变化而变化的费用，如按直线折旧法所计提的机器设备的折旧费、管理人员工资等。固定费用在各期的支出水平比较稳定。

费用的这种分类，有助于企业分析成本升降的原因，从而寻求降低成本的途径和措施。

▶ 7.1.2 产品成本

一般来说，成本是指为了达到特定目的所失去或放弃的资源。这里所说的"资源"，不仅包括作为生产资料和生活资料的天然资源，还包括经过人类加工的物质资源以及人力资源。"特定目的"是指需要对成本进行单独测量的任何活动，也就是成本对象。例如一件产品、一项设计、一项服务、一个客户、一种商标、一个部门或一项工作计划。"失去"是指资源被消耗，例如材料消耗、设备消耗、人工消耗等；"放弃"是指自愿交给其他企业或个人，例如用货币支付加工费等。

（1）成本的概念

在商品经济条件下，成本是一个价值范畴，是商品价值的重要组成部分。马克思的劳动理论、剩余价值理论和再生产理论为社会主义企业成本奠定了理论基础。根据马克思政治经济学原理可知，商品价值（W）的构成可表述为：

$$W = C + V + M$$

式中　$C+V$——生产成本；

　　　C——商品价值中物化劳动耗费价值；

　　　V——劳动者为自己劳动所创造的价值；

　　　M——劳动者为社会劳动所创造的价值。

上式表明了商品生产成本与商品价值的关系。由此可见，成本是商品价值的重要组成部分，是为制造或获取某产品、在其生产（制造）过程中所发生的人力、物力和财力的耗费，其实质在于以货币表现的社会再生产过程中，为生产加工产品所发生的物化劳动的转移价值和活劳动中必要劳动所创造价值的价值构成。具体而言，成本的价值构成包括以下两个方面：

①生产过程中耗费的物化劳动的转移价值，包括原材料、燃料等劳动对象的消耗价值和机器设备、房屋建筑物等劳动资料的消耗价值。

②劳动者或劳动中必要劳动所创造的价值，如支付给劳动者的工资、福利等。

（2）成本的经济内涵

①成本的经济性质

从成本的经济性质看，成本是商品生产过程中劳动耗费的价值度量。这种价值度量必须以获得一定质量和数量的劳动成果为对象。如果生产过程中，耗费了劳动而最终一无所获，那么，这种劳动只能是一种损失或浪费，自然也就谈不上商品价值的度量和成本核算。因而成本的经济性质，实质上反映了商品价值与使用价值之间矛盾和对立统一的转化关系，体现了成本的可计量性。

②成本的经济内容

从成本的经济内容看，成本虽然是商品价值的重要组成部分，但二者在价值构成和货币度量上存在显著不同。在构成上，商品价值 = $C+V+M$，而成本仅仅是其中的 $C+V$；在价值度量上，商品价值取决于生产该商品所消耗的社会必要劳动耗费，而成本取决于生产该商品所消耗的个别劳动耗费。成本的经济内容实际上反映了企业生产产品的个别劳动耗费与商品交换价值的社会必要劳动耗费之间矛盾和对立统一的转化关系，体现了成本的个别性。

③成本的经济实质

从成本的经济实质看，成本是为生产一定种类、质量和数量产品或劳动成果所发生的物化劳动耗费和必要劳动耗费的价值补偿。而这种价值补偿又必须以成本的经济内容为限，如果补偿不足，企业连简单再生产都难以维持；若补偿过头，则将严重阻碍扩大再生产的顺利进行。产品价值的实现是通过企业以产品价格获取销售收入，而在市场供求规律的作用下，价格往往会偏离价值。

（3）成本的作用

成本的经济实质决定了成本在经济管理工作中具有十分重要的作用。

①成本是补偿生产耗费的尺度。成本作为一个经济范畴，是确认资源消耗和补偿水平的依据。为了保证再生产的不间断进行，企业必须把在产品生产过程中的消耗计入产品成本。企业也只有收入大于成本才会有盈利，而企业盈利则是保证满足整个社会需求和扩大再生产的主要源泉。因此，成本作为补偿尺度的作用对于经济发展具有重要影响。

②成本是综合反映企业经营管理水平的重要指标。在激烈的市场竞争中，企业能否立于不败之地，关键在于能否为社会提供质量高、工期短、造价低的产品。企业能否获得较大的经济效益，关键在于有无低廉的成本。因此，企业在产品生产中，要以尽量少的物质消耗和劳动消耗来创造较大的价值，以收抵支并有所盈利。由此可见，成本是衡量企业管理水平高低的一个重要指标。

③成本是制定产品价格的基础。企业生产的产品只有通过合理的定价，在产品销售后，成本才能得到补偿并取得盈利。制定产品价格，要考虑多方面的因素。产品价格的制定，应体现价值规律的要求，使其大体符合产品价值的要求，同时还要遵守国家的价格政策。目前，产品价值还难以直接精确地计算，可以通过计算产品成本间接地、相对地反映产品价值。因此，成本是制定产品价格的基础。

④成本是企业进行经营决策、实行经济核算的重要依据。在企业经营过程中，对一些重大问题的决策，都需要进行技术经济分析，其中决策方案的经济效果则是技术经济分析的重点，而产品成本是考察和分析决策方案的经济效果的重要指标。企业的产品成本在很大程度上反映着企业各方面活动的成果。劳动生产率的高低、材料物资消耗的多少、设备利用的好坏、资金周转的快慢等，都能够在成本上反映出来。因此，成本是经济核算的基本内容，是实行经济核算的重要手段。

▶ 7.1.3 成本性态

1) 成本性态与成本性态分析的含义

（1）成本性态的含义

成本性态，也称成本习性、成本特性，是指成本总额的变动同工程量之间的依存关系。

（2）成本性态分析的含义

成本性态分析，是指研究成本与业务量之间的依存关系，考察不同类别的成本与业务量之间的特定数量关系，把握业务量的变动对于各类成本的影响。

（3）相关范围

考察成本性态，必然离不开相关范围这一问题。相关范围，是指一定的业务量范围和一定时间范围，在这一范围内，成本总额与业务量才会保持某一特性。超出这一相关范围，成本与业务量之间的依存关系就会发生改变。

2) 成本按成本性态分类

成本按性态分类的意义是便于利用成本资料进行成本预测、决策，而且有利于成本控制和差异原因的分析。成本按成本性态可以分为变动成本和固定成本两类。

（1）变动成本

①变动成本的概念

变动成本，是指在相关范围内成本总额随业务量的变动成正比例变动的成本，如工程项目成本中的材料费、人工费等。其单位工程量变动成本不会随工程量的变动而变动。

②变动成本的特性

在相关范围内，变动成本总额随业务量的变化呈正比例变化，如图7.1所示。而单位业务量的变动成本则是一个定量，即在相关范围内，单位变动成本不会随业务量的变动而变动，如图7.2所示。

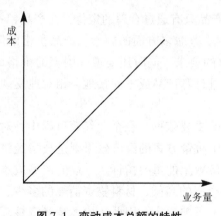

图7.1 变动成本总额的特性

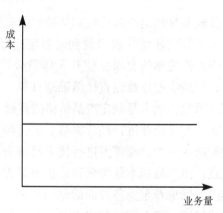

7.2 单位变动成本的特性

③变动成本的分类

变动成本按特性可以分为酌量性变动成本和约束性变动成本。

a. 酌量性变动成本，是指管理当局的决策可以改变其支出数额的变动成本。例如，按产量计酬的工人薪金、按销售额的一定比例计算的销售佣金等。因为支出比例或标准由管理当局决策。

b. 约束性变动成本，是指管理当局的决策无法改变其支出数额的变动成本。例如，企业为生产产品的直接物耗成本（直接材料）等。

④变动成本的相关范围

表现为一定的时间范围（期间）和一定的空间范围（业务量）。

（2）固定成本

①固定成本的概念

固定成本是指成本总额在一定期间和一定业务量范围内，不受工程量变动的影响而保持固定不变的成本。例如，管理人员工资、办公费、财产保险费等。

②固定成本的特性

在相关范围内，固定成本总额不受影响，如图7.3所示，但单位固定成本却与业务量成反比例变动，如图7.4所示。

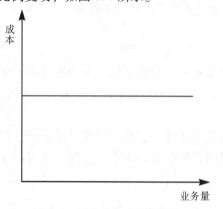

图7.3 固定成本总额的特性

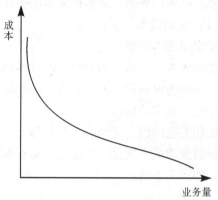

7.4 单位固定成本的特性

③固定成本的分类

固定成本按特性分为酌量性固定成本和约束性固定成本两类。

a. 酌量性固定成本，也称为选择性固定成本或任意性固定成本，是指管理当局的决策可以改变其支出数额的固定成本。例如，广告费、职工教育培训费、技术开发费等。

b. 约束性固定成本（也称承诺性固定成本，或经营能力成本），是指管理当局的决策无法改变其支出数额的固定成本。例如，固定资产按直线法提取的折旧费、房屋及设备租金、不动产税、财产保险费、行政管理人员薪金等。它具有很大的约束性，企业管理当局的决策不能改变其数额，由于企业的经营能力一经形成，短期内很难以改变，即使经营暂时中断，该项成本将仍维持不变，因而又称为"能量成本"。

酌量性固定成本预算着眼于从总量上进行控制，约束性固定成本预算只能着眼于更为经济合理地利用企业的生产能力。

④固定成本的相关范围

固定成本的相关范围表现为一定的时间范围和一定的空间范围。

（3）混合成本

混合成本是指既有固定成本又有变动成本的成本。例如，工程项目成本中的间接费用。

①混合成本的概念

混合成本，是指随着业务量的增减变动，其总额并不会像固定成本那样保持不变，而会相应地发生变化，但其变动的幅度又不会像变动成本那样与业务量之间保持一个严格的比例的成本。混合成本同时包含了固定成本与变动成本的特性。

②混合成本的类型

在实际经济生活中，混合成本主要包括以下几种类型：半变动成本、半固定成本、延期变动成本和曲线变动成本。其中，最具代表性的混合成本是半变动成本。下文所说的混合成本均指的是半变动成本。

3）混合成本的分解方法

混合成本的分解方法主要有历史成本法、账户分析法和工程分析法。

（1）历史成本法

混合成本分解的历史成本法主要有高低点法、散布图法和直线回归法三种。运用历史成本法分解混合成本是假定混合成本和业务量之间存在如下依存关系：

$$y = a + bx$$

式中　a——固定成本；

　　　b——单位变动成本；

　　　x——业务量；

　　　y——混合成本。

①高低点法

其基本做法是：

第一，找出一定时期内业务量最高点及其混合成本和业务量最低点及其混合成本。

第二，用业务量最高点时的混合成本与业务量最低点时的混合成本的差量除以最高业务量与最低业务量的差量，其结果就是单位变动成本 b。

第三，将单位变动成本 b 代入最高业务量点或最低业务量点的成本方程式就可以计算出固定成本 a。

最后，根据计算出来的 a 和 b，就可以写出混合成本方程式：$y=a+bx$。

【例 7.1】某建筑公司自有施工机械一台。2015 年 1-6 月机械使用费及机械作业量如表 7.1 所示。

表 7.1　自有施工机械 2015 年 1-6 月份机械作业量及机械使用费资料表

月　份	1	2	3	4	5	6
机械作业量（台班）	100	135	120	125	120	150
机械作业费（元）	38 000	44 300	41 600	42 500	41 650	47 000

由上表可知，业务量最高点为 6 月份的 150 台班，机械费总额为 47 000 元，业务量最低为 1 月份的 100 台班，机械费总额为 38 000 元。根据高低点法的原理可得：

$$47\ 000=a+150b$$
$$38\ 000=a+100b$$

求解得：$a=20\ 000$ 元，$b=180$ 元/台班，即机械使用费总额中，固定成本部分为 20 000 元，单位变动成本为每台班 180 元。因此，机械使用费与业务量的关系可表述为：$y=20\ 000+180x$。

②散布图法

同样认为，混合成本的形态可以近似地被描述为：$y=a+bx$，基本步骤如下：

第一，在坐标图上描出混合成本的点。

第二，通过目测，在坐标图上画出一条能够反映混合成本平均变动趋势的直线。

第三，确定固定成本 a 和单位变动成本 b。

③回归直线法

回归直线法（又称一元回归法、最小二乘法、最小平方法），是指将业务量和相对应的混合成本分别作为自变量和因变量，通过对反映两者在一定历史时期内的一系列历史数据的处理，建立起描述业务量和混合成本相互关系的回归方程式，借以确定混合成本中固定成本和变动成本的一种数理统计方法。

这种方法较为精确，一般适用于成本增减变动趋势较为明显的企业。

在这一方法中，以回归方程式 $y=a+bx$ 来表示业务量和混合成本之间的相互关系。其中，y 表示混合成本，x 表示业务量，a 为混合成本中的固定成本部分，b 为回归直线的斜率，即混合成本中的单位变动成本。

根据回归分析的原理求得：

$$a=\frac{\sum y-b\sum x}{n}$$

$$b=\frac{n\sum xy-\sum x\sum y}{n\sum x^2-\left(\sum x\right)^2}$$

【例 7.2】某施工企业 2014 年 1-12 月份的工程量和电费的相关历史数据资料如表 7.2 所示。

表7.2 某施工企业2014年1-12月份工程作业量和电费

月份（n）	工程作业量（x）	电费（y）	xy	x^2	y^2
1	800	2 000	1 600 000	640 000	4 000 000
2	600	1 700	1 020 000	360 000	2 890 000
3	900	2 250	2 025 000	810 000	5 062 500
4	1 000	2 550	2 550 000	1 000 000	6 502 500
5	800	2 150	1 720 000	640 000	4 622 500
6	1 100	2 750	3 025 000	1 210 000	7 562 500
7	1 000	2 460	2 460 000	1 000 000	6 051 600
8	1 000	2 520	2 520 000	1 000 000	6 350 400
9	900	2 320	2 088 000	810 000	5 382 400
10	700	1 950	1 365 000	490 000	3 802 500
11	1 100	2 650	2 915 000	1 210 000	7 022 500
12	1 200	2 900	3 480 000	1 440 000	8 410 000
$\sum$	11 100	28 200	26 768 000	10 610 000	67 659 400

将上表中相关数据代入上述公式可得：

$$b = \frac{n\sum xy - \sum x \sum y}{n\sum x^2 - \left(\sum x\right)^2} = \frac{12 \times 26\,768\,000 - 11\,100 \times 28\,200}{12 \times 10\,610\,000 - 123\,210\,000} = 1.99$$

$$a = \frac{\sum y - b\sum x}{n} = \frac{10\,610\,000 \times 28\,200 - 11\,100 \times 26\,768\,000}{12 \times 10\,610\,000 - 123\,210\,000} = 505.40$$

根据上述计算结果可知，该施工企业电费与工程作业量的函数关系可表示如下：

$$y = a + bx = 505.4 + 1.99x$$

若预计2015年1月份工程作业量为1 300单位，其电费预计为：

$$y = 505.4 + 1.99 \times 1\,300 = 3\,092.4（元）$$

回归直线法虽然相对比较麻烦，但与高低点法和散布图法相比，其结果更加精确。

（2）账户分析法

账户分析法，是根据各个成本费用账户的内容，直接判断其与业务量的依存关系，从而确定其成本性态的一种混合成本分解方法。

（3）工程分析法

工程分析法，是运用工程研究方法研究影响成本项目数额大小的每一个因素，并在此基础上直接估算出固定成本和单位变动成本的一种方法。其基本步骤如下：

①确定研究的成本项目。

②对导致成本形成的生产过程进行观察和分析。

③确定生产过程的最佳操作方法。

④以最佳操作方法为标准方法，测定标准方法下成本项目的每一构成内容，并按成本性态分别确定为固定成本和变动成本。

4）成本性态分析原理的应用

成本性态分析原理在企业内部经营管理中的应用主要表现在以下几个方面。

（1）应用于成本预测

成本预测是成本管理的重要内容，它同企业经营目标的确定和经营决策的制定关系极大。由于在短期内，企业经营条件不会发生太大变化，基本上会维持稳定生产，相关成本也会保持其相应的性态。这样，管理人员就能够依据成本性态分析原理来进行相应的成本预测。

（2）应用于经营决策

经营决策是企业内部事前管理的核心内容，其目的在于通过一定的分析、评价，为企业未来的经营活动选择最优的行动方案。在选择最优方案的过程中，既需要大量的决策信息，又需要科学的决策分析方法。在企业经营决策实务中，往往会充分利用到变动成本和固定成本，如在决策分析方法中的差量分析法和边际分析法应用时就会充分利用到成本性态分析原理。

（3）应用于成本控制

内部控制是顺利实现各项经营目标和计划的重要保证。它主要包括采购、生产、销售、财务等，其成本控制是涉及经营目标，特别是利润目标能否实现的关键所在。只有把握了成本性态，才能够在成本控制中有效地控制固定成本和变动成本，从而更好地实现企业经营目标。

▶ 7.1.4 工程项目成本

建筑施工企业是以从事工程产品的建筑安装作为其基本业务的企业。建筑安装工程施工是建筑施工企业生产经营活动的主要环节。而建筑施工企业的产品成本核算与管理，根据建筑施工企业的实际情况，一般采用企业—分公司—施工项目三级核算与管理体系，以施工项目作为基本核算与管理单位。这样有助于打破企业内部长期"吃大锅饭"的局面。各责任单位之间简单的协作关系转化为"内部经济结算"关系，促进了企业内部全员成本管理意识。项目经理部属于企业内部人、财、物的结合部，对外应代表企业履行工程承包合同、对企业的社会效益负责；对内应对工程成本负责、对经营负责、对企业经济效益负责。因此，建筑施工企业的成本核算与管理主要是对施工工程项目成本的核算与管理。

1）工程项目成本的概念

工程项目成本，是指工程项目（施工项目）作为成本核算对象，在施工过程中所耗的生产资料转移价值和劳动者必要劳动所创造的价值的货币表现。具体来说，施工过程中消耗的原材料等劳动对象的价值，是以耗用原材料的价格计入工程项目成本的；施工过程中所耗用的施工机械、运输设备等劳动资料的价值，是以折旧费的形式计入工程项目成本的；施工生产过程中的活劳动所创造的价值，是以职工薪酬的形式支付并计入工程项目成本的。至于剩余劳动所创造的价值，是以利润的形式计入工程造价（工程价格）的，作为社会纯收入的组成部分，并没有支付给劳动者，因而不构成工程项目成本。

2）工程项目成本的分类

根据建筑施工企业生产经营以及工程产品的特点和建筑施工企业成本管理的要求，工程项目成本可以按不同标准进行分类。

（1）按成本计价的标准分类

工程项目成本按成本计价的标准分类，可以分为预算成本、计划成本和实际成本。

①预算成本，是指按建筑安装工程实物量、国家或地区或企业制订的预算定额及取费标准计算的社会平均成本或企业平均成本，是以施工图预算为基础进行分析、预测、归集和计算确定的。预算成本包括直接成本和间接成本，是控制成本支出、衡量和考核工程项目实际成本节约或超支的重要尺度。

②计划成本，是指在预算成本的基础上，根据企业自身的要求，如内部承包经营责任制的规定，结合施工项目的技术特征、自然地理特征、劳动力素质、设备情况等确定的标准成本，亦称目标成本。计划成本是控制工程项目成本支出的标准，亦是成本管理的目标。

③实际成本，是指工程项目在施工过程中实际发生的可以列入工程成本支出的各项施工生产费用的总和，是工程项目施工生产活动中各种劳动耗费的综合反映。

预算成本、计划成本、实际成本，这三者之间既有联系也有区别。预算成本是反映工程项目的预计支出，实际成本是反映工程项目的实际支出。实际成本与预算成本相比较，可以反映社会平均成本或企业平均成本的超支或节约，综合反映工程项目的经济效益；实际成本与计划成本相比较，其差额即是工程项目成本的实际降低额，实际降低额与计划成本的比值称为实际成本降低率。预算成本与计划成本的差额称为计划降低额，计划成本降低额与预算成本的比值称为计划成本降低率。通过上述比较，可以分析、考核成本计划的执行情况。

实际成本降低额＝实际成本－计划成本

实际成本降低率＝实际成本降低额÷计划成本×100%

计划成本降低额＝计划成本－预算成本

计划成本降低率＝计划成本降低额÷预算成本×100%

（2）按工程项目成本计算对象的范围分类

按工程项目成本计算对象的范围分类，可以分为建设项目工程成本、单项工程成本、单位工程成本、分部工程成本、分项工程成本。

①建设项目工程成本，是指在一个总体设计方案或初步设计范围下，由一个或几个单项工程组成，经济上独立核算、行政上实行统一管理，建成后可以独立发挥生产能力或经济效益的各项工程所发生的全部施工生产费用的总和。如新建的某个制造厂的工程成本等。

②单项工程成本，是指具有独立的设计文件，在建成后可以独立发挥生产能力的或经济效益的各项工程所发生的全部施工生产费用的总和。如新建的机械制造厂项目内的某一个生产车间（或分厂）、某幢办公楼、某幢职工宿舍的工程成本等。

③单位工程成本，是指单项工程内部具有独立的施工图纸和独立施工条件的工程项目所发生的全部施工生产费用的总和。如新建的机械制造厂内的某车间工程的厂房建设工程的建筑工程成本、机械设备安装工程成本等。

④分部工程成本，是指单位工程内部按工程结构部位或主要工种部分进行施工的工程项目所发生的全部施工生产费用的总和，如新建的机械制造厂内部的某车间工程的基础工程成本、钢筋混凝土框架主体工程成本、屋面工程成本等。

⑤分项工程成本，是指分部工程内部划分的最小施工过程施工建设时所发生的全部施工生产费用的总和，如基础开挖、砌砖、绑扎钢筋等的工程成本，是组成建设项目成本的最小成本单元。

（3）按工程施工的完工程度分类

按工程施工的完工程度分类，可以分为本期施工成本、已完工程成本、未完施工成本、竣工工程成本。

①本期施工成本，是指施工工程项目在成本计算期进行工程施工生产所发生的全部施工生产费用的总和，包括本期已完工程成本和本期未完施工成本。

②本期已完工程成本，是指施工工程项目已完工程施工所发生的各种应计入项目工程成本的成本费用总和。

③本期未完施工成本，是指已投料施工、但未完成预算定额规定的全部工序和内容的分部分项工程所支付的成本。

④竣工工程成本，是指已经竣工的单位工程从开工到竣工整个施工期间所支出的成本。

3）工程项目成本的构成

建筑施工企业在施工生产活动过程中所发生的成本费用支出，按照国家规定计入工程项目成本。按成本费用的经济性质和现行财务制度以及成本核算制度的规定，建筑施工企业工程项目成本由直接成本和间接成本组成。

（1）直接成本

直接成本，是指直接发生在工程项目施工生产过程中、应计入工程成本的成本费用支出。具体又分为如下四个成本项目：

①材料费，是指直接用于工程项目施工生产工艺过程、构成工程项目实体的原料、主要材料、结构件以及有助于工程项目形成的辅助材料等的费用。

②人工费，是指施工企业从事工程项目建筑安装施工的基本生产工人和辅助生产工人的职工薪酬。

③机械使用费，是指施工企业工程项目施工生产过程中使用自有施工机械的使用费和租入施工机械的租金费用，以及施工机械的安装费、拆卸费和进出场费。

④其他直接费（又称措施费），是指施工企业工程项目施工生产过程中发生的材料二次搬运费、临时设施摊销费、生产工具用具使用费、检验试验费、夜间施工费、脚手架费、场地清理费等。

（2）间接成本

间接成本（又称间接费用、现场经费、施工管理费），是指施工企业项目经理部为准备、组织、管理工程项目施工而发生的间接费用。具体包括：管理人员工资及福利费、劳动保护费、固定资产使用费、物料消耗费、办公费、差旅费、交通费、保险费、工程保修费、工会经费、职工教育经费、业务招待费、税金（房产税、车船使用税、土地使用税、印花税）、劳保统筹费、其他费用。

4）工程项目成本的影响因素

（1）项目范围

工程项目范围界定了完成项目需要包括的工作内容，以及这些工作需要消耗的资源。因此，项目范围界定了成本发生的范围和数额。

（2）质量

质量与成本之间存在辩证统一的关系。通常，质量水平越低，项目成本就会越低。如果质量要求定位高，则在完成项目时需要采用更好的资源、耗费更长的时间，成本也就越高。但是若质量水平低到使项目无法投入正常使用，经常发生故障，则总的成本反而上升。

（3）工期

工期越长，不可预见的因素越多，风险越大，成本也就越高。

（4）价格

在项目范围确定的情况下，资源价格越高，成本越高。因此，在通货膨胀时期实施项目建设，成本往往比较高。

（5）管理水平

在项目建设期间，较高的管理水平可以减少失误，降低成本。

7.2　工程项目成本管理概述

▶　7.2.1　工程项目成本管理存在的问题

目前，我国建筑施工企业的施工项目成本管理总的来看还是粗放型的，其存在的问题主要表现在以下几个方面：

①成本管理不是贯穿在整个施工过程中进行管理与控制，而往往是在项目完工、做了决算之后才得知项目的盈亏情况。因此，一旦项目亏损也无法补救。

②项目很少编制施工预算，缺乏将目标成本（或计划成本）与项目施工过程中形成的实际成本进行比较、分析，难以及时发现亏损或及时采取措施纠正成本偏差。

③对施工项目施工生产第一线的生产消耗很少采取措施进行控制。

④项目施工方案很少编制相应的预算，并与合同价格（或企业承包价格）比较，结果是按项目指定的施工方案组织施工后，施工成本大于合同价格（或企业承包价格）。

⑤片面强调加快施工进度，而不考虑是否会因此导致工程成本的增加。

▶　7.2.2　工程项目成本管理的职能和地位

1）工程项目成本管理的职能

（1）提供工程项目成本信息

①为满足财务报告目的提供成本信息。

②为满足经营管理目的提供成本信息。

（2）对工程项目进行成本控制

2）工程项目成本管理在工程项目管理中的地位

随着工程项目管理在建筑施工企业逐步推广与普及，项目成本管理的重要性也日益为人们所认识。可以说，项目成本管理正在成为工程项目管理向深层次发展的主要标志和不可或缺的内容。工程项目成本管理在工程项目管理中的地位越来越重要，具体体现在以下几个方面：

（1）工程项目成本管理体现工程项目管理的本质特征

建筑施工企业是我国建筑市场独立的法人实体和竞争主体。推行项目管理的原因是希望通过工程项目管理，彻底突破长期以来的计划经济体制所形成的传统管理模式，将经营管理的全部活动从完成国家下达的计划指令转向以工程承包合同为依据，以满足业主对建筑产品的需求为目标，以创造企业经济效益为目的。工程项目部作为建筑施工企业最基本的施工管理组织，其全部管理活动的本质就是运用项目管理原理和科学方法来降低工程成本，创造经济效益，成为企业经济效益的源泉。

（2）工程项目成本管理反映工程项目管理的核心内容

在社会主义市场经济条件下，一旦某种建筑产品的价格确定以后，成本就是决定利润最主要的因素，建筑施工企业为了赢得最大的利润空间，其经营活动的全部目的在于追求低于同行业的平均成本水平。目前，反映建筑施工企业平均成本水平的，是国家有关部门所制定的定额，它为所有建筑施工企业提供了一个衡量成本管理与控制水平的客观标准。企业对工程施工项目的要求，就是实现一个低于定额水平的实际成本。若没有以成本管理为核心的一系列实际有效的工程项目管理，要实现这一目标是很困难的。

工程项目管理活动是一个系统工程，包括工程项目的质量、工期、安全、资源、合同等各方面的管理工作，这一切的管理内容无不与成本息息相关。成本这只无形的手，时时刻刻在影响、制约、推动或延迟各项专业管理活动。与此同时，各项专业管理活动的成果又决定着工程项目成本的高低。可见，工程项目成本管理是施工项目管理的一个重要的子系统。一旦脱离了工程项目的成本预测、成本决策、成本计划、成本控制、成本核算、成本分析和成本考核这一整套成本管理工作，项目经理部和企业的任何美好愿望都只能是空中楼阁。因此，工程项目成本管理的好坏反映了工程项目管理水平的高低。

（3）工程项目成本管理提供衡量工程项目管理绩效的客观尺度

建筑施工企业必然对所属工程项目实施有效的监控，尤其要对其管理的绩效进行评价。建筑施工企业对施工项目的绩效评价，首先是对成本管理的绩效评价。对施工项目开展以施工项目成本管理为重点的绩效评价，还为建筑施工企业对施工项目的考核和奖惩提供了依据，可以有效防止人为的、不公正的因素的干扰，为企业内部干部人事制度、工资分配制度、专业技术职务评聘制度、员工培训制度等一系列制度的建立和健全创造必要的条件。

▶ 7.2.3 工程项目成本管理与传统成本管理、企业成本管理的区别

1）工程项目成本管理与传统成本管理的区别

现代市场经济条件下实行的施工项目成本管理与过去计划经济条件下的传统成本管理

的区别主要表现在以下几个方面：

①传统成本管理是计划经济下的成本管理模式，属于静态成本管理，工程完工（或竣工）后才进行结算。

②传统成本管理具有单一的属性，而施工项目成本管理是一种责任成本管理与控制，具有综合管理的属性。

③传统成本管理是业务部门算账，而施工项目成本管理与控制则是施工项目全体人员参与算账、参与管理。

④施工项目成本管理责任明确，充分体现了经济责任制在基层施工单位的落实，真正起到控制施工生产第一线的资源消耗量的作用。

综上所述，可以看出施工项目成本管理的优越性体现在：

①促进职工和基层领导转变思想观念，避免那种只管干不管算、只注重完成工程量而不注重资源投入的现象，变过去的"要我算"为现在的"我要算"，人人讲算，上下讲算，增产节约，不断提高经济效益。

②提高施工项目全体人员质量意识，从而达到提高工程质量的目的，正确处理质量与成本的关系。

③调动施工项目全体人员的积极性，提高工作效率，降低施工成本中的人工费成本。

2）施工项目成本管理与企业成本管理的区别

施工项目成本管理的重要地位，已经成为工程建设经济核算体系的基础，是企业成本管理中不可或缺的有机组成部分，两者有着密不可分的联系。但是，施工项目成本管理与企业成本管理又有着原则性的区别。

（1）施工项目成本管理的特征

①事先能动性

一般意义上的会计成本核算，对实际发生的施工生产费用进行记录、归集、分配和计算，表现出对施工生产费用和工程项目成本的事后管理，最多算是事中管理，并作为下一施工生产循环进行成本费用控制的依据。施工项目具有一次性特征，成本管理是在不再重复的施工过程中进行的，为了避免施工项目出现重大失误，施工项目成本管理必须是事先的、能动的、系统的。施工项目在项目管理的起点就要对成本进行预测，制订成本计划，明确成本目标，然后采取各种措施实施成本控制，最后对成本进行分析和考核，以检查目标实现的程度。如果一个施工项目的成本管理不是事先的、能动的，而是等施工项目结束才进行成本核算，那就为时已晚。当前，不少施工项目提出的"先算再干，边干边算，干完再算"，就是对施工项目成本管理实现能动性特点的总结。

②综合优化性

施工项目成本管理是施工项目管理系统中的一个有机子系统，不能孤立地、片面地对待施工项目成本管理。项目经理部并不是企业的财务核算部门，而是在实际履行工程承包合同过程中，以创造经济效益为最终目的的施工项目管理组织。因此，施工项目的成本管理必然要与项目的工期管理、质量管理、技术管理、资金管理、安全管理、分包管理等紧密结合起来。项目经理部中的每一个成员，其工作都或多或少与项目成本有着直接或间接关系，可以说全员都应该参与施工项目的成本管理。所以，只有当施工项目把所有管理职能、管理对象、管理要素纳入施工项目成本管理之中，施工项目才有可能收到综合优化的功效。

③动态跟踪性

所谓动态跟踪，是指施工项目成本管理必须对事先所设定的成本目标及相应措施的实施过程自始至终进行监督、控制、调整和修正。施工项目的成本情况随着客观条件的变化而发生较大的波动，尤其在市场经济条件下，建材价格、设计变更、工程延期、资金的到位情况等不确定性因素，都会直接影响到施工项目的实际成本。施工项目想要将实际成本控制在目标成本范围之内，就必然要随时关注、反馈成本信息，及时采取有效措施，以达到控制成本的目的。动态跟踪性特点更加突出了施工项目成本管理在施工项目管理中的重要性。

④内容适应性

施工项目成本管理的内容取决于施工项目管理的对象范围。这一对象范围与企业成本管理的对象范围既有联系，又有明显的区别，因而施工项目成本管理不可能与企业成本管理一致。施工项目只有从施工项目管理的实际情况出发，才能正确确定成本核算的内容，企业只有在充分研究施工项目具体情况的基础上才能对施工项目成本管理加以有效指导。

（2）施工项目成本管理与企业成本管理的区别

①管理的对象不同

施工项目成本管理的对象是某一个具体的工程施工项目，仅对该工程施工项目的成本费用进行核算与控制。而企业成本管理的对象则是整个建筑施工企业，不仅包括所属的各个项目经理部，还包括为工程施工服务所附属工业生产与辅助生产，以及企业各个职能部门，即对整个建筑施工企业范围内所发生的全部成本费用进行核算与控制。

②管理的任务不同

施工项目成本管理的任务是在健全的成本管理责任制下，以合理的工期、合适的质量、低耗的成本完成项目施工，完成企业下达的任务。而建筑施工企业成本管理的任务则是根据整个企业的现状和水平，通过合理配置资源、合理摊派施工生产任务，使企业的成本费用控制在预定计划目标之内。

③管理的方式不同

施工项目成本管理是在项目经理负责制下的一项重要的管理职能，是在施工现场进行的与施工过程的质量管理、工期管理、安全管理等各项管理同步、及时、到位的。企业成本管理不是在施工现场，成本管理与工程施工项目的施工过程在时间上、空间上分离，是通过行政手段实施的管理，层次多、部门多，管理就有可能不及时、不到位。

④管理的责任不同

施工项目成本管理是由施工项目经理部全面负责的，施工项目成本由项目经理部承包，项目的盈亏与项目经理部的全体成员的经济责任挂钩，责任明确，管理到位。而企业成本管理是强调部门成本责任，成本管理涉及各个职能部门和各个施工单位，难以协调，往往责任不明确，管理松懈。

▶ 7.2.4 工程成本管理的基本原则和要求

1) 工程项目成本管理的基本原则

工程成本管理（亦称施工项目成本管理），是建筑施工企业成本管理的基础和核心。因此，项目经理部在对项目施工过程进行成本管理时，必须遵循如下基本原则：

（1）成本最低化原则

施工项目成本管理的根本目的是通过成本管理的各种手段，促进施工项目成本的不断降低，以达到可能实现的最低目标成本的要求。但是，在实行成本最低化原则时，应注意研究降低成本的可能性和合理的成本最低化，一方面挖掘降低成本的潜力，使可能性变为现实；另一方面要从实践出发，制定通过主观努力可能达到的合理的成本水平，并据此进行分析、考核评价。

（2）全面成本管理原则

在施工项目成本管理中，存在"三重三轻"问题，即重实际成本的核算与分析而轻全过程的成本管理和对其影响因素的控制；重施工成本的计算分析而轻采购成本、工艺成本和质量成本；重财务人员的管理而轻群众性的日常管理。因此，为了确保不断降低施工项目成本，实现最低化目标，必须实行全面成本管理。

（3）成本责任制原则

为了实行全面成本管理，必须对施工项目目标成本进行层层分解，以分级、分工、分人的成本责任制作为保证。项目经理部应对企业下达的成本指标负责，班组和个人对项目经理部的成本目标负责，以做到层层保证，定期考核评定。成本责任制的关键是划清经济责任，并要与奖惩制度挂钩，使各部门、各班组和个人都来关心施工项目成本。

（4）成本管理有效化原则

所谓成本管理有效化，主要有两层含义：一是促使施工项目经理部以最少的投入获得最大的产出；二是以最少的人力、物力和财力，完成较多的管理工作，提高工作效率。提高成本管理有效性的手段，一是采取行政方法，通过行政隶属关系，下达指标，制定实施措施，定期检查监督；二是采用经济方法，利用经济杠杆、经济手段实行管理；三是用法制方法，根据国家的政策方针和规定，制定具体的规章制度，使人人照章办事。

（5）成本管理科学化原则

施工项目成本管理是建筑施工企业管理中的一个重要内容，企业管理要实行科学化，必须把有关自然科学和社会科学的理论、方法和技术运用于成本管理。例如，在施工项目成本管理中，可以运用预测与决策方法、目标管理方法、不确定分析方法和价值工程等。

2) 工程项目成本管理的要求

加强施工项目成本管理，除了要充分发挥其自身的管理功能外，还要求做到：

（1）强化工程项目成本观念

长期以来，建筑施工企业成本管理的核算单位不在项目经理部，一般都以工区或工程处进行成本核算，施工项目（单位工程）的成本很少被人过问，施工项目的盈亏说不清，也无人负责。建筑施工企业实行项目管理并以项目经理部作为核算单位，要求项目经理、项目管理班子和作业层全体人员都必须具有经济观念、效益观念和成本观念，对项目的盈亏负责，这是一项深化建筑施工企业体制改革的重大举措。因此，要搞好施工项目成本管理，就必须对企业和项目经理部人员加强成本管理教育并采取措施，只有在施工项目中培养强烈的成本意识，让参与施工项目管理与实施的每个人员都意识到加强施工项目成本管理，对施工项目经济效益及个人收入都会产生重大影响，这样各项成本管理工作才能在施工项目管理中得到实施。

（2）增强成本法制观念

在国家所制定和颁布实施的有关政策、法规和制度中，有关成本计量原则、范围、方法，都做出了明确的规定，如《企业会计准则》、《企业会计制度》、《企业财务通则》等。建筑施工企业应当严格遵守和执行这些法规和规章制度，自觉地规范自身的成本行为。

（3）树立社会经济效益整体意识

建筑施工企业应当坚持社会主义经营方向，正确处理提高产品质量和降低成本的关系，坚决抵制那些以偷工减料、以劣充优、假冒伪劣等不正当经营手段谋取成本降低、牟取利润的违法甚至犯罪行为，保护业主权益，保护人民利益。当企业利益与国家利益、社会利益发生矛盾时，企业应当以大局为重，企业利益服从国家利益、社会利益。

（4）建立健全成本管理责任制

成本管理责任制的建立和健全是有效进行成本管理的保证。企业应建立完善的成本管理组织机构，配备相应的成本管理专业人员，明确各部门、各岗位成本管理职责，推行责任成本管理，贯彻责、权、利相结合的原则，调动企业各部门、各级生产单位和全体员工成本管理的积极性和责任感。

（5）完善成本管理基础工作（详见后续7.2.5节）

（6）协调成本管理与其他经营管理的关系

企业成本的变动受到企业施工技术、施工组织等诸多因素的制约和影响。成本管理必须与技术革新、材料供应、机械设备配置与改造、施工调度组织的各个方面管理工作相结合，协调与各方面经营管理工作的关系，才能提高企业总体经营管理水平。

▶ 7.2.5 工程项目成本管理的基础工作

建立健全完善的成本管理基础工作是进行有效的成本管理的必要前提条件和保障。因此，建筑施工企业应在经理和总会计师、总经济师、总工程师的领导下，组织各职能部门，认真做好各项成本管理基础工作。

具体来说，成本管理的基础工作主要包括以下几个方面：

（1）建立和健全原始记录制度

原始记录是建筑施工企业在施工生产活动发生时，用以记载经济业务事项的实际发生情况、明确经济责任、作为会计核算的基本凭据。在施工项目成本管理中，与成本核算和控制有关的原始记录是成本信息的载体。建筑施工企业应根据其施工生产特点和管理要求，设计简明实用、便于统一组织核算的各类原始记录。与建筑施工企业施工项目成本管理有关的原始记录主要有：

①机械使用记录，反映施工机械的交付使用、台班消耗、维修、事故、安全生产设备

等情况，如施工机械交付使用单、机械使用台账、事故登记表、维修单等。

②材料物资消耗记录，反映材料领取、使用、退库等情况，如领料单、限额领料单、退料单、材料耗用汇总表、材料盘点报告表等。

③劳动记录，反映职工人数、调动、考勤、工时利用、工资结算等情况，如施工任务单、考勤簿、停工单、工资结算单、工资结算汇总表等。

④费用开支记录，反映水、电、气、劳务、办公费、差旅费等的开支情况，如各种发票、费用报销单、账单等。

⑤产品生产记录，反映已完工程、未完施工作业量、质量情况，如已完工程清单、竣工验收单等。

（2）建立和完善计量与验收制度

在施工生产活动中，一切财产物资、劳动的投入耗费和生产成果的取得，都必须进行准确的计量，才能保证原始记录正确，因而计量验收是采集成本信息的重要手段。施工活动中的计量尺度一般分为三类，即实物计量、劳动计量和货币计量。在成本核算中，各项费用开支采用货币计量，劳动生产成果采用实物计量，各项财产物资的变动结存，同时采用实物计量和货币计量，并通过两者的核算，达到相互核对的目的。验收是对各项财产物资的收发和转移进行数量和质量方面的检验和核实，一般有入库验收和出库验收，验收时要检查实物与有关原始记录所记载的数量是否相符。

（3）加强定额和预算管理

为了进行施工项目成本管理，必须建立健全定额资料，搞好施工预算和施工图预算。定额是企业对其经济活动在数量上和质量上应达到水平所规定的目标或限额。先进、合理的各类定额是制定定额成本、编制成本计划、监督费用开支、实施成本控制、进行成本分析和考核的依据。对于降低劳动耗费、提高劳动生产率、简化成本核算、强化成本控制能力都有十分重要的意义。涉及成本管理方面的定额，包括劳动生产定额、设备利用定额、物资消耗定额、费用开支定额等。企业还应科学地确定施工定额，施工定额既是编制单位工程施工预算、计划成本并根据工程量清单合理投标报价的依据，又是衡量人工、材料、机械使用的标准。

（4）制定合理的内部结算价格

为了明确建筑施工企业各单位的经济责任，企业内部对物资、分部分项工程、未完施工、已完工程在各单位之间的流转，以及相互提供的劳务可以采用内部结算的形式进行核算和管理，内部结算价格是企业内部经济核算的依据。企业对建筑材料、辅助材料、燃料、动力、机械使用、辅助生产和劳务等都应制定合理的内部结算价格。一般来说，可以用定额成本作为制定内部结算价格的基础。当材料、劳务等在企业内部各单位之间转移时，可先按内部结算价格结算，待月末算出实际成本后，再计算实际成本与内部结算价格的成本差异。对转出单位而言，这个成本差异就是其成本控制的绩效，这有助于划清企业内部各单位之间的经济责任，推行责任成本管理制度。

（5）建立健全各项责任制度

责任制度是有效实施工程项目成本管理的保证。有关工程项目成本管理的各项责任制主要包括：计量验收制度、定额管理制度、岗位责任制度、考勤制度、材料收发领用制度、机械设备管理与维修制度、成本核算制度、成本分析制度以及完善的成本目标责任制度。企业应随着施工生产、经营情况的变动和管理水平的提高等客观条件的变化，不断改进、逐步完善各项责任制度的具体内容。

▶ 7.2.6 工程项目成本管理的内容

工程项目成本管理的内容按不同的划分方法，有不同的内容构成。

1) 按照工程项目成本管理的工作环节划分

施工项目成本管理是建筑施工企业项目管理系统的一个子系统，具体包括工程项目成本预测、工程项目成本决策、工程项目成本计划、工程项目成本控制、工程项目成本核算、工程项目成本分析和工程项目成本考核等一系列工作环节。它们各自发挥着特定的作用，并以施工生产经营活动过程中的成本控制为核心，依靠成本信息的传递和反馈结合成一个有效运转的有机整体。在工程项目成本管理子系统中，上述各方面的成本管理功能有着一定的内在联系。

（1）工程项目成本预测

工程项目成本预测，是指对工程项目未来的成本水平及其发展趋势所作的描述与判断。施工项目成本是项目经理部和建筑施工企业进行各种经营决策和各种控制措施的核心因素之一。要对工程项目做出正确的决策、采取有力的控制措施、编制科学合理的成本计划和施工组织计划，需要对工程项目在不同条件下未来的成本水平及发展趋势做出判断，工程项目成本管理对未来的成本水平及其发展趋势所做的说明与判断，便是工程项目成本预测。工程项目成本预测是进行工程项目成本决策和编制成本计划的基础，是工程项目成本管理的首要环节。

（2）工程项目成本决策

成本预测和成本决策是工程项目成本管理水平高低的重要标志。工程项目成本决策是对工程项目施工生产活动中与成本相关的问题做出判断和选择。它是在工程项目成本预测的基础上，运用专门方法，结合决策人员的经验和判断能力，对未来的成本水平、发展趋势，以及可能采取的经营管理措施做出的逻辑推断和定量描述，其实质就是工程项目实施前对成本进行核算。通过成本决策可以寻求降低工程项目成本、提高经济效益的途径。

（3）工程项目成本计划

工程项目成本计划是以工程生产计划和有关生产成本资料为基础，对计划工期工程项目的成本水平所做的筹划，是对工程项目制定的成本管理目标。工程项目成本计划是工程项目成本决策结果的延伸，是将成本决策结果数据化、具体化。它是以货币形式编制工程项目在计划期内的施工生产费用、成本水平以及为降低成本所采取的主要措施和规划的书面方案。它是建立工程项目成本管理责任制、开展成本控制和核算的基础。成本计划是目标成本的一种形式。工程项目成本计划一经颁布，便具有约束力，可以作为计划期工程项目成本工作的目标，并被用来作为检查计划执行情况、考核工程项目成本管理工作业绩的依据。

（4）工程项目成本控制

工程项目成本控制是指工程项目在施工过程中，对影响工程项目成本的各种因素进行规划、调节，并采取各种有效措施，将工程项目施工过程中实际发生的各种消耗和支出严格控制在计划范围之内，随时揭示并及时反馈，严格审查各项费用是否符合标准、计算实际成本和计划成本之间的差异并进行分析，消除工程施工过程中的损失和浪费现象，及时发现和总结先进经验。通过成本控制，最终实现预期的成本目标甚至是实际成本低于计划成本。工程项目成本控制应贯穿于工程项目从招投标阶段到项目竣工验收阶段的全过程，它是企业全面成本管理的核心，若成本失控将阻碍整个成本管理系统的有效运行。因此，必须明确各级管理组织和各级人员的责任和权限，这是成本控制的基础之一，必须给予足够的重视。

（5）工程项目成本核算

工程项目成本核算是利用会计核算体系，对工程项目施工过程中所发生的各种消耗进行记录和分类，并采用适当的成本计算方法，计算各个成本计算对象的总成本和单位成本。它包括两个基本环节：一是按照规定的成本开支范围对工程项目施工过程中所发生的施工费用进行归集，计算出工程成本的实际发生额；二是根据成本核算对象，采用适当的方法，计算出工程项目的总成本和单位成本。工程项目成本核算是工程项目成本管理最基础的工作，它所提供的各种成本信息，是成本预测、成本计划、成本控制、成本分析和成本考核等各个环节的依据。在现代工程项目成本管理中，成本核算既是对工程项目施工过程中所发生的各种耗费进行如实反映的过程，也是对各种耗费的发生进行监督的过程。因此，加强工程项目成本核算工作对降低工程项目成本、提高企业经济效益具有十分积极的作用。

（6）工程项目成本分析

工程项目成本分析旨在揭示工程项目成本变化情况及原因。它是在工程项目成本形成过程中，对工程项目成本进行的对比评价和剖析总结工作，贯穿于工程项目成本管理的全过程。它主要是利用工程项目的成本核算资料（成本信息），将工程项目实际成本与目标成本、计划成本、预算成本等进行比较，了解成本的变动情况，同时也分析主要技术经济指标对成本的影响，系统地研究成本变动的因素，检查成本计划的合理性，深入揭示成本变动的规律，寻求降低工程成本的途径。成本分析的目的是通过揭示成本变动的原因，明确经济责任，总结经验教训，以便在未来的工程施工生产中，采取更有效的措施控制成本，挖掘降低成本的潜力。同时，工程项目成本分析还为工程项目成本考核提供依据。

（7）工程项目成本考核

工程项目成本考核，就是工程项目完成后，对工程项目成本形成中的各级单位成本管理的成绩或失误所进行的总结与评价。成本考核的目的在于鼓励先进、鞭策落后，促使管理者认真履行职责、加强成本管理。企业按工程项目成本目标责任制的有关规定，将成本的实际指标与计划、定额、预算进行对比和考核，评定工程项目成本计划的完成情况和各责任单位的业绩，并以此给予相应的奖励和处罚。通过成本考核，做到有奖有罚、奖罚分明，有效地调动企业的每一个职工在各自的工作岗位上努力完成目标成本的积极性，降低工程项目成本和增加企业积累。

2）按工程项目成本管理的时间范围划分

按所涉及的时间范围划分，可以将工程项目成本管理分为事前成本控制、事中成本控制和事后成本控制。这里所说的是事前、事中、事后是相对于工程项目成本发生的过程而言的。

（1）事前成本控制

事前成本控制，是在工程项目成本发生之前，对影响工程项目成本的因素进行规划，对未来的成本水平进行预测，对将来的行动方案做出安排和选择的过程。事前控制包括成本预测、成本决策和成本计划等各个环节。在内容上包括降低成本的专项措施的选择、成本管理责任制以及相关制度的建立和完善等内容。事前成本控制对强化工程项目成本管理极为重要，未来成本水平及其发展趋势主要由事前成本控制决定。

（2）事中成本控制

事中成本控制是在工程项目成本发生过程中，按照设定的成本目标、通过各种方法和措施提高劳动生产率、降低消耗的过程。事中成本控制是针对成本发生过程而言。所采用的方法主要有标准成本法、责任成本管理、班组成本核算、合理利用材料、工程的合理组织与安排、生产能力的合理利用以及工程现场管理等。事中成本控制的程序是：首先要按照工程项目成本计划、目标成本等指标为标准，使发生的实际成本不超过这些标准；其次，要在既定的质量标准和工作任务条件下，尽可能降低各种消耗，使成本不断降低。事中成本控制的内容大多属于工程项目日常成本控制的内容。

（3）事后成本控制

事后成本控制是在工程项目成本发生之后对成本进行分析和考核等工作。严格地说，事后成本控制不改变已经发生的成本费用，但是，事后成本控制体系的建立，对事前、事中的成本控制起到促进作用。另外，通过事后成本控制的分析和考核工作，可以总结经验教训，以改进下一个同类工程项目的成本控制。

工程项目成本管理的上述两种分类的关系如图7.5所示。

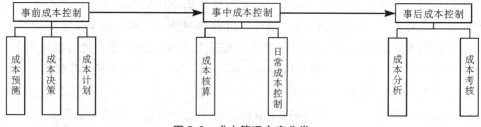

图7.5　成本管理内容分类

3）工程项目成本管理的程序

工程项目成本管理的程序是指从成本估算开始，经编制成本计划，采取成本降低措施，进行成本控制，直至成本核算、成本分析与考核为止的一系列管理工作步骤。一般程序如图7.6所示。

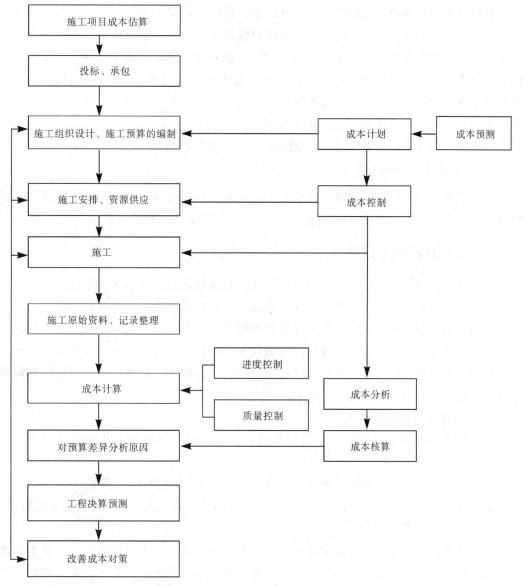

图7.6 工程项目成本管理的一般程序

7.3 目标成本管理与控制

► 7.3.1 目标成本管理的含义和特点

1）目标成本的含义

所谓目标成本，是指企业实现其经营目标应该达到的成本水平或成本目标，是根据产品的性能、质量、价格和利润目标确定的企业在一定时期内应达到的成本水平。

目标成本与计划成本既有联系，也有区别。其联系在于，它们都是企业在成本方面的奋斗目标。其区别在于，目标成本是根据用户能接受的价格和企业所能接受的利润目标来确定的，而计划成本则是以实际成本为基础，根据先进的消耗定额和计划期内能够实现的成本降低措施及其效果来确定的；目标成本一般由企业自行确定、自行控制和自行考核，具有灵活性，而计划成本往往表现为管理当局为企业制定的计划任务，具有强制性。在企业实务中，有的企业首先确定企业的目标成本，然后根据目标成本制定企业的计划成本；而有的企业根据批准的成本计划，提出保证成本计划完成的目标成本。

2）目标成本管理的含义

目标成本管理源自目标管理。建筑施工企业实行目标成本管理，有助于提高企业成本管理的主动性、积极性和计划性，克服盲目性，提高企业成本管理水平。

▶ 7.3.2 目标成本控制

目标成本控制是成本控制的一种重要方法，它是根据目标成本来控制成本活动，使实际成本符合目标成本的要求，并不断地降低成本。目标成本控制是企业目标管理的中心环节。在目标成本的实施过程中，必须控制各种耗费的发生。目标成本控制是在目标成本分解的基础上进行的，一般是通过各级内部责任单位实行归口分级管理，既要依靠执行者的自我控制，又要依靠归口分级控制，经过层层监控，及时进行信息反馈，以节约和降低成本费用，把成本损失和浪费消灭在发生之前。

（1）目标成本控制的特点

①目标成本控制是以价格、利润为基础，改变了以实际消耗为基础的传统成本控制观念。

②目标成本控制以目标管理理论为基础，强化了成本控制的理论依据。

③目标成本控制以全时序控制为基础，改变了以事后控制为基础的传统成本控制观念。

（2）目标成本控制的作用

目标成本控制的根本目的是实现企业成本耗费最小化和资本增值最大化，是运用现代科学技术与目标管理的基本原理，对企业生产经营活动过程中所发生的成本费用消耗及最终结果进行全面（全员、全过程、全方位）的控制。因此，实施有效的目标成本控制具有以下几方面作用：

①实施目标成本控制，可以促使企业以较少的消耗获得较大的经济效益，从而保证企业经营目标的实现；

②实施目标成本控制，可以促使企业转变经营机制，改善和提高经营管理水平，提升企业素质，为适应市场经济、真正走向市场打下坚实的基础；

③实施目标成本控制，可以监督企业遵守国家财经纪律，保证国家宏观调控的顺利进行，促进社会资源的合理配置和社会分配的公平合理和效率；

④实施目标成本控制，可以协调企业内部各个部门、各个工作岗位、各个环节的工作和利益冲突，促使各个职能部门的目标与企业整体目标保持一致，从而为实现企业整体经

济效益最大化目标而共同努力。

（3）目标成本控制的特点

①前馈控制。目标成本控制的关键在于事前对成本耗费进行有效的控制，使浪费不致发生，使目标成本得以实现。

②全过程控制。目标成本控制贯穿于建筑施工企业工程项目建设活动的全过程。

③全员参与。目标成本控制必须依靠全体员工共同努力，人人都树立起降低成本节约开支的观念，才能收到预期的效果。

▶ 7.3.3 目标成本的制定与分解

（1）目标成本的制定方法

①根据产品价格、成本、利润三者之间的依存关系，来确定目标成本。

价格、成本、利润这三者之间相互联系、相互制约。价格高、成本低，利润就多；反之，价格低、成本高，利润就少。从保证企业利润的角度出发，就应该提高价格、降低成本。而从有利于市场竞争能力的角度来看，为保证企业实现一定的利润目标，只能加强成本费用的控制。因此，目标成本实际上是在价格、利润既定的基础上倒算出来的。具体计算公式如下：

单位产品目标成本＝预测产品单位售价×（1－税率）－预计目标利润总额÷预测销售量

【例7.3】某建筑施工企业预计 2015 年实现目标利润 10 000 万元，预计全年完成工程承包作业 40 万 m^3，预计结算单价 2 000 元/m^3，综合税负 3.3%，预计全年期间费用 2 000 万元。则该建筑施工企业 2015 年度：

目标总成本＝40×2 000×（1－3.3%）－2 000－10 000＝65 360（万元）

目标单位成本＝65 360÷40＝1 634（元/m^3）

②选择某一企业先进成本水平作为企业的目标成本。

③根据企业上年实际平均单位成本，结合企业实现其经营目标要求和成本降低任务要求来预测企业目标成本。这一方法主要适用于可比产品。其计算公式如下：

单位产品目标成本＝上年实际平均单位成本×（1－计划期预测成本降低率）

【例7.4】某建筑施工企业 2014 年某工程施工项目实际平均单位成本为 1 600 元，根据公司实际情况和经营目标要求以及企业外部市场条件的变化，预计 2015 年完成同类项目施工要求成本降低 10%。则该企业 2015 年度工程施工目标单位成本为：

$$1 600×（1－10%）＝1 440（元）$$

（2）目标成本的分解

实施目标成本控制，就要将目标成本分解为各个小指标，以便落实到有关单位或个人，成为各个单位或个人的奋斗目标。在建筑施工企业，目标成本的分解应结合建筑施工企业的工程施工生产工艺特点、组织机构以及各项成本费用的发生情况进行分解。

①按工程产品的结构分解。在建筑施工企业，工程产品一般是由工程项目、单项工程、单位工程、分部工程、分项工程构成。相应地，目标成本也应分解为分别按工程项目、单

项工程、单位工程、分部工程、分项工程确定的目标成本。

②按工程生产工艺的过程分进行解。

③按工程项目产品成本的经济用途进行分解，即将目标成本分解为人工费、材料费、机械使用费、其他直接费和间接费用（现场经费）。各项费用又可以进一步分解为更小的费用项目。

▶ 7.3.4 目标成本的控制

目标成本分解落实后，就进入目标成本的实际执行过程，在这一过程中，进行成本控制尤为重要。

目标成本控制就是要根据目标成本的要求，规定各种定额和标准，采取各种控制方法和手段，按照规定定额和标准进行控制，并且经常性地对比检查，发现差异并及时调节。

目标成本控制的手段和方法多种多样。对于材料成本来说，要严格材料的验收入库和领退制度，降低单位工程量的材料消耗量，建立健全材料核算制度和定期盘点制度。对于人工成本，要编制人工计划，严格工资开支范围，审核人工费核算的原始依据，准确计算和支付人工费。对于其他费用，要建立费用定额管理制度，严格费用开支，广泛发动群众参与费用管理和控制。

7.4 工程项目成本预测

▶ 7.4.1 工程项目成本预测的概念

预测，是指人们根据对事物已获知的信息，采用科学的技术和方法，预计和推测该事物未来发展变化趋势和可能结果的一种行为。工程项目成本预测则是指依据已知的历史成本数据资料，采用一定的方法对工程项目成本未来的发展变化趋势及发展水平所做的预计和推测。工程项目成本预测，可以为建筑施工企业经营决策（如投标报价等）和项目经理部编制成本计划等提供依据，是实行工程项目科学管理的重要工具。成本预测在企业实际工作中经常使用，例如，建筑施工企业在工程项目招投标或中标施工时都往往会根据过去的经验对工程项目成本进行估计，这种估计实际上就是一种预测，需要采用科学的预测方法，确保工程成本预测结果的准确性，以使其在工程项目施工经营和管理中发挥相应的作用。

▶ 7.4.2 工程项目成本预测的作用

（1）工程项目成本预测是建筑施工企业工程项目投标决策的依据

建筑施工企业在工程项目投标决策的过程中，往往需要根据工程项目的盈利情况、利润大小等诸多因素来确定是否参与竞标。这样在投标决策时就要进行工程项目成本预测，并通过与施工图预算的比较，做出正确的投标决策。

（2）工程项目成本预测是编制工程项目成本计划的基础

众所周知，计划是管理的关键之一，因此编制可靠的计划具有十分重要的意义。在编制工程项目成本计划之前，要在搜集、整理和分析有关工程项目成本、市场行情和施工消耗等资料的基础上，对工程项目进展过程中的物价变动情况和工程项目成本做出符合实际的预测。这样才能保证工程项目成本计划不脱离实际，切实起到控制工程项目成本的作用。

（3）工程项目成本预测是工程项目成本管理的重要环节

工程项目成本预测，是在充分研究工程项目施工过程中各种经济与技术要素对成本升降的影响的基础上，推算其成本水平变化的趋势及规律性，预测工程项目的实际成本。它是预测和分析的有机结合，是事后反馈与事前控制的结合。工程项目成本预测，有利于及时发现问题，找出工程项目成本管理中的薄弱环节，并采取措施，控制成本。

► 7.4.3　工程项目成本预测的程序

要科学、准确地预测工程项目成本，必须遵循科学、合理的预测程序。工程项目成本预测的基本程序如图7.7所示。

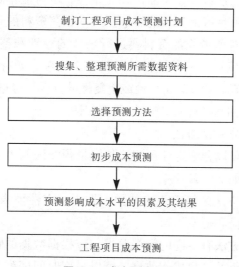

图7.7　成本预测程序

（1）制订工程项目成本预测计划

制订工程项目成本预测计划，是工程项目成本预测工作得以顺利进行的重要前提。工程项目成本预测计划的内容主要包括确定成本预测对象和成本预测目标、组织领导及工作布置、部门之间的协调配合、时间进度安排和数据资料搜集范围等。如果在预测过程中发现新情况和发现计划有缺陷，则可修订预测计划，以保证预测工作顺利进行并确保预测质量。

（2）搜集、整理工程项目成本预测所需资料

在搜集和整理预测资料之初，应先进行环境调查，主要包括市场调查、同行业成本水平调查、国内外技术发展状况调查等。然后根据预测计划进行纵向和横向两个方面数据的搜集和整理。纵向资料是指建筑施工企业内部各种劳动消耗及价格的历史数据，以便分析

其发展变化趋势；横向资料是指同类工程项目的各种消耗及成本资料，据此分析所预测项目与同类项目的差异，并做出估计。

成本预测资料主要包括以下几个方面：

①企业总部下达的与工程项目成本有关的指标。

②历史上同类工程项目的成本资料。

③工程项目所在地的成本水平。

④工程项目中与成本有关的其他预测资料，如计划、材料、机械台班、工时消耗等。

⑤其他与成本有关的资料，如工程项目的技术特征，新材料、新工艺、新设备等的使用，交通条件，能源供应等。

预测对象涉及的因素比较复杂，要求搜集和分析的数据也较多，因此，应尽可能掌握与决策问题相关的详细资料。这些资料不仅包括各种核算的实际资料，还包括有关的计划和定额资料；不仅要搜集有关数据资料，还要搜集有关文字资料，如制度、合同、决议、报告、备忘录等；同时还要搜集国内外同类工程项目的有关资料。在搜集资料的过程中，应随时分析资料的可靠性、连续性、全面性和完整性，尽可能排除会计、统计资料中的偶然因素、虚假因素对工程项目可能产生的影响。成本预测资料的真实性和正确性决定了成本预测工作的质量，因此对所搜集的资料要进行细致的甄别和整理。如各项指标的口径、单位、价格等是否一致，核算、汇集的时间资料是否完善。如有残缺，应及时采用估算、换算和查阅等方法进行补充。对没有可比性或重复性的资料，应进行筛选，"去粗存精，去伪存真"，以确保预测资料的完整性、连续性和真实性。

（3）选择工程项目成本预测方法

一般来说，预测方法可以分为定性预测法与定量预测法两大类。在选择工程项目成本预测方法时，应充分考虑如下因素：

①时间。不同的预测方法适用于不同的预测期限。定性预测法一般多用于长期预测，定量预测则适用于中期预测和短期预测。

②数据。不同的预测方法有不同的数据要求，应根据数据的特点，选择相应的数学计量模型。例如，如果有完整的月份成本数据，可以采用时间序列分析进行预测；如果有完整的同类工程项目的产值与成本数据资料，可以采用回归分析进行预测等。

③精度。预测方法应能够充分满足工程项目成本预测对预测结果精确的要求。只有被证明是有效的模型时，才可用于实际预测。

（4）建立工程项目成本预测模型

预测模型，是指用数字、语言描述和研究某一经济事件与各个影响因素之间数量关系表达式，是对客观经济事件的发展变化的高度概括和抽象。它是利用象征性的符号来表达真实的经济过程，借助模型来研究和发现事物发展变化的规律，如在定性预测中设定一些逻辑思维和推理程序，在定量预测中建立数学模型。数学模型则是以数学方程式表示的预测对象与各个影响因素或相关事件之间数量依存的公式。为了使成本预测更加规范和科学，对于短期成本预测，在实验中可以采用较为简单的预测模型，考虑的因素也相对较少；而对于较长期的成本预测，则应采用较为复杂的预测模型和多种预测方法，考虑的因素也相对较多。

（5）进行工程项目成本预测

首先，根据定性预测方法及一些横向成本资料的定量预测，对工程项目成本进行初步估计。其预测结果往往比较粗糙，需要进一步对影响工程项目成本的因素，如物价变化、劳动生产率、物料消耗、间接费用等，进行详细预测，再结合市场行情、分包企业情况、近期其他工程项目的施工情况等，推测未来影响工程项目成本水平的因素的影响力。必要时可做不确定性分析，如本量利分析和敏感性分析。最后，根据初步成本预测结果以及对影响因素的预测结果，确定工程项目的预测成本。

（6）分析评价工程项目成本预测结果，提出预测报告

运用模型进行预测的前提条件是预测对象的发展规律，但也会因为所依据的条件不同而出现误差，导致预测结果偏离实际结果。因此，需要对模型预测的结果进行分析评价，以便检验和修正预测结果。工程项目可以通过专业人员、技术人员判断预测结果是否合理，是否存在较大误差，也可以通过其他预测方法进行验证。如根据最新资料利用原定预测模型重新预测，并将每一种方法的预测结果进行概率评价。根据预测分析的结论，最终确定预测的结果，并在此基础上提出预测报告，确定目标成本，作为编制成本计划，进行成本控制和成本考核的依据。

▶ 7.4.4　工程项目成本预测方法

定性预测方法，是一种传统的预测方法，是利用已掌握的信息资料和直观材料，依靠具有丰富经验和分析能力的专家或者专业人员，运用主观经验，对工程项目成本作出性质上和程度上的推断和估计，然后把各方面的意见进行综合，作为工程项目成本预测变化的主要依据。定性预测方法很多，常见的有集合意见法、专家预测法、头脑风暴法、德尔菲法等。

定量预测，是对预测对象的未来发展变化趋势就数量方面的特征所作的预测判断。定量预测方法大致上可以分为两大类：时间序列预测法和因果预测法。

1）时间序列预测法

时间序列法（又称趋势外推法），其理论依据在于假设某一事件未来的发展趋势实际上是在过去发展趋势上的自然延伸。是按时间顺序排列历史数据资料，从排列的工程项目成本数据中推测工程项目成本发展变化的趋势。时间序列法只适用于短期预测。其常见的做法主要有：简单平均法、加权平均法、移动平均法、指数平滑法等。

2）因果预测法

回归分析预测法，是为了测定预测对象的因变量与自变量之间的因果联系所采用的一种数学方法。在预测中，常用的回归分析预测法有一元回归分析预测法和多元回归分析预测法。

7.5 工程项目成本计划

▶ 7.5.1 工程项目成本计划的意义和作用

（1）工程项目成本计划的意义

工程项目成本计划，是我国建筑施工行业从 20 世纪 50 年代开始创造并实施的传统经验和制度，是建筑施工企业实现工程项目成本节约和降低成本任务的指导性文件。如果建筑施工企业编制的承包工程项目的成本计划达不到目标成本要求，工程项目经理部的有关人员就必须重新研究并寻找节约开支、降低成本的途径，重新编制工程项目成本计划。建筑施工企业编制工程项目成本计划的过程，是挖掘降低工程项目成本潜力的过程，同时也是检验工程项目施工技术管理、质量管理、工期管理、物资采购供应管理、物资消耗管理、劳动力消耗管理等实际效果的过程。各工程项目成本计划逐层汇总到建筑施工企业总部，形成事先规划企业施工生产技术经营活动与其经济效果的综合性计划，是建立健全建筑施工企业成本管理责任制、开展和加强内部经济核算和控制施工生产费用的基础和前提。

（2）工程项目成本计划的作用

①工程项目成本计划是对施工生产耗费进行控制、分析和考核的重要依据。它体现了成本降低的客观要求，反映了核算单位降低工程施工成本的目标要求，可作为对工程项目施工生产费用进行事前预计、事中检查监督与控制、事后考核评价的重要依据。

②工程项目成本计划是编制核算单位其他有关生产经营计划的基础。每一个工程项目都有自己的项目计划，这是一个完整的计划体系。在这个计划体系里，成本计划与其他各种计划密切相关，它们彼此独立又相互联系、相互依存、相互补充、相互制约，如编制项目流动资金计划、利润计划等都需要依据成本计划的相关数据资料，编制成本计划也需要以施工方案、物资采购计划等为基础。因此，正确编制工程项目成本计划，是综合平衡项目的施工生产经营的重要保证。

③工程项目成本计划是动员全体员工深入开展增产节约、降低工程项目成本的活动。成本计划是全体员工共同奋斗的目标，为保证成本计划的实现，企业必须加强成本管理责任制，把成本计划的各项指标进行分解，落实到部门、班组甚至个人，实行归口分级管理，做到责、权、利、效相结合，人人自觉地为完成目标而努力。

▶ 7.5.2 工程项目成本计划的编制原理

1）工程项目成本计划的编制依据

（1）承包合同

合同文件除了包括合同文本外，还包括招标文件、投标文件、设计文件等，合同中的工程内容、数量、规格、质量、工期和支付条款等都将对工程成本计划产生重要影响。因此，承包方在签订合同前应进行认真的研究与分析，在正确履约的前提下降低工程成本。

（2）项目管理实施规划

在工程项目管理实施规划中，以工程项目施工组织设计文件为核心的施工实施技术方案和管理方案，是在充分调查和研究现场及有关法律条件的基础上制定的，不同实施条件下的技术方案和管理方案，将导致工程成本的不同。

（3）可行性研究报告和相关设计文件

（4）生产要素的价格信息

（5）反映企业管理水平的消耗定额（企业施工定额）以及类似工程的成本资料等

2）工程项目成本计划的编制要求

工程项目成本计划的编制应满足如下基本要求：

①由项目经理部负责编制，报组织管理层批准。

②自下而上分级编制，逐层汇总。

③应反映各成本项目指标和降低成本指标。

3）工程项目成本计划的编制原则

（1）合法性原则

编制工程项目成本计划要严格遵守国家的有关法律法规、规章制度、方针政策和企业财务制度的规定，严格遵守成本开支范围和各项费用开支标准。违反财务制度的规定，随意改变成本开支范围的行为，必然使成本计划失去控制和考核成本的作用。

（2）可比性原则

成本计划应与实际成本、前期成本保持可比性。在编制成本计划时，要注意所采用的成本计算方法与成本核算方法保持一致，只有保证成本计划的可比性，才能有效地进行成本分析，更好地发挥成本计划的作用。

（3）真实性原则

编制成本计划必须根据国家方针政策，从企业实际情况出发，充分挖掘企业内部潜力，保证降低成本指标既积极可靠，又切实可行。工程项目经理部降低工程项目成本的方法有：正确制订施工方案，合理组织工程施工；提高劳动生产率；改善材料供应，降低材料消耗；提高机械利用率；节约施工管理费用等。但也不能为了达到降低成本的目的而偷工减料，忽视质量，不顾机械设备的维护修理，片面增加劳动强度或减掉合理的劳保费用，忽视安全工作。

（4）协调性原则

编制工程项目成本计划必须与施工项目的其他各项计划，如施工方案、生产进度、财务计划、材料供应及耗费计划等密切结合，保持平衡。也就是说，工程项目成本计划既要根据施工项目的生产、技术组织措施、劳动工资、材料供应等计划来编制，又考虑影响其他各种计划指标对降低成本的要求以及与成本计划密切配合，而不能单纯地考虑某一种计划本身的需要。

（5）先进性原则

编制工程项目成本计划必须体现出其作为成本控制和考核依据的先进性。即在编制这些成本计划时，必须以各种先进的技术经济定额为依据，并针对工程项目的具体特点，采取切实可行的技术组织措施作保证。只有这样，才能使编制出的工程项目成本计划既有科学依据，又有实现的可能，切实起到促进和激励工程项目成本管理的作用。

（6）群众性原则

编制工程项目成本计划，应实行统一领导、分级管理的原则，采取走群众路线的工作方法，应在项目部经理的领导下，以财务部门和计划部门为中心，发动全体职工共同进行，总结降低成本经验，找出降低成本的正确途径，使成本计划的制订和执行具有广泛的群众基础。

（7）弹性原则

编制工程项目成本计划应留有余地，保证计划有一定弹性。在计划期内，很可能发生一些在编制计划时未预料到的变化，尤其是材料供应、市场价格千变万化，给计划编制带来一定的困难，因而在编制计划时应充分考虑到这些情况，使计划保持一定的应变适应能力。

4）工程项目成本计划的编制程序

工程项目成本计划的编制程序，因项目的规模大小、管理要求不同而异。大中型项目一般采用分级编制的方式，即先由各部门提出部门成本计划，再由项目经理部汇总编制全项目工程的成本计划；小型项目一般采用集中编制方式，即由项目经理部先编制各部门的成本计划，再汇总编制全项目的成本计划。具体编制程序如图 7.8 所示。

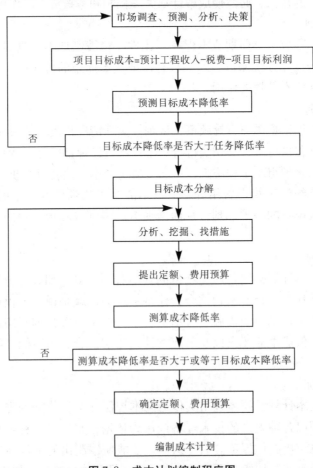

图 7.8 成本计划编制程序图

5）工程项目成本计划编制的基础资料

按照现行财务制度的规定，工程项目成本由直接成本和间接成本两部分构成。相应地，工程项目成本计划也由直接成本计划和间接成本计划两部分构成。如果工程项目施工还有附属的基本生产（结构件制造、工具及模具加工等）和辅助生产（机械动力站、运输车队等），其成本计划还应包括产品成本计划和作业（劳务）成本计划。

（1）直接成本计划的编制

工程项目直接成本计划主要反映工程项目的预算成本、计划降低额、计划降低率。一般包括如下几项内容。

①总则

总则包括工程项目概况、项目管理机构设置情况及层次介绍、工程项目进度计划、外部环境特点、合同中有关经济问题的责任等。若有编制工程项目成本计划依据的其他文件，也应做出适当的说明。

②目标及核算原则

目标包括工程项目成本降低计划及计划利润总额、投资和外汇节约额、主要材料和能源节约额、贷款和流动资金节约额等。核算原则是指参与项目的各单位的成本、利润核算方式，如承包方式、费用分配方式、会计核算原则、工程价款结算的币种币制等，如有不同予以说明。

③降低成本计划总表或总控制方案

这是工程项目主要部分的分部成本计划。编写工程项目成本计划，一般以表格形式反映，按直接成本项目分别列示预算成本、计划成本、计划降低额以及计划降低率等。如有多家单位参与项目施工，则要由各单位分别编制所负责施工部分的成本计划表，然后再汇总编制工程项目成本计划表。

④工程对项目成本计划中支出数估算过程的说明

工程项目成本计划中，要对各个直接成本项目加以分解、说明（如材料费，钢材、木材、水泥、砂石、委托加工材料等主要材料和预制构件的计划用量、价格，周转材料和低值易耗品等的预计摊销金额，架料、板料等租赁用品的计划租金，材料采购保管费的预计金额等），以便在实际施工过程中加以控制和考核。

⑤工程项目成本降低计划的措施分析

计划降低成本的措施，是指在工程项目管理过程中，计划降低成本应采取的增产节约、增收节支、技术改造等措施。分析时可以依据技术、劳资、机械、材料、能源、运输等各部门所提出的节约措施，加以整理、计算。

（2）间接成本计划的编制

间接成本计划，主要反映工程项目管理费用的计划量及降低额。间接成本计划应根据工程项目的成本核算期，以项目总收入的管理费用为基础，制订各个部门费用的开支计划，汇总后作为项目的管理费用计划。在间接成本计划中，收入应与取费口径保持一致，支出应与会计核算中的间接成本项目的内容一致。各部门应按照节约开支、压缩费用的原则，制订施工现场管理费用计划表，以保证该计划的实施。

► **7.5.3　常见的工程项目成本计划表**

在编制完成工程项目成本计划后，通常以各种表格的形式将工程项目成本任务落实到工程项目的整个实施过程中去，以实现对成本的控制目标要求。在建筑施工企业工程项目成本计划控制实务中，工程项目成本计划表通常包括：工程项目成本计划任务表、工程项目施工技术组织措施表、工程项目降低成本计划表三张表格。间接成本计划一般可用工程项目管理费用计划表来反映。

（1）工程项目成本计划任务表（见表 7.3）

表 7.3　工程项目成本计划任务表

工程名称：　　　　　　　　　　　　　　　　　项目经理：

日　　期：　　　　　　　　　　　　　　　　　金额单位：元

项　　目	预算成本	计划成本	计划成本降低额	计划成本降低率（％）
1. 直接成本				
（1）人工费				
（2）材料费				
（3）机械使用费				
（4）其他直接费				
2. 间接成本				
（1）施工管理费				
合　　计				

（2）工程项目施工技术组织措施表（见表 7.4）

表 7.4　工程项目施工技术组织措施表

工程名称：　　　　　　　　　　　　　　　　　项目经理：

日　　期：　　　　　　　　　　　　　　　　　金额单位：元

措施项目	措施内容	涉及对象			降低成本来源		成本降低额				合计
		名称	单价	金额	预算收入	计划开支	人工费	材料费	机械费	其他直接费	

（3）工程项目降低成本计划表（见表7.5）

表7.5 工程项目降低成本计划表

工程名称：　　　　　　　　　　　　　　　　　　　项目经理：

日　　期：　　　　　　　　　　　　　　　　　　　金额单位：

分项工程名称	成本降低额					
	直接成本				间接成本	总　计
	人工费	材料费	机械费	其他直接费		

（4）工程项目管理费用计划表（见表7.6）

表7.6 现场管理费计划表

工程名称：　　　　　　　　　　　　　　　　　　　项目经理：

日　　期：　　　　　　　　　　　　　　　　　　　金额单位：

项　　目	计划收入	计划数	降低数
1. 管理人员薪酬			
...			
合　　计			

▶ 7.5.4 施工项目成本计划的风险分析

1）施工项目成本计划的风险因素

在编制施工项目成本计划时，我们会考虑一定的风险因素。我国是以社会主义市场经济为经济体制改革的目标，市场调节成为配置社会资源的主要方式，通过价格杠杆和竞争机制，将有限的资源配置到效益好的方面和企业，这就必将加剧企业间的竞争、加大风险。

在成本计划编制中可能存在以下几方面的因素导致成本支出加大，甚至形成亏损：

①由于技术上、工艺上的变更，引起施工方案的变化；

②交通、能源、环保方面的要求带来的变化；

③原材料价格变化、通货膨胀带来的连锁反应；

④工资、福利方面的变化；

⑤气候带来的自然灾害；

⑥可能发生的工程索赔、反索赔事件；

⑦国际国内可能发生的战争、骚乱事件；

⑧国际结算中的汇率风险等。

对上述各可能风险因素在成本计划中都应做不同程度的考虑，一旦发生变化能及时修正计划。

2） 成本计划中降低施工项目成本的途径

降低施工项目成本可从以下几方面考虑：

（1） 加强施工管理，提高施工组织水平

主要是正确选择施工方案，合理布置施工现场；采用先进的施工方法和施工工艺，不断提高工业化、现代化水平；组织均衡生产，搞好现场调度和协作配合；注意竣工收尾，加快工程进度，缩短工期。

（2） 加强技术管理，提高工程质量

主要是研究推广新产品、新技术、新结构、新材料、新机器及其他技术革新措施，制订并贯彻降低成本的技术组织措施，提高经济效益，加强施工过程的技术质量检验制度，提高工程质量，避免返工损失。

（3） 加强劳动工资管理，提高劳动生产率

主要是改善劳动组织，合理使用劳动力，减少窝工浪费；执行劳动定额，实行合理的工资和奖励制度；加强技术教育和培训工作，提高工人的文化技术水平和操作熟练程度；加强劳动纪律，提高工作效率，压缩非生产用工和辅助用工，严格控制非生产人员比例。

（4） 加强机械设备管理，提高机械使用率

主要是正确选配和合理使用机械设备，搞好机械设备的保养修理，提高机械的完好率、利用率和使用效率，从而加快施工进度、增加产量、降低机械使用费。

（5） 加强材料管理，节约材料费用

主要是改进材料的采购、运输、收发、保管等方面的工作，减少各个环节的损耗，节约采购费用；合理堆置现场材料，组织分批进场，避免和减少二次搬运；严格材料进场验收和限额领料制度；制订并贯彻节约材料的技术措施，合理使用材料，尤其是三大材，大搞节约代用，修旧利废和废料回收，综合利用一切资源。

（6） 加强费用管理，节约施工管理费

主要是精减管理机构，减少管理层次，压缩非生产人员，实行定额管理，制定费用分项分部门的定额指标，有计划地控制各项费用开支。

积极采用降低成本的新管理技术，如系统工程、工业工程、全面质量管理、价值工程等，其中价值工程是寻求降低成本途径的行之有效的方法。

3） 降低成本措施效果的计算

降低成本的技术组织措施确定后，要计算其采用后预期的经济效果。这实际上也是降低成本目标保证程度的预测。

（1） 由于劳动生产率提高超过平均工资增长而使成本降低

（2） 由于材料、燃料消耗降低而使成本降低

成本降低率＝材料、燃料等消耗降低率×材料成本占工程成本的比重

（3） 由于多完成工程任务，使固定费用相对节约而使成本降低

成本降低率＝（1－1/生产增长率）×固定费用占工程成本的比重

（4） 由于节约管理费而使成本降低

成本降低率＝管理费节约率×管理费占工程成本的比重

（5）由于减少废品、返工损失而使成本降低

　　　成本降低率＝废品返工损失降低率×废品返工损失占工程成本的比重

机械使用费和其他直接费的节约额，也可以根据要采用的措施计算出来。将以上各项成本降低率相加，就可以测算出总的成本降低率。

▶ 7.5.5 施工项目成本计划的编制方法

施工项目成本计划工作主要是在项目经理负责下，在成本预测、决策基础上进行的。编制中的关键前提——确定目标成本，这是成本计划的核心，是成本管理所要达到的目的。成本目标通常以项目成本总降低额和降低率来定量地表示。项目成本目标的方向性、综合性和预测性，决定了必须选择科学的确定目标的方法。常用的施工项目成本计划的编制方法主要有以下几种。

1）定额估算法

在概预算编制力量较强、定额比较完备的情况下，特别是施工图预算与施工预算编制经验比较丰富的施工企业，工程项目的成本目标可由定额估算法产生。所谓施工图预算，它是以施工图为依据，按照预算定额和规定的取费标准以及图纸工程量计算出项目成本，反映为完成施工项目建筑安装任务所需的直接成本和间接成本。它是招标投标中计算标底的依据，评标的尺度，是控制项目成本支出、衡量成本节约或超支的标准，也是施工项目考核经营成果的基础。施工预算是施工单位（各项目经理部）根据施工定额编制的，作为施工单位内部经济核算的依据。

过去，通常以两算对比差额与技术组织措施带来的节约来估算计划成本的降低额，公式为：计划成本降低额＝两算对比定额差＋技术组织措施计划节约额。随着社会主义市场经济体制的建立，一些施工单位对这种定额估算法又作了改进，其步骤如下：

①根据已有的投标、预算资料，确定中标合同价与施工图预算的总价格、施工图预算与施工预算的总价格差。

②根据技术组织措施计划确定技术组织措施带来的项目节约数。

③对施工预算未能包容的项目，包括施工有关项目和管理费用项目，参照估算。

④对实际成本可能明显超出或低于定额的主要子项，按实际支出水平估算出其实际与定额水平之差。

⑤充分考虑不可预见因素、工期制约因素以及风险因素、市场价格波动因素，加以试算调整，得出综合影响施工项目降低成本计划。

⑥综合计算整个项目的目标成本降低额及降低率。

　　　目标成本降低额＝项目计划成本－项目预算成本

　　　目标成本降低率＝目标成本降低额/项目的预算成本

2）直接估算法

直接估算法，是以施工图和施工方案为依据，以计划人工、机械、材料等消耗量和实际价格为基础，由项目经理部各职能部门或人员归口计算各项计划成本，据此估算项目的实际成本，进而确定目标成本。

3）计划成本法

施工项目成本计划中的计划成本的编制方法，通常有以下几种：

（1）施工预算法

施工预算法，是指主要以施工图中的工程实物量，套以施工工料消耗定额，计算工料消耗量，并进行工料汇总，然后统一以货币形式反映其施工生产耗费水平。以施工工料消耗定额所计算施工生产耗费水平，基本是一个不变的常数。一个施工项目要实现较高的经济效益（即提高降低成本水平），就必须在这个常数基础上采取技术节约措施，以降低消耗定额的单位消耗量和降低价格等措施，来达到成本计划的目标成本水平。因此，采用施工预算法编制成本计划时，必须考虑结合技术节约措施计划，以进一步降低施工生产耗费水平。

【例7.5】某施工项目按照施工预算的工程实际量，套以施工工料消耗定额，所计算消耗费用为470.59万元，技术节约措施计划节约额为14.37万元，计算计划成本。

施工项目计划成本＝470.59-14.37＝456.22（万元）

（2）技术节约措施法

技术节约措施法是指以该施工项目计划采取的技术组织措施和节约措施所能取得的经济效果为施工项目成本降低额，然后求施工项目的计划成本的方法。用公式表示如下：

施工项目计划成本＝施工项目预算成本-技术节约措施计划节约额（降低成本额）

【例7.6】某施工项目造价为562.2万元，扣除计划利润和税金以及企业管理费，经计算其预算成本为484.82万元，该施工项目的技术节约措施节约额为28.75万元。计算计划成本。

施工项目计划成本＝484.82-28.75＝456.07（万元）

（3）成本习性法

成本习性法，是固定成本和变动成本在编制成本计划中的应用，主要按照成本习性，将成本分成固定成本和变动成本两类，以此作为计划成本。具体划分可采用费用分解法。

①材料费。与产量有直接联系，属于变动成本。

②人工费。在计时工资形式下，生产工人工资属于固定成本。因为不管生产任务完成与否，工资照发，与产量增减无直接联系。如果采用计件超额工资形式，其计件工资部分属于变动成本，奖金、效益工资和浮动工资部分，亦应计入变动成本。

③机械使用费。有些费用随产量增减而变动。如燃料、动力费，属变动成本。有些费用不随产量变动，如机械折旧费、大修理费、机修工和操作工的工资等，属于固定成本。此外还有机械的场外运输费和机械组装拆卸、替换配件、润滑擦试等经常修理费，由于不直接用于生产，也不随产量增减成正比例变动，而是在生产能力得到充分利用，产量增长时，所分摊的费用较少；在产量下降时，所分摊的费用较大。所以这部分费用为介于固定成本和变动成本之间的半变动成本，可按一定比例划归固定成本与变动成本。

④其他直接费。水、电、风、汽等费用以及现场发生的材料二次搬运费，多数与产量发生联系，属于变动成本。

⑤间接成本（施工管理费）。其中大部分在一定产量范围内与产量的增减没有直接联系，如工作人员工资，生产工人辅助工资，工资附加费、办公费、差旅交通费、固定资产

使用费、职工教育经费、上级管理费等，基本上属于固定成本。检验试验费、外单位管理费等与产量增减有直接联系，属于变动成本范围。

此外，劳动保护费中的劳保服装费、防暑降温费、防寒用品费，劳动部门都有规定的领用标准和使用年限，基本上属于固定成本范围。技术安全措施、保健费，大部分与产量有关，属于变动性质。工具用具使用费中，行政使用的家具费属于固定成本，工人领用工具，随着管理制度不同而不同，有些企业对机修工、电工、钢筋、车、钳、刨工的工具按定额配备，规定使用年限，定期以旧换新，属于固定成本，而对木工、抹灰工、油漆工的工具采取定额人工数、定价包干，则属于变动成本。

在成本按习性划分为固定成本和变动成本后，可用下列公式计算：

工程项目计划成本＝项目变动成本总额（C_2Q）+项目固定成本总额（C_1）

式中，C_2 表示单位变动成本；Q 表示工程实物量；C_1 表示固定成本总额。

【例 7.7】某施工项目，经过分部分项测算，测得其变动成本总额为 510.01 万元，固定成本总额 65.27 万元。计算计划成本。

施工项目计划成本＝510.01+65.27＝575.28（万元）

（4）按实计算法

按实计算法，就是施工项目经理部有关职能部门（人员）以该项目施工图预算的工料分析资料作为控制计划成本的依据。根据施工项目经理部执行施工定额的实际水平和要求，由各职能部门归口计算各项计划成本。

①人工费的计划成本，由项目管理班子的劳资部门（人员）计算。

人工费的计划成本＝计划用工量×实际水平的工资率

式中，计划用工量为 $\sum$（某项目工程实物量×工日定额），工日定额可根据实际水平，考虑先进性，适当提高定额。

②材料费的计划成本，由项目管理班子的材料部门（人员）计算。

材料费的计划成本 = $\sum$（主要材料的计划用量 × 实际价格）+ $\sum$（装饰材料的计划用量 × 实际价格）+ $\sum$（周转材料的使用量 × 日期 × 租赁单价）+ $\sum$（构配件的计划用量 × 实际价格）

4）定率估算法

当项目过于复杂时，可将工程项目分解为少数几个子项目，然后参照同类项目的历史数据，采用数学平均数法计算各个子项目的目标成本降低率，然后计算出各个子项目的目标成本降低额，进而汇总得出整个项目的目标成本降低额和目标成本降低率。

7.6 工程项目成本控制

► 7.6.1 工程项目成本控制的意义和目的

工程项目成本控制，通常是指在项目成本的形成过程中，对生产经营所消耗的人力资源、物质资源和费用开支，进行指导、监督、调节和限制，及时纠正将要发生和已经发生的偏差，把各项生产费用，控制在计划成本的范围之内，以保证成本目标的实现。

工程项目的成本目标，有企业下达或内部承包合同规定的，也有项目自行制定的。但这些成本目标，一般只有一个成本降低率或降低额，即使加以分解，也只是相对明细的成本指标，难以具体落实，以致目标管理往往流于形式，无法发挥控制成本的作用。因此，项目经理部必须以成本目标为依据，结合施工项目的具体情况，制订具体的成本计划，使之成为"看得见、摸得着、能操作"的实施性文件。这种成本计划，应该包括每一个分部分项工程的资源消耗水平，以及每一项技术组织措施的具体内容和节约数量（金额），既可指导项目管理人员有效地进行成本控制，又可作为企业对项目成本检查考核的依据。

项目管理是一次性行为，它的管理对象只有一个工程项目，且将随着项目建设的完成而结束。在施工期间，项目成本能否降低，有无经济效益，得失在此一举，别无回旋余地，有很大的风险性。为了确保项目必盈不亏，成本控制不仅必要，而且必须做好。

从上述观点来看，工程项目成本控制的目的是降低项目成本，提高经济效益。然而项目成本的降低，除了控制成本支出以外，还必须增加工程预算收入。因为，只有在增加收入的同时节约支出，才能提高施工项目成本的降低水平。由此可见，增加工程预算收入也是施工项目降低成本的主要方式。

▶ 7.6.2 工程项目成本控制的原则

1）开源与节流相结合的原则

降低项目成本，既要增加收入，又要节约支出。因此，在成本控制中，应该坚持开源与节流相结合的原则。要求做到：每发生一笔金额较大的成本费用，都要查看有无与其相对应的预算收入，是否支大于收。在经常性的分部分项工程成本核算和月度成本核算中，也要进行实际成本与预算收入的对比分析，以便从中探索成本节超的原因，纠正项目成本的不利偏差，提高项目成本的降低水平。

2）全面控制原则

（1）项目成本的全员控制

项目成本是一项综合性很强的指标，它涉及项目组织中各个部门、单位和班组的工作业绩，也与每个职工的切身利益有关。因此，项目成本的高低需要大家关心，施工项目成本管理（控制）也需要项目建设者群策群力，仅靠项目经理和专业成本管理人员及少数人的努力是无法收到预期效果的。项目成本的全员控制，并不是抽象的概念，而应该有一个系统的实质性内容，其中包括各部门、各单位的责任网络和班组经济核算等，防止成本控制人人有责却人人不管。

（2）项目成本的全过程控制

工程项目成本的全过程控制，是指在工程项目确定以后，自施工准备开始，经过工程施工，到竣工交付使用后的保修期结束，其中每一项经济业务，都要纳入成本控制的范围。即成本控制工作要随着项目施工进展的各个阶段连续进行，既不能疏漏，又不能时紧时松，确保施工项目成本始终置于有效的控制之下。

3) 中间控制原则

中间控制原则(又称动态控制原则),对于具有一次性特点的工程项目成本来说,应该特别强调项目成本的中间控制。因为施工准备阶段的成本控制,只是根据上级要求和施工组织设计的具体内容确定成本目标、编制成本计划、制订成本控制的方案,为今后的成本控制作好准备。而竣工阶段的成本控制,由于成本盈亏已经基本定局,即使发生了偏差,也来不及纠正。因此,把成本控制的重心放在基础、结构、装饰等主要施工阶段上,是十分必要的。

4) 目标管理原则

目标管理是贯彻执行计划的一种方法,它把计划的方针、任务、目的和措施等逐一加以分解,提出进一步的具体要求,并分别落实到执行计划的部门、单位甚至个人。目标管理的内容包括:目标的设定和分解,目标的责任到位和执行,检查目标的执行结果,评价目标和修正目标,形成目标管理的 PDCA(计划、实施、检查、处理)循环。

5) 节约原则

节约人力、物力、财力的消耗,是提高经济效益的核心,也是成本控制的一项最主要的基本原则。节约要从三方面入手:一是严格执行成本开支范围、费用开支标准和有关财务制度,对各项成本费用的支出进行限制和监督;二是提高施工项目的科学管理水平,优化施工方案,提高生产效率,节约人、财、物的消耗;三是采取预防成本失控的技术组织措施,制止可能发生的浪费。

6) 例外管理原则

例外管理是西方国家常用的现代管理方法,它起源于决策科学中的"例外"原则,目前被更多地用于成本指标的日常控制。在工程项目建设过程的活动中,有许多活动是例外的,如施工任务单和限额领料单的流转程序等,通常是通过制度来保证其顺利进行的。但也有一些不经常出现的问题,我们称之为"例外"问题。这些"例外"问题,往往是关键性问题,对成本目标的顺利完成影响很大,必须予以高度重视。例如,在成本管理中常见的成本盈亏异常现象,即盈余或亏损超过了正常的比例;本来是可以控制的成本,突然发生了失控现象;某些暂时的节约,但有可能对今后的成本带来隐患(如平时机械维修费的节约,可能会造成未来的停工修理和更大的经济损失)等,都应该视为"例外"问题,进行重点检查,深入分析,并采取相应的措施加以纠正。

7) 责、权、利相结合的原则

要使成本控制真正发挥及时有效的作用,必须严格按照经济责任制的要求,贯彻责、权、利相结合的原则。

在项目施工过程中,项目经理、工程技术人员、业务管理人员以及各单位和生产班组都负有相应的成本控制责任,从而形成整个项目的成本控制责任网络。另一方面,各部门、各单位、各班组在肩负成本控制责任的同时,还应享有成本控制的权力,即在规定的权力范围内可以决定某项费用能否开支、如何开支和开支多少,以行使对项目成本的实质性控制。最后,项目经理还要对各部门、各单位、各班组在成本控制中的业绩进行定期的检查和考评，并与工资分配紧密挂钩，实行有奖有罚。实践证明，只有责、权、利相结合的成本控制，才是名副其实的项目成本控制，才能收到预期的效果。

7.6.3 工程项目成本控制的对象和内容

（1）以工程项目成本形成的过程作为控制对象

根据对项目成本实行全面、全过程控制的要求，具体的控制内容包括：

①在工程投标阶段，应根据工程概况和招标文件，进行项目成本的预测，提出投标决策意见。

②施工准备阶段，应结合设计图纸的自审、会审和其他资料（如地质勘探资料等），编制实施性施工组织设计，通过多方案的技术经济比较，从中选择经济合理、先进可行的施工方案，编制明细而具体的成本计划，对项目成本进行事前控制。

③施工阶段，以施工图预算、施工预算、劳动定额、材料捎耗定额和费用开支标准等为依据，对实际发生的成本费用进行控制。

④竣工交付使用及保修期阶段，应对竣工验收过程发生的费用和保修费用进行控制。

（2）以工程项目的职能部门、施工队和生产班组作为成本控制的对象

成本控制的具体内容是日常发生的各种费用和损失。这些费用和损失，都发生在各个部门、施工队和生产班组。因此，应以部门、施工队和班组作为成本控制对象，接受项目经理和企业有关部门的指导、监督、检查和考评。同时，项目的职能部门、施工队和班组还应对自己承担的责任成本进行自我控制。应该说，这是最直接、最有效的项目成本控制。

（3）以分部分项工程作为项目成本的控制对象

工程项目应该根据分部分项工程的实物量，参照施工预算定额，结合项目管理的技术素质、业务素质和技术组织措施的节约计划，编制包括工、料、机消耗数量、单价、金额在内的施工预算，作为对分部分项工程成本进行控制的依据。

目前，边设计、边施工的项目比较多，不可能在开工前一次编出整个项目的施工预算，但可根据出图情况，编制分阶段的施工预算。总的来说，不论是完整的施工预算，还是分阶段的施工预算，都是进行项目成本控制的必不可少的依据。

（4）以对外经济合同作为成本控制对象

工程项目的对外经济业务，都要通过经济合同明确双方的权利和义务。在对外签订各种经济合同时，除了要根据业务要求规定时间、质量、结算方式和履（违）约奖罚等条款外，还必须强调要将合同的数量、单价、金额控制在预算收入以内。因为，合同金额超过预算收入，就意味着成本亏损；反之，就能降低成本。

7.6.4 工程项目成本控制的程序

（1）比较

数据比较就是按照某种确定的方式，将成本费用计划值和实际发生值进行对比，根据比较结果，确定成本费用是否已经超出计划，超出或节省多少。进行比较时，应分段进行比较。所谓分段，就是按建筑项目规模的大小，划分成比较简单、直观的、便于成本对比的段落，如单项工程、单位工程及分部分项工程。由最小的划分段起进行比较，得出的偏

差值，称为局部偏差。

（2）分析

在比较的基础上，对结果进行分析，以确定偏差的程度及偏差产生的原因，从而采取有针对性的措施，减少或避免相同原因的再次发生，这是成本费用控制的核心任务。在进行偏差原因分析时，首先应当将已经导致和可能导致偏差的原因——列举出来，逐条加以分析。一般说来，产生费用偏差的原因主要有以下几种：

①物价原因，包括人工费上涨、原材料涨价、利率、汇率调整等；

②施工方自身原因，包括施工方案不当、施工质量不过关导致返工、延误工期、赶进度等；

③业主原因，包括增加工程量、改变工程性质、协调不利等；

④设计原因，包括设计纰漏、设计图纸提供不及时、设计标准变化等；

⑤其他不确定因素，包括法律变化、政府行为、社会原因、自然条件等。

（3）预测

根据工程施工项目实施情况，估算整个工程项目完成时的成本费用。预测的主要目的是为决策提供数据支持。

（4）纠偏

当施工中的实际费用出现超支的偏差，在偏差分析的基础上，针对具体的偏差原因采取有针对性、行之有效的措施纠正偏差，以达到控制成本费用的目的。

（5）检查

对施工中出现的偏差纠正之后，要及时了解纠偏措施的落实情况和执行后的效果，对纠偏后出现的新问题及时解决。纠偏措施出台之后，要把好落实关。项目部负责人要高度重视，技术、材料等管理人员要认真负责，确保工人将措施落实到位，树立团队的成本与效益挂钩的忧患意识。这是一个循环进行的工作，它的结束点就是竣工后的保修期期满日。

工程项目成本控制的具体程序如图7.9所示。

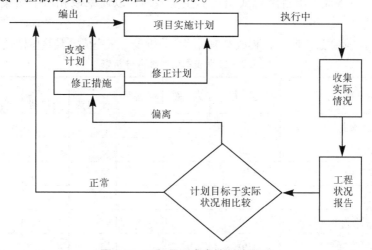

图7.9 工程项目成本控制流程图

从图7.9可知，控制是在事先制订的计划基础上进行的，计划要有明确的目标。在项目开始实施后，要按计划要求将所需的人力、材料、机具、方法等资源和信息进行投入。

计划开始运行后，随项目进展，项目投资、进度和质量等目标都得以实现。由于外部环境和内部系统的各种因素变化的影响，实际输出的投资、进度和质量目标均有可能偏离目标。为了最终实现计划目标，控制人员要收集项目实际情况和其他有关的项目信息，将各种投资、进度、质量数据和其他有关项目信息进行整理、分类和综合，提出项目状态报告。控制部门根据项目状态报告将项目实际完成的投资、进度、质量状况与相应的计划目标进行比较，以确定是否偏离了计划。如果计划运行正常，那么就按原计划继续运行。反之，如果实际输出的投资、进度、质量目标已经偏离计划目标，或者预计将要偏离，就需要采取纠偏措施，或改变投入，或修改计划，或采取其他纠正措施，使计划呈现一种新状态，使工程能够在新的计划状态下进行。

一个工程项目控制的全过程就是一个个循环过程组成的。循环控制要持续到项目建成使用。因此，控制贯穿项目的整个实施过程。

▶ 7.6.5 工程项目成本控制方法

工程成本控制的方法很多，并具有随机性。在不同情况下，施工企业应采取与之相适应的控制手段和控制方法。建筑施工企业常用的成本控制方法有如下几种：

1）工程成本项目分析控制法

工程成本项目分析控制法，是针对工程成本而采取的一种方法。即在成本控制中，对已发生的项目成本进行分析，发现成本节约或超支的原因，从而达到改进管理、提高经济效益的目的。

工程成本项目分析控制法包括综合分析控制法和具体分析控制法两种。

（1）工程成本项目综合分析控制法

成本项目的综合分析就是对年度工程成本的实际成本和预算成本按其成本项目构成（即人工费、材料费、机械使用费、其他直接费、间接费用）进行对比分析。通过成本项目综合分析，可以发现成本项目降低或超支的主要原因，以便采取相应的对策，将成本控制在目标范围之内。

实务中，通常是通过编制"工程成本项目综合分析表"来完成，其具体格式如表7.7所示。

表 7.7　工程成本项目综合分析表　　　　　　　　　　　　单位：元

项　目	序　号	人工费	材料费	机械使用费	其他直接费	间接费用	总成本
预算成本	①						
实际成本	②						
降低额	③＝①-②						
降低率（％）	④＝③÷①						
成本降低占总成本（％）	⑤						
计划降低率（％）	⑥						
降低率差异	⑦＝④-⑥						

（2）工程成本项目具体分析控制法

工程成本的具体分析，可分为人工费分析、材料费分析、施工机械使用费分析、其他直接费分析和间接费用分析等几种。

①人工费分析，如表7.8所示。

表7.8 人工费分析表

项 目	预算数	实际数	差 异	备 注
工日消耗量（工日）				
平均日工资（元）				
人工费（元）				
消耗量差异（量差）	—	—		
日工资差异（价差）	—	—		

②材料费分析，如表7.9所示。

表7.9 材料费分析表

项 目	预算数	实际数	差 异	备 注
材料消耗量（kg）				
材料单价（元）				
材料费（元）				
消耗量差异（量差）	—	—		
价格差异（价差）	—	—		

③施工机械使用费分析，如表7.10所示。

表7.10 施工机械使用费分析表

项 目	预算数	实际数	差 异	备 注
机械作业量（台班）				
作业单价（元）				
机械使用费（元）				
作业量差异（量差）	—	—		
价格差异（价差）	—	—		

④其他直接费用分析，如表7.11所示。

其他直接费用分析，主要分析检查有无超支，企业内部自行供应的水、电、风、汽等成本有无提高。

表 7.11　其他直接费分析表　　　　　　　　　单位：元

项　　目	预算数	实际数	差　异	备　注
冬雨季施工增加费				
夜间施工增加费				
施工机构调迁费				
…	…	…	…	…
合　计	—	—		

⑤间接费用分析，如表 7.12 所示。

表 7.12　间接费用分析表　　　　　　　　　单位：元

项　　目	预算数	实际数	差　异	备注
管理人员薪酬				
劳动保护费				
…	…	…	…	…
合　计	—	—		

2) 费用偏差分析控制法

成本控制要求在整个项目实施过程中，定期性地、经常性地收集项目的实际成本数据，进行项目成本的计划值（目标值）和实际值的动态对比分析，包括总目标与分目标的多层次比较分析，并进行成本预测，如果发现偏差，则及时采取措施——包括经济、技术、合同、组织管理等综合措施纠正偏差，以使项目成本目标尽可能实现。偏差分析法是项目成本控制的重要方法。

偏差分析法，是通过分析项目目标实施与项目目标期望之间的差异，从而判断项目实施的成本、进度、绩效的一种方法，又称挣值法或赢得值法。它是对项目进度和成本进行综合控制的一种有效方法。它的独特之处是将成本和进度统一考虑，是项目成本—进度控制系统的重要组成部分。这种方法之所以叫挣值法，是因为它使用了一个关键因素——挣值，也称为已完工作预算费用。

（1）偏差分析法的 3 个基本参数

①已完工作预算费用

已完工作预算费用（budgeted cost for work performed，BCWP），是指在某一时间已完成工作（或部分工作），以批准认可的预算为标准所需的资金总额。由于业主正是根据这个值作为承包商完成的工作量而支付其相应的费用，也就是承包人获得（挣得）的金额，故称挣值或赢得值。

已完工作预算费用＝已完成工作量×预算单价

②计划工作预算费用

计划工作预算费用（budgeted cost for work scheduled，BCWS），是指根据进度计划，在某一时刻应当完成的工作（或部分工作），以预算为标准所需要的资金总额。一般来说，除非合同变更，计划工作预算费用在工程项目施工过程中应保持不变。

$$计划工作预算费用=计划工作量×预算单价$$

③已完工作实际费用

已完工作实际费用（actual cost for work performed, $ACWP$），是指到某一时刻为止，已完成工作量（或部分工作）实际所花费的金额。

$$已完工作实际费用=已完工作量×实际单价$$

（2）偏差分析法的4个评价指标

①成本偏差

成本偏差（CV），是指在某个检查点上 $BCWP$ 与 $ACWP$ 之间的差异。即：

成本偏差 CV=已完工作预算费用（$BCWP$）-已完工作实际费用（$ACWP$）

若 CV 为负值，表示超支，实际成本超过预算成本，若在几个不同的检查点上都出现此问题，则说明项目执行效果欠佳；若正值，表示节约，实际成本低于预算成本，项目执行效果较好。

②进度偏差

进度偏差（SV），是指在某个检查点上 $BCWP$ 与 $BCWS$ 之间的差异。即：

进度偏差（SV）=已完工作预算费用（$BCWP$）-计划工作预算费用（$BCWS$）

当 SV 为负值，表示进度延误；当 SV 为正值，表示进度提前。

③成本绩效指数

成本绩效指数（CPI），是指已完工作预算费用（$BCWP$）与已完工作实际费用（$ACWP$）的比值。

$$CPI=已完工作预算费用（BCWP）/已完工作实际费用（ACWP）$$

当 $CPI>1$，表示节支，实际成本低于预算成本；当 $CPI<1$，表示超支，实际成本超过预算成本。

④进度绩效指数

进度绩效指数（SPI），是指已完工作预算费用（$BCWP$）与已完工作计划费用（$BCWS$）的比值。

$$SPI=已完工作预算费用（BCWP）/已完工作计划费用（BCWS）$$

当 $SPI>1$，表示进度提前，即实际进度比计划进度快；当 $SPI<1$，表示进度延误，即实际进度比计划进度慢。

成本（进度）偏差反映的是绝对偏差，结果很直观，有助于成本管理人员了解项目成本出现偏差的绝对数额，并依此采取相应的措施，制订或调整成本支出计划或资金计划。但是，绝对偏差有其明显的缺陷，不利于总成本相差较大的项目之间的比较。因而，成本（进度）偏差仅适合于同一项目做偏差分析。成本（进度）绩效指数反映的是相对偏差，它不受项目规模的限制，也不受项目实施时间的限制，因而在同一项目和不同项目比较中均可采用。

在项目成本、进度综合分析控制中引入偏差分析法，可以克服过去进度、成本分开控制的缺陷，即当我们发现成本超支时，很难立即知道是由于成本超出预算还是由于进度提前。相反，当我们发现成本低于预算时，也很难立即知道是由于成本节支，还是由于进度拖延。而引入偏差分析法即可定量分析判断进度、成本的执行效果。

【例 7.8】某项目共有 9 项任务，在第 20 周结束时有一个检查点。项目经理在该点对项目实施检查时发现，一些任务已经完成，一些任务正在实施，另一些任务还没开工，如表 7.13 所示（图中的百分数表示任务的完成程度）。

表 7.13　某项目任务完成程度

	1-8	9-18	19	20	21-24	25-36	37	38	39	40	41	42	43-48
1	100%												
2		90%											
3			30%										
4						5%							
5						0%							
6						0%							
7							0%						
8								0%					
9						0%							

假设项目未来情况不会有较大变化，各项任务已完成工作量的实际耗费成本如表 7.14 所示。请计算该检查点的 BCWP 和 BCWS，并判断项目在此时的成本和进度情况。

表 7.14　项目跟踪表

序　号	成本预算（万元）	ACWP（万元）	BCWP（万元）	BCWS（万元）
1	45	47	45	45
2	60	48	54	60
3	80	22	24	40
4	72	5	3.6	0
5	90	0	0	0
6	120	0	0	0
7	40	0	0	0
8	60	0	0	0
9	50	0	0	0
合　计	617	122	126.6	145

解：在利用偏差分析法分析项目实施状况时，一定要紧扣有关概念。概念清楚，计算思路才会清晰。以任务 2 为例，其计算过程如下：

$BCWP$ = 工作预算费用×已完成工作量 = 60×90% = 54（万元）

$BCWS$ = 工作预算费用×计划完成工作量 = 60×100% = 60（万元）

$CV=BCWP-ACWP=126.6-122=4.6$（万元）$>0$，故该项目成本节约。

$SV=BCWP-BCWS=126.6-145=-18.4$（万元）$<0$，故该项目进度拖延。

（3）偏差分析法的表达方法

偏差分析法可以采用不同的表达方法，常用的表达方法有横道图法、表格法和曲线法。

①横道图法

用横道图法进行偏差分析，是指用不同的横道标识已完工作预算费用（BCWP）、计划工作预算费用（BCWS）和已完工作实际费用（ACWP），横道的长度与其金额成比例关系。如表 7.15 所示。

表 7.15　偏差分析法的横道图法

项目编码	项目名称	费用参数数额（万元）	成本偏差（万元）	进度偏差（万元）	偏差原因
041	木门窗安装				
042	钢门窗安装				
042	铝合金门窗安装	…			
	…	…			
		…			
合　计		…	−20	10	

注：表中用色度不同深浅程度的横道分别表示：计划工作预算费用（BCWS）、已完工作预算费（BCWP）和已完工作实际费用（ACWP）。

横道图法的优点在于形象、直观，能够准确表达费用的绝对偏差，而且能直观感受到偏差的严重程度。但其反映的信息量少，一般在项目较高管理层采用。

②表格法

表格法是进行偏差分析最常用的一种方法。它将项目编号、名称、各成本参数以及成本偏差数综合归纳填入一张表格中，并且直接在表格中进行比较。由于各偏差参数都在表中列出，成本管理者能够综合了解并处理这些数据。

表格法的优点在于：

第一，灵活、适用性强。可根据实际需要设计表格，进行适当增加或减少。

第二，信息量大。可以反映偏差分析所需的资料，有利于成本控制人员及时采取针对措施，加强控制。

第三，表格处理可借助计算机，从而节约大量数据处理所需的人力、物力、财力，并大大提高分析速度。

表格分析法应用如表 7.16 所示。

表 7.16　表格分析法

项目编码	(1)	041	042	043
项目名称	(2)	木门窗安装	钢门窗安装	铝合金门窗安装
单位	(3)	m^2	m^2	m^2
预算（计划）单价	(4)	3	6	5
计划工作量	(5)	10	5	8
计划工作预算费用（$BCWS$）	$(6) = (5) \times (4)$	30	30	40
已完成工作量	(7)	10	6.67	8
已完工作预算费用（$BCWP$）	$(8) = (7) \times (4)$	30	40	40
实际单价	(9)	3	7.5	6.25
其他款项	(10)	0	0	0
已完工作实际费用（$ACWP$）	$(11) = (7) \times (9) + (10)$	30	50	50
成本偏差（CV）	$(12) = (8) - (11)$	0	-10	-10
成本绩效指数（CPI）	$(13) = (8) \div (11)$	1	0.8	0.8
成本累计偏差	$(14) = \sum (12)$	-20		
进度偏差（SV）	$(15) = (8) - (6)$	0	10	0
进度绩效指数（SPI）	$(16) = (8) \div (6)$	1	1.33	1
进度累计偏差	$(17) = \sum (15)$	10		

③曲线法

在项目实施过程中，上述 3 个参数可以形成 3 条曲线，即计划工作预算费用（$BCWS$）曲线、已完工作预算费用（$BCWP$）曲线、已完工作实际费用（$ACWP$）曲线，如图 7.10 所示。

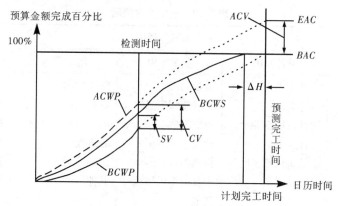

图7.10 曲线法

（4）偏差分析法的一般步骤

①确定参数 BCWS、ACWP、BCWP 的值。根据成本基线确定检查点上的 BCWS，记录到检查点时为止项目成本使用的实际情况。确定 ACWP；度量到检查点为止项目任务完成情况，确定 BCWP。

②计算 CV 和 SV（或者 CPI 和 SPI），判断项目偏差。偏差分析法要求在项目实施过程中定期（如每日或每周）不间断地寻找和计算三种偏差，并以目标偏差为对象进行控制。通常可用成本对比方法寻找偏差。通过在施工过程中不断记录实际发生的成本，然后将记录的实际成本与计划成本进行比较，从而发现目标偏差。还可以将实际成本与计划成本的发展变化用图形表示出来。成本控制的目的是尽量减少目标偏差。目标偏差越小，说明控制效果越好。由于目标偏差＝实际偏差＋计划偏差，且计划偏差一经制订后，一般在执行过程中保持不变。因此，要减少目标偏差，只有采取措施减少施工中发生的实际偏差。

③分析偏差产生的原因

在实际项目执行过程中，最理想的状态是已完工作实际费用（ACWP）、计划工作预算费用（BCWS）和已完工作预算费用（BCWP）三条曲线靠得很近，平稳上升，表明项目按计划目标进行。如果三条曲线的离散程度不断增加，则预示可能发生关系到项目成败的重大问题。

偏差分析的一个重要目的就是找出引起偏差的原因，从而采取有针对性的措施，减少或避免相同原因引起的偏差再次发生。在进行偏差原因分析时，首先应将可能导致偏差的各种原因逐一列举出来。导致不同工程项目产生成本偏差的原因具有一定的共性，因而可以通过对已建项目的成本偏差原因进行归纳、总结，为当前项目采取预防性措施提供依据。

一般来说，产生成本偏差的原因有以下几种，如表7.17所示。

分析偏差产生原因的方法，常用的有两种：因素分析法，图像分析法。

a. 因素分析法，是将成本偏差的原因归结为几个相互联系的因素，然后用特定的计算方法，从数值上测定各种因素对产生成本偏差及其影响程度，并找出产生偏差的原因。如当一个项目受几个因素影响时，先假定一个因素在变动，而其他因素保持不变，计算出此因素对成本偏差形成的影响，然后再采用相同原理依次计算出其他因素产生的成本偏差及其影响程度。

表 7.17　成本偏差原因

成本偏差原因				
物价上涨	设计原因	业主原因	施工原因	客观原因
人工涨价 材料涨价 设备涨价 利率、汇率变化 其他	设计错误 设计漏项 设计标准变化 设计保守 图纸提供不及时 其他	增加内容 投资规划不当 组织不落实 建设手续不全 协调不佳 未及时提供场地 其他	施工方案不当 材料代用 施工质量有问题 赶进度 工期拖延 其他	自然因素 基础处理 社会原因 法规变化 其他

b. 图像分析法，是通过绘制坐标图和成本曲线的形式，通过总成本和分项成本的比较分析，找出造成总成本偏差的分项成本偏差，以便采取措施及时纠正。

（5）纠正偏差

通常，要压缩已经超支的成本，而又不损害其他目标是十分困难的，一般只有当给出的措施比原计划已经选定的措施更为有利、使工程范围缩小，或使生产效率提高时，成本才能降低。例如，下列措施通常可以降低成本。

①寻找新的、更好的、效率更高的设计方案。

②购买部分产品，而不是全部采用自己生产的产品。

③重新选择供应商，但会产生供应风险，而且选择需要时间。

④改变实施过程。

⑤变更工程范围。

⑥索赔，例如向业主、承（分）包商、供应商索赔以弥补成本超支。

赢得值法参数分析与对应措施如表 7.18 所示。

表 7.18　赢得值法参数分析与对应措施表

序　号	参数关系	原因分析	措　　施
1	$ACWP>BCWS>BCWP$ $SV>0$，$CV>0$	效率低，进度较慢，投入超前	用工作效率高的人员更换工作效率低的人员
2	$BCWP>BCWS>ACWP$ $SV>0$，$CV>0$	效率高，进度快，投入延后	若偏离不大，维持现状
3	$BCWP>ACWP>BCWS$ $SV>0$，$CV>0$	效率较高，进度快，投入超前	抽出部分人员，放慢进度
4	$ACWP>BCWP>CWS$ $SV>0$，$CV<0$	效率较低，进度较快，投入超前	抽出部分人员，增加少量骨干人员

序 号	参数关系	原因分析	措 施
5	$BCWS>ACWP>BCWP$ $SV<0,CV<0$	效率较低，进度慢，投入延后	增加高效人员投入
6	$BCWS>BCWP>ACWP$ $SV<0,CV>0$	效率较高，进度较慢，投入延后	迅速增加人员投入

3）财务成本报表分析法

利用财务报表进行成本分析，可以清晰地进行成本比较研究，获得直观的认识。可利用的表格包括月成本分析表、成本周报表、成本日报表、月成本计算及最终预测报告表。

（1）月成本分析表

在工程项目的成本控制过程中，每月均要做出成本分析表，对工程项目成本做比较分析。该表主要列示工程期限、成本项目、生产数量、工程成本和单价等数据。该表既可用于建筑施工企业工程项目的综合成本分析，也可用于每一个成本责任单位的成本分析。成本项目的构成分类须与成本预算保持一致，以便对比分析。其具体格式内容如表7.19、7.20、7.21所示。

（2）成本日报或成本周报

为了便于准确掌握项目施工动态，工程项目各级管理人员需要及时了解自己责任范围的进度情况，及时发现工作中的难点和薄弱环节，并据此采取有效措施。因此，良好的成本控制，应该每日、每周进行成本核算和分析。成本日报的主要内容是记录人工的投入，成本周报则是要求反映人工、材料和机械使用费的计划和实际支出情况。具体格式内容如表7.22、表7.23所示。

表7.19 月成本分析表

工程名称：　　　　　　　工程编号：　　　　主管：　　　　校核：

编号	工程部位名称	实物单位	工程量				预算成本		计划成本		实际成本		实际偏差		目标偏差	
			计划		实际											
			本期	累计	本期	累计	本期	累计	本期	累计	本期	累计	本期	累计	本期	累计
A	B	C	D	E	F	G	H	I	J	K	L	M	$N=H-L$	$O=I-M$	$P=J-L$	$Q=K-M$

表 7.20　月成本分析表

日　期：

项目名称				
项目费用名称				
本月计划工程量				
本月实际工程量				
完成比率				
项目费用	单　价		成　本	
	本　月	计　划	本　月	累　计
操作费				
人工费				
材料管理费				
操作费小计				
维修及更新费				
切割车床				
维修及更新费小计				
折旧费				
切割车床设备总计				
使用时间				
使用效率				

表 7.21　成本项目分析表

工程名称：　　　　　　工程编号：　　　　　主管：　　　　　校核：

编号	成本项目	完成工程量	预算成本	计划成本	实际成本	差　异		本月计划单位成本	本月实际成本	上月实际成本
						实际差异	目标差异			
1	2	3	4	5	6	7＝4-6	8＝5-6	9＝5/3	10＝6/3	11

表 7.22　成本日报表

项目名称：　　　　　　　　　　　　　　　　　　　　　日　期：

使用效率	月　日		月　日	
	数　量	单　价	数　量	单　价

表 7.23　成本周报表

项目名称：　　　　　　　　　　　　　　　　　　　　　日　期：

科目编号	工程种类	间接成本	数　量			单　价		成　本			预算比较	
			单位	总计	现在施工量	预算	现在实际费用	预算总计	现在实际费用	最终预测	节约	超支

（3）月成本计算及最终预测报告表

每月编制月成本计算及最终预测报告表，是工程项目成本控制的重要内容之一。该报表主要列示项目名称、已支出金额、到竣工尚需的预计金额、盈亏预计等。月成本计算及最终预测报告表要在月末会计核算截至的同时完成，并随时间推移使其精确性不断提高。其格式内容具体如表 7.24 所示。

表 7.24　月成本计算及最终预测报告表

工程名称：　　　　　　　　工程编号：　　　　　主管：　　　　　校核：

序号	科目编号	名称	支出金额	调整			现在的成本			到竣工尚需金额			最终预算工程成本			合同预算金额			预算比较	
				金额		备注	金额	单价	数量	金额	单价	数量	金额	单价	数量	金额	单价	数量	盈	亏
				增	减															

以上所述工程项目成本控制方法，可由各个建筑施工企业、各个项目经理部根据自身实际情况和客观需要，选择其中有针对性、简单实用的方法。在选择工程项目控制方法时，应该充分考虑与各项工程管理工作相结合。例如，在计划管理、施工任务单管理、限额领料单管理和合同预算管理等各项工作中，跟踪原有业务管理程序，利用业务管理所取得的资料进行成本控制，不仅可以省时省力，还能帮助各业务管理部门落实责任成本，从而得到他们有力的配合和支持。

本章小结

成本费用是一个综合性经济指标，不仅直接决定一个企业效益的好坏，还充分体现一个企业经营管理水平的高低。

成本费用是建筑施工企业在履行承包合同、从事施工生产经营过程中所发的各种物化劳动和活劳动消耗的货币表现，主要包括工程产品的施工生产成本和期间费用。

为了满足成本管理的需要，企业成本费用可以按成本性态、与施工生产过程的关系以及计入工程产品成本的方法进行分类。

工程项目成本是施工企业在施工生产过程中未完成项目施工任务而发生的人工费、材料费、机械费、其他直接费和间接费用，不仅体现了项目施工过程中各种消耗水平，也体现项目施工过程中各种耗费的控制和管理水平。施工企业项目成本管理应遵循相关原则、按照相关要求和程序，对整个项目施工全过程实施全方位的成本预测、成本计划、成本核算、成本控制、成本分析和考核，以不断降低工程成本并提高企业成本管理水平。工程成本控制方法很多，其中常用的主要是目标成本控制、偏差分析法等方法。

思考题

1. 成本费用的实质、构成内容及其作用是什么？
2. 成本应如何分类？
3. 什么是成本性态？成本性态分析的原理如何？
4. 工程项目成本的含义及构成内容是什么？
5. 工程项目成本管理的原则、要求、基础工作有哪些？
6. 工程项目成本管理的内容有哪些？
7. 工程项目成本预测常用的方法有哪些？
8. 工程项目成本计划应如何编制？

9. 目标成本管理的基本含义和方法是什么？

10. 工程项目成本控制的赢得值法的基本原理是什么？

习 题

1. 某建筑公司自有施工机械一台。2015 年 1-6 月机械使用费及机械作业量如表 7.25 所示：

表 7.25 某建筑公司自有机械使用费及作业量表

月 份	1	2	3	4	5	6
机械作业量（台班）	1 000	1 200	1 400	1 500	1 300	1 250
机械作业费（元）	170 000	190 000	210 000	220 000	200 000	195 000

要求：

（1）采用高低点法分解机械作业费。

（2）若预计 2015 年 9 月份机械作业量为 2 000 台班，其机械作业费将会是多少？

2. 某建筑施工企业 2015 年 1-5 月的工程量及维修费的相关历史数据资料如表 7.26 所示：

表 7.26 某建筑施工企业 2015 年 1-5 月工程量及维修费

月份（n）	工程量（x）	维修费（y）
1	6	121
2	8	135
3	5	105
4	6	125
5	9	145

（1）请用回归直线法对维修费进行分解。

（2）请预测当工程量为 15 时，维修费为多少？（以上计算结果保留 2 位小数）

建筑施工企业工程结算、收入、利润及利润分配管理

[学习目标]

掌握工程结算的含义和内容；熟悉工程价款结算流程；掌握收入、利润、利润分配的含义；熟悉建筑施工企业收入的种类、收入的确认和计量；熟悉建筑施工企业利润的构成、利润的计算原理；熟悉建筑施工企业应纳税所得额及应纳所得税额的计算确定；掌握建筑施工企业目标利润的预测、目标利润分层管理；掌握建筑施工企业利润分配的程序、内容；掌握股利政策的含义、股利政策决策。

[基本概念]

工程结算，工程预付款，工程竣工决算，收入，建造合同收入，完工百分比法，利润，利润分配，所得税，目标利润，股利，股利政策

8.1　工程结算管理

▶ 8.1.1　工程结算的意义

建筑施工企业日常经营活动中最主要的目标之一，就是通过获得工程承包收入以补偿为此而发生的各种成本费用，并获得一定的盈利。建筑施工企业只有通过与发包商进行工程项目结算，才能够实现其获取收入、增加盈利的生产经营目标。

工程结算，是指建筑施工企业以工程承包合同为依据，针对已完工程或竣工工程，对工程项目所消耗的各种资源与发包商所进行的工程价款的了结和清算。

▶ 8.1.2 工程结算管理的内容

1）工程结算管理的含义

工程结算管理，是指为工程项目承包商与发包商之间进行工程项目结算以实现工程项目所有权转移这一过程的实施进行资料收集、合同验证、质量检验、款项收取、协调意见等系列活动。

工程结算管理，作为建筑施工企业一项重要的管理活动，具有如下特征：

（1）工程结算管理贯穿于工程项目的整个生命周期

传统观点认为，工程结算仅限于工程完工。而现代管理科学认为，管理是对活动的全过程的管理，工程建设活动是一个完整的系统。因此，工程结算是从工程项目开始建设起，就必须做好工程结算的准备工作，规范工程建设行为，才能在竣工时顺利实现工程竣工结算。

（2）工程结算影响因素的复杂性

工程项目建设过程受资金、进度、成本以及内外环境因素的影响，工程建设活动随时发生不同情况的变化。因而必须准确收集变化后的资料证据，为工程结算提供依据，特别是针对工程变更、人工工资、材料价格、资金利率等重要因素，必须以双方确认的资料为结算证据，才能保证双方信息的对称。

（3）工程结算工作的组织性

工程结算是一项严肃、仔细、准确的工作，遵循严格的组织程序。由项目部编制结算预算文件，经财务部核对、计算，报企业批准后，才能报业主审核。其中要求各项资料齐备、依据充分、计算准确、手续完备。因此，工程结算工作必须是科学性和艺术性的有机结合。

2）工程结算的种类

根据不同的标准，工程结算可以划分成不同的种类。其分类情况如下：

（1）按结算对象划分

按结算对象划分，工程结算可以分为工程价款结算、工程劳务结算、工程设备款结算：

①工程价款结算，是指以工程项目的阶段性质量符合施工合同要求，对已完工程进行的发包商与承包商之间在点交已完工程时所办理的工程价款收付行为。包括工程预付款的结算、工程索赔款的确认、工程进度款的支付等，它属于综合性结算。

②工程劳务款结算，是指对于一些专项工程，由于用工发生变更，或约定对人工劳务进行单独确认，或对工程进行劳务分包而进行的专门结算。

③工程设备及工器具、用具购置款结算，是指在工程项目施工建设过程中，因工程建设需要单独购置设备、工器具用具款项的结算。

（2）按结算方式划分

按结算方式划分，工程结算可以分为按月结算、分段结算、年终结算和竣工后一次性结算：

①按月结算，是指工程项目实行按旬或半月预支工程款、月末结算已完工程价款，竣工后清算的办法。若合同工期在两个年度以上的工程项目施工，在年终进行工程盘点、办理年度结算。

②分段结算，是指根据工程项目的性质和特点，将其施工建设过程划分为若干施工形象进度阶段，以审定的施工图预算为基础，测算每个阶段的预支工程款并按形象工程进度分阶段结算已完工程价款。

③年终结算，有些跨年度的单项工程或单位工程，为了准确统计施工企业本年度的经营成果和建设投资完成情况，由施工企业、建设单位和建设银行对正在进行施工建设的工程项目进行已完工程和未完施工的工程量盘点，结清本年度的工程款。

④竣工后一次性结算。若建设工期短于 12 个月，或年内开工、年内竣工，或合同价值小于 100 万元的小型工程，可以实行工程价款按月预支、竣工后一次结算工程价款。

3）工程结算的相关规定

根据《建设工程管理规范》（GB/T 50326—2006）对工程结算的相关规定的 18.4 条之规定：项目竣工结算应由承包商编制，发包商审查，承包商、发包商双方最终确定。编制项目竣工结算应依据下面资料：

①工程合同。

②工程投标中标报价单。

③竣工图、设计变更、修改通知。

④施工技术核定单。

⑤现行工程量清单计价规范、取费标准以及有关调价规定。

⑥有关追加、削减项目文件。

⑦双方确认的经济鉴证、工程索赔文件。

⑧其他有关技术资料等。

▶ 8.1.3 建筑施工企业工程价款结算

1）工程价款结算的特点

①建筑施工企业是受发包商的委托，根据双方所签订的工程承包合同进行施工的。发包商即是工程项目产品的买主，在工程施工前就已确定，工程价款结算就是依据承包合同中规定的结算办法和工程合同价款进行的。

②建筑工程产品施工生产周期长，需要占用大量资金。而建筑施工企业无法独立垫支全部资金，否则会导致施工企业资金紧张和资金周转困难。因此，必须根据工程项目实际情况确定工程价款结算形式。

③建筑工程产品具有单件性的特点。每一工程产品具有自己独特的结构、造型和用途，即使根据标准设计进行施工，也会由于现场条件的差异，其施工工艺、材料用量也会有所不同，因而它们的造价也不尽相同，即工程价款收入具有个别性的特征。

上述特点决定了工程价款结算必须采用区别于一般工业产品的不同的特殊结算形式。

表 8.1 已完工程月报表

发包单位：××实业公司　　　　　2015 年 10 月 31 日　　　　　　　　单位：元

单位工程名称	合同造价	建筑面积	开工日期	竣工日期	本期实际已完工程	截止上期累计实际已完工程	备注
办公楼工程	5 000	25 000 m²	2015/02/01		2 700	500	

施工企业：××建筑有限公司　　　　　　　　　　　　　　编制日期：2015/11/1

表 8.2 工程价款结算账单

发包单位：××实业公司　　　　　2015 年 10 月 31 日　　　　　　　　单位：元

单位工程名称	合同造价	本期应收款	预收工程款			本期实收工程款	预收备料款余额	累计已收工程款	备注
			预收工程款	预收备料款	合计				
办公楼工程	5 000	500	150	1 000	1 150	150	1 000	2 850	

施工企业：××建筑有限公司　　　　　　　　　　　　　　编制日期：2015/11/1

2）预收工程款

预收工程款，也即是年度开工前应向发包商预收的备料款。

预收备料款，是指在建设工程施工合同订立后，由发包商按照合同约定，在工程项目正式开工前预先支付给承包商作为施工项目储备和准备主要材料、结构件所需流动资金。

①预收备料款的额度

预收备料款的数额应能够保证工程项目施工所需主要材料、结构件的正常储备所需资金。在工程承包合同中应约定预收备料款的百分比——预收备料款的额度。

预收备料款的额度一般可按如下方法确定：

方法一：根据施工工期、建安工作量、主要材料和结构件费用占工程承包总价的比重以及材料储备周期等因素测算确定。

预收备料款的额度=主要材料比重×（材料储备天数÷年度施工日历天数）×100%

预收备料款的数额=年度承包工程总价×预收备料款的额度

【例 8.1】某建筑施工企业与甲方签订了一份工程施工合同。合同总价 10 000 万元，工期 2014 年 2 月 11 日至 2015 年 7 月 31 日，工程价款采用按月结算办法。年度日历施工天数为 240 天，材料储备天数为 100 天，该工程材料费比重为 60%。2014 年度承包工程总价为 6 000 万元。

【解】

根据题中相关资料可得：

预付备料款的额度=60%÷（240÷100）=25%

2014 年开工前应预付备料款的数额=6 000×25%=1 500（万元）

方法二：按规定的百分比确定。在实际工作中，预收备料款的额度，要根据工程类型、合同工期、承发包方式和材料供应方式等不同条件而定。例如，各个地方建设管理主管部门对预收备料款的额度都作出了明确的规定。一般来说，土建工程预收备料款的额度可为当年建筑工程量（包括水、电、暖）的20%～25%，材料占比重大的土建工程其额度可适当高些，但一般不超过30%；安装工程，预收备料款的额度可为年安装工程量的10%，但材料占比重较大的安装工程，预收备料款的额度，可以适当高一些，但一般不超过15%。

小型工程可以不拨付备料款，直接分阶段拨付工程进度款。

计价执行《建设工程工程量清单计价规范》的工程，实体性消耗部分应在合同中分别约定预付款比例。

②预收备料款的收取

依据《建设工程价款结算暂行办法》规定，在具备施工条件的前提下，发包商应在双方签订合同后的一个月内或不迟于双方约定的开工日期前的7天内向承包商预付工程备料款，若发包商未能按约定向承包商预付工程备料款，承包商应在预付时间到期后10天内向发包商发出要求预付工程备料款的通知，若发包商收到通知后仍不按要求拨付工程备料款，承包商可在发出通知14天后停止施工，发包商应从约定之日起向承包商支付应付工程备料款的利息（可按同期银行贷款利率计算），并承担违约责任。

③预收备料款的扣还

预付工程备料款属于预付性质，随着工程陆续完工，未完施工所需材料储备逐渐减少，预付工程备料款应以抵充已完工程价款的方式陆续扣还。常用的扣还办法有以下3种：一是按照公式计算来确定起扣点和各期扣还额；二是按照承发包合同约定办法扣还；三是工程竣工结算时一次性扣还。

按公式计算来确定的原理如下：这一方法原则上是以未完施工所需材料价值相当于备料款数额时开始扣还，于每次结算工程价款时，按材料费比重计算并抵充已完工程价款，直至竣工前全部扣完。其基本计算原理如下：

起扣点的计算：

预付备料款数额＝起扣点年度未完施工价值×材料费比重

起扣点年度未完施工价值＝预付备料款数额÷材料费比重

起扣点已完工程价值＝年度承包工程总价-起扣点年度未完施工价值

＝年度承包工程总价-预付备料款数额÷材料费比重

第一次应扣还备料款的计算：

第一次应扣还备料款＝（当年累计已完工程价值-起扣点已完工程价值）×材料费比重

以后各次应扣还备料款的计算：

以后各次应扣还备料款＝当月（次）已完工程价值×材料费比重

【例8.2】某建筑施工企业与甲方签订了一份工程施工合同。合同总价10 000万元，工期2014年2月1日至2015年7月30日，工程价款采用按月结算办法。预付备料款额度为25%，在开工前10天内一次性拨付，以后随工程陆续完工抵充每月完工工程价款。该工程材料费比重为60%。2014年度承包工程总价为6 000万元。

开工前发包商应向承包商拨付备料款=6 000×25%=1 500（万元）

备料款起扣点已完工程价值=6 000-1 500÷60%=3 500（万元）

若2014年度承包商各月份完工工程情况如表8.3所示。

表8.3 2014年度承包工程完工工程情况表

单位：万元

月　份	2	3	4	5	6	7	8	9	10	11	12
当　月	300	400	500	600	700	800	800	700	500	400	300
累　计	300	700	1 200	1 800	2 500	3 300	4 100	4 800	5 300	5 700	6 000

由上表可知，8月份达到起扣点。

8月份应扣还备料款：(4 100-3 500)×60%=360（万元）

9月份应扣还备料款：700×60%=420（万元）

10月份、11月份、12月份应扣还备料款的计算同9月份。

3）工程质量保证金的计算

工程质量保证金的扣留方法主要有两种：

（1）约定扣留法

由施工合同当事人双方在合同中约定保证金的扣留方法。保证金可以实行从每次工程款中扣留，累计扣留质量保证金一般为合同价的3%~5%。

（2）从竣工决算款中一次性扣留

根据原建设部、财政部颁布的《关于印发〈建设工程质量保证金管理暂行办法〉的通知》（建质〔2005〕7号）之规定，在施工合同中双方应约定工程质量缺陷责任期，一般应为6个月、12个月或24个月。在工程质量缺陷责任期满后，工程质量保证金及其利息扣除已支出费用后的剩余部分退还给承包商；缺陷责任期从工程通过竣（交）工验收之日算起。由于承包商原因导致工程无法按合同规定期限进行竣（交）工验收的，缺陷责任期应从实际通过竣（交）工验收之日算起。如果由于发包商原因导致工程无法按合同规定期限进行竣（交）工验收的，在承包商提交竣（交）工验收报告90天后，工程自动进入缺陷责任期。

4）工程计量与工程进度款的计算与支付

（1）工程计量

工程计量是工程价款结算和支付的前提，根据《建设工程价款结算暂行办法》，工程计量的相关规定是：

①承包商应当按照合同约定的办法和时间，向发包商提交已完工程量的报告。发包商在接到该报告后14天内核实已完工程量，并在核实前1天通知承包商，承包商应提供条件并派人参加核实，若承包商收到通知后不参加核实，则以发包商核实的工程量作为工程价款支付的依据。若发包商不按约定时间通知承包商、致使承包商未能参加核实，其核实结果无效。

②发包商收到承包商报告后14天内未核实完工程量，从第15天起，承包商报告的完

工工程量即视为被确认，作为工程价款支付的依据，若双方另有合同约定的，按合同约定执行。

③对承包商超出设计图纸（含设计变更）范围和因承包商原因造成返工的工程量，发包商不予以计量。

我国《建设工程施工合同（示范文本）》规定的工程计量程序见《示范文本》。

（2）工程进度款的计算

①采用工料单价合同时，在确定已完工程量（即计量）后，可按以下步骤计算工程进度款：

a. 根据已完工程量的项目名称、分项编号、单价计算得出合价；

b. 将本次所完工的全部项目的合价相加，得出直接工程费小计；

c. 按规定计算措施费、间接费（包括规费和企业管理费）、利润、税金；

d. 按合同约定或其他规定调整价款；

e. 扣除预收款、质量保证金等；

f. 确定本次应收工程进度款。

②采用综合单价合同时，工程量得到确认后，将工程量与综合单价相乘即得出合价，再累加（计算）规费和税金。其基本计算方法是：

工程进度款 $= \sum$ 计价项目计量工程量×综合单价×（1+规费费率）×（1+税金率）

计算出工程进度款后，再根据合同约定或其他规定做出相应的调整，扣除预收款、质量保证金等，最后确定出本次应收工程进度款。

（3）工程进度款的支付

根据《建设工程价款结算暂行办法》之规定，工程进度款的支付程序如下：

①根据已经确定的工程计量结果，承包商向发包商提出支付工程进度款申请，14天内，发包商应按不低于工程价款的60%、不高于工程价款的90%向承包商支付工程进度款。按约定时间发包商应扣回的工程预付款与工程进度款同期结算抵扣。

②若发包商超过约定的支付时间不支付工程进度款，承包商应向发包商及时发出要求付款的通知，发包商在收到承包商上述通知后仍不能按要求付款，可与承包商签订延期付款协议，经承包商同意后可延期支付，协议应明确延期支付的时间和从工程计量结果确认后第15天起计算应付款的利息（利率按同期银行贷款利率计算）。

③发包商不按合同约定支付工程进度款、双方又未达成延期付款协议、导致施工无法进行，承包商可停止施工，由发包商承担违约责任。

5）工程价款结算的程序和方法

工程竣工验收报告经发包商认可后28天内，承包商向发包商递交竣工结算报告及完整的结算资料，双方按照协议书约定的合同价款及专用条款约定的合同价款调整内容，进行工程竣工结算。

办理工程价款竣工结算的一般公式为：

工程价款总额=合同价款+施工过程中合同价款调整数额

最终付款=工程价款总额-预付及已结算工程价款-工程质量保证金

6）工程价款的调整方法

工程价款的调整方法有：工程造价指数调整法、实际价格调整法、调价文件计算法、调值公式法等。

（1）工程造价指数调整法

发包商和承包商采用当时的预算（或概算）定额单价计算出承包合同价，待竣工时，根据合理的工期及当地工程造价管理部门所公布的该月度（或季度）的工程造价指数，对原承包合同价予以调整。

（2）实际价格调整法

在我国有些地区规定对钢材、木材、水泥三大材料的价格采取按实际价格结算的方法。承包商可凭发票据实报销。

（3）调价文件计算法

承包商和发包商采取按当时的预算价格承包，在合同工期内，按照造价管理部门的调价文件的规定，进行抽料补差（在同一价格期内按所完成的材料用量乘以价差）。有的地方定期发布主要材料供应价格和管理价格，对这一时期的工程进行抽料补差。

（4）调值公式法

根据国际惯例，对建设项目工程价款的动态结算，一般是采用此法。

建筑安装工程费用价格调值公式一般包括固定部分、材料部分和人工部分。但当建筑安装工程的规模和复杂性增大时，公式也变得更为复杂。

调值公式一般为：

$$P = P_0 \times \left(a_0 + a_1 \times \frac{A}{A_0} + a_2 \times \frac{B}{B_0} + a_3 \times \frac{C}{C_0} + \cdots + a_n \times \frac{Z}{Z_0} \right)$$

式中　P——调值后合同价款或工程实际结算款；

P_0——合同价款中工程预算进度款；

a_0——固定要素，代表合同支付中不能调整的部分占合同总价的比重；

a_1，a_2，a_3，$\cdots$，a_n——有关各项费用（如人工费、材料费等）在合同总价中所占比重（$a_1 + a_2 + a_3 + \cdots + a_n = 1$）；

A_0，B_0，C_0，$\cdots$，Z_0——投标截止日期前 28 天与 a_1，a_2，a_3，$\cdots$，a_n 对应的各项费用的基期价格指数或价格；

A，B，C，$\cdots$，Z——在工程结算月份与 a_1，a_2，a_3，$\cdots$，a_n 对应的各项费用的现行价指数或价格。

7）工程结算案例

【例 8.3】某建筑施工企业承包某工程项目，合同工期为 2015 年 4 月 1 日–8 月 31 日共计 5 个月，工程施工合同有关工程价款结算的合同内容条款如下：

（1）建筑安装工程总造价为 1 200 万元，建筑材料及设备费占施工产值的 60%；

（2）工程预付款额度为建筑安装总造价的 25%。工程实施后，工程预付款随工程完工陆续从没结算工程价款中扣还，竣工前全部扣清；

（3）工程进度款逐月计算；

（4）工程质量保证金为建筑安装工程造价的 3%，竣工结算时一次扣留；

（5）建筑材料和设备费价差按当地工程造价管理部门有关规定执行（按当地工程造价管理部门有关规定上半年材料和设备费价差上调10%，在8月份一次调整）。

【例8.4】各月份工程施工实际完成产值如表8.4所示。

表8.4　各月份工程施工实际完成产值　　　　　　　　　单位：元

月　份	4	5	6	7	8
完成产值	200	300	300	200	200
累计完成产值	200	500	800	1 000	1 200

案例解析：

（1）工程预付款数额：1 200×25%＝300（万元）

（2）工程预付款起扣点已完工程价值：1 200−300÷60%＝700（万元）

（3）工程预付款从6月开始陆续扣还：

　　6月份应扣还工程预付款：（800−700）×60%＝60（万元）

　　7月份应扣还工程预付款：200×60%＝120（万元）

　　8月份应扣还工程预付款：200×60%＝120（万元）

（4）各月份应拨付工程进度款计算见表8.5。

表8.5　各月份应拨付工程进度款计算表　　　　　　　　　单位：万元

月　份	当月应拨付工程进度款计算	累计工程进度款
3	1 200×25%＝300	300
4	200	500
5	300	800
6	300−60＝240	1 040
7	200−120＝80	1 120

工程总造价：1 200+1 200×60%×10%＝1 272（万元）

工程质量保证金：1 272×3%＝38.16（万元）

则8月份应结算工程款：1 272−1 120−38.16＝113.84（万元）

工程价款支付进度见表8.6。

表8.6　工程价款支付进度表　　　　　　　　　单位：万元

月　份	3	4	5	6	7	8
完成产值	—	200	300	300	200	200
工程款	300	200	300	240	80	113.84
累计工程款	300	500	800	1 040	1 120	1 233.84

若该工程在保修期间发生屋面漏水，发包商多次催促承包商维修无效，最后由发包商

自行出面组织维修，共计发生维修成本 10 万元。则该项维修费应从承包商的工程质量保证金中扣除。

【例 8.4】某建筑施工企业与某单位（发包商）签订了一份写字楼工程施工合同。承包范围包括土建工程和水、电、通风建筑设备安装工程，合同总价 30 000 万元。合同工期为 3 年（2013 年 4 月 1 日—2015 年 3 月 31 日），合同造价见表 8.7。

表 8.7　合同工期内各年度合同造价表　　　单位：万元

年　份	2013	2014	2015	合计
合同造价	11 000	16 000	3 000	30 000

施工合同其他条款内容规定如下：

发包商于每年开工前按当年合同价的 25% 向承包商拨付工程预付款；

工程预付款应从未完施工工程所需的主要材料及结构件价值相当于工程预付款时起扣，每月以抵充工程款方式陆续扣还。主要材料及设备费占工程造价的比重为 62.5%；

工程质量保证金按合同总价的 3% 计算。经双方协商，发包商每月从承包商工程款中按 3% 扣留。在缺陷责任期满后，质量保证金及其利息扣除已支出费用后的剩余部分退还给承包商；

发包商每月按实际完成建安工作量向承包商支付工程款，但当承包商每月实际完成的建安工作量少于计划完成建安工作量的 10% 以上（含 10%）时，业主可按 5% 的比例扣留工程款，在工程竣工结算时将扣留工程款退还给承包商；

除设计变更和其他不可抗拒因素外，合同价格不作调整；

由发包商直接提供的材料和设备在发生当月的从承包商的工程款中扣除其费用。

经发包商的工程师代表签证的承包商在第二年（2014 年度）各月计划和实际完成的建安工作量以及发包商直接供应的材料及设备价值如表 8.8 所示。

表 8.8　工程结算数据表　　　单位：万元

月　份	1-6	7	8	9	10	11	12
计划完成建安工作量	8 000	1 600	1 600	1 600	1 200	1 200	800
实际完成建安工作量	8 200	1 700	1 400	1 550	1 250	1 100	800
发包商直接供应材料设备	1 000	280	200	80	150	60	40

解：

（1）2014 年度开工前发包商应向承包商支付工程预付款：
$$16\,000 \times 25\% = 4\,000 \text{（万元）}$$

（2）工程预付款起扣点已完工程价值：
$$16\,000 - 4\,000 \div 62.5\% = 9\,600 \text{（万元）}$$

截至 7 月底，累计实际已完工程价值为：8 200+1 700 = 9 900（万元）>9 600（万元）。由此可见，工程预付款应从 7 月份开始扣还。

（3）1-6 月份发包商应支付给承包商的工程进度款为：
$$8\,200 \times (1-3\%) - 1\,000 = 6\,954 \text{（万元）}$$

（4）7—12月份各月发包商应向承包商支付工程款：

①7月份应向承包商支付工程款：

$$1\ 700\times(1-3\%)-[(8\ 200+1\ 700)-9\ 600]\times62.5\%-280=1\ 181.50（万元）$$

②8月份应向承包商支付工程款：

实际低于计划：$(1\ 400-1\ 600)\div1\ 600\times100\%=-12.5\%$，超过10%，

因此，8月份应付工程款：

$$1\ 400\times(1-3\%-5\%)-1\ 400\times62.5\%-200=213（万元）$$

③9月份应向承包商支付工程款：

$$1\ 550\times(1-3\%)-1\ 550\times62.5\%-80=454.75（万元）$$

④10月份应向承包商支付工程款：

$$1\ 250\times(1-3\%)-1\ 250\times62.5\%-150=281.25（万元）$$

⑤11月份应向承包商支付工程款：

$$1\ 100\times(1-3\%)-1\ 100\times62.5\%-60=319.50（万元）$$

⑥12月份应向承包商支付工程款：

$$800\times(1-3\%)-800\times62.5\%-40=236.00（万元）$$

【例8.5】某建筑施工企业于2014年承包某项目施工。承包合同相关内容条款如下：

（1）合同总价5 000万元，工程价款采用调值公式动态结算。该项目人工费、材料费、不调值费占合同总价的比重分别为35%、50%、15%。具体调值公式为：

$$P=P_0\times(15\%+35\%\times\frac{A}{A_0}+23\%\times\frac{B}{B_0}+12\%\times\frac{C}{C_0}+8\%\times\frac{D}{D_0}+7\%\times\frac{E}{E_0})$$

式中　A_0，B_0，C_0，D_0，E_0——基期价格指数；

　　　A，B，C，D，E——工程结算日价格指数。

（2）开工前发包商向承包商支付合同价的20%的工程预付款，当累计完工达到合同总价的60%时，开始从已完工程价款中扣还工程预付款，直至竣工前全部扣完。

（3）工程进度款逐月结算。

（4）发包商从第一个月起，从承包商的工程价款中按5%的比例扣留质量保证金，工程保修期1年。

（5）该承包合同原始报价日期为当年3月1日。

（6）结算各月份的工资、材料价格指数如表8.9所示。

表8.9　工资、材料价格指数表

基期价格指数	A_0	B_0	C_0	D_0	E_0
3月份指数	100	130	135	140	145
工程结算日价格指数	A	B	C	D	E
5月份指数	108	135	140	145	150
6月份指数	109	137	142	147	152
7月份指数	110	138	144	148	154
8月份指数	111	130	145	149	155
9月份指数	112	139	146	150	156

未调值前各月合同的完成情况如下：

5 月份完成 500 万元，发包商供应材料 15 万元。

6 月份完成 750 万元。

7 月份完成 1 000 万元，另外发包商设计变更导致局部返工，造成拆除材料损失 5 000 元，人工损失 3 000 元，返工消耗人工费、材料费合计 3 万元。

8 月份完工 1 500 万元，另外，由于施工中采用的模板形式与定额不同，造成模板费用增加 10 000 元。

9 月份完工 1 250 万元，另有批准的工程索赔款 3 万元。

根据上述相关数据可得：

（1）工程预付款 = 5 000×20% = 1 000（万元）

（2）工程预付款的起扣点已完工程价款 = 5 000×60% = 3 000（万元）

（3）各月份发包商应支付工程款：

5 月份：

$$500 \times \left(15\% + 35\% \times \frac{108}{100} + 23\% \times \frac{135}{130} + 12\% \times \frac{140}{135} + 8\% \times \frac{145}{140} + 7\% \times \frac{150}{145}\right) \times (1-5\%) = 497.09$$

（万元）

6 月份：

$$750 \times \left(15\% + 35\% \times \frac{110}{100} + 23\% \times \frac{137}{130} + 12\% \times \frac{142}{135} + 8\% \times \frac{147}{140} + 7\% \times \frac{152}{145}\right) = 795.75 \text{（万元）}$$

7 月份：

$$\left[1\,000 \times \left(15\% + 35\% \times \frac{110}{100} + 23\% \times \frac{138}{130} + 12\% \times \frac{144}{135} + 8\% \times \frac{148}{140} + 7\% \times \frac{154}{145}\right) + (0.5 + 0.3 + 3)\right] \times (1-5\%) = 1\,069.71(\text{万元})$$

8 月份：

$$1\,500 \times \left(15\% + 35\% \times \frac{111}{100} + 23\% \times \frac{130}{130} + 12\% \times \frac{145}{135} + 8\% \times \frac{149}{140} + 7\% \times \frac{155}{145}\right) \times (1-5\%) - (500 + 750 + 1\,000 + 1\,500 - 3\,000) \times 60\% = 1\,056.65 \text{（万元）}$$

9 月份：

$$\left[1\,250 \times \left(15\% + 35\% \times \frac{112}{100} + 23\% \times \frac{139}{130} + 12\% \times \frac{146}{135} + 8\% \times \frac{150}{140} + 7\% \times \frac{156}{145}\right) + 3\right] \times (1-5\%) - \left[1\,000 - (500 + 750 + 1\,000 + 1\,500 - 3\,000) \times 60\%\right] = 733.81 \text{（万元）}$$

工程在半年后竣工，发生屋面漏水，由于在保修期内，因而发包商应通知承包商进行维修。若承包商拒不履行维修义务，业主亦可委托他人维修，费用从质量保证金中支付。

▶ 8.1.4　工程竣工结算

工程竣工结算，是指建筑施工企业按照合同规定的内容全部完成所承包的工程，经验收质量合格，并符合合同要求后，向发包单位进行的最终工程价款结算。

1）施工合同（示范文本）对竣工结算的规定

我国施工合同（示范文本）对竣工结算作了详细的规定：

①工程竣工验收报告经发包方认可后28天内，承包方向发包方递交竣工结算报告及完整的结算资料，双方按照协议书约定的合同价款及专用条款约定的合同价款调整内容，进行工程竣工结算。

②发包方收到承包方递交的竣工结算报告及结算资料后28天内进行核实，给予确认或提出修改意见。发包方确认竣工结算报告后通知经办银行向承包商支付工程竣工结算价款。承包方收到经结算价款后14天内将竣工工程交付发包方。

③发包方收到竣工结算报告及结算资料后28天内不支付工程竣工结算款，从第29天其按承包方同期向银行贷款利率支付拖欠工程价款的利息，并承担违约责任。

④发包方收到竣工结算报告及结算资料后28天内不支付工程竣工结算价款，承包方可以催告发包方支付结算价款。发包方在收到竣工结算报告及计算资料后56天内仍不支付的承包方可以与发包方协议将该工程折价，也可以由承包方申请人民法院将该工程依法拍卖，承包方就该工程折价或者拍卖的价款优先受偿。

⑤工程竣工验收报告经发包方认可后28天内，承包方未能向发包方递交竣工结算报告及完整的结算资料，造成竣工结算不能正常进行或工程竣工结算价款不能及时支付，发包方要求交付工程的，承包方应当交付；发包方不要求交付工程的，承包方承担保管责任。

办理工程价款竣工结算的一般公式为：

竣工结算工程价款＝合同价款＋施工过程中合同价款调整数额－预付及已结算工程价款－保修金

2）工程竣工结算的审查

工程竣工结算审查是竣工结算阶段的一项重要工作。经审查核定的工程竣工结算是核定建设工程成本的依据，也是建设项目验收后编制竣工决算和核定新增固定资产价值的依据。一般应从以下几个方面入手：

（1）核对合同条款

首先，应核对竣工工程内容是否符合合同条件要求，工程是否竣工验收合格，只有按合同要求完成全部工程并验收合格才能竣工结算；其次，应按合同规定的结算方法、计价定额、取费标准、主材价格和优惠条款等，对工程竣工结算进行审核，如发现合同开口或有漏洞，应请建设单位与施工单位认真研究，明确结算要求。

（2）检查隐蔽验收记录

审核竣工结算时，应该对隐蔽工程施工记录和验收签证，手续完整、工程量与竣工图一致方可列入结算。

（3）落实设计变更签证

未经工程师认可的设计变更，不应列入结算。涉及图纸修改的变更还必须征得原设计单位的同意，并由原设计单位出具修改的图纸。重大设计变更还应经原审批部门审批。

（4）按图核实工程数量

竣工结算的工程量应依据竣工图、设计变更单和现场签证等进行核算，并按国家统一规定的计算规则计算工程量。

（5）认真核实单价

工程竣工结算子目多、篇幅大，往往有计算误差，应认真核算，防止因计算误差多计算或少计算。

【例8.6】工程价款结算实例：某工程业主与承包商签订了工程施工合同，合同中含两个子项工程甲和乙，估算工程量甲项目为2 300 m^2，乙项目工程量为3 200 m^2，经协商合同单价甲项目为1 800 元/m^2，乙项目为1 600 元/m^2。承包合同相关内容条款如下：

（1）开工前业主应向承包商支付合同价20%的工程预付款；

（2）业主自第一个月起，从承包商的工程价款中，按5%扣留滞留金；

（3）当子项目工程实际工程量超过估算工程量的10%时，可以进行调价，调整系数为0.9；

（4）根据市场情况规定价格调整系数平均按1.2计算；

（5）工程师签发月度付款最低金额为250万元；

（6）预付款在最后两个月扣除，每月扣50%。

承包商每月实际完成并经工程师签证确认的工程量如表8.10所示。

表8.10　承包商每月实际完成并经工程师签证确认的工程量　　　单位：m^2

	第1个月	第2个月	第3个月	第4个月
甲子项目	500	800	800	600
乙子项目	700	900	800	600

第1个月：

工程量价款：500×1 800+700×1 600＝202（万元）

应签证的工程款：202×1.2×（1-5%）＝230.28（万元）

由于合同规定工程师签发的最低金额为250万元，故本月工程师不予签发付款凭证。

（1）工程预付款为多少？

（2 300×1 800+3 200×1 600）×20%＝185.20（万元）

（2）每月工程量价款为多少？工程师应签证的工程款为多少？实际签发的付款凭证金额是多少？

①第2个月

工程量价款：800×1 800+900×1 600＝288（万元）

应签证的工程款：288×1.2×0.95＝328.32（万元）

本月工程师实际签发的付款凭证金额：230.28+328.32＝558.60（万元）

②第3个月

工程量价款：800×1 800+800×1 600＝272（万元）

应签证的工程款：272×1.2×0.95＝310.08（万元）

应扣还工程预付款：185.20×50%＝92.6（万元）

应付工程款：310.08-92.60＝217.48（万元）

由于工程师签发月度付款最低金额为 250 万元，所以本月工程师不予签发付款凭证。

③第 4 个月

甲子项目累计完成工程量：$500+800+800+600=2\,700$ m²，比原估算工程量 2 300 m² 超出 400 m²，已超出估算工程量的 10%，超出部分的单价应进行调整。

超过估算工程量 10% 的工程量：$2\,700-2\,300×(1+10\%)=170$（m²）

这部分工程量的单价应调整为：$1\,800×0.9=1\,620$（元/m²）

甲子项目工程量价款：$(600-170)×1\,800+170×1\,620=104.94$（万元）

乙子项目累计完成工程量：$700+900+800+600=3\,000$ m²，减少 200 m²，未超过估算工程量，其单价不予调整。

乙子项目工程量价款：$600×1\,600=96$（万元）

本月完成甲、乙两项目工程量价款合计：$104.94+96=200.94$（万元）

应签证的工程款：$200.94×1.2×0.95=229.07$（万元）

本月工程师实际签发的付款凭证金额：$217.48+229.07-185.2×50\%=353.95$（万元）

▶ 8.1.5 工程项目竣工决算

1）工程项目竣工决算的概念

工程竣工决算，是以实物量度和货币量度为计量单位，综合反映竣工工程项目从筹建开始到项目竣工交付使用为止的全部建设费用、建设成果和财务情况的总结性文件，是反映工程项目实际造价和投资效果的文件。

2）工程项目竣工决算和工程结算的区别

工程项目竣工决算和工程结算的区别如表 8.11 所示。

表 8.11　工程项目竣工决算和工程结算的区别

二者不同之处	工程项目结算	工程项目竣工决算
报表编制主体不同	预算部门	财务部门
报表内容不同	承包商承包建设项目施工的建筑安装工程的全部费用，最终反映承包商完成的产值	工程项目从筹建到竣工全过程的全部建设费用，反映建设工程的投资效益
作用和性质不同	①承包商与业主办理工程价款最终结算的依据； ②双方签订建筑安装工程施工合同最终终结的依据； ③业主编制竣工决算的依据。	①业主办理交付、验收、动用新增资产的依据； ②竣工验收报告的重要组成部分。

3）工程项目竣工决算的内容

工程项目竣工决算应包括从筹建到竣工投产全过程的全部实际费用，即包括建筑安装工程费、设备工器具购置费以及预备费等费用。根据财政部、发改委、住建部的相关文件之规定，工程项目竣工决算是由竣工财务决算报表、工程项目竣工财务决算说明书、工程项目竣工图、工程项目竣工造价对比分析 4 部分组成。前两部分又称为工程项目竣工财务决算，是工程项目竣工决算的核心内容。

4) 建设工程竣工决算的编制依据

①经批准的可行性研究报告、投资估算书、初步设计或扩大初步设计、修正总概算及其批复文件；

②经批准的施工图设计及其施工图预算书；

③设计交底或图纸会审会议记录；

④设计变更记录、施工记录或施工签证单及其他施工发生的费用记录；

⑤标底造价、承包合同、工程结算等有关资料；

⑥历年基建计划、历年财务决算及批复文件；

⑦设备、材料调价文件和调价记录；

⑧有关财务核算制度、办法和其他有关资料。

5) 建设工程竣工决算的编制步骤

①收集、整理和分析有关数据资料；

②清理各项债权、债务和结余物资；

③核实工程变动情况；

④编制建设工程竣工决算说明；

⑤填写竣工决算报表；

⑥做好工程造价对比分析；

⑦清理、装订好竣工图；

⑧上报主管部门审查。

8.2 建筑施工企业收入管理

▶ 8.2.1 建筑施工企业收入概述

1) 收入的含义和特征

（1）收入的含义

收入有广义收入和狭义收入之分。广义收入是指那些能够导致企业经济利益流入的所有有利属性。我国企业会计准则规定，收入是指狭义收入，即是指在企业日常经营活动中形成的、会导致所有者权益增加、与所有者投入资本无关的经济利益的总流入，包括商品销售收入、提供劳务收入和让渡资产使用权收入，但不包括为第三方或客户代收的款项。其中，日常活动是指企业为完成其经营目标所从事的经常性活动以及与之相关的其他活动。广义收入包括狭义收入和各种利得。

（2）收入的特征

①收入是从企业日常经营活动中产生的，而不是从偶发的交易或事项中产生的；

②收入可能表现为企业的资产增加或负债的减少；

③收入导致企业所有者权益增加；

④收入只包括本企业经济利益的流入，不包括为第三方或客户代收的款项；

⑤收入与所有者投入资本无关。

2）收入确认的条件

只有同时满足以下条件，才能确认为收入：

①与商品所有权相关的主要风险和报酬已经转移给购买方；

②企业既没有保留通常与所有权相联系的继续管理权，也没有对已售出的商品实施有效控制；

③收入的金额能够可靠地计量；

④相关的经济利益很可能流入企业；

⑤相关的已发生的或将发生的成本能够可靠地计量。

3）收入的分类

（1）按照企业从事日常活动的性质分

按照企业从事日常活动的性质，可以将收入分为销售商品收入、提供劳务收入、让渡资产使用权收入、建造合同收入等。

①销售商品收入，是指企业通过销售商品实现的收入。

②提供劳务收入，是指企业通过提供劳务实现的收入。

③让渡资产使用权收入，是指企业通过让渡资产使用权实现的收入。

④建造合同收入，是指企业承担建造合同所形成的收入。

（2）按照企业从事日常获得在企业的重要性分

按照企业从事日常获得在企业的重要性，可以将收入分为主营业务收入和其他业务收入。

①主营业务收入

主营业务收入也称基本业务收入，是指建筑施工企业为完成其经营目标从事的经常性活动所实现的收入，可以根据其营业执照上所注明的主营业务范围来确定。主营业务收入具有每笔业务金额一般较大、经常发生、在企业总收入中所占比重较高的特点。建筑施工企业主要是从事建筑安装工程施工的企业，因此建筑施工企业的主营业务收入是建造合同收入。

②其他业务收入

其他业务收入也称附营业务收入，是指建筑施工企业为完成其经营目标从事的经常性活动相关的活动所实现的收入。其他业务收入具有每笔业务金额一般较小、不经常发生、在企业总收入中所占比重较低的特点。建筑施工企业主要是从事建筑安装工程施工的企业，因此建筑施工企业的其他业务收入具体包括产品销售收入、材料销售收入、机械作业收入、让渡资产使用权收入等。

4) 收入核算和管理的基本要求

①建筑施工企业应正确区分收益、收入和利得的界限。

②建筑施工企业应正确地确认和计量收入。

③建筑施工企业应及时结转与收入相关的成本。

④建筑施工企业应正确计算收入和相关成本、税费。

▶ 8.2.2 建造合同收入

建筑施工企业的主要业务活动是通过事先与买方（发包商）签订不可撤销建造合同，并按建造合同要求进行施工生产、为发包商提供满足合同要求的工程产品，并据此实现其主营业务收入。因此，建筑施工企业的主营业务收入又称建造合同收入。相应地，建筑施工企业按建造合同来确认其收入，按现行会计制度规定，建筑施工企业应采用完工百分比法来确认其工程结算价款收入。

1) 建造合同及其分类

建造合同，是指建筑施工企业为建造一项资产或者在设计、技术、功能、最终用途等方面密切相关的数项资产而订立的合同。其中，资产是指房屋、道路、桥梁、水坝等建筑物以及船舶、飞机、大型机械设备等。所建造的资产从其功能和最终用途来看，可以分为两类：一类是建成后就可以投入使用和单独发挥作用的单项工程，如房屋、道路、桥梁等；另一类是在设计、技术、功能和最终用途等方面密切相关的有数项资产构成的建设项目，只有这些资产全部建成投入使用时，才能整体发挥效益。如承建一个发电厂，该项目由锅炉房、发电室、冷却塔等几个单项工程构成，只有各个单项工程全部建成投入使用时，发电厂才能正常运转和发电。

（1）建造合同的特征

建造合同属于经济合同范畴，但它又不同于一般的物资采购合同和劳务供应合同，而有其自身的特征，主要表现在：

①先有买主（即客户），后有标底（即资产）。建造资产的造价在签订合同时已经确定。

②资产的建设周期长，一般要跨越一个会计年度，有的长达数年。建筑施工企业为了及时反映各年度的经营成果和财务状况，一般情况下，不能等到合同工程完工时才确认收入和费用，而应按照权责发生制的要求，遵循配比原则，在合同实施过程中，按照一定方法，合理地确认各年的收入和费用。

③所建造资产体积大，造价高。

④建造合同一般为不可撤销合同。

（2）建造合同的分类

建设工程施工合同的主要功能是承发包双方利益的分配和风险的分担，招标人或建设单位可以通过选择适宜的合同类型和设定合同条款而最大限度地将风险转移各承包商，同时最大限度地降低自己的风险。建设工程合同根据合同计价方式的不同，一般可以分为三大类型：总价合同、单价合同、成本加酬金合同。

①总价合同

所谓总价合同，是指在合同中确定一个完成项目的总价，承包单位据此完成项目内容的合同。它是以图纸和工程说明书为依据，由承包商与发包商经过商定做出的。

总价合同具有如下特征：a. 价格根据事先确定的由承包商实施全部任务，按照承包商在投标报价中提出的总价确定；b. 待实施的工程性质与工程量应在事先明确商定；c. 能够使建设单位在评标时易于确定报价最低的承包商、易于进行工程价款支付计算。

显然，采用这种合同，必须弄清建筑安装承包合同标的物的详细内容及各种技术经济指标，否则，承包、发包双方都有蒙受经济损失的可能。

总价合同的形式，按其是否可以调值又分为以下两种形式：固定总价合同和可调总价合同。

a. 固定总价合同

这种合同的价格计算以图纸、规范、规则、合同约定为基础，承发包双方就承包项目协商一个固定总价、由承包方一笔包死，不能变化。

采用这种合同，合同总价只有在设计和工程范围有所变更（即业主要求变更原定的承包内容）的情况下才能随之做出相应的变更。承包商要承担实物工程量、工程单价等因素造成亏损的风险，在合同执行中，除合同另有约定，承发包双方均不能因为工程量、设备、材料价格、工资等变动和气候恶劣等理由，对合同总价提出调值要求。

因此，采用这种合同，业主风险较小，可清楚把握与控制工程造价，防止超支，易于业主投资控制。采用这种合同承包商的风险较大，因而承包商要在投标时对一切的费用上升因素做出充分估计，并包括在投标报价中。因为承包商将要为许多不可预见的因素付出代价，所以承包商往往加大不可预见费用，致使这种合同一般报价较高。

这种形式的合同主要适用于：工期较短（一般不超过一年）；对最终要求非常明确，工程规模小，技术简单的中小型建设项目；设计深度已经达到施工图阶段要求，合同履行中不会出现较大的变更。

b. 可调总价合同

可调总价合同，也是一种"总价"合同，也是以图纸及规定、规范为基础，但它是按照"时价"进行计算的，是一种相对固定的价格。与固定总价合同的区别在于，在合同执行过程中，由于通货膨胀而导致的工料成本增加，可对合同总价进行相应的"调值"。"调值"的含义是，合同总价未发生变化，只是增加调值条款。

这种合同对合同实施过程中出现的风险做了分摊，发包方承担了通货膨胀这一不可预见费用因素的风险，而承包商只承担了实施中实物工程量、成本和工期等因素的风险。因此，这种合同适用于工程内容和技术经济指标规定很明确的项目，由于合同中列明调值条款，所以工期在一年以上的项目较适用于采用这种合同形式。

②单价合同

当准备发包的工程项目的内容和设计指标一时不能明确时或是工程量可能出入较大时，宜采用单价合同。这样在不能精确地确定计算工程量的情况下，可以避免凭运气而使发包方或承包方任何一方承担过大风险。单价合同对发包方而言可提前招标，所按资金占用时间，计算程序比较简单，但发包方的风险是在竣工前不能掌握工程总造价。对承包商而言，风险较小，但利润会较低。

单价合同可以分为估计工程量单价合同、纯单价合同、单价与包干混合合同。

a. 估计工程量单价合同

这种合同是以工程量表和工程量单价表为基础和依据来计算合同价格。通常是由发包商委托工程咨询机构提出工程量清单列出分部分项工程量，由承包商以此为基础填报单价。最后工程的结算价应按实际完成工程量计算，由合同中分部分项工程单价乘以实际工程量，得出工程结算总价。

采用这种合同时，要求实际完成的工程量与估计工程量不能有实质性的变化，否则应调整单价。工程量多大范围的变更才算是实质性的变化，不同合同条文有不同规定，需要承发包双方合同约定。

采用这种合同时，工程量是统一计算出来的，承包方只需要经过复核并填上适当的单价即可，承担风险较小；发包商也只需审核单价是否合理即可，双方都比较方便。目前国际上采用较多。我国推行工程量清单计价方式改革后也会有越来越多的项目采用此合同。

b. 纯单价合同

招标文件中仅给出各项工程的工作内容一览表、工程范围和必要说明，而不提供工程量。投标人只需报出各项目的单价即可，实施过程中按实际完成工程量结算。采用这种合同时，发包方只需要向承包商给出发包工程的有关分部分项工程以及工程范围，不对工程量作任何规定。

工程量按实际完成数量进行结算，发包方必须对工程量的单位划分作出明确的规定，以使各承包商能够合理地定价。

c. 单价与包干混合合同

这种合同是总价与单价合同的一种结合形式。对内容简单、工程量准确部分，采用总价方式承包；对技术复杂、工程量为估算部分，采用单价合同方式承包。但应注意，在合同内必须详细注明两种计价方式所限定的工作范围。

③成本加酬金合同

成本加酬金合同，又称成本加成合同，是指将工程项目的实际投资划分成直接成本费和承包商完成工作后应得酬金两部分。实施过程之中发生的直接工程费由业主实报实销，另按合同约定的方式支付给承包商相应的报酬，即以合同允许或其他方式议定的成本为基础，加上该成本的一定比例或定额费用确定工程价款的建造合同。

成本加酬金合同的适用范围是：工程内容及技术经济指标尚未全面确定，投标报价的依据尚不充分的情况下，发包方因工期要求紧迫、必须发包的工程；发包方与承包方之间具有高度的信任；承包方在某些方面具有独特的技术、特长和经验的工程。

成本加酬金合同的主要形式包括成本加固定百分比酬金合同、成本加固定金额酬金合同、成本加奖罚合同、最高限额成本加固定最大酬金合同等形式。

a. 成本加固定百分比酬金合同

承包商实际成本实报实销，同时按实际直接成本的固定百分比支付给承包商一笔酬金。

b. 成本加固定金额酬金合同

与成本加固定百分比酬金合同类似，不同之处在于向承包商支付一个固定金额的酬金。

上述两种形式是最基本的成本加酬金合同形式，但是它们不利于发包商降低成本，也不利于调动承包商降低成本的积极性，故实务中较少采用。使用一些"补充条款"是承包商节约资金、降低成本的优化合同选择。

c. 成本加奖罚合同

根据估算的工程量和单价编制确定目标成本，根据目标成本确定酬金的数量或比例，根据实际工程成本支出确定一笔奖金或罚金。当实际成本低于目标成本时，承包商除了可以从发包商获得实际成本、酬金补偿外，还可以根据实际降低额得到一笔奖金。当实际成本高于目标成本时，承包商仅能够从发包商处得到实际成本和酬金补偿，并可能会根据实际成本超出目标成本的程度，被处以一笔罚金。

d. 最高限额成本加固定最大酬金合同

采用这种合同形式需要事先确定最高限额成本、报价成本和最低成本，然后根据实际成本大小分不同情况来确定酬金大小。当实际成本没有超过最低成本时，承包商花费的成本费用及应得酬金等都可得到发包方的支付，并与发包方分享节约额；如果实际工程成本在最低成本和报价成本之间，承包方只能得到成本加酬金；如果实际工程成本在报价成本和最高限额成本之间时，只能得到来自发包方的实际成本的补偿；当实际工程成本高于最高限额成本时，则超过部分发包商不予支付。这种形式的合同有利于控制工程造价，并鼓励发包商最大限度地降低工程成本。

上述合同的分类也不是绝对的，大多数建筑工程施工合同都不是单一形式，而是多种类型合同的组合。有的工程总体上采用总价合同，但其中的暂定项目又是基于单价合同；如有变更发生，则有可能采用成本加酬金合同。总之，发包方要有自己的合同专家，精明地选择合同类型和恰当的合同战略，这将有利于发包方的成本控制。

固定造价合同和成本加成合同的最大区别在于它们所含风险的承担者不同。固定造价合同的风险主要由建造承包方承担，而成本加成合同的风险则主要由发包方承担。

在实际工作中，从合同价款的确定来看，有以下两种不同的方式：

①施工图预算造价方式。即建筑施工企业按施工所提供的资料和计算出的工作量，依据预算定额和单位造价以及有关文件所规定的取费标准计算出工程造价；

②投标造价方式。即建筑施工企业依据招标单位提供的有关资料提出自己的报价，经招标单位评估后决定造价并依此签订合同。这两种方式类似于固定造价合同。

目前我国以招投标形式确定工程造价的方式居多。

2）建造合同收入的内容及确认标准

建筑施工企业的建造合同收入，即是施工企业的工程结算收入。根据现行财务会计制度的规定，工程结算收入包括合同初始收入、合同变更收入、索赔收入、奖励收入以及向发包单位收取的临时设施基金、劳动保险基金、施工机构调遣费等。建造工程合同收入包括以下两部分内容：

（1）合同中规定的初始收入

合同中规定的初始收入，是指建筑施工企业与发包方在双方签订的合同中最初商定的合同总金额，它构成了合同收入的基本内容。

（2）因合同变更、索赔、奖励等形成的收入

因合同变更、索赔、奖励等形成的收入，并不构成承发包双方在签订合同时已在合同中商定的合同总金额，而是在执行合同过程中由于合同变更、索赔、奖励等原因而形成的追加收入。建筑施工企业不能随意确认这部分收入，只有在符合规定时这部分收入才能构成合同总收入。

①合同变更，是指发包商为改变合同规定的作业内容而提出的调整。因合同变更而增加的收入，应当在发包商能够认可因变更而增加的收入，并且收入能够可靠地计量时予以确认。

②索赔款，是指因发包商或第三方的原因造成的、由建筑施工企业向发包商或第三方收取的、用以补偿不包括在合同造价中的成本的款项。建筑施工企业只有在预计对方能够同意这项索赔款（根据谈判情况判断），并且在对方同意接受的金额能够可靠地计量时予以确认。

③奖励款，是指工程达到或超过规定的标准时，发包商同意支付给建筑施工企业的额外款项。建筑施工企业应当根据目前合同完成情况，足以判断工程进度和工程质量能够达到或超过既定的标准，并且奖励金额能够可靠地计量时，才能将因奖励而形成的收入予以确认。

3）合同成本的内容

建筑施工企业建造合同成本应当包括从合同签订之日开始至合同完成时为止所发生的、与执行合同有关的直接费用和间接费用。

直接费用是指建筑施工企业为完成合同所发生的、可以直接计入合同成本核算对象的各项费用支出，具体包括工程施工过程中耗用的人工费、材料费、机械使用费、其他直接费。间接费用是建筑施工企业为完成合同所发生的、不宜直接归属于合同成本核算对象而应分配计入有关合同成本核算对象的各项费用支出，包括建筑施工企业下属的工区、施工队和项目经理部为组织和管理施工生产活动所发生的费用。

4）建造合同收入与建造合同成本（费用）确认和计量的原则

建造合同收入与建造合同成本（费用）确认和计量，应首先判断建造合同的结果能否可靠地估计，然后再根据具体情况进行处理。

（1）建造合同的结果能够可靠地估计，建造合同收入与建造合同成本（费用）确认和计量的原则

如果建造合同的结果能够可靠地估计，建筑施工企业应当根据完工百分比法在资产负债表日确认建造合同收入和建造合同费用。由于建造合同分为固定造价合同和成本加成合同两种类型。不同类型的建造合同，判断其结果能否可靠地估计的前提条件也是有所不同的。

①固定造价合同的结果能够可靠地估计，应同时具备以下条件：

a. 合同总收入能够可靠地估计；

b. 与合同相关的经济利益能够流入企业；

c. 在资产负债表日，合同完工进度和为完成合同尚需发生的成本能够可靠地确定；

d. 为完成合同已经发生的合同成本能够清楚地区分和可靠地计量，以便实际合同成本能够与以前的预计合同成本相比较。

②成本加成合同的结果能够可靠地估计，应同时具备以下条件：

a. 合同相关的经济利益能够流入企业；

b. 实际发生的合同成本能够清楚地区分并且能够可靠地计量。

建筑施工企业当期完成的建造合同，应按实际合同总收入减去以前会计年度累计已确认的合同收入后的余额作为当期收入，同时按累计实际发生的合同成本减去以前会计年度累计已确认的合同费用后的余额作为当期费用。

（2）建造合同的结果不能可靠地估计，建造合同收入与建造合同成本（费用）确认和计量的原则

如果建造合同的结果不能可靠地估计，则不能采用完工百分比法确认和计量合同收入和合同费用。应当区别以下情况进行处理：

①合同成本能够收回的，合同收入根据能够收回的实际合同成本加以确认，合同成本在其发生的当期作为费用。

【例8.7】某建筑公司与客户签订了一份总金额为100万元的建造合同。第一年实际发生工程成本50万元，双方均能履行合同规定的义务，但建筑公司在年末对该项工程的完工进度无法可靠地确定。

①虽然不能采用完工百分比法确认收入，但由于客户能履行合同，当年发生的成本均能收回，所以该建筑公司可将当年发生的成本金额同时确认为当年的合同收入和合同费用，当年不确认利润。

②若当年只与客户办理价款结算30万元，其余款项可能收不回来。此时，该建筑公司只能将30万元确认为当年的合同收入，50万元确认为合同费用。

②合同成本不能收回的，应当在发生时立即作为费用，不确认收入。

在一个会计年度内完成的建造合同，应当在完成时确认合同收入和合同费用。如果合同预计总成本将超过合同预计总收入，应当将预计损失立即作为当期费用。

（3）合同预计损失的处理

施工企业正在建造的资产，类似于工业制造企业的在产品，性质上属于施工企业的存货，期末同样应进行减值测试。如果建造合同的预计总成本超过合同总收入，则形成合同预计损失，应当提取损失准备，并确认为当期费用。合同完工时，将已提取的损失准备冲减合同费用。

【例8.8】某施工企业签订了一份总金额为200万元的固定造价合同，最初预计合同总成本为170万元。第一年实际发生合同成本110万元，年末预计为完成合同尚需发生成本110万元，该合同的结果能可靠地估计。

则该施工企业第一年年末：

（1）完工百分比：110÷（110+110）×100%＝50%

（2）应确认合同收入：200×50%＝100（万元）

（3）应确认合同费用：（110+110）×50%＝110（万元）

（4）应确认合同毛利：100-110＝-10（万元）

（5）预计合同损失：［（110+110）－200］×（1-50%）= -10（万元）

5）完工百分比法及其应用

完工百分比法，是根据合同完工进度确认合同收入和合同费用的方法。运用这种方法确认合同收入和合同费用，能够为财务报表使用者提供有关合同进度及本期业绩的有用信息，并能够体现权责发生制的实质。

建筑施工企业应用完工百分比法，首先应确定建造合同的完工进度，计算完工百分比；然后再根据完工百分比计量和确认当期的合同收入和合同费用。

（1）确定建造合同的完工进度

建筑施工企业确定建造合同的完工进度可以选用以下几种做法：

①根据累计实际发生的合同成本占合同预计总成本的比例确定合同完工进度。该方法是确定建造合同完工进度最常用的方法之一。其计算公式如下：

合同完工进度＝累计实际发生的合同成本÷合同预计总成本×100%

其中，合同预计总成本＝累计实际发生的合同成本+完成合同尚需发生的成本

【例8.9】某建筑施工企业签订了一项合同总金额5 000万元的建造合同，合同工期2年半。第1年实际发生合同成本1 300万元，年末预计为完成合同尚需发生成本2 900万元；第2年实际发生合同成本2 000万元，年末预计为完成合同尚需成本800万元。计算合同完工进度如下：

第一年合同完工进度：1 300÷（1 300+2 900）×100%＝30.95%

第二年合同完工进度：（1 300+2 000）÷（1 300+2 000+800）×100%＝80.49%

采用累计实际发生的合同成本占合同预计总成本的比例确定合同完工进度时，累计实际发生的合同成本实际上是形成工程形象进度的工程实体和工作量所耗用的直接费用和间接费用，不包括与合同未来活动相关的合同成本（如施工中尚未安装、使用或耗用的材料成本）以及在分包工程的工作量完成之前预付给分包单位的款项。

②根据已完成的合同工作量占合同预计总工作量的比例来确定合同完工进度

该方法适用于合同工作量容易确定的建造合同，如道路工程、土石方工程、砌筑工程等。其计算公式如下：

合同完工进度＝已经完成的合同工作量÷合同预计总工作量×100%

【例8.10】某建筑施工企业签订了一项修建500千米公路的建造合同，合同总金额60 000万元。合同工期为2年。第一年修建了180千米，第二年修建了270千米。其合同完工进度计算如下：

第一年合同完工进度＝180÷500×100%＝36%

第二年合同完工进度＝（180+270）÷500×100%＝90%

③已完合同工作的测量。该方法是在无法根据上述两种方法确定合同完工进度时而采用的一种特殊的技术测量方法，适用于一些特殊的建造合同，如水下施工工程等。需要强调的是，这种技术测量并不是由建筑施工企业自行随意测定，而是应由专业测量人员现场进行科学测量确定。

（2）根据完工百分比确认合同收入和费用

建筑施工企业根据完工百分比计量和确认当期合同收入和费用，首先确认当期的合同

收入，然后确认当期的合同毛利，最后确认当期的合同费用。其计算公式如下：

当期确认的合同收入＝合同总收入×合同完工进度－以前会计年度累计已确认的合同收入

当期确认的合同毛利＝（合同总收入－合同预计总成本）×合同完工进度－以前会计年度累计已确认的合同毛利

当期确认的合同费用＝当期确认的合同收入－当期确认的合同毛利－以前会计年度预计损失准备

【例8.11】某建筑施工企业签订了一项总金额为5 000万元的固定造价合同。合同工期为3年。假定经计算第一年合同完工进度为30%，第二年为80%，经测定，前两年合同预计总成本为3 800万元，第三年工程全部完工，累计实际发生合同成本为3 650万元。则该建筑施工企业各期应确认合同收入、合同毛利、合同费用计算如下：

第一年：

应确认的合同收入＝5000×30%－0＝1 500（万元）

应确认的合同毛利＝（5 000－3 800）×30%－0＝360（万元）

应确认的合同费用＝1 500－360＝1 140（万元）

第二年：

应确认的合同收入＝5 000×80%－1 500＝2 500（万元）

应确认的合同毛利＝（5 000－3 800）×80%－360＝600（万元）

应确认的合同费用＝2 500－600＝1 900（万元）

第三年：

应确认的合同收入＝5 000－1 500－2 500＝1 000（万元）

应确认的合同毛利＝（5 000－3 650）－360－600＝390（万元）

应确认的合同费用＝1 000－390＝610（万元）

8.3 建筑施工企业利润管理

▶ 8.3.1 建筑施工企业利润概述

1）利润的概念及意义

利润，是指通过建筑施工企业在一定期间的生产经营活动所取得的收入和其他收入扣减各种成本费用、税费和损失之后的净额。

企业通过利润的核算，可以及时反映企业在一定期间的经营绩效和获利水平，反映企业投入产出的效率和经济效益；有助于经营管理者进行盈利预测、评价企业的经营绩效并做出正确的决策。在市场经济条件下，企业努力开拓市场，努力创造利润。利润的形成对企业具有重要意义。具体体现在：

（1）利润是企业生产经营追求的目标

在重视风险因素评估，符合长远利益和有充足的资本及其他资源的前提下，企业追求利润最大化。通过利润的考核，可以分析评价企业的经营效率、经营业绩及实现经营目标和财务管理目标的能力。

（2）利润是企业投资人和债权人进行投资决策和信贷决策的重要依据

投资人的主要目的在于获得既定风险条件下的最大投资报酬率，债权人则要求保证其所投放债权的安全性，这些都要求企业必须具备较强的获利能力，而利润正是反映企业获利能力大小的主要指标。

（3）利润是企业分配的基础

就某一特定时期来说，利润水平代表可供分配的最高限额，因而利润是分析、确定利润分配关系的重要依据。

2）建筑施工企业利润的构成

建筑施工企业作为独立的经济实体，应当以自己的经营收入抵补其经营成本、费用，并且实现盈利。企业盈利的大小在很大程度上反映了企业生产经营的经济效益，表明企业在每一会计年度的最终经营成果。

按照现行财务制度的规定，建筑施工企业的利润可以划分为营业利润、利润总额、净利润3个层次。

（1）营业利润

建筑施工企业的营业利润是指建筑施工企业在一定期间内正常的施工生产经营活动所获得的利润。

营业利润=营业收入-营业成本-营业税金及附加-期间费用-资产减值损失+公允价值变动收益-公允价值变动损失+投资净收益（-投资净损失）

从企业财务管理角度，建筑施工企业的营业利润可以进一步分解为：

主营业务利润=主营业务收入-主营业务成本-营业税金及附加

其他业务利润=其他业务收入-其他业务成本

这样划分，有助于进一步考察建筑施工企业营业利润的构成是否合理，以便于进一步分析评价建筑施工企业的利润来源是否正常、进一步考察建筑施工企业的获利能力及发展前景。

①期间费用

建筑施工企业的期间费用主要包括管理费用和财务费用两种。

a. 管理费用。建筑施工企业的管理费用是指建筑施工企业行政管理部门（公司总部）为组织和管理企业经营活动而发生的各项费用，包括：行政管理人员薪酬、行政管理部门固定资产折旧费、修理费、周转材料摊销、办公费、差旅费、交通费、工会经费、职工教育经费、董事会会费、咨询费、诉讼费、绿化费、税金、土地使用费、技术转让费、技术开发费、无形资产摊销、业务招待费等。

b. 财务费用。建筑施工企业的财务费用是指为筹集和使用生产经营所需资金而发生的各项费用。包括施工生产经营期间的利息净支出、汇兑净损失、金融机构手续费及企业筹资用资时发生的其他财务费用。但不包括在固定资产、无形资产、土地使用权的购建期间所发生的应该资本化的利息支出和汇兑损失，这些利息支出和汇兑损失应计入相关资产价值。

②投资净收益

建筑施工企业的投资净收益是指建筑施工企业对外进行股权投资、债权投资所获得的投资收益减去投资损失后的净额。投资净收益可按如下公式计算：

$$投资净收益＝投资收益－投资损失$$

其中，投资收益包括：

a. 从联营企业分得的利润；

b. 持有股票而从发行企业分得的股利；

c. 持有债券而获得的债券利息；

d. 期满收回投资或中途转让所获得超过原账面价值的差额；

e. 进行股权投资按照权益法核算在被投资企业当年增加的净盈利中所应享有的数额。

投资损失包括：

a. 投资到期收回或中途转让所获得低于原账面价值的差额；

b. 进行股权投资按照权益法核算在被投资企业当年实现的净亏损中所应承担的数额。

（2）利润总额

$$利润总额＝营业利润＋营业外收入－营业外支出$$

建筑施工企业的营业外收入和营业外支出，是指与建筑施工企业施工生产经营活动没有直接关系的各项收入和支出。

①营业外收入

营业外收入，是指与企业建造合同收入和其他业务收入相对而言，虽然与施工生产经营活动没有直接关系，但却与企业有相应关联，相应也成为企业利润总额的有机组成部分。建筑施工企业的营业外收入主要包括：

a. 处置固定资产净收益（对外投资转让、非货币性资产交换、债务重组、报废清理、对外出售等）；

b. 处置临时设施净收益（报废清理、对外出售等）；

c. 处置无形资产净收益（对外投资转让、非货币性资产交换、债务重组、报废清理、对外出售等）；

d. 罚款收入、违约收入、赔偿收入、滞纳金收入；

e. 确实无法偿付的债务；

f. 现金盘盈收入；

g. 捐赠利得；

h. 债务重组利得；

i. 非货币性资产交换利得；

j. 政府补助利得。

②营业外支出

营业外支出，是相对于营业成本、期间费用而言的。它虽然不属于建筑施工企业营业支出范围，但与企业支出相关联，因而必然构成企业利润总额的扣除项目。建筑施工企业的营业外支出主要包括：

a. 处置固定资产净损失（对外投资转让、非货币性资产交换、债务重组、报废清理、对外出售等）；

b. 处置临时设施净损失（报废清理、对外出售等）；

c. 处置无形资产净损失（对外投资转让、非货币性资产交换、债务重组、报废清理、对外出售等）；

d. 罚款支出、违约支出、赔偿支出、滞纳金支出；

e. 固定资产净盘亏；

f. 对外公益救济性捐赠支出；

g. 非广告性赞助支出；

h. 债务重组损失；

i. 非货币性资产交换损失。

（3）净利润

净利润（又称税后利润、税后净利），是指企业的利润总额扣除所得税费用之后的利润。即：

$$净利润 = 利润总额 - 所得税费用$$

▶ 8.3.2 建筑施工企业目标利润管理

1）建筑施工企业目标利润管理的意义

从整个建筑施工企业的财务管理角度来看，目标利润管理是建筑施工企业财务管理系统的一个子系统，从其所处地位来看，则是整个建筑施工企业财务管理的核心。因此，目标利润管理制约着建筑施工企业其他方面的管理，做好目标利润管理对建筑施工企业有着重要作用。

目标利润，是指企业在未来一定期间内经过努力应该能够达到的利润水平，反映一定时期内预期的财务成果和经营效益，它是企业经营目标的重要组成部分。

目标利润管理是在目标利润规划的基础上，通过过程控制和结果考核，确保目标利润的实现；通过差异分析和结果考核，并结合外部环境变化，重新进行下期目标利润规划。因此，目标利润管理是一个管理循环。

建筑施工企业目标利润管理是指将目标利润管理原理和方法具体运用到建筑施工企业利润管理实践中，要求企业通过科学方法确定在一定时期内所要实现的目标利润额，并根据目标利润的要求，测定为完成目标利润额的各项经营收支目标，列出日程，归口分级进行分解、落实，有效实施日常控制，严格考评，确保目标利润额的实现。

2）建筑施工企业目标利润制订的基本要求

（1）既要积极进取，又要留有余地

目标利润的确定应该是充分挖掘企业的潜力，但不能脱离实际和可能，还要充分考虑企业面临复杂多变的外部环境及其风险程度，允许留有余地。

（2）要与内部环境和外部环境相适应

企业内部环境一般是企业可以控制、制约的，但内部环境的改善，必须朝着适应外部环境的方向进行。因此，制订目标利润要充分考虑企业内部环境和外部环境，来平衡资源条件，协调内外关系。

（3）要力求实现综合平衡

在制订目标利润时，一方面要全面考虑企业经营规模、毛利率、费用开支等因素对利润变动的影响，为目标利润的确定提供科学依据；另一方面要与企业的购销计划和其他财务计划反复平衡。当然，企业其他计划要服从目标利润计划，其中包括必要时作出相应的调整，最终使其他计划成为实现目标利润的保证。

3）建筑施工企业目标利润制订的程序

目标利润的制订一般是在考虑企业发展战略、市场需求状况、同行业有关企业平均利润水平、本企业未来发展对利润的特定要求的前提下，经过一系列的分析、计量之后予以确定的。一般来说，目标利润的制订过程大致包括以下几个步骤：

①首先，考查上期利润计划的完成情况，分析下期利润影响因素的变动。通过对上期的计划利润与实际利润的对照比较，弄清上期利润计划完成情况的好坏和盈利水平的高低，并尽可能把握以前年度尤其是上年度的经营情况对下期利润的影响。还要根据市场调查、销售预测等有关资料，测定和分析影响利润的诸多因素对未来目标利润的影响方向和程度。

②其次，确定初步的利润目标。初步的利润目标是通过目标利润预测工作来完成的。在实际工作中，一般利用目标利润的预测值，参照过去企业利润增长的实际情况或同行业的平均实际利润水平，并分析预测将来的利润需要和用途，确定一个基础性的利润数据，再按可预测的其他条件进行粗略的修正，作为初步利润目标定下来。

③最后，通过综合平衡，决策出最终的利润目标。最终利润目标是建立在综合考虑各因素基础之上的目标。要考虑各环境条件的变化、市场需求的变化、可能出现的各种风险等，并区别可控因素与不可控因素，应首先考虑处理可控因素，计算其对目标利润的影响之后，再考虑不可控的外部因素，经过全面评价和综合平衡，得出最终的利润目标。

以上只是对目标利润制订业务程序的说明，在实际工作中，还需要建筑施工企业包括物资采购、施工生产及财务等有关部门的通力合作、积极参与，才能确保目标利润的制订科学合理，符合企业实际情况。

4）建筑施工企业目标利润的预测方法

建筑施工企业的利润总额由多方面内容构成，因此，对利润总额的各个组成部分分别进行预测是确定建筑施工企业目标利润的基础。其中，最主要的是对建筑施工企业主营业务利润的预测，因为，主营业务利润才是建筑施工企业利润总额的构成根本，才能代表建筑施工企业的盈利能力和获利水平。而建筑施工企业主营业务利润又具有行业特点，其预测方法与其他类型的企业存在很大的不同。建筑施工企业的年度主营业务利润的预测方法，通常有以下几种：比例预测法、本量利分析法、回归分析法。

（1）比例预测法

比例预测法，是运用历史上企业利润的平均利润率或与利润相关的指标来预测企业未来一定时期内利润额的方法。这种方法要求历史数据资料必须完整、可信。在实际运用时，可以根据利润与收入的比例关系、利润与成本的比例关系、利润与资金的比例关系来预测。

①根据利润与收入的比例关系预测——销售（收入）利润率

目标利润＝预计工程结算收入×销售（收入）利润率

【例 8.12】某建筑施工企业 2011—2015 年工程结算利润率资料见表 8.12。

表 8.12　某建筑施工企业 2011—2015 年工程结算利润率表

年　份	2011	2012	2013	2014	2015
工程结算利润率（%）	15	16	15.5	14.5	14

预计 2016 年度可实现工程结算收入 200 000 万元。则 2016 年度可实现工程结算利润是多少？

解：

平均工程结算利润率＝（15%+16%+15.5%+14.5%+14%）÷5＝15%

2016 年度可实现工程结算利润＝200 000×15%＝30 000（万元）

②根据利润与成本的比例关系来预测——成本利润率

目标利润＝预计工程结算成本×成本利润率

【例 8.13】某建筑施工企业 2011—2015 年工程结算成本利润率资料见表 8.13。

表 8.13　某建筑施工企业 2011—2015 年工程结算成本利润率表

年　份	2011	2012	2013	2014	2015
工程结算成本利润率（%）	25	26	24	27	23

预计 2016 年度工程结算成本将达到 300 000 万元。则 2016 年度可实现工程结算利润是多少？

解：

平均工程结算成本利润率＝（25%+26%+24%+27%+23%）÷5＝25%

2016 年度可实现工程结算利润＝300 000×25%＝75 000（万元）

③根据利润与资金的比例关系来预测——资金利润率

目标利润＝预计年度平均资金占用额×资金利润率

【例 8.14】某建筑施工企业预计 2016 年度平均资金占用额为 250 000 万元，计划资金利润率为 24%。

则，该建筑施工企业预计 2016 年度可实现利润额：250 000×24%＝60 000（万元）

（2）本量利分析法

①单一工程项目施工建设

预计工程结算利润＝预计项目工程量×（单位结算价格-单位税金-单位变动成本）-固定成本总额

其中：

a. 单位贡献毛益

单位贡献毛益（又称单位边际贡献），是指工程结算单价扣减单位变动成本、单位税费之后的净额，反映单位工程量初步创利额。其计算公式如下：

单位贡献毛益＝单位结算价格-单位税金-单位变动成本

b. 贡献毛益总额

贡献毛益总额（又称边际贡献总额），是指一定工程量的工程结算收入扣减税费和变动成本总额之后的净额，反映一定工程量的初步获利额。其计算公式如下：

贡献毛益总额=预计项目工程量×（单位结算价格-单位税金-单位变动成本）

c. 贡献毛益率

贡献毛益率（又称边际贡献率），反映每百元工程结算收入的初步创利额，表明每百元工程收入能够补偿的固定成本总额。其计算原理如下：

贡献毛益率=（单位结算价格-单位税金-单位变动成本）÷单位结算价格×100%

或：

边际贡献率（贡献毛益率）=预计项目工程量×（单位结算价格-单位税金-单位变动成本）÷预计工程结算收入总额×100%

【例8.15】某建筑施工企业，预计2016年从事某一大型工程项目的施工建设，预计年度完工工程量为10万平方米，预计结算单价为2 000元，工程结算税金率3.3%，预计单位变动成本为1 134元，预计全年固定成本总额为4 800万。

解：

①单位边际贡献：2 000-2 000×3.3%-1 134=800（元）

②边际贡献率：800÷2 000×100%=40%

③保本点工程结算量：4 800÷800=6（万平方米）

④预计可实现工程结算利润：10×（2 000-2 000×3.3%-1 134）-4 800=3 200（万元）

②同时进行多个工程项目施工建设

第一步，计算各工程产品的边际贡献率；

第二步，计算各工程产品工程结算收入占全部工程产品工程结算收入的比重；

第三步，计算加权平均边际贡献率（综合边际贡献率）；

第四步，计算综合保本点；

第五步，计算全部工程产品的工程结算利润。

全部产品工程结算利润=全部工程产品预计工程结算收入×加权平均边际贡献率-固定成本总额

【例8.16】某建筑施工企业预计2015年将从事如下工程施工，有关数据资料见表8.14。

表8.14　某施工企业2015年各工程数据表

项　目	甲工程	乙工程	丙工程
预计完工工程量（万方）	10	15	20
预计结算单价（元）	2 000	1 600	1 800
预计结算税金率（%）	3.3	3.3	3.3
预计单位变动成本（元）	1 134	947.2	1140.6
预计全年固定成本总额（万元）	15 950		

第一步，计算各工程项目边际贡献率：

甲工程：（2 000-1 134-2 000×3.3%）÷2 000×100%＝40%

乙工程：（1 600-947.2-1 600×3.3%）÷1 600×100%＝37.5%

丙工程：（1 800-1 140.6-1 800×3.3%）÷1 800×100%＝33.33%

第二步，各工程项目结算收入占全部工程项目结算收入的比重：

各工程产品结算总收入＝2 000×10+1 600×15+1 800×20＝80 000（万元）

甲工程结算收入比重：2 000×10÷80 000×100%＝25%

乙工程结算收入比重：1 600×15÷80 000×100%＝30%

丙工程结算收入比重：1 800×20÷80 000×100%＝45%

第三步，加权平均边际贡献率（综合贡献毛益率）：

40%×25%+37.5%×30%+33.33%×45%＝36.25%

第四步，综合保本点：

15 950÷36.25%＝44 000（万元）

第五步，2012年度预计工程结算利润：

80 000×36.25%-15 950＝13 050（万元）

（3）根据结算工程的计划利润加上工程项目成本降低额计算

其具体计算公式如下：

$$主营业务利润＝计划利润+成本降低额$$

$$计划利润＝建造合同收入×（1-税费率）×预期利润率÷（1+预期利润率）$$

【例8.17】某建筑施工企业计划2015年完成施工产值（及建筑施工工程造价）为200 000万元，计划2015年初未完施工工程造价10 000万元，2015年末未完施工工程造价8 000万元。2015年度建筑施工成本计划降低额为2 000万元，综合税费率为建造合同收入的3.3%。预期利润率为建造合同收入的8%。

则有：

①2015年度主营业务收入（工程结算价款收入）：

$$200 000+10 000-8 000＝202 000（万元）$$

②2015年度计划主营业务利润：

$$202 000×（1-3.3%）×8%÷（1+8%）＝14 469（万元）$$

③2015年度工程结算成本降低额为：

$$2 000×（202 000÷200 000）＝2 020（万元）$$

④2015年度主营业务利润为：

$$14 469+2 020＝16 489（万元）$$

5）建筑施工企业工程结算目标利润的分层管理

（1）工程结算目标利润分层管理的责任主体层次

从建筑施工企业实现工程结算利润的不同责任主体来看，主要分为以下3个层次：经营层、项目管理层、自有施工队或外包施工队和班组及工人组成的施工作业层。

①经营层

经营层包括建筑施工企业高层领导以及市场开发部门，主要从事工程投标经营活动，其所实现的利润称为经营层利润。这种利润基本形成于招投标阶段，通过对承包工程项目的跟踪、投标报价竞标、合同谈判决定合同初始价、工程的调价变更和索赔以及深远影响的合同条款。由于不同项目竞争程度不同，企业组织和技术管理水平不同，决定着各个项目的利润空间不同，以至于经营层利润可能为盈利也可能为亏损。

②项目管理层

企业在投标成功签订工程项目施工合同后，择优委托项目经理、副经理、商务经理及其他高级管理人员组成项目经理部，对外代表企业全面向业主（发包商）负责，对内向委托人负责，项目经理部是企业针对该工程项目的管理中心。项目经理部所创造的利润也就被称为管理层利润。

③自有施工队或外包施工队和班组及工人组成的施工作业层

施工作业层负责该项施工过程中的基层成本控制。施工作业层创造的利润就被称为施工作业层利润。

以上3个层次的利润之和就构成建筑施工企业某承包项目的工程结算利润。

根据上述工程结算利润的3个不同层次的划分，将工程结算目标利润归口分级进行分解、落实，形成3个层次的目标利润管理点：经营层目标利润管理点、项目管理层目标利润管理点和施工作业层目标利润管理点。建筑施工企业应加强对这些环节的利润管理力度，以保证利润目标的实现。

（2）工程结算目标利润分层管理的作用

前面所述建筑施工企业3个目标利润管理点是在现代企业制度下，以责权利清晰、便于管理考核为出发点而设立的。它具有如下几个方面的作用：

①通过制订建筑施工企业各个环节目标利润管理点，有利于制订企业目标利润，也有利于企业利润管理政策的落实。

②明确利润管理点，使建筑施工企业各个环节利润管理权责更清晰、便于管理。

③通过制订经营层目标利润管理点，能够清晰地反映一定时期建筑施工企业新承揽工程的利润水平，从而避免了牺牲企业利润而承揽大量工程的虚假繁荣现象的出现。

④通过制订项目管理层目标利润管理点，有利于制订企业项目目标费用额，便于控制项目管理层费用发生的规模。

⑤通过制订施工作业层目标利润管理点，有利于施工作业层制订该工程项目的目标利润，以便进行利润规划。

（3）工程结算目标利润分层管理的内容

①经营层目标利润管理点

经营层利润，是指建筑施工中标价格与其所在省市建设主管部门所制定的清单报价规范价格以及企业所能承受的负标指数所确定的企业内定中标价格的差额。

经营层利润=中标价格-标准清单价格×（1-企业负标指数）

标准清单价格=中标价格÷（1±中标指数）

要确保企业承包工程的价格水平在本企业实力所能承受的范围内，就必须测算本期施工层成本管理的水平和企业管理层的费用水平，从而得出企业所能承受按照企业所在省市建设主管部门规定的清单报价规范编报的价格水平的负标指数。企业中标价格的负标水平小于企业所能承受的负标指数，则经营环节有利润；反之，经营环节就无利润可言，甚至出现亏损。

设置本层目标利润管理点的目的在于考核企业经营环节承揽工程的盈利水平，责任落实到部门，以避免出现承揽工程总量高而利润水平低甚至亏损的虚假繁荣现象。

②项目管理层目标利润管理点

管理层利润，是指企业对中标工程向施工层发包后的收益水平和企业管理层费用水平进行对比的利润水平与中标价格计算出来的数额，必须是正值。

企业管理层利润={［（中标价格-发包价格）÷中标价格］×100%-（企业管理层年度费用总额÷年度计划施工产值）×100%）×中标合同金额

③施工作业层目标利润管理点

施工作业层利润，是指施工管理层在企业管理层的承包价格基础上，通过施工管理所实现的利润。该利润是基于工程定额直接成本与实际直接成本的差额计算出来的，主要是通过人、材、机消耗量的节约来实现的，这种节约理论上应该是正值。

【例 8.18】某建筑施工企业预计 2015 年度施工产值 200 000 万元，企业管理层税费水平预计为 8%，该企业所能承受的负标底限为标准清单价格的-5%。年内该企业承接一项土建工程，中标价格为 19 600 万元，工期 500 天，企业以清单报价-2%中标。

根据上述相关数据资料，计算分析如下：

①经营层利润管理点的管理

标准清单价格=中标价格÷（1±中标指数）=19 600÷（1-2%）=20 000（万元）

经营层利润=19 600-20 000×（1-5%）=600（万元）

由上述计算分析可知，若承接该项目可为企业带来经营层利润 600 万元。因此，可以承接该工程。

②管理层利润点的管理

若企业内部最终决定以 16 000 万元的价格发包给施工层。则有：

企业管理层利润={［（中标价格-发包价格）÷中标价格］×100%-（企业管理层年度费用总额÷年度计划施工产值）×100%}×中标合同金额

$$=\{［（19\ 600-16\ 000）÷19\ 600］×100\%-8\%\}×19\ 600$$

$$=（18.37\%-8\%）×19\ 600$$

$$=2\ 032.52（万元）$$

由此可见，该工程发包后为企业管理层带来利润 2 032.52 万元。

③施工作业层利润管理点的管理

该施工作业层经过内部投标，以 16 000 万元价格中标施工，该价格低于标准清单价格。在该承包价格基础上，通过加强施工管理促进人、材、机消耗量的控制和节约，实现该工程的利润。

8.4　建筑施工企业利润分配管理

利润分配，是指企业按照国家有关规定，对企业所实现的利润总额扣除依法缴纳所得税后的净利润依法进行分配或净亏损依法进行弥补。在利润分配中，分配政策是否合理，直接影响着企业各方面的利益关系是否理顺，而且与企业的内部筹资和投资也具有密切关系。正确组织企业利润分配，就必须兼顾企业与各方面的利益关系，处理好投资者的近期利益与企业长远发展之间的关系，确保分配政策与筹资决策、投资决策相互协调，建立利润分配的激励与约束机制，为实现最佳经济效益奠定利益基础。

▶　8.4.1　企业所得税的计算和缴纳

企业所得税的征税对象，是指企业的生产经营所得、其他所得和清算所得。建筑施工企业的所得包括销售货物所得、转让财产所得、股息红利所得、利息所得、租金所得、特许权使用费所得、接收捐赠所得和其他所得。

按照现行财务制度的规定，建筑施工企业实现的利润总额首先应按照国家规定做相应的调整，然后按照企业所得税法计算缴纳企业所得税，利润总额扣除所得税后的净利润再按照一定的程序进行分配。

1）企业所得税的税率

我国现行企业所得税基本税率为25%。同时在《企业所得税法》中设定了低税率和优惠税率。非居民企业在中国境内未设立机构、场所的，或者虽设立机构、场所但取得的所得与其所设机构、场所没有实际联系的，应当就其来源于中国境内的所得交纳企业所得税，适用税率为20%，但实际征收时适用税率为10%。符合条件的小型微利企业，适用税率为20%；国家需要重点扶持的高新技术企业，适用税率为15%。

2）企业所得税的计税依据

企业所得税的计税依据就是应纳税所得额。它是企业每一纳税年度的收入总额，减除不征税收入、免税收入、各项扣除及允许弥补的以前年度亏损后的余额。其计算公式如下：

应纳税所得额=收入总额-不征税收入-免税收入-各项扣除-以前年度亏损

（1）收入总额的确定

收入总额，是指企业从各种来源所取得的货币形式和非货币形式的收入。其具体内容包括：销售货物收入；提供劳务收入；转让财产收入；股息、红利等权益性投资收益；利息收入；租金收入；特许权使用费收入；接受捐赠收入；其他收入等。

企业发生非货币性资产交换，以及将货物、财产、劳务用于捐赠、偿债、赞助、集资、广告、样品、职工福利或者利润分配等用途的，应当视同销售货物、转让财产或者提供劳务，但国务院和国务院财政、税务主管部门另有规定的除外。

（2）不征税收入

收入总额中的下列收入为不征税收入：财政拨款；行政事业性收费；政府性基金；国务院规定的其他不征税收入等。

（3）免税收入

收入总额中的下列收入为免税收入：国债利息收入；符合条件的居民企业之间的股息、红利等权益性投资收益；在中国境内机构、场所的非居民企业从居民企业取得与该机构、场所有实际联系的股息、红利等权益性投资收益；符合条件的非营利组织收入，这里的"符合条件"的非营利性组织是指：a. 依法履行非营利性组织登记手续；b. 从事公益性或非营利性活动；c. 取得的收入除用于与该组织有关的、合理的支出外，全部用于登记核定或章程规定的公益性或非营利性事业；d. 财产及其孳息不用于分配；e. 按照登记核定或章程规定，该组织注销后的剩余财产用于公益性或非营利性目的，或者由登记管理机关转赠给与该组织性质、宗旨相同的组织，并向社会公告；f. 投入人对投入组织的财产不保留或者不享有任何财产权利；g. 工作人员福利开支控制在规定比例范围内，不变相分配该组织的财产。

上述符合条件的非营利性组织的收入不包括其从事营利性活动所取得的收入，但国务院财政、税务主管部门另有规定的除外。

（4）准予扣除的项目

按照现行《企业所得税法》的规定，准予扣除项目主要包括：成本；费用；税金；损失；其他支出。

准予扣除项目的扣除范围和扣除标准如下：

①企业发生的合理的工资薪金支出，准予扣除。

②企业依照国务院有关主管部门或者省级人民政府规定的范围和标准为职工交纳的"五险一金"（基本养老保险费、基本医疗保险费、失业保险费、工伤保险费、生育保险费和住房公积金），准予扣除。

企业为投资者或职工支付的补充养老保险费、补充医疗保险费，在国务院财政、税务主管部门规定的范围和标准内，准予扣除。

③除企业依照国家有关规定为特殊工种职工支付的人身安全保险费和国务院财政、税务主管部门规定可以扣除的其他商业保险外，企业为投资者或职工支付的商业保险费，不得扣除。

④企业在生产经营活动过程中发生的合理的不需要资本化的借款费用，准予扣除。

企业为购置、建造固定资产、无形资产和经过十二个月以上的建造才能达到预定可销售状态的存货发生借款的，在有关资产购置、建造期间发生的合理的借款费用，应当作为资本性支出计入有关资产的成本，并依照有关规定扣除。

⑤企业在经营活动中发生的下列利息支出，准予扣除：具体来说，非金融企业向金融企业借款的利息支出、金融企业的各项存款利息支出和同业拆借利息支出、企业经批准发行债券的利息支出；非金融企业向非金融企业借款的利息支出，不超过按照金融企业同期同类贷款利率计算的数额的部分。

⑥企业在货币交易中，以及纳税年度终了时将人民币以外的货币性资产、负债按照期末即期人民币汇率中间价折算为人民币时产生的汇兑损失，除已计入有关资产成本及与向所有者进行利润分配有关的部分外，准予扣除。

⑦企业发生的职工福利支出，不超过工资薪金总额14%的部分，准予扣除。

⑧企业拨缴的工会经费，不超过工资薪金总额2%的部分，准予扣除。

⑨除国务院财政、税务主管部门另有规定外，企业发生的职工教育经费支出，不超过工资薪金总额2.5%的部分，准予扣除。超过部分，准予在以后纳税年度结转扣除。

⑩企业发生的与经营活动有关的业务招待费支出，按照发生额的60%，但最高不超过当年销售（营业）收入的5‰扣除。

⑪企业发生的符合条件的广告费和业务宣传费支出，除国务院财政、税务主管部门另有规定外，不超过当年销售（营业）收入15%的部分，准予扣除；超过部分，准予在以后纳税年度结转扣除。

⑫企业依照法律、行政法规有关规定提取的用于环境保护、生态恢复等方面的专项资金，准予扣除。上述专项资金提取后改变用途的，不得扣除。

⑬企业参加财产保险，按照规定交纳的保险费，准予扣除。

⑭企业根据生产经营活动需要租入固定资产支付的租赁费，按照以下方法扣除：以经营租赁方式租入固定资产发生的租赁费支出，按照租赁期限均匀扣除；以融资租赁方式租入固定资产发生的租赁费支出，按照规定构成融资租入固定资产价值的部分应当提取折旧费用，分期扣除。

⑮企业发生的合理的劳动保护支出，准予扣除。

⑯企业之间支付的管理费、企业内营业机构之间支付的租金和特许权使用费，以及非银行企业内营业机构之间支付的利息，不得扣除。

⑰非居民企业在中国境内设立的机构、场所，就其中国境外总机构发生的与该机构、场所生产经营有关的费用，能够提供总机构出具的费用汇集范围、定额、分配依据和方法等证明文件，并合理分摊的，准予扣除。

⑱企业发生的公益性捐赠支出，不超过年度利润总额的12%部分，准予扣除。

（5）不得扣除的项目

企业在计算应纳税所得额时，下列支出不得扣除：

①向投资者支付的股息、红利等权益性投资收益款项。

②企业所得税税款。

③税收滞纳金。

④罚金、罚款和被没收财物的损失。

⑤超过规定标准的公益性捐赠支出。

⑥赞助支出，是指企业所发生的与生产经营活动无关的各种非广告性质支出。

⑦未经核定的准备金指出，是指不符合国务院财政、税务主管部门规定的各项资产减值准备、风险准备等准备金支出。

⑧与取得收入无关的其他支出。

⑨下列无形资产摊销费用不得扣除：

a. 自行开发的支出已在计算应纳税所得额时扣除的无形资产；

b. 自创商誉；

c. 与经营活动无关的无形资产；

d. 其他不得计算摊销费用扣除的无形资产。

⑩企业对外投资期间，投资资产的成本在计算应纳税所得额时不得扣除。

⑪企业在汇总计算交纳企业所得税时，其境外营业机构的亏损不得抵减境内营业机构的盈利。

3）企业所得税应纳税额的计算

（1）应纳税所得额的计算

企业所实现的利润总额要扣除应依法缴纳的企业所得税后，才能作为利润分配的依据。企业所得税的计税依据是一定时期内企业的应纳税所得额。应纳所得税要根据企业当年所实现的应纳税所得额和规定的所得税税率计算确定。因此，在计算应纳所得税额之前，首先应确定企业当年应纳税所得额（简称应税所得、应税利润）。企业应纳税所得额的计算有两种，一是直接法，二是间接法。直接法的计算公式概括为：应纳税所得额＝收入总额−不征税收入−免税收入−各项扣除−以前年度亏损。间接法的计算公式概括为：

应纳税所得额＝利润总额＋纳税调增项目−纳税调减项目−弥补以前年度亏损

企业应纳税所得额的计算应遵循权责发生制原则，即属于当期的收入与费用，无论款项是否在当期收付，均作为当期的收入和费用；不属于当期的收入和费用，即使款项已在当期收付，均不作为当期的收入和费用。应纳税所得额的计算准确与否，直接关系到国家财政收入和企业的税收负担，并且同企业成本、费用核算关系密切。因此，企业所得税法对应纳税所得额的计算做出了明确规定。

①利润总额（又称会计利润、税前利润），是依据现行企业会计准则和企业会计制度规

定所计算出来的企业利润总额。

②纳税调增项目，是指在计算利润总额时按现行企业会计准则和企业会计制度规定可以扣除的成本、费用、损失的支出，而按照税法规定在计算应纳税所得额时不允许作为成本、费用、损失扣除的支出项目，这些项目在计算应纳税所得额时必须做适当调整，增加应纳税所得额。目前，这些项目主要包括：

a. 在经营期间向非金融机构借款，利息支出超过按照金融机构同类、同期贷款利率计算的部分；

b. 职工工资性支出超过在财政部规定的范围内，由省、自治区、直辖市人民政府规定的计税工资性支出标准部分；

c. 业务招待费支出超出财务制度规定限额的部分；

d. 公益、救济性捐赠支出超出允许扣除标准的部分；

e. 非公益、救济性支出和赞助支出；

f. 股权投资采用权益法核算时，会计核算按持股比例确认的投资收益，超过当年实际收到的股利或联营利润部分；

g. 税法规定不能从应纳税所得额中扣除的其他支出。

③纳税调减项目（又称税前扣除项目），是指按照税法规定在计算应纳税所得额时允许从应纳税所得额中扣除的项目。目前，这些项目主要有：

a. 国债利息收入；

b. 投资收益中从其他单位分得的利润中其他单位已纳税部分。

④弥补以前年度亏损

根据税法和现行企业财务会计制度的有关规定，企业发生的年度亏损，可以用下一年度的税前利润弥补，下一年度税前利润不足以弥补的亏损，可以在5年内由税前利润延续弥补，延续5年税前利润都未能弥补的亏损，只能是缴纳企业所得税后的税后利润弥补。企业作为自主经营、自负盈亏的生产经营实体，其盈利必须是在原有资本保全基础上的价值增值。因此，企业发生的年度亏损，应当用以后年度所获利润来弥补。这样，企业亏损的弥补就有两个渠道：税前利润弥补和税后利润弥补。如果企业税前利润不足以弥补亏损，就会减少当年应纳税所得额。

4）企业所得税的缴纳

企业当年所实现的利润总额（会计利润）按上述内容进行调整后，即为企业当年应纳税所得额。当年应纳税所得额乘以适用所得税税率，便计算出当年应纳所得税额。其计算公式如下：

应纳所得税额＝应纳税所得额×所得税税率

企业所得税纳税申报时需填列企业所得税纳税申报表（见表8.15），并在规定时间内完成纳税申报和税款缴纳。

表 8.15 中华人民共和国企业所得税年度纳税申报表（A 类）

税款所属时间：　　年 月 日至　　年 月 日

纳税人识别号：□□□□□□□□□□□□□□□

纳税人名称：

金额单位：元（列至角分）

类别	行次	项 目	金 额
利润总额计算	1	一、营业收入	
	2	减：营业成本	
	3	营业税金及附加	
	4	销售费用	
	5	管理费用	
	6	财务费用	
	7	资产减值损失	
	8	加：公允价值变动收益	
	9	投资收益	
	10	二、营业利润	
	11	加：营业外收入	
	12	减：营业外支出	
	13	三、利润总额（10+11-12）	
应纳税所得额计算	14	加：纳税调整增加额	
	15	减：纳税调整减少额	
	16	其中：不征税收入	
	17	免税收入	
	18	减计收入	
	19	减、免税项目所得	
	20	加计扣除	
	21	抵扣应纳税所得额	
	22	加：境外应税所得弥补境内亏损	
	23	纳税调整后所得（13+14-15+22）	
	24	减：弥补以前年度亏损（填附表四）	
	25	应纳税所得额（23-24）	

续表

类别	行次	项　目	金　额
应纳税额计算	26	税率	
	27	应纳所得税额（25×26）	
	28	减：减免所得税额	
	29	减：抵免所得税额	
	30	（实际）应纳税额（27-28-29）	
	31	加：境外所得应纳税额	
	32	减：境外所得抵免税额	
	33	（境内外）实际应纳所得税额（30+31-32）	
	34	减：本年累计实际已预缴的所得税额	
	35	其中：汇总纳税的总机构分摊预缴的税额	
	36	汇总纳税的总机构财政调库预缴的税额	
	37	汇总纳税的总机构所属分支机构分摊的预缴税额	
	38	合并纳税（母子体制）成员企业就地预缴比例	
	39	合并纳税企业就地预缴的所得税额	
	40	本年应补（退）的所得税额（33-34）	
附列资料	41	以前年度多缴的所得税额在本年度抵减额	
	42	以前年度应缴未缴在本年入库所得税额	

纳税人公章：	代理申报中介机构公章：	主管税务机关受理专用章：
经办人： 申报日期：　年　月　日	经办人及执业证件号码： 代理申报日期：　　　年　月　日	受理人： 受理日期：　年　月　日

（本表适用于实行查账征收企业所得税的居民纳税人填报）

▶ 8.4.2 税后利润的分配

1）税后利润分配的原则

（1）正确确认利润总额

企业要分配利润，首先要确认当年确有盈利，或者历年有较多的累积留存收益，这是企业进行利润分配的前提。凡是在年终会计核算中没有确认的账面利润或没有较多的历年累积留存收益，企业都不得分配利润。

（2）遵守国家财经法规

利润分配必须遵守国家财经法规和规章制度。企业所实现的利润首先必须按国家税法规定缴纳所得税后，然后才能进行税后利润分配，企业所得税的计算与缴纳必须严格遵守国家税法的有关规定。税后利润分配应遵循《公司法》、《企业财务通则》及其他法规的规定，合理确定企业税后利润分配的项目、顺序及比例，如企业提取法定盈余公积金不得低于法定比例、企业亏损时不得向投资者分派利润。

（3）兼顾企业投资者、经营者和职工各方面的经济利益关系

企业税后利润分配是否合理，直接关系到企业投资者、经营者与职工各方面的经济利益。对经济利益的追求是所有者投入资本以及企业经营者、职工开展经营活动的基本目标。因此，企业税后利润分配既要注重长远利益和共同利益，也要重视所有者和职工的近期利益和局部利益。企业在进行税后利润分配时应当兼顾各方面的利益诉求，协调好近期利益和企业长远发展的关系，合理确定提取盈余公积金和分配给投资者利润的数额。

（4）增强企业的发展能力

企业利润分配必须符合市场竞争规律的要求，为提高企业抗风险能力进行必要的积累。利润分配应贯彻积累优先的原则，先提取盈余公积金后向投资者分配利润，若当年无利润或以前年度亏损未弥补前，不得向投资者分配利润。提取盈余公积金后，是否向投资者分配利润以及向投资者分配多少利润，企业应制定科学合理的利润分配政策（股利政策），要留有余地，未分配利润可以留待下一年度继续分配。

（5）处理好内部积累与消费的关系

企业对税后留利要做出合理的安排，明确企业税后留利的使用范围。企业留存收益主要用于企业生产发展、抵御风险和弥补亏损。企业在利润分配时要防止两种倾向：一是过分强调积累，这样会挫伤中小投资者的积极性，影响企业的发展；二是过度强调对投资者分红，不利于增强企业自我发展和抵抗风险的能力和市场竞争能力，这样实际上仍然损害的是企业长远利益。因此，企业必须根据自身的客观条件和所面临的外部市场条件来确定企业科学合理的利润分配政策。

2）税后利润分配的程序

有限责任公司和股份有限公司的利润分配程序有所差异，具体如下：

（1）有限责任公司利润分配的程序

①承担被没收的财产损失，支付的各项税收的滞纳金和罚款。对企业因违反法规而被没收的财物损失，以及因违反税收法规政策被税务机关所处的滞纳金和罚款，必须用企业的税后利润支付，而不能在税前列支。这样是为了使国家利益免遭损失。

②弥补延续5年用税前利润都不能弥补的经营性亏损。企业以前年度的亏损，如果不能在延续5年内用税前利润弥补，则只能用税后利润弥补，这是为了体现企业作为自主经营、自负盈亏的经营实体所必须承担的经济责任。以前年度亏损未弥补完之前，企业不得提取盈余公积金，也不得向投资者分配利润。

③提取法定盈余公积金和公益金。根据现行财务制度规定，在扣除前两项后还有剩余利润，就得按扣除前述两项后的利润的10%提取法定盈余公积金和5%~10%提取法定公益金。当累积的法定盈余公积金达到注册资本的50%，可以不再提取。法定盈余公积金可

用于弥补亏损或转增资本金，但是转增资本金后所结余的法定盈余公积金不得低于转增前的注册资本的25%。

④向投资者分配利润。企业在按规定提取完上述法定盈余公积金和公益金之后，加上以前年度的未分配利润，就是可供投资者分配的利润，就可以根据需要向投资者分配利润。对于实行利润上缴办法的国有建筑施工企业，按规定应上缴国家财政。

在进行完上述利润分配后，剩余的利润加上年初未分配利润，就是公司年末未分配留待以后年度继续分配的利润，称为年末未分配利润。其计算公式如下：

年末未分配利润=年初未分配利润+净利润-提取的法定盈余公积金-提取的公益金-向投资者分派利润

（2）股份有限公司的利润分配程序

①承担被没收的财产损失，支付的各项税收的滞纳金和罚款。对企业因违反法规而被没收的财物损失，以及因违反税收法规政策被税务机关所处的滞纳金和罚款，必须用企业的税后利润支付，而不能在税前列支。这样是为了使国家利益免遭损失。

②弥补延续5年用税前利润都不能弥补的经营性亏损。企业以前年度的亏损，如果不能在延续5年内用税前利润弥补，则只能用税后利润弥补，这是为了体现企业作为自主经营、自负盈亏的经营实体所必须承担的经济责任。以前年度亏损未弥补完之前，企业不得提取盈余公积金，也不得向投资者分配利润。

③提取法定盈余公积金和公益金。根据现行财务制度规定，在扣除前两项后还有剩余利润，就得按扣除前述两项后的利润的10%提取法定盈余公积金和5%~10%提取法定公益金。当累积的法定盈余公积金达到注册资本的50%，可以不再提取。法定盈余公积金可以用于弥补亏损或转增资本金，但是转增资本金后所结余的法定盈余公积金不得低于转增前的注册资本的25%。

④支付优先股股利。如果公司发行有优先股，则应在提取法定盈余公积金和公益金之后，向优先股股东支付优先股股利。

⑤提取任意盈余公积金。对于股份有限公司，在分配优先股股利之后，提取任意盈余公积金。在没有支付优先股股利之前不能提取任意盈余公积金，任意盈余公积金是否提取以及提取多少，根据公司章程或股东大会决议由企业自行决定。提取任意盈余公积金是为了控制和调节向普通股股东分配利润的水平以及各年度之间利润分配的波动幅度，而向普通股股东分配利润施加约束的手段。

⑥支付普通股股利。在没有提取任意盈余公积金之前，不得向普通股股东分配股利。至于向普通股股东分配多少股利，由公司根据公司章程或股东大会决议决定。

在进行完上述利润分配后，剩余的利润加上年初未分配利润，就是公司年末未分配留待以后年度继续分配的利润，称为年末未分配利润。其计算公式如下：

年末未分配利润=年初未分配利润+净利润-提取的法定盈余公积金-提取的公益金-支付的优先股股利-提取的任意盈余公积金-支付的普通股股利

8.5 股份制建筑施工企业的股利政策

股份制建筑施工企业与非股份制建筑施工企业的利润分配程序大致相同，只是利润分配的最后环节企业的投资者的身份变成股东，这样就涉及股份制企业采用什么样的股利政策、股利支付方式、股利支付程序等问题。

▶ 8.5.1 股利理论

在股份有限公司的股利分配实践中通常会面临以下几个问题的抉择：a. 公司分不分配股利？b. 如果要分配股利，应当分配多少股利，即如何确定现金股利和留存收益之间的比例？c. 公司分配股利是否会对公司价值产生影响？d. 股东的态度又是什么？长期以来，财务管理理论界的许多学者对上述问题做了大量深入研究，从不同角度提出了许多观点，从而形成了不同的股利理论。公司财务管理的总体目标是追求企业价值最大化，企业的一切财务活动都应当以实现价值最大化作为其基本目标，股利分配也应当服从这一目标要求，因此，如何分配股利、股利分配的数量和形式都应当以实现公司价值最大化作为其基本目标。股利理论正是为了顺应这一要求，研究股利分配与公司价值、公司股票价格之间的关系，探讨公司应当如何制定股利政策的基本理论。

股利分配作为企业收益分配的一个重要方面，无疑应服从其收益分配目标要求，即体现企业价值最大化要求。然而，有关股利分配是否影响企业价值问题，理论界存在不同观点。一种观点认为股利分配政策的选择不会影响企业价值，称为股利无关论；另一种观点认为股利分配政策的选择会影响企业价值，称为股利相关论。

1）股利无关论

股利无关论是由美国经济学家米勒和莫迪利安尼于 1961 年提出的，故这一理论又称为 MM 股利无关理论。股利无关论认为，公司价值与公司的股利政策没有任何关系，即公司的股利政策不会对公司价值产生任何影响。米勒和莫迪利安尼认为，在完美的资本市场条件下，如果公司的投资决策和资本结构保持不变，公司价值就取决于投资项目的盈利能力和风险程度，而与公司采取什么样的股利政策无关。因此，公司是否分派股利以及如何分派股利都不会影响公司目前的价值，也不会对股东的财富造成任何影响。根据股利无关论，投资者不关心公司的股利分派情况，在公司有良好的投资项目的情况下，如果股利分派少而留存收益多，投资者可以通过出售股票收回现金来自制股利；如果股利分派较多而留存收益较少，投资者可在获得现金股利后寻求新的投资机会，相应地公司可以通过增发新股筹集所需资金。

2）股利相关论

实际上，完美资本市场是不存在的，如果逐步放宽这些假设条件，就会发现公司采取何种股利政策就变得十分重要，公司价值和股票价格都会受到股利政策的影响，这就形成了各种股利相关理论。因此，公司价值与其股利政策是相关的。其代表性的观点主要包括以下几种:"一鸟在手"理论、税收差别理论、信号传递理论、代理理论等。

(1)"一鸟在手"理论

两鸟在林不如一鸟在手。现金股利比资本利得具有更强的确定性,因此股东宁可要手中的一只鸟,也不要树上的两只鸟,因而现金股利更受股东欢迎。

该理论的主要代表人物是迈伦·戈登(Myron Gordon)和约翰·林特纳(John Linter)。该理论认为,由于公司未来的经营活动存在诸多不确定性因素,投资者会认为现在获得股利的风险将低于将来获得资本利得的风险。相对于资本利得而言,投资者更偏好于现金股利。这样,公司如何分配股利就会影响公司股票价格和公司价值。当公司分派较少的现金股利而保留较多的留存收益时,就会增加投资的风险,股东所要求的必要报酬率就会提高,从而导致公司股票价格和公司价值下降;反之,当公司分派较多的现金股利而保持较少的留存收益时,就会降低投资风险显,股东所要求的必要报酬率就会降低,从而使公司股票价格和公司价值上升。

该理论是在传统的股利理论基础上发展而来的。传统的股利理论主张公司应该派发较多的现金股利,认为在合理范围内投资者更愿意获得大额的现金股利。

1962年,戈登在传统理论基础上提出了著名的"戈登模型",其公式如下:

$$V_0 = \sum_{t=1}^{n} \frac{D_t}{(1+k)^t} + \frac{V_n}{(1+k)^n}$$

当 n 趋近于无穷大时,公司价值为:

$$V = \sum_{t=1}^{\infty} \frac{D_t}{(1+k)^t}$$

式中 V_0——现在的公司价值;

V_n——第 n 年末的公司价值;

D_t——第 t 年末支付的现金股利总额;

k——折现率,即股东要求的必要报酬率。

该模型是建立在投资者都是厌恶风险的假设基础之上的,投资者会认为当前的现金股利才是有把握的收益,风险较低,好比在手的鸟;而未来的股利和出手股票的资本利得是不确定的收益,好比林中之鸟。"两鸟在林,不如一鸟在手",较高的股利支付可以消除投资者对公司未来盈利风险的担忧。

(2)信号传递理论

该理论认为,公司股利政策具有信号传递作用,增加现金股利传递的是正面信息,减少现金股利传递的是负面信息,故公司不轻易减少现金股利的发放额。

MM股利无关论假设投资者可以自由、免费地获得各种信息,并且投资者和公司管理层之间是信息对称的。而实际上是投资者和管理层之间是信息不对称的,公司管理层拥有更多的关于公司未来发展前景方面的内部信息,相对来说,投资者处于劣势,他们对于公司未来的发展前景、经营状况等方面的信息知之甚少。

信号传递理论认为,在投资者与公司管理层信息不对称的情况下,公司股利政策包含了公司未来发展前景和经营状况的信息,投资者往往透过这些信息来分析判断公司未来的发展前景,以决定是否继续持有或购买该公司的股票,进而对公司股票价格产生相应的影响。由此，公司采取什么样的股利政策，将会对公司股票价格产生影响。如果公司派发更多的现金股利，给市场上传递的是积极的信号，投资者会继续持有或更多地购买公司的股票，从而推高公司股票价格。反之，若公司减少现金股利或派发较少的现金股利，将给市场上传递的是消极的信号，投资者往往会作出悲观的判断，进而减持或不购买公司股票，从而引起公司股价下跌。因此，公司在制定股利政策时，应当考虑市场上会作出何种反应，避免引起投资者的误解。

（3）税收差别理论

由于资本利得的所得税税率低于现金股利的所得税税率，所以少发放现金股利有利于提高股东财富的价值。

股利无关论的一个重要假设就是现金股利和资本利得没有所得税的差异。事实上，二者的所得税是存在差异的。一般来说，现金股利的所得税税率要高于资本利得的所得税税率。我国目前的实际情况是，现金股利要按20%的税率征收所得税，由公司在派发现金股利时代扣代缴。2015年6月13日，经财政部等部门批准，现金股利所得暂时按10%减半征收。而出售股票所得的资本利得收益暂不征收所得税。由此可见，在我国，公司向股东派发高额现金股利对股东是不利的。

由于存在所得税税率上的差异，股利政策就必然会影响公司股票价格和公司价值。

由于税收差异的存在，股利政策可以产生顾客效应。税收差别理论认为投资者根据偏好不同分为不同类型，每种类型的投资者偏好某种特定的股利政策，并喜欢购买符合其偏好股利政策的公司股票，这就是顾客效应。顾客效应在许多方面都有所表现，例如，在资本结构政策方面，有的顾客偏爱高风险高报酬的高杠杆政策，而有的顾客则偏爱低风险低报酬的低杠杆政策；在股利政策方面，有些顾客喜欢高股利支付率政策，而有些顾客则喜欢低股利支付率政策。米勒和莫迪利安尼在研究税收差异对股利政策的影响时就已经注意到顾客效应的存在，低税率时往往倾向于高股利，高税率时往往倾向于低股利。因此，MM理论认为，公司应采取适当的股利政策，以最大限度帮助股东规避税收。

产生顾客效应的一个重要原因就是不同收入水平的投资者具有不同的边际税率。例如，在美国，不同收入水平的投资者的个人所得税率存在很大差异，个人所得税的税率从15%～39.6%不等。收入水平越高的投资者适用的所得税率也就越高；反之，收入水平越低的投资者适用的所得税率也就越低，甚至免缴所得税。正是由于投资者的边际税率存在等级差别，从而导致投资者们对股利政策表现出不同的偏好。相应地，投资者根据各自不同的税率等级自然分成偏好高股利政策的顾客和偏好低股利政策的顾客。高收入的投资者希望公司少支付甚至不支付现金股利，而更多地将利润作为留存收益投入到公司的再生产活动中，以提高公司股票价格，以期在将来股票价格上涨后出售股票以获得资本利得收益而规避个人所得税；而低收入的投资者则希望公司支付较高的现金股利，一方面因为税率较低甚至可能免缴所得税，另一方面还能够保持较高且稳定的现金股利收入，以满足他们日常生活支出的安排。

由于顾客效应的存在，任何股利政策都不可能满足所有投资者的要求，特定的股利政策只能吸引特定类型的投资者。高股利政策可以吸引低税率的投资者；而低股利政策可以吸引高税率的投资者。而公司改变股利政策时，偏好这一股利政策的投资者会购买其股票，而厌恶这一股利政策的投资者就会抛售其股票，一经买入数量大于抛售数量时，股价就会上扬；反之，股价就会下跌，直至股价达到均衡状态。

（4）代理理论

现代代理理论认为，企业是一组契约关系的联结。契约关系的各方成为企业的利益相关者，而各利益相关者之间的利益和目标并非完全一致，甚至是相冲突的。在信息不对称的情况下，企业各相关利益者之间就形成诸多委托-代理关系。在委托-代理关系中，委托人与代理人之间存在信息不对称，代理人拥有内部信息，处于信息优势地位，而委托人则处于信息劣势地位。当双方出现利益冲突时，代理人可能利用其信息优势采取损害委托人利益的行动，这就产生了代理问题。代理问题会降低公司效率，增加公司的成本，这种成本被称为代理成本。研究委托代理关系下代理问题及代理成本的理论称为委托-代理理论或代理理论。

股利分配作为公司一项重要的财务活动，必然会受到委托-代理关系的影响。与股利政策有关的委托代理问题主要表现在以下几个方面：股东与经理之间的代理问题；股东与债权人之间的代理问题；控股股东与中小股东之间的代理问题。这些代理问题都会产生代理成本。代理成本理论认为，公司分派现金股利可以有效地降低代理成本，提高公司价值。因此，在股利政策的选择上，主要应考虑股利政策应如何有效降低代理成本以提高公司价值。

①股东与经理之间的代理问题。股东作为公司的投资者并不直接参与公司的经营管理，而是聘请专门的经理人员从事公司的经营管理，这样便在股东和经理之间形成了委托-代理关系。经理作为代理人比股东更了解公司的经营状况和发展前景，并掌握了公司的经营决策权，其在进行决策时并不是总以股东的利益最大化为目标，往往可能出于自身利益的考虑作出有违股东利益的行为，例如追求个人奢侈的在职消费、盲目扩张企业规模、进行缺乏效率的并购等，这些都会增加公司的代理成本。

②股东与债权人之间的代理问题。由于股东拥有公司控制权，而债权人一般不能干预公司的经营活动，这样股东就会利用其控制权优势影响债权人利益，以使自身利益最大化，例如股东可能要求公司支付高额现金股利，从而减少公司的现金持有量，降低了公司的流动性，增加了债权人的风险。这种代理问题也会产生代理成本，通常债权人为了保障自身利益，往往会在债务合同中规定限制性条款，或者要求公司对债务提供抵押、担保，从而增加了公司的成本费用。这种代理问题也会影响到公司的股利政策，股东和债权人之间会在债务合同中达成一个双方都能接受的股利支付水平。

③控股股东与中小股东之间的代理问题。公司股权比较集中的情况下就存在控股股东，控股股东利用其持股比例的优势会控制公司的董事会和管理层，而中小股东在公司的权力往往被忽视。控股股东的存在会带来两方面的影响：一方面，控股股东有强烈的动机对管理层进行监督，并对公司的经营决策施加影响，这样有利于减少经理层对公司利益的侵占；另一方面，产生了控股股东与中小股东之间的代理问题，控股股东可能利用其在公司的控制权侵占公司的利益，例如大股东占用公司资产以牟取私利，这样就损害了中小股东的利益。

8.5.2 股利政策

1) 股利政策的意义

在股份制企业的财务管理中，股利分配始终占有重要地位。这是因为公司股利的发放既关系到公司股东的经济利益，又关系到公司未来的发展。通常，较高的股利，一方面，可以使股东获得可观的投资回报；另一方面，还会引起公司股票价格上涨，从而使股东获得除股利收益外还获得资本收益。高股利政策固然是一个令股东高兴的事情，但是过高的股利将减少公司可供发展所需的资金，使公司丧失相当优越的投资和获利机会，最终可能因发展后劲不足而延缓公司增长速度，而最终影响到股东的利益。而较低的股利，则与公司股东的愿望相违，股票市价可能下跌，公司形象受损。因而，对公司管理当局而言，如何使股利发放与公司未来发展均衡，并使公司股票价格稳中有升，便成为公司管理层必须慎重对待的问题。股利政策就是在这一背景下的产物。其意义在于将公司盈利发放给股东与保留盈余以供企业再投资之用这二者之间进行权衡，从而兼顾公司发展与股东利益。

股利政策，是指股份制企业管理当局对股利分配有关事项所制定的方针和政策，具体来说，就是是否发放股利、发放多少股利、以什么方式发放股利、何时发放股利等问题。

2) 股利政策的影响因素

(1) 法律约束因素

所有企业都是在一定法律环境下从事经营活动的，因此其股利政策必然会受相关法律法规的直接约束。

①资本金保全约束。资本金保全是企业财务管理必须遵循的一项重要原则。它要求企业发放的股利不得来源于股本和资本公积金，而只能来源于当年盈利和以前年度的利润留存，企业以前年度亏损未弥补完，不得分配股利。

②资本充实原则约束。资本充实原则要求企业对当年获得的税后利润，必须按照一定的比例提取法定盈余公积金，并要求在具体分配政策上，贯彻无利不分的原则，在企业出现年度亏损时，一般不向股东分配股利。

③超额累积利润约束。股东缴纳股利的所得税，一般高于股票交易的印花税和所得税，因此，股份制企业可以积累利润使股价上涨来帮助股东避税，西方各国都注意到这一点，在法律上明确规定企业不得超额积累利润，一旦企业积累利润超过了法定水平，将被征收惩罚性税款。我国目前尚未就此做出法律规定，对股票交易也只征收印花税。

④净利润限制。规定企业必须年度累计净利润为正数时才能发放股利，以前年度亏损必须足额弥补。

⑤无偿债能力限制。即规定禁止缺乏偿债能力的企业支付现金股利。在美国法律中有此规定，我国法律中目前尚无此规定，而仅在借贷契约或协议中有相关条款规定。这里的"无偿债能力"包括两层含义：一是企业债务总额超过了资产的公允价值；二是企业不能向债权人支付到期债务。

（2）债务合同约束因素

企业在发行债券和向金融机构举借长期借款时，通常都要签订债务合同，有的合同中还载明有限制企业发放股利的条款，以保证债权人的利益。常见的限制性条款有以下几条：

①未来股利只能以签订债务合同之后的利润来发放，不能用过去的留存收益来发放。因为债权人购买企业债券和向企业发放贷款是以签订债务合同时包括留存收益在内的企业财务状况为前提的。

②必须建立偿债基金或付清当年债券和长期借款利息、偿还当年应付债券和长期借款本息以后，才能发放股利。

（3）股东意见因素

股份制企业的股利政策，最终要由董事会决定并经股东大会通过，因此，制定股利政策时，不能忽视股东意见。股东对股利的意见，大致有以下几个方面：

①为保证控制权而不希望派发股利。股东权益由股本、资本公积金和留存收益组成，如果现金分红较多，留存收益和现金就会相应减少，企业将来发展所需资金依靠增发新股融资的可能性增大，意味着企业控制权有旁落他人或其他企业的可能。因此，如果原有股东拿不出或者不愿意拿出更多资金增加投资的话，他们宁愿企业不分派现金股利。

②为获得稳定收入和回避风险而要求分派现金股利。一些依靠现金股利作为其稳定收入的股东，往往要求企业派发稳定的现金股利，同时他们认为目前所获得股利是稳定的，通过保留利润引起股价上涨而获得资本溢价收益是不确定的、有风险的，如果企业要留存较多的利润而减少现金股利的派发，会招致这部分股东的反对。

③为避税目的而要求限制分派股利。现金股利所得的税率比股票交易的资本利得的税率要高，出于避税的考虑，股东往往要求减少现金股利的派发，而保留较多的利润留存或派发股票股利，以便在股价上涨后而获得更大的税后收益。

④股东的投资机会。企业应追求股东财富最大化，因此，如果企业将留存收益用于再投资所得报酬率低于股东利用股利收入投资于其他机会所得报酬时，则企业应适当扩大现金股利的发放。在实际进行股利分派时，尽管企业难以对每位股东的投资机会及其报酬率进行评估，但至少应对风险相同的企业外部投资机会或获得的投资报酬率加以评估。若评估显示，企业外部有更好的投资机会，则企业应选择多支付现金股利而减少利润留存。反之亦然。

（4）企业自身因素

企业出于持续发展和短期经营的需要，要求综合考虑以下因素，来制定切实可行的股利政策。主要包括以下几个方面：

①盈余稳定性的约束。一般而言，盈余相对稳定的企业可支付相对较高的股利，而盈余稳定性差的企业则宜采用低股利政策，因为对于盈余不稳定的企业，低股利政策不仅可以减少因盈余下降而造成的股利无法支付以及股价急剧下降的风险，而且还可将更多的盈余用于再投资，以提高企业自有资金比重，降低财务风险。

②资产流动性的约束。企业资产的流动性也是影响股利政策的一个重要因素。企业资

产流动性好，变现能力强，现金充足，支付股利的能力也较强。如果企业资产流动性差，不易变现，现金持有量少，对按期偿还债务有困难，就不宜多派发现金股利。否则，必然危及企业的偿债能力和支付能力，使企业陷入财务困难。当然，建筑施工企业的资产流动性与建筑市场工程任务息息相关。在建筑市场景气、工程承包任务不断增加时，企业资产的流动性就会变好，这就说明市场环境也可能影响企业的股利政策。

③筹资能力和现金流量的约束。企业的股利政策将直接影响到企业的筹资能力和现金净流量。企业采用多留存利润、少派发现金股利，从而增加内部融资、减少外部融资的压力，比采用发行企业债券和向银行等金融机构借款等方式融资，具有更加方便、稳定的优点，且能在不增加企业债务的情况下增加企业现金净流量。因此，从企业财务管理的角度，充分利用利润留存筹资是企业理想的筹资方式。

此外，它还能使企业保持较好的外部筹资能力，因为股东和债权人是根据企业的资本实力和投资收益水平来进行其投资决策的。企业采用留存利润筹资，不但有利于提高企业盈利能力、增加企业资本实力、降低资产负债率。当然，过多地留存利润，少派发现金股利，那些准备短期持有企业股票的人因不能获得应得收益而抛售股票而造成股价下跌，增大增发新股融资的困难，不利于企业外部融资。企业资本负债率过高、筹资能力较弱、现金净流量不足时也不宜多派发现金股利。因为若企业此时过多地派发现金股利，会造成企业债务偿还能力下降、资金周转困难，进而导致企业财务风险增大。

④企业发展规划和投资机会的约束。企业利润积累是企业未来扩大化经营的主要资金来源。若企业过多地派发现金股利而减少利润积累，势必减少企业未来扩大化经营的资金来源，这对于具有良好的施工经营发展前景的建筑施工企业来说，虽然可以通过外部融资来解决发展所需资金，但毕竟不如利润留存那样方便、快捷，而且可能增大企业债务水平、降低企业债务偿还能力。因此，当建筑市场景气、企业施工经营处于健康发展阶段并有良好的投资项目时，企业应减少现金股利的派发而多将企业利润留存作为扩大化经营的资金积累，以加快企业适应市场环境、把握投资机会、促进企业健康发展，并为股东创造更多的资本收益。相反，在建筑市场不景气、缺少良好投资机会时，则可向股东多派发现金股利。

⑤资本成本的约束。与增发普通股相比，保留盈余不需花费筹资费用，其资本成本相对较低，是一种比较经济快捷的融资渠道。因此，出于资本成本的考虑，如果企业欲扩大规模，需要增加权益资本，不妨采用低股利政策。

⑥偿债的约束。具有较多债务需要偿还的公司，可以通过举借新债、发行新股筹集偿债需要的资金，也可以用保留盈余来偿还债务。当企业举借新债的资本成本高或受其他限制而难以进入资本市场时，应当减少现金股利的支付而采用较低的股利政策。

（5）其他因素

除了上述因素外，影响股利政策的因素还包括以下几个方面：

①政府对机构投资者的投资限制。机构投资者包括养老基金、储蓄银行、信托基金、保险企业和其他一些机构。政府对机构投资者所能进行的投资限制往往与股利，特别是稳

定股利支付有关。如某些企业想更多地吸引机构投资者，一般应采用较高且稳定的股利支付政策。

②企业对重置实物资产的考虑。在通货膨胀情况下，企业固定资产折旧的购买力水平下降，会导致没有足够资金重置固定资产。这就要求较多的利润留存来弥补固定资产折旧购买力水平下降的资金来源。因此，在通货膨胀时期，企业股利政策往往偏紧。

▶ **8.5.3 股利政策的选择与评价**

1）剩余股利政策

剩余股利政策，又称提留积累以后分配的股利政策，是指企业将其税后利润首先用于增加企业积累，在满足未来发展和企业资本结构对资金需要后，才对股东派发现金股利的一种股利政策。这一股利政策主要是从企业角度更多地考虑未来投资机会及其资金筹集的需要。

采用这一股利政策，其基本步骤为：

①确定企业目标资本结构，即资本（自有资金）与全部资金的比率；

②确定达到目标资本结构所需自有资金；

③最大限度地用利润留存来满足其施工经营所需增加的自有资金；

④在满足自有资金需要后，将剩余的利润用于向股东派发现金股利。

由前述可知，剩余股利政策是将现金股利作为新的投资机会的变量，只要存在有利的投资机会，就应首先考虑其资金需要，然后再考虑剩余利润的分红。这种股利分配政策能促使企业盈利水平不断提高。但是采用这一利润分配政策，企业首先要确定一个合理的资本结构，并有较高的盈利水平。如果企业盈利水平低，净利润很少，是不宜采用的。因为，任何一个企业都不可能不考虑股东利益，不能只顾企业长远发展对资金需要而忽视股东近期利益。否则，会招致更多股东特别是以现金股利作为其稳定收益的股东的反感和抵制。另外，采用剩余股利政策，公司每年所派发的现金股利额是变化不定的，有时差距会很大，往往给市场上传递公司经营极不稳定的信号。

对于建筑施工类上市公司而言，由于利润的不稳定性，采用剩余股利政策未尝不是一个好的选择。因为在经济普遍向好的情况下，施工企业的未来收益是确定的，这样投资者也就比较容易确定施工企业未来的经营情况和经营成果。因此，使用这种股利政策更看重未来股东的红利要求，从而更有效地进行利润积累。

2）稳定股利政策

稳定股利政策，是指企业每年派发给股东的现金股利保持稳定或稳中有升的态势。这一政策以确定的现金股利分派额作为利润分配的首要目标予以优先考虑，一般不随资金需求的波动而变动。

采用这种股利政策有以下两方面的好处：

①可以传递给市场和公司股东一个稳定的信息。甚至当公司利润下滑时由于公司保持稳定的现金股利分派，市场和公司股东对公司也会保持相对稳定的信心，要比现金股利额

下降时强。这种情况下，公司管理当局通过这一股利政策向市场和公司股东传递的是这样一个信息："公司的状况并不像利润下滑时所表现的那样糟糕，公司有能力改变这种状况，有能力确保股东应得的收益。"当然维持这一股利政策需要公司有足够的现金流量。

②这种股利政策有利于吸引那些期望以现金股利作为其稳定收益来源的现行股东与潜在股东。

采用这一股利政策，要求企业对其未来的现金支付能力作出较好的判断。一般来说，公司确定的稳定现金股利不应太高，要留有余地，以免造成公司无力承担其现金支付的情况出现。

对于建筑施工类上市公司而言，稳定股利政策不是一个好的选择。因为这种股利政策对公司的要求比较高，必须有稳定的收入来源，而这恰恰不是施工企业的优势。如果强行使用该股利政策，可能在一定时期内能收到比较好的效果，但是从长远看，一旦公司的经营出现任何问题，都可能导致无法维持股利的支付，从而对股票价格产生严重的影响。

3）变动股利政策

变动股利政策，又称固定股利率政策，是指公司无论税后利润多少、无论投资机会对资金的需要如何，每年始终按税后利润的一个固定的比例向股东派发现金股利。从企业角度看，这才是一种真正稳定的股利政策。但这一股利政策可能会导致企业股利分配额随各年税后利润的波动而频繁变化，给市场和公司股东传递一种企业经营不稳定的信号。所以，通常很少有企业愿意采用这种股利政策。

对于建筑施工类上市公司而言，变动股利政策不失为一个好的政策，因为这样有助于控制每期的股利支付量和留存收益量。

4）正常股利加额外股利政策

正常股利加额外股利政策，也称"低股利加额外分红"政策。按照这一政策，企业除了每年按一个固定的股利额向公司股东派发正常现金股利之外（这个固定的股利水平通常较低），还会在企业盈利较多、资金较为充裕时从企业税后利润中拿出一部分向股东派发高于一般年度的正常股利之外的额外股利。

采用这种股利政策为企业确定现金股利发放额提供了一定的灵活性。一方面，特别是那些对企业利润留存资金需求浮动范围较大的企业更是如此。企业可以设定一个较低水平的正常股利额，以保证企业在一般年度有足够支付能力支付现金股利；另一方面，当企业盈利水平较高或资金需求较低时，企业又可以额外增加支付一部分现金股利，增加股东的现金收入。

对于建筑施工类上市公司而言，正常股利加额外股利政策很像稳定股利政策，因为一旦公司的经营出现任何问题，很可能保证不了正常股利的发放，从而导致无法维系这种股利政策，而对股票价格产生严重的负面影响。

股利政策与建筑施工企业适应性对比如表8.16所示。

表8.16 股利政策与建筑施工企业适应性对比

股利政策	建筑施工企业的适应性
剩余股利政策	较适合，但要求投资者有长远目光
稳定股利政策	不适用，因为该类企业的绩效波动性大
变动股利政策	较适合建筑施工类上市公司
正常股利加额外股利政策	较不适合建筑施工类上市公司

以上是股份制企业在实务中常用的几种股利政策，企业在制定股利政策时，应结合本企业实际择优选用。

▶ 8.5.4 股利的种类与发放

一般说来，股份制企业分配给股东的利润即为股利。如果分配给股东的是公司的资本，则通常称为清算性股利。但在实践中，通常对公司对股东任何直接性分配都被认为是股利。

1）股利的种类

（1）现金股利

现金股利是指企业以现金分派股利。这是最常见的也是最容易被股东所接受的一种股利形式。这种股利形式能够满足大多数股东希望得到一定数额现金的投资回报要求。但企业采用这种股利形式，要增加企业现金流出量，增加企业的支付压力。一般只有在企业有大量现金净流量时才采用。而且企业有较好的投资项目需要大量资金时，会有悖于留存利润用于企业投资与发展的初衷。

（2）股权股利

股权股利是指以企业的股权份额作为股东投资的收益，使原有股东增加其在企业股东权益中的份额。其基本形式就是"股票股利"，即企业以本企业的普通股股票发放给普通股股东，作为股利。实务中这种股利形式被较多企业采用，是仅次于现金股利的常用股利形式。股票股利的好处是使企业用股票的形式代替企业现金的流出，但其实质与现金股利不同。企业发放股票股利，既不影响企业的资产和负债，也不影响企业的股东权益总额，仅仅是将利润留存的一部分转作股本，从而避免了企业现金的流出。获得股票股利的股东，虽然其股份总数有所增加，但其在企业股东权益总额中所占比重并未变化，因为股票股利是按股份比例来分配的，发放股票股利后，股东仍保持原有股份的比例。

发放股票股利虽然不能增加股东权益，但对股东和企业往往都有好处。对股东来说，如在发布股票权利后，股票价格并不成同比例下降，便会增加股东的收益。在一些成长型的企业采用股票股利，今后仍会大幅度增加企业盈利，抵消增加股份所带来的消极影响，使股价不变或略有上升（是为填权效应）。股票股利在大多数国家并不被认为是一种所得，因此对股东来说可以免交个人所得税。对企业来说，除了有助于节约现金流出，将其用于其他投资项目，促进企业健康发展外，还有助于企业把股票价格维持在希望的股价范围之内。因为企业经营状况良好、股价上涨过快时，部分投资者会产生恐慌情绪，害怕风险太大，不宜大量交易，这时公司发行股票股利有助于增加市场上流通的股票数量，从而使股价相应下跌，有利于股票的流通。

股权股利除了上述送股的股票股利外，有时企业也会给股东配股，即给股东发放一定的认股股权，从理论上讲，配股不能算作股利，因为这是一种企业增资行为，原股东需要花钱才能得到这些股票。但是如果企业股票信誉好、市场价值高，则股东可转让这些股权证，并从中获得收益，这样，认股权证也便成为变相的股利。

（3）债权股利

债权股利，也称负债股利，是指企业以一定的债权授予股东，作为股东的投资收益，在未来期间股东可持有债券向企业索取债权和相关利息收入。债权股利根据债权的不同形式，可以分为票据股利和债券股利等，因为票据、债券都是带息的，对企业来说，采用债权股利会增大企业未来期间债务本息偿付的压力，因而一般只是在企业已宣布并立即发放现金股利但现金暂时不足时采用的一种权宜之计。

（4）财产股利

财产股利，是指企业以现金以外的资产支付的股利，通常是以企业所拥有的其他企业的有价证券，如债券、股票，作为股利支付给股东。

此外，股票回购、股票分割也会给企业股东带来一定的收益。

股票回购，是指企业在证券市场上重新购回自己的股票，一般是把已经发行在外的普通股重新购回，形成企业的库藏股或加以注销。若回购后加以注销，股票回购能直接减少企业发行在外的股份总数和市场上可流通的股份总数，从而引起企业的每股收益增加导致股票市场价格的上涨，使股东从股票价格上中得到收益。但回购股份需要支付大量的现金，并收缩资本，往往会影响企业的未来发展。而且股票回购减少市场流通数量导致股票市场价格上涨，待股价上涨后再发行出去以获取差价收益，因此股票回购往往被认为有企业据此操纵股价的嫌疑。因而，各国公司法对股票回购大多予以限制。在我国上市公司一般不允许回购股票，若回购股票，则必须依法注销，不允许形成库藏股，更不允许今后再发行出去。

股票分割，又称股票分拆、股票拆细，是指将原来面值较高的一份股份分拆为若干份面值较小的股份，如将原每股面值10元的股票拆分为面值为1元的股票10股。股票分割会使每股面值变小、股票数量增加，但股票面值总额、股东权益总额并不会变化。股票分割的动机在于使公司股票价格下跌以吸引更多的投资者购买该股票，从而导致该股票价格上涨，最终使原有股东获益。

2）股利的支付程序

根据我国《股份有限公司规范意见》的规定，我国股份制企业的股利发放方式主要有现金股利和股票股利两种形式。无论采用什么形式分派股利，均应由股份有限公司董事会就股利分派的相关事宜向广大股东宣告，确定必要的日期界限和支付办法。

股份制企业一般应每年一次、每年两次、甚至每年四次向股东派发股利，股利派发要经历股利宣告日、股权登记日、除息日和股利支付日几个阶段。由于股票可以自由交易、企业的股东也经常变动，究竟应由哪一些人领取股利，必须明确必要的日期界限。

①股利宣告日，是指企业董事会就股利发放事宜予以公告的日期。公告中应宣告每股股利、股权登记期限、除去股息的日期和股利发放的日期。

②股权登记日，是指有权领取股利的股东登记的截止日期，也叫除权日。只有在股权登记截至日期前（包括登记日）在企业股东名册上登记的股东才有权领取股利。

③股权除息日，是指领取股利与股票相互分离的日期。在除息日之前，股利权从属于股票，持有股票者享有领取股利的权利；除息日开始，股利权利与股票相分离，新购入股票的人不能分享股利。这是因为股票买卖的交接、过户需要一定的时间间隔，如果股票交易日期距离股权登记日太近，企业将无法在股权登记日得知更换股东的信息，只能以原有股东为股利发放对象。为了避免可能发生的冲突，一般都规定在股权登记日的前几天为除息日。在我国，一般规定在股权登记日之前的第四天为除息日。自此日起，企业股票的交易称为无息交易，其股票称为无息股。

④股利发放日，是指企业向股东正式发放股利的日期。

本章小结

工程结算，是指建筑施工企业以工程承包合同为依据，针对已完工程或竣工工程，对工程项目所消耗的各种资源与发包商所进行的工程价款的了结和清算。工程结算管理贯穿工程项目的整个生命周期。工程竣工结算，是指建筑施工企业按照合同规定的内容全部完成所承包的工程，经验收质量合格，并符合合同要求后，向发包单位进行的最终工程价款结算。工程竣工决算，是以实物量度和货币量度为计量单位，综合反映竣工工程项目从筹建开始到项目竣工交付使用为止的全部建设费用、建设成果和财务情况的总结性文件，是反映工程项目实际造价和投资效果的文件。

建筑施工企业的主营业务收入又称建造合同收入。按现行会计制度规定，建筑施工企业应采用完工百分比法来确认其工程结算价款收入。建筑施工企业的建造合同收入，即是施工企业的工程结算收入。根据现行财务会计制度的规定，工程结算收入包括合同初始收入、合同变更收入、索赔收入、奖励收入以及向发包单位收取的临时设施基金、劳动保险基金、施工机构调遣费等。

利润，是指通过建筑施工企业在一定期间的生产经营活动所取得的收入和其他收入扣减各种成本费用、税费和损失之后的净额。按照现行财务制度的规定，施工企业的利润可以划分为营业利润、利润总额、净利润3个层次。目标利润，是指企业在未来一定期间内经过努力应该能够达到的利润水平，反映一定时期内预期的财务成果和经营效益，它是企业经营目标的重要组成部分。目标利润的预测方法有比例预测法、本量利分析法、回归分析法。

利润分配，是指企业按照国家有关规定，对企业所实现的利润总额扣除依法缴纳所得税后的净利润依法进行分配或净亏损依法进行弥补。按照现行财务制度的规定，建筑施工企业实现的利润总额首先应按照国家规定做相应的调整，然后按照企业所得税法计算缴纳企业所得税，利润总额扣除所得税后的净利润在按照一定的程序进行分配。企业税后利润分配必须遵循以下原则：正确确认利润总额原则；遵守国家财经法规原则；兼顾企业投资者、经营者和职工各方面的经济利益关系；增强企业的发展能力原则；处理好内部积累与消费的关系。企业税后利润分配的程序因企业是有限责任公司和股份有限公司而有所差异。

股利政策，是指股份制企业管理当局对股利分配有关事项所制定的方针和政策，具体来说，就是是否发放股利、发放多少股利、以什么方式发放股利、何时发放股利等问题。常见的股利政策有剩余股利政策、稳定股利政策、变动股利政策、正常股利加额外股利政策等。

思考题

1. 建筑施工企业的利润由哪些内容构成？
2. 建筑施工企业应如何计算和缴纳企业所得税？
3. 建筑施工企业目标利润分层管理的内容包括哪些？
4. 如何预测建筑施工企业目标利润？
5. 简述非股份制建筑施工企业利润分配的程序和内容。
6. 简述股份制建筑施工企业的利润分配程序和内容。
7. 股利政策的影响因素有哪些？
8. 股份制建筑施工企业应如何选择股利政策？

习　题

1. 某施工企业与甲方签订施工合同，合同总价 20 000 万元，施工期间 2015 年 1 月 1 日-2015 年 10 月 31 日，工程价款采用按月结算。年度日历施工天数为 240 天，材料储备天数为 80 天，该工程材料费比重为 60%。其实际完工工程情况如表 8.17 所示：

表 8.17　各月份工程施工实际完成工程量　　　　　　单位：万元

月　份	1	2	3	4	5	6	7	8	9	10
当　月	2 800	2 000	1 800	1 800	2 000	1 800	1 900	2 000	1 900	2 000
累　计	2 800	4 800	6 600	8 400	10 400	12 200	14 100	16 100	18 000	20 000

（1）计算预收备料款。
（2）计算起扣月份。

（3）计算从起扣月份起每月应扣还预收备料款。

2. 甲业主与乙施工承包商签订承包合同。合同规定，合同总价为 12 000 万元，工期为 14 个月，工程价款按月结算，工程预付款为合同总价的 25%，以抵充每月完工工程价款的形式收回，起扣点为未完施工尚需主要材料价值与预付款相当的月份，主要工程材料比重为 65%，且当承包商每月实际完成的工程量少于计划完成工程量的 5% 以上时，业主可按 3% 的比例扣留工程款，在工程竣工结算时将扣留工程款退还给承包商。施工进度实施情况如表 8.18 所示：

表 8.18 项目各月份工程量完成情况 单位：万元

月 份	1—9	10	11	12	13	14
计划完成工程量	7 200	970	940	950	1 000	940
实际完成工程量	7 200	990	960	900	990	960

（1）计算本施工项目预付款。

（2）计算项目工程预付款起扣月份。

（3）计算第 12-14 个月每月工程师应签证的工程款和实际签发的付款凭证金额。

3. 某建筑施工企业于 2013 年签订一份固定造价合同，合同金额为 10 000 万元，施工期为 3 年，预计总成本为 8 500 万元。2013—2015 年实际发生成本见表 8.19：

表 8.19 建筑施工企业各年度实际完工成本 单位：万元

年 度	2013	2014	2015	合 计
实际发生成本	3 000	2 800	2 700	8 500

要求：确认各年完工进度、合同收入和合同毛利。

4. 某装饰公司 2012—2015 年部分利润表数据见表 8.20：

表 8.20 利润表 单位：万元

年 度	2012	2013	2014	2015
主营业务收入	300	360	440	530
主营业务成本	240	280	320	380
净利润	40	54	70	90

（1）根据销售增长率预测 2016 年主营业务收入。

（2）在（1）的基础上，根据销售净利率预测 2016 年净利润。

9 建筑施工企业财务分析

9.1 建筑施工企业财务报告概述

企业财务报告集中、概括地反映了企业的财务状况、经营成果和现金流量情况等财务信息，对其进行财务分析，可以更加系统地揭示企业的偿债能力、运营能力、获利能力和发展能力等财务状况。

财务分析是以企业的会计核算资料为基础，采用专门方法，通过对会计所提供的核算资料进行加工整理，得出一系列科学的、系统的财务指标，以便进行比较、分析和评价。这些会计核算资料包括日常核算资料和财务报告，但财务分析主要以财务报告为基础，日常核算资料只是作为财务分析的一种补充资料。

企业的财务报告主要包括资产负债表、利润表、现金流量表、所有者权益（或股东权益）变动表、财务报表附注以及反映企业重要事项的文字说明。这些财务报表及附注集中、概括地反映了企业的财务状况、经营成果和现金流量等财务信息，对其进行分析评价，可以更加系统地揭示企业的偿债能力、营运能力、盈利能力和发展能力等财务情况。

根据我国《企业会计准则》规定，企业的财务报告的构成如图9.1所示。

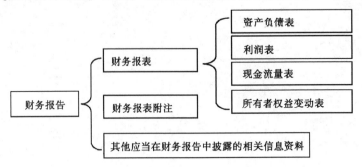

图9.1　我国企业财务报告的组成

▶ 9.1.1　财务报表

1）资产负债表

（1）资产负债表的概念

资产负债表是反映企业在某一特定日期（如月末、季末、年末）全部资产、负债和所有者权益（股东权益）情况的财务报表，它表明企业在某一特定日期所拥有或控制的经济资源、所承担的现有义务和所有者对净资产的要求权。它是一张揭示企业在一定时点财务状况及其构成情况的静态报表，其具体格式见表9.1。资产负债表利用会计平衡原则，将合乎会计原则的资产、负债、股东权益交易科目分为"资产"和"负债及股东权益"两大类，在经过编制记账凭证、登记账簿、试算平衡、账项调整和账项结转等会计程序后，以特定日期的静态企业情况为基准，浓缩成一张报表。其报表功用除了企业内部除错、经营方向、防止弊端外，也可让所有阅读者于最短时间了解企业经营状况。

（2）资产负债表的作用

①能够帮助报表使用者了解企业所掌握的各种经济资源，以及这些资源的分布与结构。

②能够反映企业资金的来源构成，即债权人和投资者各自的权益。资产负债表的资产方反映了企业拥有的经济资源及其结构。

③通过对资产负债表的对比和分析，可以了解企业的财务实力、偿债能力和支付能力，也可以预测企业未来的盈利能力和财务状况的变动趋势。

表 9.1　资产负债表

（会企 01 表）

编制单位：　　　　　　　　　　　　年　　月　　日　　　　　　　　　金额单位：元

资　产	期末余额	年初余额	负债和所有者权益 （或股东权益）	期末余额	年初余额
流动资产：			流动负债：		
货币资金			短期借款		
交易性金融资产			交易性金融负债		
应收票据			应付票据		
应收账款			应付账款		
预付款项			预收款项		
应收利息			应付职工薪酬		
应收股利			应交税费		
其他应收款			应付利息		
存货			应付股利		
一年内到期的非流动资产			其他应付款		
其他流动资产			一年内到期的非流动负债		
流动资产合计			其他流动负债		
非流动资产：			流动负债合计		
可供出售金融资产			非流动负债：		
持有至到期投资			长期借款		
长期应收款			应付债券		
长期股权投资			长期应付款		
投资性房地产			专项应付款		
固定资产			预计负债		
在建工程			递延所得税负债		
工程物资			其他非流动负债		
固定资产清理			非流动负债合计		
生产性生物资产			负债合计		
油气资产			所有者权益（或股东权益）：		
无形资产			实收资本（或股本）		
开发支出			资本公积		
商誉			减：库存股		
长期待摊费用			盈余公积		
递延所得税资产			未分配利润		
其他非流动资产			所有者权益（或股东权益）合计		
非流动资产合计					
资产总计			负债和所有者权益（或股东权益）总计		

2）利润表

（1）利润表的概念

利润表又称损益表，是反映企业在一定会计期间（如月度、季度、半年度或年度）生产经营成果的财务报表，见表9.2。企业在一定会计期间的经营成果既可能表现为盈利，也可能表现为亏损，因此，利润表也被称为损益表。它全面揭示了企业在某一特定时期实现的各种收入、发生的各种费用、成本或支出，以及企业实现的利润或发生的亏损情况。利润表是根据"收入－费用＝利润"的基本关系来编制的，其具体内容取决于收入、费用、利润等会计要素及其内容，利润表项目是收入、费用和利润要素内容的具体体现。从反映企业经营资金运动的角度看，它是一种反映企业经营资金动态表现的报表，主要提供有关企业经营成果方面的信息，属于动态财务报表。

表9.2 利润表

（会企02表）

编制单位： 年 月 金额单位：

项　目	本期金额	上期金额
一、营业收入		
减：营业成本		
营业税金及附加		
销售费用		
管理费用		
财务费用		
资产减值损失		
加：公允价值变动收益（损失以"－"号填列）		
投资收益（损失以"－"号填列）		
其中：对联营企业和合营企业的投资收益		
二、营业利润（亏损以"－"填列）		
加：营业外收入		
减：营业外支出		
其中：非流动资产处置损失		
三、利润总额（亏损总额以"－"填列）		
减：所得税费用		
四、净利润（净亏损以"－"号填列）		
五、每股收益：		
（一）基本每股收益		
（二）稀释每股收益		

（2）利润表的作用

①可据以解释、评价和预测企业的经营成果和获利能力。

②可据以解释、评价和预测企业的偿债能力。

③企业管理人员可据以作出经营决策。

④可据以评价和考核管理人员的绩效。

（3）利润表的局限性

①它不包括有益于企业发展和财务状况的许多信息。

②损益数值经常受到所用会计方法的影响。

③损益计量会受到估计的影响。

3）现金流量表

现金流量表是反映一定时期内（如月度、季度或年度）企业经营活动、投资活动和筹资活动对其现金及现金等价物所产生影响的财务报表，见表9.3。这份报告显示资产负债表及损益表如何影响现金和等同现金，以及根据公司的经营，从投资和融资角度作出分析。作为一个分析的工具，现金流量表的主要作用是决定公司短期生存能力，特别是缴付账单的能力。

现金流量表是反映一家公司在一定时期现金流入和现金流出动态状况的报表。通过现金流量表，可以概括反映经营活动、投资活动和筹资活动对企业现金流入流出的影响，对于评价企业的实现利润、财务状况及财务管理，要比传统的损益表提供更好的基础。

现金流量表的作用主要表现在：

①有利于分析、评价和预测企业未来产生现金流量的能力。

②有利于对企业的财务状况作出合理的评价。

③有利于分析和评价企业经济活动的有效性。

对现金流量表进行分析的意义在于了解企业本期及以前各期现金的流入、流出和结余情况，评价企业当前及未来的偿债能力和支付能力，科学预测企业未来的财务状况，从而为其科学决策提供充分的、有效的依据。

a. 企业现金的来源渠道。企业的现金来源主要有三个渠道：经营活动现金流入、投资活动现金流入和筹资活动现金流入。企业不可能长期依靠投资活动现金流入和筹资活动现金流入维持和发展。良好的经营活动现金流入才能增强企业的盈利能力，满足长短期负债的偿还需要，使企业保持良好的财务状况。此外企业的发展也不能仅依赖外部筹资实现，厚实的内部积累才是企业发展的基础。一旦企业经营活动现金流入出现异常，其账面利润再高，财务状况依然令人怀疑。

b. 企业现金使用的主要方向。在公司正常的经营活动中，现金流出的各期变化幅度通常不会太大，如出现较大变动，则需要进一步寻找原因。投资活动现金流出一般是购建固定资产或对外投资引起的，此时就要视企业经营者决策正确与否而定。筹资活动的现金流出主要为偿还到期债务和支付现金股利。债务的偿还意味着企业未来用于满足偿付的现金将减少，财务风险随之降低。但如果短期内，筹资活动现金流出占总现金流出比重太大，也可能引起资金周转困难。

c. 通过企业实现的会计利润与经营活动产生的现金净流量之间的对比。了解投资收益和筹资费用的会计利润与经营活动现金流量之间的对比，可以揭示有关会计利润的信息质量的好坏。经营活动产生的现金净流量大于或等于该项利润，说明企业经营活动的现金回收率高，收益较好。但是在市场竞争日益激烈的今天，保持一定的商业信用也是企业生存发展的必要，因而该差额也不是越大越好。但如果经营活动现金净流量小于该项利润，则在判断企业获利能力、偿债能力时必须慎重，要结合其他因素深入分析。

表 9.3　现金流量表

（会企 03 表）

编制单位：　　　　　　　　　　　年　月　　　　　　　　　金额单位：元

项　目	行　次	金　额
一、经营活动产生的现金流量	1	
销售商品、提供劳务收到的现金	2	
收到的税费返还	3	
收到的其他与经营活动有关的现金	4	
现金流入小计	5	
购买商品、接受劳务支付的现金	6	
支付给职工以及为职工支付的现金	7	
支付的各项税费	8	
支付的其他与经营活动有关的现金	9	
现金流出小计	10	
经营活动产生的现金流量净额	11	
二、投资活动产生的现金流量	12	
收回投资所收到的现金	13	
其中：出售子公司所收到的现金	14	
取得投资收益所收到的现金	15	
处置固定资产、无形资产和其他长期资产收回的现金净额	16	
收到的其他与投资活动有关的现金	17	
现金流入小计	18	
购建固定资产、无形资产和其他长期资产所支付的现金	19	
投资所支付的现金	20	
其中：购买子公司所支付的现金	21	

项 目	行 次	金 额
支付的与其他与投资活动有关的现金	22	
现金流出小计	23	
投资活动产生的现金流量净额	24	
三、筹资活动产生的现金流量	25	
吸收投资所收到的现金	26	
借款所收到的现金	27	
收到的其他与筹资活动有关的现金	28	
现金流入小计	29	
偿还债务所支付的现金	30	
分配股利、利润或偿付利息所支付的现金	31	
支付的其他与筹资活动有关的现金	32	
现金流出小计	33	
筹资活动产生的现金流量净额	34	
四、汇率变动对现金的影响	35	
五、现金及现金等价物净增加额	36	
补充资料：	37	
1. 将净利润调节为经营活动的现金流量	38	
净利润	39	
加：少数股东权益	40	
减：未确认的投资损失	41	
加：计提的资产减值准备	42	
固定资产折旧	43	
无形资产摊销	44	
长期待摊费用摊销	45	
待摊费用的减少（减：增加）	46	
预提费用的增加（减：减少）	47	
处置固定资产、无形资产和其他长期资产的损失（减：收益）	48	

续表

项　目	行　次	金　额
固定资产报废损失	49	
财务费用	50	
投资损失（减：收益）	51	
递延税款贷项（减：借项）	52	
存货的减少（减：增加）	53	
经营性应收项目的减少（减：增加）	54	
经营性应付项目的增加（减：减少）	55	
其他	56	
经营活动产生的现金流量净额	57	
2. 不涉及现金收支的投资和筹资活动	58	
债务转为资本	59	
一年内到期的可转换公司债券	60	
融资租入固定资产	61	
其他	62	
3. 现金及现金等价物净增加情况	63	
现金的期末余额	64	
减：现金的期初余额	65	
加：现金等价物的期末余额	66	
减：现金等价物的期初余额	67	
现金及现金等价物净增加额	68	

4）所有者权益（或股东权益）变动表

所有者权益变动表是反映公司本期（年度或中期）内至截至期末所有者权益变动情况的财务报表，见表9.4。其中，所有者权益变动表应当全面反映一定时期所有者权益变动的情况。

①所有者权益总量的增减变动。

②所有者权益增减变动的重要结构性信息。

③直接计入所有者权益的利得和损失。

所有者权益变动表的主要作用在于：通过所有者权益变动表，既可以为报表使用者提供所有者权益总量增减变动的信息，也能为其提供所有者权益增减变动的结构性信息，特别是能够让报表使用者理解所有者权益增减变动的根源。

表9.4 所有者权益权变动表

（会企04表）

编制单位：　　　　　　　　　　年度　　　　　　　　　金额单位：

项　目	本年金额						上年金额					
	实收资本（或股本）	资本公积	减：库存股	盈余公积	未分配利润	所有者权益合计	实收资本（或股本）	资本公积	减：库存股	盈余公积	未分配利润	所有者权益合计
一、上年年末余额												
加：会计政策变更												
前期差错更正												
二、本年年初余额												
三、本年增减变动金额（减少以"-"号填列）												
（一）净利润												
（二）其他综合收益												
1. 可供出售金融资产公允价值变动净额												
2. 权益法下被投资单位其他所者权益变动的影响												
3. 与计入所有者权益项目相关的所得税影响												
4. 其他												
上述（一）和（二）小计												
（三）所有者投入和减少资本												
1. 所有者投入资本												
2. 股份支付计入所有者权益的金额												
3. 其他												
（四）利润分配												
1. 提取盈余公积												
2. 对所有者（或股东）的分配												
3. 其他												
（五）所有者权益内部结转												
1. 资本公积转增资本（或股本）												
2. 盈余公积转增资本（或股本）												
3. 盈余公积弥补亏损												
4. 其他												
四、本年年末余额												

► **9.1.2 附注**

财务报表附注应当按照如下顺序披露有关内容：

1）企业的基本情况

①企业注册地、组织形式和总部地址。

②企业的业务性质和主要经营活动，如企业所处的行业、所提供的主要产品或服务、客户的性质、销售策略、监管环境的性质等。

③母公司以及集团最终母公司的名称。

④财务报告的批准报出者和财务报告批准报出日。

2）财务报表的编制基础

3）遵循企业会计准则的声明

4）重要会计政策和会计估计

根据财务报表列报准则的规定，企业应当披露采用的重要会计政策和会计估计，不重要的会计政策和会计估计可以不披露。

（1）重要会计政策的说明

由于企业经济业务的复杂性和多样化，某些经济业务可以有多种会计处理方法，也即存在不止一种可供选择的会计政策。说明会计政策时还需要披露下列两项内容：

①财务报表项目的计量基础。

②会计政策的确定依据，主要是指企业在运用会计政策过程中所作的对报表中确认的项目金额最具影响的判断。

（2）重要会计估计的说明

5）会计政策和会计估计变更以及差错更正的说明

6）报表重要项目的说明

7）其他需要说明的重要事项

这主要包括或有和承诺事项、资产负债表日后非调整事项、关联方关系及其交易等，具体的披露要求须遵循相关准则的规定。

► **9.1.3 财务情况说明书**

财务情况说明书是对单位一定会计期间内财务、成本等情况进行分析总结的书面文字报告，也是财务会计报告的重要组成部分。财务报告说明书全面提供公司、企业和其他单位生产经营、业务活动情况，分析总结经营业绩和存在问题及不足，是企业财务会计报告使用者，特别是单位负责人和国家宏观管理部门了解和考核各单位生产经营和业务活动开展情况的重要资料。

一般公司、企业的财务情况说明书应当包含以下内容：

①公司、企业生产经营状况；

②利润实现和利润分配情况；

③资金增减和资金周转情况；

④税金缴纳情况；

⑤各种财产物资变动情况；

⑥其他需要说明的事项。

9.2 建筑施工企业财务分析的意义与内容

▶ 9.2.1 财务分析的意义

1）财务分析的含义

财务分析，是指企业以价值形式、依据财务报告及其他数据资料，采用一系列分析技术和方法，对一定期间的财务活动过程和结果进行研究和评价，借以认识财务活动规律、促进企业提高经济效益的一种财务管理活动。

2）财务分析的意义

财务分析与评价是财务管理的重要方法之一，它是对财务报告所提供的财务信息作进一步加工和处理，为所有者、债权人和企业管理层等财务信息使用者进行财务预测和财务决策提供依据。

（1）财务分析与评价的主体是财务信息使用者

财务信息使用者大致可以划分为现实利益主体、潜在利益主体和决策服务主体等三个方面。其中，现实利益主体是指目前与企业存在经济利益关系的经济组织或个人，主要包括企业所有者（股东）、债权人及经营者等；潜在利益主体是指即将对企业实施投资行为的资本所有者；决策服务主体是指需要根据对企业的财务分析与评价，为企业各利益主体的投资决策提供决策信息支持的经济组织或个人，如投资研究与咨询机构等。需要说明的是，这里的决策服务主体并非排除在企业的利益主体之外，他们本身既可能是企业的现实利益主体，也可能是企业的潜在利益主体，也就是说，决策服务主体与企业现实利益主体和潜在利益主体之间存在着交叉或重叠的关系。

（2）财务分析与评价的依据是企业财务报告及相关环境信息

企业财务报告信息和财务相关环境信息，是财务分析与评价的主要依据。其中财务报告包括财务报表和财务报表附注两个部分。相关环境信息则是指非财务性质的或受某些条件限制无法在财务报告里披露的、对企业财务状况和经营成果的现状及其变化趋势存在或将产生影响的各种环境信息。它具体又可分为企业的内部环境信息和外部环境信息两个方面。需要说明的是，财务报告信息与环境信息并无明确的区分界限。事实上，财务报告信息中的许多内容所反映的也是有关企业财务的环境信息，例如，财务报表附注里的有关基本会计假设的说明、会计政策及其变更情况的说明等均属于环境信息的范畴。

（3）财务分析与评价的视角是多元化的

从性质上看，财务分析与评价的视角包括财务状况、经营成果、现金流量及各项财务能力（诸如偿债能力、获利能力、营运能力、营销能力、发展能力等）；从时间上看，财务分析与评价的视角包括财务现状、财务趋势及财务前景等；从投资决策的相关性看，财务分析与评价的视角包括投资的预期收益与风险等。上述各项财务分析与评价视角的内容之间也是相互交叉、相互重叠的。例如，无论是企业财务现状、企业财务发展趋势、财务发展前景的分析与评价，还是企业预期收益与风险的分析与评价，均需要从财务状况、经营业绩以及内在的财务能力等方面进行分析与评价，而一个企业的财务状况、经营业绩以及财务能力的每一个方面均须从现状、趋势、前景以及对预期收益与风险的影响等方面进行考察和评价。

（4）财务分析与评价的目的在于为特定决策提供理性的财务信息支持

所谓理性的财务信息，是指能够反映企业财务各个构成内容之间相互依存、相互制约的内在联系，能够揭示企业财务变化趋势和特征的财务分析与评价信息。财务报告所提供的财务信息与财务决策所需的财务信息是有一定差距的。财务报告作为对一个企业在一定期间的会计核算数据的分类汇总，它能够说明企业在既定时间的财务状况和经营成果，也能够通过财务报表附注说明这些财务状况和经营成果的构成及成因。但财务报告所揭示的信息只是对企业财务现象的一种客观描述，具有外在性的特征，其给予财务信息使用者的也相应只能是一种有关企业财务现象的感性认识，是一种陈述性财务信息。在规范、健康的市场经济条件下，企业各利益主体的决策是一种以预期收益与风险为依据的理性决策。这种理性决策的前提在于获得对企业经营状况和财务状况的理性认识，即获得有关企业财务内在联系上的、规律性的认识，是一种财务评判性信息。因此，作为财务决策的信息应当是能够揭示企业财务的内在联系及其变化规律的、具有预测价值的理性信息。要使各利益主体能够正确决策，就必须实现财务信息的理性化，其有效手段就是财务分析与评价。

▶ 9.2.2 财务分析与评价的目的

1) 企业所有者财务分析与评价的目的

企业所有者是指为企业提供主权资金的投资人，对于作为主要企业组织形式的股份有限公司来讲是指公司的普通股股东。

企业所有者进行财务分析，主要是为了明确以下几个方面的问题：

①企业目前和未来较长时期内的经营发展前景如何？

②企业未来的潜在收益及投资报酬率如何？

③企业收益是否稳定？是否受重大变动的影响？

④企业目前的财务状况如何？决定财务状况的因素是什么？

⑤企业的资本结构如何？其对风险和报酬的影响是什么？

⑥企业与竞争者相比处于何种位置？其优势和劣势是什么？

2) 企业债权人财务分析与评价的目的

企业的债权人是指给企业提供借款的单位或个人，主要包括为企业提供融资服务的金融机构、向企业提供商品或服务的赊销商、通过证券市场公开发行债券的债券持有人等。债权人进行财务分析，主要需要明确以下内容：

①企业为什么需要额外筹集资金？

②企业还本付息所需资金的可靠来源是什么？

③企业对于以前的短期债务与长期债务是否存在违约行为？这种违约行为是否仍然存在？

④企业未来在哪些方面还需要额外筹集资金？

3）企业经营者财务分析与评价的目的

企业经营者是指受企业所有者委托对企业进行经营管理、实现企业目标的企业经营管理层。企业经营者通过财务分析，主要需要明确以下问题：

①企业的财务状况如何？资源分布是否合理，资本结构是否优化？

②企业的偿债能力、营运能力、获利能力如何？

③企业财务与会计基础工作、财务与会计管理水平如何？

④企业计划完成情况、发展趋势以及国内外同行、同类企业相比差距在何处？

4）政府及相关管理机构财务分析与评价的目的

政府有关行政管理部门主要包括国有资产管理部门、工商、税务、社会保障管理部门等。政府以社会管理者的身份通过对企业财务报告进行分析，了解社会资源的配置状况与效益，预测财政收入的增长状况，评估企业的财务状况与经营成果对所在行业的影响等，以便据此加强宏观经济的调控及有关宏观经济政策的制定，履行自己的监督管理职责。

5）中介机构财务分析与评价的目的

中介机构主要是指会计师事务所以及其他咨询机构。通过财务分析，旨在客观、公正地提供审计报告及其他信息使用者所需的财务信息。

6）企业职工财务分析与评价的目的

企业职工基于自身的职业发展规划，需要分析评价企业经营的持续性和盈利能力，分析评价其工资福利报酬和工作环境的公允性，分析评价其退休金的保障程度，并根据财务报表信息签订和履行劳动补偿合同。

7）社会公众财务分析与评价的目的

社会公众最关注企业兴衰及其发展情况。为此依据企业所提供的财务信息，着重分析企业目前的发展状况及其未来发展趋势。

8）其他利益关系人财务分析与评价的目的

其他利益关系人包括供应商、顾客、并购分析师和媒体等多个方面。

（1）供应商

供应商为了决定建立长期合作关系，需要分析公司的长期债务偿还能力和盈利能力；为了决定信用政策，需要分析公司的短期债务偿还能力。

（2）顾客

顾客关心自身与公司的长期关系，关注公司的售后服务以及今后的优惠，需要分析评价公司的财务实力、发展趋势和持续供应能力等。

（3）并购分析师

并购分析师关心的是分析确定潜在兼并对象的经济价值和评估其在财务上和经营上的

兼容性。

（4）媒体

媒体基于对资本市场的监督和提供投资建议，也会分析评价公司的财务状况、经营成果和现金流量等情况。

▶ 9.2.3 财务分析与评价的作用

由于财务报告主要是以分类的方式提供各种财务信息，还缺乏一定的综合性，无法深入地揭示企业各方面的财务能力，无法反映企业在一定时期内的发展变化趋势。因此，为了提高财务信息的利用程度，需要对这些财务信息做进一步的加工处理，以便更深入、全面地反映企业的各种财务能力和发展趋势。财务分析与评价就是完成这一任务的主要方法和途径。

在实务中，通过财务分析可以发挥如下重要作用：

①通过财务分析，可以全面评价企业在一定时期内的各种财务能力，包括偿债能力、营运能力、盈利能力、发展能力和营销能力，从而分析企业经营活动中取得的成绩和存在的问题，总结财务管理工作的经验教训，促进企业改善经营管理、提高企业经营管理和财务管理水平。

②通过财务分析，可以为企业外部投资者、债权人和其他利益相关者提供更加系统的、完整的财务信息，便于他们更加深入地了解企业的财务状况、经营成果和现金流量情况，为其进行投资决策、信贷决策和其他经济决策提供依据。

③通过财务分析，可以检查企业内部各职能部门和单位计划完成情况，考核和评价各职能部门和单位的经营业绩，有利于企业建立和健全完善的业绩评价体系，协调各种财务关系，保证企业财务目标的顺利实现。

财务分析是对企业财务报告所提供的财务信息的进一步加工处理，其目的是为财务信息使用者提供更具相关性的财务信息，以提高其决策质量。

▶ 9.2.4 财务分析与评价的内容

尽管不同利益主体财务分析与评价各有侧重，但就企业总体来看，财务分析与评价的主要内容可以归纳为四个方面：偿债能力分析、营运能力分析、盈利能力分析和发展能力分析。其中偿债能力是财务目标实现的稳健保证，营运能力是财务目标实现的物质基础，盈利能力是两者共同作用的结果，同时也对两者的增强起着推动作用。四者相辅相成，共同构成企业财务分析的基本内容。

1）偿债能力分析

偿债能力（又称财务安全性），是指企业偿还到期债务的能力。通过对企业财务报告等会计资料进行分析，可以了解企业资产的流动性、负债水平以及偿还债务的能力，从而评价企业的财务状况和财务风险，为企业管理层、投资者和债权人提供偿债能力的财务信息。

2）营运能力分析

营运能力（又称资产周转能力），是指企业资产的利用和管理能力。企业的生产经营过程就是利用资产取得收益的过程。资产是企业进行生产经营活动不可或缺的经济资源，其利用和管理能力直接关系到企业收益水平的高低，它体现了企业的经营能力。对企业营运能力的分析，可以了解到企业资产的保值和增值情况，分析企业资产的利用效率、管理水平、资金周转状况、现金流量状况等，为评价企业的资产管理水平和经营管理水平提供依据。

3）盈利能力分析

赚取利润是所有企业从事生产经营活动的主要目标之一，同时它也反映了企业的综合素质。企业要生存和发展，不仅要确保收能抵支，而且还必须获得较高的盈利，这样才能确保企业生存和不断发展所需资金、确保企业在竞争中立于不败之地。无论是投资者还是债权人或是企业管理层，都十分关心企业的获利能力，盈利能力强可以提高企业偿还债务的能力，提升企业的信誉，对企业获利能力的分析不仅看其获取利润的绝对数，还要看相对数，这些均可以通过财务分析来实现。

4）发展能力分析

无论是企业管理层，还是投资者、债权人，都十分关注企业的发展能力，这直接关系到他们的切身利益。通过对企业的发展能力分析，可以判断企业的发展潜力，预测企业的经营前景，从而为企业管理层和投资者、债权人进行经营决策和投资决策提供重要依据，避免决策失误给其带来重大的经济损失。

5）财务趋势分析

财务趋势分析，是指通过对企业连续若干期的财务信息和财务指标进行分析，判断企业未来发展趋势，了解企业的经营活动和财务活动所存在的问题，为企业未来的经济决策提供依据。

6）财务综合分析

财务综合分析，是指全面分析和评价企业各方面的财务状况，对企业风险、收益、成本、现金流量等进行分析和评价，为提高企业财务管理水平、改善经营业绩提供必要的信息。

▶ 9.2.5 财务分析与评价的原则

财务分析与评价的原则是通过财务分析与评价所获得的财务信息应达到的质量标准和财务信息处理应遵循的规则两个方面。财务信息的质量标准体现了财务信息使用者对财务分析与评价信息的质量要求，提供评价信息有用程度的标准，即"什么才是有用的财务分析与评价信息"。信息处理规则是为了确保财务分析与评价目标的实现，在获得财务分析与评价信息时应遵循的一般行为规范，主要解决"如何提供有用的财务分析与评价信息"，指导财务分析与评价人员如何正确选择财务分析与评价方法。

1）财务分析与评价信息的质量要求

（1）相关性

相关性原则是指财务分析与评价信息必须与相关信息需要者的决策相关，以避免造成信息使用者的决策失误。它具体是指：

①可预测性。财务分析与评价信息必须起到能预测未来的作用。

②反馈性。财务分析与评价信息必须能够反映企业整体及各部门、各环节的经营绩效。

③及时性。信息是有时效性的，不及时的信息对经营决策用处不大甚至是无用的。

（2）可靠性

可靠性原则是指财务分析与评价信息应能够被信赖。它具体包括以下两层含义：

①客观性。财务分析与评价信息应能与已经发生或正在发生的经济事实保持一致，能如实反映企业的财务状况、经营成果和现金流量。

②精确性。精确性是指财务分析与评价人员所测算数据的允许误差程度。财务分析与评价信息的真实性不强、精确程度低，其可靠性就难以保证。

（3）可比性

可比性原则包括以下两个方面：

①横向可比（又称行业可比性），即财务分析与评价信息应做到能够与行业内其他不同企业之间具有可比性。这种可比性要求在对企业财务进行分析与评价时，应尽可能采用行业内通用的分析评价指标和分析评价方法；对于行业内财务制度或有关法规已做出明确规定的指标和计算方法，财务分析与评价人员应共同遵守；对于行业内财务制度或有关法规未做出明确规定的指标和计算方法，应遵守行业惯例，没有行业惯例的，应在分析与评价报告中（或备忘记录）注明所采用分析与评价指标和分析与评价方法。

②纵向可比（又称期间可比性），即财务分析与评价信息应做到能够同一企业内部不同期间之间进行比较。要做到不同期间可比，要求对企业进行财务分析与评价时，应保持各个不同期间财务分析与评价指标、分析与评价方法的稳定性与一致性，对于因为财务会计方法与财务会计政策变更所产生的差异，应在评价中进行必要的调整，不能调整的，应在分析与评价报告（或备忘记录）中予以解释说明。

（4）清晰性

清晰性（又称可理解性），是指财务分析与评价主体所出具的财务分析与评价报告应简单明了，便于信息使用者所理解。实现这一原则，有赖于：①分析与评价指标选择的常规性。即分析与评价时应尽可能选择所熟悉的常规指标。对于必须使用的非常规指标，则应在分析与评价中对于该指标的意义、计算方法等予以说明，以免各决策主体误解。②报告陈述的通俗性。即分析与评价报告的语言表述应尽可能大众化，评价结论应尽量做到简明易懂，尽量为众多非专业人士所接受，对于必须使用的专业术语，也应在分析与评价报告中就该术语的内涵与外延作出合理的解释。

2）财务分析与评价信息处理规则

（1）一致性

一致性原则，是指对同一企业不同时期要尽量依据相同的概念、采用相同的指标、使用相同的方法和程序来处理信息，在对不同企业进行比较分析时也尽量保持一致性。强调一致性，能尽量避免分析技术本身变动可能对分析结果所造成的影响，使评价结果更加客观、可靠。

（2）适应性

适应性原则是指所提供的财务分析与评价信息对信息使用者决策过程的满足程度和协调程度。该原则要求财务分析与评价具有灵活性，财务分析与评价人员应可以同时加工出几种类型而不仅仅是单一类型的财务分析与评价信息。同时，还须使用与决策过程相协调的数据处理程序，使财务分析与评价信息能适应各方面的决策层次的不同需要。适应性原则是相关性原则的具体要求，但与一致性原则又存在着一定的矛盾。

（3）系统性

系统性原则要求财务分析与评价的方法、程序、指标能够相互配合，形成一个较完整的体系。它具体是指：①综合性，即应把分析与评价对象看成是一个有机整体，全面分析与重点分析相结合；②经济性，即应尽量减少数据的数量和重复处理过程，降低信息加工成本。

（4）稳健性

稳健性原则是指在财务分析与评价时，由于决策大多与未来的不确定性相关，为避免决策者的决策失误，应尽量保持谨慎、稳健的态度，不高估业绩、不低估风险和损失，以增强信息的可靠性。

▶ 9.2.6　财务分析与评价的一般程序

无论是企业的管理层，还是投资者、债权人，在作出财务评价和经济决策时，都必须进行充分的财务分析。为确保财务分析的有效进行，财务分析时必须遵循科学的程序。

财务分析的一般程序包括以下几个步骤：

①明确财务分析目的和范围，搜集分析与评价所需的经济资料；

②选择适当的分析方法，确定分析指标；

③进行因素分析，抓住主要矛盾；

④为经济决策提供各种建议。

▶ 9.2.7　财务分析与评价的基本方法

财务分析与评价方法是实现财务分析与评价目标的手段和方式，财务分析与评价应当全面分析与重点分析相结合、定量分析与定性分析相结合，以达到系统、全面、客观地反映并评价企业财务状况和经营业绩的目的。在整个财务分析与评价方法体系中，常用的分析与评价基本方法是比较分析法、比率分析法、因素分析法、趋势分析法、综合分析法等。

1）比较分析法

比较分析法又称对比分析法。这一方法是将同一个财务指标在不同时期或不同情况下的执行结果进行对照比较，以确定其增减变动差异，从而分析评价财务指标状况优劣。其主要作用在于揭示客观存在的差异，利用这种差异可以考察任务完成情况，显示财务指标变动趋势，从而评价企业经营管理的工作绩效。

在企业财务分析实务中，运用比较分析法须注意财务指标之间的可比性：计算口径、计算基础、计算的时间、企业规模（经营规模、财务规模）等，都应尽可能确保一致。比较分析法的具体运用常见的有以下两种形式：

（1）绝对数比较

其基本模式为：

绝对数差异=实际数-标准数

实际运用中，可以作为标准数的是计划数（或定额数）、历史数（上年同期数、历史上最好水平数）、同行业其他企业数（同行业先进水平数、同行业平均水平数）等。

将指标数值进行绝对数比较，主要揭示指标数值的变动数量，直观地判断指标变动规模的大小。所以，绝对数差异也就是该指标的增减变动额。

【例9.1】某建筑施工企业2013—2014年有关财务数据及其计算分析如表9.5所示

表9.5 某建筑施工企业财务指标比较分析表　　　　单位：元

财务指标	2013 年度	2014 年度	差异
主营业务收入	110 000	132 000	+22 000
主营业务成本	90 000	99 000	+9 000
营业税金及附加	3 630	4 362	+732
主营业务利润	16 370	28 638	+12 268

从上表可以看出，该企业2014年度相比2013年度主营业务利润增加了12 268万元，主要是由于其主营业务收入增加22 000万元，而主营业务成本和营业税金及附加分别增加9 000万元和732万元，从而抵消了一部分利润增长。

（2）相对数比较

其基本模式为：

相对数差异（差异率）＝绝对数差异÷标准数×100%＝（实际数-标准数）÷标准数×100%

将指标数值进行相对数比较，主要揭示指标数值的变动程度或变动幅度，从而判断指标相对变动的水平。因此，相对数差异也就是指标的增减变动率。

【例9.2】具体数据资料见例9.1。

2014年度相比2013年度主营业务利润增长幅度：

（28 638-16 370）÷16 370×100%＝12 268÷16 370×100%＝74.94%

2）趋势分析法

把反映某种经济现象发展趋势的一系列指标数值，按时间先后顺序排列而成的数列叫时间动态数列。趋势分析，是指将两个或两个以上连续期的同一财务指标进行对比，以确定时间动态数列增减变动趋势的分析方法。由于企业的生产经营活动始终处于不断运动发展变化之中，采用该方法能从动态上考察企业的财务状况、经营成果和现金流量等各项指标的发展特征和变化规律，得出上升、下降或稳定不变等结论，从而鉴定企业管理水平并从发展变化中寻求其变动的原因、性质，并由此预测企业未来的发展变化趋势。

在具体运用趋势分析法时，一般又有两种分析方式：一是编制趋势报表，二是计算趋势比率。

（1）趋势报表

趋势报表主要有以下3种：比较报表、共同比报表、比较共同比报表。

①比较报表，详见表9.6。

表9.6 比较报表

	2013 年度	2014 年度	增减变动额	增减变动%
一、营业收入	100 000	120 000	+20 000	+20%
减：营业成本	80 000	88 000	+8 000	+10%
减：营业税金及附加				
二、营业利润				
…	…	…	…	…
三、利润总额				
减：所得税				
四、净利润	12 000	18 000	+6 000	+50%

②共同比报表，详见表9.7。

表9.7 共同比报表

	2014 年度	共同比%
一、营业收入	120 000	100%
减：营业成本	88 000	73.33%
减：营业税金及附加		
二、营业利润		
…	…	…
三、利润总额		
减：所得税		
四、净利润	32 000	26.67%

③比较共同比报表，详见表9.8。

表9.8 比较共同比报表

	2013 年度	2014 年度
一、营业收入	100%	100%
减：营业成本	80%	73.33%
减：营业税金及附加		
二、营业利润		
…	…	…
三、利润总额		
减：所得税		
四、净利润	12%	26.67%

（2）趋势比率

趋势比率（又称发展速度指标），表明某一经济指标在一定时期内的发展速度。它是全部时间动态数列中各个比较期数值与基期数值的相对比率或相对差异。同样，由于作为比较标准的时期不同，发展速度指标分为定基发展速度和环比发展速度两种。

①定基发展速度（又称定基比率），是指将企业以后各期的某一财务指标数值除以固定的基期的该同一财务指标数值所求得的趋势比率，一般用来分析发展情况。其计算公式如下：

$$定基发展速度 = \frac{K_n}{K_0} \times 100\%$$

②环比发展速度（又称环比比率），是指将企业以后各期的某一财务指标数值除以其前一期的该同一财务指标数值所求得的趋势比率。其计算公式如下：

$$环比发展速度 = \frac{K_n}{K_{n-1}} \times 100\%$$

另外，由于各个时期经济活动的发展变化，不可能是绝对均衡的，在各个时期有快有慢，为了反映总是期内发展变化的一般水平，需要计算平均发展速度。平均发展速度是环比发展速度的平均值，这种平均值一般用几何平均数来表达。其计算公式如下：

$$平均发展速度 = \sqrt[n]{\frac{K_n}{K_0}} - 1$$

在实际分析工作中，有时也用增长速度（增长率）来反映，与比较分析法中的相对数差异原理一样。增长速度与发展速度的关系可以表述为：

$$增长速度 = 发展速度 - 1$$

【例9.3】某建筑施工企业2009—2014年度营业利润及其趋势比率计算如表9.9所示：

表9.9　某建筑施工企业趋势比率计算表　　　　单位：万元

年　度	2009	2010	2011	2012	2013	2014
营业利润	10 000	11 000	13 000	17 000	24 000	32 000
定基发展速度	100%	110%	130%	170%	240%	320%
环比发展速度	100%	110%	118.18%	130.77%	141.18%	133.33%

由上表计算结果可知，该企业2009—2014年度除2014年度外，其营业利润逐年增长，且其增长速度逐年加快。

【例9.4】某建筑施工企业2009-2014年度各年所实现的工程结算利润如表9.10所示，则可计算出各年度的增长量、发展速度、增长速度等指标。

表 9.10　某建筑施工企业 2009—2014 年度工程结算利润的趋势分析表

	2009	2010	2011	2012	2013	2014
工程结算利润（万元）	2 000	2 200	2 500	3 000	3 600	4 500
1. 增长量（万元）						
累计增长量	—	200	500	1 000	1 600	2 500
逐期增长量		200	300	500	600	900
2. 发展速度（%）						
定基发展速度	100	110	125	150	180	225
环比发展速度	100	110	113.64	120	120	125
3. 增长速度（%）						
定基增长速度	—	10	25	50	80	125
环比增长速度	—	10	13.64	20	20	25

$$平均发展速度 = \sqrt[5]{\frac{4\ 500}{2\ 000}} \times 100\% = 117.61\%$$

平均增长速度 = 117.61% - 1 = 17.61%

采用趋势分析法进行财务分析，应当注意这样几个问题：

①用于对比的不同时期的指标在计算口径上应力求保持一致。企业由于受到外界经济政策、财务制度的变化以及物价变动的影响，因而要对这些因素的影响作适当的调整。

②要特别注意不同时期的一些重大经济活动对有关指标所造成的影响。例如企业扩充资本、增加对外投资、发生天灾人祸等，所有这些重要的经济事项都可能对某一时期的有关指标甚至几个时期的有关指标造成较大波动。这些因素在进行分析时都要加以剔除，以利于在正常情况下作出准确的判断，针对性地采取各项有效措施。

3）比率分析法

比率就是用倍数或比例所表现的分数。比率分析法，是指通过计算两个财务指标的比值，以此来揭示企业财务状况和经营成果的一种分析方法。比率分析法与比较分析法虽然都是将两个数据进行对比，但比较分析法一般是对同质指标进行比较，而比率分析法主要是将不同质但相关的不同指标进行比较。而比较分析法的分析结果主要强调绝对差异的大小，相对差异只是对绝对差异的辅助说明；比率分析法的分析结果则纯粹是以相对数表示，借以说明指标数值之间的相互关系。

比率的形式很多，按它们在财务分析评价中起的作用和计算财务比率的财务指标之间的关系不同，财务比率可以分为相关比率、结构比率和动态比率三大类。

（1）相关比率

相关比率，是指两个企业经济活动中两个性质不相同但相关的财务指标相除所求得的比值，用以评价企业的财务状况和经营业绩，如流动比率、速动比率等。

相关比率的特征在于强调指标之间的相关性，而不是对指标本身变动做直接比较。两个相关的指标一旦形成相关比率，则能反映各项财务指标之间的比例关系是否合理，便于企业加强管理与控制，对财务经营活动各环节进行协调平衡。相关比率的形式比较灵活，可以根据实际需要进行不同组合。

（2）结构比率

结构比率（又称构成比率），是指用总体指标的各个构成部分除以总体指标所求得的比值。它反映的是各该构成部分占总体指标的比重，如流动资产占总资产的比重、人工费占项目成本的比重等，一般以百分数形式表示。

结构比率可以分析评价总体指标的构成内容的特征及构成是否合理，进一步掌握事物变化的规律性；可以显示总体指标的内部构架，表现各个构成部分之间的联系以及在总指标中所占地位的重要程度，便于分清主次因素，突出分析工作的侧重点。

（3）动态比率

动态比率（又称趋势比率），是指将同一企业连续若干期的同一财务指标相除所求得的比值，以揭示企业的发展变化趋势。详见趋势分析法中的"发展速度指标"相关内容，此处不再赘述。

4）因素分析法

一个经济指标往往受多个因素的影响和制约，而每一个因素对该经济指标的影响程度又各有不同。只有将这一综合性的经济指标分解成各个构成因素，才能从数量上把握每一个因素对该经济指标的影响程度，给进一步分析工作指明方向。

因素分析法，是指为了深入分析某一财务指标，而将该指标按构成因素进行分解，分别测定各个因素变动对该项指标的影响程度的一种分析方法。采用比较分析法将不同时间和空间的财务指标进行比较，可以找出指标数值的数据，描述企业财务状况和经营业绩，从而提出所应分析的问题。但比较分析法却不能测定指标数值变动的原因，这就需要采用因素分析法来测算指标受到哪些因素的影响以及对总体指标的影响程度和影响方向，以便揭示指标差异的原因，进而更深入、全面地理解和认识企业的财务状况和经营业绩。

因素分析法有多种不同的计算方式，其中最常见的是因素替代法和相差额计算法。

（1）因素替代法

因素替代法又称连环替代法、连锁替代法，其基本思想是：总体指标是受各种具有相互依存关系的连锁因素的相互影响的。首先，把总体指标分解为各项有次序性的连锁因素的乘积；然后，顺次把其中一个因素视为可变因素，其他因素暂时不变，依次逐项进行替代，每次替代在上一次基础上进行；最后，将每一次替代后的结果反向两两相减，从而测算出各个因素变动对总体指标的影响程度和影响方向。

假设某一总体性经济指标为 S，可以分解为 A、B、C 三个连锁因素的乘积，其关系表述为：$S=A \times B \times C$，则有：

标准数指标：$S_0 = A_0 \times B_0 \times C_0$

实际数指标：$S_1 = A_1 \times B_1 \times C_1$

第一步，确定分析对象。对总体指标的因素分析，一般是分析该指标用比较分析法所计算出的绝对差异作为分析对象，即分析对象为：

$$\Delta S = S_1 - S_0$$

第二步，进行因素替代。假定影响总体指标的因素是依次变动的，当某个因素由标准数变为实际数时，就会引起指标数值的变动。因此，则有：

标准数值：$S_0 = A_0 \times B_0 \times C_0$ （1）

替代 A 因素：$S_2 = A_1 \times B_0 \times C_0$ （2）

替代 B 因素：$S_3 = A_1 \times B_1 \times C_0$ （3）

替代 C 因素：$S_1 = A_1 \times B_1 \times C_1$ （4）

第三步，测算各因素的影响。各因素变化后总体指标的数值与因素变化前总体指标的数值的差额，就是该因素变动对总体指标的影响。

A 因素的影响：（2）－（1）$= S_2 - S_0$

B 因素的影响：（3）－（2）$= S_3 - S_2$

C 因素的影响：（4）－（3）$= S_1 - S_3$

最后，将三大因素各自的影响数汇总就应该等于总差异：$S_1 - S_0$。

利用因素分析法，一方面可以全面分析某一综合性经济指标的各个因素对该指标影响程度，另一方面也可以单独寻求某一个因素对该经济指标的影响程度。

（2）差额计算法

差额计算法是因素替代法的变形应用，其计算分析结果与连环替代法相同，其基本计算分析原理如下：

标准数 $S_0 = A_0 \times B_0 \times C_0$

实际数 $S_1 = A_1 \times B_1 \times C_1$

A 因素变动的影响：$(A_1 - A_0) \times B_0 \times C_0$

B 因素变动的影响：$A_1 \times (B_1 - B_0) \times C_0$

C 因素变动的影响：$A_1 \times B_1 \times (C_1 - C_0)$

【例9.5】某建筑施工企业所承建的某土木工程项目在2014年度有关工程人工费数据资料如表9.11所示。

表9.11 某施工企业某项目人工费情况表

项 目	计划数	实际数	差 异
工程量（m²）	100 000	110 000	+10 000
单位工程量人工工日（工日/m²）	2	1.8	-0.2
日均人工薪酬（元/日）	200	230	+30
人工费总额（元）	40 000 000	45 540 000	+5 540 000

由上表可知，2014年度该企业该工程项目人工费超计划5 540 000元。具体计算如下：

工程量变动的影响：（110 000—100 000）×2×200＝+4 000 000（元）

单位消耗变动的影响：110 000×（1.8—2）×200＝-4 400 000（元）

日均人工薪酬变动的影响：110 000×1.8×（230-200）＝+5 940 000（元）

总　计　　　　　　　　　　　　　　　　　　+5 540 000（元）

分析结论：

2014 年度该企业该工程项目人工费超计划 5 540 000 元。主要是由于人工薪酬标准上升导致人工费超计划 5 940 000 元，其次是由于工程量增加导致人工费超计划 4 000 000 元，而单位工程量人工消耗标准降低是人工费较计划降低 4 400 000 元。应进一步分析人工薪酬标准和工程作业量超计划的具体原因。

▶ 9.2.8　财务分析与评价的前提和假设

为了确保财务分析工作的有序进行，不断提高财务分析的可信度，财务分析工作还应遵循以下 4 个前提假设。

①财务报告中所反映的财务信息真实可靠。

②财务分析主体合规合法。这里的财务分析主体主要是指与企业有关、需要分析企业财务信息的部门、单位、法人、自然人等。

③财务分析过程要相对独立。这样做是为了避免相关内部人员虚构财务信息、操纵某些指标的计算，保证财务分析报告的真实可靠。

④财务分析的企业要有比较完善的会计核算程序和内部控制制度。

9.3　基本财务比率分析

财务比率分析是财务分析与评价中最基本、最常用的分析评价方法。在企业财务分析评价中，需要计算和分析的基本财务比率有偿债能力分析比率、盈利能力分析比率、营运能力分析比率、营销能力分析比率和发展能力分析比率等几个方面。

▶ 9.3.1　偿债能力比率分析

1）企业偿债能力分析的含义及内容

企业偿债能力，是指企业在一定期间能否及时偿还各种到期债务的能力。债权人十分关心企业的偿债能力，往往把企业的偿债能力的高低视为企业信用状况好坏的标志。通过研究企业资产负债表中各项目的结构关系及各项目的变动情况，来确定企业财务状况是否健康，短期债务偿还能力和长期债务偿还能力是强还是弱。

企业所承担的债务（负债）按偿还期限的长短，可以分为流动负债（短期负债）和非流动负债（长期负债）两大类。流动负债，是指在一个年度或超过一个年度的营业周期内到期需要偿还的各种债务，如应付账款、应付票据、预收账款等；长期负债，是指在一个年度或超过一个年度的一个营业周期内到期需要偿还的各种债务，如长期借款、应付债券、长期应付款等。

企业的偿债能力按分析要求，相应地可以划分为短期偿债能力和长期偿债能力；而反映非流动负债偿还能力的称为长期偿债能力。

2）短期偿债能力分析

短期偿债能力是指企业保证未来短期债务（一年内到期债务）及时偿付的可靠程度，企业到期债务一般均应以现金清偿，因此，短期债务偿还能力从本质上讲是一种资产的变现能力，它是企业短期内及时偿还到期债务的信用程度，主要是指企业对日常经营负债的支付能力。由于短期债务偿还能力是企业履行短期债务偿还的保障，因此，对短期债务偿还能力的分析主要是通过流动资产与流动负债（短期债务）的对比关系进行的，特别是应着重那些周转速度快、变现能力强的流动资产。

短期偿债能力就是以企业流动资产偿还流动负债的能力，它反映企业日常到期债务的财务实力。企业能否及时偿还到期的流动负债，是反映一个企业财务信用程度高低的重要标志。因此，财务人员必须重视短期债务的偿还能力，维护企业良好的信誉。

企业的短期债务需要用企业的流动资产来偿还，同样，企业到期的长期债务，一般也要用流动资产来偿还。除非企业经营终止，一般情况下，企业是不会出售非流动资产（长期资产）来偿还到期债务的。

反映短期债务偿还能力的财务指标主要有营运资金、流动比率、速动比率、现金比率等。

（1）营运资金

营运资金，是指企业全部流动资产减去全部流动负债后的余额，是反映企业短期债务偿还能力的一个基本财务指标。其计算公式为：

$$营运资金＝流动资产－流动负债$$

流动资产，是指可以在一年内或者超过一年的一个营业周期内变现或被耗用的资产，主要包括：库存现金，银行存款，交易性金融资产，可供出售的金融资产、应收款项、存货等。其中应收款项包括应收账款、预付账款、其他应收款和备用金等。应收账款应以扣除坏账准备后的净额为准。

流动负债，是指将在一年内或者超过一年的一个营业周期内偿还的各种债务，包括短期借款、应付票据、应付账款、预收账款、其他应付款、应付职工薪酬、应交税费、应付利息、应付股利（或应付利润）以及一年内到期的长期债务等。

当流动资产大于流动负债时，说明营运资金出现溢余。营运资金溢余多，则短期债务有偿还保障。反之，当流动资产小于流动负债时，说明营运资金出现短缺，企业不能偿还到期债务的风险较大。当然，营运资金溢余过多，说明企业流动资产占用过多资金，虽然短期债务有较大的偿还保障，但企业资产的收益能力则会下降。因此，企业的营运资金溢余不是越多就越好，应当有一个合理的营运资金规模。

营运资金是一个绝对数，不同行业的营运资金规模也有很大差别。同一行业不同企业之间的营运资金，由于企业经营规模大小不同，同样也缺乏可比性。因此，不能用一个统一标准来衡量企业的营运资金应保持多少是合理的。

（2）流动比率

流动比率，是指企业全部流动资产与全部流动负债的比率。它表明每一元的流动负债有多少流动资产作为其偿还的保证，反映企业用可在短期内转变为现金的流动资产偿还到期流动负债的能力。其计算公式为

$$流动比率＝\frac{流动资产}{流动负债}$$

流动比率越高，表示企业作为流动负债偿还保证的流动资产越多，企业短期债务偿还能力越强，企业财务风险越小，债权人权益安全程度越高。但用该指标进行短期债务偿还

能力评价时需要注意，从企业债权人角度来看，该比率越高越好，因为，该比率越高，意味着债权人的短期债权的保障程度越高，债权越安全；反之，从企业角度来看，该比率不是越高越好，因为该比率过高，意味着置存流动资产越多、流动资产闲置越多，企业整体资产收益水平就越低。因此，一般认为流动比率应维持在2：1比较合适。当然，在财务分析实务中，不同行业、不同企业应该有所差异。

流动比率可以用来衡量一个企业资产的流动性。由于流动资产减去流动负债的余额就是企业的营运资金，所以该指标可以反映出企业在目前及今后的生产经营活动中提供现金、维持正常经营活动的能力。

（3）速动比率

速动比率（又叫酸性试验比率），是指企业的速动资产与流动负债的比率。其计算公式为：

$$速动比率 = \frac{速动资产}{流动负债}$$

所谓速动资产，是指能够迅速变现的资产，包括库存现金、银行存款、交易性金融资产、可供出售的金融资产、应收账款等流动资产，也可以近似地按如下公式计算：

$$速动资产 = 货币性资产 + 结算性资产$$
$$= 现金 + 短期有价证券 + 应收款项净额$$
$$= 流动资产 - 存货$$

如果企业的流动比率较高，而流动资产的变现能力（流动性）却很低，则企业的迅速偿债能力实际上并不高。考虑实际偿债能力时可以完全扣除存货的影响，从而仅依靠速动资产提供偿债保障。在分析建筑施工企业短期债务偿还能力时，应充分考虑流动资产中存货等因素。在建筑施工企业的资产结构中，存货往往包含未完施工，其变现能力是很低的。因而，将存货从全部流动资产中扣除后而计算出来的速动比率相比流动比率而言能够更加准确地反映企业的短期偿债能力。

速动比率是对流动比率的补充，该指标越高，表明企业偿还流动负债的能力越强。但用该指标进行短期债务偿还能力评价时需要注意，从企业债权人角度来看，该比率越高越好，因为，该比率越高，意味着债权人的短期债权的保障程度越高，债权越安全；反之，从企业角度来看，该比率不是越高越好，因为该比率过高，意味着置存速动资产越多、速动资产闲置越多，企业整体资产收益水平就越低。因此，一般认为速动比率应维持在1：1比较合适。当然，在财务分析实务中，不同行业、不同企业应该有所差异。

（4）现金比率

现金比率，是指企业的现金类资产与流动负债的比率。现金类资产包括库存现金、随时可用于支付的存款和现金等价物。计算该指标在取数时就是现金流量表中的"现金及现金等价物"。其计算公式为：

$$现金比率 = \frac{现金 + 现金等价物}{流动负债}$$

现金比率可以反映企业的直接偿付能力，因为现金是企业偿还一切债务的最终手段，如果企业缺乏现金，就可能发生支付困难，面临财务危机。因而，现金比率高，说明企业有较好的支付能力，对偿付债务是有保障的。但是，这个比率过高，可能意味着企业拥有过多盈利能力很低的现金类资产，企业资产未能得到有效的运用。

（5）现金流量比率

现金流量比率，是指企业经营活动产生的现金流量净额与流动负债的比率。其计算公式为：

$$现金流量比率 = \frac{经营活动现金净流量}{流动负债}$$

营运资金、流动比率、速动比率、现金比率都是反映短期偿债能力的静态指标，揭示了企业现有的存量资源对于到期债务的偿还保障程度。而现金流量比率则是从动态角度反映本期经营活动产生的现金净流量偿付流动负债的能力。

需要说明的是，经营活动所产生的现金净流量是企业过去一个会计年度的经营结果，而流动负债是企业未来一个会计年度需要偿还的债务，二者的会计期间不同。因此，该指标是建立在以过去一个年度的经营活动的现金净流量来估计未来一个年度的经营活动现金净流量的假设基础之上的。使用该指标时，需要考虑未来一个年度影响经营活动现金净流量发生变化的因素。

（6）到期债务本息偿付比率

到期债务本息偿付比率，是指经营活动产生的现金净流量与本期到期债务本息的比率。其计算公式如下：

$$到期债务本息偿付比率 = \frac{经营活动产生的现金净流量}{本期到期债务本金+现金利息支出}$$

到期债务本息偿付比率反映企业经营活动产生的现金净流量是本期到期债务本息的倍数，即每一元的本期到期债务本息有多少元的经营活动产生的现金净流量作为偿还保障，它主要衡量本年度内到期的债务本金及相关的利息支出可以由经营活动所产生的现金净流量来偿付的程度。该比率越高，说明企业经营活动所产生的现金净流量对本期到期债务本息的保障程度越高，企业的短期债务偿还能力就越强。如果该指标小于1，说明企业经营活动所产生的现金净流量不足以偿付本期到期债务本息。

3）企业长期偿债能力分析

长期偿债能力，是企业保障未来到期债务（一年以上或超过一年的一个营业周期以上）及时偿付的可靠程度，分析长期偿债能力的目的，在于预测企业有无足够的能力偿还长期负债的本金和利息。长期偿债能力是指企业偿还长期债务的能力。

企业的长期负债主要包括长期借款、应付债券、长期应付款、专项应付款、预计负债等。对于企业的长期债权人和所有者来说，他们不仅关心企业的短期偿债能力，更关心企业的长期偿债能力。因此，在进行企业短期偿债能力分析的同时，还须分析企业的长期偿债能力，以便于企业债权人和投资者全面了解企业的偿债能力及财务风险。反映企业长期偿债能力的财务指标主要有资产负债率、所有者权益比率（或股东权益比率）、权益乘数、产权比率、偿债保障比率、利息保障倍数、现金利息保障倍数等财务比率来反映的。

（1）资产负债率

资产负债率，也称负债比率或举债经营比率，是指企业负债总额与资产总额的比率，它反映企业的资产总额中有多大比例是通过举债而得到的，或反映企业每一百元的资产承担有多少的债务。其计算公式为：

$$资产负债率 = \frac{负债总额}{资产总额} \times 100\%$$

资产负债率反映企业偿还债务的综合能力，反映了在资产总额中有多大比例是通过借贷方式获取的，即举债经营的程度，它也可以用来衡量企业保护债权人利益的程度及负债保障的程度。

该比率越高，说明企业偿还债务的能力越差，财务风险越大；反之，该比率越低，说明企业偿还债务的能力越强，企业财务风险越小。

对于资产负债率，企业的债权人、所有者（或股东）和管理者往往从不同的角度评价。

从债权人角度来看，资产负债率越小，说明企业资产总额中债权人有要求权的部分越小，由所有者提供的部分越大，资产对债权人权益的保障程度就越高，债权人所承担的风险就越小；反之，资产负债率越高，债权的保障程度就越低，债权人所承担的风险也就越高。因此，债权人总是希望资产负债率越低越好。

从企业所有者（或股东）的立场来看，企业通过举债所筹措的资金与所有者所提供的资金在企业经营活动中发挥同样的作用。因此他们主要关心全部资本获利率是否超过借入资金的利息率。当全部资本获利率超过借入资金的利息率时，负债比率越高，企业获利越多，所有者的投资回报就越高；反之，所有者的投资回报就越低。企业所有者（或股东）可以通过举债经营的方式，以有限的资本、付出有限的代价而取得对企业的控制权，并且可以得到举债经营的杠杆利益。因此，财务分析中，资产负债率也因此被人们称为财务杠杆。

从企业经营管理者的角度来看，他们受所有者（或股东）和债权人的委托，须对所有者和债权人投放企业的资金承担责任。因此，他们既要考虑企业的盈利，也要顾及企业所承担的财务风险。资产负债率作为财务杠杆，不仅反映了企业的长期财务状况，而且也反映了企业管理当局的进取精神（对风险的态度）。若企业不利用举债经营或负债比率过低，则说明企业管理当局比较保守，对前途信心不足，缺乏进取精神，利用债权人资本进行经营活动的能力较差。但是，负债比率也必须有一定的限度，负债比率过高，企业财务风险将增大，一旦资产负债率超过100%，则说明企业资不抵债，有濒临破产倒闭的危险。

由此可见，至于资产负债率为多少才是合理的，并没有一个确定的标准。不同行业、不同类型的企业，同一企业不同时期的资产负债率会存在较大差异。一般而言，处于快速成长时期的企业，其资产负债率可能会高一些，这样，所有者会得到更大的财务杠杆利益。但是，作为财务管理者，在确定企业的资产负债率时，一定要审时度势，充分考虑企业内部各种因素和企业外部的市场环境，在收益与风险之间权衡利弊得失，然后才能作出正确的财务决策。

（2）所有者权益比率（股东权益比率）

所有者权益比率（股东权益比率），是指企业所有者权益（股东权益）与资产总额的比值。其计算公式如下：

$$所有者权益比率 = \frac{所有者权益总额}{资产总额} \times 100\%$$

该比率反映企业总资产中有多大比例是所有者投入的。

所有者权益比率与资产负债率之和等于1。因此，这两个比率是从不同的侧面来反映企业的长期财务状况的，所有者权益比率越大，负债比率就越小，企业财务风险也就越小，偿还债务的能力就越强。

（3）权益乘数

权益乘数，就是所有者权益比率的倒数，即资产总额与所有者权益的比率。权益乘数反映了企业财务杠杆的大小。权益乘数越大，说明所有者投入的资本在资产中的比重越小，财务杠杆就越大。其计算公式为：

$$权益乘数 = \frac{资产总额}{所有者权益总额}$$

（4）产权比率

产权比率，也称负债所有者权益比率（或负债股权比率），是负债总额与所有者权益总额的比值。其计算公式为：

$$产权比率 = \frac{负债总额}{所有者权益总额} \times 100\%$$

产权比率实际上是负债比率的另一种表现形式，它反映了债权人所提供资金与所有者所提供资金的对比关系，因此，它可以揭示企业的财务风险以及所有者权益对债务的保障程度。该比率越低，说明企业长期财务状况越好，债权人所投放债权的安全越有保障，企业财务风险越小。

（5）有形净值债务率

为了进一步分析所有者权益对债务的保障程度，可以保守地认为无形资产不宜用来偿还债务（虽然实际上未必如此），故须将无形资产净值从所有者权益总额中扣除，从而计算出的财务指标就是有形净值债务率，是负债总额与所有者权益总额扣除无形资产净值后的余额的比率。其计算公式如下：

$$有形净值债务率 = \frac{负债总额}{所有者权益总额-无形资产净值} \times 100\%$$

有形净值债务率实际上是产权比率的延伸，它更为保守地反映了企业清算时债权人投入企业的资本受到所有者权益的保障程度。该比率越低，说明企业的财务风险越小。

（6）偿债保障比率

偿债保障比率（又称债务偿还期），是指负债总额与经营活动产生的现金净流量的比率。其计算公式如下：

$$偿债（债务）保障比率 = \frac{负债总额}{经营活动产生的现金净流量} \times 100\%$$

偿债保障比率反映了用企业经营活动产生的现金净流量偿还全部债务所需的时间，所以该比率也称为债务偿还期。一般认为，经营活动产生的现金净流量是企业长期资金的最主要来源，而投资活动和筹资活动所获得的现金流量虽然在必要时也可以用于偿还债务，但不能视其为经常性的现金流量。因此，用偿债保障比率可以衡量企业通过经营活动所获得的现金偿还债务的能力。该比率越低，说明企业偿还债务的能力越强。

（7）利息保障倍数

利息保障倍数（又称利息所得倍数、已获利倍数），是息税前利润（税前利润+利息费用）与利息费用的比率。其计算公式如下：

$$利息保障倍数 = \frac{税前利润 + 利息费用}{利息费用}$$

需要注意的是，利息费用是指企业一定期间所发生的全部利息费用，不仅包括费用化（计入财务费用）的利息费用，还包括资本化（计入有关长期资产，如固定资产成本）的利息费用。

利息保障倍数反映了企业的经营所得满足当期利息支付的能力。如果这个比率过低，说明企业难以保证用经营所得来支付当期债务利息，这会引起债权人的担心。一般说来，企业的利息保障倍数至少应大于1，否则，就难以偿付债务及利息，若长此以往，甚至会导致企业破产倒闭。

(8) 现金利息保障倍数

但是，在利用利息保障倍数这一财务比率时，必须注意，因为会计上按权责发生制原则核算利息费用，所以本期的利息费用就不一定是本期的实际利息支出，而本期发生的实际利息支出也并非全部是本期的利息费用；同时，本期的息税前利润也并非本期的经营所获得的现金。这样，利用上述财务指标来衡量经营所得支付债务利息的能力就存在一定的片面性，不能准确地反映实际支付利息的能力。为此，可以进一步用现金利息保障倍数来分析经营所得现金偿付利息支出的能力。其计算公式如下：

$$现金利息保障倍数 = \frac{经营活动所产生的现金净流量 + 现金利息支出 + 支付所得税}{现金利息支出}$$

现金利息保障倍数反映了企业一定时期内经营活动所取得的现金是当期现金利息支出的倍数，它更准确地表明了企业用经营活动所获得的现金偿付当期债务利息的能力。

4）影响企业偿债能力的其他因素

前面所述财务比率是财务分析实务中评价企业偿债能力的主要指标，分析者可以对近几年的相关财务比率做趋势分析来判断企业债务偿还能力的变化趋势，也可以与同行业其他相似企业做横向比较分析来判断企业债务偿还能力的强弱。但是，在分析评价企业的债务偿还能力时，除了分析上述财务指标外，还应充分考虑那些财务报表上没有反映出来的表外因素对企业偿债能力的影响，这些因素既可影响企业的短期偿债能力，也可影响企业的长期偿债能力。这些表外因素主要包括以下因素：①或有负债；②担保责任；③租赁活动；④可用的银行授信额度；⑤企业良好的信誉；⑥企业短期内能够变现的非流动资产。

上述有关因素中，可用的银行授信额度、企业良好的信誉、企业短期内能够变现的非流动资产能够增强企业的偿债能力；而或有负债、担保责任、经营租赁会减弱企业的偿债能力。这些因素在企业财务报表里都未得到反映，因而，财务分析人员在分析企业偿债能力时必须充分考虑这些因素对企业偿债能力的影响。

▶ 9.3.2 营运能力比率分析

营运能力，是指企业资金的运用能力，反映企业资金周转状况。在财务上，对此进行分析，可以了解企业的营业状况及经营管理水平。资金周转状况好，说明企业经营管理水平高，资金利用效率高。企业资金周转状况与企业的供应、生产、销售等各个经营环节密切相关，任何一个环节出现问题，都会影响企业资金的正常运转。资金只有顺利地通过各个经营环节，才能完成一次循环。在供、产、销各个环节中，销售显得尤为重要。因为，产品只有销售出去，才能实现其价值，收回最初投入的资金，顺利地完成一次资金周转。这样就可以通过产品销售情况与企业资金占用情况来分析企业的资金周转情况，评价企业的营运能力。在财务上为了分析评价企业营运能力的强弱，常用营运能力比率来分析评价。营运能力比率是用于衡量企业组织、管理和营运特定资产的能力和效率的比率。一般选择资产周转速度作为营运效率分析评价的指标。资产周转率取决于企业经营管理者资产的经营管理水平和运作能力的高低。资产周转速度越快，资产的使用效率就越高，营运能力就越强。

企业的固定资产和流动资产如果能够尽快回收，这时在单位时间内能被使用的资产就会越多，资产的利用程度或利用效率就会越高。资产是资金运用的具体化，加快资产运转速度，能减少资产结存量，加快资产回收，企业的经营状况也就会越安全稳定。

在企业全部资产中，固定资产回收时间较长，一般用折旧率来衡量其周转速度。因此，考察资产的周转速度，一般主要考察流动资产，通过流动资产的周转速度来分析评价企业经营活动量大小和经营效率，即企业的营运能力。

在企业财务分析评价实务中，常用的营运能力比率有应收账款周转率、存货周转率、流动资产周转率、总资产周转率4项。它们通常是以资产在一定期间的（一般是一年）内的周转次数或周转天数（周转一次所需的天数）表示。资产周转次数，是指企业在一定时期内资产的周转额与资产平均占用额的比率，它反映企业资产在一定时期内的周转次数，与其相关联的指标是周转天数，所反映的是资产每周转一次需要的天数。资产周转率越快，周转次数就越多，周转天数就越短，资产营运能力越强。

在财务分析实务中，评价企业营运能力的财务指标主要包括应收账款周转率、存货周转率、流动资产周转率、固定资产周转率、总资产周转率等。

1）资产周转期的含义

资产周转期，是指各项资产从投入使用到收回经历一次循环所需的时间，也称周转天数。资产周转期的原始含义是资产周转率，资产周转率表示各项资产在一定期间内循环周转的次数，也称周转次数，它表明资产的利用程度。由于资产是按"资产—费用—收益—资产"的顺序在周转运动，因而我们一般认为资产的投入与其所完成的周转工作量进行比较来计算资产周转率。这里，周转工作量可以是费用额、销售额等，视不同资产性质而定。如对于原材料而言，投入生产中耗用形成产品成本的那部分完成了周转，因此，其周转工作量是投入生产的材料费。资产周转率与资产周转期的通用计算公式如下：

$$资产周转率（次数）=\frac{周转工作量}{资产的平均余额}$$

$$资产周转期（天数）=\frac{分析期天数}{周转次数}=\frac{分析期天数×资产平均余额}{周转工作量}$$

其中

资产平均余额=分析期资产负债表上期初余额与期末余额的平均值。分析期一般以一年为准，按360天算。在短期分析中，按一季度90天算、一个月按30天算。实务中一般采用资产周转期指标分析评价，因为它直观易懂、便于不同行业及不同时期进行对比。

资产周转率或周转周期，反映了现有资产的利用程度即资产的利用效率。具体来说，资产周转期既可指资产回收期，也可以指资产保存周期。资产回收期越短，意味着占用在资产上的资金停留在企业生产经营过程中的时间越短，可以尽早地回收投入的资金，资产的保存周期越短，资产的库存数量相应减少，可以节省资产储存保管费用。

2）应收账款周转率

应收账款是企业因对外销售产品、材料和提供劳务等而应向购买单位或接受劳务单位收取的款项。它反映了企业资金被占用的程度。

应收账款周转率是用来反映企业应收账款的收款速度的财务指标。应收账款周转率有两种表示方法：应收账款周转次数和应收账款周转天数。

$$应收账款周转次数 = 年赊销收入净额 \div 应收账款平均余额$$

$$应收账款周转天数 = 360 \div 应收账款周转次数$$

其中，应收账款平均余额 =（年初应收账款余额+年末应收账款余额）÷2

年初应收账款余额和年末应收账款余额直接取数于企业年度资产负债表上的"应收账款净额"项目的年初数和年末数。

在市场经济条件下，由于商业信用的普遍存在，应收账款成为企业一项重要的流动资产，应收账款的变现能力直接影响到资产的流动性。应收账款周转次数越多，周转天数越短，表明企业应收账款的收款速度越快，既可以减少坏账损失，又可以减少收账费用，而且被其他单位所占用资金越少，资金利用效率越高，从而提高企业资产的流动性，企业的短期偿债能力也会增强，这在一定程度上又可以弥补流动比率偏低的不足。如果应收账款周转率过低，则说明企业应收账款的收款速度慢，或者信用政策过于宽松，这样，会导致企业应收账款占用资金过多，影响企业资金利用效率和资金的正常周转；但是，如果应收账款周转率过高，则说明企业可能奉行了比较严格的信用政策。这样会限制企业市场销售的扩大，从而影响企业的盈利水平，这种情况往往也表现为存货周转率同时偏低。

3）存货周转率

存货，是指企业在生产经营活动过程中为销售或耗用而储备的资产，它属于流动资产中变现能力最弱、风险最大的资产，但同时存货又是流动资产中收益水平最高的资产。

存货周转率，是反映企业一定时期内存货所占用资金周转速度快慢、衡量企业销售能力和存货管理水平的一个财务指标。存货周转率有两种表示方法：存货周转次数和存货周转天数。

$$存货周转率（周转次数）= \frac{主营业务成本}{存货平均余额}$$

$$存货周转率（周转天数）= \frac{360}{存货周转次数} = \frac{360 \times 存货平均余额}{主营业务成本}$$

$$存货平均余额 = \frac{年初存货余额+年末存货余额}{2}$$

一般说来，存货周转速度越快，存货资金占用水平越低，流动性越强，存货转换为现金或应收账款的速度越快。提高存货周转速度，可以提高企业的避险能力，存货周转速度越慢，则其变现能力越差。分析存货周转速度时应充分考虑建筑施工企业产品的特殊性。其企业的销售行为实际上是一种订购形式，即其产品一旦完工交付使用即完成销售，这同普通产品的销售能力是一样的，只有在销售货款的回收上存在较大差异。另外，由于建筑施工企业的成本含有较大的暂估成分，且存货中有相当一部分是未完施工。因此，简单地按照一般的公式分析计算建筑施工企业的存货周转率，并根据计算结果来判断建筑施工企业存货的周转效率是没有实际意义的。

对于所有者来说，通过对存货周转率的分析，可以理解企业的存货管理水平、存货的变现能力和存货资金的使用效率，从而对企业资产经营管理水平有一个基本的了解。

4）流动资产周转率

流动资产周转率是反映企业流动资产周转速度的财务指标，它反映了企业全部流动资产的周转速度和利用效率。其指标有流动资产周转次数和流动资产周转天数两种表示方法。

$$流动资产周转率（周转次数）= \frac{营业收入}{流动资产平均余额}$$

$$流动资产周转期（周转天数）= \frac{360}{流动资产周转次数} = \frac{360 \times 流动资产平均余额}{营业收入}$$

其中

流动资产平均余额 =（年初流动资产余额+年末流动资产余额）÷2

流动资产周转率是一个综合性指标，流动资产周转次数越多、流动资产周转天数越短，表明流动资产周转速度越快，流动资产利用效率越高，就可以节约更多流动资金，提高流动资金利用效率。但是，流动资产周转率到底为多少比较好，并没有一个确定的标准。比较有效的做法就是结合行业特点作本企业历年的趋势比较和同行业不同企业之间的横向比较。

5）固定资产周转率

固定资产周转率主要用于分析评价企业对房屋建筑物、机械设备等固定资产的利用效率。其计算分析指标有二：固定资产周转次数和固定资产周转天数。

固定资产周转率（周转次数）= 营业收入÷固定资产平均余额

固定资产周转期（周转天数）= 360÷固定资产周转次数

其中

固定资产平均余额 =（年初固定资产净额+年末固定资产净额）÷2

固定资产净额 = 固定资产原价−累计折旧−固定资产减值准备

固定资产周转次数越多、固定资产周转天数越短，表明固定资产周转速度越快，固定资产利用效率越高，就可以节约更多固定资金，提高固定资金利用效率。但是，固定资产周转率到底为多少比较好，并没有一个确定的标准。比较有效的做法就是结合行业特点作本企业历年的趋势比较和同行业不同企业之间的横向比较。

6）总资产周转率

总资产周转率是衡量企业总资产营运能力的重要财务指标，是营业收入净额与平均总资产余额的比值。其计算公式为：

总资产周转率 = 营业收入净额÷平均资产总额

其中

平均资产总额 =（年初资产总额+年末资产总额）÷2

该项指标用来分析企业全部资产的使用效率。如果比率低，则说明企业全部资产经营效率较差，最终会影响企业的盈利能力。为此，企业应采取相应措施提高各项资产的利用效率，提高营业收入或处置闲置不用的资产。

要想提高企业总资产的营运能力，首先要安排好各项资产的合理比例，尤其是流动资产与固定资产的比例关系，防止流动资产或固定资产出现闲置。其次，要提高各项资产的利用程度，特别是流动资产中的应收款项、存货和固定资产的利用效率。固定资产的利用效率的提高则主要取决于固定资产是否全部投入使用，投入使用的固定资产是否能够满负荷运行，为此，必须结合企业的生产能力、生产经营规模确定固定资产的投资规模。最后，应在总资产规模不变的情况下尽可能扩大营业收入。

▶ 9.3.3 盈利能力比率分析

盈利能力，又称获利能力。通常是指企业在一定时期内获取利润的能力。盈利能力的大小是一个相对的概念，即：利润是相对于一定时期内一定的资源投入、一定的收入、一定的资源耗费等而言的。财务分析实务中，一般用利润率来表示企业的盈利能力。利润率越高，表明企业盈利能力越强；反之，利润率越低，说明企业盈利能力越差。企业经营业绩的好坏最终可以通过企业的获利能力反映出来。盈利能力分析就是通过一定的计算分析方法来判断企业能获取多大利润的能力。

反映企业盈利能力的财务指标一般分为 4 个层次：一是与企业收入相关的盈利能力指标；二是与企业资产相关的盈利能力指标；三是与企业融资相关的盈利能力指标；四是与企业成本费用相关的盈利能力指标。

1）与企业收入相关的盈利能力指标

与企业收入相关的盈利能力指标主要包括以下几个：

（1）销售毛利率

销售毛利率，是指销售毛利与工程结算收入的比率。其中，在建筑施工企业，销售毛利，是指工程结算收入扣除工程结算成本之后的余额。其计算公式如下：

$$销售毛利率=销售毛利÷工程结算收入×100\%$$
$$=（工程结算收入—工程结算成本）÷工程结算收入×100\%$$

该比率表示每一百元工程结算收入扣除工程结算成本后，有多少利润可以用于弥补工程结算税金及附加和各项期间费用。单位收入的毛利越高，抵补各项支出的能力越强，获利能力越强；相反，则企业获利能力越低。

（2）销售利润率

销售利润率，也称营业利润率。对于建筑施工企业而言，销售利润率是指利润总额与工程结算收入的比值。其计算公式如下：

$$销售利润率=利润总额÷工程结算收入×100\%$$

（3）销售净利率

销售净利率，是指税后净利与工程结算收入的比率。其计算公式为：

$$销售利润率=税后净利÷主营业务收入×100\%$$

2）与企业资产相关的盈利能力指标

资产经营获利能力，是指企业运营资产所获得利润的能力。企业从事生产经营活动必须拥有一定数量的资产，各种形态的资产必须合理配置，且须得到合理的运用，才能确保企业资产有较强的获利能力。若企业在一定时期内获得的利润多、而占用的资产少，则表明资产的获利能力越强、企业经济效益越好。

反映企业资产盈利能力的指标，是用一定时期内企业所实现的利润与资产的比率来分析计算。其中，资产有总资产和净资产两个指标，利润主要有息税前利润、税前利润（利润总额）、税后利润（净利润）等指标。因此，与资产相关的盈利能力指标有很多，其中，财务分析实务中常用的指标主要包括资产报酬率、资产利润率、资产净利率、净资产利润率等。

（1）资产报酬率

资产报酬率，又称资产收益率，是企业一定时期内所获得的息税前利润与企业平均资产总额的比率，反映每一百元资产总额的获利水平。其计算公式如下：

$$总资产利润率 = 息税前利润 \div 平均资产总额 \times 100\%$$

其中

$$平均资产总额 = （年初资产总额 + 年末资产总额）\div 2$$
$$息税前利润 = 税前利润 + 利息费用$$

（2）资产净利率

反映企业一定时期内每一百元资产总额所获得的税后利润水平。其计算公式为：

$$资产净利率 = 税后净利 \div 平均资产总额 \times 100\%$$

该指标反映企业资产综合利用的效果，也是衡量企业运用权益资本和债务资本（即全部资本）所取得的税后净利多少的指标。

该比率越高，表明企业资产利用效益越好，盈利能力越强，经营管理水平越高。反之，资产净利率越低，说明企业资产的利用效率越低，利用资产创造的税后净利越少，企业的获利能力也就越差，企业财务管理水平也就越低。

（3）净资产利润率

$$净资产利润率 = \frac{净利润}{净资产平均余额} \times 100\% = \frac{净利润}{所有者权益平均余额} \times 100\%$$

其中

净资产 = 资产 − 负债

净资产平均余额 = 所有者权益平均余额

$$= （年初所有者权益余额 + 年末所有者权益余额）\div 2$$

3）与企业成本费用相关的盈利能力指标

与企业成本费用相关的盈利能力指标，主要是用来衡量企业一定时期内所发生的成本费用的获利能力，即评价企业一定期间内所耗与所得的关系，是一定期间企业所实现的利润与所发生的成本费用的比率。评价企业与成本费用相关的盈利能力指标通常采用成本费用利润率。其计算公式如下：

$$成本费用利润率 = 净利润 \div 成本费用 \times 100\%$$

其中，成本费用是指企业在一定期间内为了获得利润所付出的代价，包括营业成本、营业税金及附加、期间费用、所得税费用等，净利润就是税后净利。

该比率越高，说明一定单位的成本费用所获得的利润越多，企业盈利能力越强；反之，该比率越低，说明企业一定单位的成本费用消耗所获的利润越少，企业盈利能力越低。

▶ 9.3.4 企业发展能力分析

发展能力（也称成长能力），是指企业在从事经营活动过程中所表现出来的增长能力，如规模的扩大、盈利的持续增长、市场竞争能力的增强等。反映企业发展能力的主要财务指标包括技术投入比率、销售增长率、资产增长率、股权资本增长率、利润增长率等。

1）技术投入比率

技术投入比率，是指企业当年实际投入的技术转让费支出和研究开发支出与当年企业营业收入的比率。

技术投入比率主要是从企业的产品研发和技术创新的投入方面反映企业的发展潜力和可持续发展能力。其计算公式如下：

技术投入比率＝当年技术转让费支出与研发投入合计÷当年营业收入净额×100%

年技术转让费支出与研发投入，是指企业当年用于研究开发新技术、新工艺等具有创新性质项目的实际支出，以及用于购买新技术的实际支出列入当年管理费用的部分。

技术创新是企业在市场竞争中保持持续竞争优势、不断发展壮大的前提。技术投入比率集中体现了企业对于技术创新的重视程度和投入情况，是评价企业持续发展、保持持续竞争优势的重要指标。

该指标越高，说明企业对技术创新的投入越多，企业对市场的适应能力越强，未来竞争优势越明显，生存发展空间越大，发展前景越好。

在具体分析该指标时可以做其历年来该指标的趋势比较以评价企业技术创新投入的发展变化趋势，同时与同行业其他企业进行该指标的横向比较以评价企业技术创新投入是否能够确保企业获得持续的竞争优势。

2）营业增长率

营业增长率（又称销售增长率），反映了企业营业收入的变化情况，是评价企业成长性和市场竞争能力的重要指标。该指标大于0，表示本企业营业收入增加；反之，若该指标小于0，表示本企业营业收入减少。该指标越高，表明企业营业收入的成长性越好，企业的发展能力越强。财务分析实务中，评价企业营业增长情况常用的指标有二：年营业增长率和三年营业平均增长率。

（1）年营业增长率

年营业增长率，是指本企业本年营业收入增长额与上年营业收入总额的比率。其计算公式如下：

年营业增长率＝本年营业收入增长额÷上年营业收入总额×100%

其中

本年营业收入增长额＝本年营业收入总额－上年营业收入总额

（2）三年营业平均增长率＝$\left(\sqrt[3]{\dfrac{年末营业收入总额}{三年前年末营业收入总额}}-1\right)\times100\%$

3）总资产增长率

（1）年总资产增长率＝$\left(\dfrac{年末总资产}{年初总资产}-1\right)\times100\%$

（2）三年资产平均增长率＝$\left(\sqrt[3]{\dfrac{年末总资产}{三年前年末总资产}}-1\right)\times100\%$

4）资本增长率

（1）年资本增长率＝$\left(\dfrac{年末所有者权益总额}{年初所有者权益总额}-1\right)\times100\%$

（2）三年资本平均增长率＝$\left(\sqrt[3]{\dfrac{年末所有者权益}{三年前年末所有者权益}}-1\right)\times100\%$

5）利润增长率

（1）年利润增长率＝（本年度利润总额÷上年度利润总额－1）×100%

（2）三年利润平均增长率＝$\left(\sqrt[3]{\dfrac{年末利润总额}{三年前年末利润总额}}-1\right)\times100\%$

6）固定资产成新率

固定资产成新率，是指企业当年平均固定资产净值与当年平均固定资产原价的比值。其计算公式为：

固定资产成新率＝当年平均固定资产净值÷当年平均固定资产原价×100%

其中

当年平均固定资产净值＝（年初固定资产净值＋年末固定资产净值）÷2

当年平均固定资产原价＝（年初固定资产原价＋年末固定资产原价）÷2

固定资产成新率反映了企业所拥有的固定资产的新旧程度，体现了企业固定资产更新的快慢和可持续发展的能力。该指标越高，表明该企业固定资产比较新，能够更有效地满足扩大再生产的需要，发展能力较强。

运用该指标分析固定资产新旧程度时，应充分注意固定资产折旧、固定资产减值准备是否充分计提。同时还须注意将该指标与同行业其他企业进行横向比较，才能得出更加客观可靠的分析结论。

9.4 企业财务状况综合分析与评价

前面所述财务分析均属单项财务分析，单独分析任何一类财务指标，虽然可以了解企业各个方面的财务状况和经营成果，但是也只是一种局部的、分散的认识，而非整体的、综合的认识，都不足以全面地评价企业的财务状况和经营成果，不能揭示企业各个方面财务状况和经营成果之间的内在关联。事实上，企业的财务状况和经营成果是一个有机的完整系统，内部各因素都是相互依存、相互作用、相互影响的，任何一个因素的变动都会引起企业整体财务状况和经营成果的变化。而前述单项分析只片面地强调某一个方面的财务状况和经营成果，很显然所得出的结论是不客观的、不可靠的。因此，在进行财务分析时，必须深入了解影响企业财务状况和经营成果的所有内部因素及其相互联系，只有对各个财务指标进行系统的、综合的分析，才能全面揭示企业财务状况和经营成果的全貌。

由此可见，要想对企业的财务状况和经营成果作出客观准确的分析评价，必须对企业进行综合的财务分析。

常见的财务综合分析方法主要有：综合评分法、杜邦分析法等。

▶ 9.4.1 综合评分法

综合评分法是财务评价的一种重要方法，它不仅能够获得高度概括、综合的评价结论，而且方法本身具有直观、易于理解的优点。综合评分法有如下两种具有代表性的方法：沃尔评分法和现代综合评分法。

1）沃尔评分法

沃尔评分法又称财务比率综合评分法，是指通过对所选定的几项财务比率进行评分，然后计算出综合得分，并据此评价企业的综合财务状况的方法。率先采用该方法的是亚历山大·沃尔，故称沃尔评分法。1928 年亚历山大·沃尔在《信用晴雨表研究》和《财务报表比率分析》两本著作中采用评分方法对企业的信用状况进行综合评价，并提出了信用能力指数这一概念。他选取了 7 个财务比率，即流动比率、产权比率、固定资产比率、存货周转率、应收账款周转率、固定资产周转率和股权资本周转率，并分别给每个财务比率确定不同的权重，然后以行业平均数为基础确定各个财务比率的标准值，将企业各个财务比率的实际值与行业标准值进行比较，得出一个关系比率，将此关系比率与各项财务比率的权重相乘得出总评分，以此来评价企业的信用状况。其基本原理见表 9.12。

表 9.12　沃尔评分法

财务比率	分值权重 1	标准比率 2	实际比率 3	相对比率 4 = 3÷2	实际得分 5 = 1×4
流动比率	25	2	2.5	1.25	31.25
净资产/负债	25	1.5	0.9	0.6	15
资产/固定资产	15	2.5	3	1.2	18
销售成本/存货	10	8	10.4	1.3	13
销售额/应收账款	10	6	8.4	1.4	14
销售额/固定资产	10	4	3	0.75	7.5
销售额/净资产	5	3	1.5	0.5	2.5
合　　计	100				101.25

在沃尔之后，这一方法得到不断发展，成为对企业进行财务综合分析评价的重要方法之一。

采用财务比率综合评分法进行企业财务分析与评价，其基本步骤如下：

第一步，选定分析评价企业财务分析与评价的财务比率。在选择财务比率时应注意以下几个方面的问题：

①所选择的各个财务比率应当具有全面性。一般而言，反映企业偿债能力、盈利能力、营运能力、发展能力、营销能力等各类财务比率都应当有所涵盖。

②所选择的各个财务比率应当具有代表性。要选择能够说明问题的重要的财务比率。

③所选择的各个财务比率要具有变化方向的一致性。当财务比率增大时，表示企业财务状况得到改善；反之，当财务比率变小时，表示企业财务状况逐步恶化。

第二步，为所选定的各个财务比率确定权重。

即确定各个财务比率的标准评分值。根据各个财务比率在财务分析评价中的重要程度，确定其标准评分值，即重要性系数，也即权重。在确定各个财务比率的权重时应注意各项财务比率的权重之和等于100，即各个财务比率标准评分值之和应等于100分。一般说来，在确定各个财务比率的权重时，应充分考虑企业经营活动的性质、企业生产经营的规模、市场形象和分析者的分析目的等因素。

第三步，确定所选定的各个财务比率的标准值。

所选择的各个财务比率的标准值，是指各个财务比率在本企业现实条件下最理想的数值，即最优值。财务比率的标准值，通常参照同行业相同财务比率的平均水平或先进水平。

第四步，确定所选定各个财务比率的评分值的上下限。

确定所选择的各个财务比率的评分值上限和下限，即最高评分值和最低评分值。这主要是为了避免个别财务比率的异常给总分造成不合理的影响。

第五步，计算各个财务比率的关系比率。

计算所选择的各个财务比率在一定时期内的实际值，然后计算各个财务比率实际值与标准值的比值，即为关系比率。关系比率反映了企业某一时期内所选择的各个财务比率的实际值偏离标准值的程度。

第六步，计算各个财务比率的实际得分。

各个财务比率的实际得分，是关系比率和标准评分值的乘积，每个财务比率的实际得分不得超过其上限或下限，所有各个财务比率的实际得分的合计数就是企业财务状况的综合得分。财务状况的综合得分反映了企业综合财务状况是否良好。如果综合得分等于或接近100分，则说明企业财务状况是良好的，达到了预选确定的标准；反之，如果综合得分远远低于100分，则说明企业的财务状况较差，提示企业应当及时采取适当的对策措施加以改善；如果综合得分超过100分，则说明企业财务状况很理想。

下面举例说明财务比率综合评分法的具体应用。

【例9.6】某建筑施工企业2014年度财务比率综合评分表如表9.13所示。

表9.13　某施工企业2014年财务比率综合评分表

财　务 指　标	权重系数 ①	指标标准值 ②	指标实际值 ③	相对比率 ④=③÷②	综合指数 ⑤=①×④
流动比率	8	2	1.8	0.9	7.2
速动比率	8	1	1.1	1.1	8.8
负债比率	8	0.4	0.45	1.125	9
利息保障倍数	6	5	5.1	1.02	6.12
应收账款周转率	8	6	5.9	0.98	7.84
存货周转率	6	8	7.7	0.096 25	7.7
固定资产周转率	8	4	3.9	0.975	5.85
总资产周转率	8	5	4.8	0.96	7.68
营业利润率	10	0.05	0.06	1.2	12
总资产收益率	10	0.1	0.12	1.2	12
净资产收益率	10	0.15	0.16	1.066 7	10.67
资本增值率	10	1.12	1.13	1.008 9	10.09
合　计	100	—	—		104.95

　　通过上表的计算表明，该公司的综合指数为104.95，偏离100很小，可以基本肯定该公司综合财务状况是比较好的。

　　沃尔评分法开创了企业财务综合评价的先河，但它也存在如下问题有待进一步研究。

　　①作为计算综合指数的财务比率指标应该选择多少比较合适，选择哪些指标比较合理。

　　②如何确定各项财务比率指标的标准值。

　　③各项财务比率指标的权重如何确定。

2) 现代综合评分法

　　现代社会与沃尔所处时代相比，已经发生了很大的变化。一般认为，企业财务分析与评价的主要内容首先是获利能力，其次是偿债能力，此外还有成长能力，三者之间大致可以按5∶3∶2的比例来分配。最能反映企业获利能力的财务指标有3个：资产净利率、销售净利率和净资产净利率（又称净值报酬率），三者可按2∶2∶1的比例来安排。反映偿债能力的指标主要有4个：自有资本比率、流动比率、应收账款周转率和存货周转率。反映企业成长能力的财务指标主要有3个：销售增长率、净利润增长率和人均净利增长率。若仍以100分为标准总评分，则综合评分的标准如表9.14所示。表9.14中的标准比率以本行业平均数为基础，适当进行理论修正。

表9.14 综合评分标准表

财务指标	评分值	标准比率（%）	行业最高比率（%）	最高评分	最低评分	每分比率的差（%）
获利能力						
总资产净利率	20	15	20	30	10	0.5
销售净利率	20	6	20	30	10	1.4
净值报酬率	10	18	20	15	5	0.4
偿债能力						
自有资本比率	8	50	90	12	4	10
流动比率	8	150	350	12	4	50
应收账款周转率	8	500	1 000	12	4	125
存货周转率	8	600	1 200	12	4	150
成长能力						
销售增长率	6	20	30	9	3	3.3
净利增长率	6	15	20	9	3	1.7
人均净利增长率	6	15	20	9	3	1.7
合　计	100			150	50	

表中，每分比率的差=1%×（行业最高比率-标准比率）÷（最高评分-最低评分）。例如，总资产净利率的每分比差率的计算如下：

$$1\% \times (20\% - 15\%) \div (30 - 20) = 0.5$$

该种综合评分法与沃尔的综合评分法相比，不仅丰富了评价的内容，拓宽了运用范围，而且还克服了运用上的技术缺陷。除此之外，还具有以下两个方面的特点：a. 突出了净利润在财务评价的重要地位，因而能够体现股东财富最大化这一财务目标赋予财务评价的基本要求；b. 在内容上兼顾了企业的成长能力，有利于评价者考察对企业投资的预期价值。尽管如此，该方法仍然存在一些不合理之处：

①过分突出获利能力比率，而对决定获利能力的经营能力比率关注不够，这样就有悖于企业财务能力的内在逻辑关系；

②过分强调企业对股东财富增长（即净利润增长）的贡献，而对其他利益主体的利益要求体现不充分，这就使得按该方法评价有利于实现股东财富最大化，而不利于实现企业价值最大化；

③将总资产净利率和销售净利率作为评价的首选指标和重头指标，能够突出净利润的重要地位，但这两项指标本身却不伦不类，缺乏实际意义。具体来说，由于净利润与总资产和销售收入之间缺乏内在相关性，使得净利润与总资产和销售收入进行比较，既不能反映企业对股东的贡献，也不能说明资产的获利能力和销售的获利水平。这样将该两项指标

纳入评价指标体系，难免会影响评价结论的有效价值和说服力。

▶ 9.4.2 杜邦财务分析体系

利用趋势分析法和财务比率综合评分法（沃尔评分法）虽然可以了解企业各方面的财务状况，但是却不能反映企业各方面财务状况之间的关系。例如，通过财务比率综合评分法，可以比较全面地分析评价企业的综合财务状况，但却无法揭示企业各项财务比率之间的相互关系。实际上企业的财务状况是一个完整的系统，内部各种因素都是相互依存、相互作用的，任何一个因素的变动都可能引起企业整体财务状况的改变。因此，财务分析评价者在进行财务状况综合分析时，必须深入了解企业财务状况内部的各项因素及其相互之间的关系，这样才能较全面地揭示企业财务状况的全貌。杜邦分析法正是这样一种方法。

杜邦财务分析体系，又称杜邦分析法，是由美国杜邦公司提出的一种财务分析方法。其基本原理是将财务指标作为一个系统，将财务分析与评价作为一个系统工程，全面评价企业的偿债能力、营运能力、盈利能力及其相互之间的关系，在全面财务分析的基础上进行全面财务评价，是财务分析者对企业的财务状况和经营成果有深入而相互联系的认识，以便其有效地进行财务决策。

杜邦分析法的基本特点是以净资产收益率（权益净利率）为核心指标，将企业的偿债能力、营运能力、盈利能力有机结合起来，层层分解，逐步深入，构成了一个完整的分析系统，全面、系统和直观地反映了企业的财务状况。

杜邦分析体系主要反映了以下几种主要的财务比率关系。

（1）净资产收益率（股东权益报酬率、所有者权益报酬率）与资产报酬率及权益乘数之间的关系。

$$净资产收益率 = 资产净利率 \times 权益乘数$$

（2）资产净利率与销售净利率及总资产周转率之间的关系。

$$资产净利率 = 销售净利率 \times 总资产周转率$$

（3）销售净利率与净利润及销售收入之间的关系。

$$销售净利率 = 净利润 \div 销售收入$$

（4）总资产周转率与销售收入及资产总额之间的关系。

$$总资产周转率 = 销售收入 \div 平均资产总额$$

其中，"资产净利率=销售净利率×总资产周转率"被称为杜邦等式。

通过对净资产收益率的分解，可以揭示各种主要的财务比率之间的联系，并绘制出简明直观的杜邦分析图，如图9.2所示。

$$
\begin{aligned}
权益净利率 &= \frac{净利润}{股东权益} \times 100\% \\[6pt]
&= \frac{净利润}{总资产} \times \frac{总资产}{股东权益} \\[6pt]
&= \frac{净利润}{销售收入} \times \frac{销售收入}{总资产} \times \frac{总资产}{股东权益} \\[6pt]
&= 销售净利率 \times 总资产周转率 \times 权益乘数
\end{aligned}
$$

杜邦分析是对企业财务状况进行的综合分析，它通过对几种主要的财务指标之间的关系的揭示，直观、清晰地反映出企业的财务状况。从杜邦分析系统可以了解到如下财务信息。

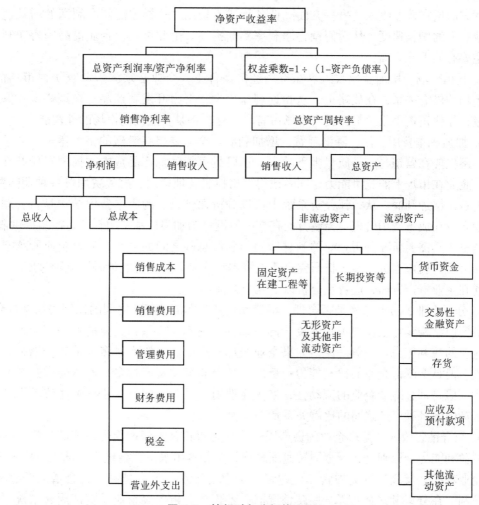

图9.2　杜邦财务分析体系图

①从杜邦分析图可以看出，净资产收益率是一个综合性极强、最具有代表性的财务指标，它是杜邦财务分析系统的核心。企业财务管理的重要目标就是实现股东财富最大化，而净资产收益率正式反映了股东投入资金的盈利能力，这一比率反映了企业融资、投资和生产经营等各方面财务活动的效率。净资产收益率的高低取决于企业的资产净利率、权益乘数的高低。资产净利率主要反映企业运用资产进行生产经营活动的效率的高低，而权益乘数的大小则主要反映企业的财务杠杆情况、即企业负债融资的程度、企业的资本结构政策。

②资产净利率是反映企业盈利能力的一个十分重要的财务指标，它揭示了企业生产经营活动的效率的高低，同样其综合性极强。企业的营业收入、成本费用、资产结构、资产周转速度以及资金占用量等各种因素，都直接影响资产净利率的高低。资产净利率是销售净利率

与总资产周转率的乘积。因此，可以从企业的销售活动与资产管理两个方面来进行分析。

③从企业的销售活动方面来看，销售净利率反映了企业净利润与营业收入之间的关系。一般而言，营业收入增加，企业的净利润也会随之增加。但是，要想提高销售净利率，必须要一方面增加营业收入，另一方面降低各种成本费用，这样才能使净利润的增长速度快于营业收入的增长速度，从而使销售净利率不断提高。由此可见，企业提高销售净利率的途径主要有如下几方面：

a. 开拓市场，增加营业收入。在市场经济条件下，企业必须深入调查研究市场情况，了解市场的供需关系，在战略上，从长远利益出发，努力开发新产品；在策略上，保证产品质量，强化营销手段，努力提高市场占有率。这些都是企业面向市场的外在能力。

b. 加强成本费用控制，降低耗费，增加利润。企业要想在激烈的市场竞争中立于不败之地，不仅要在营销与产品质量上下功夫，还要尽可能降低产品成本，控制费用开支，才能增强企业在市场上的竞争能力，同时还得严格控制管理费用、财务费用等各种期间费用，降低耗费，增加利润。从杜邦分析系统中可以分析评价企业的成本费用结构是否合理，以便发现企业在成本费用管理与控制方面存在的问题，为加强成本费用管理与控制提供依据。

这里尤其需要研究分析企业的利息费用与利润总额之间的关系，如果企业所承担的利息费用太多，就应当进一步分析研究企业的资本结构是否合理，负债融资是否过度。

④在企业资产方面，应着重分析以下几个方面：

a. 分析企业的资产结构是否合理，即流动资产与非流动资产之间的比例关系是否合理。企业的资产结构实际上反映了企业资产的流动性。它不仅关系到企业的财务安全性，也会影响企业的获利能力。一般来说，如果企业全部资产中流动资产过多，虽然会增强企业的流动性，但是会降低企业的盈利能力；反之，如果非流动资产过多，虽然会增强企业的盈利能力，但是却会降低企业的流动性，增大企业财务风险。同时，还得关注流动资产和非流动资产内部各种资产之间的比例关系是否合理。

b. 结合销售收入，分析企业的资产周转情况是否正常。资产周转速度的快慢直接影响企业的盈利能力。原则上，资金周转速度越快，资金占用水平就会越低，从减少资金成本、增加企业利润；反之，资金周转速度越慢，资金占用水平就会越高，就会增加资金成本、减少盈利。在分析考察企业资金周转情况时，不仅要分析考察企业总资产周转情况，还得进一步分析研究企业的应收账款周转情况、存货周转情况，并结合资金占用水平。

总之，从杜邦分析系统可以看出，企业的获利能力涉及企业生产经营活动的各个方面。净资产收益率与企业的资本结构、销售规模、成本费用水平、资产管理效率等因素均有着密切关系，这些因素构成一个完整的系统，系统内各因素之间相互作用。因而，只有协调好系统内部各个因素之间的关系，才能是企业的权益净利率不断提高，从而实现企业股东财富最大化这一理财目标。

9.5　上市公司财务评价

对于上市公司而言，股东是其外部投资者，他们往往需要从上市公司对外公布的财务报表数据中分析其财务状况、经营成果和现金流量，进而决定是继续持有、还是增持或者是抛售该公司股票。在对上市公司进行财务评价时，除需要对前述各基本财务指标进行分析和评价外，还应对反映上市公司股票投资价值的特定财务比率进行评价。这些特定比率主要包括：净资产收益率、每股盈余、每股股利、市盈率、股票获利率、每股净资产、市净率、股利支付率、留存收益率等。

▶　9.5.1　**净资产收益率**

净资产收益率，又称股东权益报酬率、股东权益净利率、所有者权益报酬率。是企业一定时期内税后净利与股东权益总额（所有者权益总额）的比率。其计算公式为：

$$股东权益报酬率=净利润÷平均股东权益总额×100\%$$

其中，平均股东权益总额＝（年初股东权益总额+年末股东权益总额）÷2

股东权益报酬率是评价企业盈利能力的一个主要财务指标，它反映了企业的股东所获得的投资回报的高低。该比率越高，说明企业的盈利能力越强。

一般而言，计算该比率是采用的都是股东权益的账面价值而不是其市场价值。事实上，股份制企业的股东权益的市场价值在正常情况下都会远远高于其账面价值，因此，若以股东权益的市场价值所计算出来的股东权益报酬率会低于甚至远远低于按其账面价值所计算出来的股东权益报酬率。因此，为了准确地评价股东的实际投资回报率，在计算股东权益报酬率指标时可以采用股东权益报酬率的市场价值。即：

$$股东权益报酬率=净利润÷平均股东权益总额×100\%$$

其中，平均股东权益总额＝（年初股东权益市场价值总额+年末股东权益市场价值总额）÷2

同时，为了更准确地把握股东权益报酬率股东权益报酬率，可以进行如下分解：

$$股东权益报酬率=资产净利率×平均权益乘数$$

由此可见，股东权益报酬率取决于企业的资产净利率和权益乘数两个因素。因此，提高股东权益报酬率可以有两个途径，一是在财务杠杆不变的情况下通过增收节支、提高资产利用效率来提高资产净利率，从而提高股东权益报酬率；二是在资产利润率大于负债利息率的情况下通过增大权益乘数，即提高财务杠杆，来提高股东权益报酬率。第一种途径不会增大企业的财务风险，而第二种途径则会导致企业财务风险的增大。

▶　9.5.2　**每股收益**

每股收益，又称每股盈余、每股盈利、每股净利，是指公司一定期间所实现的净利润与发行在外的普通股股数的比率，它反映了每股发行在外的普通股所能够分摊的净收益额（税后净利额）。这一指标对于企业的普通股股东而言至关重要，他们往往据此进行投资判断（买进还是卖出该公司股票）。其计算公式如下：

$$每股收益=税后净利÷发行在外普通股股数$$

每股收益是衡量上市公司获利能力和股东投资获利水平最重要的财务指标之一。它反映了普通股的获利水平。该比率越高，表明每一股份普通股所获得的利润越多，股东的投资回报就越高,该公司股票的投资价值就越大;反之就越低,该公司股票的投资价值就越小。

在分析计算该指标时,可以进行不同时期的纵向比较以了解公司获利能力的发展变化趋势,或者进行同行业不同公司之间的横向比较,以评价该公司相对于同类企业公司的获利能力;可以进行实际经营结果与盈利预测之间的比较,以评价该公司的经营管理能力。

在具体运用该比率进行财务评价时,应注意以下几个问题:

①每股收益指标相对于优先股没有任何意义。因为用于支付优先股股利的利润有所限制,而且优先股股利率是固定的。若公司发行有优先股,则应剔除优先股股数及其应分享股利后的数额计算该项比率,以使每股收益只反映普通股的收益状况。准确地讲,剔除优先股股数及其应分享的股利后的每股收益,才是真正的每股盈余。此时其计算公式如下:

每股盈余=(净利润-优先股股利)÷(总股份数-优先股股数)

②若在分析期内,股票数量有变化(如增发、配送、减持或债转股等),则应以变化后的普通股股数摊薄计算。具体计算时,分母中的普通股股数应采用年内加权平均股数。

例如,某公司年初普通股为 18 000 万股,7 月初增发 4 000 万股,则全年加权平均普通股股数为:(18 000×12+4 000×6)÷12=20 000 万股

③为了使每股净收益指标更具意义,在进行股票分割和发放股票股利时,发行在外的普通股票数量发生了变化,加权平均股票数量就须作出调整。例如,如果每股净收益去年是 5 元,今年是 3 元,看起来似乎公司盈利能力在下降。进一步分析发现是因为在今年实施了股票分割方案,将原有普通股按 1:2 分割而引起的每股收益下降。要作出客观评价就必然要求将去年每股收益进行追溯调整,按 1:2 分割方案追溯调整的结果为去年每股收益为 2.5 元。因此,相比较而言,今年相比去年每股收益还有所提高,公司盈利能力在增强。

【例 9.7】W 公司于 2012 年初上市。除发行普通股 10 000 万股外,还发行股利率 15%的不可转换优先股 2 000 万股。每股面值 1 元。2012 年实现税后净利 6 600 万元,2013 年实现税后净利 11 200 万元,2014 年实现税后净利 17 000 万元。2012—2014 年普通股变动情况如表 9.15 所示。

表 9.15 W 公司 2010—2012 年普通股变动情况　　单位:万股

普通股变动内容	2012 年	2013 年	2014 年
年初发行在外普通股	10 000	12 000	15 000
2012 年 7 月 1 日增发普通股	2 000		
2013 年 4 月 30 日增发普通股		3 000	
2014 年 9 月 1 日每 10 股送 4 股			6 000

(1) 2012 年发行在外平均普通股股数:(10 000×12+2 000×6)÷12=11 000 万股;每股收益:6 600÷11 000=0.6(元)。

(2) 2013 年发行在外平均普通股股数:(12 000×12+3 000×8)÷12=14 000 万股;每股收益:11 200÷14 000=0.8(元)。

（3）2014年发行在外平均普通股股数：（15 000×12+6 000×4）÷12＝17 000万股；每股收益：17 000÷17 000＝1.00（元）。

（4）公司的资本结构有简单与复杂之分，如果存在可转换证券，优先认股权等复杂资本结构，则必须揭示原始的和调整后的每股收益数据，以避免引起投资者误解。所谓简单资本结构，是指上市公司的资本结构为下列情况之一：a.仅仅发行有普通股；b.除发行普通股外，另发行了无潜在稀释作用的其他证券（如不可转换优先股、不可转换债券、小额的优先认股权等）；c.除发行普通股外，另发行了具有潜在稀释作用的其他证券，但完全稀释后的每股收益和稀释前的原始的每股收益的差额不超过3%。

所谓复杂资本结构，是指上市公司除发行普通股外，还发行了可转换为普通股的其他有价证券，如可转换优先股、可转换公司债券、优先认股权等。这些证券的持有人又被称为约当股东。一旦调换成普通股，将使公司的普通股股数增加，进而降低每股收益，这就是每股收益的稀释作用。经过充分稀释后每股收益的计算公式如下：

充分稀释后的每股收益＝（净利润－优先股股利）÷（普通股平均股数+普通股平均当量）

（5）用于计算每股盈余的"净利润"是按照权责发生制原则确认的账面收益，没有考虑收益的风险性和时间性，因而不能体现股票投资价值的完整内涵，只能是从某一侧面来说明股票的投资价值。

▶ 9.5.3 每股净资产

每股净资产，也称每股账面价值，是指股东权益总额的账面价值与发行在外的普通股份总数的比值。其计算公式为：

每股净资产＝年末股东权益账面价值总额÷年末发行在外的普通股总股数

需要注意，若企业发行有优先股，则股东权益为扣除优先股股东权益后的普通股股东权益。

严格意义上讲，每股净资产并不是衡量企业获利能力的指标，但是，它会受公司盈利的影响，如果公司利润较高，每股净资产就会增加。从这一角度来看，该指标与企业获利能力有着十分密切的关系。投资者可以对公司历年的每股净资产进行纵向比较以评价其发展变化趋势来了解公司的发展变化趋势和盈利状况，据以作出投资判断。

▶ 9.5.4 股票获利率

股票获利率，是指每股股利与每股市场价格的比率。其计算公式如下：

股票获利率＝普通股每股股利÷普通股每股市场价格×100%

该指标反映每股股利与每股股价的比例关系。股票投资者获取收益的来源有二：一是公司所派发的股利；二是股价上涨所获得的差价收益。只有当股票投资者认为未来股价会上涨时才会接受较低的股票获利率，而如果预期股票价格不会上涨或上涨幅度很小时，股票获利率的高低就成了其衡量股票投资价值，进行投资判断的主要依据。

需要注意的是，使用该指标的限制因素在于如果上市公司采用较为稳健的股利政策，留存大量的净利润用以企业扩大经营所需资金积累。在这种情况下，股票获利率仅仅是股票投资价值非常保守的估计，不能成为评价股票投资价值的主要依据。

▶ 9.5.5 每股股利

每股股利，是公司分派的现金股利总额除以发行在外的普通股股数。它反映了公司发行在外的每股普通股所获得的现金股利的多少。其计算公式为：

$$每股股利＝（现金股利总额-优先股股利）÷发行在外的普通股股数$$

每股股利的高低，不仅取决于公司盈利能力的强弱，还取决于公司的股利政策和现金是否充裕。倾向于现金股利分派的投资者，应当注意比较公司历年来的每股股利的发展变化趋势，从而了解公司的股利政策。

▶ 9.5.6 股利支付率

股利支付率，也称股利发放率，是指普通股每股股利与每股盈利的比率，表明公司的净利润中有多少用于派发现金股利。其计算公式为：

$$股利支付率＝每股股利÷每股利润×100\%$$

或：股利支付率＝现金股利总额÷税后净利×100%

▶ 9.5.7 留存收益率

与股利支付率相关的反映企业利润留存比例的指标是收益留存率，又称留存盈利比率、留存比率。其计算公式为：

$$收益留存率＝（每股收益-每股股利）÷每股收益×100\%$$

或：

收益留存率＝（税后净利-现金股利总额）÷税后净利×100%

收益留存率反映了企业利润留存的百分比，因此，它与股利支付率之和等于1，即：

$$收益留存率+股利支付率＝1$$

股利支付率的高低主要取决于公司的股利分派政策，没有一个具体的标准来评判股利支付率是高好还是低好。一般而言，如果一个公司的存量现金比较充裕，并且未来没有更好的投资机会，则公司可能派发更多的现金股利；反之，若公司未来有较好的投资机会，则公司可能倾向于较少甚至不派发现金股利，而将资金用于投资。

因而，股利支付率和收益留存率体现的是一个公司采用什么样的股利政策和什么样的积累政策。

▶ 9.5.8 市盈率与市净率

市盈率与市净率是以企业盈利能力为基础的市场估值指标。这两个指标并不是直接用于公司盈利能力分析，而是投资者以盈利能力分析为基础对公司股票价值评估的工具。通过市盈率和市净率的分析，可以判断某公司的股票的市场定价是否与公司的基本面相符，公司股票的估值是否合理，从而为其进行投资判断提供决策依据。

1）市盈率

市盈率，也称价格盈余比率、价格与收益比率，是指普通股每股市价与每股收益的比值。其计算公式为：

$$市盈率 = 每股市价 \div 每股收益$$

市盈率是反映公司市场价值与公司盈利之间的关系的一个重要财务比率，投资者在进行投资判断时均十分重视该指标，是投资者作出投资决策的重要参考因素之一。

市盈率的含义可以有以下两种理解：一是若以现在的股价水平投资该公司股票和公司盈利水平，收回全部投资成本所需时间，即投资回收期，从这一点上讲，体现的投资该公司股票的风险，市盈率越高，说明收回投资成本所需时间越长，风险越大；二是投资者愿意以目前公司每股收益的多少倍的代价去获取投资该公司股票的投资回报，从这一点上讲，市盈率反映了公司股票的投资价值，市盈率越高，公司股票的投资价值越大。

资本市场上并不存在一个标准市盈率，对市盈率的分析要结合行业特点和企业的盈利前景。一般来说，市盈率高，说明投资者对该公司发展前景看好，愿意出较高的价格买进该公司的股票，所以，成长性好的公司股票的市盈率通常会更高一些，而盈利能力低、成长性较差的公司股票的市盈率就会低一些。但是，同时也得注意，如果某一公司股票的市盈率过高，也可能意味着该公司股票的投资风险较高。

运用市盈率进行评价时，应注意以下几个方面：

①运用该比率的应用前提是每股收益维持在一定水平之上。若每股收益很小或亏损，由于市价不会降至零，因此市盈率将会很高，这种很高的市盈率不说明任何问题。

②以该项比率衡量公司股票的投资价值虽然具有市场公允性，且相关资料易于获取，但明显存在以下缺陷：a. 股票价值高低取决于多种因素，既有公司内在的获利因素，也有许多投机性的非理性因素，如虚假题材、庄家行为等，这就使得股票市价未必能代表其内在投资价值，甚至可能远远偏离其内在价值；b. 由于信息是不对称的，因此投资者获取信息是有限的和不完整的，可能导致其对公司获利潜力的错误估计，从而也使得股票市价偏离其真实价值。

③市盈率的高低一方面反映了投资者对公司股票投资价值的预期，另一方面又能说明按现行市价投资该股票的收益性和风险性。具体而言，当每股收益一定时，市盈率高，说明投资者的风险大，可望获得的投资报酬率低，反之，则表明投资风险较小，投资者可望获得的投资报酬高。

④由于市盈率高低的影响因素有很多，因此通常难以直接根据某一公司可在某一期间的市盈率来判断其投资价值，理想的做法是在评价某一公司股票的投资价值时，将该股票的市盈率在不同期间以及同行业不同公司之间进行比较或行业平均市盈率比较，从比较的差异中确定其投资价值。

2) 市净率

市净率，是指公司普通股每股市价与每股净资产的账面价值的比率。其计算公式为：

$$市净率 = 每股市价 \div 每股净资产$$

市净率反映了公司股东权益的市场价值与其账面价值之间的比率关系，该比率越高，说明该公司股票的市价偏离其账面价值越大，投资风险越大；反之，市净率越低，说明公司股票市价偏离其账面价值越小，投资风险越小。一般来说，资产质量好、盈利能力强的公司，其市净率一般偏高；而风险较大、成长性较差的公司，其市净率一般偏低。在一个有效的资本市场上，如果公司股票的市净率低于1，即公司股价低于每股净资产，则说明市场上对该公司股票未来走势持悲观态度。当然，如果该公司是一个成长性较好的公司，则也可能说明该公司股票价值被低估，蕴含较大的投资机会，对其未来可以持乐观态度。

9.6 财务分析与评价应用举例

为了便于进一步熟悉和掌握财务分析与评价的基本原理和方法，现以宁波建工为例简要介绍财务分析与评价的基本情况。

【例9.8】宁波建工财务分析。浙江宁波建工股份有限公司系由2004年12月20日成立的宁波建工集团有限公司于2008年12月19日整体变更设立而来的股份有限公司，于2011年8月在上海证券交易所上市，主要从事建筑及相关行业业务。公司的财务相关数据详见表9.16~表9.18。

▶ 9.6.1 宁波建工财务报表

表9.16 宁波建工2010—2013年资产负债表

报表日期	2013.12.31	2012.12.31	2011.12.31	2010.12.31
单位	元	元	元	元
流动资产：				
货币资金	863 738 000	1 130 850 000	729 963 000	388 528 000
结算备付金	0	0	0	0
拆出资金	0	0	0	0
交易性金融资产	0	0	0	0
衍生金融资产	0	0	0	0
应收票据	7 681 590	5 554 960	36 978 200	5 300 000
应收账款	3 088 140 000	2 179 770 000	1 250 040 000	782 164 000
预付款项	535 441 000	572 727 000	274 352 000	221 221 000

续表

报表日期	2013.12.31	2012.12.31	2011.12.31	2010.12.31
单位	元	元	元	元
应收保费	0	0	0	0
应收分保账款	0	0	0	0
应收分保合同准备金	0	0	0	0
应收利息	0	0	0	0
应收股利	0	0	0	0
其他应收款	780 591 000	973 013 000	471 257 000	602 976 000
应收出口退税	0	0	0	0
应收补贴款	0	0	0	0
应收保证金	0	0	0	0
内部应收款	0	0	0	0
买入返售金融资产	0	0	0	0
存货	2 393 220 000	1 970 390 000	1 227 830 000	864 235 000
待摊费用	0	0	0	0
待处理流动资产损益	0	0	0	0
一年内到期的非流动资产	0	0	0	0
其他流动资产	16 000 000	0	0	0
流动资产合计	7 684 810 000	6 832 310 000	3 990 420 000	2 864 420 000
非流动资产:				
发放贷款及垫款	0	0	0	0
可供出售金融资产	0	0	0	0
持有至到期投资	0	0	0	0
长期应收款	0	0	0	0
长期股权投资	22 935 900	37 432 500	55 945 900	22 933 200
其他长期投资	0	0	0	0
投资性房地产	0	0	0	0
固定资产原值	665 754 000	516 790 000	272 175 000	249 432 000
累计折旧	176 609 000	151 071 000	98 600 200	89 472 100
固定资产净值	489 145 000	365 719 000	173 575 000	159 960 000
固定资产减值准备	0	0	0	0
固定资产净额	489 145 000	365 719 000	173 575 000	159 960 000

续表

报表日期	2013.12.31	2012.12.31	2011.12.31	2010.12.31
单位	元	元	元	元
在建工程	582 030	59 172 200	48 097 800	9 525 000
工程物资	0	0	0	0
固定资产清理	0	0	0	0
生产性生物资产	0	0	0	0
公益性生物资产	0	0	0	0
油气资产	0	0	0	0
无形资产	213 901 000	194 649 000	106 925 000	109 466 000
开发支出	0	0	0	0
商誉	155 609 000	155 609 000	0	0
长期待摊费用	3 666 380	1 915 110	1 098 580	978 937
股权分置流通权	0	0	0	0
递延所得税资产	76 314 500	67 329 400	37 364 600	32 209 100
其他非流动资产	14 885 100	8 066 710	10 355 100	7 284 130
非流动资产合计	977 039 000	889 893 000	433 362 000	342 357 000
资产总计	8 661 850 000	7 722 200 000	4 423 780 000	3 206 780 000
流动负债：				
短期借款	1 660 050 000	1 691 700 000	839 300 000	503 500 000
向中央银行借款	0	0	0	0
吸收存款及同业存放	0	0	0	0
拆入资金	0	0	0	0
交易性金融负债	0	0	0	0
衍生金融负债	0	0	0	0
应付票据	350 111 000	318 372 000	123 424 000	163 792 000
应付账款	2 450 380 000	2 019 650 000	1 170 530 000	1 079 790 000
预收款项	907 101 000	802 025 000	437 669 000	399 982 000
卖出回购金融资产款	0	0	0	0
应付手续费及佣金	0	0	0	0
应付职工薪酬	23 507 800	4 928 660	3 030 790	2 230 030
应交税费	213 596 000	154 629 000	47 462 100	21 975 600
应付利息	1 646 730	3 299 700	1 666 400	423 591

续表

报表日期	2013.12.31	2012.12.31	2011.12.31	2010.12.31
单位	元	元	元	元
应付股利	1 037 550	24 000	0	0
其他应交款	0	0	0	0
应付保证金	0	0	0	0
内部应付款	0	0	0	0
其他应付款	909 343 000	927 516 000	518 347 000	428 705 000
预提费用	0	0	0	0
预计流动负债	0	0	0	0
应付分保账款	0	0	0	0
保险合同准备金	0	0	0	0
代理买卖证券款	0	0	0	0
代理承销证券款	0	0	0	0
国际票证结算	0	0	0	0
国内票证结算	0	0	0	0
递延收益	0	0	0	0
应付短期债券	0	0	0	0
一年内到期的非流动负债	20 000 000	0	20 000 000	0
其他流动负债	0	0	0	0
流动负债合计	6 536 770 000	5 922 140 000	3 161 430 000	2 600 390 000
非流动负债：				
长期借款	0	20 000 000	0	20 000 000
应付债券	0	0	0	0
长期应付款	0	0	0	0
专项应付款	2 455 000	1 000 000	0	0
预计非流动负债	0	0	0	0
递延所得税负债	0	0	0	0
其他非流动负债	0	0	0	0
非流动负债合计	2 455 000	21 000 000	0	20 000 000
负债合计	6 539 230 000	5 943 140 000	3 161 430 000	2 620 390 000
所有者权益：				
实收资本（或股本）	488 040 000	462 600 000	400 660 000	300 660 000

续表

报表日期	2013.12.31	2012.12.31	2011.12.31	2010.12.31
单位	元	元	元	元
资本公积	1 008 750 000	876 611 000	522 315 000	34 961 100
库存股	0	0	0	0
专项储备	903 233	72 841	0	0
盈余公积	54 349 900	39 032 100	28 441 800	18 178 000
一般风险准备	0	0	0	0
未确定的投资损失				
未分配利润	511 766 000	346 681 000	262 670 000	187 006 000
拟分配现金股利	0	0	0	0
外币报表折算差额	0	0	0	0
归属于母公司股东权益合计	2 063 810 000	1 725 000 000	1 214 090 000	540 805 000
少数股东权益	58 813 000	54 066 200	48 265 900	45 581 500
所有者权益（或股东权益）合计	2 122 620 000	1 779 060 000	1 262 350 000	586 386 000
负债和所有者权益（或股东权益）总计	8 661 850 000	7 722 200 000	4 423 780 000	3 206 780 000

表 9.17　宁波建工 2010—2013 年现金流量表

报告期	2013.12.31	2012.12.31	2011.12.31	2010.12.31
单位	元	元	元	元
一、经营活动产生的现金流量				
销售商品、提供劳务收到的现金	12 855 400 000	9 364 780 000	8 346 960 000	7 860 080 000
客户存款和同业存放款项净增加额	0	0	0	0
向中央银行借款净增加额	0	0	0	0
向其他金融机构拆入资金净增加额	0	0	0	0
收到原保险合同保费取得的现金	0	0	0	0
收到再保险业务现金净额	0	0	0	0
保户储金及投资款净增加额	0	0	0	0
处置交易性金融资产净增加额	0	0	0	0
收取利息、手续费及佣金的现金	0	0	0	0
拆入资金净增加额	0	0	0	0
回购业务资金净增加额	0	0	0	0

报告期	2013.12.31	2012.12.31	2011.12.31	2010.12.31
单位	元	元	元	元
收到的税费返还	121 809	16 753 900	547 279	3 055 710
收到的其他与经营活动有关的现金	853 961 000	516 977 000	856 035 000	322 422 000
经营活动现金流入小计	13 709 500 000	9 898 510 000	9 203 540 000	8 185 560 000
购买商品、接受劳务支付的现金	12 257 500 000	8 644 090 000	8 430 820 000	7 207 940 000
客户贷款及垫款净增加额	0	0	0	0
存放中央银行和同业款项净增加额	0	0	0	0
支付原保险合同赔付款项的现金	0	0	0	0
支付利息、手续费及佣金的现金	0	0	0	0
支付保单红利的现金	0	0	0	0
支付给职工以及为职工支付的现金	278 495 000	189 297 000	160 819 000	124 039 000
支付的各项税费	565 025 000	386 315 000	331 642 000	346 961 000
支付的其他与经营活动有关的现金	756 673 000	625 376 000	680 507 000	348 796 000
经营活动现金流出小计	13 857 700 000	9 845 080 000	9 603 790 000	8 027 740 000
经营活动产生的现金流量净额	−148 147 000	53 432 900	−400 249 000	157 820 000
二、投资活动产生的现金流量				
收回投资所收到的现金	20 336 400	1 622 250	6 012 680	0
取得投资收益所收到的现金	1 472 590	2 506 350	4 163 480	5 821 330
处置固定资产、无形资产和其他长期资产所收回的现金净额	2 971 130	8 885 000	225 795	478 910
处置子公司及其他营业单位收到的现金净额	0	0	0	−4 396 950
收到的其他与投资活动有关的现金	3 300 000	336 924 000	10 480 000	12 180 000
减少质押和定期存款所收到的现金	0	0	0	0
投资活动现金流入小计	28 080 100	349 937 000	20 882 000	14 083 300
购建固定资产、无形资产和其他长期资产所支付的现金	107 762 000	69 254 900	88 039 100	89 809 300
投资所支付的现金	17 991 500	13 280 000	18 000 000	2 250 000
质押贷款净增加额	0	0	0	0
取得子公司及其他营业单位支付的现金净额	0	170 764 000	0	0

续表

报告期	2013.12.31	2012.12.31	2011.12.31	2010.12.31
单位	元	元	元	元
支付的其他与投资活动有关的现金	0	3 300 000	0	12 180 000
增加质押和定期存款所支付的现金	0	0	0	0
投资活动现金流出小计	125 753 000	256 599 000	106 039 000	104 239 000
投资活动产生的现金流量净额	-97 673 000	93 338 100	-85 157 100	-90 156 000
三、筹资活动产生的现金流量				
吸收投资收到的现金	158 136 000	0	587 353 000	0
其中：子公司吸收少数股东投资收到的现金	0	0	0	0
取得借款收到的现金	2 591 900 000	1 656 900 000	1 183 700 000	959 900 000
发行债券收到的现金	0	0	0	0
收到其他与筹资活动有关的现金	10 500 000	0	0	0
筹资活动现金流入小计	2 760 540 000	1 656 900 000	1 771 050 000	959 900 000
偿还债务支付的现金	2 623 550 000	1 354 400 000	847 900 000	1 077 300 000
分配股利、利润或偿付利息所支付的现金	167 863 000	120 739 000	85 832 400	72 886 800
	0	0	0	0
支付其他与筹资活动有关的现金	0	0	0	0
筹资活动现金流出小计	2 791 410 000	1 475 140 000	933 732 000	1 150 190 000
筹资活动产生的现金流量净额	-30 876 500	181 761 000	837 321 000	-190 287 000
附注				
汇率变动对现金及现金等价物的影响	0	0	0	0
现金及现金等价物净增加额	-276 697 000	328 532 000	351 915 000	-122 622 000
期初现金及现金等价物余额	1 058 490 000	729 963 000	378 048 000	500 670 000
期末现金及现金等价物余额	781 798 000	1 058 490 000	729 963 000	378 048 000
净利润	236 722 000	142 653 000	119 724 000	102 459 000
少数股东权益	0	0	0	0
未确认的投资损失	0	0	0	0
资产减值准备	41 646 900	54 957 500	23 302 200	47 883 000
固定资产折旧、油气资产折耗、生产性物资折旧	45 962 100	28 776 000	17 445 800	15 633 700

续表

报告期	2013.12.31	2012.12.31	2011.12.31	2010.12.31
单位	元	元	元	元
无形资产摊销	7 319 680	3 241 150	2 836 840	2 501 550
长期待摊费用摊销	13 316 200	9 238 600	12 655 800	12 294 200
待摊费用的减少	0	0	0	0
预提费用的增加	0	0	0	0
处置固定资产、无形资产和其他长期资产的损失	93 967.3	−1 360 690	−507 661	860 010
固定资产报废损失	0	0	0	0
公允价值变动损失	0	0	0	0
递延收益增加（减：减少）	0	0	0	0
预计负债	0	0	0	0
财务费用	117 354 000	80 059 000	53 296 900	40 334 100
投资损失	−13 443 900	−2 918 030	−1 883 780	−7 975 840
递延所得税资产减少	−8 985 140	−12 647 400	−5 155 420	−7 152 880
递延所得税负债增加	0	0	0	0
存货的减少	−422 826 000	−263 620 000	−363 594 000	−134 772 000
经营性应收项目的减少	−715 525 000	−606 967 000	−441 503 000	−257 559 000
经营性应付项目的增加	550 219 000	622 020 000	183 134 000	343 315 000
已完工尚未结算款的减少（减：增加）	0	0	0	0
已结算尚未完工款的增加（减：减少）	0	0	0	0
其他	0	0	0	0
经营活动产生现金流量净额	−148 147 000	53 432 900	−400 249 000	157 820 000
债务转为资本	0	0	0	0
一年内到期的可转换公司债券	0	0	0	0
融资租入固定资产	0	0	0	0
现金的期末余额	781 798 000	1 058 490 000	729 963 000	378 048 000
现金的期初余额	1 058 490 000	729 963 000	378 048 000	500 670 000
现金等价物的期末余额	0	0	0	0
现金等价物的期初余额	0	0	0	0
现金及现金等价物的净增加额	−276 697 000	328 532 000	351 915 000	−122 622 000

表 9.18　宁波建工 2010—2013 年利润表

报表日期	2013.12.31	2012.12.31	2011.12.31	2010.12.31
单位	元	元	元	元
一、营业总收入	13 500 000 000	9 480 000 000	8 680 000 000	7 930 000 000
营业收入	13 500 000 000	9 480 000 000	8 680 000 000	7 930 000 000
利息收入	0	0	0	0
已赚保费	0	0	0	0
手续费及佣金收入	0	0	0	0
房地产销售收入	0	0	0	0
其他业务收入	0	0	0	0
二、营业总成本	13 200 000 000	9 280 000 000	8 510 000 000	7 800 000 000
营业成本	12 300 000 000	8 650 000 000	8 010 000 000	7 290 000 000
利息支出	0	0	0	0
手续费及佣金支出	0	0	0	0
房地产销售成本	0	0	0	0
研发费用	0	0	0	0
退保金	0	0	0	0
赔付支出净额	0	0	0	0
提取保险合同准备金净额	0	0	0	0
保单红利支出	0	0	0	0
分保费用	0	0	0	0
其他业务成本	0	0	0	0
营业税金及附加	440 000 000	314 000 000	277 000 000	271 000 000
销售费用	10 700 000	10 700 000	6 630 000	5 650 000
管理费用	273 000 000	184 000 000	151 000 000	145 000 000
财务费用	108 000 000	67 700 000	47 900 000	35 100 000
资产减值损失	41 600 000	55 000 000	23 300 000	47 900 000
公允价值变动收益	0	0	0	0
投资收益	13 400 000	2 920 000	1 880 000	7 980 000
其中：对联营企业和合营企业的投资收益	1 760 000	0	0	0
汇兑收益	0	0	0	0

续表

报表日期	2013.12.31	2012.12.31	2011.12.31	2010.12.31
单位	元	元	元	元
期货损益	0	0	0	0
托管收益	0	0	0	0
补贴收入	0	0	0	0
其他业务利润	0	0	0	0
三、营业利润	332 000 000	199 000 000	166 000 000	138 000 000
营业外收入	12 800 000	10 200 000	12 000 000	8 920 000
营业外支出	14 300 000	13 900 000	10 000 000	9 390 000
非流动资产处置损失	738 651.00	0	−507 661	0
利润总额	330 000 000	196 000 000	168 000 000	137 000 000
所得税费用	93 300 000	53 100 000	48 700 000	34 800 000
未确认投资损失	0	0	0	0
四、净利润	237 000 000	143 000 000	120 000 000	102 000 000
归属于母公司所有者的净利润	227 000 000	135 000 000	116 000 000	98 200 000
少数股东损益	10 100 000	7 990 000	3 730 000	4 210 000
五、每股收益				
基本每股收益	0.48	0.34	0.35	0.32
稀释每股收益	0.48	0.34	0.35	0.32
六、其他综合收益	0	0	0	0
七、综合收益总额	237 000 000	143 000 000	120 000 000	102 000 000
归属于母公司所有者的综合收益总额	227 000 000	135 000 000	116 000 000	98 200 000
归属于少数股东的综合收益总额	10 100 000	7 990 000	3 730 000	4 210 000

► 9.6.2 偿债能力分析

1）短期偿债能力分析

（1）流动比率

2013 年末：$\dfrac{7\ 684\ 810\ 000}{6\ 536\ 770\ 000}=1.175\ 6$

2012 年末：$\dfrac{6\ 832\ 310\ 000}{5\ 922\ 140\ 000}=1.153\ 7$

2011 年末：$\dfrac{3\ 990\ 420\ 000}{3\ 161\ 430\ 000}=1.262\ 2$

（2）速动比率

2013 年末：$\dfrac{7\ 684\ 810\ 000-16\ 000\ 000-2\ 393\ 220\ 000}{6\ 536\ 770\ 000}=0.807\ 1$

2012 年末：$\dfrac{6\ 832\ 310\ 000-1\ 970\ 390\ 000}{5\ 922\ 140\ 000}=0.821\ 0$

2011 年末：$\dfrac{3\ 990\ 420\ 000-1\ 227\ 830\ 000}{3\ 161\ 430\ 000}=0.873\ 8$

（3）现金比率：

2013 年末：$\dfrac{863\ 738\ 000}{6\ 536\ 770\ 000}=0.132\ 1$

2012 年末：$\dfrac{1\ 130\ 850\ 000}{5\ 922\ 140\ 000}=0.191\ 0$

2011 年末：$\dfrac{729\ 963\ 000}{3\ 161\ 430\ 000}=0.230\ 9$

上述计算分析表明，该公司短期偿债能力明显偏弱，而且有呈进一步下降趋势。

2）长期债务偿还能力比率

（1）资产负债率

2013 年末：$\dfrac{6\ 539\ 230\ 000}{8\ 661\ 850\ 000}\times100\%=75.42\%$

2012 年末：$\dfrac{5\ 943\ 140\ 000}{7\ 722\ 200\ 000}\times100\%=76.96\%$

2011 年末：$\dfrac{3\ 161\ 430\ 000}{4\ 423\ 780\ 000}\times100\%=71.46\%$

（2）产权比率

2013 年末：$\dfrac{6\ 539\ 230\ 000}{2\ 122\ 620\ 000}\times100\%=307.776\ 7\%$

2012 年末：$\dfrac{5\ 943\ 140\ 000}{1\ 779\ 060\ 000}\times100\%=334.060\ 7\%$

2011 年末：$\dfrac{3\ 161\ 430\ 000}{1\ 262\ 350\ 000}\times100\%=250.44\%$

（3）有形净值债务率

2013 年末：$\dfrac{6\ 539\ 230\ 000}{2\ 122\ 620\ 000-213\ 901\ 000}\times100\%=342.597\ 8\%$

2012 年末：$\dfrac{5\ 943\ 140\ 000}{1\ 779\ 060\ 000-194\ 649\ 000}\times100\%=375.101\ 0\%$

2011 年末：$\dfrac{3\ 161\ 430\ 000}{1\ 262\ 350\ 000-106\ 925\ 000}\times100\%=273.616\ 2\%$

（4）利息保障倍数

2013 年：$\dfrac{330\ 000\ 000+108\ 000\ 000}{108\ 000\ 000}=4.055\ 6$

2012 年：$\dfrac{196\ 000\ 000+67\ 700\ 000}{67\ 700\ 000}=3.895\ 1$

2011 年：$\dfrac{168\ 000\ 000+47\ 900\ 000}{47\ 900\ 000}=4.507\ 3$

上述计算分析表明，该公司长期偿债能力相对较强。

▶ 9.6.3 营运能力比率

1）应收账款周转率

2013 年：

周转次数：$\dfrac{13\ 500\ 000\ 000}{\dfrac{3\ 088\ 140\ 000+2\ 179\ 770\ 000}{2}}=5.125\ 4$ 次

周转天数：360÷5.125 4=70.24 天

2012 年：

周转次数：$\dfrac{9\ 480\ 000\ 000}{\dfrac{2\ 179\ 770\ 000+1\ 250\ 040\ 000}{2}}=5.528\ 0$ 次

周转天数：360÷5.528 0=65.12 天

2011 年：

周转次数：$\dfrac{8\ 680\ 000\ 000}{\dfrac{1\ 250\ 040\ 000+782\ 164\ 000}{2}}=8.542\ 5$ 次

周转天数：360÷8.542 5=42.14 天

2）存货周转率

2013 年：

周转次数：$\dfrac{12\ 300\ 000\ 000}{\dfrac{2\ 393\ 220\ 000+1\ 970\ 390\ 000}{2}}=5.637\ 5$ 次

周转天数：360÷5.637 5=63.86 天

2012 年：

周转次数：$\dfrac{8\ 650\ 000\ 000}{\dfrac{1\ 970\ 390\ 000+1\ 227\ 830\ 000}{2}}=5.409\ 3$ 次

周转天数：360÷5.409 3=66.55 天

2011 年：

周转次数：$\dfrac{8\ 010\ 000\ 000}{\dfrac{1\ 227\ 830\ 000+864\ 235\ 000}{2}}=7.657\ 5$ 次

周转天数：$360\div7.657\ 5=47.01$ 天

3）流动资产周转率

2013 年：周转次数：$\dfrac{13\ 500\ 000\ 000}{\dfrac{7\ 684\ 810\ 000+6\ 832\ 310\ 000}{2}}=1.859\ 9$

2012 年：周转次数：$\dfrac{9\ 480\ 000\ 000}{\dfrac{6\ 832\ 310\ 000+3\ 990\ 420\ 000}{2}}=1.751\ 9$

2011 年：周转次数：$\dfrac{8\ 680\ 000\ 000}{\dfrac{3\ 990\ 420\ 000+2\ 864\ 420\ 000}{2}}=2.532\ 5$

4）总资产周转率

2013 年：周转次数：$\dfrac{13\ 500\ 000\ 000}{\dfrac{8\ 661\ 850\ 000+7\ 722\ 200\ 000}{2}}=1.647\ 9$

2012 年：周转次数：$\dfrac{9\ 480\ 000\ 000}{\dfrac{7\ 722\ 200\ 000+4\ 423\ 780\ 000}{2}}=1.561\ 0$

2011 年：周转次数：$\dfrac{8\ 680\ 000\ 000}{\dfrac{4\ 423\ 780\ 000+3\ 206\ 780\ 000}{2}}=2.275\ 1$

该公司营运能力要与同行业同类其他企业对比才能作出较为客观的评价。

▶ 9.6.4 盈利能力分析

1）销售利润率

2013 年：$\dfrac{330\ 000\ 000}{13\ 500\ 000\ 000}\times100\%=24.44\%$

2012 年：$\dfrac{196\ 000\ 000}{9\ 480\ 000\ 000}\times100\%=20.68\%$

2011 年：$\dfrac{168\ 000\ 000}{8\ 680\ 000\ 000}\times100\%=19.35\%$

2）销售净利率

2013 年：$\dfrac{237\ 000\ 000}{13\ 500\ 000\ 000}\times100\%=20.22\%$

2012 年：$\dfrac{143\,000\,000}{9\,480\,000\,000}\times100\%=15.08\%$

2011 年：$\dfrac{120\,000\,000}{8\,680\,000\,000}\times100\%=13.82\%$

3）**总资产利润率＝息税前利润÷平均资产总额×100%**

2013 年：$\dfrac{330\,000\,000+108\,000\,000}{\dfrac{8\,661\,850\,000+7\,722\,200\,000}{2}}\times100\%=5.346\,7\%$

2012 年：$\dfrac{196\,000\,000+67\,700\,000}{\dfrac{7\,722\,200\,000+4\,423\,780\,000}{2}}\times100\%=4.342\,2\%$

2011 年：$\dfrac{168\,000\,000+47\,900\,000}{\dfrac{4\,423\,780\,000+3\,206\,780\,000}{2}}\times100\%=5.658\,8\%$

4）**总资产净利率**

2013 年：$\dfrac{237\,000\,000}{\dfrac{8\,661\,850\,000+7\,722\,200\,000}{2}}\times100\%=2.893\,1\%$

2012 年：$\dfrac{143\,000\,000}{\dfrac{7\,722\,200\,000+4\,423\,780\,000}{2}}\times100\%=2.354\,7\%$

2011 年：$\dfrac{120\,000\,000}{\dfrac{4\,423\,780\,000+3\,206\,780\,000}{2}}\times100\%=3.145\,2\%$

5）**净资产收益率**

2013 年：$\dfrac{237\,000\,000}{\dfrac{2\,122\,620\,000+1\,779\,060\,000}{2}}\times100\%=12.148\,6\%$

2012 年：$\dfrac{143\,000\,000}{\dfrac{1\,779\,060\,000+1\,262\,350\,000}{2}}\times100\%=9.403\,5\%$

2011 年：$\dfrac{120\,000\,000}{\dfrac{1\,262\,350\,000+586\,386\,000}{2}}\times100\%=12.981\,8\%$

上述计算分析表明，该公司盈利能力总体上较好。

▶ 9.6.5 宁波建工 2011—2013 年杜邦财务分析图

宁波建工 2011—2013 年杜邦财务分析如图 9.3—9.5 所示。

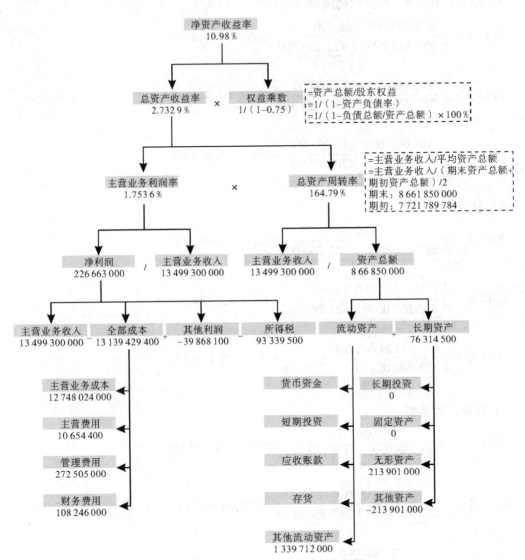

图 9.3　2013 年 12 月 31 日杜邦分析图

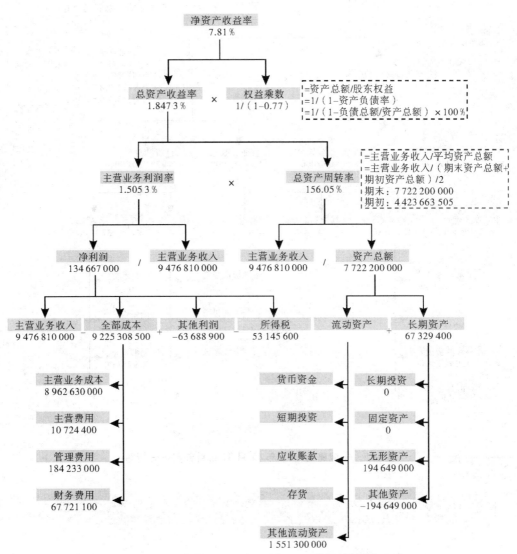

图 9.4　宁波建工 2012 年 12 月 31 日杜邦财务分析图

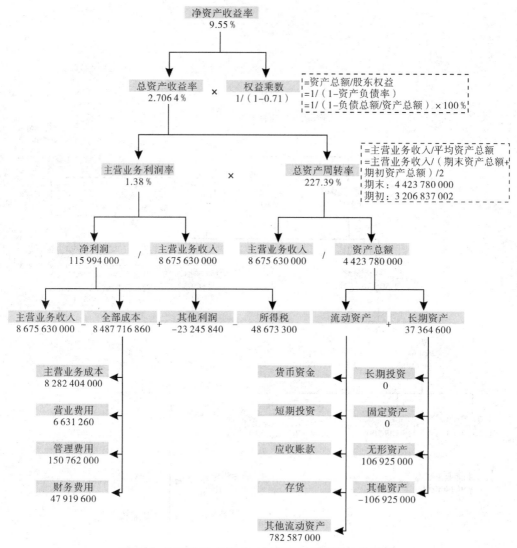

图 9.5　宁波建工 2011 年 12 月 31 日杜邦财务分析图

本章小结

　　财务分析是联结两个财务管理循环的纽带和桥梁，起到承上启下的作用，既是对上一轮财务管理循环的总结，又是对改进下一轮管理循环的措施建议。要想有效地改善企业经营管理、作出正确的财务决策，就有必要对相关企业进行客观、准确、及时、有效的财务分析与评价，要充分发挥员工的主观能动性、充分调动员工的积极性，促进内部经济责任制的不断完善，就必须建立起科学的企业业绩评价体系。

　　财务分析的内容主要包括偿债能力分析、营运能力分析、获利能力分析和发展能力分析；财务分析的方法主要包括比较分析法、比率分析法、趋势分析法、因素分析法和综合分析法。

　　财务分析不仅要做好单项分析，同时也应注重财务综合分析与评价。

思考题

1. 为什么要进行财务分析？财务分析具有哪些基本性质？
2. 通过财务分析能够达到哪些目的？
3. 企业的三大财务能力之间的关系如何？
4. 简述比较分析法的基本原理。
5. 简述因素分析法的基本原理。
6. 简述比率分析法的基本原理。
7. 反映短期偿债能力的基本财务比率有哪些？其作用如何？
8. 反映长期偿债能力的基本财务比率有哪些？其作用如何？
9. 反映营运能力能力的基本财务比率有哪些？其作用如何？
10. 反映盈利能力的基本财务比率有哪些？其作用如何？
11. 反映发展能力的基本财务比率有哪些？其作用如何？
12. 简述杜邦财务评价体系的基本原理。
13. 企业应当如何分析评价其现金流量状况？
14. 上市公司每股收益分析应注意哪些问题？
15. 上市公司市盈率分析应注意哪些问题？

习　题

1. 某施工企业利润表如表 9.19 所示：

表 9.19　某施工企业利润表　　　　单位：百万元

项目名称	2012 年末	2013 年末	2014 年末
营业收入	150 529	116 288	161 014
减：营业成本	134 056	105 771	143 237
营业税金及附加	915	355	332
销售费用	731	651	760
管理费用	3 426	2 749	3 398
财务费用	1 771	1 663	532
资产减值损失	4 102	495	123
加：投资收益	397	1 299	1 511

续表

项目名称	2012 年末	2013 年末	2014 年末
营业利润	6 207	5 786	14 151
加：营业外收入	212	240	388
减：营业外支出	353	138	103
利润总额	6 066	5 887	14 436
减：所得税	988	810	2 953
净利润	5 077	5 076	11 483

（1）通过以上利润表编制比较报表和共同比报表；

（2）通过计算趋势比率试对该企业的利润效益进行分析。

2. 某上市公司 2014 年税后净利 3 650 万元，通过股东大会决定发放现金股利 260 万元，发放负债股利 400 万元，公司适用所得税率为 25%。

材料一：该公司 2014 年年初普通股股东权益为 9 000 万元，其中股本 3 500 万元；

材料二：2014 年 8 月 3 日新发行股票 1 500 万股，发行价 7 元/每股；

材料三：2014 年 12 月 10 日购回 800 万股，每股 6 元；

材料四：2014 年 12 月 31 日该公司股价 6.3 元/每股。

（1）计算该公司 2014 年年末净资产收益率；

（2）计算该公司 2014 年年末基本每股收益；

（3）计算该公司 2014 年年末股利支付率；

（4）计算该公司 2014 年年末市盈率和市净率。

3. 综合分析题

某房地产公司的资产负债表和利润表如表 9.20、表 9.21 所示。

表 9.20　某房地产公司资产负债表

2014-12-31　　　　　　　　　　　　　　　　　　　单位：万元

资　产	期初数	期末数	负债和股东权益	期初数	期末数
流动资产：			流动负债：		
货币资金	3 267 270	3 375 297	短期借款	134 800	137 000
应收票据	45	322	应付账款	1 279 289	1 867 070
应收账款	188 028	233 181	预收款项	9 054 736	10 716 784
预付款项	1 641 855	1 927 586	应付职工薪酬	9 412	12 463
其他应收款	251 222	773 689	应交税费	-408 460	-621 853
存货	18 964 382	23 990 730	应付利息	15 114	5 517
一年内到期的非流动资产			应付股利	616	481

续表

资产	期初数	期末数	负债和股东权益	期初数	期末数
其他流动资产			其他应付款	1 529 203	2 583 520
流动资产合计	24 312 803	30 300 805	一年内到期的非流动负债	2 432 403	1 962 472
非流动资产:			流动负债合计	14 047 113	16 663 456
长期股权投资	135 079	338 208	非流动负债:		
投资性房地产	471 796	471 489	长期借款	5 585 041	7 510 130
固定资产	137 843	198 504	应付债券		298 955
在建工程			长期应付款		
工程物资			递延所得税负债	6 755	6 127
固定资产清理			非流动负债合计	5 591 796	7 815 212
无形资产	1 087	1 454	负债合计	19 638 910	24 478 668
商誉	1 034	1 034	所有者权益（或股东权益）:		
长期待摊费用	3 658	2 749	股本	713 799	713 799
递延所得税资产	53 563	79 742	资本公积	1 077 693	1 096 372
其他非流动资产			减：库存股		
非流动资产合计	804 059	1 093 180	盈余公积	81 170	110 092
			未分配利润	2 375 831	3 256 024
			外币报表折算差额	145	
			归属于母公司所有者权益合计	4 248 638	5 176 287
			少数股东权益	1 229 314	1 739 031
			股东权益合计	5 477 952	6 915 318
资产总计	25 116 862	31 393 985	负债和股东权益总计	25 116 862	31 393 985

表 9.21　某地产公司 2014 年度利润表　　　　　　单位：万元

项　目	2014
一、营业总收入	9 235 552
其中：营业收入	9 235 552
二、营业总成本	7 698 375
其中：营业成本	6 265 522
营业税金及附加	952 213
销售费用	218 518
管理费用	157 582
财务费用	98 553
资产减值损失	5 988
加：公允价值变动收益（损失以"-"号填列）	0
投资收益（损失以"-"号填列）	63 505
其中：对联营企业和合营企业的投资收益	63 175
汇兑收益（损失以"-"号填列）	0
三、营业利润（亏损以"-"号填列）	1 600 682
加：营业外收入	18 228
减：营业外支出	8 741
其中：非流动资产处置净损失	16
四、利润总额（亏损总额以"-"号填列）	1 610 170
减：所得税费用	423 723
五、净利润（净亏损以"-"号填列）	1 186 446
其中：归属于母公司所有者的净利润	1 074 716
少数股东损益	111 730
六、每股收益	0
（一）基本每股收益（元/股）	0
（二）稀释每股收益（元/股）	0
七、其他综合收益	-145
八、综合收益总额	1 186 301
其中：归属于母公司所有者的综合收益总额	1 074 571
归属于少数股东的综合收益总额	111 730

（1）计算并分析该公司的偿债能力、盈利能力和运营能力。

（2）通过以上分析，评价该公司的财务状况，并提出改进意见。

（3）计算并绘制杜邦分析图。

（4）分析该地产公司如何才能提高净资产报酬率。

附 录

附表 财务复利系数

1%的复利系数

年份	一次支付		等额多次支付			
	终值系数	现值系数	年金终值系数	偿债基金系数	年金现值系数	资本回收系数
n	$(F/P, i, n)$	$(P/F, i, n)$	$(F/A, i, n)$	$(A/F, i, n)$	$(P/A, i, n)$	$(A/P, i, n)$
1	1.010 0	0.990 1	1.000 0	1.000 0	0.990 1	1.010 0
2	1.020 1	0.980 3	2.010 0	0.497 5	1.970 4	0.507 5
3	1.030 3	0.970 6	3.030 1	0.330 0	2.941 0	0.340 0
4	1.040 6	0.961 0	4.060 4	0.246 3	3.902 0	0.256 3
5	1.051 0	0.951 5	5.101 0	0.196 0	4.853 4	0.206 0
6	1.061 5	0.942 0	6.152 0	0.162 5	5.795 5	0.172 5
7	1.072 1	0.932 7	7.213 5	0.138 6	6.728 2	0.148 6
8	1.082 9	0.923 5	8.285 7	0.120 7	7.651 7	0.130 7
9	1.093 7	0.914 3	9.368 5	0.106 7	8.566 0	0.116 7
10	1.104 6	0.905 3	10.462 2	0.095 6	9.471 3	0.105 6
11	1.115 7	0.896 3	11.566 8	0.086 5	10.367 6	0.096 5
12	1.126 8	0.887 4	12.682 5	0.078 8	11.255 1	0.088 8
13	1.138 1	0.878 7	13.809 3	0.072 4	12.133 7	0.082 4
14	1.149 5	0.870 0	14.947 4	0.066 9	13.003 7	0.076 9
15	1.161 0	0.861 3	16.096 9	0.062 1	13.865 1	0.072 1
16	1.172 6	0.852 8	17.257 9	0.057 9	14.717 9	0.067 9
17	1.184 3	0.844 4	18.430 4	0.054 3	15.562 3	0.064 3
18	1.196 1	0.836 0	19.614 7	0.041 0	16.398 3	0.061 0
19	1.208 1	0.827 7	20.810 9	0.048 1	17.226 0	0.058 1
20	1.220 2	0.819 5	22.019 0	0.045 4	18.045 6	0.055 4
21	1.232 4	0.811 4	23.239 2	0.043 0	18.857 0	0.053 0
22	1.244 7	0.803 4	24.471 6	0.040 9	19.660 4	0.050 9
23	1.257 2	0.795 4	25.716 3	0.038 9	20.455 8	0.048 9
24	1.269 7	0.787 6	26.973 5	0.037 1	21.243 4	0.047 1
25	1.282 4	0.779 8	28.243 2	0.035 4	22.023 2	0.045 4
26	1.295 3	0.772 0	29.525 6	0.033 9	22.795 2	0.043 9
27	1.308 2	0.764 4	30.820 9	0.032 4	23.559 6	0.042 4
28	1.321 3	0.756 8	32.129 1	0.031 1	24.316 4	0.041 1
29	1.334 5	0.749 3	33.450 4	0.029 9	25.065 8	0.039 9
30	1.347 8	0.741 9	34.784 9	0.028 7	25.807 7	0.038 7
31	1.361 3	0.734 6	36.132 7	0.027 7	26.542 3	0.037 7
32	1.374 9	0.727 3	37.494 1	0.026 7	27.269 6	0.036 7
33	1.388 7	0.720 1	38.869 0	0.025 7	27.989 7	0.035 7
34	1.402 6	0.713 0	40.257 7	0.024 8	28.702 7	0.034 8
35	1.416 6	0.705 9	41.660 3	0.024 0	29.408 6	1.034 0
40	1.488 9	0.671 7	48.886 4	0.020 5	32.834 7	0.030 5
50	1.644 6	0.608 0	64.463 2	0.015 5	39.196 1	0.025 5

2%的复利系数

年份	一次支付		等额多次支付			
	终值系数	现值系数	年金终值系数	偿债基金系数	年金现值系数	资本回收系数
n	$(F/P, i, n)$	$(P/F, i, n)$	$(F/A, i, n)$	$(A/F, i, n)$	$(P/A, i, n)$	$(A/P, i, n)$
1	1.020 0	0.980 4	1.000 0	1.000 0	0.980 4	1.020 0
2	1.040 4	0.961 2	2.020 0	0.495 0	1.941 6	0.515 0
3	1.061 2	0.942 3	3.060 4	0.326 8	2.883 9	0.346 8
4	1.082 4	0.923 8	4.121 6	0.242 6	3.807 7	0.262 6
5	1.104 1	0.905 7	5.204 0	0.192 2	4.713 5	0.212 2
6	1.126 2	0.888 0	6.308 1	0.158 5	5.601 4	0.178 5
7	1.148 7	0.870 6	7.434 3	0.134 5	6.472 0	0.154 5
8	1.171 7	0.853 5	8.583 0	0.116 5	7.325 5	0.136 5
9	1.195 1	0.936 8	9.754 6	0.102 5	8.162 2	0.122 5
10	1.219 0	0.820 3	10.949 7	0.091 3	8.982 6	0.111 3
11	1.243 4	0.804 3	12.168 7	0.082 2	9.786 8	0.102 2
12	1.268 2	0.788 5	13.412 1	0.074 6	10.575 3	0.094 6
13	1.293 6	0.773 0	14.680 3	0.068 1	11.348 4	0.088 1
14	1.319 5	0.757 9	15.973 9	0.062 6	12.106 2	0.082 6
15	1.345 9	0.743 0	17.293 4	0.057 8	12.849 3	0.077 8
16	1.372 8	0.728 4	18.639 3	0.053 7	13.577 7	0.073 7
17	1.400 2	0.714 2	20.012 1	0.050 0	14.291 9	0.070 0
18	1.428 2	0.700 2	21.412 3	0.046 7	14.992 0	0.066 7
19	1.456 8	0.686 4	22.840 6	0.043 8	15.678 5	0.063 8
20	1.485 9	0.673 0	24.297 4	0.041 2	16.351 4	0.061 2
21	1.515 7	0.659 8	25.783 3	0.038 8	17.011 2	0.058 8
22	1.546 0	0.646 8	27.299 0	0.036 6	17.658 0	0.056 6
23	1.576 9	0.634 2	28.845 0	0.034 7	18.292 2	0.054 7
24	1.608 4	0.621 7	30.421 9	0.032 9	18.913 9	0.052 9
25	1.640 6	0.609 5	32.030 3	0.031 2	19.523 5	0.051 2
26	1.673 4	0.597 6	33.670 9	0.029 7	20.121 0	0.049 7
27	1.706 9	0.585 9	35.344 3	0.028 3	20.706 9	0.048 3
28	1.741 0	0.574 4	37.051 2	0.027 0	21.281 3	0.047 0
29	1.775 8	0.563 1	38.792 2	0.025 8	21.844 4	0.045 8
30	1.811 4	0.552 1	40.568 1	0.024 6	22.396 5	0.044 6
31	1.847 6	0.541 2	42.379 4	0.023 6	22.937 7	0.043 6
32	1.884 5	0.530 6	44.227 0	0.022 6	23.468 3	0.042 6
33	1.922 2	0.520 2	46.111 6	0.021 7	23.988 6	0.041 7
34	1.960 7	0.510 0	48.033 8	0.020 8	24.498 6	0.040 8
35	1.999 9	0.500 0	49.994 5	0.020 0	24.998 6	0.040 0
40	2.208 0	0.452 9	60.402 0	0.016 6	27.355 5	0.036 6
50	2.691 6	0.371 5	84.579 4	0.011 8	31.423 6	0.031 8

3%的复利系数

年份	一次支付		等额多次支付			
	终值系数	现值系数	年金终值系数	偿债基金系数	年金现值系数	资本回收系数
n	$(F/P, i, n)$	$(P/F, i, n)$	$(F/A, i, n)$	$(A/F, i, n)$	$(P/A, i, n)$	$(A/P, i, n)$
1	1.030 0	0.970 9	1.000 0	1.000 0	0.970 9	1.030 0
2	1.060 9	0.942 6	2.030 0	0.492 6	1.913 5	0.522 6
3	1.092 7	0.915 1	3.090 9	0.323 5	2.828 6	0.353 5
4	1.125 5	0.888 5	4.183 6	0.239 0	3.717 1	0.269 0
5	1.159 3	0.862 6	5.309 1	0.188 4	4.579 7	0.218 4
6	1.194 1	0.837 5	6.468 4	0.154 6	5.417 2	0.184 6
7	1.229 9	0.813 1	7.662 5	0.130 5	6.230 3	0.160 5
8	1.266 8	0.789 4	8.892 3	0.112 5	7.019 7	0.142 5
9	1.304 8	0.766 4	10.159 1	0.098 4	7.786 1	0.128 4
10	1.343 9	0.744 1	11.463 9	0.087 2	8.530 2	0.117 2
11	1.384 2	0.722 4	12.807 8	0.078 1	9.252 6	0.108 1
12	1.425 8	0.701 4	14.192 0	0.070 5	9.954 0	0.100 5
13	1.468 5	0.681 0	15.617 8	0.064 0	10.635 0	0.094 0
14	1.512 6	0.661 1	17.086 3	0.058 5	11.296 1	0.088 5
15	1.558 0	0.641 9	18.598 9	0.053 8	11.937 9	0.083 8
16	1.604 7	0.623 2	20.156 9	0.049 6	12.561 1	0.079 6
17	1.652 8	0.605 0	21.761 6	0.046 0	13.166 1	0.076 0
18	1.702 4	0.587 4	23.414 4	0.042 7	13.753 5	0.072 7
19	1.753 5	0.570 3	25.116 9	0.039 8	14.323 8	0.069 8
20	1.806 1	0.553 7	26.870 4	0.037 2	14.877 5	0.067 2
21	1.860 3	0.537 5	28.676 5	0.034 9	15.415 0	0.064 9
22	1.916 1	0.521 9	30.536 8	0.032 7	15.936 9	0.062 7
23	1.973 6	0.506 7	32.452 9	0.030 8	16.443 6	0.060 8
24	2.032 8	0.491 9	34.426 5	0.029 0	16.935 5	0.059 0
25	2.093 8	0.477 6	36.459 3	0.027 4	17.413 1	0.057 4
26	2.156 6	0.463 7	38.553 0	0.025 9	17.876 8	0.055 9
27	2.221 3	0.450 23	40.709 6	0.024 6	18.327 0	0.054 6
28	2.287 9	0.437 1	42.930 9	0.023 3	18.764 1	0.053 3
29	2.356 6	0.424 3	45.218 9	0.022 1	19.188 5	0.052 1
30	2.427 3	0.412 0	47.575 4	0.021 0	19.600 4	0.051 0
31	2.500 1	0.400 0	50.002 7	0.020 0	20.000 4	0.050 0
32	2.575 1	0.388 3	52.502 8	0.019 0	20.388 8	0.049 0
33	2.652 3	0.377 0	55.077 8	0.018 2	20.765 8	0.048 2
34	2.731 9	0.366 0	57.730 2	0.017 3	21.131 8	0.047 3
35	2.813 9	0.355 4	60.462 1	0.016 5	21.487 2	0.046 5
40	3.262 0	0.306 6	75.401 3	0.013 3	23.114 8	0.043 3
50	4.383 9	0.228 1	112.796 9	0.008 9	25.729 8	0.038 9

4%的复利系数

年份	一次支付		等额多次支付			
	终值系数	现值系数	年金终值系数	偿债基金系数	年金现值系数	资本回收系数
n	$(F/P, i, n)$	$(P/F, i, n)$	$(F/A, i, n)$	$(A/F, i, n)$	$(P/A, i, n)$	$(A/P, i, n)$
1	1.040 0	0.961 5	1.000 0	1.000 0	0.961 5	1.040 0
2	1.081 6	0.924 6	2.040 0	0.490 2	1.886 1	0.530 2
3	1.124 9	0.889 0	3.121 6	0.320 2	2.775 1	0.360 3
4	1.169 9	0.854 8	4.246 5	0.235 5	3.629 9	0.275 5
5	1.216 7	0.821 9	5.416 3	0.184 6	4.451 8	0.224 6
6	1.265 3	0.790 3	6.633 0	0.150 8	5.242 1	0.190 8
7	1.315 9	0.759 9	7.898 3	0.126 6	6.002 1	0.166 6
8	1.368 6	0.730 7	9.214 2	0.108 5	6.732 7	0.148 5
9	1.423 3	0.702 6	10.582 8	0.094 5	7.435 3	0.134 5
10	1.480 2	0.675 6	12.006 1	0.083 3	8.110 9	0.123 3
11	1.539 5	0.649 6	13.486 3	0.074 1	8.760 5	0.114 1
12	1.601 0	0.624 6	15.025 8	0.066 6	9.385 1	0.106 6
13	1.665 1	0.600 6	16.626 8	0.060 1	9.985 6	0.100 1
14	1.731 7	0.577 5	18.291 9	0.054 7	10.563 1	0.094 7
15	1.800 9	0.555 3	20.023 6	0.049 9	11.118 4	0.089 9
16	1.873 0	0.533 9	21.824 5	0.045 8	11.652 3	0.085 8
17	1.947 9	0.513 4	23.697 5	0.042 2	12.165 7	0.082 2
18	2.025 8	0.493 6	25.645 4	0.039 0	12.659 3	0.079 0
19	2.106 8	0.474 6	27.671 2	0.036 1	13.133 9	0.076 1
20	2.191 1	0.456 4	29.778 1	0.033 6	13.590 3	0.073 6
21	2.278 8	0.438 8	31.969 2	0.031 3	14.029 2	0.071 3
22	2.369 9	0.422 0	34.248 0	0.029 2	14.451 1	0.069 2
23	2.464 7	0.405 7	36.617 9	0.027 3	14.856 8	0.067 3
24	2.563 3	0.390 1	39.082 6	0.025 6	15.247 0	0.065 6
25	2.665 8	0.375 1	41.645 9	0.024 0	15.622 1	0.064 0
26	2.772 5	0.360 7	44.311 7	0.022 6	15.982 8	0.062 6
27	2.883 4	0.346 8	47.084 2	0.021 2	16.329 6	0.061 2
28	2.998 7	0.333 5	49.967 6	0.020 0	16.663 1	0.060 0
29	3.118 7	0.320 7	52.966 3	0.018 9	16.983 7	0.058 9
30	3.243 4	0.308 3	56.084 9	0.017 8	17.292 0	0.057 8
31	3.373 1	0.296 5	59.328 3	0.016 9	17.588 5	0.056 9
32	3.508 1	0.285 1	62.701 5	0.015 9	17.873 6	0.055 9
33	3.648 4	0.274 1	66.209 5	0.015 1	18.147 6	0.055 1
34	3.794 3	0.263 6	69.857 9	0.014 3	18.411 2	0.054 3
35	3.946 1	0.253 4	73.652 2	0.013 6	18.664 6	0.053 6
40	4.801 0	0.208 3	95.025 5	0.010 5	19.792 8	0.050 5
50	7.106 7	0.140 7	152.667 1	0.006 6	21.482 2	0.046 6

5%的复利系数

年份	一次支付		等额多次支付			
	终值系数	现值系数	年金终值系数	偿债基金系数	年金现值系数	资本回收系数
n	$(F/P, i, n)$	$(P/F, i, n)$	$(F/A, i, n)$	$(A/F, i, n)$	$(P/A, i, n)$	$(A/P, i, n)$
1	1.050 0	0.952 4	1.000 0	1.000 0	0.952 4	1.050 0
2	1.102 5	0.907 0	2.050 0	0.487 8	1.859 4	0.537 8
3	1.157 6	0.863 6	3.152 5	0.317 2	2.723 2	0.367 2
4	1.215 5	0.822 7	4.310 3	0.232 0	3.546 0	0.282 0
5	1.276 3	0.783 5	5.525 6	0.181 0	4.329 5	0.231 0
6	1.340 1	0.746 2	6.801 9	0.147 0	5.075 7	0.197 0
7	1.407 1	0.710 7	8.142 0	0.122 8	5.786 4	0.172 8
8	1.477 5	0.676 8	9.549 1	0.104 7	6.463 2	0.154 7
9	1.551 3	0.644 6	11.026 6	0.090 7	7.107 8	0.140 7
10	1.628 9	0.613 9	12.577 9	0.079 5	7.721 7	0.129 5
11	1.710 3	0.584 7	14.206 8	0.070 4	8.306 4	0.120 4
12	1.795 9	0.556 8	15.917 1	0.062 8	8.863 3	0.112 8
13	1.885 6	0.530 3	17.713 0	0.056 5	9.393 6	0.106 5
14	1.979 9	0.505 1	19.598 6	0.051 0	9.898 6	0.101 0
15	2.078 9	0.481 0	21.578 6	0.046 3	10.379 7	0.096 3
16	2.182 9	0.458 1	23.657 5	0.042 3	10.837 8	0.092 3
17	2.292 0	0.436 3	25.840 4	0.038 7	11.274 1	0.088 7
18	2.406 6	0.415 5	28.132 4	0.035 5	11.689 6	0.085 5
19	2.526 9	0.395 7	30.539 0	0.032 7	12.085 3	0.082 7
20	2.653 3	0.376 9	33.065 9	0.030 2	12.462 2	0.080 2
21	2.786 0	0.358 9	35.719 2	0.028 0	12.821 2	0.078 0
22	2.925 3	0.341 8	38.505 2	0.026 0	13.163 0	0.076 0
23	3.071 5	0.325 6	41.430 5	0.024 1	13.488 6	0.074 1
24	3.225 1	0.310 1	44.502 0	0.022 5	13.798 6	0.072 5
25	3.386 4	0.295 3	47.727 1	0.021 0	14.093 9	0.071 0
26	3.555 7	0.281 2	51.113 4	0.019 6	14.375 2	0.069 6
27	3.733 5	0.267 8	54.669 1	0.018 3	14.643 0	0.068 3
28	3.920 1	0.255 1	58.402 6	0.017 1	14.898 1	0.067 1
29	4.116 1	0.242 9	62.322 7	0.016 0	15.141 1	0.066 0
30	4.321 9	0.231 4	66.438 8	0.015 1	15.372 5	0.065 1
31	4.538 0	0.220 4	70.760 8	0.014 1	15.592 8	0.064 1
32	4.764 9	0.209 9	75.298 8	0.013 3	15.802 7	0.063 3
33	5.003 2	0.199 9	80.063 8	0.012 5	16.002 5	0.062 5
34	5.253 3	0.190 4	85.067 0	0.011 8	16.192 9	0.061 8
35	5.516 0	0.181 3	90.320 3	0.011 1	16.374 2	0.061 1
40	7.040 0	0.142 0	120.799 8	0.008 3	17.159 1	0.058 3
50	11.467 4	0.087 2	209.348 0	0.004 8	18.255 9	0.054 8

6%的复利系数

年份	一次支付		等额多次支付			
	终值系数	现值系数	年金终值系数	偿债基金系数	年金现值系数	资本回收系数
n	$(F/P, i, n)$	$(P/F, i, n)$	$(F/A, i, n)$	$(A/F, i, n)$	$(P/A, i, n)$	$(A/P, i, n)$
1	1.060 0	0.943 4	1.000 0	1.000 0	0.943 4	1.060 0
2	1.123 6	0.890 0	2.060 0	0.485 4	1.833 4	0.545 4
3	1.191 0	0.839 6	3.183 6	0.314 1	2.673 0	0.374 1
4	1.262 5	0.792 1	4.374 6	0.228 6	3.465 1	0.288 6
5	1.338 2	0.747 3	5.637 1	0.177 4	4.212 4	0.237 4
6	1.418 5	0.705 0	6.975 3	0.143 4	4.917 3	0.203 4
7	1.503 6	0.665 1	8.393 8	0.119 1	5.582 4	0.179 1
8	1.593 8	0.627 4	9.897 5	0.101 0	6.209 8	0.161 0
9	1.689 5	0.591 9	11.491 3	0.087 0	6.801 7	0.147 0
10	1.790 8	0.558 4	13.180 8	0.075 9	7.360 1	0.135 9
11	1.898 3	0.526 8	14.971 6	0.066 8	7.886 9	0.126 8
12	2.012 2	0.487 0	16.869 9	0.059 3	8.383 8	0.119 3
13	2.132 9	0.468 8	18.882 1	0.053 0	8.852 7	0.113 0
14	2.260 9	0.442 3	21.015 1	0.047 6	9.295 0	0.107 6
15	2.396 6	0.417 3	23.276 0	0.043 0	9.712 2	0.103 0
16	2.540 4	0.393 6	25.672 5	0.039 0	10.105 9	0.099 0
17	2.692 8	0.371 4	28.212 9	0.035 4	10.477 3	0.095 4
18	2.854 3	0.350 3	30.905 6	0.032 4	10.827 6	0.092 4
19	3.025 6	0.330 5	33.760 0	0.029 6	11.158 1	0.089 6
20	3.207 1	0.311 8	36.785 6	0.027 2	11.469 9	0.087 2
21	3.399 6	0.294 2	39.992 7	0.025 0	11.764 1	0.085 0
22	3.603 5	0.277 5	43.392 3	0.023 0	12.041 6	0.083 0
23	3.819 7	0.261 8	46.995 8	0.021 3	12.303 4	0.081 3
24	4.048 9	0.247 0	50.815 5	0.019 7	12.550 4	0.079 7
25	4.291 9	0.233 0	54.864 5	0.018 2	12.783 4	0.078 2
26	4.549 4	0.219 8	59.156 3	0.016 9	13.003 2	0.076 9
27	4.822 3	0.207 4	63.705 7	0.015 7	13.210 5	0.075 7
28	5.111 7	0.195 6	68.528 1	0.014 6	13.406 2	0.074 6
29	5.418 4	0.184 6	73.639 7	0.013 6	13.590 7	0.073 6
30	5.743 5	0.174 1	79.058 1	0.012 6	13.764 8	0.072 6
31	6.088 1	0.164 3	84.801 7	0.011 8	13.929 1	0.071 8
32	60.453 4	0.155 0	90.889 6	0.011 0	14.084 0	0.071 0
33	6.840 6	0.146 2	97.343 2	0.010 3	14.230 2	0.070 3
34	7.251 0	0.137 9	104.183 8	0.009 6	14.368 1	0.069 6
35	7.686 1	0.130 1	111.434 8	0.009 0	14.498 2	0.069 0
40	10.285 7	0.097 2	154.762 0	0.006 5	15.046 3	0.066 5
50	18.420 2	0.054 3	290.335 9	0.003 4	15.761 9	0.063 4

8%的复利系数

年份	一次支付		等额多次支付			
	终值系数	现值系数	年金终值系数	偿债基金系数	年金现值系数	资本回收系数
n	$(F/P, i, n)$	$(P/F, i, n)$	$(F/A, i, n)$	$(A/F, i, n)$	$(P/A, i, n)$	$(A/P, i, n)$
1	1.080 0	0.925 9	1.000 0	1.000 0	0.925 9	1.080 0
2	1.166 4	0.857 3	2.080 0	0.480 8	1.783 3	0.560 8
3	1.259 7	0.793 8	3.246 4	0.308 0	2.577 1	0.388 0
4	1.360 5	0.735 0	4.506 1	0.221 9	3.312 1	0.301 9
5	1.469 3	0.680 6	5.866 6	0.170 5	3.992 7	0.250 5
6	1.586 9	0.630 2	7.335 9	0.136 3	4.622 9	0.216 3
7	1.713 8	0.583 5	8.922 8	0.112 1	5.206 4	0.192 1
8	1.850 9	0.540 3	10.636 6	0.094 0	5.746 6	0.174 0
9	1.999 0	0.500 2	12.487 6	0.080 1	6.246 9	0.160 1
10	2.158 9	0.463 2	14.486 6	0.069 0	6.710 1	0.149 0
11	2.331 6	0.428 9	16.645 5	0.060 1	7.013 9 0	0.140 1
12	2.518 2	0.397 1	18.977 1	0.052 7	7.536 1	0.132 7
13	2.719 6	0.367 7	21.495 3	0.046 5	7.903 8	0.126 5
14	2.937 2	0.340 5	24.214 9	0.041 3	8.244 2	0.121 3
15	3.172 2	0.315 2	27.152 1	0.036 8	8.559 5	0.116 8
16	3.426 9	0.291 9	30.324 3	0.033 0	8.854 1	0.113 0
17	3.700 0	0.270 3	33.750 2	0.029 6	9.121 6	0.109 6
18	3.996 0	0.250 2	37.450 2	0.026 7	9.371 9	0.106 7
19	4.315 7	0.211 7	41.446 3	0.024 1	9.603 6	0.104 1
20	4.661 0	0.214 5	45.762 0	0.021 9	9.818 1	0.101 9
21	5.033 8	0.198 7	50.422 9	0.019 8	10.016 8	0.099 8
22	5.436 5	0.183 9	55.456 7	0.018 0	10.200 7	0.098 0
23	5.871 5	0.170 3	60.893 3	0.016 4	10.371 1	0.096 4
24	6.341 2	0.157 7	66.764 7	0.015 0	10.528 8	0.095 0
25	6.848 5	0.146 0	73.105 9	0.013 7	10.674 8	0.093 7
26	7.396 4	0.135 2	79.954 4	0.012 5	10.810 0	0.092 5
27	7.988 1	0.125 2	87.350 7	0.011 4	10.935 2	0.091 4
28	8.627 1	0.115 9	95.338 8	0.010 5	11.051 1	0.090 5
29	9.317 3	0.107 3	103.965 9	0.009 6	11.158 4	0.089 6
30	10.627	0.099 4	113.283 2	0.008 8	11.257 8	0.088 8
31	10.867 7	0.092 0	123.345 9	0.008 1	11.349 8	0.088 1
32	11.737 1	0.085 2	134.213 5	0.007 5	11.435 0	0.087 5
33	12.676 0	0.078 9	145.950 6	0.006 9	11.513 9	0.086 9
34	13.690 1	0.073 0	158.626 7	0.006 3	11.586 9	0.086 3
35	14.785 3	0.067 6	172.316 8	0.005 8	11.654 6	0.085 8
40	21.724 5	0.046 0	259.056 5	0.003 9	11.924 6	0.083 9
50	46.901 6	0.021 3	573.770 2	0.001 7	12.233 5	0.081 7

10%的复利系数

年份	一次支付		等额多次支付			
	终值系数	现值系数	年金终值系数	偿债基金系数	年金现值系数	资本回收系数
n	$(F/P, i, n)$	$(P/F, i, n)$	$(F/A, i, n)$	$(A/F, i, n)$	$(P/A, i, n)$	$(A/P, i, n)$
1	1.100 0	0.909 1	1.000	1.000 0	0.909 1	1.100 0
2	1.210 0	0.826 4	2.100 0	0.476 2	1.735 5	0.576 2
3	1.331 0	0.751 3	3.310 0	0.302 1	2.486 9	0.402 1
4	1.464 1	0.683 0	4.641 0	0.215 5	3.169 9	0.315 5
5	1.610 5	0.620 9	6.105 1	0.163 8	3.790 8	0.263 8
6	1.771 6	0.564 5	7.715 6	0.129 6	4.355 3	0.229 6
7	1.948 7	0.513 2	9.487 2	0.105 4	4.868 4	0.205 4
8	2.143 6	0.466 5	11.435 9	0.087 4	5.334 9	0.187 4
9	2.357 9	0.424 1	13.579 5	0.073 6	5.759 0	0.173 6
10	2.593 7	0.385 5	15.937 4	0.062 7	6.144 6	0.162 7
11	2.853 1	0.350 5	18.531 2	0.054 0	6.495 1	0.154 0
12	3.138 4	0.318 6	21.384 3	0.046 8	6.813 7	0.146 8
13	3.452 3	0.289 7	24.522 7	0.040 8	7.103 4	0.140 8
14	3.797 5	0.263 3	27.975 0	0.035 7	7.366 7	0.135 7
15	4.177 2	0.239 4	31.772 5	0.031 5	7.606 1	0.131 5
16	4.595 0	0.217 6	35.949 7	0.027 8	7.823 7	0.127 8
17	5.054 5	0.197 8	40.544 7	0.024 7	8.021 6	0.124 7
18	5.559 9	0.179 9	45.599 2	0.021 9	8.201 4	0.121 9
19	6.115 9	0.163 5	51.159 1	0.019 5	8.364 9	0.119 5
20	6.727 5	0.148 6	57.275 0	0.017 5	8.513 6	0.117 5
21	7.400 2	0.135 1	64.002 5	0.015 6	8.648 7	0.115 6
22	8.140 3	0.122 8	71.402 7	0.014 0	8.771 5	0.114 0
23	8.954 3	0.111 7	79.543 0	0.012 6	8.883 2	0.112 6
24	9.849 7	0.101 5	88.497 3	0.011 3	8.984 7	0.111 3
25	10.834 7	0.092 3	98.347 1	0.010 2	9.077 0	0.110 2
26	11.918 2	0.083 9	109.181 8	0.009 2	9.160 9	0.109 2
27	13.110 0	0.076 3	121.099 9	0.008 3	9.237 2	0.108 3
28	14.421 0	0.069 3	134.209 9	0.007 5	9.306 6	0.107 5
29	15.863 1	0.063 0	148.630 9	0.006 7	9.369 6	0.106 7
30	17.449 4	0.057 3	164.494 0	0.006 1	9.426 9	0.106 1
31	19.194 3	0.052 1	181.943 4	0.005 5	9.479 0	0.105 5
32	21.113 8	0.047 4	201.137 8	0.005 0	9.526 4	0.105 0
33	23.225 2	0.043 1	222.251 5	0.004 5	9.569 4	0.104 5
34	25.547 7	0.039 1	245.476 7	0.004 1	9.608 6	0.104 1
35	28.102 4	0.035 6	271.024 4	0.003 7	9.644 2	0.103 7
40	45.259 3	0.022 1	442.592 6	0.002 3	9.779 1	0.102 3
50	117.390 9	0.008 5	1 163.908 5	0.000 9	9.914 8	0.100 9

12%的复利系数

年份	一次支付		等额多次支付			
	终值系数	现值系数	年金终值系数	偿债基金系数	年金现值系数	资本回收系数
n	$(F/P, i, n)$	$(P/F, i, n)$	$(F/A, i, n)$	$(A/F, i, n)$	$(P/A, i, n)$	$(A/P, i, n)$
1	1.120 0	0.892 9	1.000 0	1.000 0	0.892 9	1.120 0
2	1.254 4	0.797 2	2.120 0	0.471 7	1.690 1	0.591 7
3	1.404 9	0.711 8	3.374 4	0.296 3	2.401 8	0.416 3
4	1.573 5	0.635 5	4.779 3	0.209 2	3.037 3	0.329 2
5	1.762 3	0.567 4	6.352 8	0.157 4	3.604 8	0.277 4
6	1.973 8	0.506 6	8.115 2	0.123 2	4.111 4	0.243 2
7	2.210 7	0.452 3	10.08 90	0.099 1	4.563 8	0.219 1
8	2.476 0	0.403 9	12.299 7	0.081 3	4.967 6	0.201 3
9	2.773 1	0.360 6	14.775 7	0.067 7	5.328 2	0.187 7
10	3.105 8	0.322 0	17.548 7	0.057 0	5.650 2	0.177 0
11	3.478 5	0.287 5	20.654 6	0.048 4	5.937 7	0.168 4
12	3.896 0	0.256 7	24.133 1	0.041 4	6.194 4	0.161 4
13	4.363 5	0.229 2	28.029 1	0.035 7	6.423 5	0.155 7
14	4.887 1	0.204 6	32.392 6	0.030 9	6.628 2	0.150 9
15	5.473 6	0.182 7	37.279 7	0.026 8	6.810 9	0.146 8
16	6.130 4	0.163 1	42.753 3	0.023 4	6.974 0	0.143 4
17	6.866 0	0.145 6	48.883 7	0.020 5	7.119 6	0.140 5
18	7.690 0	0.130 0	55.749 7	0.017 9	7.249 7	0.137 9
19	8.612 8	0.116 1	63.439 7	0.015 8	7.365 8	0.135 8
20	9.646 3	0.103 7	72.052 4	0.013 9	7.469 4	0.133 9
21	10.803 8	0.092 6	81.698 7	0.012 2	7.562 0	0.132 2
22	12.100 3	0.082 6	92.502 6	0.010 8	7.644 6	0.130 8
23	13.552 3	0.073 8	104.602 9	0.009 6	7.718 4	0.129 6
24	15.178 6	0.065 9	118.155 2	0.008 5	7.784 3	0.128 5
25	17.000 1	0.058 8	133.333 9	0.007 5	7.843 1	0.127 5
26	19.040 1	0.052 5	150.333 9	0.006 7	7.895 7	0.126 7
27	21.324 9	0.046 9	169.374 0	0.005 9	7.942 6	0.125 9
28	23.883 9	0.041 9	190.698 9	0.005 2	7.984 4	0.125 2
29	26.749 9	0.037 4	214.582 8	0.004 7	8.021 8	0.124 7
30	29.959 9	0.033 4	241.332 7	0.004 1	8.055 2	0.124 1
31	33.555 1	0.029 8	271.292 6	0.003 7	8.085 0	0.123 7
32	37.581 7	0.026 6	304.847 7	0.003 3	8.111 6	0.123 3
33	42.091 5	0.023 8	342.429 4	0.002 9	8.135 4	0.122 9
34	47.142 5	0.021 2	384.521 0	0.002 6	8.156 6	0.122 6
35	52.799 6	0.018 9	431.663 5	0.002 3	8.175 5	0.122 3
40	93.051 0	0.010 7	767.091 4	0.001 3	8.243 8	0.121 3
50	289.002 2	0.003 5	2 400.018 2	0.000 4	8.304 5	0.120 4

15%的复利系数

年份	一次支付		等额多次支付			
	终值系数	现值系数	年金终值系数	偿债基金系数	年金现值系数	资本回收系数
n	$(F/P, i, n)$	$(P/F, i, n)$	$(F/A, i, n)$	$(A/F, i, n)$	$(P/A, i, n)$	$(A/P, i, n)$
1	1.150 0	0.869 6	1.00 0	1.000 0	0.869 6	1.150 0
2	1.322 5	0.756 1	2.150 0	0.465 1	1.625 7	0.615 1
3	1.520 9	0.657 5	3.472 5	0.288 0	2.283 2	0.438 0
4	1.749 0	0.571 8	4.993 4	0.200 3	2.855 0	0.350 3
5	2.011 4	0.497 2	6.742 4	0.148 3	3.352 2	0.298 3
6	2.313 1	0.432 3	8.753 7	0.114 2	3.784 5	0.264 2
7	2.660 0	0.375 9	11.066 8	0.090 4	4.160 4	0.240 4
8	3.059 0	0.326 9	13.726 8	0.072 9	4.487 3	0.222 9
9	3.517 9	0.284 3	16.785 8	0.059 6	4.771 6	0.209 6
10	4.045 6	0.247 2	20.303 7	0.049 3	5.018 8	0.199 3
11	4.652 4	0.214 9	24.349 3	0.041 1	5.233 7	0.191 1
12	5.350 3	0.186 9	29.001 7	0.034 5	5.420 6	0.184 5
13	6.152 8	0.162 5	34.351 9	0.029 1	5.583 1	0.179 1
14	7.075 7	0.141 3	40.504 7	0.024 7	5.724 5	0.174 7
15	8.137 1	0.122 9	47.580 4	0.021 0	5.847 4	0.171 0
16	9.357 6	0.106 9	55.717 5	0.017 9	5.954 2	0.167 9
17	10.761 3	0.092 9	65.075 1	0.015 4	6.047 2	0.165 4
18	12.375 5	0.080 8	75.836 4	0.013 2	6.128 0	0.163 2
19	14.231 8	0.070 3	88.211 8	0.011 3	6.198 2	0.161 3
20	16.366 5	0.061 1	102.443 6	0.009 8	6.259 3	0.159 8
21	18.821 5	0.053 1	118.810 1	0.008 4	6.312 5	0.158 4
22	21.644 7	0.046 2	137.631 6	0.007 3	6.358 7	0.157 3
23	24.891 5	0.040 2	159.276 4	0.006 3	6.398 8	0.156 3
24	28.625 2	0.034 9	184.167 8	0.005 4	6.433 8	0.155 4
25	32.919 0	0.030 4	212.793 0	0.004 7	6.464 1	0.154 7
26	37.856 8	0.026 4	245.712 0	0.004 1	6.490 6	0.154 1
27	43.535 3	0.023 0	283.568 8	0.003 5	6.513 5	0.153 5
28	50.065 6	0.020 0	327.104 1	0.003 1	6.533 5	0.153 1
29	57.575 5	0.017 4	377.169 7	0.002 7	6.550 9	0.152 7
30	66.211 8	0.015 1	434.745 1	0.002 3	6.566 0	0.152 3
31	76.143 5	0.013 1	500.956 9	0.002 0	6.579 1	0.152 0
32	87.565 1	0.011 4	577.100 5	0.001 7	6.590 5	0.151 7
33	100.699 8	0.009 9	664.665 5	0.001 5	6.600 5	0.151 5
34	115.804 8	0.008 6	765.365 4	0.001 3	6.609 1	0.151 3
35	133.175 5	0.007 5	881.170 2	0.001 1	6.616 6	0.151 1
40	267.863 5	0.003 7	1 779.090 3	0.000 6	6.641 8	0.150 6
50	1083.65 7	0.000 9	7 217.716 3	0.000 1	6.660 5	0.150 1

20%的复利系数

年份	一次支付		等额多次支付			
	终值系数	现值系数	年金终值系数	偿债基金系数	年金现值系数	资本回收系数
n	$(F/P, i, n)$	$(P/F, i, n)$	$(F/A, i, n)$	$(A/F, i, n)$	$(P/A, i, n)$	$(A/P, i, n)$
1	1.200 0	0.833 3	1.000 0	1.000 0	0.833 3	1.200 0
2	1.440 0	0.694 4	2.200 0	0.454 5	1.527 8	0.654 5
3	1.728 0	0.578 7	3.640 0	0.274 7	2.106 5	0.474 7
4	2.073 6	0.482 3	5.368 0	0.186 3	2.588 7	0.386 3
5	2.488 3	0.401 9	7.441 6	0.134 4	2.990 6	0.334 4
6	2.986 0	0.334 9	9.929 9	0.100 7	3.325 5	0.300 7
7	3.583 2	0.279 1	12.915 9	0.077 4	3.604 6	0.277 4
8	4.299 8	0.232 6	16.499 1	0.060 6	3.837 2	0.260 6
9	5.159 8	0.193 8	20.798 9	0.048 1	4.031 0	0.248 1
10	6.191 7	0.161 5	25.958 7	0.038 5	4.192 5	0.238 5
11	7.430 1	0.134 6	32.150 4	0.031 1	4.327 1	0.231 1
12	8.916 1	0.112 2	39.580 5	0.025 3	4.439 2	0.225 3
13	10.699 3	0.093 5	48.496 6	0.020 6	4.532 7	0.220 6
14	12.839 2	0.077 9	59.195 9	0.016 9	4.610 6	0.216 9
15	15.407 0	0.064 9	72.035 1	0.013 9	4.675 5	0.213 9
16	18.488 4	0.054 1	87.442 1	0.011 4	4.729 6	0.211 4
17	22.186 1	0.045 1	105.930 5	0.009 4	4.774 6	0.209 4
18	26.623 3	0.037 6	128.116 7	0.007 8	4.821 2	0.207 8
19	31.948 0	0.031 3	154.740 0	0.006 5	4.843 5	0.206 5
20	38.337 6	0.026 1	186.688 0	0.005 4	4.869 6	0.205 4
21	46.005 1	0.021 7	225.025 6	0.004 4	4.891 3	0.204 4
22	55.206 1	0.018 1	271.030 7	0.003 7	4.909 4	0.203 7
23	66.247 4	0.015 1	326.236 9	0.003 1	4.924 5	0.203 1
24	79.496 8	0.012 6	392.484 2	0.002 5	4.937 1	0.202 5
25	95.396 2	0.010 5	471.981 1	0.002 1	4.947 6	0.202 1
26	114.475 5	0.008 7	567.377 3	0.001 8	4.956 3	0.201 8
27	137.370 6	0.007 3	681.852 8	0.001 5	4.963 6	0.201 5
28	164.844 7	0.006 1	819.223 3	0.001 2	4.969 7	0.201 2
29	197.813 6	0.005 1	984.068 0	0.001 0	4.974 7	0.201 0
30	237.376 3	0.004 2	1 181.881 6	0.000 8	4.978 9	0.200 8
31	284.851 6	0.003 5	1 419.257 9	0.000 7	4.982 4	0.200 7
32	341.821 9	0.002 9	1 704.109 5	0.000 6	4.985 4	0.200 6
33	410.186 3	0.002 4	2 045.931 4	0.000 5	4.987 8	0.200 5
34	492.223 5	0.002 0	2 456.117 6	0.000 4	4.989 8	0.200 4
35	590.668 2	0.001 7	2 948.341 1	0.000 3	4.991 5	0.200 3
40	1 469.771	0.000 7	7 343.857 8	0.000 1	4.996 6	0.200 1
50	9 100.438	0.000 1	45 497.190 8	0.000 0	4.999 5	0.200 0

25%的复利系数

年份	一次支付		等额多次支付			
	终值系数	现值系数	年金终值系数	偿债基金系数	年金现值系数	资本回收系数
n	$(F/P, i, n)$	$(P/F, i, n)$	$(F/A, i, n)$	$(A/F, i, n)$	$(P/A, i, n)$	$(A/P, i, n)$
1	1.250 0	0.800 0	1.000 0	1.000 0	0.800 0	1.250 0
2	1.562 5	0.640 0	2.250 0	0.444 4	1.440 0	0.694 4
3	1.953 1	0.512 0	3.812 5	0.262 3	1.952 0	0.512 3
4	2.441 4	0.409 6	5.765 6	0.173 4	2.361 6	0.423 4
5	3.051 8	0.327 7	8.207 0	0.121 8	2.689 3	0.371 8
6	3.814 7	0.262 1	11.258 8	0.088 8	2.951 4	0.338 8
7	4.768 4	0.209 7	15.073 5	0.066 3	3.161 1	0.316 3
8	5.960 5	0.167 8	19.841 9	0.050 4	3.328 9	0.300 4
9	7.450 6	0.134 2	25.802 3	0.038 8	3.463 1	0.288 8
10	9.313 2	0.107 4	33.252 9	0.030 1	3.570 5	0.280 1
11	11.641 5	0.085 9	42.566 1	0.023 5	3.656 4	0.273 5
12	14.551 9	0.068 7	54.207 7	0.018 4	3.725 1	0.268 4
13	18.189 9	0.055 0	68.759 6	0.014 5	3.780 1	0.264 5
14	22.737 4	0.044 0	86.949 5	0.011 5	3.824 1	0.261 5
15	28.421 7	0.035 2	109.686 8	0.009 1	3.859 3	0.259 1
16	35.527 1	0.028 1	138.108 5	0.007 2	3.887 4	0.257 2
17	44.408 9	0.022 5	173.635 7	0.005 8	3.909 9	0.255 8
18	55.511 2	0.018 0	218.044 6	0.004 6	3.927 9	0.254 6
19	69.388 9	0.014 4	273.555 8	0.003 7	3.942 4	0.253 7
20	86.736 2	0.011 5	342.944 7	0.002 9	3.953 9	0.252 9
21	108.420 2	0.009 2	429.680 9	0.002 3	3.963 1	0.252 3
22	135.525 3	0.007 4	538.101 1	0.001 9	3.970 5	0.251 9
23	169.406 6	0.005 9	673.626 4	0.001 5	3.976 4	0.251 5
24	211.758 2	0.004 7	843.032 9	0.001 2	3.981 1	0.251 2
25	264.697 8	0.003 8	1 054.791 2	0.000 9	3.984 9	0.250 9
26	330.872 2	0.003 0	1 319.489 0	0.000 8	3.987 9	0.250 8
27	413.590 3	0.002 4	1 650.361 2	0.000 6	3.990 3	0.250 6
28	516.987 9	0.001 9	2 063.951 5	0.000 5	3.992 3	0.250 5
29	646.234 9	0.001 5	2 580.939 4	0.000 4	3.993 8	0.250 4
30	807.793 6	0.001 2	3 227.174 3	0.000 3	3.995 0	0.250 3
31	1 009.742	0.001 0	4 034.967 8	0.000 2	3.996 0	0.250 2
32	1 262.177	0.000 8	5 044.709 8	0.000 2	3.996 8	0.250 2
33	1 577.721	0.000 6	6 306.887 2	0.000 2	3.997 5	0.250 2
34	1 972.152	0.000 5	7 884.609 1	0.000 1	3.998 0	0.250 1
35	2 465.190	0.000 4	9 856.761 3	0.000 1	3.998 4	0.250 1
40	7 523.163	0.000 1	3 0088.655 4	0.000 0	3.999 5	0.250 0
50	7 0064.92	0.000 0	280 255.692 9	0.000 0	3.999 9	0.250 0

30%的复利系数

年份	一次支付		等额多次支付			
	终值系数	现值系数	年金终值系数	偿债基金系数	年金现值系数	资本回收系数
n	$(F/P, i, n)$	$(P/F, i, n)$	$(F/A, i, n)$	$(A/F, i, n)$	$(P/A, i, n)$	$(A/P, i, n)$
1	1.300 0	0.769 2	1.000 0	1.000 0	0.769 2	1.300 0
2	1.690 0	0.591 7	2.300 0	0.434 8	1.360 9	0.734 8
3	2.167 0	0.455 2	3.990 0	0.250 6	1.816 1	0.550 6
4	2.856 1	0.350 1	6.187 0	0.161 6	2.166 2	0.461 6
5	3.712 9	0.269 3	9.043 1	0.110 6	2.435 6	0.410 6
6	4.826 8	0.207 2	12.756 0	0.078 4	2.642 7	0.378 4
7	6.274 9	0.159 4	17.582 8	0.056 9	2.802 1	0.356 9
8	8.157 3	0.122 6	23.857 7	0.041 9	2.924 7	0.341 9
9	10.604 5	0.094 3	32.015 0	0.031 2	3.019 0	0.331 2
10	13.785 8	0.072 5	42.619 5	0.023 5	3.091 5	0.323 5
11	17.921 6	0.055 8	56.405 3	0.017 7	3.147 3	0.317 7
12	23.298 1	0.042 9	74.327 0	0.013 5	3.190 3	0.313 5
13	30.287 5	0.033 0	97.625 0	0.010 2	3.223 3	0.310 2
14	39.373 8	0.025 4	127.912 5	0.007 8	3.248 7	0.307 8
15	51.185 9	0.019 5	167.286 3	0.006 0	3.268 2	0.306 0
16	66.541 7	0.015 0	218.472 2	0.004 6	3.283 2	0.304 6
17	86.504 2	0.011 6	285.013 9	0.003 5	3.294 8	0.303 5
18	112.455 4	0.008 9	371.518 0	0.002 7	3.303 7	0.302 7
19	146.192 0	0.006 8	483.973 4	0.002 1	3.310 5	0.302 1
20	190.049 6	0.005 3	630.165 5	0.001 6	3.315 8	0.301 6
21	247.064 5	0.004 0	820.215 1	0.001 2	3.319 8	0.301 2
22	321.183 9	0.003 1	1 067.279 6	0.000 9	3.323 0	0.300 9
23	417.539 1	0.002 4	1 388.463 5	0.000 7	3.325 4	0.300 7
24	542.800 8	0.001 8	1 806.002 6	0.000 6	3.327 2	0.300 6
25	705.641 0	0.001 4	2 348.803 3	0.000 4	3.328 6	0.300 4
26	917.333 3	0.001 1	3 054.444 3	0.000 3	3.329 7	0.300 3
27	1 192.533	0.000 8	3 971.777 6	0.000 3	3.330 5	0.300 3
28	1 550.293	0.000 6	5 164.310 9	0.000 2	3.331 2	0.300 2
29	2 015.381	0.000 5	6 714.604 2	0.000 1	3.331 7	0.300 1
30	2 619.995	0.000 4	8 729.985 5	0.000 1	3.332 1	0.300 1
31	3 405.994	0.000 3	11 349.981 1	0.000 01	3.332 4	0.300 1
32	4 427.792	0.000 2	14 755.975 5	0.000 01	3.332 6	0.300 1
33	5 756.130	0.000 2	19 183.768 1	0.000 01	3.332 8	0.300 1
34	7 482.969	0.000 1	24 939.898 5	0.000 00	3.332 9	0.300 0
35	9 727.860	0.000 1	32 422.868 1	0.000 00	3.333 0	0.300 0
40	36 118.86	0.000 0	120 392.882	0.000 00	3.333 2	0.300 0

40%的复利系数

年份	一次支付		等额多次支付			
	终值系数	现值系数	年金终值系数	偿债基金系数	年金现值系数	资本回收系数
n	$(F/P, i, n)$	$(P/F, i, n)$	$(F/A, i, n)$	$(A/F, i, n)$	$(P/A, i, n)$	$(A/P, i, n)$
1	1.400 0	0.713 4	1.000	1.000	0.714	1.400 0
2	1.960 0	0.510 2	2.400	0.416 7	1.224	0.816 7
3	2.744 0	0.364 4	4.360	0.229 4	1.589	0.629 4
4	3.841 6	0.260 3	7.104	0.140 8	1.849	0.540 8
5	5.378 2	0.185 9	10.946	0.091 4	2.035	0.491 4
6	7.529 5	0.132 8	16.324	0.061 3	2.168	0.461 3
7	10.541	0.094 9	23.853	0.041 9	2.263	0.441 9
8	14.758	0.067 8	34.395	0.029 1	2.331	0.429 1
9	20.661	0.048 4	49.153	0.020 3	2.379	0.420 3
10	28.925	0.034 6	69.814	0.014 3	2.414	0.414 3
11	40.496	0.024 7	98.739	0.010 1	2.438	0.410 1
12	56.694	0.017 6	139.23	0.007 2	2.456	0.407 2
13	79.371	0.012 6	195.93	0.005 1	2.469	0.405 1
14	111.12	0.009 0	275.30	0.003 6	2.478	0.403 6
15	155.57	0.006 4	386.42	0.002 6	2.484	0.402 6
16	217.80	0.004 6	541.99	0.001 8	2.489	0.401 9
17	304.91	0.003 3	759.78	0.001 3	2.492	0.401 3
18	426.88	0.002 3	1 064.7	0.000 9	2.494	0.400 9
19	597.63	0.001 7	1 491.6	0.000 7	2.496	0.400 7
20	836.68	0.001 2	2 089.2	0.000 5	2.497	0.400 5
21	1 171.4	0.000 9	2 925.9	0.000 3	2.498	0.400 3
22	1 639.9	0.000 6	4 097.2	0.000 2	2.498	0.400 2
23	2 295.9	0.000 4	5 737.1	0.000 2	2.499	0.400 2
24	3 214.2	0.000 3	8 033.0	0.000 1	2.499	0.400 1
25	4 499.9	0.000 2	11 247.0	a	2.499	0.400 1
26	6 299.8	0.000 2	15 747.0	a	2.500	0.400 1
27	8 819.8	0.000 1	22 047.0	a	2.500	0.400 0
28	12 348.0	0.000 1	30 867.0	a	2.500	0.400 0
29	17 287.0	0.000 1	43 214.0	a	2.500	0.400 0
30	24 201.0	a	60 501.0	a	2.500	0.400 0
∞				a	2.500	0.400 0

参考文献

[1] 中国注册会计师协会. 财务成本管理 [M]. 北京：中国财政经济出版社，2014.

[2] 任凤辉，张思纯. 施工企业财务管理 [M]. 2版. 北京：机械工业出版社，2014.

[3] 郭复初，王庆成. 财务管理学 [M]. 2版. 北京：高等教育出版社，2005.

[4] 王庆成，李相国. 财务管理学 [M]. 北京：中国财政经济出版社，2006.

[5] 汤谷良. 高级财务管理 [M]. 北京：中国财政经济出版社，2001.

[6] 张学英，韩艳华. 工程财务管理 [M]. 北京：北京大学出版社，2009.

[7] 荆新，王化成，刘俊彦. 财务管理学 [M]. 6版. 北京：中国人民大学出版社，2012.

[8] 袁志忠. 财务管理学 [M]. 北京：科学出版社，2011.

[9] 王德发. 财务报表分析 [M]. 2版. 北京：中国人民大学出版社，2007.

[10] 孙慧. 建设工程成本计划与控制 [M]. 北京：高等教育出版社，2011.

[11] 叶晓甦. 工程财务管理 [M]. 2版. 北京：中国建筑工业出版社，2011.

[12] 葛家澍. 企业理财学 [M]. 3版. 沈阳：辽宁人民出版社，2009.

[13] 王贵春. 工程经济学 [M]. 北京：冶金工业出版社，2014.

[14] 吴世农，吴育辉. CEO财务分析与决策 [M]. 2版. 北京：北京大学出版社，2013.

[15] 王玉红. 施工企业会计 [M]. 大连：东北财经大学出版社，2004.

[16] 刘德红，胡文萍，石晶. 企业财务分析技术 [M]. 北京：中国经济出版社，2003.

[17] 朱宝宪，吴洪，赵冬青，等译. 投资学 [M]. 2版. 北京：机械工业出版社，2003.

[18] 黄慧馨. 财务管理 [M]. 北京：高等教育出版社，2001.

[19] 刘力. 公司财务 [M]. 北京：北京大学出版社，2007.

[20] 马忠. 企业投融资财务规划运作技术 [M]. 北京：中国经济出版社，2003.

[21] 中国注册会计师协会. 公司战略与风险管理 [M]. 北京：经济科学出版社，2009.

[22] 赵华，苏卫国. 工程项目融资 [M]. 北京：人民交通出版社，2004.

[23] 成虎. 工程项目管理 [M]. 北京：中国建筑工业出版社，2001.

[24] 傅鸿源，张仕廉. 投资决策与项目策划：方法·实务·探索 [M]. 北京：科学出版社，2001.

[25] 叶晓甦. 工程财务与风险管理 [M]. 北京：中国建筑工业出版社，2007.